U0864483

沂水名片

◎千年古县

◎国家园林县城

◎国家卫生县城

◎中国创新百强县

◎中国食品城

◎全国县域旅游综合实力百强县

◎中国县域旅游综合竞争力百强县

◎全国科技创新百强县

中国年鉴精品工程
High Quality Project of China's Yearbook

沂水年鉴

YISHUI YEARBOOK

2023

中共沂水县委党史研究中心
沂水县地方史志研究中心 编

方志出版社
Publishing House of Local Records

图书在版编目（CIP）数据

沂水年鉴. 2023 / 中共沂水县委党史研究中心，沂水县地方史志研究中心编. —北京 ：方志出版社，2023.12

ISBN 978-7-5144-6148-0

Ⅰ. ①沂… Ⅱ. ①中… ②沂… Ⅲ. ①沂水县—2023—年鉴 Ⅳ. ①Z525.24

中国国家版本馆CIP数据核字(2023)第253223号

责任编辑：范锐超
责任校对：张玉霞
责任印制：梅中英
出 版 者：方志出版社
地　　址：北京市朝阳区潘家园东里 9 号（国家方志馆4层）
邮　　编：100021
网　　址：http://www.zgfzcb.cn
发　　行：方志出版社图书营销中心（010-67110500）
印　　刷：山东麦德森文化传媒有限公司
开　　本：889毫米×1194毫米　1/16
印　　张：31.75印张　插页：4印张　地图：1幅
字　　数：898千字
版　　次：2023年12月第1版
印　　次：2023年12月第1次印刷
定　　价：380元

·版权所有　侵权必究·
（如有印装质量问题，请与我社图书营销中心联系）

沂水县党史和地方史志编纂委员会

名誉主任：陈士贤

主　　任：刘　铭

副 主 任：李晓冬　闫从发

委　　员：杨明升　刘增良　庄　琳　袁其周
葛京成　颜世全　公茂胜　徐而达
杨雪峰　王明艳

《沂水年鉴（2023）》编辑人员

主　　编：颜世全

副 主 编：贺卫东

执行主编：徐　艳

执行副主编：王新玲　王会考　韩　笑　张圆圆

编　　辑：陈永婷　张　恒　马　玮

序

国务院办公厅2015年8月印发的《全国地方志事业发展规划纲要（2015—2020年）》（以下简称《规划纲要》）要求，到2020年要做到地方综合年鉴一年一鉴，公开出版，实现省、市、县三级综合年鉴全覆盖。《规划纲要》还要求，坚持存真求实，正确处理质量与进度的关系，将精品意识贯穿于年鉴编纂出版工作全过程。2015年12月，中国地方志指导小组办公室启动中国年鉴精品工程，将其与先期实施的中国志书精品工程视为姊妹工程，一道作为加强地方志质量建设的重要抓手。

实施中国年鉴精品工程有助于推动中华优秀传统文化传承发展。近年来，在党中央、国务院的高度重视和关心支持下，全国地方志事业发展迎来最好的发展时期。年鉴编纂发端于欧洲，鸦片战争后被引入我国，在我国走过了100多年的发展历史。在长期的编纂中，年鉴在内容和形式上不断发展，逐渐演变成为适合反映中国国情、具有鲜明中国特色的一种文化载体，并在改革开放后出现了快速发展的局面。2006年5月，国务院《地方志工作条例》颁布施行，明确将地方综合年鉴纳入地方志工作范畴，年鉴工作走上了有法可依的轨道。《规划纲要》出台，为从依法编鉴转变到依法治鉴指明了方向。2016年12月，中国地方志指导小组印发《全国年鉴事业发展规划（2016—2020年）》，更进一步明确了到2020年全国年鉴事业的任务书、时间表、路线图。经过多年的发展，年鉴工作已经成为地方志工作的重要组成部分，成为中华民族优秀文化传统的有机组成部分，其存史、育人、资政作用日益彰显。实施中国年鉴精品工程，是年鉴工作者紧扣时代脉搏、坚持创新发展的一项重要举措，对于坚定文化自信，传承弘扬好中华优秀传统文化意义重大。

实施中国年鉴精品工程有助于为全面建成小康社会提供更多智力支持和历史借鉴。党的十八大作出全面建成小康社会的战略部署。党的十八届五中全会提出到2020年如期实现全面建成小康社会的目标要求。完成《规划纲要》确定的目标任务是年鉴工作者的神圣使命，更是年鉴工作者以自身力量为全面建成小康社会献上的厚礼。一方面，可以更好地利用年鉴这种年度资料性文献，及时记录各地区在全面建成小康社会伟大征程中每年取得的新成绩和新经验、出现的新情况和新问题、涌现的优秀人物和典型事迹等；另一方面，可以更好地积累地情、国情资料，为推动经济社会发展和深化改革提供智力支持，为推进国家治理体系和治理能力现代化提供历史借鉴。

实施中国年鉴精品工程有助于全面推进地方志事业转型升级。地方志不是单纯修志编鉴工作，而是全体方志人“修志问道，以启未来”的一项事业，这项事业包含着巨大的时代担当与使命追求。地方志工作要在“五大建设”总体布局和“四个全面”战略布局中发挥与其自身价值、功能相匹配的作用，就要因时而谋、乘势而上、顺势而为，全面推进地方志事业转型升级。转型升级，当下最重要的目标就是完成“两全”目标，包括“年鉴全覆盖”目标；长远的目标就是基本形成地方志编修体系、理论研究和学科建设体系、质量保障体系、资源开发利用体系、工作保障体系“五位一体”的地方志事业发展综合体系，包括“五位一体”的年鉴事业发展综合体系。中国年鉴精品工程是一项探索工程，也是一项创新工程，是推进地方志事业转型升级的重要内容。通过实施中国年鉴精品工程，不仅有助于确保年鉴质量，不断编纂出版具有鲜明时代特征、年度特点和地域特色的精品年鉴，也有助于推动年鉴工作适应经济社会发展形势和时代需要，不断改革创新，与时俱进。

多年来，在中国地方志指导小组办公室的指导和全国各级地方志工作机构的共同努力下，年鉴种类数量快速增长，年鉴成果粲然可观，为实施中国年鉴精品工程奠定了坚实的基础。实施中国年鉴精品工程，就是要在全国地方志系统起到示范作用，进一步培育精品意识，打造精品年鉴，以点带面，在提高年鉴质量方面探索出一条切实可行之路，使这项探索工程和创新工程能够积累经验，发挥引领作用。

“万山磅礴，必有主峰；龙衮九章，但挈一领。”实施中国年鉴精品工程，是筑牢地方志事业特别是年鉴事业发展根基之举，其意义与价值不言而喻。但编修出年鉴精品佳作，绝非朝夕之功，需要付出长期艰辛的努力。希望通过实施中国年鉴精品工程，能够进一步推进年鉴质量建设，使年鉴真正成为传承中华民族优秀传统文化的重要载体，成为展示中国国情、地情的重要窗口，成为“为当代提供资政辅治之参考、为后世留下堪存堪鉴之记述”的资源宝库，在全面建成小康社会过程中作出更大贡献。

是为序。

中国社会科学院原副院长
原中国地方志指导小组常务副组长

编辑说明

一、《沂水年鉴》是中共沂水县委、沂水县人民政府主办，中共沂水县委党史研究中心（沂水县地方史志研究中心）编纂的年度资料性文献，旨在全面、系统、准确记述沂水县自然、政治、经济、文化、社会和生态建设等方面综合情况，为各级领导决策提供依据，为各行各业提供信息咨询，为社会各界了解沂水、研究沂水提供服务。2000 年首次出版，本卷为第 17 卷。

二、《沂水年鉴（2023）》以马克思列宁主义、毛泽东思想、邓小平理论、“三个代表”重要思想、科学发展观、习近平新时代中国特色社会主义思想为指导，坚持辩证唯物主义和历史唯物主义的立场、观点和方法，紧紧围绕县委、县政府中心工作，全面客观地反映各级党委、政府的主要工作和各部门、各行业的发展情况，力求做到观点正确、框架科学、资料翔实、记述准确、编写规范、特色鲜明。

三、本卷年鉴记述时限为 2022 年 1 月 1 日至 2022 年 12 月 31 日。为保持资料的完整性、延续性，部分内容适当上溯或下延。

四、本卷年鉴采用分类编辑法，主体内容分类目、分目、条目三个层次，部分分目下设次分目，以条目为基本记述单元。卷首设专题图片、特载、专文、大事记，卷尾设附录、索引。主体内容设以下类目：县情概览、中国共产党沂水县委员会、沂水县人民代表大会、沂水县人民政府、中国人民政治协商会议沂水县委员会、中共沂水县纪律检查委员会 沂水县监察委员会、群众团体、法治、军事、经济管理、中国食品城、农业、工业、建筑业、商贸服务业、金融业、旅游业、房地产业、开放与合作、交通、水利、城市建设、乡村振兴、生态环境保护、科学技术、教育、文化、卫生健康、体育、社会生活、应急管理、街道 乡镇、人物 荣誉。本卷收录 33 个类目、268 个分目、1501 个条目、表格 52 个、随文图片 182 幅、延伸阅读 3 篇。

五、本卷年鉴专题图片设年度聚焦、非凡十年 • 沂水答卷、中国县域旅游综合实力百强县、中国食品城 4 个专题。主体内容框架结构较上卷作适当调整：增加“中国食品城”类目；将“重点产业”类目并入“工业”类目；将“城乡建设”类目分设为“城市建设”和“乡村振兴”两个类目；将“教育体育”类目分设为“教育”和“体育”两个类目；将“沂水概览”类目更名为“县情概览”，“开放型经济”更名为“开放与合作”，“生态环境”更名为“生态环境保护”。

六、本卷年鉴所用数据，首以统计部门公布或认定的数字为准，个别数据因统计口径不同等原因，在不同条目中不尽一致，使用时请注意出处；数字、标点符号分别执行国家标准《出版物上数字用法》（GB/T 15835—2011）、《标点符号用法》（GB/T 15834—2011）；计量单位采用国家技术监督局 1993 年 12 月发布的《量和单位》系列国家标准。鉴于实际工作需要和方便读者使用，个别计量单位仍保留少量市制。

七、本卷年鉴稿件和随文图片多由各乡镇（街道）、县直各部门各单位提供，专人撰写，主要负责人审核。

八、本卷年鉴配备双重检索系统，卷首刊有中文目录，卷末配有主题索引、照片索引和表格索引。

数字沂水 2022

◎ 土地总面积 **2414** 平方千米

◎ 常住总人口 **118.5** 万人

◎ 生产总值 **544.2** 亿元

◎ 第一、二、三产业结构占比 **10∶41.4∶48.6**

◎ 农林牧渔业总产值 **106.6** 亿元

◎ 规模以上工业产值 **730.1** 亿元

◎ 现代服务业增加值 **139.9** 亿元

◎ 一般公共预算收入 **26.2** 亿元

◎ 一般公共预算支出 **76.2** 亿元

◎ 社会消费品零售总额 **204.2** 亿元

◎ 进出口总额 **179.9** 亿元

◎ 本外币存款余额 **765.1** 亿元

◎ 本外币贷款余额 **493.9** 亿元

◎ 城镇居民人均可支配收入 **45216** 元

◎ 农村居民人均可支配收入 **19515** 元

◎ 接待游客 **770.7** 万人次

◎ 旅游总收入 **78.6** 亿元

◎ 食品生产企业 **560** 家

◎ 食品加工产能 **600** 万吨

年度聚焦

沂河两岸

2022 年，沂水县统筹新冠疫情防控和经济社会发展，明确“建设市域副中心、打造发展新高地、建设秀美新沂水”总体发展定位，擘画“12676”总体思路，推进七县建设战略行动稳步实施，获“中国创新百强县”“全国绿色发展百强县”等称号，连续 3 年获评全省县域经济高质量发展先进县，新时代现代化强县建设开局良好。

（王文剑　摄）

党的二十大精神学习宣传贯彻

2022 年，沂水县将学习宣传贯彻党的二十大精神作为首要政治任务，通过专题学习班、“红喇叭”工程、乡村“小板凳”宣传队等灵活多样的形式，把全县党员干部群众的思想统一到党的二十大精神上，把力量凝聚到党的二十大确定的各项任务上。

2022 年 10 月 15 日，沂水县在文峰广场举办“喜迎二十大 · 第一书记抓党建促乡村振兴”成果展
（县网信中心　供图）

2022 年 10 月 16 日，中国共产党第二十次全国代表大会在北京人民大会堂隆重开幕。图为沂水县收听收看党的二十大开幕会盛况
（县网信中心　供图）

2022 年 11 月 29 日，沂水县领导干部党的二十大精神专题学习班（第一期）开班式在县委党校举行
（县网信中心　供图）

工业强县蓄能起势

2022 年，沂水县坚持工业强县首位战略，构建起以高端食品、装备制造、纺织服装为主导，以新材料新能源、生物产业等战新产业为突破的“3+1”现代产业体系，出台金融、人才、服务等系列惠企政策，培强骨干企业，做强项目支撑，集聚工业发展蓬勃动能。

2022 年 5 月 11 日，沂水县重点招商引资项目签约仪式举行

（县网信中心　供图）

2022 年 7 月 28 日，市级银行支持沂水“七县战略”合作协议签约仪式举行

（县网信中心　供图）

2022 年 2 月 18 日，沂水县举行三众商学院第二期总裁研修班开班仪式

（县网信中心　供图）

山东永丰轮胎有限公司专业生产各种子午线轮胎，进出口额位居全市工业企业前列。图为公司生产车间

（县工信局　供图）

2022 年，山东泓达生物科技有限公司入选第四批国家级专精特新“小巨人”企业，是沂水县第一家纳税过 3 亿元的工业企业。图为该公司厂区

（县工信局　供图）

农业稳县强基固本

2022 年，沂水县聚焦农业稳产保供、农民稳步增收、农村稳定和谐，统筹推进“三区”同建、“长三角”农产品供应基地培育、农村信用体系建设等，成功争创全省首批现代农业强县，获评全国农作物病虫害绿色防控整建制推进县。

2022 年 9 月 21 日，“庆丰收 迎盛会”山东 · 临沂庆祝 2022 年中国农民丰收节活动在沂水县开幕

（王文剑　摄）

院东头镇乡村振兴示范片区　（院东头镇　供图）

现代农业园区汇博园全景

2022 年 7 月 1 日，沂水县人民政府、山东农业大学乡村振兴战略合作协议签约仪式举行

（县网信中心 供图）

2022 年，黄山铺镇尧崖头村开展美德信用积分兑换大集活动

（县委宣传部 供图）

（徐在伟 摄）

黄山铺镇美丽乡村示范片区

（王久传 摄）

科教兴县赋能活跃

2022 年，沂水县坚持优教兴县，推动义务教育均衡发展、高中教育质量提升、职业教育多元突破、高等教育产教融合，实施“一十双百”工程，培育 210 名教育领军人才。坚持聚才兴业，实施“人才强企”三年计划，培养本土人才，广聚各类英才。坚持科创兴企，强化企业创新主体地位，加快科技创新成果转化。

2022 年 2 月 3 日，沂水县召开归雁兴沂共话发展高层次人才新春座谈会　　　（县网信中心　供图）

2022 年 9 月 9 日，沂水县“一十双百”培育工程颁奖典礼在县市民文化艺术中心举行

（县网信中心　供图）

2022 年 5 月 15 日，沂水人才公园开园，是临沂市首个以人才为主题的公园　　（县网信中心　供图）

2022 年，沂水县投资 8.9 亿元推动义务教育学位保障工程建设，启动 13 所义务教育学校的新建和扩建，图为新建的沂水县特殊教育学校　　（唐洪杰　摄）

山东隆科特酶制剂有限公司为中国轻工业发酵行业十强企业，2021—2022 年，连续两年入选山东省科技领军企业　　（县工信局　供图）

生态立县擦亮底色

2022 年，沂水县依法、科学、精准治理环境，推进山水林田湖草沙一体化保护和修复，深入打好污染防治攻坚战，全面提升生态环境质量，让沂水青山常在、绿水长流、空气常新。全年空气质量优良天数 293 天，全市第一。

2022 年，沂水县空气质量综合指数 4.35，空气质量优良天数 293 天，全市第一。图为沂水县跋山水库　（杨高田　摄）

2022 年 1 月，沂水县第四污水处理厂运行　（县住建局　供图）

垃圾分类
（席朝阳　摄）

2022 年，沂水县加强垃圾焚烧处理设施建设。图为沂水沂清环保能源有限公司开发的生活垃圾焚烧发电项目
（于涛　摄）

2022 年 7 月 11 日，沂水县实施水域治理，保障良好水环境
（赵磊　摄）

商贸富县行疾步稳

2022 年，沂水县坚持内外联动、打通循环，多渠道支持灵活就业、鼓励自主创业，全方位促进消费升级、开拓消费市场，高水平扩大对外开放、稳定外资外贸，立体化构建物流体系、完善物流网络。入围全国县域流通服务网络强县。

沂水县围绕“夜沂水”品牌，创新“夜经济”形态，打造彩虹小镇、沂河三桥旅游区等景区，促进夜间消费，拉动手造产品、非遗产品的转型升级。图为彩虹小镇夜景　　（县文旅中心　供图）

刘南宅步行街

（张恬语　摄）

2022 年 4 月，公路物流项目——山东传宝物流园二期传宝大厦建成并投入使用　　（管冰　摄）

2022 年 4 月 2 日，沂水县被确定为全省农村客货邮融合发展样板县　　（管冰　摄）

文旅活县逆境闪光

2022 年，沂水县统筹农村与城市、文化与旅游，加快建设全景沂水，发展全域旅游。被评为全国县域旅游竞争力百强县、全国县域旅游综合实力百强县、山东文旅康养强县。

2022 年 9 月 15 日，沂水县创作的舞台剧《红石崮》被评为“喜迎二十大 奋进新征程”山东省优秀剧目展演剧目 （县网信中心 供图）

2022 年，沂水县特设“沂河文艺奖”，该奖项为全县最高文艺奖项，每 3 年一届。图为 7 月 26 日，首届“沂河文艺奖”颁奖典礼在县市民文化艺术中心举行 （县网信中心 供图）

2022 年 10 月 27 日，沂水县沂蒙花开旅游区被评定为国家 AAAA 级旅游景区

（县文旅中心　供图）

2022 年 6 月，沂水县市民文化艺术中心投入使用　　（县网信中心　供图）

跋山遗址先后入选山东百年百项重要考古发现、2021 年度山东省五大考古新发现。图为 2022 年 9 月 6 日启用的跋山遗址考古工作方舱及出土的部分文物　　（尹纪亮　摄）

依法治县渐序发力

2022 年，沂水县一体化推进法治政府、法治社会建设，引导干部带头遵法守法，促进全民学法用法，推进社会良治善治，“办事依法、遇事找法、解决问题用法、化解矛盾靠法”的良好法治氛围逐步形成。

2022 年 1 月 11 日，全省法治公安建设高质量发展现场推进会在沂水县召开　　（县网信中心　供图）

2022 年 6 月 17 日，沂水县司法局联合县人民法院开展行政机关工作人员旁听庭审活动

（刘志芳　摄）

2022 年 11 月 24 日，沂水县实验小学开展“宪法第一课”活动（武英华　摄）

2022 年 5 月 19 日，沂水县执业律师宣誓（孟小力　摄）

非凡十年·沂水答卷

十年来，沂水县高举发展大旗，聚焦新旧动能转换，持续深化改革，推进城乡统筹建设，坚持绿色可持续发展之路，聚力增进民生福祉，与全国全省一道如期打赢脱贫攻坚战、如期全面建成小康社会，交出一份厚重提气、振奋人心的“十年答卷”。全县地区生产总值从2013年的291.4亿元增加到2022年的544.2亿元，一般公共预算收入是2013年的1.5倍，城乡居民人均可支配收入分别是2013年的1.8倍、1.9倍。

庐山新材料高科产业园

（县经济开发区　供图）

活力沂水

十年来，沂水县接续推动新旧动能转换，坚持向改革要动力、向开放要活力，工业转型步伐加快，乡村振兴全面起势，基础设施提档升级，发展环境持续优化。

自 2017 年始，沂水县大力实施“125”工程，以重点带动全局，推动县域经济社会高质量发展。图为 2017 年 2 月 21 日，沂水县召开“125”工程誓师大会　（县网信中心　供图）

2020 年 9 月 3 日，山东玻纤集团股份有限公司在上海证券交易所上市，为沂水县第一家国内 A 股上市公司　（县网信中心　供图）

宝美隆（山东）智能制造科技有限公司专注于工程机械与农用机械精密零部件制造专业化生产。2022 年，公司生产销轴类配套产品 18 万台套，产销居全国首位。图为公司生产的智能化产品

（县网信中心　供图）

山东恒泰纺织有限公司是国家级高新技术企业、中国产业用绒布研发基地，生产的多项单品市场占有率位居全国第一。公司整体搬迁升级改造项目入选 2022 年市重点项目。图为公司纺纱车间

（县工信局　供图）

2022 年，沂水县获评中国创新百强县，连续 3 年获评全省县域经济高质量发展先进县。图为沂水县经济开发区

（县网信中心　供图）

2016 年 4 月 16 日，鲁南现代国际商贸物流城（华隆五金建材城）举行开业典礼　　　　　　　　　　（鲁南现代国际商贸物流城　供图）

沂水县深入推动数字沂水、智慧沂水建设，为山东省新型智慧城市建设试点县。2021 年 9 月 16 日，沂水县在全省新型智慧城市建设现场培训会上作新型智慧城市建设经验分享　　　　　　　　（县网信中心　供图）

沂水县深入实施品牌战略，于 2018 年 9 月举办“沂水十品”评选活动。图为评选出的典型性、代表性特色十品 （县委宣传部　供图）

2013 年 1 月，长深高速公路沂水段通车 （县公路中心　供图）

2019 年 1 月 21 日，沂水县举行庆祝改革开放四十周年大会　　（县网信中心　供图）

2020 年 11 月 19 日，话剧《樱桃崮下》在京演出。该话剧取材于沂水县实施殡葬改革中发生的真实案例，为全国首部反映殡葬改革的方言话剧　　（县网信中心　供图）

秀美沂水

十年来，沂水县坚定不移走生态优先、绿色发展之路，内外兼修、协同推进，全力建设生态宜居秀美新沂水。深化东西两城同建，实施 50 项城建重点工程。打好污染防治攻坚战，空气质量持续改善，万元 GDP 能耗连年下降。河湖长制落实受国务院表彰激励，连续 5 年跻身“全国绿色发展百强县”，入选 2022 年度山东省生态文明强县。

2017 年 12 月 20 日，正阳大桥建成通车　（管冰　摄）

泉庄镇群崮

2020 年 7 月 1 日，启阳大桥建成通车 （管冰 摄）

2022 年 10 月 16 日，沂水县第一座独塔斜拉桥——金澜湾沂河大桥建成通车 （县网信中心 供图）

（孙德智 摄）

沂城水岸　　（张鹏　摄）

小沂河湿地周边

2020 年 9 月 4 日，诸葛镇耿家王峪村被评为中国美丽休闲乡村　（县网信中心　供图）

（县委宣传部　供图）

幸福沂水

十年来，沂水县坚守为民初心，聚焦就业、教育、医疗、住房、养老等领域，持续推进普惠性、基础性、兜底性民生建设，每年滚动实施多项重点民生工程，民生支出占比保持在80%以上。以改革惠民生，“惠民礼葬”殡葬改革和“喜事新办”婚俗改革使群众幸福指数大幅提升，群众满意度调查连年稳居全省前列。

2019年11月28日，全国殡葬综合改革试点工作座谈会在沂水县召开
（县网信中心　供图）

2019年6月28日，沂水县举行首批巡游出租汽车运营启动仪式　（县交通运输局　供图）

沂水县赋成书院获2022年临沂市“最美阅读空间”
（赋成书院　供图）

沂水县实施婚俗改革，喜事新办成新风尚。图为2020年9月25日，“婚俗改革 花开沂水”集体婚礼在赛石 · 沂水花彩小镇举行
（王文剑　摄）

2021 年，沂水县组建一体化教育集团，均衡教育资源配置，着力构建合理均衡的高质量现代化教育体系。图为资源整合后的沂水县第四实验中学　（张瑞林　摄）

2022 年 12 月，沂水县人民医院西城院区建成并试运行　（县人民医院　供图）

2021 年 11 月 20 日，后马荒棚户区改造安置房交付回迁启动仪式举行 （县网信中心　供图）

沂水县先后被评为全国脱贫攻坚典型县、全省脱贫攻坚先进县等，是全国扶贫经验交流示范基地和全省第一批农村改革试验区。图为夏蔚镇连崮峪村易地扶贫搬迁项目 （夏蔚镇　供图）

2021 年 6 月 21 日，沂水县第十一届全民健身运动会太极拳汇演在文峰广场举行　（王文剑　摄）

轮滑少年 （陈希柱　摄）

2021 年 1 月 2 日，夏蔚镇朱家坪村“暖心食堂”正式开放

（夏蔚镇　供图）

2021 年 5 月 23 日，“农商银行杯”首届沂水马拉松开赛

（郭其祝　摄）

红色沂水

沂水县是革命老区、红嫂的故乡、沂蒙精神的重要发祥地之一。十年来，沂水县立足红色资源丰厚优势，聚力沂蒙精神的挖掘、诠释、弘扬，保护红色阵地，新建、提升红色场馆，创作红色文化精品，打造红色研学路线……让沂蒙精神在沂水绽放出新时代的光芒。

中共中央山东分局旧址　（夏蔚镇　供图）

《大众日报》创刊地印刷所旧址及纪念碑　（夏蔚镇　供图）

孟良崮战役陈毅指挥所纪念碑

（夏蔚镇　供图）

八路军山东纵队卫生部直属后方医院纪念馆

（泉庄镇　供图）

葛庄战役纪念馆

（诸葛镇　供图）

至 2022 年底，沂水县有沂蒙红色堡垒镇 4 个，红色堡垒村 12 个。图为 2022 年 8 月 1 日公布的第三批沂蒙红色堡垒镇——泉庄镇

（杨明玉　摄）

2019 年 9 月 6 日公布的第一批沂蒙红色堡垒村——夏蔚镇云头峪村

（夏蔚镇　供图）

山东省第一面党旗陈列馆

（泉庄镇　供图）

沂水革命纪念馆
（县退役军人事务局　供图）

沂蒙红嫂祖秀莲纪念馆
（县委组织部　供图）

西墙峪红色记忆馆
（县委组织部　供图）

出版发行的部分红色文化作品　（张圆圆　摄）

2022 年七一前夕，夏蔚镇组织党员到沂蒙山根据地举行重温入党誓词活动　（夏蔚镇　供图）

2019 年清明节期间，沂水县实验中学组织学生到沂蒙山根据地开展红色研学活动（县教体局　供图）

2022 年 9 月 26 日，沂水县“喜迎二十大 奋进新征程‘星火沂蒙 红色沂水’红色堡垒故事”演讲比赛在县委老干局举办（朱敬刚　摄）

中国县域旅游综合实力百强县

沂水旅游从2002年起步并迅速发展。2022年，沂水县全面实施文旅活县战略，培育“山东好客·沂水情长”地域文旅品牌，先后入选全国县域旅游竞争力百强县、全国县域旅游综合实力百强县。至年底，全县建设国家A级旅游景区43处，其中国家AAAAA级旅游景区1处、国家AAAA级旅游景区5处。

沂水三桥旅游区夜景

（牛思嵋　摄）

2012 年，沂水县实施“建设全景沂水 · 发展全域旅游”战略。2019 年 12 月 26 日，沂水县被评为山东省全域旅游示范区　　　（县文旅中心　供图）

2017 年 2 月 17 日，山东龙冈旅游股份有限公司在全国中小企业股份转让系统（新三板）挂牌

（县文旅中心　供图）

2014 年 4 月 1 日，沂水县旅游局参与制定的《沐浴温泉水质要求》标准被国家旅游局认定为旅游行业标准。图为东方瑞海国际温泉度假村　（县文旅中心　供图）

2022 年 6 月 26 日，2021 年度山东省文旅康养强县授牌仪式举行，沂水县被评为首批山东省文旅康养强县

（县文旅中心　供图）

2021 年 4 月 6 日，沂水县地质文化旅游产业集群被评为山东省“十强”产业“雁阵形”集群。图为地下大峡谷溶洞（县文旅中心　供图）

沂水县首家国家 AAAAA 级旅游景区——萤火虫水洞 · 地下大峡谷旅游区　　（县文旅中心　供图）

地下大峡谷地下暗河漂流

萤火虫观赏区

沂水旅游荣誉

中国优秀旅游目的地
全国旅游标准化示范县
全国休闲农业与乡村旅游示范县
全国县域旅游综合实力百强县
中国县域旅游综合竞争力百强县
中国旅游百强县
山东省全域旅游示范区
山东省“十强”产业“雁阵形”集群
山东省优质旅游服务基地
山东省文旅康养强县
山东省文化和旅游产业先进县

（县文旅中心　供图）

沂水县首家国家 AAAA 级旅游景区——雪山彩虹谷风景区。至 2022 年底，全县有国家 AAAA 级旅游景区 5 处（县文旅中心　供图）

沂水县首家国家 AAA 级旅游景区——沂蒙山根据地。至 2022 年底，全县有国家 AAA 级旅游景区 16 处（县文旅中心　供图）

2022 年，沂水县开展“以红带绿、以绿映红、红绿相映、多彩沂水”精品线路提升打造，稳步实施“文旅活县”战略。图为桃棵子红色旅游区

（县文旅中心　供图）

2019 年 5 月 25 日，市级非物质文化遗产沂蒙小棉袄参加第二届世界老年旅游大会老年游学产品路演

（县文旅中心　供图）

2022 年，沂水县持续推进“沂蒙乡愁”精品民宿建设，至年底，有五星级民宿 1 家，四星级民宿 3 家。图为云水间民宿

（县文旅中心　供图）

中国食品城

食品产业是沂水县传统支柱产业，历经40年的发展，逐步形成基础扎实、优势突出、特色鲜明的食品产业集群。玉米淀粉精深加工、功能休闲保健食品和优质食品添加剂生产三大产业链日趋完善。2022年，沂水县明确食品产业“一号产业”定位，聚焦以“质”创品，壮大优质企业，布局食品产业转型升级低碳示范园建设，培育优良产业生态，打造全国重要食品产业基地。沂水县先后被评为全国食品工业强县、中国食品城、中国优质饼干加工示范基地、全国食品安全示范县等。

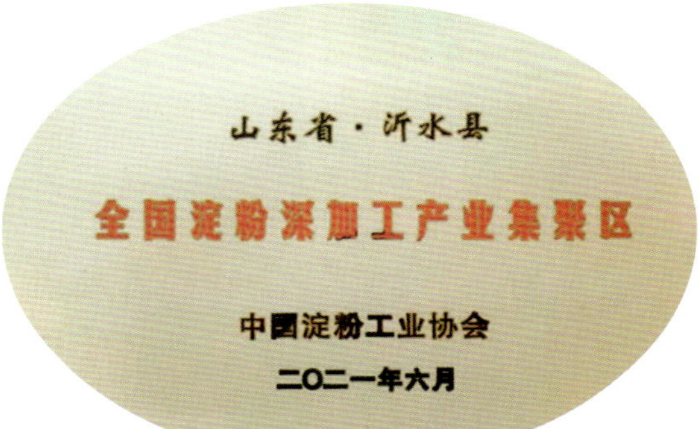

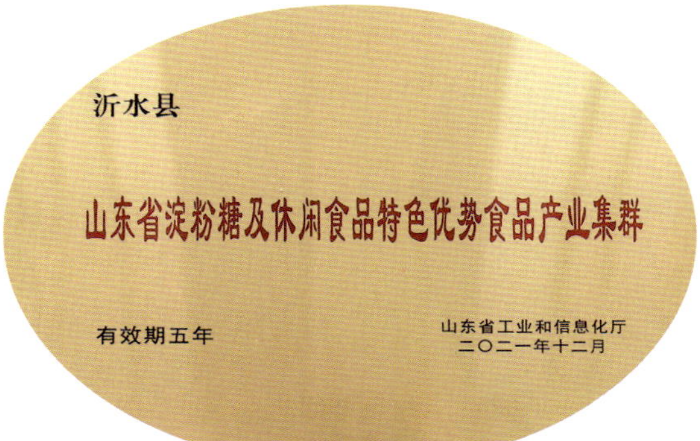

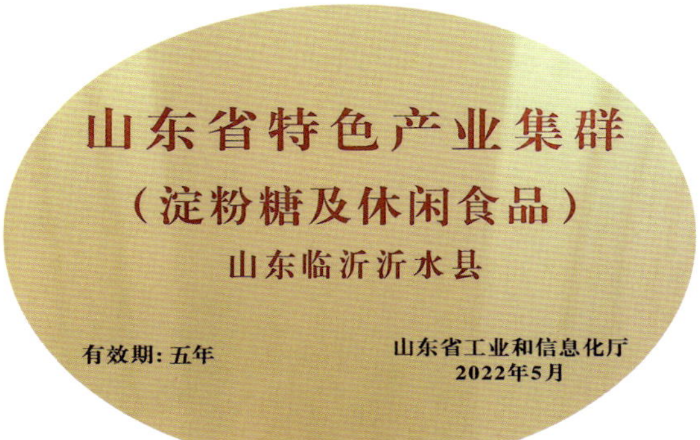

沂水县食品产业建有博士后工作站 2 个、国家级研发平台 4 个，承担国家 863 计划 4 项、火炬计划 3 项，参与修订国家标准、行业标准 31 项。图为 2020 年 8 月 18 日，姚斌院士工作站揭牌仪式举行

（县网信中心　供图）

沂水县高端食品产业园展厅（张立东　摄）

休闲食品产业以饼干、糕点、方便食品、糖果生产为主，2022 年有生产企业 440 家，占全县食品企业的 75%。其中，饼干、糕点、糖果产销位居全国前列，沙琪玛、紫皮糖果是全国最大的生产基地。

中国食品工业百强企业、农业产业化国家重点龙头企业、“好品山东”品牌——青援食品有限公司饼干生产线 （县网信中心　供图）

山东诺好佳食品有限公司年产休闲面包 3.5 万吨，产量位居全国第三 （县委宣传部　供图）

中国糕点制造业十强企业——山东鼎福食品有限公司生产线 （县网信中心 供图）

2022 年 5 月 6 日，沂水县淀粉糖及休闲食品入围山东省特色产业集群。图为亿佰利食品有限公司沙琪玛生产线 （县食品产业协会 供图）

食品添加剂产业链条完整，产品有食品工业用酶制剂、柠檬酸、山梨糖醇、烟酰胺等，种类丰富，产量高，畅销国际国内市场。

七星柠檬科技有限公司柠檬酸生产规模位居全国前列　　（县工信局　供图）

山东隆科特酶制剂有限公司为中国轻工业发酵行业十强企业，2022 年生产新型酶制剂 10 万吨，国内市场占有率 20% 以上　　（县工信局　供图）

玉米淀粉精深加工产业集群以鲁洲生物科技（山东）有限公司、沂水大地玉米开发有限公司等企业为主，年产淀粉糖及相关产品 180 万吨，玉米淀粉精深加工产能占全国的 10%。

鲁洲生物科技（山东）有限公司是集科、工、贸于一体的综合性农产品深加工企业，公司规模和市场份额居国内淀粉糖行业前列　（张立东　摄）

2022 年，投资 13.6 亿元的创优生物全产业链智慧工厂项目落地建设，连续 3 个季度被评为临沂市“十快”项目。图为新建设的精炼油设备　（县工信局　供图）

沂水县聚力打造食品领域多元化营销网络，通过传统营销、展会推介、电子商务、私域流量等渠道，精准开拓市场。

2020 年 9 月 23 日，由山东广播电视台综艺频道、沂水县文化旅游局主办的 2020 沂水县首届电商直购带货节食品产业专场在雪山彩虹谷景区举行　（山东亲情沂蒙旅游有限公司　供图）

2022 年 7 月 29 日，山东盖能食品有限公司参展第三届中部食品博览会
（县食品产业协会　供图）

目 录

中国共产党沂水县委员会

沂水县人民代表大会

沂水县人民政府

中国人民政治协商会议
沂水县委员会

中共沂水县纪律检查委员会 沂水县监察委员会

群众团体

法　治

军 事

经济管理

中国食品城

农　业

工 业

建筑业

商贸服务业

金融业

旅游业

房地产业

开放与合作

交　通

水　利

城市建设

乡村振兴

生态环境保护

科学技术

教　育

文 化

卫生健康

体 育

社会生活

应急管理

街道　乡镇

人物　荣誉

附　录

索　引

县委常委会工作报告

——2022年12月2日在中共沂水县十五届二次全会上

中共沂水县委书记　陈士贤

2022年，新一届县委常委会接过沂水事业发展的"接力棒"，坚持以习近平新时代中国特色社会主义思想为指导，认真落实省委、市委工作安排，锚定建设市域副中心、打造发展新高地、建设秀美新沂水的总体发展定位，振奋精神、真抓实干，各项工作取得新成效。

一、坚持思想领航，用习近平新时代中国特色社会主义思想统领一切工作

县委常委会坚持把政治建设摆在首位，在学思践悟中提高政治能力，带动各级坚定拥护"两个确立"、坚决做到"两个维护"。

一是做深做实理论武装。深化"第一议题"制度，习近平总书记每次发表重要讲话、作出重要指示批示，县委常委会都第一时间传达学习、研究贯彻落实意见，全年共集中学习23次。落实市委部署，在各级理论学习中心组开展学习、调研、工作"三位一体"，在机关开展"学理论、悟思想、见行动、创一流"，在基层开展"讲故事、学理论"，组织各类活动1.2万余场次，引导党员干部增进政治认同、思想认同、理论认同和情感认同。

二是科学谋划发展思路。认真研究沂水发展与上级决策部署的契合点，自抬标杆、自我加压，按照市委、市政府对沂水提出的殷切期望，立足当好沂蒙革命老区现代化建设旗帜中的旗帜，谋划提出"12676"总体工作思路，全力实施七县建设战略行动，为全县发展定准方向、找准路径，搭建起现代化强县建设的四梁八柱。

三是推动工作落实落地。完善"第一督查"制度，建立"第一台账"，推动习近平总书记重要指示要求和中央决策部署在沂水落地生根、开花结果。实施2022年度"231"工程，对20项重点工作重大工程、34家重点企业、118个重点项目，全部落实包保县领导和工作专班，设立"龙虎榜"，推动各项工作高效落实。1—9月，全县完成地区生产总值408.6亿元、增长4.7%；1—10月，实现一般公共预算收入24亿元、增长13.6%，固定资产投资、规上工

业增加值、进出口总额、限额以上消费品零售总额分别增长23.2%、11.8%、12.1%、6.1%，增幅高于全省、全市平均水平。在上半年全市“夺旗打榜”活动中夺得5面红旗、3个第一，7月份夺得4面红旗、2个第一。

二、全面聚焦聚力，为党的二十大胜利召开创造良好环境

县委常委会坚决落实习近平总书记关于“疫情要防住、经济要稳住、发展要安全”的重要指示要求，围绕服务保障党的二十大，高效统筹疫情防控和经济社会发展，努力保持良好发展态势。

一是精准抓好疫情防控。坚定不移落实“外防输入、内防反弹”总策略和“动态清零”总方针，不折不扣抓好“5+1”工作部署，做实“4+3”日常防控和“4个3”应急处置，努力以快制快、以准制快，有效处置突发疫情。坚决落实进一步优化疫情防控工作二十条措施，及时调整指挥体系，科学开展精准防控。持续加强能力建设，有力支撑疫情防控基本盘。

二是全力稳住经济运行。面对疫情冲击、经济下行等复杂局面，县委常委会坚决扛牢经济大县责任，狠抓“六稳”“六保”任务落实，推动经济稳中向好、进中提质。严格执行国务院稳经济一揽子政策、省政府四批“稳中求进”高质量发展政策清单，推动直达直享，1—10月份累计减税降费8.5亿元。加强经济运行监测分析，建立重点产业项目全流程服务管理机制、问题闭环化解机制，精准破解企业困难问题166个，优化施工许可审批做法入选全省案例。

三是坚决守牢“一排底线”。建立“一排底线”联席会议制度，对苗头性隐患即时预警，对问题突出的领域精准指导，防止矛盾叠加碰头。坚持天道酬勤，抓牢安全生产，1—10月生产安全事故起数、死亡人数同比分别下降27.3%和45.5%。加强金融风险防范处置，金融机构不良贷款率低于全市平均水平。强化平安沂水建设，高质量完成了党的二十大维稳安保任务。

三、精心组织安排，迅速掀起学习宣传贯彻党的二十大精神热潮

县委常委会把学习宣传贯彻党的二十大精神作为首要政治任务，聚焦全面学习、全面把握、全面落实，精心组织、周密部署，切实把思想和行动统一到党的二十大部署要求上来。

一是迅速传达学习。11月10日，县委常委会召开会议，传达学习党的二十大精神，研究贯彻落实意见。启动两期领导干部党的二十大精神专题学习班，全县各级党组织累计开展各种学习活动2100余次，推动党的二十大精神入脑入心、走深走实。

二是开展宣讲活动。11月2日、21日，分别收听收看了中央、省委宣讲团党的二十大精神报告会；11月14日，召开全县宣讲动员会，部署安排县委宣讲团组建和宣讲任务，推动各级党员领导干部到基层单位开展宣讲，组织各级党代表深入群众宣讲，推动党的二十大精神走进基层、走进群众。

三是深化新闻宣传。大会闭幕后，县融媒体平台进行了精心策划、集中报道，开设“深入学习宣传贯彻党的二十大精神”栏目，制作推出了一批融媒体产品，推动形成正面舆论强势，唱响主旋律、汇聚正能量，最大限度凝聚社会共识。

四、实施七县战略，全面加快新时代现代化强县建设步伐

落实市委现代化强市“八大战略”，全力实施七县建设战略行动，5月18日被省政府授予县域经济高质量发展先进县，连续3年获评。

一是工业强县战略行动初见成效。育强主导产业，出台工业十条、金融十条、服务十条、人才十条，设立1.6亿元工业高质量发展专项资金，全力构建“3+1”产业体系，加快推进高端食品、装备制造、纺织服装产业转型升级，大力培植以新材料新能源为主的战新产业，淀粉糖及休闲食品产业入选省特色产业集群。1—10月，实现规上工业产值593.6亿元、增长17%，税收16.7亿元、增长3.9%。

培强骨干企业，先后召开骨干型企业家座谈会、成长型企业家座谈会、市行行长沂水行暨金融服务实体经济发展对接会、“企业上市政策”专题报告会、扩大信贷投放座谈会，创新企业家餐叙制度，全力扶企助企，纳税过千万元工业企业达20家，其中过亿元5家、过2亿元2家。做强项目支撑，梳理10条特色产业链，绘制招商地图，开展链式招商，市认定招商项目111个、到位资金95.1亿元；获批地方专项债券项目33个、资金64.6亿元；争取政策性开发性金融工具项目4个、总投资13.5亿元。

二是农业稳县战略行动首战告捷。加快乡村振兴示范片区、美丽乡村示范片区、衔接乡村振兴集中推进区“三区同建”，新培育长三角农产品供应基地11处，4月成功争创全省现代农业十强县、获得奖励资金1亿元，在11月全市乡村振兴观摩中取得第一名。深化农村改革，开展农村信用体系建设试点，积极构建“信用+乡村治理”格局；扎实推进省级农村改革试验区建设，累计办理股权质押贷款5.6亿元，居全省县域第一；抓好农村宅基地改革，做法入选全省典型案例、农业农村部发文推广。深化农村人居环境整治，新创建省级美丽乡村5个、市级10个；健全农村废弃物综合利用体系，被评为全省秸秆综合利用绩效评价优秀县，入选全省乡村振兴典型案例。

三是科教兴县战略行动赋能活跃。激发企业创新驱动力，在全省率先实行企业科技指导员制度，实施工业技改项目158个，其中过亿元18个，完成投资90.6亿元，新培育国家级专精特新“小巨人”企业3家，省制造业单项冠军企业2家，省级专精特新企业20家、“瞪羚”企业3家，省技术创新示范企业2家，高新技术产业产值占比达58%。加快推进“才智沂水”建设，设立1000万元创新创业人才专项基金，入选国家级高层次人才项目1个、获评泰山产业领军人才项目1个、申报国家“万人计划”1名，入选全省“青年人才首选山东20强城市”。实施教育“一十双百”培育工程，对首批名校长、名班主任、名师进行表彰，新建、改扩建学校13处，让全县最美的地方是校园，把最好的待遇给老师。

四是生态立县战略行动擦亮底色。投资6.9亿元推进山水林田湖草沙一体化保护和修复工程，1—10月空气质量综合指数同比改善2.8%，优良天数246天，全市第一，省控以上地表水考核断面水环境质量改善16.4%。在全省率先开展碳排放权标准化质押贷款试点，入选全省典型案例。高质量完成国土空间规划“三区三线”划定，绘制了可持续发展的空间蓝图。

五是商贸富县战略行动行疾步稳。实施促进消费系列举措，提振汽车、家电、住房等大宗消费，1—10月商品房销售54.9万平方米；编制《沂水县商业网点规划方案》，打造刘南宅、彩虹小镇等省市级步行街，4个村创建“淘宝村”、1个镇创建“淘宝镇”，实现网络零售额11.4亿元，被评为全省农村“客货邮”融合发展样板县，入围全国县域流通服务网络强县培育名单。落实稳外资稳外贸系列举措，新增外贸备案登记企业72家，进出口额过亿元企业达11家；实际利用外资5380万美元。

六是文旅活县战略行动逆境闪光。坚持以红带绿、红绿融合，打造提升文旅精品线路，专拨200万元提振旅游消费，1—10月接待游客690.6万人次、实现旅游总收入72.3亿元，6月成功争创全省文旅康养十强县，11月获评中国旅游百强县市。专拨100万元设立“沂河文艺奖”并颁发首届奖项，汇聚文艺力量，为发展加油鼓劲。创作演出大型红色舞台剧《红石崮》，获评全省优秀展演剧目；纪王崮墓群入选第一批省级考古遗址公园立项名单，跋山遗址被评为第六批省级文保单位。

七是依法治县战略行动渐序发力。创新实施县乡两级协调监督行政执法试点，村居（社区）法律顾问实现全覆盖，国家级涉案企业合规改革试点顺利通过验收。深化信访“四初”办理机制，年内市、省、京三级访全市最少，获评全国信访工作示范县。常态化推进扫黑除恶，重拳开展夏季治安打击整治“百日行动”，刑事发案同比下降21%，获评平安中国建设示范县。

五、增进民生福祉，不断提高群众幸福指数

坚持以人民为中心的发展思想，推动由兜底民生向品质民生迈进。

一是民生保障坚实有力。1—10月民生支出占比86.8%。新增城镇就业8393人，开发安置城乡公益性岗位6890人，城镇登记失业率1.58%。加强困难群众救助，发放各类救助资金3.3亿元，“沂家亲”被评为全省优秀社会救助品牌。新创建精品国医堂5家、中医药特色村卫生室33家，获评国家慢性病综合防控示范区。

二是民生实事办好办实。12项民生实事人大票决项目扎实推进，群众获得感明显增强。实施“党建双领”工程，村党支部领办合作社、领办志愿服务队，深化殡葬改革、婚俗改革，创办“暖心食堂”30个，《人民日报》3次报道，“寸草心”志愿服务行动入选全国养老服务改革优秀案例。实施“照我回家”工程，安装路灯3.4万盏，亮化镇村道路1500余千米，解决群众夜间出行难题，得到社会一致好评。

三是城市建设有品有质。深化两城同建，抓好全国文明城市创建，总投资81亿元实施6大类、50项城建重点工程，已完成投资47亿元，新建改造城区道路10.7千米，金澜湾沂河大桥顺利通车，改造老旧小区40个、受益群众3122户，建设改造口袋公园24处，新增绿地面积7万余平方米。

六、扛牢主体责任，持之以恒推进全面从严治党

县委常委会牢牢把握以伟大自我革命引领伟大社会革命重要要求，以“第一担当”强化“第一责任”，持之以恒推动全面从严治党向纵深发展。

一是思想教育持续发力。上好“安全第一课”“廉政第一课”“思想政治第一课”“纪律作风第一课”四个“第一课”，创新开展“党建引领·共同成长”品牌创建培树活动、“强县有我”解放思想大讨论活动、党员干部纪律作风集中整顿活动，广泛凝聚七股力量，筑起共建强县同心圆，形成共促发展大合力。

二是干事用人导向鲜明。在全县培树项目为王、企业为尊、发展为先、实干为要干事创业导向和干字当头、实字托底、实事求是、干事创业选人用人导向“两个导向”，营造想干会干能干干好、风清气正心齐劲足的良好政治生态，提拔重用干部176名。坚持严管厚爱结合，积极落实“三个区分开来”，实施容错纠错4起，为29名干部澄清正名，营造干事创业良好氛围。

三是基层基础夯牢夯实。创新县委提级管理村级班子机制，开展基层党建10项“擂台赛”，推动基层党组织全面过硬、全面进步。建立党建统领网格化管理体系，将城区划分为35个大网格、180个基础网格，落实县领导和县直部门包保，让党旗在一线高高飘扬。

四是监督执纪从严从细。抓实专项监督，把疫情防控监督摆在突出位置，督促问题整改700余条。抓好优化营商环境护航行动，排查纠治问题390个，查处违规违纪问题40起。建立源头预防、节点察访、通报警示“三位一体”机制，锲而不舍纠治“四风”、惩治腐败，处置问题线索909件971人，给予党纪政务处分305人，形成有力震慑。

一年来，县委常委会切实加强自身建设，带头学习习近平新时代中国特色社会主义思想，深刻领悟“两个确立”的决定性意义，牢记“国之大者”，以实际行动践行“两个维护”。认真执行县委常委会自身建设33条措施，全面落实议事决策规则和民主集中制，主动接受各方监督。持续完善全面从严治党责任压力传导机制，专题听取县委常委同志和县几大班子党组书记履行全面从严治党责任情况汇报，构建了一级抓一级、层层抓落实的工作体系。

政府工作报告

——2023年1月19日在沂水县第十九届人民代表大会第二次会议上

沂水县人民政府县长　刘　铭

2022年工作回顾

2022年是新一届县政府开局之年，面对复杂严峻的宏观环境、艰巨繁重的改革发展任务，在县委坚强领导下，我们坚持以习近平新时代中国特色社会主义思想为指导，深入学习贯彻党的二十大精神，认真落实“疫情要防住、经济要稳住、发展要安全”重大要求，围绕建设市域副中心、打造发展新高地、建设秀美新沂水总体发展定位，按照县委“12676”总体思路，团结带领全县人民，发扬“开局即决战、起步即冲刺”的拼搏精神，攻坚克难、砥砺前行，七县建设战略行动平稳起步，新时代现代化强县建设开局良好。

过去的一年，我们主动作为、承压奋进，迈出了强县建设坚实步伐。综合实力更强。预计全年实现地区生产总值550亿元、增长5%；完成一般公共预算收入26.2亿元，同口径增长10.7%；固定资产投资增长17.5%，社会消费品零售总额增长0.2%，进出口总额增长15.8%；金融机构本外币存贷款余额分别达到765.1亿元、493.9亿元；居民人均可支配收入增长5.9%。主要经济指标增速高于全省、全市平均水平，继续保持稳中有进、进中提质的良好态势。连续3年获评全省县域经济高质量发展先进县，推动高质量发展现场交流评议成绩全市第三、九县第一。发展潜力更大。坚持项目为王，出台重点产业项目全流程服务管理办法，精选“王者项目”，新引进过亿元项目36个，其中过50亿元1个、过20亿元1个、过10亿元3个，到位县外资金123.6亿元、境外资金5787万美元。实施“231”工程，开工重点项目87个，落实领导包保和专班推进机制，创优生物、歌尔泰克、恒泰纺园等一批重点项目建成投产。23个项目纳入省市重点项目，完成投资67.6亿元。抢抓政策机遇，积极对上争取，获批地方政府专项债券项目33个、政策性开发性金融工具项目4个。入选全国投资潜力百强县。创新动力更足。坚持科教兴县，强化创新驱动，获批市级以上科技项目11项，新增高新技术企业36家、省级创新平台7家，获评中国创新百强县、省技术转移先进县。隆科特入选省科技领军企业，昆达生物、威普斯橡胶入选省技术创新示范企业，泓达生物、沂水机床厂、七星柠檬、兴田机械入选省首批科技“小巨人”企业，高新技术产业产值占比达到58%。设立1000万元创新创业培训基金，申报省级高层次人才项目15个，入选全省青年人才首选山东20强城市。市场活力更旺。聚焦市场主体发力，健全政策直通车机制，累计减税降费、退税缓税8.7亿元。持续深化“放管服”改革，优化“一次不用跑·全程帮代办”机制，推出施工许可“零材料合并办”服务，创新“一证多址”改革，出台市场主体集群注册登记管理办法，新增市场主体1.3万户。举办骨干型企业家沙龙、成长型企业家座谈会，创新政企交流餐叙制度，召开市行行长沂水行暨金融服务实体经济发展对接会议，建立重点企业（项目）问题闭环化解机制，畅通政企沟通渠道，精准助企纾困解难。

过去的一年，我们强基固本、蓄势发力，集聚产业发展蓬勃动能。工业经济逆势突破。坚持工业强县首位战略，设立1.6亿元工业高质量发展专项资金，出台工业十条、金融十条、服务十条、人才十条等助企政策，加快构建“3+1”产业体系。297家规上工业企业产值、利税分别增长15.7%、15%。淀粉糖及休闲食品产业入选省特色产业集群。健全骨干企业递进培育机制，实施过亿元技改项目18个，新培育国家专精特新“小巨人”企业3家、省制造业单项冠军企业2家、省专精特新企业20家、“瞪羚”企业3家；培植纳税过亿元企业7家，泓达生物纳税突破3亿元。农业基础持续夯实。扛牢粮食安全重任，粮食总产超过30万吨。以乡村振兴示范区、美丽乡村示范区、衔接乡村振兴集中推进区建设为带动，加快农业规模化发展，新增现代农业园区18处、农业合作社68家、家庭农场197家，创建省级农业产业化龙头企业2家，新培育长三角农产品供应基地11处，获评全国农作物病虫害绿色防控整建制推进县，成功争创全省现代农业十强县，获得奖励资金1亿元，全市乡村振兴现场观摩成绩第一。许家湖镇被评为全国乡村特色产业十亿元镇，沂城街道、泉庄镇被评为省级农业产业强镇，诸葛镇入选省级农村综合性改革试点试验区。在全市率先开展农村信用体系建设试点，推动信用成“金”，赋能乡村振兴。拓展农村集体股权权能，累计发放股权质押贷款5.6亿元，全省县域第一。商贸流通塑成优势。编制商业网点规划，制定促进消费系列措施，加快线上、线下消费回暖复苏，创建淘宝镇1个、淘宝村4个，实现网络零售额14亿元，被评为全省农村“客货邮”融合发展样板县，入围全国县域流通服务网络强县培育名单。落实稳外贸系列举措，新增外贸备案登记企业75家，进出口过亿元企业达到12家。

过去的一年，我们统筹谋划、系统推进，擦亮秀美沂水靓丽颜值。城乡建设展现“秀”的姿态。深化两城同建，实施6大类、50项城建重点工程，新建改造城区道路10.7千米、口袋公园24处，改造老旧小区40个，香山西路停车场建成启用，新施划停车位1.5万个。金澜湾沂河大桥顺利通车，全民健身运动中心、西城综合医院等标志性工程按节点推进。健全网格化管理体系，加强城市精细化管理，积极创建全国文明城市。开工建设临临高速，完成沂邳线中修。加快建设美丽乡村，新建提升镇村污水处理设施15处，改造农村道路120千米。实施“照我回家”工程，安装路灯3.4万盏，亮化镇村道路1500余千米。创建省市级美丽乡村15个。生态立县擦亮“美”的底色。完成国土空间规划“三区三线”划定，绘就可持续发展空间蓝图。深化林长制改革，扎实推进山水林田湖草沙一体化保护和修复，完成公益林修复与森林质量提升1066.7公顷。深化大气污染防治，空气质量综合指数同比改善5.6%，优良天数全市第一。深化河湖长制，省控以上地表水考核断面稳定达标，获评全国小型水库管理体制改革样板县。加强危险废物规范化管理，建成重点企业智慧监管平台。开展碳排放权标准化质押贷款试点，入选省典型案例。健全农村废弃物综合利用体系，获评全省秸秆综合利用绩效评价优秀县，入选全国绿色发展百强县。文旅活县彰显“靓”的风采。整合“红、绿、蓝、古”资源，实施旅游项目21个，加快建设“红绿相映·多彩沂水”精品旅游线路，入选全省文旅康养十强县，获得奖励资金1000万元。沂蒙花开旅游区成功创建国家AAAA级旅游景区。连续5年入选全国县域旅游综合实力百强县。设立并颁发首届“沂河文艺奖”，创作红色舞台剧《红石崮》，获评全省优秀展演剧目。跋山遗址入选省“五大考古新发现”，纪王崮墓群入选第一批省级考古遗址公园立项名单。

过去的一年，我们坚守初心、改善民生，提升百万人民幸福指数。坚持以人民为中心的发展思想，加快推动由兜底民生向品质民生迈进，民生支出占比83.1%。夯实基本民生保障。落实就业优先战略，新增城镇就业9555人、农村劳动力转移就业9300人，开发城乡公益性岗位6890个，发放创业担保贴息贷款8200万元、稳岗补贴1.8亿元。加强困难群体动态监测，落实保障救助措施，发放救助金及各类补贴3.6亿元。大力发展慈善事业，打响“沂家亲”全省优秀社会救助品牌。推动公共服务提质。新建、改扩建中小学13处、幼儿园5处，开工建设职业学校新校区。实施“一十双百”培育工程，表彰首批名校长10名、名班主任100名、名师100名。提升公共卫生服务，为老年人免费查体10.4万人次，常住人口家庭医生签约率47.6%，创建精品国医堂6家，获评国家慢性病综合防控示范区。健全养老服务体系，建成城市社区日间照料中心11处、农村“暖心食堂”30处，养老机构护理型床位占比达到66.4%。深入实施文化惠民工程，建成“山东手造”展销中心，开展公益演出2136场，放映电影1.5万场。推动全民健身，举办各类赛事活动50场次，完成75个村居体育健身器材配备。深化民生领域改革。持续深化殡葬改革，编制完成标准体系。巩固全国婚俗改革实验成果，打响了“婚俗改革·花开沂水”品牌。常态化开展寸草心志愿服务行动，经验做法入选全国居家和社区养老服务改革优秀案例。优化妇女儿童、青少年和残疾人服务，建设“妇女微家”示范点15处、“希望小屋”400处、“如康家园”14处。

过去的一年，我们天道酬勤、抓早抓小，构筑平安沂水立体防线。推进全面依法治县。坚持法治沂水、法治政府、法治社会一体建设，实施精准普法“五大工程”，开展法律服务进企业活动，建立上下协调、部门协同的行政执法监督体系，建设提升法治文化阵地201处，办理法律援助案件2355件，国家级涉案企业合规改革试点顺利通过验收。完善社会治理体系。建成“12345·沂水首发”平台。整合“沂蒙乡贤”、“沂蒙义警”、基层网格员力量，构建“问题联治、工作联动、平安联创”基层治理格局。强化网信综合治理，网络空间日趋清朗。深化“四初”信访六项机制，推进信访积案攻坚化解，被评为全国信访工作示范县。常态化推进扫黑除恶，重拳开展夏季治安打击整治“百日行动”，刑事发案同比下降21%。高质量完成党的二十大维稳安保任务，被评为平安中国建设示范县。狠抓风险防范化解。健全“一排底线”风险防范工作体系，高效统筹发展和安全。抓实抓细疫情防控，科学高效应对一次次疫情冲击，守护了群众生命安全和身体健康。抓紧抓牢安全生产，安全事故同比下降27%，市级安全管理规范化乡镇实现全覆盖。严防严控金融风险，金融机构不良贷款率降至0.56%。

过去的一年，我们忠诚履职、团结奋斗，树立担当作为良好形象。坚持党对政府工作的全面领导，认真履行政府系统全面从严治党主体责任，扎实开展“党建引领·共同成长”品牌创建培树活动、“强县有我”解放思想大讨论活动，创新开展“我为县长讲一课”，政府系统干部凝聚力、向心力、战斗力进一步提升。坚持科学决策、民主决策、依法决策，制定《政府工作规则》《政府常务会议工作规则》《政府会议操作规程》《政府投资项目管理办法》，政府议事决策程序更加规范高效。自觉接受人大法律监督、工作监督和政协民主监督，办理人大代表议案建议115件、政协提案244件，办复率100%。严格落实中央八项规定及其实施细则精神，扎实开展纪律作风集中整顿活动，持之以恒正风肃纪，政治生态持续向好。

同时，国防动员、双拥共建、退役军人、民族宗教、外事侨务、审计统计、检验检测、防灾减灾、档案史志、新闻出版、红十字会等事业取得了新的进展。

过去的一年忙碌而充实，我们用实干践行初心、用担当承载使命，与全县人民勠力同心、风雨同行，经历了一次又一次考验，攻克了一个又一个难关，打赢了一场又一场硬仗，在沂水发展史上留下了坚实而又不平凡的印迹。成绩来之不易，这是习近平新时代中国特色社会主义思想科学指引的结果，是中央和省、市、县委正确领导的结果，是县人大、县政协监督支持的结果，是全县广大干部群众共同奋斗的结果。在此，我代表县人民政府，向奋战在各条战线、各个岗位上的广大党员干部，向支持并赋予我们力量的120万沂水人民，向始终与我们并肩作战的人大代表、政协委员、各民主党派、工商联和无党派人士，向驻沂武警官兵、公安干警和省市属单位，向离退休老干部和所有关心支持沂水经济社会发展的各界人士，致以崇高的敬意和衷心的感谢！

在肯定成绩的同时，我们也清醒地认识到，全县经济社会发展中仍然存在不少短板和问题，面临不少困难和挑战。对标高质量发展要求，产业结构不优，项目支撑不足，发展不平衡不充分问题仍然突出；对标高品质生活需要，教育、医疗、养老等公共服务供给仍然不足，民生事业发展与人民群众期盼还有差距；对标高效能治理目标，“一排底线”压力不减，政府效能仍需提升，干部队伍作风和能力建设有待进一步加强。知不足而奋进，望远山而前行。我们将坚持问题导向，采取务实措施，尽心竭力改进工作，决不辜负人民期待。

2023年工作安排

2023年是全面贯彻落实党的二十大精神开局之年，也是实施“十四五”规划承上启下的关键一年。党的二十大描绘了以中国式现代化推进中华民族伟大复兴的宏伟蓝图，发出了为全面建设社会主义现代化国家、全面推进中华民族伟大复兴而团结奋斗的伟大号召。宏伟蓝图振奋人心，伟大号召催人奋进。只要我们坚定信心不动摇，咬定目标不放松，切实增强答卷意识，时刻保持赶考状态，不松劲、不懈怠、不停步，坚定不移走好高质量发展之路，就一定能在新征程上展现更大作为、书写精彩华章！

今年政府工作的总体要求是：坚持以习近平新时代中国特色社会主义思想为指导，全面贯彻落实党的二十大精神，完整、准确、全面贯彻新发展理念，主动融入和服务新发展格局，锚定建设市域副中心、打造发展新高地、建设秀美新沂水总体发展定位，坚持“12676”总体思路不动摇，接续推进七县建设战略行动，全力实施大党建引领、大产业提升、大交通拓展、大城建融合、大民生保障、大改革赋能“六大系统工程”，更好统筹疫情防控和经济社会发展，更好统筹发展和安全，促进经济稳进提质，提升群众生活品质，保持社会和谐稳定，推动中国式现代化“沂水实践”迈出坚实步伐。

综合考虑各方面情况，今年经济社会发展的主要预期目标是：地区生产总值增速高于全市平均水平，一般公共预算收入增长8%以上，固定资产投资增长10%左右，社会消费品零售总额增长6%左右，对外贸易量稳质升，居民人均可支配收入增速高于地区生产总值增速，全面完成上级下达的各项约束性指标。

做好政府工作，实现以上目标，必须坚持党的领导，坚定政治方向。深刻领悟党的二十大提出的新思想新论断、作出的新部署新要求，深刻领悟“两个确立”的决定性意义，坚决落实中央决策，坚决执行省、市、县委部署，确保政府工作始终沿着正确方向前进。必须坚持稳中求进，推动高质量发展。始终把绿色低碳高质量发展作为现代化建设的根本要求，准确认识和把握发展大势，坚持“稳”字当头、“进”字加压，统筹谋划、主动作为，推动经济运行持续向好，实现质的有效提升和量的合理增长。必须坚持人民至上，树牢群众观念。始终牢记“让老区人民过上好日子”的嘱托，坚持把为民造福作为最大政绩，时刻把群众安危冷暖放在心上，用心用情用力解决群众“急难愁盼”问题，努力实现好、维护好、发展好最广大人民群众的根本利益。必须坚持系统观念，发扬斗争精神。始终把安全与发展放在同等重要的位置，增强忧患意识、底线思维，毫不松懈防范化解各类风险，坚决守好守牢“一排底线”，努力实现高质量发展和高水平安全良性互动。重点抓好六个方面工作：

一、坚定不移抓项目、扩投资，增强经济发展后劲支撑。坚持“以项目看发展论英雄”，尽锐出战招引“王者项目”，全力以赴攻坚重大项目，用高质量项目推动高质量发展

抓牢招商引资“一号工程”。树牢“谁英雄谁好汉、招商引资项目见”的鲜明导向，聚焦“实、好、多、快”标准，按照“招龙头、补链条、聚集群”思路，围绕“3+1”主导产业，依托10条重点产业链、20家链主企业，做精做细产业链图谱、招商地图、目标企业名录，按图索骥、顺藤摸瓜，全力招引建链、延链、补链、强链项目。坚持招大引强选优，紧盯“500强”企业、“国字头”企业、上市公司、行业龙头，精准对接长三角、京津冀、济青潍，全力招引头部企业、优质项目。年内引进“500强”项目3个，投资过10亿元项目5个以上，重点在过50亿元和过100亿元的大项目上取得新突破。

抓实项目为王“首位理念”。坚持“大抓项目、抓大项目”，建立重点项目线索、签约、落地、开工“四库联动、动态递补”机制，优化重大项目专班服务，落实重点产业项目全流程服务管理、闭环式问题化解机制，推动项目“招投建”提速提质提效。加快推进山东能源超高模玻纤制造、山东兴田特种装备液压器件智造、隆大新型酶制剂冠军制造基地、上海锐巴特种橡塑新材料等项目建设，全力推动正威先进碳材料产业园、钛全产业链一体化、上海麒祥高性能材料（北方）基地、庆铃专用汽车（华东）基地等重点项目落地。抢抓政策机遇，加强对上沟通，精准谋划一批基础性、支撑性、引领性重大项目。实施重点项目150个以上，力争纳入省市级重点项目20个以上。

抓好营商环境“头号改革”。开展“营商环境建设年”活动，优化制度供给，力行简政之道，激发全社会干事创业活力，促进干部敢为、地方敢闯、企业敢干、群众敢首创。完善领导干部包保制度、政企交流餐叙机制，畅通政企沟通渠道，推动政策直达快享，提振企业发展信心。推行重点项目“六个一”集成审批改革，打造“一次不用跑·全程帮代办”服务品牌。开展企业全生命周期“链条式集成”改革，助力企业从开办到注销“一窗、一人、一次办”。建设智慧城市运行管理指挥中心，开展国家政务数据直达基层试点，推动数据资源汇聚共享。健全园区项目进入退出机制，提高入园门槛，严把项目质量。深化亩产效益评价，坚决清退低质低效企业。加大金融服务实体经济力度，推动七星柠檬创业板上市、锐巴新材料主板上市、天舜环保新三板挂牌，全年新增贷款60亿元以上。

二、坚定不移壮产业、提能级，推动实体经济提质增效。坚持把发展经济的着力点放在实体经济上，持续深化新旧动能转换，加快实施大产业提升工程，着力构建现代化产业体系

推动大工业再造。聚焦“千亿产值、百亿集群、十亿税收”目标，规划建设高端食品、智能装备制造、高端纺织服装、高端新材料四大产业集聚区，打造优势产业集群，规上工业产值增长15%，力争两年过千亿。开展工业技改提级行动，实施过亿元项目15个以上，技改投资增长10%以上，加速食品、装备制造、纺织服装等传统优势产业转型升级。支持战新产业扩张规模，做大做强玻纤产业，加快碳材料、钛材料、高分子材料开发利用，力争战新产业产值增长20%。实施骨干企业培育工程，集聚所有可用资源、一切可用力量，推动骨干企业延链条、扩产能、提质效、多贡献，再造工业发展新优势。重点推动5家市50优企业、38家县优质骨干企业开展“企业再造”，加速向行业标杆迈进，力争培植产值过10亿元企业16家。全面落实税收优惠政策，规范企业纳税行为，营造依法诚信纳税环境，切实提高企业税收贡献率。推动庐山园区向化工新材料转型，实现园区税收“今年翻一番、三年翻两番”。规划建设青临（沂水）经济合作区、济临合作区沂水项目区，拓展发展新空间。

推动高水平创新。强化企业研发投入激励，加快创新平台建设，规划建设浪潮（沂水）科创中心，创建国家级企业技术中心1家、院士工作站1家、省级企业技术中心2家，新培育高新技术企业20家、科技型中小企业20家。实施产学研协同创新行动，引导企业与高校院所开展技术攻关、成果转化、人才培养等合作交流，推动成立食品、装备制造、纺织服装、新材料等产业研究院，申报市级以上科技项目20项以上，攻克关键核心技术10项以上。以全省青年发展友好型县域建设试点为抓手，坚持柔性引才、科学育才，因需储才、因才施策，加快建设“才智沂水”，力争引进带技术、带项目、带团队高层次人才10人以上。实施高成长企业培育计划，力争培育国家级专精特新“小巨人”企业1家、省级专精特新企业8家、“瞪羚”企业2家、单项冠军企业1家。

推动大文旅融合。把“后疫情时代”作为文旅产业发展新的起跑线，充分挖掘“红、绿、蓝、古”资源，实施跋山文体生态旅游基地、花韵乡居等文旅重点项目，推动文旅产业转型升级、释放活力。加快精品旅游线路串联整合，推动院东头镇、夏蔚镇、泉庄镇红绿资源全域融合、一体发展，打造红绿融合发展升级版。加快纪王崮墓群考古遗址公园建设，积极申报跋山遗址考古公园，深入挖掘文物价值。依托天上王城、彩虹小镇等古韵景区，开展非遗、戏曲、文物进景区活动，打造文旅融合发展升级版。探索集体、企业、农户多元投入、多元合作民宿发展路径，促进乡村振兴、集体增收、共同富裕。规划建设囤兰民宿等精品民宿，争创星级民宿3家以上，擦亮“行走的家”沂水旅游民宿品牌。

推动大市场升级。坚持把恢复和扩大消费摆在优先位置，继续以多种方式刺激消费、引领消费，组织开展汽车、家电、家装等大宗商品促销活动20场以上。举办“山东·沂水”食品博览会，推动沂水食品开拓市场、擦亮品牌。坚持“房住不炒”“稳”字当头，优化房地产市场供需结构，满足群众刚性和改善性住房需求，推动房地产市场平稳健康发展。完善电商公共服务体系，实施县乡村商贸物流服务网络提升行动，推动农村客货邮融合发展，打通经营服务进农村“最后一公里”和农产品上行“最先一公里”。深化培强骨干、培优新企、培树品牌、培育市场“四大工程”，稳住外贸基本盘。

三、坚定不移强基础、塑优势，打造乡村振兴沂水模式。坚持农业农村优先发展，全面推进乡村振兴，扎实推进共同富裕，积极争创全国乡村振兴示范县

加快发展现代农业。坚决扛牢粮食安全和耕地保护政治责任，坚决遏制耕地“非农化”、严格管控耕地“非粮化”，新建、改造提升高标准农田4000公顷，粮食播种面积稳定在4.9万公顷。以省级现代农业强县项目为带动，聚焦粮食精深加工产业，强龙头、补链条、树品牌，推动农产品加工业转型升级，规模以上农产品加工业营收增长10%以上。全力做好“土特产”文章，因地制宜发展乡村特色产业，新增“三品一标”认证5个，创建省级乡土产业名品村7个以上，培育长三角农产品供应基地10个左右。抓好新型农业经营主体培育，市级以上示范社、示范场分别达到150家、90家以上，争创国家农业现代化示范区。

加快建设美丽乡村。实施“片区引领”行动，加快泉庄—崔家峪、许家湖—四十里衔接乡村振兴集中推进区建设，抓好诸葛镇省级农村综合性改革试点试验区建设，巩固提升黄山铺镇市级美丽乡村示范区建设成效，争创院东头镇乡村振兴齐鲁样板省级示范区。高标准、高质量推进“百村示范、千村整治”工程，建设宜居宜业和美乡村。扎实推进农村地区清洁取暖，完成改造1.2万户。实施城乡供水一体化建设工程，提升农村供水保障水平。抓好国家绿色种养循环农业试点，推广畜禽粪肥还田利用6600余公顷、可回收可降解地膜8000公顷。深化农村信用体系建设，构建“信用+”乡村治理新机制，探索可推广、可复制的沂水经验。

加快推进富民兴村。实施“四雁工程”壮大行动，深化党支部领办合作社，推广“乡村振兴合伙人”制度，增强村集体经济“造血”功能，力争80%以上的行政村集体收入过20万元。实施新型职业农民培育工程，培育高素质农民400人、农村实用人才2000人，让更多“土专家”“田秀才”在乡村振兴大舞台上大显身手。推广“土地经营权+”抵押担保模式，拓宽新型农业经营主体融资渠道，新增贷款5000万元以上。拓展农村集体资产股权权能，完成股权质押贷款1.5亿元以上。巩固拓展脱贫攻坚成果，保持过渡期内帮扶政策总体稳定，强化动态监测帮扶，抓好扶贫项目监管，确保资金资产安全、收益长效稳定。

四、坚定不移提品质、树形象，建设生态宜居秀美沂水。坚持内外兼修、协同推进，全面提高城市承载力、宜居度，努力建设城市精美、交通畅美、生态优美的秀美新沂水

以更高品质推进城市建设。深化两城同建。投资81亿元实施6大类、50项城建重点工程，全力推进全民健身运动中心、第三污水处理厂等重大基础设施项目，加快构建“一河两岸、东西联动、深度融合”城市发展格局。加速城市更新。加快卷烟厂、马山官庄、龙家圈等安置区建设，继续实施公家疃、兵房岭等片区改造，启动十里堡、福美特家属院片区征收，实施老旧小区改造40个，打造幸福安居家园。完善基础设施。实施西城电网、暖气、燃气、农贸市场等基础设施配套工程，改造提升雨污分流管网81千米，新建公共停车场1处。推动绿化升级。坚持“拆城建绿、全域增绿”，规划建设金澜湾湿地公园、珠山岭森林公园、崇安公园，改造提升大沂河湿地公园，新建改造口袋公园24处，打造“沉浸式”绿化空间，让市民开窗见绿、出门见景、漫步进园。推动亮化提升。高质量推进“一河一街两游园”等14处城市节点亮化，点亮城市“颜值”，赋能夜间经济。做活“水”文章。以大、小沂河为重点，开展城区水系综合治理，打造“河畅、水清、岸绿、景美”的城市生态水系，让城市因水而美，让市民享水而居。加强城市治理。深化网格化服务，开展深度保洁，整治背街小巷，提升精细化治理水平，决战全国文明城市创建，让城市既有“面子”更有“里子”。

以更大格局推进交通拓展。实施沂邳线改建、克黄线改造、日凤线中修工程，争取日凤线改扩建纳入全省“十四五”综合交通规划中期调整项目库，畅通干线主动脉。稳步推进沂河右岸滨河路工程，大修改造曹高路、东徐路、泉西路等县乡道路88.5千米，构建“3060”快速路网。做好京沪高铁辅助通道、董梁高速开工准备，加快临临高速建设，与长深高速、青兰高速形成贯通全境的“井”字形高速路网，打造省内重要交通枢纽。推进黄山铺铁路专用线项目，优化运输结构。启动黄山路新沂河大桥规划设计，新建改造泰山路、淮河路、富春江路等城区道路17条、20千米，让城市“血管”更通畅。改造提升“四好农村路”100千米，完成农村通户道路60万平方米。深入推进“照我回家”工程，安装路灯3.4万盏，亮化镇村道路1500余千米，让群众安全出行、平安回家。

以更实举措推进生态保护。牢固树立“绿水青山就是金山银山”理念，聚焦绿色转型、低碳发展，持续推进“四减四增”行动，打好蓝天、碧水、净土保卫战，全面展现沂水优美的天际线、河岸线、山脊线。抓好大气污染防治，协同推进减污降碳，协同控制细颗粒物和臭氧，确保空气质量持续改善。深化河湖长制，严格饮用水源地保护，完成入河排污口整治，确保饮用水源地100%达标，省控以上重点河流断面稳定达标。实施沂河、沭河上游综合治理工程，启动沙沟水库增容、辛子山水库建设，加快筹备跋山水库增容提质项目，全域打造“幸福河湖”。推进国土空间生态保护修复，开展国土绿化行动，完成沂蒙山区域山水林田湖草沙一体化保护和修复任务，争创国家水土保持示范县。

五、坚定不移惠民生、办实事，促进民生事业持续改善。坚持把人民对美好生活的向往作为奋斗目标，在为民办实事中增进民生福祉，让沂水的发展更有“温度”，让群众的生活更有“质感”

完善社会保障体系。全面抓好就业创业扶持政策落实，深入开展城乡公益性岗位扩容提质行动，推动高校毕业生、退役军人、农民工等重点群体实现更加充分更高质量就业。完成职业技能培训1.1万人次，稳定就业岗位4.5万个，新增城镇就业8000人，城镇登记失业率控制在3%以内，农村劳动力转移就业9000人以上。深入实施全民参保计划，推动城乡居民医疗保险、社会保险扩面提质，实现医保工作站点村居全覆盖，社会保险覆盖率保持在98.5%以上。统筹抓好城乡低保、社会救助、公益慈善、特困供养等工作，全面做好困难群众生活保障，持续加固民生底板。

优化公共服务供给。建设教育强县。实施全环境立德树人，探索建立“家校社网”四位一体、启智润心并重、各级各部门共建的全过程、全领域、全环境协同育人新体系，打造特色教育品牌。深化“一十双百”培育工程，打造名优教师队伍。加快第六实验中学、第九实验小学等16处中小学、幼儿园建设，规划建设民办高中1处，新增学位1.5万个，有效应对入学高峰。在教育投入增长10%的基础上，设立3000万元教育预备金，统筹提升办学水平，让全县最美的地方是校园，把最好的待遇给老师。建设康养大县。坚持医防融合、医养结合，加快西城综合医院康养中心、县中医院建设，推进紧密型县域医共体建设，实现省级卫生乡镇全覆盖。建设文体名县。建设图书馆西城分馆，推动《红石崮》全省巡演，创作舞台剧《纪王崮》，申报市级以上非遗项目12个，让沂水文化更有看头、更有讲头、更有听头。高标准筹建省运会比赛场馆及配套设施，规划建设皮划艇激流回旋比赛和训练场地、运动员康养休闲基地。举办系列全民健身赛事活动，配备更新116个村居体育健身器材，推动全民健身和竞技体育全面协调发展。

打造为民服务品牌。坚持把群众诉求作为送上门来的群众工作，建好用好“12345·沂水首发”平台，努力打造成“为民办事的权威、完善工作的指南、改进作风的利器、沟通社会的平台”，在解决群众诉求中践行沂蒙精神、增进“党群同心”。开展完整社区建设，完善城市社区服务功能，打造“15分钟生活圈”。持续提升殡葬改革、婚俗改革成效，完成全国殡葬改革标准化试点项目验收。深入实施农村党支部领办志愿服务队，拓展寸草心志愿服务行动，逐步推开“情暖夕阳·幸福食堂”，全力打造志愿服务“沂水样本”。

六、坚定不移防风险、守底线，营造安全稳定发展环境。坚持天道酬勤、抓早抓小，完善“联席会议+10条专线”风险防范体系，以“时时放心不下”的责任感，抓好防风险、保安全、护稳定各项工作，努力建设更高水平的平安沂水

科学精准抓好疫情防控。坚持人民至上、生命至上，完整、准确、全面贯彻中央和省市部署要求，落实“乙类乙管”措施，聚焦“保健康、防重症”，全力提升社区管理服务水平，全力提高医疗救治能力，扎实做好诊疗关口前移和重症患者救治，最大程度保护人民群众生命安全和身体健康，最大限度减少疫情对经济社会发展的影响。

严密细致守好安全底线。时刻绷紧安全生产之弦，健全安全生产责任体系，形成横到边、纵到底的全天候、全领域安全监管网。深入开展安全生产隐患排查整治行动，强化食品药品全链条风险管控，及时消除安全隐患。高度警惕新经济领域风险，强化重点企业、重点行业风险监测，确保不发生系统性、区域性风险。持续开展应急能力提升三年行动，完成应急消防站“一镇一站”建设任务，提高防灾减灾救灾能力。

全力以赴维护社会稳定。建立城乡社区大党建工作机制，健全“网格+社区”“网格员+信息员”基层社会治理体系，推动共建共治共享。创新人大代表联络站与县乡信访部门“站办”联动机制，推动矛盾纠纷及时有效化解，巩固全国信访工作示范县创建成果。坚持关口前移、源头防范、动态稳控，健全社会治安防控体系，严厉打击各类违法犯罪活动，确保社会大局持续稳定。

加强政府自身建设

奋进新征程，建功新时代。我们将加快转变政府职能，持续提升行政效能，推动政府治理体系和治理能力现代化，努力建设人民满意的服务型政府。

坚持把政治建设摆在首位，建设忠诚政府。忠诚是为政之魂。我们将深刻领悟“两个确立”的重要意义，坚持不懈用习近平新时代中国特色社会主义思想凝心铸魂，不断提高政治判断力、政治领悟力、政治执行力，确保中央决策部署和省、市、县委工作要求落地落实。深入实施大党建引领工程，严格落实工作问题党建溯源机制，全面加强政府系统党的建设，坚决把党的全面领导贯穿到政府工作全过程、各领域。

坚持把依法行政贯穿始终，建设法治政府。法治是执政之纲。我们将深入学习贯彻习近平法治思想，深化法治政府示范创建，严格落实政府工作规则规程，严格执行重大行政决策程序，加强规范性文件合法性审查，进一步提高政府科学决策、民主决策、依法决策水平。自觉接受人大法律监督、工作监督，主动接受政协民主监督、社会舆论监督，规范行政复议、行政应诉、政务公开等工作，切实提高政府工作透明度、公信力。

坚持把作风建设抓在手上，建设实干政府。实干是成事之基。我们将坚持在干中学、学中干，扎实开展“我为县长讲一课”，持续加强能力建设，全面提升专业素养，不断增强履职本领。大力弘扬“严真细实快”工作作风，深入开展党员干部纪律作风集中整顿活动，驰而不息整治不担当、不作为、形式主义、官僚主义等突出问题。坚持“干”字当头，马上干、担当干、务实干、彻底干、比着干，事争一流、唯旗是夺，用实干实绩推动各项工作走在前、进位次。

坚持把纪律规矩挺在前面，建设廉洁政府。廉洁是从政之本。我们将时刻牢记两个“永远在路上”，坚决扛牢政府系统管党治党政治责任，严格执行中央八项规定及其实施细则精神，坚定不移推进党风廉政建设和反腐败斗争，巩固发展风清气正的良好政治生态。牢固树立过“紧日子”思想，严肃财经纪律，严格预算管理，严控“三公”经费，压缩一般性支出，确保每一笔钱都用在保障民生和发展经济的紧要处，用政府的“紧日子”换来群众的“好日子”。

站在新的历史起点上，让我们更加紧密地团结在以习近平同志为核心的党中央周围，在县委的坚强领导下，踔厉奋发、勇毅前行，为加快建设市域副中心、打造发展新高地、建设秀美新沂水，开创新时代现代化强县建设新局面而团结奋斗！

名词解释

“12676”总体思路：以党的建设为统领，开展两个对标学习，省内对标赶超青州市，省外对标学习浙江德清县；围绕六个重点，一手抓党建、一手抓民生，一手抓发展、一手抓底线，一手抓城市、一手抓乡村，做到两手都要抓、两手都要硬；实施工业强县、农业稳县、科教兴县、生态立县、商贸富县、文旅活县、依法治县七大战略行动；做实六项保障，纵深推进全面从严治党、培树严实干部作风、统筹深化改革创新、合理优化要素配置、全力确保社会稳定、细化完善工作机制。

“231”工程：开展20项重点工作、重大工程，包保34家重点企业，实施118个重点项目，实现任务项目化、项目清单化、清单责任化、责任奖惩化。

“一次不用跑·全程帮代办”：建立帮代办队伍，为重点投资项目提供企业注册、项目立项、用地规划许可、工程建设许可、施工许可、竣工验收全链条帮办代办服务。

施工许可“零材料合并办”：对质量安全监督、人防工程监督、消防设计审查、施工许可、市政设施建设类审批，实行“一次申请、一组流程、一证许可”，通过电子证照、信息共享、告知承诺、行政协助等“免提交”方式，企业办理施工许可所需提交的证明材料压减至0项。

“一证多址”：一张许可证登记多个经营地址。

工业十条、金融十条、服务十条、人才十条：为深入实施工业强县战略行动，2022年，县委、县政府先后印发了《关于加快工业强县建设的十条意见》《关于金融业支持县域经济社会高质量发展的十条意见》《沂水县加快优质骨干企业高质量发展专属政策清单（第一批）》《关于支持人才引进培养的十条激励政策》，通过政策扶持引导，推动全县工业经济高质量发展。

“3+1”产业体系：以高端食品、装备制造、纺织服装为主的传统优势产业，以新材料新能源为主的战略性新兴产业。

“照我回家”工程：对县城至各乡镇驻地道路、各乡镇主要道路及村内道路安装路灯进行亮化，照亮群众回家路。

“三区三线”：“三区”指城镇空间、农业空间、生态空间三种类型的国土空间，“三线”指分别对应“三区”划定的城镇开发边界、永久基本农田、生态保护红线三条控制线。

“一十双百”培育工程：从2022年开始，每三年评选表彰名校长10名、名班主任100名、名师100名，发挥示范带动作用，打造名优教师队伍。

精准普法“五大工程”：突出学习宣传习近平法治思想，实施“思想引领”工程；持续推进宪法学习宣传教育，实施“宪法十进”工程；广泛学习宣传民法典，实施“美好生活·民法典相伴”工程；深入宣传与国家和省、市、县重大战略实施相关的法律法规，实施“服务大局普法行”工程；加大党内法规宣传力度，实施“党员干部法治素养提升”工程。

“四初”信访六项机制：对群众初次来电、初次网上投诉、初次来信、初次来访事项，实行日交办、周调度、月通报、季研判、半年督查、年终总评六项机制。

“六个一”集成审批改革：实行工程建设项目“一库运作”“一张清单”“一窗受理”“一组流程”“一个平台”“一次验收”，推动审批服务链条向前延伸至项目策划生成，向后延伸至不动产首次登记，形成多业务协同、多场景集成智慧化应用，实现项目手续办理由“多次办一事”向“一次办多事”转变，提升审批服务质量和效率。

企业全生命周期“链条式集成”改革：通过

审批流程再造，推动企业从开办到注销“全生命周期”服务事项“一窗、一人、一次办”，实现跨部门、跨层级政务服务事项“链条式集成”办理。

“三品一标”：无公害农产品、绿色食品、有机农产品和农产品地理标志。

“片区引领”行动：以乡镇为单位，开展乡村振兴示范片区、美丽乡村示范片区、衔接乡村振兴集中推进区、农村综合性改革试点试验区建设，到“十四五”末实现示范片区乡镇全覆盖。

“百村示范、千村整治”工程：全市乡村振兴重点工程，分三个周期实施，2023—2025年，利用三年的时间，以行政村为主体，重点整治提升100个示范村、1000个整治村。整治村重点开展以村美、路美、水美、田美、院美为主要内容的环境综合整治；示范村在“五美”的基础上，抓产业、促发展，实现产业好、效益好、机制好、班子好“四好”要求。第二、第三个周期，每轮次两年，持续发力，全域整治。

“四雁”工程：以培养农村基层党组织带头人为核心的“头雁”工程，以吸引外出能人返乡创新创业为核心的“归雁”工程，以培养本土人才为核心的“鸿雁”工程，以推动新型农业经营主体健康发展为核心的“雁阵”工程。

“乡村振兴合伙人”制度：采取村企（社）共建模式，引导产业、资金、人才、技术等要素下沉乡村，盘活农村资源，激发内生动力，打造村企利益共同体，实现农民致富、集体增收、企业发展三方共赢，拓宽共同富裕路径。

“一河一街两游园”：一河是沂河，一街是莲旺街，两游园是福田游园、老政务大厅游园。

“3060”快速路网：通过对国省道和县乡道路进行改造提升，确保县城至临沂市区和较远乡镇60分钟到达，县城至其他乡镇30分钟到达。

“四好农村路”：把农村公路建好、管好、护好、运营好，逐步消除制约农村发展的交通瓶颈。

“四减四增”：调整产业结构，减少过剩落后产业，增加新的增长动能；调整能源结构，减少煤炭消费，增加清洁能源使用；调整运输结构，减少公路运输量，增加铁路运输量；调整农业投入结构，减少化肥农药使用量，增加有机肥使用量。

“全民参保”计划：以人人享有社会保险全覆盖为目标，对各类群体和人员参加社会保险情况进行记录、核查和规范管理，从而推进职工和城乡居民全面、持续参保的专项行动。

两个“永远在路上”：全面从严治党永远在路上，党的自我革命永远在路上。

沂蒙精神在沂水：一座高扬理想信念旗帜的不朽丰碑

地处沂蒙山区腹地的沂水县，是沂蒙革命根据地的重要组成部分，是沂蒙地区最早建立党组织的地方，是山东较早建立党组织的地区之一。作为著名的革命老区，沂水具有光荣的革命传统。战争年代，中共中央山东分局、八路军山东纵队在这里创建，《大众日报》在这里创刊，罗荣桓、徐向前、陈毅、粟裕等老一辈无产阶级革命家在沂水留下了光辉的革命足迹。在这片英雄的土地上，每一座山头都遍燃抗战的烽火，每一寸土地都渗透烈士的鲜血，村村有红嫂，庄庄有烈士，家家忙支前，谱写了一曲曲壮丽的革命诗篇，党政军民水乳交融、生死与共，共同铸就伟大的沂蒙精神。

一

历史选择了沂蒙，也成就了沂水作为沂蒙精神发祥地之一的重要地位。1919年，因巴黎和会承认日本接管德国侵占中国山东的各种特权问题而引发的五四反帝爱国运动，为马克思主义在山东的传播奠定坚实的思想基础。同年秋，五四运动波及沂水。沂水县第一、第二高等小学共同成立学生联合会，两校师生300余人在县城游行示威，高呼“外争国权，内惩国贼”的口号，查收销毁日货，声援北京学生的斗争。五四爱国运动，促使沂水县知识分子进一步觉醒，给他们带来打破精神枷锁、冲破黑暗牢笼的力量，他们纷纷走向外地求学、做工，寻求革命真理和救国之路。其中，李清漪、李清潍、王敬斋较早地确立马克思主义信仰，成为沂水最早入党（团）的人之一。他们先后回到家乡开始积极地传播马克思主义，宣传中国共产党的主张，让一向封闭的穷乡僻壤迎来革命的曙光。1927年4月，沂蒙地区第一个党组织——中共沂水支部在沂水城西巷子成立，直属中共山东区执委。中共沂水支部的创建，给苦难深重的沂蒙人民带来希望，为沂蒙抗日根据地的建立，创造良好的政治条件，也为沂蒙地区其他地方的建党工作作出示范、积累经验。以此为标志，沂蒙人民的革命斗争进入一个新的历史时期。

中共沂水支部成立后，先后吸收朱寿年、孙固斋、徐子厚、曹泽生、张敬诺等入党。1928年6月，省委派特派员孙兆鹏到沂水，会同张希周成立农民协会和贫民协会，并在农民中发展一批党员，建立直属省委领导的中共沂水特别支部。在中共山东省委的指导下，于1928年12月建立中共沂水县委，朱寿年任书记。至1930年4月，沂水县党员发展到200多人，成立农民协会近50处，会员发展到5万多人，为后来中共中央山东分局选择进驻以及沂水成为沂蒙精神重要发祥地奠定得天独厚的基础。

中国抗日战争全面爆发后，面对日军的侵略和暴行，在中国共产党抗日救国十大纲领的指引下，沂水党组织迅速动员党员开展抗日宣传，领导群众参与抗日救亡工作。至1938年春，沂水县已建立游击中队28个。1938年1月，沂水县抗日游击第一中队在摩天岭、牛家坪、花峪一带伏击敌人，勇敢地向日军打响第一枪。为建立统一的党领导的抗日武装队伍，经请示省委同意，1938年3月下旬，沂水县各区武装在沂水城西公家疃举行誓师大会，正式成立八路军山东抗日游击第四支队第六大队。之后，第六大队奉命向莒县转移，开辟鲁东南抗日根据地，并逐步发展成为八路军山东主力部队之一。

1938年5月初，中共中央派郭洪涛率50余名干部到山东建立抗日根据地，重组山东省委。之后，中共中央又从延安和中共中央北方局派出两批干部到山东工作。这些被派到山东工作的干部大都身经百战，有丰富的革命斗争经验，他们把党中央的声音和党的优良传统、作风带到山东，对日后山东抗日根据地的建立作出重要贡献，对沂蒙精神的形成起到特殊的作用。

1938年8月，中共苏鲁豫皖边区省委进驻沂水县岸堤村（今属沂南县），着手创建以沂蒙山为中心的山东抗日根据地。同月，边区省委派山东抗日军政干校生活指导委员会主任刘建中任中共沂水县委书记，帮助恢复沂水县委，为实施创建沂蒙抗日根据地计划、开辟沂水抗日根据地工作打下坚实的基础。1938年11月，中共苏鲁豫皖边区省委由岸堤村迁往王庄村。12月8日，按照中共中央指示，中共苏鲁豫皖边区省委改为中共中央山东分局。12月27日，八路军山东纵队在王庄成立。1939年1月1日，中共中央山东分局机关报《大众日报》在王庄创刊。

1939年3月31日，八路军一一五师政委罗荣桓奉中央指示到王庄向中共中央山东分局、八路军山东纵队传达党的六届六中全会精神，为创建沂蒙山抗日根据地、建立民主政权及独立自主地开展游击战争等方面的工作指明方向。从1938年11月边区省委迁至王庄，到1939年6月中共中央山东分局离开，这一段时间，环境稳定，各项工作活跃，山东抗战工作大有进展，起到全省指挥中心和枢纽作用，在山东革命斗争史上被称为“王庄时期”。

在建立山东抗日根据地的过程中，各级党组织始终高举抗日爱国旗帜，坚定理想信念，紧紧团结、依靠人民群众，坚持抗战，反对投降，让广大人民群众看清了谁才是真正抗战的，谁才是真正为老百姓谋利益的。共产党救国救民的正确主张和与日本侵略者血战到底的实际行动，让黑暗中的人民看到了希望，找到了救星，人民群众纷纷向党靠拢，紧跟共产党投身于抗日救亡运动之中。这种党群同心就成为沂蒙精神形成的坚实政治基础。在此过程中，山东纵队与根据地的人民群众也建立了鱼水情深的军民关系，广大指战员身先士卒，救民于水火、助民于危难的模范行动，深深感动了群众，让他们真正认识到谁才是人民的军队，谁才是最可信赖的武装，人民群众才主动救护伤员、保护物资、传递情报。这种军民情深成为沂蒙精神形成的一个重要本源。

1939年6月至1943年春，日伪军对沂蒙抗日根据地进行多次“扫荡”，沂水抗日根据地遭受到重大损失，这是沂水抗日战争史上最艰难的岁月。在共产党的领导下，沂水抗日军民克服重重困难，坚持斗争，先后进行仙姑顶战斗、对崮山战斗、歪头崮战斗等重要战斗，粉碎了敌人的大“扫荡”，对国民党顽固派进行坚决反击，抗日民主政权在斗争中不断巩固。在壮大根据地武装力量的同时，开展减租减息与大生产运动，积极发展文化教育，根据地的各项事业不断发展，进一步密切党群、军民关系，也推动了“党群同心、军民情深、水乳交融、生死与共”的沂蒙精神的形成。抗日堡垒村西墙峪村，战斗模范村李家峪村，沂蒙红嫂祖秀莲、张志桂等一大批模范村庄和英模人物就是这一时期沂蒙精神的沂水典范。

解放战争爆发后，沂蒙山区成为华东解放战争的主战场。在中共中央和毛泽东的正确领导下，沂蒙山区打响了鲁南、莱芜、孟良崮等著名战役，粉碎了国民党军的全面进攻和重点进攻，一举扭转了华东战局。随后，人民解放军发动济南战役、淮海战役，山东境内基本解放。期间，沂水党组织在共产党的领导下，充分发挥战斗堡垒作用，积极带领人民群众参军、参战、支前、生产、拥军，先后有40余万人次民兵、民工支前，1.7万余名优秀儿女参军，2353人献出宝贵的生命，为粉碎国民党军队对解放区的全面进攻和对山东解放区的重点进攻作出重大贡献，涌现出支前模范村柴山村、模范妇救会长曾超、支前一等功臣王京武等许多先进集体和模范英雄人物，谱写了一曲曲军爱民、民拥军的壮歌，为沂蒙精神增添新的光辉。

二

“最后一口饭做军粮，最后一块布做军装，最后一个儿子送战场。”这是沂蒙人民拥军支前，全力支援中国革命的真实写照，更是“党群同心、军民情深、水乳交融、生死与共”的沂蒙精神在老区的时代缩影。正是在党的领导下，以沂蒙山区为代表的人民群众与党政军一道，共同缔造伟大的沂蒙精神。

在旧中国，沂蒙人民饱受兵匪和黑暗官府的欺压，长期挣扎在死亡线上。土匪曾是20世纪前半叶沂蒙山区的一大祸患。据史料记载，从1902年到1937年，在沂蒙山区的大股土匪就有十几股，他们打家劫舍、杀人越货，绑票勒赎，无恶不作。人们稍有不从，就会被“血洗”“屠村”。国民党军鱼肉百姓，作恶多端。1933年5月，中国共产党沂水党组织组织大刀会发动沂水农民暴动后，国民党第八十一师运其昌、唐邦植两个旅前往镇压，在黄石山上屠杀男女老少3000多人，制造山东近代史上最为惨烈的事件。日军惨无人道，罪行累累，令人发指。1937年12月至1939年6月，日军先后在沂水制造沭水集、上下峪子、东里店镇（今属沂源县）等惨案，给人民群众带来深重的灾难。

全面抗日战争爆发后，中国共产党及其领导的八路军在沂蒙山区高举抗日救国大旗，尊重群众、宣传群众、发动群众、武装群众，一切从群众利益出发。他们打日军、除汉奸，灭土匪、斗伪顽，出生入死，浴血奋战，一心为老百姓。他们遵守《三大纪律八项注意》和《拥军爱民公约》，对老百姓秋毫无犯，亲民爱民，与人民群众同生死、共患难，奋不顾身保卫人民群众的生命财产安全。

此外，在经济上，根据地各级党政军机关为减轻群众负担，实行减租减息、精兵简政，免除苛捐杂税，到解放战争时期开展土地改革，让人民群众实现“耕者有其田”的千年梦想。在政治上，实行民主政治，建立抗日民主政府，让人民群众第一次享受到当家作主的权利和尊严。在文化上，根据地抗日民主政府大力发展教育事业，除开办正规小学、专业学校外，还开办冬学、“识字班”“庄户学”等成人学习班，让祖祖辈辈上不起学的“睁眼瞎”“泥腿子”变成“文化人”……

在党的正确理论指引下，在党的干部和人民

军队的率先垂范下，包括沂水人民在内的沂蒙人民迅速觉醒，迸发出高度的革命热情，坚定不移跟党走，一心一意拥戴人民军队，全力以赴支援前线。敦厚朴实的沂蒙人民，一旦认准共产党、八路军，就舍家抛业、义无反顾地为之牺牲奉献。

在沂水抗日根据地，村村成立农救会、青救会、儿童团、民兵队，他们参军参战、站岗放哨、传递情报，碾米磨面、缝制军衣、救护伤员，奏响一曲曲全民抗战的凯歌。在根据地，党对群众“以命相救”，群众对党“以命相助”，党政军民水乳交融，生死与共，留下无数感天动地的故事。沂蒙大地的每一寸土地都镌刻着丰富而壮丽的英雄史诗。正如习近平总书记视察临沂时所指出的：“我们的革命政权来之不易，主要是党和人民水乳交融、心心相印，党把人民利益放在第一位，为人民谋解放而领导人民展开革命斗争；人民群众真正跟党走，相信我们的党，在党的领导下为人民解放事业无私奉献。”正是在党、人民军队和沂蒙人民的相互交融、并肩战斗中，才熔炼铸就“党群同心、军民情深、水乳交融、生死与共”的伟大沂蒙精神。

三

作为中国共产党精神谱系的重要组成部分，源于伟大建党精神的沂蒙精神，其形成是有其历史必然性的。

马克思主义的广泛传播是沂蒙精神形成的思想基础。“没有革命的理论，就不会有革命的行动。”沂水是山东传播马克思主义较早的地区之一，从这里（沂蒙山区）走出去的刘晓浦（今蒙阴县人）、刘一梦（今蒙阴县人）、李清潍、李清漪、刘鸣銮进步青年学生，在外地接受马克思主义，积极在家乡播撒革命火种，启发农民群众的阶级觉悟。共产党、八路军在沂蒙山区广泛宣传发动群众，创办《大众日报》等一批报刊，组建文艺团体，深入田间地头演出，宣传“谁养活谁”的道理，讲出广大农民群众的心声，极大地提高了农民群众的思想认识，逐步懂得闹革命、求解放的革命道理，在黑暗中看到了希望和光明。没有马克思主义的理论武装，老百姓不可能从半殖民地半封建的思想束缚下冲破精神牢笼。正如毛泽东同志所指出的：“代表先进阶级的正确思想，一旦被群众掌握，就会变成改造社会、改造世界的物质力量。”所以说，马克思主义科学理论的传播为沂蒙精神的形成创造有利条件，也为沂蒙精神的形成注入科学的理论基因。

党的群众路线是沂蒙精神形成的牢固基石。中国共产党是马克思主义的政党，党的性质和宗旨决定了我们党从诞生的那一天起就把为人民利益而奋斗作为自己的初心和使命，并通过自己的行动进行生动诠释，进而得到广大人民群众的拥护和支持。沂蒙根据地就是践行党的群众路线的典型样本。党始终把人民利益放在第一位，为人民求解放而领导人民展开革命斗争；人民群众真正跟党走，相信我们党，在党的领导下为人民解放事业无私奉献。党为民爱民，人民爱党爱军，演绎出党政军民“水乳交融、生死与共”的人间大爱，形成同呼吸、共命运、心连心的血肉联系。这是沂蒙精神得以形成的根本原因。

齐鲁优秀传统文化是沂蒙精神形成的深厚沃土。山东是中华民族优秀传统文化的重要发祥地之一，受“吃苦耐劳、民风淳朴”的东夷文化、“敦厚重礼”的鲁文化、“开拓进取”的齐文化和“民之所欲，天心从之”“民惟邦本，本固邦宁”等儒家思想影响，沂水（蒙山区）形成了以仁义礼智信、忠孝仁爱为核心的文化基础，道光《沂水县志》记载“礼信之俗多，夸诈之俗少”，这也为沂蒙精神的形成提供厚重的文化支撑。所以，马克思主义与中国具体实际相结合，与中华民族优秀传统文化相结合，形成了中国共产党的指导思想，并在沂蒙地区生根开花，进而催生出伟大的沂蒙精神。这是马克思主义中国化、时代化的结果，是历史发展的必然。

沂蒙精神虽生成于沂蒙山区，但绝不仅仅是地域性精神，而是具有标志性、引领性的旗帜和灯塔。2013年11月，习近平总书记视察临沂时指出："沂蒙精神与延安精神、井冈山精神、西柏坡精神一样，是党和国家的宝贵精神财富，要不断结合新的时代条件发扬光大。"所以，沂蒙精神不仅属于蒙山沂水、齐鲁大地，也是中国共产党革命精神的重要组成部分，是伟大建党精神在沂蒙山区的生动体现，是我们在新时代走好新的长征路的宝贵精神财富。

四

沂蒙精神形成于革命战争年代，在社会主义革命、建设和改革开放新时期得到进一步传承弘扬。中华人民共和国成立后，党和政府高度重视中国革命老根据地的发展，千方百计改善老区人民的生产生活条件。1951年8月，中央人民政府北方老根据地访问团深入沂水专区乡村，走访革命烈士家属、革命军人家属、革命残废军人、伤病员和当地群众，转达毛泽东主席和中央人民政府对老根据地人民的亲切慰问。从战争硝烟中站起来的沂水人民，没有躺在过去的功劳簿上坐等国家扶持，而是继续保持战争年代那样一种革命精神，那样一种顽强意志，继承发扬老区优良传统，自力更生，艰苦奋斗，打响一场整山治水、改造山河的攻坚战。

1957年3月19日至24日，山东省委在沂水县召开山区建设现场会议，省委第一书记舒同把夏蔚乡治山治水的做法概括为"鱼鳞竹节水平沟，库塘梯田自流渠，封造育种乔灌草，圈养牵放五业兴"。

1957年底，根据中央和省委要求，临沂地委提出"一年苦战，一年扫尾，一年巩固、利用、提高，苦干三年根治沂、沭河，消除水患灾害，改变自然面貌"的奋斗目标。沂水县迅速掀起兴修水利的工作热潮。1958年至1961年，沂水县先后修建小型水库593座、大中型水库3座，蓄水5.2亿立方米，大小引河工程184处，修挖山泉1138个，水井9740眼，有效灌溉面积2万公顷，占总耕地的21%。这些水利工程项目，特别是跋山水库、沙沟水库等大中型水库，是全县人民不畏艰难与自然抗争的宝贵成果，至今仍发挥着举足轻重的作用。

改革开放后，改革开放政策为老区跨越式发展插上腾飞的翅膀。20世纪80年代，党中央、国务院将沂蒙老区列为全国18个连片扶贫地区，从资金、政策上给予大力扶持。1984年，沂水被列为全国重点扶持贫困县。山东省委、省政府成立沂蒙山区扶贫开发领导机构，组织全省发达城市和省直部门帮扶经济欠发达县，把党的温暖送给老区人民。临沂和沂水各级党组织抽调大批干部组成驻村帮扶工作队，深入贫困村庄，与人民群众同吃同住同劳动，修路、架电、通水，极大地改善贫困户的生产生活条件，贫困村庄的"造血"功能大大提高。沂水县针对贫困村治穷致富提出"四个转变"，即转变指导思想，抓富与扶贫平衡发展；转变工作措施，从"输血型"转向"造血型"扶贫；转变工作力量，齐抓共管，充分调动各方面积极因素；转变作风，实行扶贫包干包点责任制。经过不懈努力，到1995年，沂蒙老区在全国18个连片扶贫地区中率先实现整体脱贫。沂水也彻底摘掉贫困县的帽子。这是沂蒙老区党群同心、干群一致，共同谱写的一曲新的沂蒙精神之歌。

在革命、建设和改革开放的不同时期，沂蒙精神历久弥新，薪火相传，滋养一代又一代沂水儿女，并在他们身上得到发扬光大，造就王恒全、邵君明、孔庆礼、段维仁、徐传亮等一大批先进典型。

五

20世纪80年代末以来，在山东省委、临沂市委的坚强领导下，沂水县紧紧围绕党的中心工作，始终坚持以弘扬沂蒙精神为载体和抓手，坚持不懈地弘扬践行沂蒙精神，为改革开放和社会主义现代化建设凝聚起强大精神力量，有力地推动沂水经济社会事业的发展。

坚持不懈地开展弘扬沂蒙精神活动，倾情打造沂蒙精神这一政治品牌。沂水县积极参与沂蒙精神的研究、宣传活动，在深挖沂蒙精神的历史渊源，阐发沂蒙精神的丰富内涵，弘扬沂蒙精神的时代价值等方面发挥重要作用。坚决守护红色文化阵地，先后打造中共中央山东分局旧址、《大众日报》印刷所旧址、王庄烈士陵园、八路军山东纵队卫生部直属后方医院纪念馆、沂蒙红嫂祖秀莲展馆、西墙峪红色记忆馆、《沂蒙颂》博物馆、葛庄伏击战陈列馆、山东省第一面党旗陈列馆、山东鲁迅艺术学校校史馆等10余处沂蒙精神教育基地，开发《熠熠生辉的“王庄时期”》等4堂专题教学大课，打造《信仰之问》《烽火中的〈大众日报〉》等6堂现场教学小课，吸引全国各地的干部群众到沂水参观游览、接受教育，进一步扩大沂蒙精神的影响力。积极创作红色文化精品，策划大型沉浸式红色舞台剧《红石崮》，将6个经典红色故事搬上舞台，成功入选“喜迎二十大 奋进新征程”全省优秀剧目展演名单，已展演50余场次；先后编纂出版《中共中央山东分局在沂蒙》《云崖间》《乐群记》《烽火海棠》《沂水沂蒙红嫂颂》《星火沂城》等8部红色著作，创作《生命的守护》《沂蒙英烈——李清漪》《用生命铸就信仰——沂蒙英烈邵德孚》《浴火之城——八路军收复沂水城》《八十三次战斗》等20余部广播剧、纪录片，及《沂蒙红嫂祖秀莲》《张志桂》《永不褪色的党旗》《足迹》《吃饭还粮》《一样的人》《那山那崮那个人》等10余部电影（含微电影），进一步拓展沂蒙精神的辐射面。

坚持不懈地开展弘扬沂蒙精神活动，切实转变广大党员干部的作风。革命战争年代，沂蒙精神由党政军民“水乳交融、生死与共”共同铸就，是践行党的群众路线的典范。现在，沂蒙精神已成为沂水继承优良传统，践行党的宗旨，密切党群干群关系、转变工作作风的强有力抓手，成为历次党的教育实践活动的载体和助推器，成为推动广大党员干部坚定理想信念的思想武器。多年来，沂水始终把弘扬沂蒙精神与转变干部作风紧密结合，广泛开展干部扶贫包村、选派机关干部任职社区（村）“第一书记”、干部联系群众（结亲连心）、“寸草心”志愿服务行动、移风易俗殡葬改革、婚俗改革等活动，真心实意为群众解决实际困难，真正实现党员受教育、群众得实惠，特别是党的十八大以来，沂水县委、县政府教育引导广大党员干部主动与沂蒙精神对标，向先模人物看齐，党员干部作风进一步转变，服务意识进一步增强，党群干群关系进一步密切。

坚持不懈地开展弘扬沂蒙精神活动，进一步增强广大干部群众的自信心、自豪感。任何一种先进精神只有被群众认识，被群众掌握才能转化为统一思想、激励实践的强大动力。改革开放之初，沂水在外界的印象，除了是革命老区，就是出了名的贫穷。革命战争年代的无上荣光，在不少人的心目中日渐淡化甚至消失。在党的改革开放好政策指引下，沂水人民重新焕发活力，继承发扬战争年代听党话、跟党走的优良传统，继续保持战争年代的拼命精神和革命干劲，不等不靠、不怕困难、敢于斗争、大胆创新，靠着沂蒙精神这一强大精神力量，向贫困宣战，向落后抗争，硬是凭着一双手、两个肩膀，摘掉贫困县的帽子。2000年，沂水县生产总值达到55.2亿元，农民人均纯收入2272元，地方财政收入2.8亿元，位列全市第一，全省第19位。这一切成就的取得，都是弘扬沂蒙精神，艰苦奋斗、开拓创新的结果。弘扬沂蒙精神，改变的不仅仅是人们的物质生活，更重要的是通过大张旗鼓地宣传沂蒙精神，让沂水人民更加了解沂蒙山区可歌可泣的光荣历史，增添力量，振奋精神，收获成就感，增强自信心。

坚持不懈地开展弘扬沂蒙精神活动，有力地推动沂水经济社会事业的赶超跨越发展。伟大事业需要伟大精神支撑，沂蒙精神的持续深化弘扬，极大地推动了沂水县经济社会的跨越发展。20世纪90年代摘掉穷困县的帽子后，2000年，沂水与全国、全省、全市同步基本实现小康；2011年，沂水地方财政收入首次突破10亿元，全部乡镇过千万元。2022年，沂水县高效统筹新冠肺炎疫情和经济社会发展，围绕建设市域副中心、打造发展新高地、建设秀美新沂水发展定位，落实“12676”总体思路，攻坚克难、砥砺前行，新时代现代化强县建设平稳起步。年内实现地区生产总值544.2亿元，完成一般公共预算收入26.2亿元。近年来，沂水先后入选全国投资潜力百强县、全国绿色发展百强县、全国县域旅游综合实力百强县、中国创新百强县、中国新型智慧城市百强县，连续两年获评全国信访工作示范县，连续3年入围全省县域经济高质量发展先进县。实践充分证明，沂蒙精神在革命、建设和改革开放的新时期，都具有永恒的生命力和巨大的推动力。

沂蒙精神之所以不因岁月流淌而褪色，不因时代变迁而黯淡，始终鞭策广大党员干部群众拼搏奋进、一路前行，就在于它以“党群同心、军民情深、水乳交融、生死与共”的特殊标识，体现着党的性质和宗旨，贯穿着马克思主义群众观和党的群众路线，厚植着中华优秀传统文化的“根”和“魂”；就在于它以无数共产党员和革命战士的鲜血与生命，诠释了中国共产党人的奋斗精神、对人民的赤胆忠心，把党的初心使命变为人民群众翻身解放、创造美好生活的生动实践，换来人民群众对党的无限信任，对中国革命的无私奉献，彰显了党的领导的伟大力量，彰显了人民群众是革命、建设和改革开放的雄厚伟力。“党群同心、军民情深、水乳交融、生死与共”的沂蒙精神，在沂水大地上树立起一座高扬理想信念旗帜的不朽丰碑，构建起一个密切党群关系的时代坐标，它以党心民心的交织交融，以党和人民共生死、共命运、共奋斗，回答了马克思主义政党“为了谁、相信谁、依靠谁”这一根本问题，回答了人民群众为什么坚定跟着共产党走、党为什么能永远立于不败之地这一历史拷问，回答了什么是忠诚担当、无私奉献这一政治课题，回答了如何保持党的先进性纯洁性、永远充满生机与活力这一时代命题。

不忘初心，方得始终。沂蒙精神是高高飘扬的红色旗帜，是生生不息的精神地标，是崇高信仰的伟大力量，在新时代、新征程，必将焕发出勃勃生机，成为引领我们踔厉奋发、勇毅前行的强大内生动力，成为全面建设社会主义现代化国家、实现中华民族伟大复兴中国梦的永恒根脉源泉。

（王利华　李　静）

七县战略行动实施纪实

2022年1月18日，中共沂水县第十五次代表大会上提出“12676”总体工作思路，要求以工业强县、农业稳县、科教兴县、生态立县、商贸富县、文旅活县、依法治县为工作支撑，全力实施七大战略行动，推动沂水经济社会实现高质量发展。年内，全县各级锚定“建设市域副中心、打造发展新高地，建设秀美新沂水”发展定位，落地落实《沂水县七县战略行动实施方案（2022年）》，七县战略行动见行见效，实现工业经济稳中提质、秀美沂水建设加快、乡村振兴稳步推进、民生福祉持续改善，新时代现代化强县建设开局良好。

工业强县战略行动

2022年，沂水县确立“工业强县战略”为新时代强县建设首位战略，制定印发《沂水县工业强县战略行动实施方案（2022）》，按照“强龙头、补链条、聚集群”思路，树牢“项目为王、企业为尊，发展为先、实干为要”的干事创业导向，推动传统产业转型升级、新兴产业规模壮大、骨干企业做大做强。

推动产业集群膨胀 落实“三个坚决”（坚决淘汰落后动能，坚决改造提升传统动能，坚决培育壮大新动能），突出“链条化、园区化、数字化、品牌化”工作重点，推动设备升级、工业互联、两业融合、绿色发展工作方向，建立“四个一”（一个传统产业、一个县级领导、一个工作专班、一套工作方案）工作机制，加快推进食品、化工、装备制造、纺织服装等传统优势产业高质量转型，着力构建高端食品、装备制造、纺织服装为主导，以新能源新材料、生物产业等战略性新兴产业为突破的“3+1”产业体系。

培大培强企业主体 实施“百亿市值、十亿贡献”骨干企业培植工程，围绕10条重点产业链、20家“链主”企业，开展“建链、补链、延链、强链”行动，加快推动企业小升规、规改股、股上市，全力争创专精特新、“瞪羚”、制造业单项冠军企业，梯次培强一批“链主”企业，挺起工业发展脊梁。出台工业十条、金融十条、服务十条、人才十条、企业家十条等助企政策，设立1.6亿元工业高质量发展专项资金，召开骨干企业家沙龙、成长型企业家座谈会、政银企座谈会，集聚合力培育发展新动能。新培育国家专精特新“小巨人”企业3家、省制造业单项冠军企业2家、省专精特新企业20家、“瞪羚”企业3家；培植纳税过亿元企业7家，泓达生物纳税突破3亿元。

加快重点项目建设 把招商引资作为“一号工程”，立足产业优势，对接京津冀、融入济青潍，开展链式精准招商。坚持项目为王，出台重点产业项目全流程服务管理办法，精选“王者项目”，新引进过亿元项目36个，其中过50亿元1个、过20亿元1个、过10亿元3个，实施过亿元技改项目18个。23个项目纳入省市重点项目，完成投资67.6亿元。

实施改革创新驱动 坚持“要素跟着好项目走”，开展“亩产效益”评价改革、“标准地”出让改革、产业链式集成改革，深化“放管服”改革，创新推广“拿地即开工”“联合验收”等模式，打造“一次不用跑·全程帮代办”服务品牌，审批效率提升50%以上。深化金融改革创新，全面推广“无还本续贷”模式，发展普惠金融、数字金融，全省首笔亩产效益贷、全市首笔碳排放权质押贷在沂水县发放。

（任志刚　纪耀华）

农业稳县战略行动

2022年，沂水县坚持农业农村优先发展，落实乡村振兴“三步走”战略，聚焦农业稳产保供、农民稳步增收、农村稳定和谐，统筹推进乡村发展、乡村建设、乡村治理，走出沂水特色振兴路。

落实粮食和重要农产品稳产保供 落实粮食安全政治责任，建设高标准农田3333公顷，粮食播种面积稳定在4.9万公顷、产量30万吨。推动农业绿色可持续发展，提高技术装备水平，主要农作物耕种收综合机械率87%、农作物秸秆综合利用率94%以上。推进国家绿色种养循环农业项目，实施化肥农药减量控害增效行动，化肥、农药使用量减少2%。探索农业废弃物资源化利用新路径，经验做法入选《打造乡村振兴齐鲁样板典型案例（2022）》。获评全国农作物病虫害绿色防控整建制推进县、全国绿色发展百强县、全省秸秆综合利用优秀县。

推动乡村产业发展 成功创建全省首批现代农业强县，新增现代农业园区18处，新建设长三角中心城市优质农产品供应基地11处，培育提升家庭农场197个，新培育市级以上示范社、示范场各10个，争创省级农产品加工业示范企业、农业产业化重点龙头企业各1家。累计培育国家级农业产业化重点龙头2家，国家级产业强镇2个，全国“一村一品”示范镇3个，全国农村创业园区（基地）7个，国家级农民合作社示范社6个，旭阳现代农业发展农民专业合作社列入全国农民合作社典型案例。

建设农村全域秀美 开展省级衔接乡村振兴集中推进区、市级乡村振兴示范片区及美丽乡村示范片区“三区”同建，接续实施城乡环境综合整治，加快建设靓美城镇、优美村庄、秀美河湖、净美道路、和美家庭，改善城乡环境面貌。新增省级绿色生态示范镇4个，培育县级美丽乡村100个、市级美丽乡村21个、省级美丽乡村5个。

深化农业农村改革 巩固国家级农村集体产权制度改革试点县和全国农村承包地确权登记颁证工作典型地区成果，探索新型农村集体经济发展模式，拓展农村集体产权权能，累计发放股权质押贷款5.6亿元，全省县域第一。深化市级农村信用体系建设试点县工作，构建信息共享、领域共拓、结果共用的“信用+乡村治理”新机制，实现经济和治理“双进步”，中央政研室《简报》刊发。累计创建全国乡村治理示范镇1个，全市乡村治理示范镇、村分别为9个、36个，县级以上文明村镇覆盖率95%以上。（刘　钊）

科教兴县战略行动

2022年，沂水县坚持教育优先发展，实施科技创新，培养本土人才、广聚各类精英人才，夯实发展之本。

优教兴县 落实“双减”政策，优化教育发展环境，提高教育教学质量，统筹推动学前教育、基础教育、职业教育、特殊教育、成人教育和高等教育齐头并进，构建合理均衡的高质量现代化教育体系。全面实施素质教育，93所学校认领特色“品牌项目”。新建、改扩建中小学13处、幼儿园5处，开工建设职业学校新校区，提升实验中学、第四实验中学等一体化教育集团办学效能，实施“强校扩优”“强镇筑基”行动，持续均衡教育资源配置，补齐农村教育短板，优化城乡教育布局。普通高中教育注重课堂教学管理，探索、推广高效课堂教学模式，强势推进有效教学。整合职业教育资源，推行校企合作办学模式。推进全纳教育，实现7—14岁残疾儿童少年教育“零拒绝”。支持临沂大学沂水校区做大做强，深化产教融合、提升教育高度、增强人才厚度。实施“一十双百”培育工程，培育210名教育领军人物。落实落细教师的各项待遇，营造全社会尊师重教的良好氛围。

聚才兴业 实施“人才强企”三年计划，聚焦人才政策体系完善、平台载体搭建、培养方式创新、发展环境优化，打造“才聚沂水、智创未来”人才品牌，人才队伍规模和素质持续提升。制定出台《关于支持人才引进培养的十条激励政策》，开展“1122”（制定实施“一镇一企一校一平台”对接合作计划、建立“一镇一站”结对联系机制、开展“两高培育”行动、探索“双向人才飞地”模式）高层次人才突破工程，揭牌成立上海应用技术大学技术创新中心，推动北京理工大学、山东科技大学、临沂大学等20余所高校与县内企业签约合作。开展高层次人才项目申报培育，1个项目入选国家级海外人才引进项目，山东沂水机床厂有限公司引进的乌克兰院士谢尔盖入选省政府齐鲁友谊奖，为全市唯一获奖人选。至2022年底，先后引育集聚省级及以上人才称号获得者40人，市级人才称号获得者103人，有各类平台载体90家，院士工作站2个、博士后工作站3个。

科创兴企　实施创新驱动发展战略，强化企业研发投入激励，全年全县研发费用19.7亿元，居全市第一位。支持鼓励企业联合高校、科研院所开展技术攻关，“新型霉菌毒素降解酶研发与应用”项目入选省重大关键技术攻关项目，1个项目入选省科技型中小企业创新能力提升工程项目、28个项目入选省技术创新项目计划。建立高新技术企业培育库，落实28家企业和1家孵化载体省、市中小微企业升级高新技术企业补助580万元；培育1家山东省科技领军企业，4家企业入选山东省首批科技“小巨人”企业。至2022年底，全县有高新技术企业71家、国家级众创空间1家、省级重点实验室2家、技术创新中心2家、工程技术研究中心3家、科技企业孵化器1家；获国家技术发明二等奖1项、国家科技进步二等奖1项、省科技进步奖4项；2018—2022年，连续5年被评为“全国科技创新百强县”。

（王炳慧　徐云洁）

生态立县战略行动

2022年，沂水县全面践行“绿水青山就是金山银山”理念，依法、科学、精准治理环境，探索生态优先、绿色发展路径，推动沂水青山常在、绿水长流、空气常新。2018—2022 年连续 5 年被评为全国绿色发展百强县，被授予2022年度“山东省生态文明强县”称号。

改善生态环境质量　强化政策引导和资金支持，制定并落实《国家重点生态功能区县域生态环境质量监测评价与考核工作实施方案》，投入9.8亿元资金，重点实施污水处理、大气治理、森林培育、水土保持、垃圾焚烧等项目，被生态环境部予以奖励激励。修订《沂水县重污染天气应急预案》，编制完善企业管控清单。印发《沂水县2022年工业企业挥发性有机物深度治理工作方案》，核查帮扶有机化工、石化等8个重点行业168家企业减少挥发性有机物排放。科学应对重污染天气，走航监测、精准分析污染因子，协同控制细颗粒物（$PM_{2.5}$）和臭氧污染，分阶段开展道路扬尘专项整治、夏季臭氧专项治理、工业园挥发性有机物、氮氧化物、二氧化硫、施工工地扬尘等专项整治。2022年，全县空气质量综合指数4.35，空气质量优良天数293天，全市第一。建立覆盖主要河湖、水利工程、水源地和取用水户的监测体系，市控以上河流、饮用水源地水质稳定达标。

提升污染防治水平　聚焦大气、水、土壤、固体废物的污染防治，提升环境治理效能。开展土壤污染源头管控，强化“一废一库一品”环境监管，建设用地再开发利用土壤环境安全无污染。实施“全域环境大整治、建设秀美新沂水”百日整治提升行动。新建提升镇村污水处理设施15处，全县污水集中处理率98.6%。倡议垃圾分类处理，城乡生活垃圾分类覆盖率0.8%。开展农村“厕所革命”，累计农村改厕11.8万户。投资1.7亿元，完成29个农村社区的农村生活污水和1处黑臭水体治理。

优化绿色发展空间　促进资源节约集约利用，推进产业结构、能源结构、交通运输结构和农业投入结构调整，发展循环经济，提高水、土地、能源等利用效能，探索形成“绿色资源→绿色能源→绿色产业→绿色动能→绿色发展”路径，建设资源节约型、环境友好型社会。全方位开展国土绿化，落实林长制，全面完成荒山绿化任务，推进林业碳汇开发。践行“双碳”目标，推进煤炭压减、能耗“双控”、建筑节能、交通节能、公共机构节能，实施能源绿色低碳转型等10项节能减排重点工程，全县万元GDP能耗比2020年下降7.2%，引领绿色发展。（徐建伟）

商贸富县战略行动

2022年，沂水县主动融入国内国际双循环，突出“稳外贸、稳外资、促消费、强电商”重点，打造对外开放和经济发展新高地成效初显。

激活内贸流通 坚持大开放，搞活大流通，完善市场、物流、地产品供给、消费促进“四大体系”，推进内贸流通高质量发展。编制完成《全县商业网点布局规划》初稿。健全完善县、乡、村三级商贸流通体系，东方超市新建成4处乡镇直营店，供销宜万家新建成村级（加盟店）40处，累计60处。批零住餐企业抓住“五一”“十一”假期等关键节点，开展节庆促消费活动。汽贸公司抢抓销售旺季，梯次开展展销活动，提振大宗消费。35家限额以上企业参加临沂市消费惠民活动，激发市场活力。新增纳统单位73家，实现社会消费品零售总额204.2亿元。

优化现代服务业发展 持续深化供给侧结构性改革，以多业融合发展为导向，加快发展现代服务业，推动传统服务业转型升级。2022 年，全县现代服务业实现增加值 139.9 亿元，比上年增长 5%，增速全市第一。实施“枢纽沂水，物流八方”战略，依托铁路、高速等运输通道，加快物流基础设施建设，公铁联运、冷链物流发展迅猛，县、乡、村三级物流网络完善，物流供应链实现一体化服务。聚集电商进农村综合示范项目整改提升，激活县级电商中心活力，持续推进直播基地和淘宝镇（村）创建工作，完成许家湖镇沂蒙山和院东头镇沂蒙电商直播基地规范提升，夏蔚镇朱家坪及院东头镇佟家庄、院东头、马家崖4个村和院东头镇分别成功创建“淘宝村”“淘宝镇”。

融合外联外贸发展 对接融入国家和全省重大区域发展战略，深化交流协作，实现互联互通共享，借势借力发展。依托“山东省重点外资项目跟踪推进平台”推介重点项目，香港首选食品公司深海鳕鱼制品项目在“山东与世界500强连线”现代海洋产业合作专场签约；京沂储能和华腾新材料项目在第三届跨国公司领导人青岛峰会上签约。聚力招大引强，狠抓外资到账，2022年新增外资备案项目7个，实际利用外资5787.4万美元。实施培强骨干、培优新企、培树品牌、培育市场“四大工程”，发展市场采购贸易、跨境电商外贸新业态，全力稳住外贸基本盘。年内，全县实现外贸进出口179.9亿元，比上年增长16.3%，市场采购贸易和跨境电商方式实现出口78.7亿元，比上年增长28.4%（张　静　王　君）

文旅活县战略行动

2022年，沂水县深化“全域旅游　全景沂水”战略，推动以文塑旅、以旅彰文，统筹城市和农村、文化与旅游，提升“山东好客·沂水情长”地域文化形象内涵，打造品质城市、美丽乡村、魅力旅游目的地。被评为全国县域旅游竞争力百强县、全国县域旅游综合实力百强县、山东省文旅康养强县。

提档升级全域旅游 聚焦“红绿相映·多彩沂水”精品旅游线路打造，夯实组织、人才、资金、考核保障机制，部门和乡镇（街道）协同推进，构筑“一心两课三区六驿站”（一个中心、两大红色教育课、三个红绿结合示范区、六处旅游服务驿站）精品文旅线路发展格局。推进重点旅游项目、文旅基础设施配套和“沂蒙乡愁”精品民宿建设，3

个项目纳入全县重点产业项目调度，全年完成投资7亿元。推动沂蒙花开旅游景区创建国家AAAA景区。至年底，全县有AA级以上景区43处，其中，AAAAA级旅游景区1处，AAAA级旅游景区5处，全省县域第一；有24家精品旅游民宿，1家省五星级民宿，3家省四星级民宿。强化“山东好客·沂水情长”品牌推广，提升文旅产品供给，实施文旅惠民举措，激活旅游消费市场。

促进文化繁荣兴盛　以党的二十大精神凝聚力量，传承弘扬沂蒙精神，深挖沂水文化资源，繁荣活跃艺术创作，推出一批有筋骨、有道德、有温度的精品力作，其中，22项作品分获省、市级荣誉。拨付专项资金100万元设立“沂河文艺奖”，133件作品获首届“沂河文艺奖”。创作大型舞台剧《红石崮》，全年公演26场，入选“喜迎二十大　奋进新征程”全省优秀剧目展演剧目名单。推进文化惠民，开展“我们的中国梦·文艺进万家”百场公益演出、“兴沂地产杯——激情夏日·唱响沂水”声乐、舞蹈、戏曲大赛等惠民文艺演出和群众文化活动，放映公益电影1.5万余场。建设1处“山东手造”沂水展示展销中心，展示50余个类别的非遗产品。跋山遗址入选省“五大考古新发现”，纪王崮墓群入选第一批省级考古公园立项名单。

推动文旅融合发展　立足山水文化、历史文化、传统文化和红色文化，探索“山水+”“文物+”“非遗+”“旅游+”，将“红绿蓝古”与农工商、研学游深度融合，一批景观精品旅游项目、经典路线和实景演出、民俗参与、红色传承、展示演示等文化活动相继推出并融入旅游行程，实现文化赋能旅游发展、旅游传扬沂水文化。

（张　梅　高　琳）

依法治县战略行动

2022年，沂水县运用法治思维、法治方式推动工作，维护社会公平正义，社会安定有序。

建设法治政府　巩固全国法治政府建设示范县，擦亮“法治沂水”招牌。严格依法科学决策，落实重大行政决策程序规定，持续推动乡镇合法性审查工作，各级行政机关负责人依法决策意识日益提升。深化行政复议改革，行政机关负责人出庭应诉制度落地落实。提升政府综合执法能力，深化行政执法体制改革，巩固提升行政执法监督协同联动模式，落实行政执法责任制，加强行政执法队伍建设，行政执法监督权威增强。

普及法治观念　突出领导干部学法用法，将习近平法治思想纳入建设七县战略行动学习内容和领导干部应知应会法律法规清单。编制实施“八五”普法规划，打造“强县有我、法治护航”法治品牌，围绕宪法、民法典等重点宣传内容实施精准普法“五大工程”，打造一批“小杜说法”等线上普法品牌。围绕乡村、社区、学校、企业、单位等领域，有针对性地开展法治宣传教育。规范提升县、乡、村三级法治文化阵地，打造一批“法律六进”示范点。

构建法治社会　实施农村（社区）“法治带头人”“法律明白人”培育工程，提升基层社会治理水平。实施法律顾问进社区（村）工程，构建覆盖城乡、惠及全民的公共法律服务体系。“沂蒙乡贤”多元调解品牌、“村民议事会”机制畅通群众诉求表达渠道，健全自治、法治、德治相结合的乡村治理体系。创新实施县、乡两级协调监督行政执法试点，国家级涉案企业合规改革试点被评为优秀等次。

（林国强）

大事记

1月

1日 沂水县税务局办理全市首笔存量房补缴国有土地使用权出让收入业务并入库。

3日 沂水县举办首届企业家沙龙活动，听取企业家对沂水县工业经济发展的意见建议，共商发展大计。

8日 沂水县印发《关于在政务服务中心推行双休日、节假日服务的实施办法》，全县361项政务服务事项实现双休日、节假日“不打烊”服务，满足不同群体的办事需求。

11日 全省法治公安建设高质量发展现场推进会在沂水县召开。与会人员现场观摩沂水县公安局执法办案管理中心建设运行情况，会议推介沂水县打造高度集中“一体化”执法管理新模式经验。

14日 沂水县召开党史学习教育总结会议，全面总结党史学习教育成效，安排部署巩固拓展工作。

同日 跋山遗址被省政府评为第六批省级文物保护单位。2月19日，该遗址被省文化和旅游厅评为2021年度省“五大考古新发现”。

同日 泉庄镇原舍·桃颂民宿被全国旅游标准化技术委员会评为全国首批乙级民宿。

16日 泉庄镇被省发展改革委评为山东省乡村振兴示范乡镇，泉庄镇尹家峪村、院东头镇四门洞村、龙家圈街道南黄家庄村、道托镇西道托村、沙沟镇前朱雀二村、马站镇董家庄村被评为山东省乡村振兴示范村。

18—19日 中国共产党沂水县第十五次代表大会召开。会议听取县委书记陈士贤代表县第十四届委员会向大会作工作报告。选举产生县第十五届委员会、第十五届纪律检查委员会和出席临沂市第十四次代表大会代表。19日，中共沂水县第十五届委员会第一次全体会议召开。全会选举第十五届委员会常务委员会委员，通过县第十五届纪律检查委员会第一次全体会议选举结果的报告，审议通过《中共沂水县委关于加强自身建设的决定》。

27—29日 中国人民政治协商会议第十一届沂水县委员会第一次会议召开。会议选举县政协第十一届委员会主席、副主席、秘书长。会议审议通过县政协十一届一次会议提案审查情况的报告和县政协十一届一次会议决议。

27—30日 沂水县第十九届人民代表大会第一次会议召开。大会选举县第十九届人民代表大会常务委员会主任、副主任。选举县长、副县长、县监察委员会主任、县人民法院院长、县人民检察院检察长。大会投票表决2022年沂水县民生实事项目，表决通过沂水县人民政府工作报告等决议。

30日 沂水县教育和体育局被省委、省政府评为山东省妇女儿童工作先进集体。

2月

10日　沂水县国家级电子商务进农村综合示范试点通过验收。

同日　沂水县彩虹运动休闲特色小镇被省广播电视局评为第六批山东省重点文化产业项目。11日，该小镇被省人民政府办公厅评为山东省特色小镇。

12日　沂水县举行2022年春季重点项目集中开工仪式，12个重点项目集中开工，总投资90.1亿元，涵盖工业、服务业、基础设施等多个领域，每个项目投资过亿元。

21日　山东省发展改革委印发《关于山东省城乡融合发展试验区任务推进情况的通报》，推广沂水县股权继承和有偿退出机制经验。

23日　《山东省临沂市沂水县：加强志愿服务　打造农村互助养老新模式》被民政部办公厅、财政部办公厅评为全国居家和社区养老服务改革试点工作优秀案例。

25日　沂水县举行重点项目集中开工暨创优生物全产业链智慧工厂项目开工仪式。集中开工17个项目，总投资60.7亿元。

28日　沂水县人民政府印发《关于加快工业强县建设的十条意见》。

3月

9日　沂水县为高庄镇黄石板村村民发放全县首笔“齐鲁富民贷”。

同日　临沂市中心医院手足外科团队在国内率先应用关节镜精准微创复位固定后踝骨折，取得满意临床疗效。

16日　沂水县成为全省自办电视节目中实现时移回看功能的第一个县区。该功能使用户可随时收看县融媒体中心制作的各类电视节目。

18日　沂水县被省交通运输厅、省邮政管理局评为全省农村“客货邮”融合发展样板县。

24日　沂水县出台《沂水县人民政府关于金融业支持县域经济社会高质量发展的十条意见》。

25日　国家乡村振兴局《乡村振兴简报》（2022年第65期）刊发《实施“惠民礼葬”破除陈规陋习推进乡风文明》一文，介绍沂水县殡葬改革经验。

28日　省委书记李干杰到沂水县调研。

4月

2日　沂水县被省交通运输厅、省邮政管理局评为全省农村客货邮融合发展样板县。

12日　纪王崮墓群入选省文化和旅游厅公布的第一批省级考古遗址公园立项名单。

15日　沂水县被省农业农村厅、省畜牧兽医局、省财政厅评为首批山东省2021年现代农业强县，获奖励资金1亿元。

20日　沂城街道东安社区、许家湖镇阳光社区被省住房城乡建设厅、省发展改革委等6个部门评为第一批山东省绿色社区。

24日　首届沂水县青少年科技节活动启动。

27日　省住房和城乡建设厅、省财政厅联合印发《关于做好传统民居保护利用试点工作的通知》，全市有9处老宅入选，其中8处为沂水县老宅。

28日　沂水县老年大学泉庄镇分校被省老年大学协会基层老年教育工作委员会确定为第一批全省基层老年教育示范校。

29日　沂水县参加临沂市“沂”“网”情“深”云上签约仪式。签约项目6个，总投资30.1亿元。

30日　沂水县召开七县建设战略行动推进会，调度全县“双招双引”、重点项目情况。

同日　临淄—临沂高速公路（沂水段）正式开工建设。

同日　沂水县职业学校建设项目正式开工。该项目总投资2.9亿元，总占地面积13.3公顷，总建筑面积10.7万平方米，可容纳5000名学生。

5月

6日 沂水县淀粉糖及休闲食品特色产业集群被省工业和信息化厅评为2022年度山东省特色产业集群。

11日 沂水县举行重点招商引资项目签约仪式。签约项目21个，计划总投资157.5亿元。其中，过50亿元项目1个、10亿—50亿元项目5个。

15日 沂水人才公园开园。公园占地10公顷，是临沂市首个以人才为主题的公园。

同日 沂水非遗美食纪录片《原味乡间·沂水篇》在中央电视台科教频道《味道》栏目播出，纪录片播放泉庄大锅全羊、杨庄灌肠、沙沟韭菜锅塌鱼3项美食。

16日 沂水县入选中华全国供销合作总社公布的2022年度全国供销合作社县域流通服务网络强县培育名单。

18日 沂水县连续3年被山东省人民政府评为山东省高质量发展先进县。

20日 中央电视台《平安中国2021——人民至上》节目，报道沂水县信访工作经验做法。25日，在第九次全国信访工作会议上，沂水县被国家信访局授予全国信访工作示范县，县信访局被人力资源和社会保障部、国家信访局授予全国信访系统先进集体，是全省信访工作唯一获2项国家级荣誉的县。

同日 沂水县公安局马站派出所被公安部评为全国公安机关爱民模范集体。9月19日，该派出所被省委、省政府评为山东省人民满意的公务员集体。

30日 沂水三众集团出资350万元捐建的沂博路第四实验小学过街天桥正式投入使用，为三众集团捐建的第三座过街天桥。

6月

2日 文化和旅游部副部长、国家文物局局长李群到沂水县调研文物保护利用工作。

同日 首届山东文旅智库大会召开。沂水县萤火虫水洞·地下大峡谷旅游区获“十佳创新景区”，尹家峪田园综合体获“十佳乡村旅游目的地”。

7日 文化和旅游部机关报《中国文化报》和新华社同频发布《2022年全国县域旅游研究报告》，沂水县连续5年入选全国县域旅游综合实力百强县。

同日 山东威普斯橡胶股份有限公司、山东昆达生物科技有限公司被省工业和信息厅评为2022 年山东省技术创新示范企业。

18日 沂水县高质量发展2021年度总结表彰暨2022年度推进会议召开，通报2021年高质量发展综合考核情况，推动七县战略行动深入实施。

23日 沂水县被农业农村部种植业管理司评为全国农作物病虫害绿色防控整建制推进县。

26日 沂水县被省财政厅、省文化和旅游厅、省卫生健康委评为2021年度首批山东省文旅康养强县。

28日 龙家圈街道政府南片区和杨家庄子一期安置区分房大会结束，396户群众喜提新房。

29日 沂水县被省城镇化暨城乡融合发展工作领导小组办公室评为首批省级城乡融合发展试验区。在试验区综合评分排名中，列全省49个县区第五名。

30日 沂水县人民医院夏蔚分院（夏蔚镇卫生院）启用。该分院总投资1亿元，总用地面积1.4万平方米，总建筑面积2.1万平方米。

同日 “沂家亲”社会救助品牌被省民政厅确定为2022年度全省优秀社会救助品牌。

同日 在国家体育总局、中华全国体育总会等单位主办的全民健身线上运动会暨2022（第二届）全球太极拳网络大赛评选中，沂水县代表队均获团体二十四式简化太极拳境内社区（街道）组、农村乡镇组项目一等奖。

7月

1日 沂水县人民政府与山东农业大学乡村振兴战略合作签约仪式举行。

10日 沂水县首届沙滩足球赛在三桥风景区举办，12支队伍、100多名运动员参赛。

13日 全县工业经济招商引资工作调度推进会议召开。会议强调要深入实施工业强县战略行动，全力抓好招商引资“一号工程”，加快推动县域经济高质量发展。

14—15日 全国烟叶高质量发展现场会在富官庄镇召开。参会人员观摩沂水县泉头岭产业综合体、富官庄镇垛庄村绿色烘烤园，沂水县作《抢抓机遇 促转型 乡村振兴显担当》的典型发言。

15日 魏然森长篇报告文学《乐群记》获第三届“沂蒙精神文学奖”报告文学类一等奖，被列入山东省沂蒙文化研究会弘扬“沂蒙精神”重点推荐作品。

26日 沂水县举行首届“沂河文艺奖”颁奖典礼，对党的十八大以来沂水的优秀文艺作品和个人进行评选奖励。

27日 沂水县在省信访工作联席会议第一次全体会议暨全省信访工作基层基础建设现场会上，作《探索“三位一体”接访工作记实制度 打造县镇领导干部“第二办公室”》的交流发言。

28日 市行行长沂水行暨金融服务实体经济发展对接会议召开。会上，工商银行临沂分行、农业银行临沂分行未来3年向沂水提供50亿元信贷支持，中信证券公司、天风证券公司分别与七星柠檬公司、京普太阳能公司签订上市合作协议。青岛银行临沂分行、齐鲁银行临沂分行分别与沂水县政府签订新设县级支行合作协议。部分银行机构为沂水县6家企业现场授信。

8月

1日 《人民日报》专题刊发《沂蒙大地上的三代乡医》，宣传报道院东头镇张道立、张在吉、张德庆祖孙三代人，扎根沂蒙大地，为乡亲们提供健康服务70余载的事迹。

4日 2022年度“沂水榜样”发布会举行。发布会通过播放榜样事迹短片、榜样发布词，颁发证书和奖杯、文艺表演等环节，展示30名“沂水榜样”的感人事迹和崇高精神。

同日 北京八路军山东根据地研究会到沂水县诸葛镇安门头遗址、葛庄战役纪念馆调研红色革命文化、沂蒙精神起源等。

9日 沂水县入选2022全国县域发展潜力百强县。

10日 县委书记陈士贤，县委副书记、县长刘铭带队到济南开展招商引资活动。

12日 山师大国教院·蒙山龙雾茶博园教研基地签约仪式举行。双方签订合作框架协议，设立“中华文化教研实践基地”，开发“来华研学茶旅项目”。

同日 《山东沂水搭建“红管家”线上平台以数字化党建引领基层社会治理》被中央政策研究室简报《经济动态》刊发。

16日 山东省国家中医药综合改革示范区建设沂水启动仪式举行。传达山东省国家中医药综合改革示范区建设启动仪式精神，为中国台湾地区中医专家、博士张淑绵颁发聘书。

17日 泉庄镇尹家峪村“幸福食堂”启用。该食堂破解农村老年人“做饭愁，吃饭难”等养老难题，为老人提供贴心、周到、高效、便捷服务。

19日 沂水县公安局被公安部评为全国公安机关执法示范单位。

21日 沂水县入选全省青年人才首选山东20强城市。

22日 中国普惠金融研究院到沂水县调研农村信用体系建设试点工作。

23日 财政部金融司到院东头镇调研普惠金融工作情况，调研组对沂水县“普惠金融、惠及于民”的工作思路，财政资金和金融资本结合的新路径、新模式、新亮点给予肯定。

25日 山东省第25届省运会开幕。沂水县冯浩展获得古典跤乙组65公斤级金牌，江雨恒获得男子甲组10米气手枪个人铜牌、团体银牌，并在男子甲组25米标准手枪团体赛中获铜牌。另有8人在跆拳道、橄榄球、射击、皮划艇等项目进入前八名，是县体校成立以来参加省运会最好成绩。

28日 沂水县作家协会成立暨第一次会员代表大会召开。会上，选举产生县作协主席、副主席、秘书长、监事长、监事。

9月

5日 夏蔚镇朱家坪村、杨庄镇吴家楼子村、院东头镇马家崖村和诸葛镇耿家王峪村被省文化和旅游厅评为全省景区化村庄。

8日 全市老干部局局长读书班到沂水县观摩老干部服务工作。

9日 沂水县举行“一十双百”培育工程颁奖典礼。对10位名校长、100位名班主任、100位名师颁奖。

10日 《沂水报》停刊。该报创刊于1993年1月1日。

15日 沂水县舞台剧《红石崮》被省文化和旅游厅评为“喜迎二十大 奋进新征程”全省优秀剧目展演剧目。

16日 沂水县开展政企交流早餐会活动，利用早餐时间，政府和企业之间既充分沟通，又节约时间，没有常规会议形式的拘束，企业家可以敞开心扉，提出自己的意见和建议，推进问题解决。

18日 中央电视台《正大综艺》“沂”起寻美山东栏目专题展播院东头镇的美食、旅游。

19日 沂水县博物馆、天上王城研学旅行基地被省教育厅、省发展改革委、省文化和旅游厅评为第四批省级中小学生研学基地。县博物馆是全市第二家入选的国有博物馆。

20日 院东头镇西墙峪红色记忆馆开馆。该馆总投资300万元，建筑面积450平方米，是一处红旅融合的党性教育基地。

同日 沂水县人民政府与中国联通临沂市分公司推动“十四五”数字强县建设战略合作签约仪式举行。

21日 “庆丰收 迎盛会”山东·临沂庆祝2022年中国农民丰收节活动在沂水县开幕。活动以“庆丰收 迎盛会”为主题，表彰优秀“三农”人物，展示临沂优秀农产品，用歌舞等艺术形式展现喜悦、庆祝丰收、喜迎党的二十大召开。

24日 院东头镇民宿集聚区被省文化和旅游厅评为首批山东省旅游民宿集聚区。

30日 全市慈善助老工作现场会议在沂水县召开。

同日 院东头镇《疫情形势下，院东头镇旅游青年们的逆袭之路》入选文化和旅游部编发的《文化和旅游领域纾困发展案例集》。

10月

12日 沂水县被省大数据局确定为省级一体化大数据平台县级节点建设试点县。

14日 沂水县“三区三线”划定成果正式启用。全县划定永久基本农田保护规模6.6万公顷、生态保护红线规模2.1万公顷、城镇开发边界规模83.2平方千米，其中中心城区城镇开发边界规模69.8平方千米。

15日 沂水县举办“喜迎二十大·第一书记抓党建促乡村振兴”成果展，展示驻村第一书记帮扶成果，学习宣传驻村第一书记实干精神。

16日 金澜湾沂河大桥正式通车。该桥是沂水县第一座独塔斜拉桥，总长1115米，宽43米，双向六车道，索塔高103.1米，建设总投资3.1亿元。

18日 沂水县发放全市首笔设备购置与更新改造贴息贷款。中国工商银行沂水支行为临沂市中心医院授信2750万元，专项用于国家发展改革委《设备购置与更新改造贴息贷款项目清单》中“临沂市中心医院设备更新购置”项目，并在当日实现第一笔放款110万元。

19日 沂水县人民政府印发《关于公布沂水县第四批县级非物质文化遗产代表性项目名录的通知》，确定29项非物质文化遗产为第四批县级非物质文化遗产代表性项目。

20日 沂水县欧美同学会（沂水县留学人员联谊会）成立

并召开第一次会员代表大会。至2022年底，沂水县有留学人员120余人，研究生以上学历占80%以上。

27日 沂蒙花开旅游区创建为国家AAAA级旅游景区。至此，沂水县有国家AAAAA级旅游景区1处、AAAA级旅游景区5处、AAA级旅游景区16处。

11月

1日 许家湖镇被农业农村部认定为全国乡村特色产业超十亿元镇（生姜）。该镇2020年、2021年连续2年被农业农村部授予“全国乡村特色产业十亿元镇”。

2日 四十里堡镇袁家庄村党支部创办“暖心食堂”的事迹被《人民日报》以《社区养老，让老人乐享幸福生活》为题刊发报道。沂水县类似的“暖心食堂”已达到30个。

8日 沂水县泉庄镇被省农业农村厅、省应急管理厅评为全省“平安农机”示范镇。

9日 沂水县党代表线上工作室启用，开通扫描二维码进信箱功能，形成党代表线上、线下双向作用发挥的有效机制，让有事找党代表成为新常态。

10日 沂水县被省大数据局确定为国家政务数据直达基层试点县。

17日 中共中央山东分局展览馆被省文化和旅游厅、省教育厅评为首批山东省专题实践教学基地。

18日 沂水县入选全国投资潜力百强县市。连续5年入选全国绿色发展百强县市。

同日 香港临沂同乡会沂水分会成立，是临沂市在香港成立的第一家县级同乡社团。

20日 2022年全国青少年U系列英式七人制橄榄球比赛中，沂水运动员赵柄淇代表山东青年队参赛，获得男子体校组第一名。

24日 沂水县连续5年入选中国县域旅游综合竞争力百强县。

同日 沂水县实验中学东校区改扩建项目正式开工建设。2022年，沂水县投资8.9亿元，新建改扩建中小学13处，新增班数337个、学位15740个，有效解决“大班额”问题。

同日 沂水县人民医院胸痛中心通过2022年度第二批次国家级基层版胸痛中心认证。

同日 沂水县农业技术推广中心被全国农技中心确定为全国五星基层农技推广机构。

同日 沂城街道牛岭埠社区、龙家圈街道兴龙社区被省民政厅评为山东省社区社会组织创新发展基地。

25日 沂水县连续5年入选中国创新百强县榜单。

26日 沂水县在全市乡村振兴观摩中取得第一名。

28日 沂水县金土地农机服务专业合作社、军海农机专业合作社等7个合作社被省农业农村厅、省发展改革委等9个单位认定为2022年山东省农民合作社示范社。

29日 全县领导干部党的二十大精神专题学习班（第一期）开班式举行。县委书记、县委党校校长陈士贤作动员讲话，并围绕学习贯彻党的二十大精神宣讲。

30日 沂水县被中国老年大学协会远程教育工作委员会评为第九批全国老年远程教育实验区。

12月

1日 山东永丰轮胎有限公司被省商务厅确定为山东省重点培育贸易双循环试点企业。

2日 沂水县新希望六和食品有限公司和七星柠檬科技有限公司被省农业农村厅、省发展改革委等9个部门认定为农业产业化省级重点龙头企业。至2022年底，沂水县有农业产业化市级以上重点龙头企业71家，其中国家级2家、省级12家、市级57家。

同日 沂城街道、泉庄镇被省农业农村厅评为2022年省级农业产业强镇。至2022年底，沂水县有省级农业产业强镇5个。

5日 沂水县被中国疾病预

防控制中心慢性病非传染性疾病预防控制中心评为全国百强健走示范区。

6日 临沂市中心医院介入医学科成功开展临沂市首例胆道恶性肿瘤射频消融治疗，达到预期目的，为胆道恶性肿瘤的治疗开辟新的治疗方法。

8—11日 沂水县在市委、市政府组织开展的2022年度全市推动高质量发展现场交流评议中，位居全市第三、九县第一。

9日 山东隆科特酶制剂有限公司被评为2022年度山东省科技领军企业。

同日 山东兴田机械有限公司、山东沂水机床厂有限公司、山东泓达生物科技有限公司、七星柠檬科技有限公司4家企业被评为首批山东省科技“小巨人”企业。

12日 中央政策研究室《简报》刊发《山东沂水建设农村信用体系赋能乡村振兴》，肯定推广沂水县以信用助力乡村振兴、基层治理的新路径。

14日 临沂市中心医院妇科学成功入围首批省级医药卫生重点学科名单。

15日 在2021—2022年度政府采购监管专业评价中，沂水县获评全国政府采购百强县。

17日 杨庄镇吴家楼子村、高桥镇沭水村、高庄镇王家庄子村、马站镇杨家城子村4个村庄被市文化和旅游局、市农业农村局评为“山东手造·产自临沂”特色乡村。

22日 沂水县崔家峪河被省河长制办公室评为2022年度省级美丽幸福示范河湖。

23日 应急管理部《应急管理简报》第51期刊发《山东沂水持续提升安全生产监管能力水平》，推广沂水安全生产监管经验。

26日 沂水县在财政部公布的2021年度县级财政管理绩效综合评价结果中，排名第25位。

同日 中央办公厅《工作情况交流》第14期刊发《山东推动党的二十大精神在齐鲁大地深入人心 凝聚现代化强省建设奋进力量》，提及“沂水县打造宣传党的二十大精神‘梦想小剧场’，以合唱、歌舞、快板、情景剧等形式开展宣讲800余场次”经验，沂水县宣传党的二十大精神经验得到肯定推广。

28日 山东沂水机床厂有限公司被省人力资源社会保障厅评为2022年山东省博士后创新实践基地。

同日 首届沂水县青少年科技节——青少年科普演讲大赛被中国科协办公厅评为2022年全国科普日优秀活动。

同日 沂水县云水间精品民宿被省文化和旅游厅评为山东省十佳建筑设计民宿。

同日 夏蔚镇王庄村、院东头镇桃棵子村、夏蔚镇云头峪村、院东头镇西墙峪村4个村被省文化和旅游厅评为第一批山东省红色文化特色村。

29日 沂水县被全国妇联确定为全国妇联移风易俗工作试点。

同日 沂水县被省科技厅评为2021年度山东省技术转移先进县。

30日 沂水县圩下河水库被省水利厅评为2022年山东省乡村小型样板水库。

31日 山东泓达生物科技有限公司纳税突破3亿元，是全县第一家纳税过3亿元的工业企业。

同日 大众报业集团到《大众日报》印刷所旧址、中共中央山东分局旧址和《大众日报》编辑部旧址实地调研，并看望印刷所旧址房东的家人狄元梅。 （韩 笑）

县情概览

自然地理

【位置面积】 沂水县地处山东省中南部，沂山南麓，沂、沭河上游，临沂市北部。位于北纬35° 36′ ～36° 13′ 、东经118° 13′ ～119° 03′ 。东邻潍坊市诸城市、日照市莒县，西与蒙阴县、淄博市沂源县交界，南与沂南县毗连，北与潍坊市临朐县、安丘市接壤。东西最大横距78千米、南北最大纵距67.5千米，总面积为2414平方千米，约占全省总面积的1.6%，列省内各县（市）第二位，居临沂市各县区之首。

【地质地貌】 沂水县地质构造较为复杂，地层较齐全且古老，主要有太古代、元古代、古生代、中生代和新生代第三、第四系共5类。最古老的地层（也是山东最古老的地层）称沂水岩群，形成于中太古代，属太古宙地层。该岩群发育于沂沭断裂带内，汞丹山凸起中部，呈岛状、透镜状、条带状等各种包体形式，残存于中太古代，新太古代及古元古代变质花岗岩侵入岩体中。总出露面积约50平方千米。自下而上划分为石山官庄岩组和林家官庄岩组，岩群总厚1729米，地质年龄约为30亿年。沂水县处于沂沭断裂带中段，沂水—汤头、鄌郚—葛沟两条大断裂带纵贯全境。另有6条小断裂带。这些断裂带影响、控制着全县的地质活动、地貌发育和水系分布等。

沂水县为低山丘陵区，西部、北部为低山区，东部、东北部为丘陵，中部、南部为平原。最高点为县境北部的沂山南主峰泰薄顶山，海拔916.1米；最低点为县境东北部的富官庄镇朱双村东，海拔101.1米。全境地势自西北向东南倾斜，西南部山体多为石灰岩构造，为大型溶洞的形成提供条件。全县地貌类型大体为“一山六岭三分平”。山地面积1.3万公顷，占全县总面积的5.5%，平均海拔高度400米，相对高度在200～400米，多为古生代石灰岩、页岩所构成。山区的气候垂直差异显著，区域性小气候较多，历来以农、林、牧为主，有发展多种经营的传统和习惯。丘陵面积13.8万公顷，占全县总面积的57%，海拔高度在200～400米，相对高度小于200米。丘陵区岭矮坡缓，谷地宽展，多为太古代变质岩构成的砂岭，土壤多为棕壤，是全县花生、黄烟的集中产区。平原位于沂、沭河两侧，为第四纪冲积洪积平原及山前倾斜平原，呈带状分布，面积9.1万公顷，占全县总面积的37.5%，海拔高度在115～200米，相对高度小于50米，土壤多为潮土，是全县粮、菜的重点产区。境内有不少山峰成为山顶浑圆且周身陡峭之状，地貌学称之为“方山”，俗称崮，素有“沂水、蒙阴七十二崮”之称。著名的有纪王崮、无儿崮、歪头崮、晏婴崮等，都以各自的雄奇、胜迹、人物、传说等特点远近闻名。五镇之首沂山，屏障着县境北面门户。沂山连接临朐、沂水、沂源3个县，古称海岱、海岳，为中国东海向内陆的第一座高山，有“大海东来第一山”之说，素享“泰山为五岳之尊，沂山为五镇之首”的盛名。古代十朝十六位皇帝登封于此，从而留下名垂青史的“东镇碑林”，其留存的御碑数量为世界之最。

【河流湖泊】 沂水县有大小河流622条，干流长度10公里以上河流36条，分属沂、沭、潍三大水系，骨干河流有沂河、沭河、浯河。其中，沂河为第一大河，县境内总长58.6千米，流域面积1149.8平方千米；沭河为第二大河，境内流程51.3千米，流域面积747.6平方千米。全县拥有跋山水库、沙沟水库2座大型水库，寨子山水库1座中型水库，140座小型水库，1136座塘坝，5座拦水橡胶坝，其中跋山水库为山东省第三大水库。（王新玲）

【气候物候】 沂水县属暖温带季风气候区，大陆度62.4%，具有显著的大陆性气候特点。全县累年平均气温12.3℃，气温7月最高，平均为25.5℃；1月最低，平均为-2.8℃。多年年均降水量770.2毫米左右，降水在空间和时间上分布很不均匀，西南部降水较多，并向东北部递减，降水量年际变化较大。多年平均每天日照6.6小时，年日照时数为2414.7小时，年均日照率为55%～58%。日照北部多于南部，一般相差70～80小时。全县多年平均无霜期191.7天。由于受地形的影响，霜期出现时间不一。一般初霜北早南晚，终霜则北晚南早。南北相差4～5天。2022年，平均气温14.1℃，年极端最高气温37.3℃，年极端最低气温-9.9℃。年总降水量847.9毫米，年一日最大降水量112毫米，出现在6月27日。年日照总时数2244.3小时，较历年平均值偏少118.3小时。

沂水县物候随季节而变化；其现象主要表现在动、植物上，有农历二月“梅杏花，田鼠出”，农历三月“玄鸟来，蝼蛄鸣”。春分时节迎春花开，雨水前杨树、柳树开花、吐芽，谷雨后刺槐发芽，小满前后开花，霜降落叶；立夏到来，紫藤开花，蔷薇开花；小暑过，棉花开；立冬时节，草木凋零。樱桃，3月开花，5月成熟；核桃树、梨树、柿子树4月开花，5月结果，8月核桃成熟，9月梨成熟，10月柿子成熟。冬小麦为跨年度生长农作物，9月下旬至10月上旬为播种适宜期，10月上、中旬出苗，翌年2月下旬返青，4月下旬抽穗，5月中旬灌浆，6月上旬成熟。夏玉米5月下旬播种（直播6月中旬），7月上旬为盛花期，9月下旬成熟。夏地瓜5月下旬插秧，9月块根膨大，10月中旬收刨。清明节后，燕子归来，秋分时返南方；4月下旬，青蛙始鸣；夏至蝈蝈叫，大暑蝉鸣；寒露时节鸿雁天空排阵飞。（张玲玲　王新玲）

【水文】 沂水县水文地质条件复杂，地下水在分布和富水性程度上有较大差异。全县地下水状况可分为四个类型：低山丘陵片麻岩风化裂隙水贫水区，地下水主要储存于风化壳中，一般涌水量小于5立方米/时；山区丘陵灰页岩构造裂隙水岩溶水一般富水区，单井涌水量10～60立方米/时；丘陵砂页岩、砂砾岩风化裂隙水贫水区，出水量1～3立方米/时，当地形低洼、风化强烈、汇水条件较好时，出水量则较大；冲洪积平原第四系孔隙水富水区，分布于沂、沭、浯、梓河流两侧及山前倾斜平原、山涧沟谷中，沂河单井涌水量大于30立方米/时，较大的大于150立方米/时，靠沭河一带，单井涌水量67.4立方米/时。2022年，沂水县总径流量76978万立方米。其中，河川年径流量71915万立方米，山丘区地下水资源量24119万立方米，山丘区河川基流量20161万立方米，平原区降水入渗补给量1125万立方米，平原区降水入渗补给形成的河道排泄量20万立方米，地下水资源与地表水资源不重复量5063万立方米。（韩玉冬）

2022年沂水县水文情况统计表

表1

水资源分区名称	计算面积（平方千米）	分区河川年径流量（万立方米）	山丘区地下水资源量（万立方米）	山丘区河川基流量（万立方米）	平原区降水入渗补给量（万立方米）	平原区降水入渗补给形成的河道排泄量（万立方米）	地下水资源与地表水资源不重复量（万立方米）	水资源总量（万立方米）
沂河区	1411	36117	16838	13500	1125	20	4443	40561
沭河区	724	26729	6906	6661	—	—	245	26973
潍河区	300	9069	375	—	—	—	375	9444
小　计	2435	71915	24119	20161	1125	20	5063	76978

【土壤植被】 沂水县土壤有3个土类、11个亚类、17个土属、67个土种，以棕壤土类为主。棕壤（A）土类面积9.7万公顷，占可利用面积的47.7%。全县各乡镇（街道）均有分布，但大部分集中在沂河以东的花岗岩、片麻岩等酸性岩类风化物上，少数分布在砂岩、页岩、正长岩等风化物上。棕壤土类在全县有4个亚类、7个土属、26个土种。褐土（B）土类面积8.7万公顷，占全县可利用土地面积的43%，全县各乡镇（街道）均有分布，主要分布于低山丘陵区，发育在富含石灰的母质上。该土类在全县有4个亚类、7个土属、29个土种。潮土（C）土类面积1.9万公顷，占全县可利用面积的9.3%，主要分布于沂、沭河两岸。该土类全县有3个亚类、3个土属、12个土种。

沂水县属暖温带落叶阔叶林区。经人类长期生产活动，天然植被已逐步被人工植被所代替，已有的天然植被已具有明显的次生性质。全县木本植物有60科、105属、276种。阔叶树主要为杨类、旱柳、刺槐、泡桐、臭椿、白榆、国槐、枰柳、楸树、麻栎等；针叶树主要为松类(赤松、油松、黑松)、侧柏。其他阔叶树成片面积不大，多生长在梯田地堰、荒坡等，有板栗、柿子、核桃、苹果、山楂。全县灌木成片少、散生多，有栽培，野生之分。栽培种有棉槐、腊条、银花。野生灌木主要有黄荆、酸枣、胡枝子、山槐、卫矛芫花、照山白等。2022年，全县森林覆盖率为28.9%。全县有草本植物100多种，它们在每个植物群落中互为优势种与亚种。草本植物有75个群落型，最主要有3个群系，以黄背草为主的灌草丛群系、以白羊草为主的灌草丛群系、以百里香为主的灌草丛群系。农田植被主要是小麦、玉米、地瓜、花生、黄烟等农作物。（王新玲）

【土地资源】 2022年，沂水县耕地面积7.3万公顷、园地面积3.2万公顷、林地面积7.6万公顷、草地面积1230.1公顷、湿地（内陆滩涂）面积76.2公顷、城镇村及工矿用地面积2.9万公顷、交通运输用地面积2675.8公顷、水工建筑用地面积212.9公顷、水域用地面积9432.3公顷。

【矿产资源】 至2022年底，沂水县发现矿产资源45种，其中，能源矿产2种（铀、地热），金属矿产8种（金、铁、钛、铅、锌、铜、镁、银），非金属矿产33种（石灰岩、长石、蛭石、花岗岩、页岩、云母、石英砂岩、天然石英砂、白云岩、陶瓷土、脉石英、膨润土、玄武岩、石榴子石、重晶石、磷、大理岩、辉绿岩、水晶、麦饭石、方解石、萤石、高岭土、透辉石、滑石、沸石、其他黏土、泥灰岩、宝石、玛瑙、角闪岩、片麻岩、安山岩），水气矿产2种（地下水、矿泉水）。

【水资源】 沂水县有“千塘百库”之称，可利用水资源6.1亿立方米。全县水资源时空分布不平衡，其空间分布总趋势是南多北少，年际年内变化很大，丰枯变化十分明显。全县人均占有水资源量638立方米，仅为全国平均水平的1/4，属严重水量型缺水地区。多年平均地下水资源量为2.2亿立方米。

【森林资源】 沂水县森林资源面积10万公顷，林业用地面积11.1万公顷，活立木蓄积量499.8万立方米，平原地区主栽树种为黑杨，山区防护林主要为侧柏、黑松、刺槐，经济林树种主要为苹果、桃、板栗、核桃、杏、樱桃等。有各类古树名木247棵，其中一级古树15棵、二级古树78棵、三级古树154棵。

【湿地资源】 沂水县湿地（具有显著生态功能的自然或者人工的、常年或者季节性积水地带、水域）面积6951.9公顷、湿地斑块87块。其中，河流湿地47块、面积2511.9公顷，湖泊湿地2块、面积3419.2公顷，人工湿地38块、面积1020.8公顷。有国家级湿地公园1个（山东沂水国家湿地公园），规划总面积3394公顷，湿地面积2709.3公顷，湿地率79.8%。

【生物资源】 沂水县农作物有20科、59属、80多种。粮食作物主要种类有小麦、玉米、地瓜、大豆、高粱、谷子等，经济作物以花生、黄烟、棉花为主；林果中，属木本植物的有56科，118属，213种，主要种类是松、柏、杨、榆、槐、柳、泡桐、桑、苹果、梨、山楂、葡萄、桃、杏、板栗、柿子、核桃、花红、樱桃、枣等；草本植物有100多种，能构成植物群落的优势植物有30多种；水产植物主要为藕、苇、蒲；药用植物有251种，其中人工种植72种，主要为丹参、桔梗、元参等。鸟类有12目，19科，35种；兽类有野兔、黄鼠狼、獾、狐狸、狼等；鱼类有6目，11科，35种，以青、草、鲢、鳙、鲤、鲂鱼为主；畜禽以猪、牛、驴、骡、马和羊、兔、鸡、鸭、鹅为主。农业害虫天敌有2纲，58科，77种，主要为青蛙、瓢虫、步甲虫、草青蛉、赤眼蜂、肿腿蜂等。（扈明新　王　剑）

【自然灾害】 沂水县山丘面积大，土地瘠薄，极易受旱。有“十年九旱”“三日不雨小旱，五日不雨大旱”之说。可分为春旱、夏旱、伏旱、秋旱和冬旱。春旱平均2年一遇；夏旱平均2～3年一遇，往往还会出现春夏连旱；伏旱约3年一遇，对农业危害最重；秋旱约3年一遇，也往往与冬春干旱相连。盛夏的7～8月常因连降大到暴雨，在平原涝洼地易形成短时的内涝，影响农作物生长发育，重者涝死绝产。夏涝约4年一遇。秋涝出现频率为32%，为3年一遇，对秋收秋种均有影响，但夏涝和秋涝的危害均远不及夏旱和秋旱。冰雹多发生在4～10月，以6月为多，且山区多于平原。全县时有发生大风，风向以偏北居多，破坏性的大风多伴有暴雨和冰雹，使灾情加重。沂水县处于沂沭断裂带，根据历史资料记载，在沂水县及周围邻近县发生过多次地震，其中1668年（清康熙七年）郯城大地震对沂水破坏性最大，“城尽崩，坏官民舍13370余间，压死1725丁”。（王新玲）

建置区划

【建置沿革】 据《禹贡》《周礼·职方氏》记载，沂水县境域，在夏朝，其北境、东境入青州，其南境入徐州。商朝，沂水地属人方。西周，沂水地属鲁国。春秋，沂水地名郓。莒鲁之争后入齐。战国，沂水地名盖。秦朝，沂水地属琅琊郡莒县。西汉，沂水地东境属琅琊郡东莞县，西境为泰山郡盖邑，南境为城阳国阳都、东安。东汉，废城阳国，沂水地属琅琊国。三国，沂水地北境属东莞郡东莞、东安两县，南境属琅琊国阳都。晋朝前期，沿用魏国旧制。永嘉（东晋）以后，十六国纷争割据，沂水地归属多变；南北朝时，沂水地南北互争，归属时南时北。隋开皇十六年（596）改东安县为沂水县，别置东安县于古盖县。隋末，废东安县并入沂水县，县属琅琊郡，沂水县名沿用至今。唐朝，武德五年（622），沂水县属莒州。贞观八年（634），废莒州，沂水县属河南道沂州琅琊郡。五代十国时期，沂水县先后隶属后梁、后唐、后晋、后汉、后周，均属沂州。宋朝（北宋），沂水县属京东东路沂州琅琊郡。天会四年（1126）灭北宋，淮河以北被金占领，沂水县属山东东路莒州。南宋端平元年（1234）元灭金，沂水县此时归元。元灭南宋统一全中国后，沂水县属中书省山东东西道宣慰司益都路莒州。明朝，明初因之。洪武九年（1376）属山东承宣布政使司青州府。清朝，清初因之。雍正八年（1730）改属莒州，雍正十二年（1734）改属沂州府。

民国时期，1913年废府设道，沂水县属岱南道。1915年改属济宁道。1925年改属琅琊道。1928年裁道，属山东省。1936年2月，设山东省第三区行政督察专员公署，沂水县属之。1939年6月，日本侵略军第二次侵犯沂境，占据沂水城，沂水沦陷。1940年3月，沂水县抗日民主政府成立，由中共山东分局直接领导。1941年2月，属山东省战时工作推行委员会鲁中区沂蒙专署。1940年以后，随着抗日战争形势的变化，原沂水县境除中部改为沂中县外，西南部划为沂南县，南部划为沂临边联县，东南部划为沂东县，东北部划为莒沂边县，北部划为沂北县，西北部划为沂源县，而后又几经分合，归属不一。1943年8月，沂中、沂东县属山东省行政委员会鲁中区行政联合办事处沂蒙专署。1944年1月，沂北、莒沂边县属沂山专署。1945年7月，沂中县属鲁中行政公署沂蒙专署；同年8月13日，属山东省政府鲁中行政公署第二专署。1948年7月17日，属山东省政府鲁中南行政区公署第二专署。1949年7月，属山东省人民政府鲁中南行政公署沂蒙专署。同年8月，恢复沂水县名称。同时，沂北与莒沂（1946年莒沂边改称莒沂）合并为莒沂县，属沂蒙专署。

1950年5月，撤销鲁中南行政区并调整专区区划时，沂蒙专区改为沂水专区，专署驻地沂水城，沂水县属之。1953年8月，沂水专区撤销，并入临沂专区；莒沂县撤销，其中9个区归沂水县，沂水县属临沂专区。1967年，沂水县属临沂地区。1994年12月，临沂地区撤销，设临沂市（地级市），沂水县仍属之。

【行政区划】 2022年，沂水县辖2个街道、15个镇、1个乡：沂城街道、龙家圈街道、道托镇、高桥镇、马站镇、杨庄镇、富官庄镇、沙沟镇、诸葛镇、黄山铺镇、崔家峪镇、夏蔚镇、高庄镇、泉庄镇、院东头镇、许家湖镇、四十里堡镇、圈里乡。有城市社区30个、行政村357个。

（王新玲）

2022年各乡镇（街道）社区、村数量统计表

表2　　单位：个

序号	所属区划	社区	行政村	备注
1	沂城街道	23	29	—
2	龙家圈街道	4	19	—

续表2

序号	所属区划	社区	行政村	备注
3	马站镇	—	26	—
4	高桥镇	—	20	—
5	许家湖镇	3	42	其中13个行政村由院东头镇代管
6	黄山铺镇	—	18	—
7	诸葛镇	—	26	—
8	崔家峪镇	—	12	—
9	四十里堡镇	—	26	—
10	杨庄镇	—	22	—
11	夏蔚镇	—	16	—
12	沙沟镇	—	21	—
13	高庄镇	—	12	—
14	道托镇	—	12	—
15	泉庄镇	—	12	—
16	富官庄镇	—	16	—
17	院东头镇	—	12	—
18	圈里乡	—	16	—
合计	2个街道15个镇1个乡	30	357	—

人口　民族　宗教

【人口】　沂水县人口在清代以前无确切记载。民国年间，由于自然灾害和战争原因，人口发展不平衡，民国19年（1930），全县总人口60万人，民国24年（1935），全县总人口下降到51万人。1949年，全县总人口50万人。新中国成立后，随着人民生活水平的提高和医疗卫生条件的逐步改善，人口增长迅速，1957年出现第一个人口发展高峰期（63万人）。1971年以后贯彻人口计划生育，人口生育走上有计划发展的轨道。2022年全县户籍总户数405425户，人口1184583人，户均2.9人。总人口中城镇人口387733人，乡村人口796850人；其中男性606454人，女性578129人，人口性别比104.9。

（王钧正）

【民族】　沂水县主要系汉民族聚居区。自明代以后，有回族人移此定居。新中国成立后，由于干部职工调动，大中专学生分配及婚姻等因素，有少数民族人口迁入。1982年，全县有汉族、回族、满族、藏族、朝鲜族、白族、高山族、壮族8个民族。1990年人口普查，全县有汉族、回族、蒙古族、藏族、苗族、彝族、壮族、朝鲜族、满族、白族、土家族、傣族、傈僳族、佤族、高山族、水族和达斡尔族17个民族。2008年，全县有33个民族。2022年，沂水县有35个少数民族，户籍人口7294人，其中，回族5933人、苗族258人、满族217人、彝族161人、傈僳族142人。有6个回族集中居住村（社区），分别是沂城街道回民社区，马站镇沙家庄村、蒋家后沟村、郭家庙子村，沙沟镇上流庄村、石槽峪村。

【宗教】 唐贞观年间（公元627—649年），在夏蔚镇土崮顶山上，建有黄柏寺。清代，设县僧会司管理佛教。民国8年（1919）前，沂水县仍有佛教寺院60余处，后均毁于战乱。龙家圈街道水牛宫村南的瑞云宫（建于隋朝大业年间），为迄今所知沂水县最早的道院。清代，沂水县曾设道会司管理道教。明、清两代大批回民迁居沂水县，伊斯兰教也伴随着发展起来。1871年，沂水县有人开始传播基督教。民国25年（1936），基督教活动达到鼎盛时期。民国26年（1937），美国牧师撤走，沂水基督教逐渐衰落，到民国34年（1945）大都停止了活动。1978年随着党的民族宗教政策的落实，各信徒宗教活动逐渐恢复。2022年，沂水县有佛教、伊斯兰教、天主教、基督教4种宗教，有依法设立的宗教活动场所37处，其中，伊斯兰教3处、佛教3处、天主教4处、基督教27处；宗教团体4个（佛教协会、天主教爱国委员会、基督教协会及基督教三自爱国运动委员会）。（管纪尧）

历史人文

【民俗】 节庆 沂水城乡居民在长期生活过程中，岁时节日习俗与北方大部分地区基本相同，但在演变传承过程中，受地域文化影响，有些习俗也呈现出一些不同的特点。农历二月二亦称“青龙节”，有“二月二龙抬头”之说。家家炒黄豆拌上红、白糖，俗称吃“料豆”。农户在庭院、场院用簸箕端着草木灰，溜成大圆圈“打囤”，再在囤的中间放上五谷，囤外画成梯子形，叫“上粮梯”，意祈仓满囤流，五谷丰登。六月六，农户则于当日“上新麦子坟”，即备好水饺、纸香等供品，上坟祭祖；同时在这天前后吃“全羊”。

婚俗 境内旧俗，男婚女嫁要遵“父母之命，媒妁之言”，现在自由恋爱增多，但经人介绍而结婚的比例也很大。程序简化很多，一般为定亲、结婚、回门等。定亲时，男方给女方一定数目的彩礼，包括“三金”大约10万元。结婚所置备的嫁妆，多由男方筹办；女方家购置的结婚物品谓之“陪嫁”或“陪送”。沂水境内居民最忌男女双方属相不合。双方父母会请阴阳先生或瞽目先生查过男女双方属相不犯“大断”、五行推算命里和宫里相合。2020年，全县开始实施婚俗改革，从彩礼金额、婚车数量、人情往来、婚宴标准等方面进行引导规范。

丧葬 境内殡俗实行火葬。一般要经过送终、倒头、报丧、戴孝、入殓、送汤、送盘缠、出殡、谢纸、圆坟、做七等诸多程序。2017年，创新实施以“惠民礼葬”为核心的殡葬改革，在全国率先实行“殡葬全免费”政策，对遗体运输费、火化费、骨灰盒费和公益性公墓使用费、墓碑及刻碑费全部免除，群众不花一分钱。

【方言】 沂水方言属东潍方言区。沂水县境内，中、东、南部方言比较一致，东北角方言跟诸城方言较为接近，西、北部方言与本县其他地方有较多差异。沂水方言有些字发音与北京普通话不符，有的是声母发音不标准，有的是韵母发音不标准。方言发音特点是“糟、租”等字读齿间浊擦音韵母〔ŏ〕，“精、聚、征、主”等字读舌尖前浊擦音声母〔z〕，这在汉语方言里较为罕见。“争、抄、市”与“蒸、超、世”声母不同，“精、秋、西”与“经、丘、希”声母不同。“日、热、褥、软”等字读以〔i〕或〔ü〕开头的零声母。“宾、贫、民”与“奔、盆、门”韵母相同。“七、国、塔、策”等字（古清入）归上声。声母发音不标准的主要有：zh、ch、sh、j、q、x。韵母发音不标准主要是错用、混用。如：ai用ei代替，e用o代替。声母zh：知≠纸。沂水县具有代表性方言词语有：张（这样）、曩（那样）、您（你；你们）、妈妈（奶奶，农村用）、埝儿（上声，地方）、今们儿（今天）、营生（东西）、果子（花生；苹果）、盐粒子（霰）、家去（回去）、家不去（回不去）、知不道（不知道）、爽（副词，赶快）等。

（王新玲）

【文化遗存】 沂水县地处沂蒙山区，历史悠久，是著名的革命老区，保存在地上地下的遗物、遗迹、遗址遍布全县。通过考古发掘、征集、拣选、捐赠等途径，沂水县博物馆馆藏可移动文物收藏量50567件（套）。其中，国家珍贵文物92件，春秋公铸壶和工虞王剑，《大众日报》创刊用照相机和印刷油盘为国家一级文物；二级文物有春秋时期的铜罍、铜盘、明代秋郊牧马图等24件；春秋玉圭、战国平阿左戈、元代铜权等64件被定为国家三级文物。至2022年底，全县有不可移动文物596处，全国重点文物保护单位2处，省级15处、市级15处、县级186处；拥有28处不可移动革命文物，省级5处，市级3处。其中，全国重点文物保护单位2处，齐长城遗址、纪王崮墓群；省级文物保护单位14处：中共中央山东分局旧址、《大众日报》创刊地、姑子顶遗址、抬头遗址、安门头遗址、垛庄王氏家族墓、圈里卫东大桥、唐王山反击战旧址、东安故城、古城城址、刘家店子遗址、杨家城子城址、资庆寺砖石塔、陈毅指挥所旧址。（马瑞娟 田相凤）

【历代名人】 古代沂水的地域范围比今天的沂水县广阔，包含沂南县大部、沂源县部分，面积近4000平方千米，出现很多历史名人。曹魏尚书令徐奕忠贞亮节。南朝宋齐梁三代大臣孙谦克己奉公。东晋高僧竺法汰成为般若学派“六家七宗”中“本无异宗”的代表人物。南朝宋开国皇帝刘裕的皇后、东莞人臧爱亲始终勤俭贤淑、不尚奢华。南朝宋青州刺史竺夔老成持重，以少胜多保卫青州。隋末唐初著名僧人慧远的高足释明璨。宁可受杖也不接受宋徽宗赏赐的曹洞宗第八世嗣祖沙门芙蓉道楷禅师。金代高僧清凉寺主持宏相禅师。元代东征日本的镇国上将军、都元帅张禧，崇信儒士的本色、拒绝皇帝征聘的世外高人艾山先生张惟忠。明代吏部郎中刘应宾，山西按察司副使、著名诗人杨光溥，保德知府杨光泽，兵部主事杨东野。清代两淮盐运司同知、名医刘泽芳，大名府知府刘翰明，福建盐运使刘侃，通州知州刘逊，湖北布政使刘策先，著名的监察御史刘纶襄，兄弟连科进士的武卫和武衡，贡生出身的有“天下清官”之称的延庆知州耿继武，父子连科进士的袁炼和袁振瀛，80多岁钦赐进士的王在中，出身贫苦的“佃户举人”刘岩。（王新玲）

【非物质文化遗产】 2022年，沂水县有县级以上非遗保护项目389项，包含民间文学、传统音乐、传统舞蹈、传统戏剧、曲艺、传统体育、游艺与杂技、传统美术、传统技艺、传统医药、民俗11项内容。其中，国家级非遗保护项目1项，为鲁绣的典型代表高桥手绣；省级非遗保护项目4项，分别为高桥手绣、沂水丰糕制作技艺、沂蒙小棉袄制作技艺、沂水桑皮纸制作技艺。年内，沂水县公布20位市级非遗传承人，开展第四批县级非遗项目资料挖掘工作，组织非遗项目和非遗传承人参加市非遗工坊和手造传承人评选工作，沂蒙小棉袄工坊等10家非遗工坊和孙洪芸等6人成功入选。（贾秀芝）

【传统村落】 至2022年底，沂水县有12个山东省传统村落，分别是院东头镇桃棵子村、西墙峪村，马站镇关顶村、八大庄村，夏蔚镇云头峪村、王庄村、水源坪村，泉庄镇崮崖村、石棚村，高庄镇杏峪村、龙湾村、桃花坪村，其中，6个中国传统村落，分别是马站镇关顶村、马站镇八大庄村、夏蔚镇云头峪村、夏蔚镇王庄村、泉庄镇崮崖村、泉庄镇石棚村。

【历史文化名镇名村】 至2022年底，沂水县有2个山东省历史文化名镇，分别是泉庄镇、院东头镇；有4个山东省历史文化名村，分别是马站镇关顶村、夏蔚镇王庄村、院东头镇四门洞村、院东头镇桃棵子村。泉庄镇有3处全国重点文物保护单位：纪王崮墓群、石棚村传统村落、崮崖村传统村落，有1处市级保护单位：解放军八十八医院旧址。院东头镇有2处省级保护单位：刘家店子春秋古墓、张家庄子砖石塔，有14处县级保护单位：四门洞石刻、塔涧庵石刻、仙姑顶战斗旧址、挡阳柱战斗旧址等。（张永圣）

风景名胜

【齐长城遗址】 齐长城是春秋战国时期齐国早期为防鲁、晋、吴、楚等国进攻，历时百年构建的军事防御工事，距今有2000余年的历史。是中国现存有准确遗迹可考、保存状况较好、年代最早的古代长城，被誉为“长城之父”。齐长城源于济南市平阴县，蜿蜒起伏在1518座山峰上，全长620千米，在青岛市黄岛区东于家河村北入海。沂水境内齐长城66.1千米，有主线和支线2条线，行经沙沟、马站、圈里、杨庄、富官庄5个乡镇、70个自然村。凡经山岭处，犹存遗址；下洼处已平整为耕地。1987年齐长城被联合国教科文组织列入《世界文化遗产名录》。2001年6月被公布为第五批全国重点文物保护单位。

穆陵关是齐长城沿线上的一座重要关口，位于沂水县马站镇关顶村。鉴于穆陵关重要的军事地位，齐国在此设置穆陵亭，置亭长，设军队。秦统一天下后，作为控制南北交通的咽喉，仍为历朝历代统治者所重视。唐末淄青节度使李师古重建穆陵关，据险自重；宋太祖赵匡胤设穆陵关镇，防御北汉与辽国南侵；金国占领穆陵关后设为县，派专官镇守；元明清时期均在此设穆陵关巡检司，造兵室扼隘于此。民国初，穆陵关巡检司移至临朐县蒋峪，关防设施日趋荒废。“穆陵停雪”为“沂阳八景”之一。无数的骚人墨客给后世留下了许多脍炙人口的诗词篇章。穆陵关上仅存两通明、清增修穆陵关楼碑。

【孟母墓与孟母庙】 孟母墓位于沂水城东北30千米处的杨庄镇孟母村东。学界对沂水县孟母墓是否为孟子母亲的墓多有争议。孟母墓有砖砌围墙，占地约1亩，坟墓周围有一片粗大的柏树。孟母墓旁早年建有孟母庙，孟母庙在千余年里一直香火兴盛，且在历朝历代都有本地官员对其进行修缮，并多次立碑记之。孟母庙占地约2亩，围墙由青砖砌成。大门楼高约3米，进入大门是一道东西花砖墙，花砖墙有左右两个门通向后面的正院——孟母庙。在正院，正北是坐北朝南的三间正殿，大殿前檐由两根圆木立柱支撑，木柱上没有文字。柱子下端坐在石鼓（柱础）上。殿内有两个彩塑“神像”，在北墙正中位置的是孟母（村民称为“孟母奶奶”），位于东山墙面对母亲的是孟子（村民称为“孟叔叔”）。院内有东厢房和西厢房各3间。后来，孟母庙被拆除。孟母墓坟堆在1966年时被铲平。杨庄镇每年举办孟母文化节活动。

【纪王崮】 纪王崮位于沂水县城西北40千米处，隶属泉庄镇。顶部呈南北走向，海拔577.2米，崮顶面积约0.5平方千米，四周直壁如削。因其规模大，且一直有人居住，被誉为“沂蒙七十二崮之首”。清康熙十一年《沂水县志》中记载：“纪王崮，巅平阔可容万人，相传纪候去国据此”，故名纪王崮。2012年，在纪王崮发现两座春秋古墓，出土玉器、编钟等上百件历史文物。从墓葬及车马坑结构、出土器物群等方面看，纪王崮春秋墓为春秋中晚期诸侯级别的大墓。2013年，被评为全国十大考古新发现。2008年，在纪王崮开发国家AAAA级旅游景区——天上王城景区。

【资庆寺砖石塔】 资庆寺砖石塔高12米，塔底为长石砌成，塔身用青砖，顶用瓦盖。塔龛门高1.4米、宽0.7米，为资庆寺唯一留存的佛塔，系明代所建。2015年被列为省级文物保护单位。资庆寺又称望仙寺、望仙院，位于沂水县院东头镇张家庄子村北。据传该寺最早建于晋代。至明代有房屋81间，土地千顷，僧侣千余人。在清代，每年清明节和四月初八浴佛节，来自江苏、山西、浙江等地的人都到此上香。清末损毁。寺内原有砖石佛塔6座，已倒塌5座。

【圣水坊】 圣水坊又叫圣水祠，位于沂水县城西12千米处的黄山铺镇圣水坊村南山麓。相传该祠建于唐朝。圣水祠内外有明天启年间（1621—1627年）和清康熙年间（1662—1722年）石碑4块，上面刻有“重修圣水龙宫”字样，文字漫漶不清。原有的文昌阁大殿现已无存。相传圣水祠的西北有道士林，今已无存。清代后期成为佛教寺院，又称云水禅、龙兴寺，民国初期尚有和尚居此。圣水祠三面环山，只有北面峪口可以出入。祠院建筑西为三元洞府，供奉天、地、水三元神位。其建筑以石筑成，窗乃一巨石凿就，屋顶由39块石灰岩板组成，巧夺天工，浑然一体。南为南殿廊坊和三间北殿，各殿坊均由巨石组合砌成。三元洞府与南殿廊坊残址中间有一潭清水，即龙池。潭西面十步之遥为圣水泉，泉水自洞口汩汩而出，每到夏季，洞内水涌如巨龙。探头洞内，石怪水寒，这便是有名的“圣水龙宫”。龙宫依山势自然成洞，上一巨石盖顶，洞内可容纳数十人。祠内现存1株银杏雄树，树径2.3米，高33米，遮阴半亩多地，树龄1300余年。在此树北、东、南三面15米处，均匀排列着八棵合抱粗的雌银杏树，被当地人合称为“九仙落圣水”。2005年重建，打造为云水禅景区为国家AAA级旅游景区。

【灵泉寺】 灵泉寺又名上院寺、上元寺。位于龙家圈街道上肖家沟村西南，四面环山，松柏叠翠，古木参天。建于唐代，元至元十五年（1278年）和明代曾先后进行过两次重修，毁于民国时期。

原灵泉寺正面是“大雄宝殿”，四周分布着“姥姥殿”“菩萨殿”“观音殿”“三官殿”“龙王殿”，西北有“崖石佛阁”，东南角立有明代嘉靖敕封的龟驮雕龙碑两座。寺院南大门为拱形二层阁楼。现在南门的巨大基石还露在地面上。石塔1座移至山下林场院部南侧的路边。石塔自下而上分莲花底座、石瓮、石鼓、六棱碑柱、石宝葫芦5个部分。六棱碑柱上各面皆有刻文，字小且模糊难辨，有“章丘崔崇”几字可识。正面几个清晰的大字是“庆公寿域宝塔”。在寺院南百余米的山腰石壁上，刻有“大明正德十三年九月”和“章丘石匠崔崇”。1996年重建灵泉寺。中间是“龙王殿”，西北高处是“佛爷阁”（原“崖石佛阁”旧址，以平滑的山崖石壁为后墙），东北处为“碧霞行宫”。每座建筑内有釉面泥塑数尊。除这三处建筑外，在灵泉旁还竖有两块水泥碑，近泉者上书“灵泉”，另一块上书“灵泉寺”，皆红漆大字。东边数米处又并立两碑，记述重修殿阁之事及捐款人名单。

【景区景点】 2022年，全县有国家A级旅游景区43处，AAA级以上景区22处。其中，AAAAA级1处，为萤火虫水洞·地下大峡谷旅游区，景区有亚洲罕见的萤火虫奇观、形态各异的钟乳石、水量达35万立方米的岩溶暗湖、江北特大的生态蝴蝶谷等独有景观；AAAA级5处，分别是天然地下画廊、雪山彩虹谷、天上王城、东方瑞海国际温泉度假村、沂蒙花开旅游区。 （王新玲）

土特名产

【煎饼】 煎饼，是沂水人们的传统家常主食。用料以玉米、小米、地瓜干、小麦为主，可单料，可数料合一。传统的煎饼呈圆形，片状，直径近1米，以薄、酥、香、脆为标准，以摊鸡蛋、柿子，撒芝麻、椒盐等佐料为上品，食用时叠成方形块状或卷成长条形。马站煎饼，是沂蒙山区煎饼中的佼佼者。这个镇所产的马站煎饼，选料精细，加工工艺繁琐讲究，煎饼色泽黄润，饼质薄柔，口感香韧，久放不霉。2016年12月，马站煎饼制作技艺被列入临沂市第五批非物质文化遗产代表性项目名录。

【沂蒙全蝎】 沂蒙全蝎独有二钳、八爪，又称“十足全蝎”，主要产自沂水。《蜀本草》记载，全蝎入药有1100 多年历史。沂蒙全蝎含有人体所必需的17种氨基酸、14种微量元素，具有活血化瘀、镇痛安神、增强机体免疫力、防癌抗癌等功效，被评选为第二届“到山东最想买的100种特色旅游商品”。

【沂水丰糕】 沂水丰糕寓意“年年丰收，步步登高”，为沂水独有的地方特产，属市级非物质文化遗产，清乾隆年间（1736—1795年）被指定为御用贡品。沂水丰糕以优质粳糯米、槐花蜜、果珍等为原料，经过发酵、晾晒、油炸、塑型等八道工序制成，闻之如稻花飘香，食之香甜酥脆，获山东省商务厅第四批“山东老字号”称号。

【青援饼干】 青援饼干是“中国驰名商标”，以新西兰进口奶源、优质小麦粉、沂蒙山鸡蛋为生产原料，香浓酥脆，色泽温润。企业专注饼干研究30余年，生产包括酥性饼干、韧性饼干、杏元饼干、威化饼干等系列，200余个单品，年产20万吨。2022年，青援饼干荣登“好品山东”品牌榜。生产企业青援集团被中国商业联合会等评为中国食品工业百强企业、优秀食品龙头企业。

【鼎福桃酥】 鼎福桃酥系列产品精选新西兰奶粉、荷兰黄油、乳清粉、上等燕麦、薏米、腰果、榛子、蔓越莓干等原料，采用10万级GMP净化车间精制而成。产品被评为“中华国饼”，是“中国驰名商标”，被多家公司选定为航空配餐食品，远销韩国、非洲、欧洲等国家和地区。

【蒙山龙雾绿茶】 蒙山龙雾绿茶起源于20世纪50年代“南茶北引”工程，产地位于院东头镇向阳山坡、崖壁涧侧，是中国最北端的有机高山绿茶。茶叶蜡质层厚，内质含量高，耐冲泡，花香果香浓郁。被评为国家地理标志产品、山东名牌产品、山东省特优绿茶等。

【高桥手绣】 高桥手绣多选取具有美好寓意的花卉、虫鸟、鱼兽、果蔬等为表现主题，寄寓人们对美好生活的追求与祝福，具有浓郁的喜庆祥和气息。高桥手绣工艺品主要有布老虎、祺榴、十二生肖、中国结、变形动物、花卉、卡通人物、虎头帽、绣花鞋、沙发套、枕套、花篮等20个大类，180多个品种。高桥手绣起源于清乾隆年间（1736—1795年），已有270余年的历史，主要以高桥镇沭水南岭村为核心传承区域。2021年6月，高桥手绣被列入第五批国家级非物质文化遗产代表性项目名录。

【沂蒙小棉袄】 沂蒙小棉袄，以纯棉手工打造，款式色泽古朴典雅，穿着舒适耐用著称。杨庄镇为主要的生产基地。款式色彩上，中老年以传统马褂式和中山式为主，配以灰、黑、蓝颜色。青少年则以流行羽绒服款式为主，配以黄、白、红颜色。尤其童装，斜襟正襟，件件俏皮瑰丽。2021年11月，沂蒙小棉袄制作技艺被列入山东省第五批非物质文化遗产代表性项目名录。

【沂水桑皮纸】 沂水桑皮纸以桑树的嫩皮为原料制成，呈天然乳白色，质地柔韧，防腐防蛀，只要保存得当，干透的桑皮纸千年不褪色，因此有着“千年老纸”的美誉。沂水桑皮纸质地纤维细密，纹理清晰，绵韧而坚，百折不损，光而不滑，具有吸水性强，不腐虫不腐蚀的优点。桑皮纸含100%纤维，没有任何其他原料添加，有72道手工工艺流程，道道工艺精湛。2021年11月，沂水桑皮纸制作技艺被列入山东省第五批非物质文化遗产代表性项目名录。（王新玲）

经济社会发展

【经济建设】 2022年，沂水县统筹疫情防控和经济社会发展，全力实施七县建设战略行动，强“三农”、促增收，加快推进农业现代化进程，突出工业强县首位战略，设立工业高质量发展专项资金，出台助企政策，加快构建以高端食品、装备制造、纺织服装为主导，以新能源新材料、生物产业等战略性新兴产业为突破的“3+1”产业体系，深化两城同建，加快建设美丽乡村，经济社会保持总体平稳、稳中有进。全县生产总值为544.2亿元，同比增长4.9%。其中，第一产业增加值为54.5亿元，同比增长5.2%；第二产业增加值为225.3亿元，同比增长5.6%；第三产业增加值为264.4亿元，同比增长3.6%。三次产业比例10：41.4：48.6。全年完成农林牧渔业总产值106.6亿元，粮食总产量30.1万吨，新增现代农业园区18处、农业合作社68家、家庭农场197家；实现社会消费品零售总额204.2亿元，同比增长0.2%。全县规模以上工业企业297家，实现产值730.1亿元，工业用电量累计29.4亿千瓦时。全县固定资产投资增长17.5%。新招引过亿元项目36个，到位县外资金123.6亿元，其中过10亿元项目3个、过20亿元项目1个、过50亿元项目1个。全年实现进出口总额179.9亿元，同比增长16.3%。沂水县连续3年获评高质量发展先进县。

【政治建设】 2022年，沂水县坚持把政治建设放在首位，在学思践悟中提高政治能力。做实理论武装，深化“第一议题”制度，第一时间学习习近平总书记重要讲话。年内，县委常委会集中学习23次。在机关开展“学理论、悟思想、见行动、创一流”，在基层开展“讲故事、学理论”，组织各类活动1.2万场次，引导党员干部增进政治认同、思想认同、理论认同和情感认同。建设忠诚政府，实施大党建引领工程，严格落实工作问题党建溯源机制，全面加强政府系统党的建设，把党的全面领导贯穿到政府工作全过程、各领域。建设法治政府，严格落实政府工作规则规程，执行重大行政决策程序，加强规范性文件合法性审查。发挥人大法律监督、工作监督作用，接受政协监督、社会舆论监督，规范行政复议、行政应诉、政务公开等。建设实干政府，开展“我为县长讲一课”活动，加强能力建设，提升专业素养。开展党员干部纪律作风集中整顿活动，严查政治不担当、不作为、形式主义、官僚主义等问题。建设廉洁政府，严格执行中央八项规定及实施细则精神，推进党风廉政建设和反腐败斗争。严格预算管理，严控“三公”（因公出国费、公务车辆购置运行费、公务接待费）经费，压缩一般性支出，确保每一笔钱都用在保障民生和发展经济上。

【文化建设】 2022年，沂水县健全现代公共文化服务体系，有文化馆1处、图书馆1处、博物馆1处，均免费向市民开放；设有18个综合文化站，387个社区（村）综合性文化服务中心。推进文化惠民工程，组织庄户剧团公益演出774场；送书下乡4.6万余册；优选100部影片，全年放映1.5万场，观影人数40万人次。设立并颁发首届“沂河文艺奖”。跋山遗址入选省“五大考古新发现”，纪王崮墓群入选第一批省级考古遗址公园立项名单。

2022年，沂水县实施“科教兴县”战略行动，科技创新成果丰硕，申报国家、省级人才项目25项，组织申报关键技术攻关、重点研发等项目24项，认定高新技术企业45家；争取落实各类科技成果转化、创新贷款7.8亿元，各类财政补贴资金1.9亿元。有国家级众创空间1个、省级科技孵化器1个、省级技术创新中心2个、省级工程技术研究中心3个、省级重点实验室2个、院士工作站3个。沂水县成功入选中国创新百强县、山东省技术转移先进县。

2022年，沂水县推进教育均衡化发展，规划新建、改扩建学校13处，投资8.9亿元。完成沂蒙中学改造项目，改造完成校舍面积4000平方米，新增初中学位数1800个。新建、改扩建5处标准化幼儿园，投资7562万元，新增建筑面积2.9万平方米、学位1710个。县学前三年毛入园率95.5%，公办率55.9%，普及普惠率94.5%，均高于省、市要求标准。全县有12所A类“智慧校园”，27所B类“智慧校园”。

【社会建设】 2022年，沂水县推动社会事业全面发展，民生福祉持续增强。全年民生支出63.3亿元，增支11.3亿元，增长21.7%，占一般公共预算支出的83.1%。落实就业优先政策，新增城镇就业9555人，失业人员再就业6217人，困难群体就业466人，农村劳动力转移就业9300人。全县居民人均可支配收入34396元，增长5.9%。加强困难群体动态监测，落实保障救助措施，发放救助金及各类补贴3.6亿元。健全养老服务体系，建成城市社区日间照料中心11处、农村“暖心食堂”30处，养老机构护理型床位占比66.4%。

2022年，沂水县实施“健康沂水”战略，深化医药卫生体制改革，推动医疗服务提档升级。全县有医疗卫生机构726家，其中综合医院8个（三级甲等医院1个）。设有医疗卫生床位7733张，配备卫生技术人员7456人，其中执业医师及职业助理医师2787人。成功争创山东省文旅康养强县，省级财政给予专项资金1000万元。为老年人免费查体10.4万人次，常住人口家庭医生签约率47.6%，创建精品国医堂6家，获评国家慢性病综合防控示范区。

【生态文明建设】 2022年，沂水县聚力“秀美新沂水”建设，治污染、降能耗，深入打好污染防治攻坚战。空气质量综合指数比上年上升5.6%，完成45个农村社区生活污水和3处黑臭水体治理，饮用水源地水质多年保持达标率100%，重点危废产生单位、经营单位规范化管理抽查合格率100%。高质量完成“三区三线”划定，划定生态保护红线面积2.1万公顷。沂蒙山区域山水林田湖草沙一体化保护和修复工程有序实施，国家水土保持重点工程按期完工。深化河湖长制，省控以上地表水考核断面稳定达标。加强危险废物规范化管理，建成重点企业智慧监管平台。开展碳排放权标准化质押贷款试点，入选省典型案例。健全农村废弃物综合利用体系，获评全省秸秆综合利用绩效评价优秀县，入选全国绿色发展百强县。

（王新玲）

综　述

【党的二十大精神学习宣传贯彻】 2022年，沂水县把学习宣传贯彻党的二十大精神作为首要政治任务，聚焦全面学习、全面把握、全面落实，精心组织、周密部署，切实把思想和行动统一到党的二十大部署要求上来。11月10日，沂水县召开会议，传达学习党的二十大精神，研究贯彻落实意见。11月14日，召开全县宣讲动员会，部署安排县委宣讲团组建和宣讲任务，推动各级党员领导干部到基层单位开展宣讲。11月29日至12月9日，举办领导干部党的二十大精神专题学习班2期，1215人参加。12月2日，县第十五届委员会第二次全体会议审议通过《中共沂水县委关于深入学习宣传贯彻党的二十大精神的决议》。全县各级党组织通过"三会一课"、理论学习中心组、支部主题党日、固定学习日等方式开展学习活动2036次。坚持学习全覆盖、分类有重点，把流动党员、老年党员等群体作为重点，将视频、音频等材料发送至外出流动党员交流群，便于及时学习党的二十大精神。创新实施"红喇叭"工程，利用各村党支部800余台"红喇叭"分机和1200余台"红喇叭"小型机，用通俗易懂的音频形式，将党的二十大精神宣传到每个支部、每名党员干部。建立乡村"小板凳"宣传队，发动18个乡镇（街道）老干部、老党员、老教师、退伍老军人和老技术专家等180人，通过"小板凳""话家常"向群众宣讲党的二十大精神。通过"学习强国"学习平台、"沂水首发"App等，开展线上宣讲156场次，受众13万人次。

【高质量党建引领高质量发展】 2022年，沂水县推动全面从严治党向纵深发展，着力营造风清气正的政治生态，以高质量党建引领全县高质量发展。

强化理论武装　坚持学习、调研、工作"三位一体"，落实"第一议题""每会必学"制度，促进学深悟透、凝心聚魂。县委理论学习中心组集体学习研讨17次，"第一议题"学习24次，各级党委（党组）理论学习中心组认领调研课题1025个，开展"讲故事、学理论"活动1.2万场次，组织"七讲七进"宣讲6782场次，受众160余万人次。

扛牢主体责任　把全面从严治党列为全县重点工作之首，压紧压实管党治党责任。建立"第一台账"，调度督导习近平重要指示批示精神贯彻落实情况7次。制定2022年党建工作要点，建立主体责任、监督落实、问责追责"三张清单"，问责管党治党不力党组织书记12名。严格落实意识形态责任制，组织召开意识形态专题会议6次。

锻造严实作风　落实临沂市委"专业+作风"要求，深入推进“4321”建设。上好4个“第一课”，即“安全第一课”“廉政第一课”“思想作风第一课”“纪律作风第一课”；开展3项活动，即“党建引领·共同成长”品牌创建培树活动、“强县有我”解放思想大讨论活动、党员干部纪律作风集中整顿活动；培树2个导向，即项目为王、企业为尊、发展为先、实干为要的干事创业导向和干字当头、实字托底、实事求是、干事创业的选人用人导向；建立1项机制，即重点工作包保推进机制，实施2022年度“231”工程，对20项重点工作重大工程、34家重点企业、118个重点项目，全部落实包保县领导和工作专班，建立重点企业（项目）全流程服务管理、闭环式问题化解机制，设立“龙虎榜”，推动各项工作高效落实。

夯实基层基础　以打造“党群同心”党建品牌为总抓手，实施“党建双领”工程，党支部领办合作社，357个行政村集体收入全部实现10万元以上，其中过50万元的达到52%；党支部领办志愿服务队，打造寸草心志愿服务品牌。抓好“四雁工程”，深化县委提级考核村（社区）党组织书记，创新县委提级管理村级班子机制，推动基层党组织建设全面进步、全面过硬。

激励干事创业　强化一线识别考察干部机制，营造想干会干能干干好、风清气正心齐劲足的良好政治生态，2022年，提拔重用干部176名。34个集体、103名优秀个人纳入“1020”递进培养库。持续正风肃纪反腐，立案263件264人。严格落实“三个区分开来”，为29名干部澄清正名，对4名干部容错纠错，营造干事创业良好氛围。

【统筹疫情防控和经济社会发展】　2022年，沂水县坚决落实“疫情要防住、经济要稳住、发展要安全”总要求，坚持人民至上、生命至上。精准把握疫情防控新形势新要求，准确识变、科学应变、主动求变，坚持两手抓、两手都要硬。全力以赴防住疫情，坚决落实党中央确定的总策略、总方针、总目标，党政群同心，织密防控网，科学迅速高效应对疫情冲击，有效防范疫情传播。在中央调整优化防控措施后，认真落实“二十条”和“新十条”，及时把工作重心从“防感染”转向“保健康、防重症”，把握节奏、控制进程、拉平曲线、推后峰值、有序放开。提升发热门诊接诊能力，医疗救治梯队有效组建，药品保障能力持续增强，确保防控措施调整转段平稳有序。围绕“保健康、防重症”要求，突出抓好农村疫情防控，统筹落实医疗救治能力提升、群众就医用药保障、重点群体健康服务等措施。坚决扛牢经济大县责任，推动经济稳中向好、进中提质。严格执行国务院稳经济一揽子政策、省政府四批“稳中求进”高质量发展政策清单，推动直达直享，全年减税降费和缓税退税金额8.7亿元。加强经济运行监测分析，建立重点产业项目全流程服务管理机制、问题闭环化解机制，精准破解企业困难问题166个。在落实落细各项疫情防控措施、守牢守好“一排底线”的基础上，全力保障重点项目和企业生产建设不停工、不停产，全年实现地区生产总值增长4.9%，一般公共预算收入同口径增长10.7%，固定资产投资增长17.5%，进出口总额增长15.8%，居民人均可支配收入增长5.9%。

【创新驱动发展】　2022年，沂水县激发企业创新驱动力，在全省率先实行企业科技指导员制度，实施工业技改项目158个，其中过亿元18个，完成投资90.6亿元，新培育国家级专精特新“小巨人”企业3家，省制造业单项冠军企业2家，省级专精特新企业20家、“瞪羚”企业3家，省技术创新示范企业2家，高新技术产业产值占比达58%。加快推进“才智沂水”建设，设立1000万元创新创业人才专项基金，入选国家级高层次人才项目1个、获评泰山产业领军人才项

2022年6月24日，沂水县委书记陈士贤（前排中）带队到山东蔚蓝生物科技有限公司青岛分公司开展招商引资活动 （县网信中心 供图）

目1个、申报“万人计划”1名，入选全省“青年人才首选山东20强城市”。

【社会民生】 2022年，沂水县推进12项民生实事人大票决项目，群众获得感明显增强。实施“党建双领”工程，村党支部领办合作社、领办志愿服务队，深化殡葬改革、婚俗改革。创办“暖心食堂”30个，《人民日报》报道食堂优秀经验做法3次。“寸草心”志愿服务行动入选全国养老服务改革优秀案例。实施“照我回家”工程，安装路灯3.4万盏，亮化镇村道路1500余千米，解决群众夜间出行难题。深化两城同建，抓好全国文明城市创建，总投资81亿元实施6大类、50项城建重点工程，已完成投资47亿元，新建改造城区道路10.7千米，金澜湾沂河大桥通车，改造老旧小区40个、受益群众3122户，建设改造口袋公园24处，新增绿地面积7万余平方米。

【“党建引领、共同成长”品牌创建培树】 2022年，沂水县开展“党建引领、共同成长”品牌创建培树活动，明确“学习重要文件、加强党性教育、强化廉政建设、培训工作业务、进行思想交流、分享优秀文章、提升综合素质”“七个一”及23项重点任务、140项具体任务，组织党员干部读原著、学原文、悟原理，强化组织建设，推动干部健康成长。县委将“党建引领、共同成长”品牌创建培树活动纳入全县社会类工作“龙虎榜”，有14个乡镇（街道）和14个县直单位荣登龙虎榜，充分激发事争一流、唯旗是夺强大动能。 （刘明扬）

重要会议

【中共沂水县第十五次代表大会】 2022年1月18—19日，中共沂水县第十五次代表大会召开。县委书记陈士贤代表中共沂水县第十四届委员会向大会作题为《砥砺奋进新征程 拼搏实干走在前 全面开创新时代现代化强县建设新局面》的工作报告。出席会议代表379名，大会选举产生中国共产党沂水县第十五届委员会委员45名，候补委员8名；选举产生中国共产党沂水县第十五届纪律检查委员会委员29名；选举产生出席中国共产党临沂市第十四次代表大会代表47名。大会通过《中国共产党沂水县第十五次代表大会关于中共沂水县第十四届委员会工作报告的决议》和《中国共产党沂水县第十五次代表大会关于中共沂水县第十四届纪律检查委员会工作报告的决议》。

【县委全体会议】 中共沂水县第十五届委员会第一次全体会议 2022年1月19日召开。全会选举产生中国共产党沂水县第十五届委员会常务委员会委员、书记、副书记。陈士贤、刘铭、胡发贵、解飞、何法江、王焕奎、李晓冬、何长平、于民、闫从发、刘洪达当选为中共沂水县第十五届委员会常务委员会委员。陈士贤当选为中共沂水县第十五届委员会书记，刘铭、胡发贵当选为中共沂水县第十五届委员会副书记。全会通过中共沂水县第十五届纪律检查委员会第一次全体会议选举结果的报告，审议通过《县委关于加强自身建设的决定》。

中共沂水县第十五届委员会第二次全体会议 2022年12月2日召开。全会深入学习贯彻党的二十大和二十届一中全会精神，全面落实省委十二届二次全会、市委十四届三次全会要求，听取和讨论县委常委会工作报告，审议通过《中共沂水县委关于深入学习宣传贯彻党的二十大精神的决议》。

【县委常委会会议】 2022年，中共沂水县委召开常委会会议41次。

1月5日，中共沂水县委十四届第164次常委会会议召开。会议集体学习《中共山东省委办公厅关于进一步加强作风建设的通知》《关于转办市委领导同志批示件的通知》。听取关于确定沂水县出席市第十四次党代会代表候选人初步人选考察对象的情况汇报。

1月7日，中共沂水县委十四届第165次常委会会议召开。会议集体学习习近平总书记对加强党内法规制度建设和党史学习教育的重要指示。听取2021年度临沂市对沂水县高质量发展综合绩效考核指标评估情况汇报、沂水县新一届领导班子专题廉政教育活动建议方案汇报、全县述责述廉会议筹备情况汇报、《贯彻落实〈中共中央、国务院关于新时代加强和改进思想政治工作的意见〉的若干措施（讨论稿）》制定情况汇报、关于确定沂水县出席市第十四次党代会代表候选人初步人选的情况汇报。

1月15日，中共沂水县委十四届第167次常委会会议召开。会议集体学习习近平总书记在省部级主要领导干部学习贯彻党的十九届六中全会精神专题研讨班开班仪式上的重要讲话精神。审议和通过十四届县委工作报告、中共沂水县十四届纪律检查委员会工作报告。听取中共沂水县第十四次代表大会以来县管党费收缴、使用和管理情况汇报，十五届县委委员、候补委员和纪委委员候选人预备人选情况汇报，市二十届人大代表候选人初步人选考察情况汇报。

1月19日，中共沂水县委十五届第1次常委会会议召开。会议集体学习习近平总书记在十九届中央纪委六次全会上的重要讲话精神和习近平总书记对政法工作作出的重要指示。听取《政府工作报告》起草情况汇报，沂水县十九届人民代表大会第一次会议筹备情况汇报，政协第十一届沂水县委员会第一次会议筹备情况汇报，县第十九届人代会、县第十一届政协会人事工作安排汇报，市政协换届提名人选情况汇报，人大代表票决民生实事项目征集情况汇报，《沂水县2021年国民经济和社会发展计划执行情况与2022年计划（草案）的报告》起草情况汇报，全县公安工作情况汇报。

2月9日，中共沂水县委十五届第4次常委会会议召开。会议集体学习《求是》杂志发表的习近平总书记重要文章《努力成为可堪大用能担重任的栋梁之才》，传达山东省2022年工作动员大会会议精神。听取市纪委十三届七次全体会议精神及贯彻落实意见汇报、平安临沂法治临沂建设工作会议精神及贯彻落实意见汇报、县委经济工作会议筹备情况汇报、全县信访工作情况汇报、《工业强县战略行动实施方案》《农业稳县战略行动实施方案》《科教兴县战略行动实施方案》《生态立县战略行动实施方案》《商贸富县战略行动实施方案》《文旅活县战略行动实施方案》《依法治县战略行动实施方案》起草情况汇报。

2月21日，中共沂水县委十五届第5次常委会会议召开。会议集体学习《求是》文章发表的习近平总书记重要文章《坚持走中国特色社会主义法治道路，更好推进中国特色社会主义法治体系建设》。传达学习省委书记李干杰在德州市督导调研时的工作要求及市委书记任刚批示精神、市委书记任刚关于《中共沂水县委关于2022年春季重点项目集中开工情况的报告》的批示精神、中国共产党临沂市第十四次代表大会会议精神及市委书记任刚在沂水代表团讨论时的讲话精神。听取全县巩固脱贫攻坚成果春季“大走访”活动工作情况汇报、《关于加快工业强县建设的十条意见》有关情况汇报、县委常委工作分工情况汇报。

2月28日，中共沂水县委十五届第6次常委会会议召开。会议集体学习习近平总书记在中共中央政治局第三十七次集体学习时的重要讲话精神。传达市委书记任刚在中国共产党临沂市第十四次代表大会上的报告、闭幕式上的讲话和市第十四届委员会第一次全体会议上的讲话，市二十届人大一次会议精神，市政协十六届一次会议精神。通报县人大常委会主任会议组成人员工作分工，县政协主席、副主席、秘书长工作分工。听取关于开展全县“党建引领、共同成长”品牌创建培树活动的情况汇报，全县重点工作、重大工程、关键项目、重点项目及“两城同建”建设推进情况的汇报，省市有关舆情工作会议精神及贯彻落实意见汇报。

3月14日，中共沂水县委十五届第7次常委会会议召开。会议集体学习习近平总书记在中央党校（国家行政学院）中青年干部培训班开班式上发表的重要讲话，省委书记李干杰在全省疫情防控专题会议上的讲话精神。听取全县疫情防控工作情况汇报、全市工商联第十次代表大会会议精神和县工商联第十次代表大会筹备情况汇报、《关于金融业支持县域经济社会高质量发展的十条意见》的起草情况汇报。

3月21日，中共沂水县委十五届第8次常委会会议召开。会议集体学习习近平总书记在中央政治局常委会会议上关于疫情防控工作的重要讲话精神。听取全市守好“一排底线”工作部署推进会议精神及贯彻落实情况汇报、《山东省安全生产行政责任制规定》的贯彻落实意见汇报、其他有关事项工作汇报。

3月29日，中共沂水县委十五届第9次常委会会议召开。会议传达学习省委书记李干杰、省长周乃翔在省委统筹疫情防控和经济运行工作指挥部（扩大）会议上的讲话精神。传达省委书记李干杰到沂水考察调研时的指示要求。

4月24日，中共沂水县委十五届第11次常委会会议召开。会议集体学习习近平总书记在中央全面深化改革委员会第二十五次会议的讲话精神。听取全市守好“一排底线”工作联席会议精神汇报、沂水县劳动模范推荐评选情况的汇报、设立沂水县“沂河文艺奖”工作情况汇报、县教体局直属中小学（职业学校、幼儿园、特殊教育学校）领导人员进行分类管理的情况汇报、关于全县事业单位管理岗位职员等级晋升工作情况汇报、当前安全生产工作情况及下一步工作安排的汇报、2021年度市对沂水县考核指标完成情况汇报、全国文明城市创建工作情况汇报、市委平安临沂建设领导小组会议暨全市矛盾纠纷大排查大化解百日攻坚行动动员会议精神及贯彻落实意见汇报、《沂水县贯彻落实中央生态环境保护督察报告整改方案》有关情况汇报、第一书记乡村振兴示范片区工作情况汇报、《中共沂水县委关于在全县开展“强县有我”解放思想大讨论活动的实施意见》有关情况汇报。

5月16日，中共沂水县委十五届第12次常委会会议召开。会议集体学习习近平总书记在中央政治局会议和中央政治局常务委员会上的重要讲话精神。听取市委人大工作会议精神及贯彻意见汇报、全市“12345+首发”改革创新工作视频会议精神及贯彻落实意见汇报、2022年专项监督工作方案汇报、临沂市全国文明城市创建工作动员大会精神及贯彻落实意见汇报、全市老干部局长会议精神及贯彻落实意见汇报、全省乡村振兴工作推进会议精神及贯彻落实意见汇报、其他有关事项工作汇报。

6月11日，中共沂水县委十五届第14次常委会会议召开。会议集体学习习近平总书记在中央政治局第三十九次集体学习和在四川考察时的重要讲话精神、省委常委会会议关于审议《关于国有企业创新驱动高质量发展的十条意见》的精神、省委书记李干杰在全省民营企业座谈会上的讲话。听取文化和旅游部副部长、国家文物局局长李群调研沂水县文物工作情况汇报，《关于组织开展第二届“沂水慈善奖”评选表扬的建议方案》《关于在全县实施“幸福家园”工程的意见》《关于实施“童享温暖、携童成长”慈善项目开展关爱失依儿童行动的意见》等文件有关情况汇报，参加第九次全国信访工作会议的有关情况汇报，全市抗旱保夏种调度推进会议精神及贯彻落实情况汇报，全县防汛抗旱工作开展情况的汇报，2021年度乡镇（街道）、县直部门考核情况汇报，关于设立2022年度重点工作“龙虎榜”等系列工作方案的汇报，全市深化党代表任期制和党代会常任制工作动员部署会议精神及沂水县贯彻落实意见汇报，研究确定“践行沂蒙精神好干部”初步人选的情况汇报，其他有关事项工作汇报。传达学习临沂市党政考察团外出考察学习情况。

7月25日，中共沂水县委十五届第18次常委会会议召开。会议传达学习习近平总书记在中央全面深化改革委员会第二十六次会议、中央政治局第四十次集体学习上的重要讲话精神，习近平总书记关于总体国家安全观论述及指示要求，习近平总书记在新疆考察、湖北武汉考察、金砖国家领导人第十四次会晤和庆祝香港回归祖国25周年大会暨香港特别行政区第六届政府就职典礼上的重要讲话精神，习近平总书记就研究吸收网民对党的二十大相关工作意见建议作出的重要指示，习近平总书记给种粮大户的回信，省委常委会会议、市委常委会（扩大）会议精神。听取全市群众满意度提升工作会议精神及近期工作开展情况汇报、全县打击整治养老诈骗专项行动工作情况汇报、市域社会治理现代化工作情况汇报、关于《“一十双百”培育工程实施方案》起草情况的汇报、关于全县上半年经济运行情况及下半年工作建议的汇报、《沂水县加快城区优化发展类企业搬迁升级实施意见（修订）》有关情况汇报、其他有关事项工作汇报。

7月30日，中共沂水县委十五届第19次常委会会议召开。会议传达学习习近平总书记在省部级主要领导干部“学习习近平总书记重要讲话精神，迎接党的二十大”专题研讨班上重要讲话精神和中共中央政治局会议精神。听取全市人才工作推进会议精神及贯彻落实意见汇报，市委台港澳工作会议精神及贯彻落实意见汇报，国家、省、市安全生产工作视频会议精神及贯彻落实意见汇报，全县粮食工作开展情况汇报，省市党校工作座谈会精神汇报，《中共沂水县委巡察工作规划（2022—2026年）（试行）》制定情况汇报，十五届县委第一轮巡察情况汇报。

8月20日，中共沂水县委十五届第21次常委会会议召开。会议集体学习习近平总书记在庆祝中国人民解放军建军90周年大会上的讲话、在中央统战工作会议上的讲话精神、《求是》杂志发表的习近平总书记重要文章《全党必须完整、准确、全面贯彻新发展理念》、习近平总书记关于统计工作的重要讲话指示批示精神及有关文件。听取全市党内法规工作会议精神及贯彻落实意见汇报，市委党的建设工作领导小组第二次会议暨市直部门单位助力基层党建工作述职评议会议、全市组织部长座谈会暨基层党建工作述职会议、全市组织部长专题会议精神及贯彻落实意见汇报，其他有关事项工作汇报。

8月27日，中共沂水县委十五届第23次常委会会议召开。会议集体学习习近平总书记在辽宁考察时的重要讲话精神。听取省派挂职县（市、区）党委副书记培训交流会议精神及贯彻落实意见汇报，全市第二批选派“红领书记”工作总结暨第三批选派“红领书记”工作动员会议精神及贯彻落实意见汇报，庐山新材料高科园基础设施综合提升项目情况汇报，省、市党的二十大网络安全保障工作会议精神及贯彻落实情况汇报，关于召开全县慈善工作会议的有关情况汇报，其他有关事项工作汇报。

9月28日，中共沂水县委十五届第24次常委会会议召开。会议集体学习习近平在中央全面深化改革委员会第二十七次会议上的重要讲话精神、省“四进”工作队通报“四进”督导服务工作情况。传达学习8月17日全省、全市经济社会发展重点工作部署会议精神及省、市领导批示要求。听取省委书记李干杰到临沂接访座谈时的讲话精神及全市信访工作现场推进会议精神及贯彻落实意见汇报、全市党委办公室主任会议精神及贯彻落实意见汇报、《沂水县人民政府工作规则》《沂水县人民政府常务会议工作规则》《沂水县人民政府会议操作流程》3个文件起草情况汇报、重点企业（项目）问题闭环化解工作机制汇报、《沂水县重点产业项目全流程服务管理办法（试行）》起草情况汇报、扎实推进党建带团建等重点工作的措施意见汇报、其他有关事项工作汇报。审议《沂水县共青团基层组织改革实施方案》和《沂水县创建山东省青年发展友好型县域实施方案》。

10月1日，中共沂水县委十五届第25次常委会会议召开。会议集体学习习近平总书记在上海合作组织成员国元首理事会第二十二次会议、第五个“中国农民丰收节”到来之际的重要讲话和重要指示。传达学习市委常委会会议精神、《市委办公室、市政府办公室关于做好国庆节期间有关工作的通知》。

11月10日，中共沂水县委十五届第28次常委会会议召开。会议集体学习习近平总书记代表十九届中央委员会在党的二十大开幕会上作的报告精神、习近平总书记在二十届中央政治局第一次集体学习时的重要讲话精神、党的十九届七中全会精神、习近平总书记在参观“奋进新时代”主题成就展时的重要指示精神和给山东省地矿局第六地质大队全体地质工作者重要回信精神、《十二届省委巡视工作规划》、《中共临沂市委巡察工作规划（2022—2026年）（试行）》。传达全市县区委书记会议精神。听取全市重点人才队伍建设工作推进会议精神及贯彻落实意见汇报、全市中小学教师资源统筹配置暨机构编制和财政供养人员核查问题整改工作会议精神及贯彻落实意见汇报、全市职业教育现场推进会议精神及贯彻落实意见汇报、全市清廉村居建设推进会议精神及贯彻落实意见汇报、《沂水县提升干部队伍专业能力素质实施方案》制定情况汇报、《沂水县2022年工作总结和2023年工作打算》起草情况汇报。

11月15日，中共沂水县委十五届第30次常委会会议召开。会议传达党的二十大和二十届一中全会精神。县委常委，县人大、政协主要负责同志围绕党的二十大精神作发言。通报1—10月全县经济社会发展情况。

12月1日，中共沂水县委十五届第31次常委会会议召开。会议集体学习习近平总书记在瞻仰延安革命纪念地时的重要讲话精神、习近平总书记关于安全生产工作的重要指示、《李干杰同志在济南市聊城市调研时的工作要求》。传达学习任刚11月15日到市应急局调研时的主要讲话精神、全市城市社区党建工作座谈会精神、“12345·临沂首发”工作推进会精神。听取县委第十五届二次全体会议筹备情况汇报、《关于县委常委会工作的报告（讨论稿）》《中共沂水县委关于深入学习宣传贯彻党的二十大精神的决议（讨论稿）》汇报、《中共沂水县委关于进一步加强县委常委会自身建设的意见》《中国共产党沂水县委员会常务委员会议事决策规则》《中共沂水县委常委会及其成员职责清单》制定情况汇报、《中共沂水县委常委会及其成员粮食安全工作职责清单》制定情况汇报、市委统战工作会议精神及贯彻落实意见汇报、2022年法治建设情况汇报、其他有关事项工作汇报。（刘明扬）

重大决策

【“12676”总体工作思路确定】 2022年1月18日，县委书记陈士贤在中共沂水县第十五次代表大会上作《砥砺奋进新征程 拼搏实干走在前 全面开创新时代现代化强县建设新局面》的报告。确定沂水县当前和今后一个时期的发展定位是：建设市域副中心，打造发展新高地。确定今后五年“12676”总体工作思路是：“1”指以党的建设为统领；“2”指开展两个对标学习，省内对标赶超青州市，省外对标学习浙江德清县；“6”指围绕六个重点，一手抓党建、一手抓民生，一手抓发展、一手抓底线，一手抓城市、一手抓乡村，做到两手都要抓、两手都要硬；“7”指实施工业强县、农业稳县、科教兴县、生态立县、商贸富县、文旅活县、依法治县七大战略行动；“6”指做实六项保障，纵深推进全面从严治党、培树严实干部作风、统筹深化改革创新、合理优化要素配置、全力确保社会稳定、细化完善工作机制，全面加快新时代现代化强县建设。

【《中共沂水县委加强自身建设的决定》出台】 2022年1月19日，中共沂水县第十五届委员会第一次全体会议通过《中共沂水县委加强自身建设的决定》。决定从强化学习、担当作为、改革创新、发扬民主、严于律己5个方面，要求新一届县委班子通过加强自身建设，提高政治素质、领导能力、大局观念、服务水平。

【《中共沂水县委关于深入学习宣传贯彻党的二十大精神的决议》出台】 2022年12月2日，中共沂水县第十五届委员会第二次全体会议审议通过《中共沂水县委关于深入学习宣传贯彻党的二十大精神的决议》。决议从深刻认识学习宣传贯彻党的二十大精神重要意义、组织实施、推进新时代社会主义现代化强县建设、全面从严治党和强化组织领导5个方面提出贯彻落实意见，确保党的二十大精神在沂水落地落实。（刘明扬）

全面深化改革

【概况】 2022年，沂水县聚焦市“八大战略”和县七县战略行动，系统谋划推进重点领域改革。出台《需重点落实的省定改革任务责任分工表》，明确146项重点改革任务责任清单。开展改革试点推进机制，出台《全链条精准化推进改革试点工作方案》，加强对试点实施的全过程把控、全环节管理、全方位督导，制定“改革试点实施”“省定任务落实”“优势项目推进”“上级肯定成果”4项擂台赛月通报制度。获国家级肯定推广经验23项，省级肯定推广经验37项。新增省级以上改革试点16项，其中国家级2项。入选《山东省地方改革案例》1篇，入选《临沂市地方改革案例》4篇。

【经济体制改革】 2022年，沂水县坚持工业强县首位战略，创新新旧动能转换突破机制，实施产业链式发展系统集成改革。新培育国家级专精特新“小巨人”企业3家，省制造业单项冠军企业2家，省级专精特新企业20家，连续3年获评全省高质量发展先进县。加强科技研发创新，在全省率先实行企业科技指导员制度，开展科技指导3115次，高新技术产业产值占比达到58%。完善企业科技创新激励机制，设立1000万元创新创业培训基金，推动企业与国内外60多家高校院所建立产学研合作关系。推进财税金融体制改革，健全完善事前绩效评估、绩效运行监控管理办法，县级财政管理绩效综合评价列全国前200名，被财政部发文激励。推动行政审批服务机构效能改革，创新“多诺合一、零材料合并办”模式，实现施工许可阶段办理环节压减80%，申请材料压减50%以上。实施农村信用体系试点建设工作，在全市率先开展整县制农村信用体系建设，为284家A级及以上新型农业经营主体总授信4.6亿元，为2374名A级及以上农村居民授信1.1亿元，享受信贷优惠396人。构建农村现代商贸流通服务网络，设立乡镇供销综合服务站或村综合服务社，完善“1（日用品超市）+N项（快递收发、农特产品购销、便民饮水、农资销售、金融服务、家电回收）”便民服务功能，实现高效服农助农，被全国供销联社纳入县域流通服务网络强县培育名单。

【生态文明体制改革】 2022年，沂水县聚焦保护环境， 营造蓝天绿水青山的自然生态。推进风电集中连片规模化开发，总装机容量30.5万千瓦、年并网发电4.2亿千瓦时。推进国家级屋顶分布式光伏规模化开发试点，光伏总装机容量31.1万千瓦、年并网发电2.7亿千瓦时。建设乡村区域能源中心，对农村废弃物进行规模化收集、无害化处理、资源化利用，年处置量110万吨，年产气1000余万立方米、上网电量2.2亿千瓦时。连续5年入选全国绿色发展百强县。

【民主法治领域改革】 2022年，沂水县发展和完善全过程人民民主，创新人大代表联络站、乡镇信访办“站办”联动机制，各级代表参与县乡接访3582人次、调处化解矛盾纠纷5638件、助力解决重点信访案件175件，推动人大代表联络站和信访办高效、协同、有序运作。拓展政协提案办理协商、“专委会+界别”对口协商、“县直+镇街”联组协商和基层“有事多商量”品牌协商，构建起“沂起商”工作格局。建设高质量法治沂水，全面织密铁路护路联防安全网，坚持科技引领，投入215万元安装高清摄像机182个、激光球机18个、远程广播喊话系统7套，实现护路联防智慧化。在平安山东建设护路联防工作视频会议上作典型发言。

【文化体制改革】 2022年，沂水县推动文化“两创”取得新突破，投入专项资金100万元。设立“沂河文艺奖”，大型红色舞台剧《红石崮》获评全省优秀展演剧目。加强县级融媒体中心作用发挥，党的二十大精神学习经验两次被《人民日报》刊发，被中央办公厅《工作情况交流》刊发推广。加强文物保护工作，争取上级资金1026万元，实施齐长城遗址穆陵关段、黄墩段抢险加固工程。租赁遗址两侧各外扩10米范围内的土地为文物保护用地，安装遗址保护界桩2500余柱。《中国文物报》、省文化和旅游厅宣传推广齐长城遗址管护工作。实施文旅活县战略行动，推进红绿融合，促进沂水旅游向元素融合、业态贯通的方向提升，打造提升萤火虫水洞·地下大峡谷国家AAAAA级旅游景区—桃棵子村—沂蒙山根据地—

2022年4月8日，沂水县在马站镇开展齐长城巡护公益性岗位现场培训

（县网信中心　供图）

尹家峪田园综合体等文旅精品线路。沂水县连续5年获全国县域旅游综合实力百强县、全国县域旅游竞争力百强县，新获山东省文旅康养强县。院东头镇成功创建首批省级旅游民宿集聚区。

【社会体制改革】 2022年，沂水县聚焦首创实践，营造治理有效高效的社会生态。持续推进企业职工基本养老保险扩面计划，全县企业职工养老保险参保人数11.5万人。推进殡葬改革国家标准化试点，县乡财政全额投入建成公益性公墓110处，统一殡葬服务标准，优化殡葬服务流程，国家乡村振兴局《乡村振兴简报》刊发经验。开展居家和社区基本养老服务提升行动，实施“关爱老人·情暖夕阳”寸草心志愿服务行动，解决农村鳏寡孤独老人“厚养”问题，入选全国居家和社区养老服务改革试点工作优秀案例。推动教育健康服务供给优化，深化“双减”制度改革，投资8.9亿元启动13所义务教育学校新建及改扩建，新增班数337个，学位15740个，有效解决“大班额”难题。建立健全疾病预防控制机制，被确定为第三批国家慢性病综合防控示范区。在全市率先开发建设“一票两码+人脸识别”系统，完成医疗诊断121.8万余人次，60岁以上老年人人脸数据采集率77%。经验被中国医疗保险《地方医保工作快报》刊发，入选山东省新型智慧城市优秀案例。

【党的建设制度改革】 2022年，沂水县聚焦作风建设，营造一心为民、风清气正的党内政治生态。强化党的组织体系建设，开展“干在实处当先锋、强县有我建功勋”主题实践活动，制定《党代表队伍建设16条》，新成立党代表工作室105个。创新探索农村发展党员“六提级”监督管理机制，3年以上不发展党员村实现动态清零。探索“网格化+信息化”治理模式，开发“党群同心”线上平台，推进“公信村居”建设工程，提升乡村治理效能。深化社区工作者“定岗网格”管理机制，发挥社区工作者在网格化治理中的关键作用，推动城市基层党建队伍整体素质提升，提高城市社区精细化治理水平。相关做法被《人民日报》刊发推广。开发“红管家”App，让群众在网上小事一键找到网格员、急事难事一键找到书记，经验被中央政策研究室《经济动态》简报刊发。创新实施“暖新服务”五大行动，配套制定“暖新”政策服务清单30条，相关做法在中央组织部《组工信息》刊发推广。

【纪律监察体制改革】 2022年，沂水县深化纪律监察体制改革，发挥监督保障执行、促进完善发展作用，为全县经济社会发展提供坚强纪律保障。强化政治监督，落实“一台账、两清单、双责任、双问责”监督机制。持续完善监督体系，始终保持高压态势，加大反腐力度，形成有力震慑。1起案例入选国家监委、最高检首次联合发布的5起行贿犯罪典型案例之一。提升巡察监督效能，紧盯“关键少数”，着力加强对执行民主集中制、“三重一大”事项决策等重要方面的监督，规范权力运行。调整充实派驻机构人员力量，“派”的权威和“驻”的优势得到有效发挥。

（刘殿强）

组织工作

【概况】 2022年，沂水县开展组织工作创新突破年活动，实施“培根铸魂、强筋壮骨、强基固本、才聚智创、督察考核”五大工程，开展“党建引领、共同成长”品牌创建培树活动，为全县高质量发展提供坚强组织保障。加强年轻干部“选育管用”，提拔使用35岁以下年轻干部62人、30岁以下年轻干部16人。组织各类主体培训班11期，培训干部近4000人（次）。面向社会招录公务员49名，面向本土优秀人才招录公务员6名。引进海外留学归国人员15人、博士研究生5人、硕士研究生140人、大学生5913人。

【党组织和党员队伍】 2022年，沂水县有基层党组织2842个。其中，基层党委109个、总支部338个、支部2395个，有党员61728人。其中，35岁及以下党员7784名，占党员总数的12.6%；女性党员10273名，占党员总数的16.6%；少数民族党员275名，占党员总数的0.5%。在岗职工党员15334名，农牧渔民党员35089名，离退休党员7754名，其他职业党员3551名。新发展党员775名。

【领导班子和干部队伍建设】 2022年，沂水县坚持“干字当头、实字托底、实事求是、干事创业”的选人用人导向，提高干部选任全程纪实规范化程序，开展8个批次242名干部晋升调整。加强年轻干部“选育管用”，提拔使用35岁以下年轻干部62人、30岁以下年轻干部16人。突出在一线锤炼干部、察人识人、选人用人，先后抽调550名干部到疫情防控、重点项目等一线历练，34个集体、103名优秀个人纳入“1020”（10个公务员先进集体、20名公务员优秀个人）递进培养库。开展公务员职务职级并行和职员等级晋升，晋升职级200人、等级431人。备案管理968名中层干部。

【基层党组织建设】 2022年，沂水县以组织建设强基固本，落实发展党员全周期管理，探索农村发展党员“六提级”监督管理机制，3年以上不发展党员村实现动态清零。开展农村党员分类管理量化积分活动，县委组织部出台《农村党员行为规范20条》，推动农村党员管理“精准化”。开展“干在实处当先锋、强县有我建功勋”主题实践活动，制定《党代表队伍建设16条》，配套“8+1”（八制一室：建立完善党内情况通报传达制度、培养帮带制度、深化联系服务群众制度、视察调研制度、提案提议制度、代表询问制度、列席会议制度、评价评议制度，建立党代表工作室）制度体系，新成立党代表工作室105个，并开通线上党代表工作室，覆盖13万人次。开展软弱涣散村党组织和后进班子转化攻坚，制定“六个一”（1名县级领导联村、1名乡镇领导班子成员包村、1名第一书记驻村、1个县直部门单位结对、1个示范强村帮带、1家企业帮扶）攻坚措施，实施村集体经济发展、美丽乡村、民生实事等69个项目。规范村党支部领办合作社安全运行，消除“空壳社”20家，新成立合作社联合社1家。深化县委提级管理村级班子机制，创新村“两委”干部分工县级备案制度，相关做法在《山东组织工作》《经济日报》等报刊刊发。县委组织部、县退役军人事务局联合出台《关于进一步加强“兵支书”队伍建设的十条具体措施》，镇级提级储备培养兵人才198名。开展村党组织乡村振兴“示范、强基、创优”分类擂台赛，推动头雁队伍互比互学、争先晋位。稳步推进21个村改社区转型升级，成立小区“红管家”党支部151个，规范提升“邻里红家·沂家亲”小区党群服务站139处，开展“三评一定分类升级创六好”活动，推动小区党群服务站建设标准化。调整优化城区网格，深化社区工作者“定岗网格”管理机制，相关做法在人民日报社《城市党建周刊》刊发推广。探索“网格化+信息化”治理模式，开发“党群同心”线上平台，推进“公信村居”建设工程，提升乡村治理效能。推进党建业务融合工作，制定考核评价体系，培育机关党建市级示范点12个，持续擦亮机关党建品牌。

【人才战略实施】 2022年，沂水县加快“才智沂水”建设，实施“人才强县”战略，优化生态聚才汇智。制定出台《关于支持人才引进培养的十条激励政策》，每年新增人才引育、奖补专项经费1000万元，及时兑现省级以上人才工程奖补资金115万元。打造“才聚沂水、智创未来”人才品牌，实施“1122”高层次人才突破工程，揭牌成立上海应用技术大学技术创新中心，推动北京理工大学、山东科技大学、临沂大学等20余所高校与县内企业签约合作。对接山东科技大学、山东大学、四川大学等高校科研团队推进科研成果转移转化，促进4项科研成果转化落地，被省科技厅公布为山东省技术转移先进县。做好高层次人才项目申报培育，申报国家级高层次人才工程1人、泰山产业领军人才1人。开展青年人才引进，举行“春风行动”“沂水——名校直通车”，开设青年人才“绿色窗口”等活动，引进海外留学归国人员15人、博士研究生5人、硕士研究生140人、大学生5913人。举办“归雁兴沂 共话发展”高层次人才新春座谈会、上海高层次人才洽谈会项目签约方回访、山东沂水·上海招才引智工作站座谈会、人才新政大讲堂、人才新政进企业进社区等系列人才活动，以“近悦远来”的优质生态构建人才发展比较优势。

【绩效考核】 2022年，沂水县围绕全县中心工作，发挥“督事察人”作用，服务经济社会发展大局。抓实重点项目（工程）建设，对20项重点工作、118个重点项目、50个城建工程落实督察员专盯专靠、专项跟踪，卡紧节点计划，精准跟踪问效，并上报重点工作绩效跟踪考核动态11期、专报10期，印发简报17期。筹备市县高质量发展现场观摩会，抓好观摩项目打造及沿途环境综合整治，沂水县在观摩会中位居全市第三名，歌尔泰克元宇宙项目入围全市十大高质量发展“好项目”。打造“线上比武”督察体系。开发重点项目（工程）数字化督察平台，实现“督察事项一网通办、项目数据一屏掌控、建设动态实时更新”。开设《强县有我·重点项目一线报道》专栏，选取全县大项目、好项目、进展较快的项目进行专题报道19期。设立重点工作“龙虎榜”，每月组织1次考核评选，评选7期，上榜结果在县委、县政府公示栏集中展示，并在沂水新闻、沂水发布等媒体通报表扬。

【公务员管理】 2022年，沂水县有在职公务员和参公人员2837名。面向社会招录公务员49名，面向本土优秀人才招录公务员6名。建立新招录公务员“3+6+9”（将公务员政治素质考察划分综合素质评价、正向评价、负面评价3个综合模块，涉及政治立场、政治信仰、政治意识、政治表现、政治本领等6项正面情形和9项负面情形）政治素质考察体系，发放考察对象测评表340余张，对49名新招录公务员考察对象进行政治审查。推进公务员分类改革，对市场监管局和行政执法局246名公务员全部完成行政执法类公务员套转。加强公务员考核管理，对7402人次开展4个季度平时考核工作，其中“好”等次2118人次。及时落实上级工资福利待遇和表彰奖励政策，对连续3年（2019年、2020年、2021年）年度考核优秀的147名公务员记三等功，对522名2021年度考核优秀的公务员给予嘉奖，落实年度考核奖金123.5万元。

【干部监督与培训】 2022年，沂水县加强对干部履职尽责、担当作为情况的监督，聚力构建决策科学、执行坚决、监督有力的运行机制。落实领导干部个人有关事项报告、经济责任审计和干部日常监督，深化组织部门信访“四初”办理工作法和信访责任专项监督制度，推进诬告陷害信访举报行为快查快办和联查联办，化解信访积案5件，为6名干部澄清正名。举办全县新任科级干部培训班、年轻干部综合素质提升培训班等主体班次4期，培训600余人次。组织党的十九届六中全会精神专题学习班2期，全县1200名领导干部参加集中轮训。举办沂水干部大讲堂3期，培训900余人次，全面完成新时代基层干部主题培训。采取开班动员、专题辅导、分组研讨交流等方式，举办全县领导干部党的二十大精神专题学习班2期，1215人参加。改造提升党性教育基地，新建西墙峪红色记忆馆、院东头镇全域红色文化长廊，全县党性教育教学点承接教学班次86个，培训学员3092人。选拔6名讲解员，充实专职讲解员队伍，开展党性教育讲解200余次。打造《信仰之问》《真正的铜墙铁壁》等现场教学微党课6堂，开发《熠熠生辉的“王庄时期”》《沂蒙红嫂——党群军民水乳交融生死与共的不朽典范》《库区移民精神——一曲感天动地的奉献之歌》《崮乡田园美 沂蒙花盛开——沂水县泉庄镇乡村振兴战略的实践及启示》4堂专题课，开展教学32次，受众1800人。从各级党代表、优秀共产党员榜样、党校讲师及种植养殖专家中遴选“百优名师”110名，组建“优秀共产党员（榜样）先进事迹”宣讲报告团和“优秀党支部书记”宣讲报告团，开展宣讲活动4场次，受众党员1200余人次。《推进“惠民礼葬”，创新殡葬改革》入选全市课程库，尹家峪田园综合体等5个教学点入选全市基层干部现场教学点。

【党员教育】 2022年，沂水县开发党员教育电视作品（党课）31部，《沂蒙红嫂颂》作为全市唯一县区教材推荐到中央组织部参评，《那座山崮那个人》《王恩涛，王恩涛》2部纪录片获全市党员教育电视大赛一等奖，党课《永不褪色的党旗》被评为市级优秀党课。开展“党员好故事、书记好党课、支部好案例”“三好”展评活动。征集“党员好故事”45个，拍摄微视频11个，开展现场宣讲13次。征集“好党课”17堂，搭建支部书记课堂59个，开展“党课故事会”“优秀党课观摩”34次。征集“好案例”23个，制作案例微视频、新媒体课件等16个。18个镇街全部建成党员教育中心（党校）并投入使用，培训党员1.4万人。全市党员教育工作现场推进会在沂水县召开。落实“一个帮扶单位引路子、一家规模企业结对子、一对课外导师传经验、一个社会组织办实事、一所卫生机构送健康、一家金融机构助发展”的“六个一”帮扶机制，对纳入全市“百优学员领飞工程”的10名学员重点扶持，并举办“百优学员领飞工程”头雁论坛，持续巩固沂蒙乡村振兴“百优学员领飞工程”沂水品牌。8月4日，沂水县举办“沂水榜样”发布会，30个群体和个人入选“沂水榜样”，发布会通过网络全程直播，在线观看超过28万人次。

2022年8月4日，2022年度“沂水榜样”发布会在县市民文化艺术中心举办

（袁诚茂　摄）

【“两新”组织党建】 2022年，沂水县发挥“两新”组织作用，实施党建领航工程。县委组织部协助指导“饿了么”“美团”分别成立外卖党支部，组织成立外卖行业党委，将党组织工作覆盖延伸到新兴领域。围绕“十百千提升工程”培育对象，开展“双争一强”专项行动，做实“三个一”帮包扶持机制，推动帮包领导现场办公61次，解决问题53个，与结对共建单位开展联合活动59次。及时下拨返还党费和培育经费96万元，为“两新”组织发展提供经费保障。坚持企业发展“店小二”和社区治理“红管家”定位，选派“两新”组织红领书记22人，城市社区红领书记30人。实施社会组织党建“沂蒙百花开”专项行动。制定《沂水县社会组织党建“沂蒙百花开”专项行动实施方

案》，提升党的组织和工作覆盖质效，培育健康教育和向阳花助学中心社会组织党建示范点2处，“情系桑榆”老年人服务、“快乐同行”儿童青少年服务、“暖心港湾”特殊家庭服务3项社会服务被确定为省级社会工作服务品牌项目。做强产业链党建，以全县重点产业链条为基础，新成立韭菜产业党建联盟和新材料产业综合党委，以链上党建赋能经济发展。

【驻村第一书记工作】 2022年，沂水县有省、市、县三级选派的第五批（轮）驻村第一书记215名，在18个乡镇（街道）的196个村任职。注重发挥第一书记工作临时党委的作用，重点突出乡村振兴示范片区建设，引导驻村第一书记在做好巩固脱贫攻坚与乡村振兴有效衔接中发挥先锋模范作用，打造黄山铺镇、院东头镇、泉庄镇、诸葛镇、四十里堡镇5个第一书记乡村振兴示范片区。驻村第一书记帮助任职村新发展党员278名，培养入党积极分子774名，培育后备干部423名，新建或改建村级组织活动场所126个。投入产业发展资金5.1亿元，发展培育产业项目174个，帮助村集体新增经营性收入440.5万元。投入民生事业资金3.6亿元，组织实施民生项目460个，新修道路153千米，硬化路面18万余平方米，新安装路灯7339盏。2022年，驻村第一书记工作机制标准化体系通过省验收。全省挂职县（市、区）委副书记培训交流会议和全市第一书记抓党建促乡村振兴示范片区建设观摩推进会在沂水县召开。

【“暖新服务”五大行动】 2022年，沂水县抓好新业态新就业群体党建，实施“党群联新、倾听新声、为新解忧、助新成长、与新同行”五大暖新行动，配套制定“暖新服务”政策措施30条，推出爱心基金、暖蜂保、暖蜂贷、暖蜂商家联盟等个性化服务。建立快递物流、直播电商行业等26个企业党支部。建设暖蜂驿站54处，免费提供歇脚饮水、应急药品、及时充电、共享雨具等7项关爱服务。设“小哥”学院，开展政治教育、职业技能等培训348人次。引导全县917名快递、外卖配送员全部到城市社区报到。沂水县推进新业态新就业群体“两个覆盖”（党的组织覆盖和工作覆盖）做法被中央组织部《组工信息》刊发。

【“颐居小院”建设工程】 2022年，沂水县实施新中国成立前入党的老党员“颐居小院”建设工程，按照“统一评估、统一施工、统一标准”原则，对183名老党员居住环境美化提升，为210名老党员配备衣柜、床上六件套、取暖器等10件必备生活物品，个性化配备轮椅、助听器、“红喇叭”小音箱等物品，满足生活居住需求，营造干净整洁、温馨有爱的家庭生活氛围。

【村党支部创办“暖心食堂”】 2022年，沂水县聚焦农村老年人特别是独居、留守老人“做饭愁、吃饭难”问题，构建以村党支部创办“暖心食堂”为载体的农村养老模式，建设“暖心食堂”30个，覆盖服务老人1000余名，统一规范建设运营，提供符合老年人饮食习惯的营养配餐，打通农村居家养老“最后一公里”。相关经验做法被《人民日报》刊发3次。

【沂水人才公园】 2022年5月15日，沂水人才公园开园。公园占地20公顷，在原有小沂河湿地公园的基础上建设而成，是临沂市首个以人才为主题的公园。公园将人才名言录、人才雕塑群、人才政策栏、人才功勋墙等人才元素融入自然景观，突出沂水县对人才工作的重视以及引育人才的决心，在全社会营造珍爱人才、崇尚人才的浓厚氛围。

【基层干部学历教育全周期管理】 2022年，沂水县投资60万元新建全省唯一一处基层干部学历教育展厅，举办基层干部学历教育（直播电商）专题培训班、基层干部学历教育“村级增收与村集体资产管理”专题培训班、基层干部学历教育“家政服务”专题培训班等6期，培训基层干部310名。建设15处乡镇（街道）基层干部学历教育教学点，培养学员3057名。在学历教育招生入学考试中，132名学员过专科录取线，368名学员过中专录取线，录取数量均位居全市前列。15名学员考录公务员、考选事业编，31名学员当选县级以上“两代表一委员”，6名学员被评为沂蒙创新榜样、沂水榜样。沂水县作为唯一县区代表在全省村（社区）“两委”成员专科学历教育座谈会暨课程设计论证会上作典型发言。《沂水县探索基层干部学历教育全周期管理 为乡村振兴提供有力人才支撑》获“2021—2022年度临沂组织工作创新奖”。

（王　杰）

宣传工作

【概况】　2022年，沂水县坚持思想引领，注重舆论推动，突出精神激励，强化文化支撑，各项工作一体推进，为全县高质量发展提供精神动力和思想保证。创建“沂河之声”“舒方听你说”宣讲品牌。在市级以上主流媒体平台发稿1435篇，海外发稿12篇。沂水电视台两套节目在全省率先实现有线传输时移回看和互联网传输。设立“沂河文艺奖”，评选首届获奖作品133件。创办《沂河文艺》双月刊，大型红色舞台剧《红石崮》入选全省“喜迎二十大　奋进新征程”优秀剧目。手造工作形成品牌，在国家AAAA级旅游景区雪山彩虹谷建成全省标准最高、规模最大的县级手造展示展销中心。

【理论武装】　2022年，沂水县深入贯彻市委构建“3+1”理论武装体系总体部署，精心谋划、高处着手，坚持创新导向、实效导向，推动习近平新时代中国特色社会主义思想落实落地、入脑入心。

学习、调研、工作“三位一体”机制落实　沂水县各级理论学习中心组研读党的二十大精神，《习近平谈治国理政》第四卷等重要理论著作，习近平总书记视察山东、视察临沂重要讲话重要指示批示精神等内容，用真实工作案例解说党的创新理论，并通过现场测试提高学习质效。各级中心组成员，结合认领专题和自身分工，开展调研活动2632次，形成高质量调研报告1126篇，评选出优秀调研报告35篇，并汇编成册。

“学悟见创”（学理论、悟思想、见行动、创一流）活动　开展“三会一课”、主题党日、“微党课我来讲”等学习活动，将“学悟见创”活动与深化模范机关建设、提升党建工作质量相结合，与“我为群众办实事”实践活动相结合。开展“学悟见创”活动2756次。

“讲故事、学理论”活动　设立“讲学课堂”、设置“理论讲学日”，选派镇村讲学指导员，开展专题培训。丰富讲学形式，通过领导带头讲学、党员轮流讲学、区分主题讲学、因人而异讲学、拓展形式讲学、典型带动讲学6种形式，开展活动1.2万场次。

“七讲七进”宣讲　组建60支宣讲队伍，组织开展“沂河之声”宣讲、“艺动心灵”文艺志愿宣讲、“劳模工匠”宣讲、“8090”青年讲故事宣讲等6782场次，受众160万人次。

【意识形态工作责任制落实】　2022年，沂水县落实意识形态工作责任，调整充实县委意识形态和宣传思想工作领导小组，加强对意识形态工作的统筹协调。县委常委会专题研究意识形态工作3次，召开县委意识形态和宣传思想工作领导小组会议2次、全县意识形态工作联席会议4次、会商研判会议47次。县委宣传部印发《关于进一步明确沂水县党委（党组）意识形态工作责任的通知》《关于实行意识形态领域重大事项审批报备制度的通知》，意识形态工作制度体系健全完善。打造铸魂育人“战疫”金课，开展思政课教研活动210人次，线上思政课3522节。

【社会宣传】 2022年，沂水县围绕党的二十大精神、沂蒙精神及重要时间节点、全县发展大局等主题，制作各类宣传标语300余幅，户外大屏刊播10多万次，新媒体刊播3万余次。对全县各类公益广告规范调整，制定下发《关于规范宣传标语和公益广告的通知》。在县博物馆组织开展“砥砺奋进守初心 青春献礼二十大”沂水县青少年书画展。举办“庆七一·党的理论知识电视竞赛”活动，以赛促学庆七一。到乡镇村居、学校、企业等，举办诗会、歌咏、摄影、征文等文化活动，丰富群众节日生活。利用县融媒体中心App，微信公众号、视频号、抖音等宣传载体，刊播喜迎党的二十大活动。在城区、乡镇机关所在主要街道、高速路出入口等重点区域路段，插挂国旗、设置花卉景观小品。在行政、事业单位集中办事服务大厅、办事窗口，医疗卫生机构、宾馆酒店、商场、银行等人流密集场所，运用LED显示屏、宣传栏等方式发布庆祝党的二十大视频、公益广告、宣传标语口号等。县区公交、出租车顶电子屏幕、车载移动电视，滚动播放庆祝标语口号。

【新闻宣传】 2022年，沂水县依托县电台、电视台、“沂水首发”App等平台，围绕学习宣传贯彻党的二十大精神、七县战略行动、“3+1”理论武装体系等重点工作，开设《二十大时光》《走在前开新局》等专题专栏20余个，报道各级各部门经验做法，展示工作成效。在市级以上主流媒体刊发新闻稿件1500余篇，其中中央级稿件85篇。新华社《沂蒙老区：高质量发展的蝶变之路》、《中国县域经济报》载《高质量发展先进县的“沂水答卷”》、光明日报客户端《临沂沂水：努力绘就高质量发展精彩画卷》等稿件，聚焦连续3年跻身全省“高质量发展先进县”，全面报道沂水县坚持改革创新不动摇，推动经济发展质量变革、效率变革、动力变革的典型经验。新华社客户端先后以《山东沂水：信用积分“兑出”乡村新风貌》《沂水多种股权信贷开辟农村融资新模式》为题，报道沂水县农村信用体系建设创新做法。《大众日报》刊发《既是沟通会，也是协调会——沂水县政企早餐会越吃越有味》《全过程跟踪全链条服务全流程推进——沂水：重大项目享受生命周期服务》等报道，对沂水县坚持“项目为王、企业为尊、发展为先、实干为要”的干事创业导向，推进“七县”战略行动的特色经验进行宣传推介。

2022年国庆节期间，沂水县在街道两旁插挂国旗，庆祝中华人民共和国成立73周年 （县网信中心 供图）

【对外宣传】 2022年，沂水县紧扣非遗项目、城市建设、农旅融合等，相继在新华社英文网站、匈牙利佩斯中心网等刊发《临沂沂水：发展全域旅游 添彩美好生活》等稿件12篇。先后报送沂蒙小棉袄30件，高桥手绣15件，图书20册，剪纸作品30件参加海外展览活动，展示沂蒙文化特色。邀请外国友人走进沂水，开展国际交流活动4次，拍摄制作中英双语短视频8个，通过大众网英文、琅琊新闻网等平台广泛刊播。在国际社交平台开设12个账号，全年总发帖量83915条，总浏览量2640.3万次，总互动量314.8万次，名列全市前列。

【“两中心一平台”建设】 新时代文明实践中心建设 2022年，沂水县将新时代文明实践工作纳入创建全国文明城市20条重点工作专线，同步督导、考核。全县1个新时代文明实践中心、18个实践所、387个实践站实现有场所、有队伍、有活动、有项目、有机制“五有”标准全覆盖。创建新时代文明实践示范区，依托“讲、评、帮、乐、庆、礼”形式，创新实施“六个先行”，即理论武装先行、崇信向善先行、孝善文化先行、手造工程先行、婚俗改革先行、殡葬改革先行，引领全县新时代文明实践创新发展。持续开展“倡树美德健康生活方式”“舒方听你说”线上文明教育每周宣讲活动，每期浏览量高达20万次。开展“志愿+信用”评选，将文明实践志愿服务纳入农村信用体系建设积分，并作为评先树优重要依据，评选出道德模范30人，文明信用户、最美志愿者等各类文明先进723人。开展沂水县道德模范评选活动，培树山东好人5人、临沂好人7人。深化婚俗改革，推行集体婚礼、文化婚礼、民俗婚礼，规范彩礼、婚宴、婚车、鞭炮燃放等倡导性标准。沂水县在全省婚丧习俗改革研讨会和全省婚姻登记工作会议上作典型发言，被全国妇联办公厅确定为全国妇联移风易俗工作试点。

融媒体中心建设 2022年，沂水县集聚广播、电视、微信公众号、抖音、客户端五大宣传平台，开设“央视频”“抖音号”“今日头条号”等十几个新媒体账号，入驻“央视频”“闪电新闻”“新华号”等主流新媒体平台，形成“台、微、端”多位一体、快速联动、无缝衔接的全媒体传播矩阵，构建“融媒体+政务、服务、商务”大宣传体系。“沂水广播电视台”抖音号粉丝45.1万人，“沂水融媒”抖音号粉丝1.2万人。年内，全平台发送信息5295条，《哪里有困难哪里就有山东人》《喜大普奔，开学有望了朋友们！》等7篇信息阅读量3448.7万人次。贯彻落实省委宣传部“一键统发”要求，转发省级平台稿件548篇，转发市级稿件、视频436篇。推动融媒体与政务服务、智慧城市等综合服务平台融合互通。“沂水首发”App推广下载总量25万余次，用户3.5万户，发稿6.4万余篇。“沂水发布”微信公众号粉丝9.9万人，头条号粉丝17.9万人，抖音号粉丝32.3万人。完成“沂”起学理论——“七讲七进”现场直播、沂水县首届“沂河文艺奖”颁奖典礼、“星火沂蒙 红色沂水”红色堡垒故事演讲比赛、沂水县2022年中国旅游日活动暨夏蔚镇第七届“云上樱桃节”等大型直播活动174场。

“学习强国”学习平台运用 县委宣传部制定下发《关于用好“强国TV”促进“沂”起学理论的通知》，倡议全县有线电视用户利用“强国TV”进行

沂水新时代文明实践主题公园 （县委宣传部 供图）

集体学习，实现同步计分，提高群众关注度和参与度。通过选树典型、学习竞赛、积分兑换等途径，扩大学习平台影响力，提升活跃度。“学习强国”学习平台学员数40万人，活跃度50%以上，策划供稿专题76个，刊发稿件2654篇，其中央媒刊发2篇、省媒12篇。对接企业，促进本土产品上架“强国商城”，已上架高粱饴软糖和爆浆曲奇小丸子。打造“学习强国”主题街道1条、主题公园1处；策划主题灯光秀3场；打造“学习强国”线下空间38处；开展“学习强国”宣传推广直播11场；打造“学习强国”主题公交车7辆；开展“学习强国”积分兑换活动36次。

（王有红）

统一战线工作

【概况】　2022年，沂水县开展“同心链”共富行动，广泛动员县工商联、县知联会、县新联会、县职教社等统战群团和各界人士力量，助力共同富裕。牵头县农商银行推出“同心贷”系列金融服务，发放商会会员贷93户5815万元、团结共富贷55户805万元、新联会员贷76户712万元、电商直播贷4户2000万元。建立“五个一百”沂水新阶层专家服务团，即100名高级工程师团队，100名会计师、税务师、审计师团队，100名律师团队，100名新媒体和电商直播行业专家团队，100名自由职业艺术家团队，提供工程造价、法律援助、业务咨询、文化艺术等专业化公共服务20余次。

【党外知识分子及无党派人士工作】　2022年，沂水县推荐36名优秀党外知识分子为无党派人士人选。县委统战部召开党外知识分子统战工作协调联系机制会议，制定《全县无党派人士 党外知识分子“喜迎二十大　同心跟党走”主题教育活动实施方案》，组织全县无党派人士、党外知识分子200余人开展“喜迎二十大 同心跟党走”主题活动5次。组织40余名优秀党外知识分子参加无党派人士和党外知识分子培训班、党外人士党的二十大精神专题学习班等主体培训班。打造4支科技、教育、文化、卫生“同心服务队伍”，开展“送技术”“送教育”“送文化”“送健康”为主题的“四送”实践服务活动12次。

【台港澳统战工作】　2022年，沂水县组织港澳台各界代表人士学习党的二十大精神，中央、省委统战工作会议精神和各级统战部长会议精神。11月20日成立香港临沂同乡会沂水分会，是临沂市在香港成立的第一家县级同乡社团。联合市台协会、台属联谊会组织部分在临台胞台属代表到院东头镇桃棵子村开展“两岸一家亲　共植同心林”植树活动。接待山东省海外顾问、澳门山东商会一行10人，到泉庄镇开展考察交流活动；接待海峡两岸交流中心一行25人，到院东头镇祖秀莲红嫂纪念馆开展海峡两岸青年文化研学活动。

【海外统战工作】　2022年，沂水县委统战部制定《沂水县海外统战工作协作机制》，召开海外统战工作协作机制联席会议。召开海外统战领域代表人士座谈会，建立海外统战人员动态化数据库，健全基层海外统战工作网格。10月20日，成立沂水县欧美同学会（沂水县留学人员联谊会）。沂蒙山革命根据地展馆成功申报市级华侨国际文化交流基地。承办旅美华侨王公望散文集《月是故乡明》作品研讨会。协助开展澳大利亚“魏基成天籁列车”助听器捐赠统计工作，有2名7岁以下儿童获得助听器捐赠。全县设立侨法宣传角206处，“侨法援助站”18处，发放宣传材料8000余份。各乡镇聘请1-2名法律顾问，开展侨法法律咨询、现场答疑等活动，为群众答疑5次，提供法律帮助23次。

【新的社会阶层人士统战工作】　2022年，沂水县委统战部制定

《全县新的社会阶层代表人士三年（2022—2024年）培训计划》，组织30余名新的社会阶层代表人士参加党的二十大精神专题培训。开展“同心大讲堂”专题讲座8次，组织参与“寻美·中国”主题活动16次。召开新阶层服务高质量发展推进会，印发《沂水县新阶层服务高质量发展实施方案》，成立沂水新的社会阶层人士专家服务团，设立新的社会阶层人士助力发展“先锋榜”，设产业培植、群众增收、公益保障等6大类22项“先锋榜”，带动新联会会员单位实现产能比上年提升10%以上。建立许家湖镇沂蒙山电商直播基地、龙家圈街道李氏桑皮纸等19处“向日葵”新的社会阶层人士实践创新基地，实现全县18个乡镇（街道）新联会和实践创新基地全覆盖。依托沂蒙山电商直播基地，三众商学院等实践创新基地平台，组织培训教育活动24次，培训2380人。

【民营经济统战工作】 2022年，沂水县开展“沂蒙红商·青蓝接力”行动，加大创二代企业家培养力度，组织培训2期，560人次参加，培育“领跑导师”10名、“成长创星”50名。以“学悟见创”活动为契机打造“红色课堂”，组织专题学习实践活动20余次，现场研学100余人次。举办“3+1”理论武装体系宣讲会5场，26个商会分别组织专题学习，覆盖会员企业500余家。完成18家基层商会登记注册，打造商会组织示范阵地3个，开展对标交流活动20余次。联合县检察院优化涉案企业合规第三方监督评估机制路径，2家涉案企业免予行政起诉，案例入选最高检典型案例。打造商会党建示范点2处，2家企业上榜全省“民营企业100强”“行业领军100强”榜单，2家商会获评全省“四好”商会。引导民企投身“万企兴万村、同心共富裕”行动，全县103个村企结对，投入资金1.2亿元，建设共富车间56处。建立商会统战联络员制度，27名干部深入企业对接协调服务。落实“一线工作法”，对重大项目实施“一次不用跑·全程帮代办”服务，协调相关部门为14个建设项目核发施工许可证，推进150余个制约企业发展瓶颈问题解决。

【党外代表人士队伍建设】 2022年，沂水县委统战部制定《关于加强全县无党派代表人士队伍建设的实施意见》，完成县政协、县工商联、县新联会换届工作，完成无党派人士推荐认定工作。县委统战部印发《沂水县委统战部2022年党外代表人士教育培训计划》，与县委组织部、县委党校联合制定《关于中共沂水县委党校（县行政学院、县社会主义学院）2022年主体班次招生工作的通知》，在党校配备社会主义学院专职教师2名，设立百年统战史、铸牢中华民族共同体意识、民族宗教知识讲解、构建大统战工作格局4门课程，举办各界代表人士教育培训10次，培训300余人。有10名副科级以上党外干部进行交流任职，其中3人担任县政协副主席，2人担任政府组成部门党外正职。

【“同心链”共富行动】 2022年，沂水县探索实施“链主”带动、“链员”增收、全域链富的“同心链”共富行动。广泛动员县工商联、县知联会、县新联会、县职教社等统战群团和各界人士力量，在十大行业、百个龙头企业担任“链主”，千个中小微企业入链为“链员”，健全“联帮带”机制，在项目、资金、人才等方面实现合作共赢，助力共同富裕。在装备制造、纺织服装等产业链上成立商会，培植20家链主企业，带动295家企业发展，扩大劳动力就业。壮大19家农业特色企业，成立合作社吸纳群众，促进群众增收。建立8处人才培育统战之家，开展农村大中专班学历教育12期，6560人次参加，培养技术人才2500余名。建立109处社区电商网点，通过线上商城和直播带货，服务企业1135家，带动3.3万人就业增收。联合培育“逸品沂蒙”“沂蒙梦”“沂水十品”等电商品牌20个，辐射3万名群众实现就业。建成青援食品、大地玉米、昆达生物等50个“同心链”共富示范基地。工作经验被大众网、《山东统一战线》、“学习强国”学习平台、《临沂日报》等媒体刊发。12月7日，沂水县在全市统一战线助力共同富裕工作推进会议上作典型发言。

【民盟省委会“中医药文化进校园”活动】 2022年，民盟省委会探索发展“中医药文化进校园”特色教育，县委统战部在四十里堡镇中心小学成立示范点，制定《“中医药文化进校园”工作实施方案》，编写《中医药文化知识读本》，按年级编制阶梯式学习内容，将中医药传统文化贯穿于教育教学中，绘制中医药文化墙，建设中药材实践园，打造中医微展馆，设置诊疗模型室1间，开展“中医药文化进校园”活动13次。四十里堡镇中心小学被民盟省委会命名为“民盟中医药文化教育共建基地萌芽校园”，被省教育厅、省卫生健康委授予“山东省中医药文化进校园示范学校”称号。

【沂水县欧美同学会和香港临沂同乡会沂水分会成立】 2022年10月20日，沂水县欧美同学会（沂水县留学人员联谊会）成立大会暨第一次会员代表会召开。大会审议通过《沂水县欧美同学会（沂水县留学人员联谊会）章程（草案）》《沂水县欧美同学会（沂水县留学人员联谊会）选举办法（草案）》，选举产生第一届理事会会长、副会长、秘书长、常务理事，并举行揭牌仪式。11月18日，香港临沂同乡会沂水分会成立，是临沂市在香港成立的第一家县级同乡社团。

（鞠太明　李林峰）

2022年10月20日，沂水县欧美同学会（沂水县留学人员联谊会）第一次会员代表大会在东方瑞海会议中心举行　（县委统战部　供图）

政策研究

【概况】 2022年，沂水县委办公室围绕全县工作大局，把握职能定位要求，当好县委、县政府的参谋助手，推动决策服务和调查研究水平不断提升。全年起草、审定、整理各类文稿870余篇，充分发挥以文辅政的职能作用。

【综合文稿】 2022年，沂水县委办公室围绕县委中心工作，起草、审定、整理各类文稿870余篇，累计300余万字。起草县委经济工作会议、全县高质量发展总结表彰会议、全县重点工作推进会议、全县党员干部纪律作风集中整顿活动动员会、全国文明城市创建工作动员大会系列会议讲话，起草中共沂水县委第十五次党代会报告、县委十四届十二次全会工作报告、县委十五届二次全会工作报告、沂蒙精神专题党课报告等会议材料。撰写《发展为要　民生优先　坚持问题导向抓好信访矛盾源头预防化解》《建设市域副中心　打造发展新高地　争当沂蒙老区现代化建设最红旗帜》《坚持农业稳县　建设美丽乡村》综合文稿、典型发言80余篇，在《人民信访》《新京报》《山东通讯》等中央、省级主流媒体刊发30余篇。

【决策咨询】 2022年，沂水县委办公室挖掘领导关注焦点、社会反映热点和群众关注难点，做好信息报送工作。上报省委、市委信息832条，被采用287条。其中，《沂水县用好“政府之手”激活市场实现财政金融支持乡村振兴最大乘数效应》《基层反映工业余热供暖遭遇“推广难”造成能源浪费》等20余条典型信息、问题反映信息被省委办公厅采用，《基层反映新型基础设施建设 加快推进四方面问题需关注》被省委办公厅刊发专报，并得到省委领导批示，《“四宣联奏”推动党的二十大精神深入人心》被《人民日报》采用。

（刘明扬）

机构编制工作

【概况】 2022年，沂水县完成机构编制执行情况和使用效益评估中央试点工作。推进重点领域职能运行监管、镇街职责任务清单网上运行、镇街赋权目录编制3项市级试点工作。理顺县委议事协调机构办事机构与设在部门关系。强化教育领域机构编制保障，深化“12345”热线改革，调整应急管理体制机制。完成247家事业单位法人年度报告公示，完成2021年度事业单位绩效考核。设立事业单位法人登记136件，变更登记86件，注销登记19件，补领证书3件。完成367家事业单位电子证照申领工作。安排用编进人462名。

【机构编制日常管理】 2022年，沂水县作为中央编办机构编制执行情况和使用效益评估试点县，探索部门填表“自己评”、编办并联“实地评”、信息共享“联合评”、强化结果应用“三评一应用”工作机制，连续两年高质量完成评估中央试点工作，评估“九宫格”、结果应用等相关试点成果得到省委编办认可。严格机构编制管理权限和程序，抓好机构编制动议、论证、审议决定、组织实施“四个环节”，增强机构编制工作的严肃性、合理性、程序性和实效性。科学分配用编进人计划，安排用编进人462名，其中公务员招录77名、事业人员招聘385名。为县直公立医院、县乡幼儿园、临沂市机电工程学校考选控制总量备案制管理人员422名。

【党政机构职能体系建设】 2022年，沂水县理顺县委议事协调机构办事机构与设在部门关系，在政府工作部门的办事机构（县委外事办、县委财经办、县委军民融合发展办、县委依法治县办、县委农办、县委审计办、县委教育工作领导小组办）下设秘书科，承担相应的统筹协调、沟通联络、督促落实等职责，从内部各调剂1名行政编制，保障办事机构工作力量。规范县邮政业服务保障机构设置，在县交通运输事业服务中心加挂县邮政业发展服务中心牌子，设立科室，明确3名专职人员承担相关工作。理顺城镇化协调指导职能，将县住房和城乡建设局承担的新型城镇化相关职责划转至县发展和改革局，理顺县住房和城乡建设局、县发展和改革局、县重点建设项目服务中心内设科室及职能，并划转3名事业编制。加强县域医疗资源统筹，优化机构编制资源配置，设立县精神卫生中心，重新核定18处乡镇（街道）卫生院编制、县妇幼保健计划生育服务中心（县妇女儿童医院）人员控制总量。充实一线人员力量，为重大疾病和传染病防治工作领导小组办公室遴选工作人员5名，为县疾病预防控制中心招聘事业人员6名，为3处公立医院、13处乡镇（街道）卫生院招聘120名事业人员和20名高层次人才。

【重点领域体制机制改革】 2022年，沂水县持续推进开发区体制机制改革。3月4日，省委组织部副部长、编办主任高尚山到沂水经济开发区进行体制机制改革调研，对开发区机构运行、社会事务职能剥离、与属地协作配合工作给予充分肯定。强化教育领

2022年9月24日，沂水县综合行政执法队伍派驻执法工作会议在县委礼堂召开　（县委编办　供图）

域机构编制保障，健全“双减”工作机制，为县教育和体育局增设校外教育培训监管科，加强对校外教育培训机构的日常监管。理顺部分学校设置，设立县第六实验中学、第七实验中学、第九实验小学，有效应对义务教育招生入学压力。设立10处幼儿园，将符合条件的县直中小学附属幼儿园纳入机构编制管理，提升学前教育公共服务水平。深化“12345”热线改革，调整优化县乡两级“12345”政务服务热线运行体制，将县“12345”政务服务热线受理中心调整为正科级，加挂沂水首发群众服务中心牌子，核定领导职数3名、事业编制16名，负责全县“12345”热线及“沂水首发”客户端诉求办理、督办、反馈、回访、存档等工作。在镇街便民服务中心加挂“12345”政务服务热线办理中心牌子，明确3名专职人员，承担镇街“12345”政务服务热线和“沂水首发”平台事项办理等工作。调整应急管理体制机制，将县安全生产监察大队更名为县应急管理综合执法大队，涉及综合行政执法局综合行政执法大队的地质灾害、水旱灾害、森林草原火灾等有关应急抢险、灾害救助、防震减灾等方面的行政处罚、行政强制职能划转到县应急管理综合执法大队，并划转7名参公编制，加强应急救援力量建设。

【基层管理体制机制改革】 2022年，沂水县加强乡镇（街道）职责任务清单数字化应用，推动清单上网，依托市机构编制监管平台，设计乡镇（街道）宏观职责分解表、内设机构职责对应表、职责任务清单事项与职责分解关联表3张表格，实现乡镇（街道）“七办五中心”58条岗位职责与183项职责任务清单事项一一对应。加强数据应用，建立乡镇（街道）履职大数据分析模型，形成履职报告，以柱状图、折线图等方式直观呈现机构、人员履职情况，为科学调配人员编制资源提供客观依据。依法赋予乡镇（街道）行政执法权。3月，组织27个政府工作部门和18处乡镇（街道），以权责清单为基础，逐项分析行政权力事项，统筹考虑执法频率及办理难度，征求下放意见，形成赋权事项清单初稿。

【机关职能运行及事业单位监管】 2022年，沂水县深化机关职能运行监管，在监管范围上，将59个县直部门纳入监管范围，实现监管范围全覆盖。在监管内容上，围绕履职尽责、规范履职、协作配合、机构人员配置作用发挥、外部评价、底线约束等内容，将监管指标细化为6项一级指标、20项二级指标。在监管方式上，发挥机构编制综合系统、机构编制监管平台大数据分析优势，构建“互联网+监管”格局，提高监管效率效能。强化重点领域运行监管，聚焦优化营商环境，探索“1+N”工作法，打造“审批信息推送—开展批后监管—监管信息反馈—失信联合惩戒”的双向“全链条”审管联动体系，实现审批监管工作无缝衔接。聚焦助力乡村振兴，梳理乡村振兴政策落实、规划制定、乡村振兴与脱贫攻坚衔接、帮扶协调等方面，明确8条主要职责。明确县委农办、县农业农村局、县乡村振兴局、县乡村振兴服务中心等单位职责分工，厘清职责边界，凝聚工作合力，建立乡村振兴领域协作配合机制。加强事业单位监督管理，统筹做好事业单位绩效考核、法人登记优化提升和电子证照申领等工作。完成247家事业单位的法人年度报告公示，完成率100%。完成2021年度事业单位绩效考核，评出优秀等次46家、良好等次91家、合格等次44家、不定等次2家。完成事业单位法人登记优化提升，设立登记136件、变更登记86件、注销登记19件、补领证书3件。完成367家事业单位电子证照申领工作，完成率100%。（辛本杰）

县直机关党建

【概况】 2022年，中共沂水县委县直机关工作委员会按照“围绕中心、建设队伍、服务群众”的职责定位，聚焦主责主业抓实机关党建。至2022年底，县直机关党委所属基层党委37个，党总支19个，党支部503个，党员10035名。新发展入党积极分子130名，预备党员71名，转正党员88名。全县14个单位被评为市级党建示范点，位居县区之首。17个党建创新案例通过省市评审，《沂水县建立“五化”评价体系 融合推进模范机关创建工作》创新成果获全省党建创新案例二等奖，县公安局、县直机关工委分别获评全市党建创新十佳案例和优秀案例。

【政治建设】 2022年，沂水县压实三级责任，制定明确党组（党委）、机关党委、机关党支部职责定位，推进全面从严治党走深走实，打造机关工委、党组、机关党组织责任清晰、职能衔接、同向发力的工作格局。深化模范机关建设，把机关党建工作同精神文明创建、机关文化、工作绩效、群众满意评价融合推进，推动“党建、业务”深度融合，互促共赢。

【思想建设】 2022年，沂水县结合“3+1”理论武装体系建设、“学悟见创”“党建引领、共同成长”品牌创建培树活动，严格落实“第一议题”制度，在全县开展学习培训36次。通过专题党课和党的二十大主题宣讲，培训党员2.3万人次，推动党的二十大精神向基层延伸。加强党性锤炼，开展“我心向党、与党同行”“强县有我、机关先行”等七一系列活动。召开机关党委书记会议、党务干部培训会议6次，增强党员意识，提升能力素质。

【机关党组织建设】 2022年，沂水县完成换届并优化调整党组织班子237个，新配备党务工作者68人、选聘兼职组织员22人。沂水县强化基层组织建设，在重点区域开展“支部建在项目上、党旗飘扬在一线”“攻坚打擂、

2022年4月15日，沂水县供电公司党员突击队巡视维护光伏发电设备

（县直机关工委 供图）

夺旗晋星”等活动。在东西“两城同建”指挥部，成立重点项目党支部14个，建立党员攻坚突击队7支，引导供电、交通、住建等系统行业服务向基层下沉、党建向一线延伸，在急难险重任务面前冲锋在前。开展“双报到”活动720余次，督促基层党组织和广大党员到城市社区，认领服务岗位，开展志愿服务，参与社区治理。开展“‘疫’线党旗扬”行动，成立13个一线攻坚党支部，动员2000余名机关党员干部下沉街道社区，设置“党员先锋岗”，划定“党员责任区”，参与卫生消杀等防控工作。

【纪律作风建设】 2022年，沂水县以纪律作风集中整顿活动为契机，在全县开展廉政专题学习4次、警示教育2次，开展廉政专题党课2次，教育引导党员干部做到“自警、自省、自律”，坚守底线、不踩红线、不触高压线。以打造“清廉机关”为主线，打造县税务局等4个清廉机关试点单位，坚决用制度管人管事管权。组织开展廉政谈话，教育引导党员干部严格落实中央八项规定精神、持续深化纠治“四风”。抓实“三亮”活动，在窗口服务部门设立党员示范岗、党员责任区，全面推行党员“亮身份、亮职责、亮承诺”，解决好群众的急难愁盼问题。

沂水城投集团打造的国企党建工作示范点展区 （县直机关工委 供图）

【模范机关建设】 2022年，沂水县将模范机关创建工作细化为38个可操作性评价指标（含5个底线约束情形），统筹推进各项工作。创建工作突出问题导向，从重点部门、重点单位、重点岗位、重点科室抓起，以机关带系统带行业，以局部规范带动整体提升。全县14个单位被评为市级党建示范点，位居县区之首，沂水县深化模范机关典型做法获全省机关党建创新优秀案例二等奖。

【党建业务深度融合】 2022年，沂水县聚焦“围绕中心、建设队伍、服务群众”的职责定位，探索党建业务深度融合新路径，从县直系统选取12个试点单位，立足不同行业系统领域实际，分别制定12个党建业务深度融合试点工作方案。先后组织召开试点单位座谈会4次，通过现场观摩、实地调研、经验分享、问题溯源、靶向解决等形式，推动党建与业务的思路融合、目标融合、力量融合、机制融合、考评融合。

【优秀党建品牌评选】 2022年，沂水县开展机关党建品牌征集活动，征集县直机关党建品牌572个、单位精神106个、科室理念628项、党员格言9875条。评选出32个优秀党建品牌及十佳党建品牌，集结成册，集中展示县公安局“党建领航、金盾扬帆”、县税务局“帜领税兴”、县烟草公司“帜领沂烟”等党建品牌作品，巩固深化党建品牌创建活动成果。

【优秀党建创新案例及支部工作法评选】 2022年，沂水县开展党建创新案例和支部优秀工作法评选活动，征集党建创新案例74个、支部优秀工作法353个，评选产生十佳党建创新案例和十佳支部工作法。通过深挖党建特色品牌内涵，引导各部门单位开展内容丰富、形式多样的主题党日活动或党建创新项目，创新活动项目的内容、方式、载体、机制，推动党建与业务深度融合。

（陈　婧　王璐璐）

老干部工作

【概况】　2022年，沂水县委老干部局聚焦离退休老干部需求，坚持把精准服务理念贯穿老干部工作始终，深化离退休老干部队伍建设、服务管理、作用发挥等工作，持续推动老干部工作高质量发展。至2022年底，沂水县有离退休干部8895人。其中，离休干部107人、退休干部8788人、异地安置离休干部14人，离休干部平均年龄94.1岁。成立离退休干部党总支1个、党支部5个、临时党支部7个、流动党支部2个，有离退休干部党员4986人。

【老干部党的建设】　2022年，沂水县举办沂蒙精神专题党课等理论辅导6次，开展离退休干部党支部书记专题培训2期，举办党的二十大精神专题讲座3场。打造社区离退休干部党建示范点3处，建立"共享式"离退休干部党组织活动阵地3处。高标准创建"五星级"党支部6个、"四星级"党支部9个。组织老干部开展就近参观考察、重温入党誓词、分享入党经历等活动67次。在老年大学艺术团、老年太极拳剑协会和金秋鼓乐艺术团等老年社团建立临时党支部7个，开展支部主题党日活动84次，举办政策理论专题辅导26次。开展老干部"红色观影月""志愿服务月"等活动32次。

【老干部服务管理】　2022年，沂水县落实离休干部政治生活待遇，根据离休干部身体健康状况，做好"红、橙、绿"三色分级工作，在医疗保障、法律援助、代买代购等10个方面提供"菜单式"服务。指导成立"银龄互助·以老助老"志愿服务队12支，开展助老志愿服务790多次。在县人民医院等县内医疗机构新开通离休干部就医绿色通道4条，设立老干部病房22个，抽调59名全科医生组建16支家庭医生签约服务团队，对签约的68名离休干部，上门巡诊320多次。扩大政府购买养老服务范围，购买卫生保洁、水电暖维修等社会服务19项。帮助28名离退休干部入住社会养老机构。争取财政资金117.9万元，帮扶救助435位特殊困难离休干部及遗属。推行荣誉退休制度，为全县118个机关事业单位1173名同志举行荣退仪式。

【老干部作用发挥】　2022年，沂水县以县离退休干部党工委、老年大学和关工委为依托，建立"银领沂水"老干部志愿服务指导中心，成立党史宣讲、移风易俗、法律宣传等"银领沂水"老干部志愿服务分队，吸收各类志愿者1000余名。新建《沂水县退休干部人才库台账》，吸纳农技类、医疗类、教育类等老干部专家人才690人，举办红色党史、优秀传统文化等关心下一代巡回宣讲115场。与县融媒体中心联合打造青少年家庭教育线上访谈类节目"舒方听你说"，举办家庭教育线上讲座23场。与团县委对接，通过点亮"微心愿""一对一"结对、走访困难家庭等形式对孤困儿童进行帮扶，救助困境儿童1000余名，救助物资100万元。

【老干部文化活动】　2022年，县老年大学新增老年瑜伽等6个课程，借力"互联网+"，联合县融媒体中心在"爱沂水"客户端、"沂水发布"和"沂水夕阳红"微信公众号推出"沂水公益文化大讲堂"线上直播课，直播授课书法、国画、围棋、古琴、摄影等课程，6万余人次在线观看。在泉庄镇尹家

2022年5月10日，沂水县老年大学音乐班开课　　（县委老干局　供图）

峪田园综合体、院东头镇桃棵子村等旅游区打造“沂水县老年大学游学基地”14处，组织各类老年游学活动21次。指导成立金秋鼓乐艺术团、夕阳红艺术团、合之声艺术团、太极拳剑协会等老年社团7个。9月24日，启动沂水县第十届老年文体艺术节，举办老年书画展、红色游学、诗词朗诵会、老年摄影展、门球比赛、太极拳剑比赛、广场舞比赛等文体活动，5500多人次参加。

【沂水县老年大学】　2022年，沂水县老年大学开设书法、绘画、古琴、围棋、摄影、萨克斯管、老年瑜伽、计算机及智能手机应用等25个专业34个教学班，聘用教师28名，全年招收学员5000余人，每周上课1700余人次。在全县18个乡镇（街道）、387个村居（社区）设立老年教育活动室，先后成立沂水县老年大学临沂市机电工程学院分校、军休所分校、沂城街道分校等9所分校。建立沂水县第一所老年大学企业分校——金鹏颐年园分校，招收学员120余人。引入远程教育设备，实现县校课程在全县9所老年大学分校同步直播授课。县老年大学被授予“全国老年远程教育实验区”“全省老年大学智慧助老行动成绩突出单位”等称号。　（黄孝志　王　燕）

网络安全与信息化

【概况】　2022年，沂水县健全网络诉求处置闭环工作机制，妥善处置2583条。互联网行业党建、互联网应急指挥中心建设、网络文明主题公园3项工作入选全市网信领域工作试点。“沂水发布”微信公众号被评为全市十佳政务类（县区）新媒体。

【网络诉求处置】　2022年，沂水县委网信委会议专题审议《沂水县贯彻落实〈党委（党组）网络意识形态工作责任制实施细则〉工作措施》《沂水县网络舆情应急处置管理办法》，健全完善隐患排查、监测发现、研判转办、处置化解、反馈回复、总结评估操作流程。妥善处置网络诉求2583条，有效化解率98%。办结人民网县委书记留言板群众诉求22起，化解拖欠农民工工资、拆迁征地补偿等民生类诉求300余起，被上级网信部门通报数量比上年下降46.5%。

【网络安全保障】　2022年，沂水县召开县委常委会，专题研究党的二十大网络安全保障工作，加强对网络安全工作的领导。县网信中心制定《沂水县网络安全工作责任制实施办法》，为网络安全工作顺利开展提供制度保障。将全县机关单位自建独立门户网站、信息化系统、二级网站、网站专题页面纳入台账管理，聘请第三方开展2次网络安全威胁联合检查，健全“监测通报、整改反馈、跟踪督办”工作流程，堵塞安全漏洞200余个，依法约谈网络安全问题集中的单位1家，整改完成上级通报的网络安全事件9起。开展网络安全宣传周系列活动，组织全县2万余名中小学生收看网络安全教育广播电视节目，深入社区开展网络安全宣传，发放《践行网络文明 争做文明网民》倡议书1200余份。

【信息化建设】 2022年，沂水县加快推动数字乡村建设，组织许家湖镇吕丈坡社区数据赋能智“惠”民生等3个案例申报全市数字乡村建设试点典型案例。加强农民数字素养与技能培训，根据《沂水县“十四五”全民科学素质行动规划纲要实施方案》，加强与农业、科技、妇联等部门联动，举办高素质农民培训班3期。举办冬春农民大培训、电商销售暨直播带货等农村实用人才培训班150期，选派科技特派员90人，开展科技指导服务3400次，培训农民1.7万人次。实施“乡村振兴巾帼行动”，开展各类线上、线下实用技术培训400余场，辐射引领3万余名妇女提升创业就业能力、增强致富本领。

【网络阵地建设】 2022年，沂水县持续开展“清朗”“净网”专项整治行动，对县内自媒体进行管理，开展专项整治活动3次，发现并整改问题21个，依法约谈违规网络平台账号负责人6次。组织召开“网聚正能量 助力新发展”全县自媒体“大V”座谈会，签订自律管理承诺书，引导新媒体从业人员弘扬网上正能量，传递沂水好声音。畅通网民举报渠道，在“沂水发布”微信公众号设立违法和不良信息举报电话，及时发布辟谣信息，防止扩散蔓延，处置网络谣言50余起。针对网上出现的“四十里堡镇大量燕子聚集，是地震前兆”的不实信息，即时分析研判，指导涉事乡镇发布辟谣信息，中国互联网联合辟谣平台、临沂举报辟谣平台等多家权威平台进行转发，快速平息网民恐慌情绪，入选全市2022年度网络辟谣十大典型案例。

【互联网行业联合党委成立】 2022年11月25日，沂水县成立互联网行业联合党委，下辖7个党支部，党员23名，统领直播电商行业党委工作。探索实施“四联共建”（组织联建、队伍联育、活动联办、发展联动）工程，通过强组织、育人才、兴产业、促发展，不断将党的组织优势、组织功能、组织力量转化为互联网行业发展的强劲动能。依托沂蒙山电商基地，高标准建成直播电商行业党群服务中心，入选全市互联网行业党建示范点，并在全市互联网行业党建工作推进会上作典型发言。

【网络文明建设】 2022年，沂水县依托沂河三桥风景区，投资50余万元打造网络文明主题公园，建设网络文明主题区、青少年网络素养区等多个功能区。拍摄宣传片《我为网络文明代言》，常态化面向广大群众开展网络素养教育5万余人次。带动一批网络主播参与网络文明公益活动，夏蔚镇原创作者

2022年11月25日，中国共产党沂水县互联网行业联合委员会成立大会在县网信中心召开
（吴世翠　摄）

沂水网络文明主题公园　　（李慧　摄）

张欣获评“好网民·在山东”榜样人物，与主播“沂蒙小凤凰”入选首批“我是临沂推荐官”。

（李蒙生）

党校工作

【概况】　2022年，沂水县委党校举办各类学习班、培训班13个，培训学员4000余人次。到乡镇、部门开展党的二十大精神宣讲20次，受众2338人次。深化资政课题研究，立项市委党校、市社科联课题8项。汇编发行理论研究成果，强化课程建设，打造16个教学专题和5堂精品现场教学专题课。县委党校尹家峪田园综合体分校（县委党校乡村振兴分校）挂牌成立。

【干部培训】　2022年，沂水县委党校承办全县领导干部党的十九届六中全会精神专题学习班（2期）、全县领导干部党的二十大精神专题学习班（2期）、全县新任科级干部培训班（2期）、全县无党派人士培训班、全县党外人士党的二十大精神专题学习班、选调生综合素质提升培训班、全县第四期年轻干部综合素质提升培训班等7个（10期）主体班次，培训各级党员干部3560人次。到富官庄镇、沙沟镇、马站镇、黄山铺镇、税务局等17个乡镇、部门开展党的二十大精神宣讲20次，受众2338人。承接市委党校习近平新时代中国特色社会主义思想研修班、市委党校第23期党外干部培训班、市委党校第69期县级领导干部进修班、市委党校青年干部培训班、乡镇领导干部进修班等6个外训班次，培训学员450余人次。开展党员党性教育讲解42场次，受众1200余人次。

【科研咨政】　2022年，沂水县委党校实施科研兴校战略，鼓励教师着眼县域发展实际，撰写理论文章和申报各级科研课题。发表省市级理论文章5篇，立项《疫情防控常态化背景下沂水中小企业发展调研报告》等市委党校、市社科联课题8项。参加全市党校系统党的二十大精神理论研讨会征文活动，获二等奖1个、三等奖2个。发行《优秀教学科研成果选编（2022年）》《党的二十大精神学习资料汇编》和《沂水党校校刊》（2期）。

【师资队伍建设】　2022年，沂水县委党校有教职工30人、专业技术人员14人、专兼职教师21人，正高级职称1人、副高级职称4人、中级职称6人。加强师资队伍建设，先后选派15名骨干教师参加省市各级党校的师资班、教学改革、党性教育基地讲解等培训。参加全市党校系统沂蒙革命史暨沂蒙精神讲课比赛，获二等奖1个、三等奖1个。参加全市党校系统“党校青年讲党史”暨“守正创新心向党 建功立业新时代”微党课大赛，获二等奖2个、三等奖2个。以开展教学观摩点评的形式，打造《理论创新乃展现马克思主义真理力量之根本》《理解和把握总体国家安全观》《改革开放是决定当代中国前途命运的关键一招》《认真学习贯彻习近平法治思想》等16个教学专题，开展教学45次，受众2430人。

【精品现场教学专题课程打造】 2022年，沂水县委党校组织开展党性教育基地现场教学专题课教学观摩活动，形成《山东抗战史中的“王庄时代”》《军民水乳交融生死与共的不朽典范——纪念战争年代的沂水红嫂》《库区移民精神——一曲感天动地的奉献之歌》《崮乡田园美 沂蒙花盛开——沂水县泉庄镇乡村振兴战略的实践及启示》《传承沂水红色文化 助力现代化强县建设》5堂精品现场教学专题课，被纳入市委党校第69期县级领导干部进修班、市委党校青年干部培训班等外训班次培训内容，受众736人次。

（王利华　刘　宇）

党史编研

【概况】 2022年，沂水县实施“红色史料”挖掘、“红色沂水”宣传、“红色资源”利用、“秀美沂水建设”助力四大工程，塑造“强县有我，史志有为”工作品牌，推动党史史志事业高质量发展。完成《中共沂水历史简编》《星火沂蒙　秀美沂水——沂水党史县情概览》编纂出版发行。

【党史资料挖掘与征集】 2022年，沂水县立足革命老区红色历史文化资源丰富的优势，实施“红色史料”挖掘工程，守护红色根脉，留住红色记忆。落实“红色堡垒”革命史料挖掘行动。向市申报命名第三批红色堡垒村2个、红色堡垒镇3个，全县累计12个村、4个镇获“沂蒙红色堡垒镇村”称号，村镇个数居全市前列。牵头“星火沂蒙、红色堡垒”史料征集稿件110余篇，整理编辑图书《星火沂蒙　红色堡垒》，同步开展现场直播演讲比赛，择优推荐全市“讲沂蒙故事，诵家国情怀”宣讲，15人获奖。开展“红色历程”专题史料征集行动。开展整山治水、抗美援朝、南下干部3个专题的史料挖掘征集活动，征集整山治水档案文献8.5万字、抗美援朝史料1.5万字，推动“红色记忆”口述史料整理行动。开展《中共沂水历史资料汇编》整理、编纂工作，完成1—7辑沂水县党史资料的数字化识别整理，形成回忆录文章及文献、报刊资料450余篇，110万字。

【党史宣传教育】 2022年，沂水县实施“红色沂水”宣传工程，整合内力、借助外力、激发活力，形成党史宣传教育工作的强大合力。建好三支队伍“聚合力”。加强专业宣讲团队建设，打造精品课程，深入基层开展宣讲及赠书活动，受教育群众6000余人次。依托专家顾问团，举办红色沂水精神提炼暨红色文艺研讨座谈交流活动，形成研讨成果4.5万字。打造农村宣讲员队伍，在农村“五老”队伍中遴选100余名红色宣讲员，探索基层党史宣讲新路径。开设三个课堂“强动力”。联合组织、

2022年10月9日，沂水县委党史研究中心在县实验中学举办“星火沂蒙·秀美沂水”党史展

（县委党史研究中心　供图）

宣传部门，将党史宣讲纳入支部主题党日全过程，利用身边课堂、专题党课、现场教学三个课堂，通过讲述身边红色故事，有效激发农村党员在乡村振兴中发挥先锋模范作用。用好三个媒介“激活力”。打造流动“图媒”品牌，深入学校、社区举办“星火沂蒙·秀美沂水”巡回展20余场次，使基层党员群众近距离接受党史学习教育。打造传统“纸媒”品牌，编纂发放《沂水史志》3200余册，宣传推广红色文化。打造现代“网媒”品牌，发布微信公众号信息280期，被省市采用信息93篇。

【红色资源利用工作】 2022年，沂水县实施“红色资源”利用工程。实施党建“强基固本”融合行动。主动融入党员培训、青少年教育，做客沂水融媒直播间，推出《缅怀革命先烈 传承红色基因》节目，全县5万余名中小学生在线观看。为农村干部学历教育班作党史讲座4场，助力基层组织建设。助力“以红带绿”旅游开发行动。围绕“以红带绿”精品线路打造，参与西墙峪红色记忆馆建设，参与舞台剧《红石崮》资料提供及审核，搞好党性教育基地提升。

【“沂水党史史志”微信公众号维护】 2022年，“沂水党史史志”微信公众号围绕深入学习贯彻习近平新时代中国特色社会主义思想，推出《“沂”起学理论》专栏，刊发理论学习文章64篇。开设《强县有我·史志有为》专栏，推送工作动态72篇，扩大党史史志工作影响力。推出“星火沂蒙 红色沂水”红色堡垒故事演讲比赛优秀作品展播14期，阅读量高达2万人次。结合《沂水史志》期刊，把握新媒体时代读者兴趣点，选取一部分可读性强的文章刊登在公众号上，传播历史文化知识，引起读者共鸣。

【《中共沂水历史简编》出版发行】 2022年12月，《中共沂水历史简编》出版发行。全书8章，15万余字，选取各个时期随文图片76幅。该书采用编年体形式，全面记述自1923年至2021年，沂水党组织团结带领广大人民群众，在新民主主义革命、社会主义革命和建设、改革开放和社会主义现代化建设以及中国特色社会主义新时代的光辉历程和取得的巨大成就，总结党组织在各个历史时期积累的宝贵经验。

【“星火沂蒙 红色沂水”红色堡垒故事演讲比赛】 2022年9月26日，沂水县委党史研究中心联合县委组织部、县委宣传部等举办的“星火沂蒙 红色沂水”红色堡垒故事演讲比赛，以现场直播的形式举行，14位选手参加比赛，评选出一等奖1名、二等奖3名、三等奖6名。活动结束后，县委党史研究中心将选手的演讲视频制作成独立的微视频，陆续在微信公众号、网站等媒体发布。推荐15人参加全市“讲沂蒙故事，诵家国情怀”宣讲，获一等奖2名、二等奖6名、三等奖7名。

【《星火沂蒙 秀美沂水——沂水党史县情概览》发行】 2022年12月，沂水县委党史研究中心编写的《星火沂蒙 秀美沂水——沂水党史县情概览》正式发行。全书分“星火沂蒙 红色沂水”“千年古县 秀美沂水”两部分，收录地方党史、县情知识100余条。全书坚持简洁、直观、实用原则，以凝练的语言、清晰的脉络展示沂水党史发展历程，以图文并茂的形式要点式介绍县情概况，力求做到史实性、知识性、实用性相统一，打造简洁规范的党史、县情普及读物。

（韩　笑）

关心下一代工作

【概况】 2022年，沂水县健全关心下一代工作委员会组织网络体系，在全县18处乡镇（街道）、36个县直单位、80%的中小学校、70%的行政村、部分民营企业建有1000余处关工委组织，配备各级“五老”（老干部、老战士、老专家、老教师、老模范）队伍成员5000余名。落实立德树人根本任务，聚焦青少年爱国主义教育、红色基因传承、普法教育，依托党的二十大主题宣讲、党史教育线上直播报告会、《舒方听你说》电视访谈等活动，全面加强青少年思想道德建设。

【青少年爱国主义教育和普法教育】 2022年，沂水县关工委组织“五老”宣讲员，在全县中小学巡回举办“学党史、颂党恩、跟党走”青少年党史教育专题报告会6场，开展党的十九届六中全会和党的二十大主题宣讲7场，开展“关注国防安全，珍爱和平时光”青少年主题教育报告会3场，受益师生6万人。开展“传承红色基因 缅怀革命先烈”活动，组织1.1万余名中学生徒步20余千米到沂水革命烈士陵园缅怀先烈。联合县委党史研究中心举办《缅怀革命先烈 传承红色基因——勿忘来时路 奋进新征程》党史教育线上直播报告会，12万人实时在线观看。组织“五老”志愿者参与未成年防溺水工作，当好宣传员、监督员、看护员，开展防溺水宣传50多场，受益师生10万人。加强法治教育，以“第五届关爱明天、普法先行——青少年普法教育活动”为契机，协调公检法等有关部门，联合“五老”志愿者开展“学法守法用法，建设平安校园”主题教育报告会、“中小学生网络安全教育”线上宣讲活动、“关爱明天、普法先行”青少年法治宣讲报告会等各类法治宣讲47场，受益师生8万人。巩固和发展网吧“五老”义务监督员队伍，开展监督活动130余次。

2022年4月1日，《缅怀革命先烈 传承红色基因——勿忘来时路 奋进新征程》清明节特别节目播出 （县委老干局 供图）

【青少年关爱帮扶】 2022年，沂水县关工委通过点亮“微心愿”“一对一”结对、走访困难家庭等形式帮扶孤困儿童。在许家湖镇等乡镇举行困境儿童救助资金发放活动，发放救助资金200余万元，救助学生2000人。在黄山铺镇等乡镇举办“青春相伴 希望同行”点亮微心愿集中发放活动，助力1000余名困境儿童实现“微心愿”。举办“善暖童心·关爱同行”庆“六一”爱心助学活动，为全县1106名困境儿童送去价值20万元的爱心物资。“六一”儿童节期间，县关工委会同县慈善总会赴特殊教育学校、妇计中心开展“庆六一 送温暖”慰问、调研活动，对特教学校、妇计中心建设与管理进行专题调研，赠送书包、文具、食品等物资300余套。

【青少年心理健康教育栏目开播】 2022年，沂水县关工委与县融媒体中心联合打造青少年教育访谈类节目《舒方听你说》，举办《护航成长 共赢未来——开学第一课》《抗击疫情 众志成城 共护成长》等系列访谈讲座32场，通过爱沂水App、沂水广播电视台、沂水融媒等10个平台全网络媒体直播，30万人实时在线观看。 （黄孝志 王 燕）

沂水县人民代表大会

综　述

【人大代表及组织机构】　2022年，沂水县第十九届人民代表大会有代表378名。其中，工人、农民代表152名，占40.2%；干部代表89名，占23.8%；专业技术代表55名，占14.6%；军人代表1名，占0.3%；少数民族代表4名，占1.1%；妇女代表121名，占32%；连任代表156名，占41.3%；党员代表262名，占69.3%。下设6个专门委员会。其常设机构常务委员会由45人组成，设办公室、研究室、人代工委、信访室、监察和司法工委、农工委、财经工委、预算工委、城建环保工委、教科文卫工委、社会建设工委、机关综合保障中心12个机构。

【决议决定】　2022年，沂水县人大紧扣事关发展改革稳定大局和人民群众普遍关注的重大事项，优选重大议题，及时作出决定，将县委的决策部署通过法定程序转化为全县人民的共同意志和自觉行动。作出2021年度县级财政决算、批准2022年财政预算调整方案、增加2022年国民经济和社会发展计划内容、开展第八个五年法治宣传教育等决议决定10项，促进县委决策部署有效贯彻落实。

（武文君）

重要会议

【县第十九届人民代表大会第一次会议】　2022年1月27—30日召开。大会听取审议《县人民政府工作报告》《关于沂水县2021年国民经济和社会发展计划执行情况与2022年计划（草案）的报告》《关于沂水县2021年财政预算执行情况和2022年财政预算（草案）的报告》《县人大常委会工作报告》《县人民法院工作报告》《县人民检察院工作报告》，书面印发2022年沂水县民生实事候选项目情况说明，并表决通过《关于设立专门委员会的决定（草案）》、大会《选举办法（草案）》《沂水县民生实事项目人大代表投票表决办法（草案）》。大会选举产生沂水县第十九届人民代表大会常务委员会主任、副主任，县长、副县长，监察委员会主任、县人民法院院长、县人民检察院检察长，县人大常委会委员、县出席临沂市第二十届人民代表大会代表。投票表决2022年沂水县民生实事项目。表决通过县十九届人民代表大会各专门委员会人员名单、关于沂水县人民政府工作报告的决议、关于沂水县2021年国民经济和社会发展计划执行情况与2022年计划报告的决议、关于沂水县2021年财政预算执行情况和2022年财政预算报告的决议、关于沂水县人民代表大会常务委员会工作报告的决议、关于沂水县人民法院工作报告的决议和关

2022年1月27—30日，沂水县第十九届人民代表大会第一次会议在龙冈会议中心召开（县网信中心　供图）

于沂水县人民检察院工作报告的决议。

【县人大常委会会议】 2022年，沂水县人民代表大会常务委员会召开会议7次。

县十八届人大常委会第四十一次会议　1月21日召开。会议听取并审议通过关于召开县十九届人大一次会议的决定（草案）、议程（草案）、主席团及秘书长名单（草案）、议案审查委员会名单（草案）、财政预算审查委员会名单（草案）、列席人员范围（草案），县人大常委会工作报告（征求意见稿），县政府关于全县2022年民生实事候选项目的报告。

县十九届人大常委会第一次会议　3月31日召开。会议审议并通过县人大常委会关于加强自身建设的决定（草案），县人大常委会2022年工作要点（草案）、议事规则（草案），县人大常委会关于设立代表资格审查委员会的决定（草案），沂水县民生实事票决项目监督办法（草案）；书面印发《沂水县人民代表大会常务委员会组成人员守则》《沂水县人民代表大会常务委员会实施宪法宣誓制度暂行办法》《沂水县人大常委会办公室关于印发沂水县人大常委会组成人员联系县人大代表和乡镇（街道）人大（人大工委）工作分工意见的通知》；会议依法进行人事任免事项，颁发任命书，举行宪法宣誓仪式；新任命人员代表作表态发言。

县十九届人大常委会第二次会议　5月9日召开。会议听取并审议县政府关于“七五”普法工作情况及“八五”普法规划的报告、县监察委员会关于公职人员廉洁从政教育工作情况的报告、县人民法院关于诉源治理工作情况的报告、县人民检察院关于未成年人检察工作情况的报告。通过县人大常委会有关审议意见和决议（草案），并依法举行新任职人员宪法宣誓仪式。

县十九届人大常委会第三次会议　7月27日召开。会议听取审议并通过县政府关于2021年度县级财政决算和2022年上半年财政预算执行情况的报告、县政府关于沂水县东城区城市基础设施和全民健身运动中心PPP项目财政支出责任纳入财政预算管理的报告、县政府关于2021年县级财政预算执行和其他财政收支情况的审计工作报告、县政府关于增加2022年国民经济和社会发展计划内容的报告、沂水县人大常委会组成人员守则（修正草案）、沂水县人民代表大会代表履职守则（修正草案）。书面印发《县人大常委会关于全县“两城同建”工作情况的视察报告》《沂水县人民代表大会专门委员会工作规则》《沂水县人大常委会关于建立人大代表联络站和信访部门联动机制的指导意见》《沂水县人大常委会关于开展人大代表营商环境监测工作的指导意见》。会议依法进行人事任免事项，颁发任命书，新任命人员向宪法进行宣誓。

县十九届人大常委会第四次会议　9月2日召开。会议听取审议并通过县政府关于全县2022年上半年国民经济和社会发展计划执行情况的报告、关于全县文旅活县工作情况的报告、关于全县商贸富县工作情况的报告，并进行人事任免事项。新任命人员向宪法进行宣誓。

县十九届人大常委会第五次会议 11月29日召开。会议听取审议并通过县政府关于2021年度县级财政预算执行和其他财政收支审计查出问题整改情况的报告、关于全县疫情防控暨公共卫生工作情况的报告、关于环境状况和环境保护目标完成情况的报告、关于《中华人民共和国残疾人保障法》贯彻实施情况的报告，书面印发《沂水县人大常委会关于建立“代表议事会”工作机制的意见》《沂水县人大常委会关于进一步加强全县人大代表联络站规范化建设的意见》《沂水县人大常委会关于建立人大代表社情民意观察点的指导意见》，并进行人事任免事项。会议任命吕洋为沂水县监察委员会副主任、沂水县监察委员会代理主任。新任命人员举行宪法宣誓仪式，作表态发言。

县十九届人大常委会第六次会议 12月30日召开。会议听取审议并表决通过县政府关于2022年度全县国有资产管理情况的报告、县政府关于2022年财政预算调整方案（草案）的报告、县政府关于2022年民生实事票决制项目实施情况的报告、县政府关于全县公安维稳工作情况的报告、县政府关于全县教育工作情况的报告；审议并表决通过人事任免事项；书面印发《沂水县人大常委会关于全县工业强县战略实施情况的视察报告》《沂水县人大常委会关于全县乡村振兴工作情况的视察报告》。会议向新任命国家机关工作人员颁发任命书并举行向宪法宣誓仪式。

【县人大常委会主任会议】

2022年，沂水县第十九届人大常委会召开主任会议8次。

县十九届人大常委会第二次主任会议 3月30日召开。会议听取县人民政府有关人事任免情况、县人大常委会有关人事任免情况、县监察委员会有关人事任免情况、县人民法院有关人事任免情况、县人民检察院有关人事任免情况，听取拟任命人员法律知识考试情况。审议县人大常委会2022年工作要点（草案）、县人大常委会关于加强自身建设的决定（草案）、县人大常委会议事规则（草案）、县人大常委会关于设立代表资格审查委员会的决定（草案）、县人大常委会联系县人大代表和乡镇人大工作分工意见（草案）、重点民生实事票决项目监督办法（草案），确定县十九届人大常委会第一次会议有关事项。

县十九届人大常委会第三次主任会议 5月7日召开。会议审议2022年度人大代表主题实践活动实施方案（草案）、关于加强和改进新时代人大宣传工作的意见（草案）、2022年工作要点分工方案（草案）、关于落实市人大常委会党组2022年创新推进人大工作若干措施任务分工方案（草案）、县人大常委会2022年工作评议实施方案（草案），确定县十九届人大常委会第二次会议有关事项。

县十九届人大常委会第四次主任会议 7月26日召开。会议听取县监察委员会有关人事任免情况、县人民法院有关人事任免情况、县人民检察院有关人事任免情况，听取拟任命人员法律知识考试情况，审议沂水县人大常委会组成人员守则（修正草案）、沂水县人民代表大会代表履职守则（修正草案）、沂水县人民代表大会专门委员会工作规则（草案）、沂水县人大常委会关于建立人大代表联络站和信访部门联动机制的指导意见（草案）、沂水县人大常委会关于开展人大代表营商环境监测工作的指导意见（草案），讨论县人大常委会关于全县“两城同建”工作情况的视察报告，确定县十九届人大常委会第三次会议有关事项。

县十九届人大常委会第六次主任会议 11月28日召开。会议听取县人大常委会有关人事任免情况、县监察委员会有关人事任免情况、县人民法院有关人事任免情况，听取拟任命人员法律知识考试情况，审议县人大常委会关于建立“代表议事会”工作机制的意见、关于进一步加强全县人大代表联络站规范化建设的意见、关于建立人大代表社情民意观察点的指导意见、2022年度全县人大工作考核方案，确定县十九届人大常委会第五次会议有关事项。（武文君）

人事任免

【沂水县十九届人民代表大会第一次会议人事任免】 2022年1月27—30日，沂水县十九届人民代表大会第一次会议审议通过有关人事任免事项。会议选举徐本开为沂水县第十九届人民代表大会常务委员会主任，庞秀英、武开鑫、张晓华、牛树娟、曹传海为沂水县第十九届人民代表大会常务委员会副主任，马庆友、王广海、王世民、王向民、王志刚、王新民、王新伟、田相同、邢计志、任松峰、刘文玲、刘京福、刘智太、刘燕、庄琳、许德强、孙明果、李云成、李世明、李劲松、李伟、张国良、郑磊、房贤栋、赵刚、赵光好、侯天增、秦志强、秦照强、袁其周、徐兆利、徐斌、郭京裕、黄玉明、程培军、谭庆志、谭卿、翟韶峰、魏书文为沂水县第十九届人民代表大会常务委员会委员。选举刘铭为沂水县人民政府县长，李晓冬、何长平、孟令君、韩庆、王海娟、王海滨为沂水县人民政府副县长。选举解飞为沂水县监察委员会主任。选举殷方昭为沂水县人民法院院长。选举卢言海为沂水县人民检察院检察长，根据规定，报临沂市人民检察院检察长提请临沂市人民代表大会常务委员会批准。通过：刘京福为沂水县第十九届人民代表大会监察和司法委员会主任委员，王广海为沂水县第十九届人民代表大会监察和司法委员会副主任委员，孙明果、程培军、翟韶峰为沂水县第十九届人民代表大会监察和司法委员会委员。秦照强为沂水县第十九届人民代表大会财政经济委员会主任委员，郭京裕为沂水县第十九届人民代表大会财政经济委员会副主任委员，许德强、郑磊、房贤栋为沂水县第十九届人民代表大会财政经济委员会委员。马庆友为沂水县第十九届人民代表大会教科文卫委员会主任委员，秦志强为沂水县第十九届人民代表大会教科文卫委员会副主任委员，王新民、任松峰、刘燕为沂水县第十九届人民代表大会教科文卫委员会委员。张国良为沂水县第十九届人民代表大会城建环保委员会主任委员，刘智太为沂水县第十九届人民代表大会城建环保委员会副主任委员，邢计志、刘文玲、李世明为沂水县第十九届人民代表大会城建环保委员会委员。赵光好为沂水县第十九届人民代表大会农业农村委员会主任委员，徐兆利为沂水县第十九届人民代表大会农业农村委员会副主任委员，侯天增、黄玉明、谭庆志为沂水县第十九届人民代表大会农业农村委员会委员。李伟为沂水县第十九届人民代表大会社会建设委员会主任委员，赵刚为沂水县第十九届人民代表大会社会建设委员会副主任委员，王世民、袁其周、魏书文为沂水县第十九届人民代表大会社会建设委员会委员。

【沂水县十九届人大常委会第一次会议人事任免】 2022年3月31日，沂水县十九届人大常委会第一次会议审议通过有关人事任免事项。会议决定接受王新伟辞去沂水县第十九届人大常委会委员职务的请求，依照规定，报下次人民代表大会备案。任命刘京福为沂水县人大常委会财经工作委员会主任、赵刚为沂水县人大常委会预算工作委员会主任。免去徐兆利的沂水县人大常委会农村工作委员会主任职务、王广海的沂水县人大常委会法制工作委员会主任职务、秦照强的沂水县人大常委会财经工作委员会主任职务、郭京裕的沂水县人大常委会预算工作委员会主任职务。决定任命杨明升为沂水县人民政府办公室主任、公茂胜为沂水县发展和改革局局长、张洪春为沂水县教育和体育局局长、郭一磊为沂水县科学技术局局长、冯培辅为沂水县工业和信息化局局长、孟令君为沂水县公安局局长、王洪涛为沂水县民政局局长、辛惠为沂水县司法局局长、张希国为沂水县财政局局长、宋彦山为沂水县人力资源和社会保障局局长、党永召为沂水县自然资源和规划局局长、刘杰为沂水县住房和城乡建设局局长、王建华为沂水县交通运输局局长、王新伟为沂水县水利局局长、葛云富为沂水县农业农村局局长、张树永为沂水县商务局局长、杨雪峰为沂水县文化和旅游局局长、刘兆锋为沂水县卫生健康局局长、宋庆学为沂水县退役军人事务局局长、徐而达为沂水县应急管理局局长、武传映为沂水县审计局局长、张京春为沂水县行政审批服务局局长、师立功为沂水县市场监督管理局局长、刘太安为沂水县综合行政执法局局长、江兆祥为沂水县统计局局长、于化凤为沂水县医疗保障局局长、王继堂为沂水县信访局局长、王家祥为沂水县监察委员会副主任。免去李兰峰的沂水县监察委员会副主任职务、李桂华的沂水县监察委员会委员职务。免去孙爱霞的沂水县人民法院审判员职务，吉兴国的沂水县人民法院审判员职务，袁俊毅的沂水县人民法院审判监督庭副庭长、审判员职务。任命张青青为沂水县人民检察院检察员。免去张秀芹的沂水县人民检察院检察员职务、刘克合的沂水县人民检察院检察员职务、高云玲的沂水县人民检察院检察员职务。

【沂水县十九届人大常委会第三次会议人事任免】 2022年7月27日，沂水县十九届人大常委会第三次会议审议通过有关人事任免事项。会议决定任命孙海滨为沂水县监察委员会委员、段会立为沂水县监察委员会委员。免去王秀松的沂水县监察委员会委员职务。任命张平为沂水县人民法院副院长、审判委员会委员、审判员，杨迎东为沂水县人民法院副院长，王云云为沂水县人民法院审判员。免去张新桥的沂水县人民法院副院长、审判委员会委员职务，孟祥晖的沂水县人民法院审判委员会委员职务，王伟的沂水县人民法院审判员职务。任命刘振兰为沂水县人民检察院副检察长、耿丽为沂水县人民检察院副检察长、张景胜为沂水县人民检察院检察委员会委员、李兴娟为沂水县人民检察院检察委员会委员、周红为沂水县人民检察院检察委员会委员。免去唐洪强的沂水县人民检察院副检察长、检察委员会委员职务，程祥福的沂水县人民检察院副检察长、检察委员会委员职务，张德国的沂水县人民检察院检察委员会委员职务，张平的沂水县人民检察院副检察长、检察委员会委员、检察员职务，刘振兰的沂水县人民检察院检察委员会委员职务，杨治云的沂水县人民检察院检察委员会委员职务，孙红的沂水县人民检察院检察委员会委员、检察员职务，陆发征的沂水县人民检察院检察委员会委员职务。

【沂水县十九届人大常委会第四次会议人事任免】 2022年9月2日，沂水县十九届人大常委会第四次会议审议通过有关人事任免事项。会议决定接受孟令君辞去沂水县人民政府副县长职务的请求，依照规定，报下次人民代表大会备案。决定任命尚海涛为沂水县人民政府副县长，决定任命尚海涛为沂水县公安局局长。决定免去孟令君的沂水县公安局局长职务。

【沂水县十九届人大常委会第五次会议人事任免】 2022年11月29日，沂水县十九届人大常委会第五次会议审议通过有关人事任免事项。会议决定接受李劲松辞去沂水县第十九届人大常委会委员职务的请求，依照规定，报下次人民代表大会备案。决定接受解飞辞去沂水县监察委员会主任职务的请求，依照规定，报下次人民代表大会备案。决定任命吕洋为沂水县监察委员会副主任。免去宋录祥的沂水县人民法院审判员职务、刘玉娟的沂水县人民法院审判员职务。决定任命吕洋为沂水县监察委员会代理主任。

【沂水县十九届人大常委会第六次会议人事任免】 2022年12月30日，沂水县十九届人大常委会第六次会议通过有关人事任免事项。会议决定任命杜以峰为沂水县人大常委会办公室主任、钱明华为沂水县人大常委会财政经济工作委员会主任、卢于坤为沂水县人大常委会社会建设工作委员会主任。免去马庆友的沂水县人大常委会办公室主任职务、刘京福的沂水县人大常委会财政经济工作委员会主任职务。决定任命徐守凯为沂水县司法局局长、尹世良为沂水县医疗保障局局长。决定免去辛惠的沂水县司法局局长职务、于化凤的沂水县医疗保障局局长职务。任命王兴会为沂水县人民法院审判委员会委员、陈东峰为沂水县人民法院审判委员会委员、孙灵生为沂水县人民法院审判委员会委员、袁中华为沂水县人民法院审判委员会委员。免去孔庆伦的沂水县人民法院审判员职务、黄艳的沂水县人民法院审判员职务。

（武文君）

人大监督

【七县战略行动监督】 2022年，沂水县人大围绕工业强县战略行动，对工业经济发展情况进行视察，推动传统产业转型升级、新兴产业膨胀壮大、骨干企业做大做强。围绕农业稳县战略行动，对乡村振兴、山水林田湖草沙、光伏产业发展工作进行视察，推动农业高质高效、农民富裕富足、乡村宜居宜业。围绕科教兴县战略行动，听取审议全县教育工作报告，推动优教兴县；调研全县高新技术产业发展情况，建议加大高层次人才培育力度、加强关键核心技术攻关、加快培育科技型企业。围绕生态立县战略行动，对全县生态环保工作进行视察，听取审议年度环境状况和环境保护目标完成情况报告，全县生态环境持续向好。围绕商贸富县战略行动，听取审议商贸富县工作报告，推进稳外贸、促发展、提消费。围绕文旅活县战略行动，听取审议全县文旅活县工作报告，推动文旅融合发展。围绕依法治县战略行动，对全县巩固政法队伍教育整顿成果开展专项监督，提出固本清源、建章立制等建议，巩固教育整顿成果；听取审议全县公安维稳工作报告，推动形成更加安全稳定的社会环境。

【经济领域监督】 2022年，沂水县人大听取审议预算执行审计和审计整改等工作报告，着力推动深化财政绩效管理，防范化解政府债务风险，提高资金使用效益。紧扣国有资产管理，听取国有资产管理情况报告，对国有资产保值增值提出系列意见。紧扣优化服务环境，调研“12345”热线办理工作，视察金融支持经济发展情况，评议15个省市垂直管理部门和13家金融部门工作，提出发展建议96条。

【民生事项监督】 2022年，沂水县人大围绕群众反映强烈的出

2022年6月29日，沂水县人大常委会视察“两城同建”工作

（县人大常委会办公室　供图）

2022年8月18日，沂水县召开人大工作现场推进会议，与会人员到黄山铺镇信访办实地调研信访工作　　（县人大常会办公室　供图）

行堵、停车难问题，对城区停车设施建设和管理工作进行视察，推动规划、建设、管理高效衔接。对全县“两城同建”工作开展视察，督促建好民生工程，提升宜居水平。针对新冠疫情防控，听取全县疫情防控暨公共卫生工作报告，引导各级各部门坚持人民至上、科学防控、精准防控。紧盯民生实事落实，加强工作监督，通过月晒、季听、年考，推动项目建设保质、保量、保时。金澜湾沂河大桥顺利通车，5处新建幼儿园按期投用，28千米雨污分流管网按期完成改造等一大批民生实事得到有效落实。

【司法领域监督】　2022年，沂水县人大围绕推动部门依法行政，对环境保护法、安全生产“一法一条例”贯彻情况等开展执法检查。听取监察委、法院、检察院、司法局工作报告，着力推进严格执法、公正司法、全民守法。配合省、市人大对《山东省齐长城保护条例》《山东省通信基础设施与保护条例》《临沂市健康乡村条例》《临沂市城市容貌和环境卫生管理条例》《临沂市供热条例》等11项条例开展执法检查、立法调研，提出针对性意见建议57条，推动相关法律法规全面贯彻实施。将“一府一委两院”规范性文件全部纳入备案审查范围，维护宪法和法律权威。受理群众来信来访10件、25人次，引导依法维权，推动矛盾化解。　（武文君）

议案办理

【概况】　2022年，沂水县健全“集中交办、重点督办、跟踪落实、结果反馈、代表评判”办理机制。县十九届人大一次会议收到建议、批评和意见115件，其中，属于城乡建设与管理、自然资源和规划、生态环保工作的32件，占27.8%；公路、交通、交警工作的19件，占16.5%；农业农村、水利工作的18件，占15.7%；工业经济、招商引资、优化营商环境工作的18件，占15.7%；教育、文化和旅游工作的14件，占12.2%；卫生健康工作的5件，占4.3%；财政工作的4件，占3.5%；其他工作5件，占4.3%。

【议案办理审议】　2022年，十九届人大一次会议收集115件代表建议，县政府及各承办单位均在规定时间内办理完毕，满意率100%。所提建议被采纳，问题已基本解决或已列入工作计划逐步解决的人大代表建议106件，占92.2%；所提建议合理，但因规划建设、上级政策等客观条件影响，需要进一步创造条件加以解决的7件，占6.1%；所提建议因条件不具备无法解决，或因上级未列入计划县无力解决的2件，占1.7%。完善办理结果“双评价”机制，对办理结果既由提出建议的代表评价，又由县人大常委会组织定向评价，持续提高建议办理满意率。

【加大低效工业用地盘活，促进经济高质量发展的建议】　省市县直代表团代表王世民提出的

“关于进一步加大低效工业用地盘活，促进经济高质量发展的建议”，针对高质量发展的新要求下，土地、能源、环境容量等要素资源紧缺问题更加突出，资源“错配”“低配”问题更加明显，建议拖清底子、精准分类；一企一策、精准帮扶；定向辅导、依法纳税；多措并举、多管齐下，加强管理，确保相关资源高效利用。对此，沂水县高度重视，修改完善《关于提升招商引资项目质量促进经济高质量发展的意见》及《实施细则》，将低效用地作为有效资源，建立联动招商机制，借力产业链招引一批企业。如，沂水县发挥橡塑产业优势，引进锐巴新材料公司投资7.8亿元，建设年产15.2万吨橡塑功能新材料项目，盘活低效用地12公顷。引进鲁驰新材料公司投资17亿元，建设高性能橡胶制品生产项目，盘活低效用地33.3公顷。

【加快高铁站以及高铁城镇建设的建议】 四十里堡镇代表团代表李彦华提出的“关于加快高铁站以及高铁城镇建设的建议”，针对京沪二线在四十里堡镇设置站点，四十里堡镇作为站点所在乡镇，将迎来一次大发展的机遇，建议县发展和改革局、县自然资源规划局、县交通运输局、县行政审批局等相关单位，搞好土地规划，加快推进行政审批，争取早日开工。对此，县委、县政府已成立工作专班，统筹协调各职能单位做好四十里堡镇高铁站周边规划、路网建设、工业布局等各项工作。

【片区发展引领乡村全面振兴的建议】 省市县直代表团代表杨传婷提出“关于以片区发展引领沂水县乡村全面振兴的建议”，针对沂水县还存在有些乡镇对于乡村振兴示范片区打造的理念不够深入，片区的规划做得不够细致，在系统规划、特色优势发挥上没有找到合适路径、资源整合不到位，人才资源缺乏等困境。建议坚持实施乡村振兴战略，突出“乡村振兴推进区、乡村振兴示范片区、美丽乡村示范片区”三个片区建设，引导产业集聚、集约、集成，突出一二三产业融合，注重生产、生活、生态融合，使“三个片区”成为乡村振兴沂水模式的先行区。通过补短板、强弱项、固优势，拓展农业农村发展空间，探索具有沂水特色的乡村振兴之路。对此，沂水县结合实际，连片打造院东头镇乡村振兴示范片区、黄山铺镇美丽乡村示范片区、崔家峪—泉庄衔接乡村振兴集中推进区，3个片区按照时间节点计划有序推进。同时整合各类资源，充分利用涉农资金，驻村第一书记、工作队帮扶资金，建立完善保障机制，在要素配置上优先满足、在资源条件上优先保障、在公共服务上优先安排，支持农业农村优先发展，稳住农业基本盘。

【完善提升城市精致建设、精细管理措施的建议】 沂城街道代表团代表公丽萍提出的“关于完善提升城市精致建设、精细管理措施的建议”，针对城区面积扩大、城区人口增加、交通压力陡增、停车难问题凸显、基础设施配套建设跟不上、环境卫生和文化建设不适应城市发展要求等问题日益突出，提出增加停车位、改造主要交通路口、改造城中村基础设施、解决城市社区党建服务中心用房等建议。对此，相关责任部门开展城市精细化管理，依法依规取缔占道经营、流动摊点等违规行为1200余处，整治店外经营1500余户，取缔马路市场38处。规范建设公共停车场和开发商业停车场，已建设沂河大道沿线湿地公园停车场、小沂河南路停车场、县博物馆停车场等各类公共停车场20余处，增设路外停车位3.5万个，道路临时停车位2200个。加强公共设施维护，整理路沿石85处，修补沥青路面3500余平方米，维修路灯680盏次。投入6000余万元对部分城区背街小巷改造提升，已完成沂城街道东关社区，许家湖镇河东村、大桥村，龙家圈街道一中南路的改造提升。（武文君）

沂水县十九届人大一次会议优秀代表建议一览表

表3

序号	建议内容	提案人	承办单位
1	关于进一步加大低效工业用地盘活，促进经济高质量发展的建议	王世民	县工信局
2	关于加快高铁站以及高铁城镇建设的建议	徐兆利、李彦华、刘超、郭润滋	县交通运输局
3	关于以片区发展引领全县乡村全面振兴的建议	杨传婷	县农业农村局
4	关于完善提升城市精致建设、精细管理措施的建议	杨明华、公丽萍、侯爱春、张彬	县综合执法局
5	关于建设西城基础设施的建议	李锦田、武明明、陆纪玮、吴振民	县综合执法局
6	关于以优化营商环境推动全县经济高质量发展的建议	刘宝政、张君峰	县政府办公室
7	关于给予沂水县北部乡镇项目、资金倾斜，推动乡村振兴均衡化发展的建议	徐鹏、刘本香	县农业农村局
8	关于进一步加快新旧动能转换，推动板材产业转型升级的建议	王晓艳、魏军山	县工信局
9	关于进一步高效利用沂水县北部片区产业聚集区的建议	王中超、崔小辉、刘金娜、贾瑞红	县投资促进中心
10	关于沭河河道及流域矿产资源保护及开发利用的建议	刘宝军、庞京华、田广磊	县自然资源和规划局
11	关于对农村闲置宅基地进行盘活利用的建议	庞京华、田广磊、李金民	县自然资源和规划局
12	关于打造特色建材小镇的建议	孟凡楼、许俊山	县发展改革局
13	关于加强居民小区智慧停车管理的建议	曹传海、武玉亮、王春峰	县综合执法局
14	关于对县道东徐路大修的建议	王林墩、袁加强、冯桂强、于松会、白坤欣	县交通运输局
15	关于建设乡村振兴集中推进区的建议	徐本开、刘燕、刘涛、张其松	县农业农村局
16	关于推进胜利河道路、泉庄河道路打通项目的建议	闫士果、张录连、刘瑞琴	县交通运输局
17	关于加快崔家峪镇衔接乡村振兴集中推进区建设的建议	薛彦鹏、刘庆华	县农业农村局
18	关于缓解学校附近路口接送时间段交通压力的建议	何伟、王广海	县交警大队
19	关于推广实施乡村振兴集中推进区和乡村振兴（美丽乡村）示范片区建设的建议	高虎泉、张德全、武光正	县农业农村局
20	关于对泉西路进行改造提升的建议	王建爱、李金泉	县交通运输局
21	关于提升院东头镇红色文化旅游发展的建议	郭洪春、武兴华、许梦利	县文旅中心
22	关于优化县城南部教育资源配置的建议	马新为、冯培丰、田艳	县教体局

代表工作

【代表履职保障】 2022年，沂水县完善代表履职、培训、报告评价机制，提升代表履职能力。8月2—3日，组织驻沂水的市人大代表52人参加市二十届人大代表履职政治学习。9月7日，举办县乡人大代表履职培训班，在各乡镇设分会场，1700余人参加学习培训。组织县乡人大代表开展履职报告工作，邀请110余名代表列席常委会会议或参加活动。加强代表履职评价，对代表会议期间、闭会期间履职工作进行数字量化，年终综合评价，有98.8%的代表晋星。

【代表主题实践活动】 2022年，沂水县在各级人大代表中开展“群策群力建设市域副中心、同心同向打造发展新高地”主题实践活动，重点围绕“七联七助”任务，推进落实“八个一”（参加学习培训、参加小组活动、参加视察调研、开展窗口接访、联系走访选民、提出意见建议、办理民生实事、填写履职档案）活动，做到一线引领、全程贯穿、总体统筹、助力发展。其中，584人次联系实体经济，助力工业强县；408人次联系农业农村，助力农业稳县；312人次联系科教人才，助力科教兴县；544人次联系生态环保，助力生态立县；832人次联系营商环境，助力商贸富县；447人次联系城乡建设，助力文旅活县；608人次联系社会治理，助力依法治县。在市以上媒体刊播先进代表事迹35人次。有216名代表受到县以上表彰、表扬。在疫情防控中，相关代表捐款捐物1800万元。

【“站办”联动】 2022年，沂水县为推动《信访工作条例》落地落实，开展人大代表联络站、乡镇信访办“站办”联动机制，组织驻县城的县级以上人大代表到县信访局联动窗口参与接访活动，驻乡镇的各级人大代表就近从便到乡镇“站办”联动窗口参与接待选民和接访工作。建立信息采集共享联动、会商研判交办联动、调处化解督办联动、上门回访评价联动4项联动机制，推动人大代表联络站和信访办高效、协同、有序运作。全县各级人大代表参加接待群众3582人次，收集需求诉求、调处化解矛盾纠纷5638件，监督解决重点信访案件175件。

【“三点一站”设立】 2022年，沂水县各镇街在便民服务大厅或社区设立代表联络站22个，组织活动137次，确保代表学习培训、议政督政、接待选民有阵地。设立营商环境监测点。在市、县人大代表担任企业法人、主要负责人的企业设立营商环境监测点64个，收集审批、土地、环评等方面意见建议120件，及时答复105件，转送相关部门办结15件。设立社情民意观察点。在诸葛镇东河西村、泉庄镇南坡村、马站镇杨家城子村等地设立5处市级社情民意观察点，倾听基层声音，了解一线情况，收集住房、养老、医疗等社情民意27件，均按程序转交相关部门办理。设立基层立法联系点。配合市人大设立立法联系点2处，对《山东省齐长城保护条例（草案）》《临沂市文明条例（草案修改稿）》等征求意见。

【联系选民全覆盖】 2022年，沂水县落实市人大“一县区一样板”要求，开展人大代表联系选民全覆盖工作。指导各级人大代表主动亮明身份，靠前服务。构建起县人大常委会牵头大网格、乡镇人大牵头中网格、人大代表联系选民小网格体系。对选民反映事项，实行信息收集、层级研判、逐级上报、分级办理、结果反馈机制。建设大网格1个、中网格19个、小网格172个，走访联系群众19万人次，发放宣传材料20余万份，发现问题、收集建议9856条，办结9738件。

（武文君）

专门委员会

【概况】 2022年，沂水县人大下设监察和司法委员会、财政经济委员会、教科文卫委员会、城建环保委员会、农业农村委员会、社会建设委员会6个专门委员会。各专门委员会围绕全县经济社会发展大局和县十九届人大一次会议确定的各项目标，依法履职，加强重点领域的监督，提升监督实效。

【监察和司法委员会工作】 2022年，沂水县人大监察和司法委员会围绕中心、服务大局、深化监督、厉行法治，提升监督工作质效，充分发挥服务大局职能作用。视察全县平安沂水建设及依法治县工作情况，提出系列意见建议。组织开展视察、执法检查、调研活动等17次。

【财政经济委员会工作】 2022年，沂水县人大财政经济委员会做好国民经济与社会发展计划监督、经济工作监督、预算审查改革、专项工作监督等各项基础工作。围绕发展规划落实、财政高效管理，听取2022年上半年国民经济和社会发展计划执行情况报告，2021年财政决算、2022年上半年财政预算执行情况报告，支持政府做好“六稳”“六保”工作。批准东城基础设施和全民健身运动中心PPP项目财政支出责任纳入财政预算管理，文诚农贸市场搬迁提升改造工程等7个项目增列2022年国民经济和社会发展计划。作出2021年度县级财政决算、2022年财政预算调整方案等决议决定。

【教科文卫委员会工作】 2022年，沂水县人大教科文卫委员会对全县高新技术产业发展情况开展调研，先后到山东精工密封技术有限公司、山东迈奥晶新材料有限公司、山东隆科特酶制剂有限公司和山东绿森塑木复合材料有限公司实地考察，指出高新技术产业发展中存在的短板和不足，提出加强人才引进、技术创新和成果转化等工作，壮大创新企业队伍，实现高新技术产业发展新突破。

【城建环保委员会工作】 2022年，沂水县人大城建环保委员会开展《中华人民共和国环境保护法》贯彻实施情况执法检查活动，先后到开先蓝庭项目、山东创业环保科技发展有限公司、沂水城投庐山水务有限公司、山东新大陆橡胶科技有限公司实地查看，了解扬尘治理、危险废物处置、污水处理和大气污染治理等情况，提出要统筹协调好生态环境保护和经济发展的关系，严格落实法律责任，履行好监管职责。视察“两城同建”工作，先后到县府广场精细化管理整治提升工程、香山路停车场建设工程、老法院安置区、老党校安置区、金澜湾沂河大桥建设工程、西城新区龙湾片区、三桥风景区建设工程等项目建设现场查看，详细了解项目进度、规划设计及存在的困难和问题。提出要平衡工程进度，加快工作推进，强化要素保障，严格质量安全管理。围绕生态立县战略实施情况，实地查看双崮流域退化公益林修复与森林质量提升工程和森林保育工程，提出要牢固树立“山水林田湖草沙生命共同体”理念，加强监督检查，按照属地管理原则，加强日常监管。

【农业农村委员会工作】 2022年，沂水县人大农业农村委员会聚焦农业稳产保供、农民稳步增收、农村稳定和谐，对全县乡村振兴工作情况视察调研。先后到山东隆科特酶制剂有限公司、许家湖镇美丽宜居乡村建设项目、院东头镇市级乡村振兴示范片区现场查看，全面了解沂水县农产品加工产业、美丽宜居乡村建设和乡村振兴片区建设等方面情况，就下一步工作开展提出意见和建议。

【社会建设委员会工作】 2022年，沂水县人大社会建设委员会围绕全县中心工作，突出群众普遍关心的幼儿和中小学教育、居住环境、困难帮扶、医疗卫生等热点问题，先后到各中小学、乡镇（街道）、医院开展视察调研活动，收集住房、养老、医疗等方面社情民意27件，均按程序转交政府相关部门办理。

（武文君）

沂水县人民政府

综　述

【强县战略推进】　2022年，沂水县落实“12676”总体思路，围绕建设市域副中心、打造发展新高地、建设秀美新沂水总体发展定位，实施工业强县、农业稳县、科教兴县、生态立县、商贸富县、文旅活县、依法治县“七县”建设战略行动，全力推动经济社会高质量发展，全面加快新时代现代化强县建设。全年实现地区生产总值544.2亿元、增长4.9%；完成一般公共预算收入26.2亿元，同口径增长10.7%；规上工业增加值增长11.3%，固定资产投资增长17.5%，进出口总额增长15.8%，居民人均可支配收入增长5.9%，保持稳中有进、进中提质的良好发展态势。

【产业发展】　2022年，沂水县坚持项目为王，出台重点产业项目全流程服务管理办法，精选“王者项目”，新引进过亿元项目36个。其中，过50亿元1个、过20亿元1个、过10亿元3个，到位县外资金123.6亿元、境外资金5787万美元。实施“231”工程，开工重点项目87个，其中23个项目纳入省市重点项目，完成投资67.6亿元。抢抓政策机遇，对上争取，获批地方专项债券项目33个、政策性开发性金融工具项目4个。坚持工业强县，设立1.6亿元工业高质量发展专项资金，出台工业十条、金融十条、服务十条、人才十条等助企政策，加快构建“3+1”产业体系。297家规上工业企业产值、利税分别增长15.7%、15%。淀粉糖及休闲食品产业入选省特色产业集群。突出骨干支撑，实施过亿元技改项目18个，新培育国家专精特新“小巨人”企业3家、省制造业单项冠军企业2家、省专精特新企业20家、“瞪羚”企业3家；培植纳税过亿元企业7家，泓达生物纳税突破3亿元。强化创新驱动，获批市级以上科技项目11项，新增高新技术企业36家、省级创新平台7家，获评省技术转移先进县，隆科特入选省科技领军企业，昆达生物、威普斯橡胶入选省技术创新示范企业，泓达生物、沂水机床厂、七星柠檬、兴田机械入选省首批科技“小巨人”企业，高新技术产业产值占比58%。坚持农业稳县，扛牢粮食安全重任，加快乡村振兴示范区、美丽乡村示范区、衔接乡村振兴集中推进区建设，推动农业规模化发展，新增现代农业园区18处、农业合作社68个，创建省级农业产业化龙头企业2家，新培育长三角农产品供应基地11处，成功争创全省现代农业十强县，获得奖励资金1亿元，全市乡村振兴现场观摩成绩第一。在全市率先开展农村信用体系建设试点，赋能乡村振兴。拓展农村集体股权权能，发放股权质押贷款5.6亿元，全省县域第一。坚持商贸富县，编制商业网点规划，创新“一证多址”改革，出台市场主体集群注册登记管理办法，新增市场主体1.3万户。制定促进消费系列措施，加快线上、线下消费回暖复苏，创建淘宝镇1个、淘宝村4个，实现网络零售额14亿元，被评为全省农村客货邮融合发展样板县，入围全国县域流通服务网络强县培育名单。落实稳外资稳外贸系列举措，新增外贸备案登记企业75家，进出口额过亿元企业12家。

【秀美新沂水建设】 2022年，沂水县深化两城同建，实施6大类、50项城建重点工程，新建改造城区道路10.7千米、口袋公园24处，改造老旧小区40个，香山西路停车场建成启用，新施划停车位1.5万个。金澜湾沂河大桥通车，全民健身运动中心、西城综合医院等标志性工程按节点推进。开工建设临临高速，完成沂邳线中修。加快建设美丽乡村，新建提升镇村污水处理设施15处，改造农村道路120千米。实施“照我回家”工程。创建省市级美丽乡村15个。坚持生态立县，完成国土空间规划“三区三线”划定。深化林长制改革，推进山水林田湖草沙一体化保护和修复，完成公益林修复与森林质量提升1066.7公顷。深化大气污染防治，空气质量综合指数比上年改善5.6%，优良天数全市第一。深化河湖长制，省控以上地表水考核断面稳定达标。健全农村废弃物综合利用体系，获评全省秸秆综合利用绩效评价优秀县。突出文旅活县，整合“红、绿、蓝、古”资源，实施旅游项目21个，加快建设“红绿相映·多彩沂水”精品旅游线路，入选全省文旅康养十强县，连续5年入选全国县域旅游综合实力百强县，沂蒙花开旅游区成功创建国家AAAA级旅游景区。设立并颁发首届“沂河文艺奖”。创作红色舞台剧《红石崮》，获评全省优秀展演剧目。跋山遗址入选省“五大考古新发现”，纪王崮墓群入选第一批省级考古遗址公园立项名单。

【民生事业】 2022年，沂水县坚持以人民为中心的发展思想，加快推动由兜底民生向品质民生迈进，民生支出占比83.1%。夯实基本民生保障。落实就业优先战略，新增城镇就业9550人、农村劳动力转移就业9300人，开发城乡公益性岗位6890个，发放创业担保贴息贷款8200万元、稳岗补贴1.8亿元。加强困难群体动态监测，落实保障救助措施，发放救助金及各类补贴3.6亿元。发展慈善事业，打造“沂家亲”全省优秀社会救助品牌。推动公共服务提质。新建改扩建中小学13处、幼儿园5处，开工建设职业学校新校区。实施“一十双百”培育工程，表彰首批名校长10名、名班主任100名、名师100名。提升公共卫生服务，为老年人免费查体10.4万人次，常住人口家庭医生签约率47.6%，创建精品国医堂6家，获评国家慢性病综合防控示范区。健全养老服务体系，建成城市社区日间照料中心11处、农村“暖心食堂”30处，养老机构护理型床位占比达到66.4%。实施文化惠民工程，建成“山东手造”展销中心，开展公益演出2100余场，放映电影1.5万场。推动全民健身，举办各类赛事活动

2022年1月22日，沂水县委副书记、代县长刘铭（右三）到许家湖镇看望贫困户
（县府办公室 供图）

50场次，完成75个村居体育健身器材配备。深化民生领域改革。持续深化殡葬改革，编制完成标准体系。巩固全国婚俗改革实验成果，深化“婚俗改革·花开沂水”品牌。常态化开展寸草心志愿服务行动，经验做法入选全国居家和社区养老服务改革优秀案例。优化妇女儿童、青少年和残疾人服务，建设“妇女微家”示范点15处、“希望小屋”400处、“如康家园”14处。

【平安沂水建设】 2022年，沂水县推进全面依法治县。坚持法治沂水、法治政府、法治社会一体建设，实施精准普法“五大工程”，开展法律服务进企业活动，建立上下协调、部门协同的行政执法监督体系，建设提升法治文化阵地201处，办理法律援助案件2355件，国家级涉案企业合规改革试点顺利通过验收。完善社会治理体系。建成“12345·沂水首发”平台。整合“沂蒙乡贤”“沂蒙义警”、基层网格员力量，构建“问题联治、工作联动、平安联创”基层治理格局。深化“四初”信访六项机制，推进信访积案攻坚化解。常态化推进扫黑除恶，重拳开展夏季治安打击整治“百日行动”，刑事发案数比上年下降21%。高质量完成党的二十大安保任务。狠抓风险防范化解。健全“一排底线”风险防范工作体系，高效统筹发展和安全。抓实抓细疫情防控，科学高效应对疫情冲击，守护群众生命安全和身体健康。抓紧抓牢安全生产，安全事故比上年下降27%，市级安全管理规范化乡镇实现全覆盖。严防严控金融风险，金融机构不良贷款率降至0.56%。（贾昌泉）

重要会议

【县政府全体会议】 2022年7月12日，县政府廉政工作会议、全体会议暨营商环境工作会议召开。县委副书记、县长刘铭主持会议。会议要求坚持严的主基调，讲政治、守规矩、转作风，全面加强政府系统廉政建设，要鼓足干的精气神，全面落实“疫情要防住、经济要稳住、发展要安全”重大要求，推动经济社会高质量发展。（刘克艳）

【县政府常务会议】 2022年，沂水县政府召开常务会议15次。

1月5日，县政府第1次常务会议召开。会议审议《沂水县“四位一体”深入推进安全生产专项整治三年行动的实施方案》，研究第四届“沂水和谐使者”评选、污泥处置价格调整工作，听取财政资金支出情况汇报。

1月14日，县政府第2次常务会议召开。会议听取2022年《政府工作报告》起草、民生实事票决制项目征集、沂蒙山区域山水林田湖草沙一体化保护和修复工程情况，审议《沂水县全民健身实施计划（2021—2025年）》。

1月28日，县政府第3次常务会议召开。会议研究城乡公益性岗位开发、安全管理规范化乡镇（街道）创建工作，听取春节前财政资金支出情况汇报。

2月6日，县政府第4次常务会议召开。会议研究县委经济工作会议讲话、七县战略行动实施方案起草工作。

2月21日，县政府第5次常务会议召开。会议研究《政府工作报告》重点工作任务分工、省市安全生产领域审计发现问题整改工作，审议《关于加快工业强县建设的十条意见》。

3月11日，县政府第6次常务会议召开。会议研究第3次国土调查及地价成果、建设项目采用工程总承包（EPC）模式、疫情防控等工作，审议《沂水县驻点招商工作方案》《沂水县城市精细化管理工作实施方案》《关于金融支持县域经济社会高质量发展的十条意见》。

4月6日，县政府第7次常务会议召开。会议研究安全生产、农村集体建设用地入股及联营、跋山水库溢洪道文物发掘临时保护工程影响泄洪应急补救工程、农产品加工业高质量发展、法治政府建设、中央生态环境保护督察报告整改等工作，听取财政资金支出情况汇报。

4月20日，县政府第8次常务会议召开。会议研究“沂水首发”融媒体客户端开发建设、保安服务公司有关合作及增设应急转贷机构、劳动模范推荐评选、禁种铲毒和“昆仑2022”专项行动、应急广播体系建设提升改造、事业单位管理岗位职员等级晋升等工作。

5月28日，县政府第9次常务会议召开。会议专题学习中共临沂市委临沂市人民政府《关于对沂水县和平邑县予以表扬的通报》、市委办公室《贯彻落实习近平总书记重要指示批示精神“第一督查”制度》、国务院调查组《河南郑州“7·20”特大暴雨灾害调查报告》。听取全市守好“一排底线”工作联席会议精神、全市四级政务服务体系建设推进视频会议精神及贯彻情况汇报，研究龙家圈街道前马荒村村改社区等工作。审议《沂水县经营性自建房安全专项整治百日行动方案》《沂水县城市排水“两个清零、一个提标”工作方案》《沂水县省级现代农业强县实施方案》《2022年沂水县“扫黄打非”行动方案》《沂水县近期食品和药品工作要点》。

7月6日，县政府第10次常务会议召开。会议研究省级现代农业强县实地核查、防汛抗旱、锦绣小学周边片区改造、第一书记乡村振兴示范片区等工作，审议《沂水县人民政府 山东农业大学乡村振兴战略合作协议》《沂水县加快城区优先发展类企业搬迁升级实施意见》《沂水县金属矿产行业转型升级五年行动方案》《加快纺织服装产业高质量发展的实施意见》《沂水县“十四五”妇女发展规划》《沂水县“十四五”儿童发展规划》《沂水县人民政府规范性文件管理规定》《关于公布2022年度县政府重大行政决策目录和规范性文件制定计划的通知》《关于组织开展第二届“沂水慈善奖”评选表扬的建议方案》。

7月22日，县政府第11次常务会议召开。会议学习《领导干部履行信访工作“一岗双责”规范》，研究全县上半年经济运行、粮食安全、拟增加2022年国民经济和社会发展计划内容、安全生产、2022年迎峰度夏电力保供、庐山新材料高科园基础设施综合提升、医改、新冠疫情防控、城乡水环境综合治理等工作，审议《沂水名师名校长名班主任培育工程实施方案》。

9月9日，县政府第12次常务会议召开。会议学习习近平总书记在中央政治局第四十次集体学习时的讲话、关于统计工作重要指示批示精神及《关于更加有效发挥统计监督职能作用的意见》等有关文件，审议《沂水县人民政府工作规则》《沂水县人民政府常务会议工作规则》《沂水县人民政府会议操作规程》《沂水县政府投资项目管理办法（试行）》《沂水县“十四五”水利发展规划》《沂水县银行业金融机构评价激励办法》《沂水县市场主体集群注册登记管理办法（试行）》，研究自建房安全专项整治等工作。

9月28日，县政府第13次常务会议召开。会议研究全县第四批非物质文化遗产代表性项目、疫情防控资金专项审计、麒祥新材料项目用地解决方案等工作，审议《沂水县重点产业项目全流程服务管理办法（试行）》《沂水县游泳馆项目投资协议》。

11月29日，县政府第14次常务会议召开。会议集体学习中国共产党第二十次全国代表大会会议精神，研究安全生产及森林防灭火、调整高排放非道路移动机械区域、重新划定高污染燃料禁燃区、声环境功能区划定、组建社有资本投资有限公司、“12345·沂水首发”等工作，审议《沂水县行政诉讼和行政复议败诉案件责任追究办法（试行）》，研究财政资金支出工作。

12月25日，县政府第15次常务会议召开。会议集体学习习近平总书记在中央经济工作会议上的讲话精神，研究民生实事票决制项目筛选、财政资金支出、正威集团先进碳材料产业园项目等工作，审议《政府工作报告》《关于2022年国民经济和社会发展计划执行情况与2023年国民经济和社会发展计划（草案）

的报告》《县政府领导班子及其成员粮食安全工作职责清单》《沂水县2022年预算执行情况和2023年预算（草案）》《沂水县地质灾害防治规划（2021—2035年）》《沂水县安全生产巡查工作制度》《沂水县“十四五”生态环境保护规划》《沂水县促进旅游民宿高质量发展十项办法》，举办法治专题讲座。（孙国华）

2022年8月10日，全县政务服务体系建设暨“12345·沂水首发”工作推进会议在县委礼堂召开（县网信中心　供图）

政府综合事务

【调查研究】　2022年，沂水县政府办公室聚焦县委、县政府决策部署，围绕七县建设战略行动，准确把握政府工作重点、社会关注的焦点、群众急盼的难点，深入项目、企业、基层、一线，开展调查研究，为领导决策提供有价值的意见建议。全年撰写调研报告46篇，其中《关于加快沂水县食品产业高质量发展的调研报告》受到市委主要领导批示，多篇调研报告受到县委、县政府主要领导批示。（李光涛）

【政务公开】　2022年，沂水县优化法定主动公开栏目，细化公开任务，加大涉及公众利益、需要公众广泛知晓的政府信息公开力度。通过县政府网站、政务新媒体等渠道公开政府信息57608条，其中政府网站公开48289条、政务新媒体公开9319条。建立健全依申请公开登记、审核、会商、办理、答复、归档等工作机制，受理依申请公开政府信息149件，办结147件，结转下年度2件。健全完善政府信息发布、审查和动态调整机制。完善政策文件库和规范性文件库建设，集中规范发布县政府（办公室）及部门2016—2020年政策文件2759件，制发规范性文件8件，失效27件，废止2件。优化政务公开平台建设，调整优化栏目40余次，开设专题专栏30余个。设置政务公开专区21个。编发《政府公报》6期。（阚洪胜）

【“12345·沂水首发”】　2022年，沂水县加强首发平台建设，县“12345”政务服务热线受理中心调整为县政府办公室所属正科级公益一类事业单位，与“12345·沂水首发”一个机构两个牌子，核定事业编制16名。“爱沂水”客户端更名为“12345·沂水首发”，开通“群众诉求”“直通12345·沂水首发”等与群众诉求受理相关的板块。建立健全闭环机制、联动机制、督办机制、研判机制、考评机制，实行热线、媒体、政务、人大政协、纪委五级督办，对重办2次以上的工单执行单位主要负责同志定期研判，对每月落后单位纪委约谈。年内，办理热线工单10.9万件次，日均293件次，办结率95.3%、回复率98.6%、满意率88.4%，年度考核位居全市第五。（戚德强）

行政审批服务

【概况】　2022年，沂水县深化审批流程再造，持续打造“一次不用跑·全程帮代办”服务品牌，实施“一照多址”“一址多照”“一窗受理”“审管联动”“就近办、掌上办”“零材料合并办”等工作，推动“流程优化+帮办代办”的效能叠加，实现项目审批全程提速。年内，施工许可“零材料合并办”获得省委改革办、省工改领导小组办公室肯定。“审管联动12345”工作法被省委编办认可。国有资产全生命周期管理新模式被省财政厅发文肯定。养殖企业“准入准营、一事联办”被省畜牧兽医局发文推广。“云踏勘、云评审”智慧审批新模式被评为中国新型智慧城市创新应用大赛智成奖。“互联网+公共资源交易”入选省新型智慧城市优秀案例。

延伸阅读

沂水县创新农业行政审批新模式

沂水县在深入落实“放管服”改革和统筹疫情防控过程中，探索以远程视频踏勘代替现场踏勘的农业审批“云踏勘”“云评审”模式，为群众和企业搭建起贴心便捷的政务服务“云雀桥”。经验被农业农村部发文确定为地方农业农村部门深化“放管服”改革典型经验。

“一张清单”明事项

制定“云踏勘”“云评审”模式适用事项清单，将踏勘评审事项分级分类办理，已梳理出22项涉农事项。复杂高风险踏勘事项，事前“云”指导，如农药经营许可等事项，对生产经营场所选址、布局、设施设备等要求严格，通过“云”视频提供事前指导，避免导致来回整改、费时费力等问题。简易低风险踏勘事项，直接“云”踏勘，如生鲜乳准运许可等事项，视频踏勘解决了申请人往返跑、时间不固定等问题，提高踏勘效率、节约踏勘成本。需复勘复审事项，整改“云”评审，需二次踏勘事项，在申请人整改期间或整改后，运用视频复勘复审，显著提升踏勘通过率。

“一套规程”定标准

制方案，明方向，制定“云踏勘”“云评审”品牌创建工作实施方案，明确指导思想、主要任务和进度安排等，确定踏勘审批事项覆盖范围。理要点，定标准，梳理事项目录、要点、标准，依托山东政务服务网、腾讯会议等，运用视频预指导、检查、复核等，让踏勘有标准、可复制。固场景，明规范，对照事项踏勘要点、难点，制定问答清单，规范应答语言，确保视频通话科学、高效、全面、规范。配设备，强保障，配备照相机、便携式打印机等设备，确保视频、图片等影像资料清晰完整、安全有效。

“三朵云”实现“三个零”服务

服务指导上“云”，实现“零距离”服务。采取微信、钉钉等为申请人提供“一对一”服务、“手把手”指导，详细讲解现场布局、申报材料等要求，将审批服务窗口延伸到申请人家门口，切实让办事群众明、懂、会。材料评审上“云”，实现“零跑腿”服务。开展申报材料“云”接收和“云”审核，当天反馈问题，视频连线协助申请人完善材料，解决办事群众往返跑问题。通过“云评审”为偏远乡镇102个办事群众预审申请材料，平均提速60%以上。现场踏勘上“云”，实现“零接触”服务。“云踏勘”改变了以往到窗口提交材料审核合格后才能现场踏勘的服务模式，工作效率提高70%，踏勘成本降低50%，做到了审批有程序、服务无延时。

（资料来源：“山东改革”微信公众号2022年3月20日）

【工程项目审批服务】 2022年，沂水县整合立项用地规划、建设许可、施工许可、竣工验收4个阶段审批流程，实现各阶段事项同步审查、并行办理，全流程审批时间压减至60个工作日以内。编制审批服务事项清单，将47个审批服务事项整合精简为25个办理项，并逐项明确办理条件、办理标准，形成涵盖事项要素、申报、审批、结果4个方面的“零基础”手册，为企业办事提供标准化指引。持续打造“一次不用跑·全程帮代办”服务品牌，年内为全县144个重点项目提供全生命周期帮办代办服务，临沂市机电工程学校建设项目从立项到开工仅用时15个工作日，刷新全县项目审批速度纪录。

【企业审批服务】 2022年，沂水县优化企业开办流程，推进“一照多址”“一址多照”等住所登记制度改革，建立企业全生命周期服务窗口，实现企业开办全流程0成本、1个环节、0.5个工作日办结，并为新开办企业免费提供刻制印章、税控设备大礼包，全县新增企业3675家，节约开办成本47.7万元。深化企业简易注销、代位注销改革，拓宽注销范围，完善注销机制，方便企业退出市场。全县注销企业2222户，促进企业结构优化。依托“政企直通车”平台，归集惠企政策，让企业一键查询、清晰解读、便捷申报、快速兑现，归集惠企政策355条。

【三级政务服务体系建设】 2022年，沂水县推进三级政务服务体系建设，引进政务服务专业管理团队对县镇两级政务服务大厅整体规划、改造提升。在县级大厅打造咨询导引区、帮办代办区、自助体验区、综合受理区、审批服务“岛”、“一对一”专家服务区、企业服务中心、阅读等候区等八大功能区，建筑面积 2100平方米，为企业群众提供一站式服务。对全县18个乡镇（街道）便民服务中心按照“标杆型”标准进行改造提升，新建高标准服务大厅6处、改造提升12处，全部被市行政审批服务局评为标杆型便民服务中心。深化“一窗受理”改革，在县镇两级大厅统一配备“一窗受理”系统，配备专职政务服务工作人员69名，事项办理由“一门多窗办事”向“一门一窗办事”转变。制定《沂水县加强基层便民服务标准化规范化建设实施意见》《沂水县三级政务服务体系建设工作方案》等规范文件，统一编制县镇村三级政务服务事项基本目录，更新完善县级715项高频服务事项“零基础”模板，整合乡镇本级和下放政务服务事项335项，整合街道本级和下放政务服务事项290项。编制形成《沂水县基层政务服务办事指南汇编》，实现政务服务事项受理条件、申报材料、审核审批标准全县统一。

2022年9月5日，沂水县行政审批局为山东乾润医疗器械有限公司高效办理第二类医疗器械经营备案手续，企业为其赠送锦旗

（县政务服务中心　供图）

【公共资源交易管理】 2022年，沂水县实施“互联网+公共资源交易”改革，完成公共资源电子交易系统与投资项目监管平台、行政审批平台对接，实现交易数据的互联互通、共用共享。加强招投标“信用+监管”诚信体系建设，推行投标人告知承诺、交易主体事前承诺、“一标一评”互相监督等制度。推进交易全流程电子化和远程异地评

标，规范交易流程，维护公平竞争秩序。完成交易项目540个，交易额38.9亿元。其中，建设工程项目70个，交易额29.7亿元；政府采购项目449个，交易额8.3亿元；产权交易项目21个，交易额1亿元。电子化开标率和电子化评标率全部实现100%，远程异地评标193场。

【审管联动】 2022年，沂水县依托市审管联动平台，实现审管信息及时、准确、有效衔接，推送各类办件信息29159件。召开审管联席会议2次，研讨推进“审管联动+”工作进程。与19个监管部门联合编制《审管联动+全链条监管工作规程》，实现商事登记、投资项目、工程建设、社会事务、涉农事务等领域“审管联动+全链条监管”。全面推行“审管联动+告知承诺”，将食品经营许可、药品经营许可等22项高频办理事项纳入《沂水县告知承诺事项清单》，并结合审管分离实际，按照应用领域、惩戒措施、惩戒内容、惩戒对象等进行分类纳入《沂水县审批服务失信联合惩戒措施清单》，实现审管部门无缝衔接。

【非工作日“不打烊”服务】 2022年，沂水县印发《关于在政务服务中心推行双休日、节假日服务的实施办法》，全县361项政务服务事项实现双休日、节假日“不打烊”服务，满足不同群体的办事需求，为1.2万名群众提供“不打烊”服务，办理各类业务1.3万件。

【“沂心慧办”智慧平台】 2022年，沂水县打造远程帮办代办智慧平台，引入人社、医保、民政、卫健、农机、残联、退役军人、行政审批等8个部门23项事项，实行代办员上门服务、申请材料“平台”推送、镇（街）服务中心“平台”审批、办理结果即时反馈的全流程、全环节“就近办、掌上办”，18个乡镇（街道）387个行政村（社区）配备代办人员1334名、审批人员258名，配置账号1492个，办件6.2万余件。

【数字政务建设】 2022年，沂水县推进“爱山东”App沂水分厅建设，上线高频民生应用291项、主题服务事项20项、拳头应用4个。构建自助服务便民圈，通过引入“家门口”自助服务终端，在县镇两级大厅建设“1+18（即县级大厅+18个乡镇便民中心）全天候不打烊”自助服务区，投放自助设备68台。组建22人的“沂蒙政务云客服”团队，为企业群众提供行政审批领域线

2022年8月16日，沂水县政务服务中心沂蒙红色帮办代办服务团队开展帮办代办服务 （县政务服务中心 供图）

上预约、业务咨询、远程帮办、诉求反馈等“一站式”咨询引导服务，接听办理各类咨询电话8204个。

【无证明城市建设】 2022年，沂水县印发《沂水县政务服务免证办事项清单》，通过运用直接取消、电子证照替代、数据共享、告知承诺、部门核验5种方式，清理证明材料2287份，实现“免证可办”证明事项95类。

【网上中介超市】 2022年，沂水县打造公平公开公正的中介服务网上平台，为市场主体提供“定制化”解决方案，有效解决中介服务资源不均、信息不公开、服务质次价高等问题。网上中介超市平台进驻中介机构80家，发布公告17447个，中选公告14468个。

【“零材料”合并办模式】 2022年，沂水县围绕优化施工许可阶段审批服务，创新推行质量监督、安全监督、人防工程监督、建设工程消防设计审查和施工许可“五合一”办理，通过数据调用、信息共享、告知承诺等“免提交”措施，实现证明材料零提交。通过该模式为16个项目核发建筑工程施工许可证，实现施工许可阶段办理环节压减80%、申请材料压减50%以上。该模式被省委改革办、省工改领导小组办公室宣传推广。

【养殖企业“准入准营、一事联办”服务模式】 2022年，沂水县落实“放管服”改革，以审批服务赋能乡村振兴，优化审批流程、加强部门协作，探索形成“一张清单”明事项、“一套规程”定标准、“三个阶段”明流程、“四种类型”定场景的养殖企业开办准营“一事联办”新模式，实现养殖企业20个工作日完成从开办到准营所有手续的审批工作，审批效率提高80%以上，经验做法被省畜牧兽医局推广。

（宋　坤　徐毅杰）

营商环境建设

【概况】 2022年，沂水县通过标准赋能、创新示范、体系建设、流程优化等一系列举措，推动政务服务效能不断提升、群众满意度持续提高，全面打造“沂心为民”营商环境品牌，为全县营商环境优化和经济社会高质量发展提供坚实保障。8月，被省政府办公厅授予“山东省深化‘放管服’改革优化营商环境工作先进集体”称号。

【营商环境考核评价】 2022年，沂水县通过实行周调度、月分析、季度通报、年度考核制度，加强对营商环境各指标工作落实情况的调度，实行动态清零。每月召开营商环境指标牵头单位联席会议，听取工作开展情况汇报，协调解决疑难问题。修改完善监督考核办法，对各项政策措施落实情况精准问效，持续提升市场主体获得感和满意度。开展营商环境“中梗阻”、涉企执法、第三方服务和招标投标4个领域专项整治活动，查摆问题175条，已全部整改完成。在县政府门户网站开展全县营商环境痛点难点堵点大征集问卷活动，征集问卷193件，收集问题26个，已全部解决。开展三轮“企业评部门”活动，聚焦14类问题，由规模以上企业对45个执法类单位和综合服务类单位评议，同时结合“12345·沂水首发”热线工单、纪检监察机关查处损害营商环境问题进行综合评议，将评议结果通报，针对反馈的问题建议全面自查自纠和整改落实。通过政务服务平台、吐槽找茬平台、沂蒙政务服务“云客服”、“12345”热线、县政府网站等多途径，收集企业诉求和意见建议1万余件，整改完成率98%。

【政务环境优化】 2022年，沂水县推行企业开办“全程网办、0.5个工作日办结”“多证联办”“一照多址”“简易注销”等企业全生命周期服务，为企业扩大生产经营规模提供便利条件。为新开办企业提供免费刻制公章、财务章、发票专用章、法定代表人名章，以及电子印章免费使用5年等服务，降低企业开办成本。推行施工许可“零材料合并办”、小微低风险外线工程“非禁免批”等服务模式，持续深化“一次不用跑·全程帮代办”“云踏勘、云评审”“拿地即开工”等审批服务模式，实现项目审批极简化、集约化、高效化。打造“沂心慧办”基层帮办代办服务品牌，实现群众“办事不出村、服务零距离”。加快“无证明城市”建设，清理2287份证明材料，涉及全县51个部门、184类证明、1385项政务服务事项，实现由“减证便民”向“无证利民”转变。深化“双全双百”（即围绕企业全生命周期和个人全生命周期，各推出不少于100项高频事项极简办、集成办、全域办）工程，通过事项联办、容缺受理、告知承诺、证照替代等方式，实现养殖企业、劳务公司开办一套材料、一个流程、一次办好，审批效率提高80%以上。

【营商环境监管】 2022年，沂水县首创审管联动“1+N”（用好一个平台，完善N项机制，即充分发挥好临沂市审管联动平台作用，通过审管信息双向推送认领机制、行政审批告知承诺办理衔接机制、业务沟通函询机制等，按照“谁审批谁负责，谁主管谁监管”和“应推尽推、应享尽享”原则，实现监管事项动态化、标准化管理）工作法，将审批、监管、执法贯穿起来，着力构建信息互认共享、业务协同联动、结果闭环管理的审管联动新模式，实现部门之间协同配合、高效联动。加强社会信用体系建设，加大政务诚信、商务诚信、社会诚信和司法公信建设推进力度，实行守信联合激励和失信联合惩戒，开展严重违法失信行为专项治理，提升“双公示”数据的“合规率”，实现“双公示”数据“全覆盖、无遗漏”。探索开展“信用+招标投标”差异化监管，初步建立起以企业信用为基础，以“信用核查”“互联网+监管”“双随机、一公开”监管为手段的全过程差异化监管模式，全县完成信用修复637条，公示信用信息12万条。建立行政执法协同监督新机制，提高部门联合抽查比例，加大对关系民生、社会热点等事项的抽查力度，构建全闭环联合执法检查体系，做到“进一次门、查多件事、一次性反馈检查结果”。

【重点工作推进】 2022年，《沂水县营商环境创新提升2022行动计划》印发，围绕衡量企业全生命周期，反映投资便利度和吸引力、政府监管与服务水平的18个指标，配套制定176项具体措施。印发《沂水县营商环境优化提升工作推进方案》，制定25项具体措施，对省、市、县各项工作措施和重点任务，逐一明确责任部门、责任人和完成时限，对各项重点任务完成情况定期开展督导调度，推动工作高效完成。深化简政放权，编制《沂水县行政许可事项清单（2022年版）》，对27个部门单位的274项行政许可事项公布，将社保费缴纳、参保登记、城乡居民最低生活保障金给付等27项政务服务事项下放到镇街办理，打造“15分钟便民服务圈”。

【惠企政策落实】 2022年，沂水县出台工业十条、金融十条、包保十条、人才十条等扶持政策，让政策“含金量”变成企业获得感。成立政策解读专班，全面梳理各级惠企利企政策，集成“政策包”，实行“直通车”模式，主动“送上门”，让企业应享尽享、应享快享。落实减税降费政策，对涉企行政事业性收费实行目录管理并及时公布，出台相关政策文件对景区、医疗机构、高新技术企业等其他重点领域实现减税降费、退税缓税8.7亿元，惠及33590户次纳税人。

（孙　欣）

人事人才工作

【人才政策扶持】 2022年，沂水县先后制定出台《关于做好人才支撑新旧动能转换工作的实施意见》《关于深入开展“人才强企”三年行动加快“才智沂水”建设的十条意见》《关于支持人才引进培养的十条激励政策》等含金量高、针对性强、支持力度大的人才政策80余条，形成支持人才“引育留用”的全方位政策体系，持续凝聚人才引育最大合力。拨付100余万元，在县委人才工作会议上表扬奖励10名“沂水优秀人才”。落实青年人才补贴政策，鼓励支持企业面向国内外引进高校毕业生，择业期内博士、硕士、全日制双一流本科毕业生在沂水县创办企业或到企业、其他“两新”组织就业的，符合条件的分别给予每人每月人才津贴3000元、2000元、1000元。2022年，发放人才津贴63.6万元，惠及青年人才27人。

（高山秀）

【职业人才培育】 2022年，沂水县利用辖区内各类培训资源、线上职业培训平台，做好各类就业技能培训和创业培训工作。培训各类劳动者14441人，其中城乡公益性岗位岗前培训6890人、企业职工培训3290人、就业技能培训2898人、创业培训1363人，培训农村转移劳动力3355人。支出各类培训补贴资金115.7万元，其中城乡公益性岗位岗前培训补贴87.8万元、技能培训补贴3.8万元、创业培训补贴24.1万元。新增高技能人才352人，县供电公司庞道东、大众劳务有限公司白永庆被评选为2022年度沂蒙首席技师。组织举办沂水县第十二届“劳动之星”职业技能竞赛活动，大赛涉及12个行业、23个工种，3800余人参加竞赛，表彰奖励123名优秀选手，授予21人“沂水县技术能手”称号。

（王道开）

【专业技术人才培养】 2022年，沂水县隆科特酶制剂有限公司郭庆文获评沂蒙优秀专家型人才，刘文龙获评2022年度临沂市有突出贡献的中青年专家。沂水籍上海应用技术大学教授徐毅获评临沂籍在外人才突出贡献奖。持续加大乡村振兴领域专业技术人员培训力度，通过开展高素质农民培训、实用人才培训等方式，培训乡村振兴领域人才1300余人。举办临沂市高级研修项目2个，有103名乡村振兴领域专业技术人员参加培训。开展专精特新中小企业职称评审专项行动，拓宽“明情况、广宣传、求实效”工作思路，畅通企业职称申报渠道。为专精特新企业申报正高级职称2人（其中1人通过举荐制申报）、副高级职称19人（其中9人通过举荐制申报）、中级职称41人、初级职称13人。通过全日制院校毕业生认定中级职称9人、初级职称20人。该项工作经验做法在全市推广。（刘月斌）

【事业单位人事管理】 2022年，沂水县应参加考核的事业单位工作人员（含机关工勤）19562人，其中优秀等次3309人、合格等次15722人、基本合格5人、不合格等次23人、不定等次389人、未参加考核114人。坚持公开、平等、竞争、择优原则，通过公开考试招聘，为部分事业单位聘用综合类工作人员104人（含编制备案制6人），普通教师类330人（含编制备案制288人），卫生类104人（含编制备案制54人）。规范事业单位人员聘用合同管理工作。为10233人续签聘用合同，为538人办理聘用备案手续，其中综合类104人、普通教师类330人、卫生类104人。为265人办理合同变更手续，为94人办理解聘备案手续，为2021年新聘用人员、试用期期满人员办理转正审批手续584人。（贾　强）

【专业技术人员管理】 2022年，沂水县审核申报上报各系列初、中、高级职称557人。自主开展全县中小学教师、建设工程中级职称及各系列初级职称评审工作。中小学教师申报464人，评审通过348人，评审通过率75%。建设工程申报112人，评审通过72人，评审通过率65%。全县7个系列初级职称申报410人，评审通过410人，评审通过率100%。全日制院校毕业生认定中级职称11人、初级职称62人。办理外地调入职称认定9人。畅通基层专业技术人员职称申报“双通道”。年内，全县基层中小学教师副高级职称申报148人，基层中小学教师正高级职称申报1人；基层农业技术副高级职称申报18人，基层农业技术正高级职称申报3人；基层工程技术副高级职称申报42人，基层工程技术正高级职称申报2人；基层卫生技术副高级职称申报17人，基层卫生技术正高级职称申报4人。新型职业农民队伍不断壮大，有53人申报新型职业农民职称。加强专业技术人员继续教育管理工作，依托省平台完成全县1万余名专业技术人员的继续教育学时审核登记工作。（刘月斌）

【机关事业单位工资管理】 2022年，沂水县审批各类工资47708人（次）。依据2021年度考核结果，为符合晋升薪级条件的事业单位工作人员办理工资审批手续18025人，人均月增资88.5元。依据2020年、2021年度考核结果，为符合晋升级别、晋升工资档次条件的工作人员办理工资审批手续，晋升档次232人，人均月增资116元。审批乡镇工作补贴8200人次。为498名管理岗位等级晋升人员审批工资，人均月增资525.4元。及时做好568人（包括各类事业人员招聘、政策性安置退役士官等）事业单位新聘用工作人员工资核定工作。配合县津贴补贴清理规范专班做好绩效奖金清理工作，为全县19609名机关工勤和事业人员审批基础绩效奖金，人均月增工资938元。为219名事业单位工作人员核定转正定级工资待遇，按程序办理连续工龄业务357人次。至2022年底，全县事业单位工作人员和机关工勤人员人均月工资收入（应发）9776.9元。（武　蕾）

【退休干部管理】 2022年，沂水县为全县684名工作人员办理退休手续，其中机关工人退休15人、其他事业单位退休669人。机关事业单位全年审批一次性抚恤金230人，审批发放一次性抚恤金1645.5万元。其中审批在职人员死亡一次性抚恤金26人、离退休人员死亡一次性抚恤金204人。同时，审批机关事业单位符合享受补助条件的遗属85人。（邓西军）

【人事考试】 2022年，沂水县审查相关执业（职业）资格考试报名材料48次，报名审查通过1200余人，不通过150人。发放各类职业资格证书、专业技术资格证书800多人次。事业单位公开招聘563名工作人员，其中综合类岗位招聘105人、卫生类岗位招聘104人、教育类岗位招聘354人。（任永学）

【人事档案管理】 2022年，沂水县接收各类档案6218册，及时整理成册分类入库。通过面向社会招标，对年度增加的人事档案和2000余册事业单位工人档案进行电子信息化管理。做好流动人员档案服务工作，县人社局管理各类档案14万余册，其中高校毕业生档案和流动人员档案5万余册、事业单位在职人员9000册。开展流动人员人事档案影像化工作，交接流动人员档案3.2万份，扫描档案26951份，实现流动人员人事档案信息化管理。转出各类人员档案2913册，出具各类档案证明472次，档案利用7132册（次）。（田广泽）

数字沂水建设

【概况】 2022年，沂水县创建山东省新型智慧城市建设试点通过初步验收，16项指标达到五星级建设标准，13项达到四星级标准。搭建县级智慧社区综合信息平台，建成16个省级智慧社区，

《社区治理精细化 服务群众零距离》智慧社区典型经验被评为2022年度第二届中国新型智慧城市创新应用大赛三等奖（智佳奖），《石良社区创新实施“一体三防”打造智慧平安社区》案例被省大数据局专题报道。成功申报省一体化大数据平台县级节点建设，视频智能应用试点和国家政务数据直达基层试点2个大数据创新应用获省优秀案例，5个应用被评为2022年度全市电子政务应用示范案例。建成高标准现代化数据中心，一期规划建设168平方米，为全县新型智慧城市建设提供数字基础保障和算力支撑。

【大数据资源体系建设】 2022年，沂水县投资1000余万元建成标准化数据机房，提升政务外网服务支撑能力。加快一体化大数据平台建设，与市级平台实现级联；建设完成沂水县人口、法人两大基础库建设，开发建设交通、人社、审批、自然资源、城管、农村信用等专题数据库，接入10余个县直部门，发布数据资源目录747个，建立10个数据“高速通道”，汇聚各类数据资源2600余万条。建设公共数据管理平台，汇集72家水气暖企业120余万条数据。强化数据安全管理，签订《沂水县公共数据安全承诺书》，保障公共数据安全保密、使用合法。

【数据资源利用】 2022年，沂水县建设打造典型大数据创新应用场景，赋能经济社会发展。“一票两码+人脸识别”系统融合医疗电子票据、电子健康码、电子医保码等系统数据，赋能医疗服务，打造智慧医疗“沂水模式”。防返贫动态监测管理平台通过对民政、人社、卫健、医保、教体等11个行业部门67项数据300多万条信息进行比对，经核实符合条件人员及时纳入检测对象进行针对性帮扶。平台投入使用后，排查发现疑似政策落实不及时问题35个、全国防返贫监测系统疑似逻辑性错误问题数据124条，纳入动态监测对象26户。

【电子政务保障】 2022年，沂水县加快推动信息基础设施、融合基础设施、创新基础设施等新型基础设施建设，建成纵向互连横向贯通的电子政务外网网络，配备先进的网络交换和安全设备，信息基础设施不断完善。实施电子政务外网“村村通”工程，387个村（社区）全部接入政务外网，形成县、乡、村三级“一张网”格局。协同办公系统接转上级文件5500余件，下发各类通知1.5万余件，流转公文30.5万余人次。通信网络发展迅速，互联网出口带宽300G，光缆建设里程1.7万皮长千米，移动宽带用户43.8万户，宽带用户26.5万户，全部实现光纤入户，发展千兆宽带用户2.9万户。全县所有村庄全部实现光缆到户，宽带端口56万，宽带端口10GPON端口5500个，城区、乡镇千兆宽带覆盖能力分别为100%、80%。开通5G基站602处。推广应用“山东通”协同办公平台，全县注册“山东通”用户8500余人，激活率100%，安装电脑端4500余台。

【新型智慧城市建设】 2022年，沂水县出台《沂水县新型智慧城市建设试点创建工作方案》，设立智慧城市建设专项资金，建立起政府引导、市场主导、多方参与的投融资体系，在交通、城管、应急、生态环境等领域投入4600余万元，吸引社会资本投入5367万元。增加5G基站密度，实现车站景区、公园广场、政务服务中心等重点区域网络室外全覆盖。在市电子政务云开通虚拟服务器30余个，上云率95%以上。深化数据资源共享，在公共数据开放网向社会开放8个领域716条资源目录，开放数据140万条次。构建一体化视频会议系统，召开各类会议1200余场次。搭建生态环境网格化监管平台，将233家企业纳入平台监控范围，整合住建、城管、应急、化工园区等部门共享的业务平台和监管数据，实现“多网合一、一网运行”。构建“大数据+”食品安全监管新模式，全县7500余家餐饮单位纳入监管平台，网络订餐满意率99.8%。优化升级数字化城市管理信息平台，建成“智信”城市管理App，构建“微信+数字城管”模式，上报案件23525件，经审核立案派遣23018件，已结案22876件，结案率99.4%。优化政务服务，实现“一次办好”，5282项政务服务事项、1486项依申请政务服务事项全部上网运行，“爱山东”App注册人数77.3万人。强化电子证照应用，打造“无证明城市”，归集19类32万余个电子证照数据，亮证21万余次。开发“掌通沂水”应用平台，汇聚公交车、公交站点、气象、路况、加油站、汽修厂等多种数据资源与电子公交站牌信息3万余条，平台上线后全县公交车载客数量比上年同期上升5%以上，出租车叫车量增加30%以上。建设新生入学服务平台，实现义务教育招生“一网通办”，“零跑腿”报名入学，保障招生入学工作的公平、公正。推进智慧社区建设，打造县级智慧社区综合信息平台，推动“互联网+多元服务”向社区延伸，为居民提供安全、宜居、舒适、便利的智慧化生活环境。全县已建成16个省级支持智慧社区。

【入选全省新型智慧城市优秀案例】 2022年，沂水县整合医疗电子票据、电子健康码、电子医保码等相关医疗数据，打通市、县、乡、村四级医疗卫生资源，在全市率先开发建设“一票两码+人脸识别”系统，以数据赋能医疗服务，增强就医群众的获得感、满足感。经验被中国医疗保险《地方医保工作快报》刊发，入选全省新型智慧城市优秀案例。“一票两码”中的“一票”指医疗电子票据，“两码”是居民电子健康卡和医保电子凭证。患者使用智能手机，可自主完成挂号、就诊、结算等全套流程。“人脸识别”是借助人脸识别技术，就诊老年人刷脸即可实现实体卡的全部功能。“一票两码+人脸识别”系统上线以来，采集个人信息43.6万余条，完成医疗诊断121.8万余人次。其中，60岁以上老年人人脸数据采集率77%，门诊病人人脸识别就诊率12.5%以上，“一票两码”就诊使用率40.4%。 （王克孝）

信访工作

【概况】 2022年，沂水县提升信访“三率”（信访部门及时受理率、责任单位及时受理率、责任单位按期答复率）水平，强化基层工作、基础业务和基本技能，通过推动责任下移、关口前移和重心转移，统筹推进“四初”案件办理、信访积案化解、领导干部接访、信访秩序规范等各项重点工作，把矛盾问题解决在基层和萌芽状态。全县信访部门和责任单位对信访案件及时受理率100%，按期答复率100%，对信访部门满意率97%以上，对责任单位满意率98%。中央电视台、“国家信访局”微信公众号、《人民信访》、大众网海报新闻、《大众日报》先后介绍沂水县经验。

【信访事项办理】 2022年，沂水县强化抓“四初”案件办理，发挥日交办、周调度、月通报、季度研判、半年督查、年终总评“六项机制”作用，做到问题流转不过夜。全面推行信访事项“110”“119”办理模式，即按照“接诉即办、及时就地、快捷高效”原则，对涉及群众日常生产生活、时效性较强的信访事项，最好当日办结，对一般信访事项要求10日内办结，对涉及多部门的复杂信访事项要联合办理，19日内办结。年内，化解“四初”案件率99.4%，“四初”案件一次性化解率达三级访全市最少。信访群众对信访部门和责任单位纳入满意度评价案件参评率、满意率均达90%以上。5月，中央电视台社会与法频道《平安中国2021》栏目播出沂水县信访“四初”工作法和信访听证等经验做法。9月，省委党校调研组到沂水县专题调研信访工作经验做法。

【领导干部接访】 2022年，沂水县深化领导接访记实制度，统一印制《领导干部公开接待群众工作记实簿》，县镇领导班子成员人手1本，深化群众诉求、领导批示、事项办理、督查督办全程留痕、全程管控机制。县级层面，建立固定接访“1+2+3+L”模式，“1”即每月9日为涉法涉诉接访日，“2”即每月10日、20日分别为县委书记、县长接访日，“3”即分管信访工作的3名县级领导每周二固定接访，“L”即剩余时间由其他县级领导轮流接访。镇街层面，将每月8日、23日和1日、18日设置为“无会日”，党政主要负责同志分别坐班接访，推行“从前补位接访法”，即排名靠后的领导请假时，由排名靠前的领导代为接访，严格落实AB角接访和记实接访制度。年内，县级领导参与公开接待群众来访，按期办结率100%，结服率98%。8月18日，全市信访工作联席会议第一次全体会议暨全市信访工作现场推进会议在沂水县召开，推广领导干部接访等信访工作经验做法。

【信访积案化解】 2022年，沂水县信访局与县委组织部联合推行信访责任专项监督制度，对乡镇、部门“一把手”履行信访责任情况进行专项监督，倒逼党政“一把手”主动担当作为，推动信访问题解决。综合运用“四挂四法”（挂帅出征、挂图作战、挂牌督办、挂责问效，感情之法、听证之法、救助之法、依法处置之法）化解积案，把矛盾化解在基层，化解市交办积案率91.6%。

【《信访工作条例》宣传贯彻】 2022年4月15日，县委常委会会议学习《信访工作条例》，研究贯彻落实意见，审议通过《〈信访工作条例〉重点任务责任分工方案》，明确5大类35项重点任务分别由8名县级班子领导牵头和18个责任部门分工负责落实。县信访局印制《比较之中学〈信访工作条例〉》，发放至全县1300余名副科级以上领导干部进行对比学习。组织“四初杯”信访工作条例知识竞赛。开展“七讲七进”宣讲活动，出动宣传车23辆，制作宣传海报120幅，悬挂宣传标语180条，粉刷宣传墙90面，发放《信访工作条例》《六部门通告》等宣传明白纸1.1万余份。

【全省唯一获两项国家级荣誉的县区】 2022年5月25日，第九次全国信访工作会议在北京召开。会上，沂水县被评为全国信访工作示范县，县信访局被评为全国信访系统先进集体。县委办公室副主任，县信访局党组书记、局长王继堂作为获奖代表参加会议，受到习近平总书记等党和国家领导人的会见。

（朱文龙）

外事工作

【概况】 2022年，沂水县外事工作严格执行因公出国管理政策，参与“审护签”一站式服务平台改革，简化优化亚太经合组织商务旅行卡办理流程，推进涉外安全保障和海外利益保护工作，加大RCEP（区域全面经济伙伴关系协定）的政策宣传推介力度，实现外贸企业培训全覆盖，用足用好原产地累积规则、关税减让等措施，促进与RCEP成员国在货物贸易、服务贸易、跨境电商等领域紧密合作。创新对外交流模式，采取线上“云外事”、线下“快捷通道”等措施，拓宽友城和民间交往渠道，激活与匈牙利布达佩斯市的友好交流，对外交往更有广度。

【因公出国（境）管理】 2022年，沂水县参加山东省因公出国审护签管理服务平台的试运行及使用培训工作，优化因公出国（境）审核审批流程和服务质量。协助县公安局办理随团因公出国手续6人次，简化办理流程。

【涉外服务】 2022年，沂水县按照疫情防控工作要求，多渠道转发市外办翻译的《致在临外籍人士的公开信（8种语言）》，答复涉外疫情咨询25次。做好领事保护工作，召开培训会5场120余人次，向企业宣传领事保护政策。做好预防性领事保护宣传和涉外案件处理，协助驻外使馆及省、市外办做好四十里堡镇村民在印度、沂城街道村民在阿尔及利亚的领事保护和回国处置工作。（刘克艳）

县直机关事务服务

【办公用房管理】 2022年，沂水县对全县办公用房配置使用进行专项检查。按照统筹调整、严格标准、杜绝浪费原则，对全县办公用房统筹调配，腾退办公用房15049.2平方米，统筹使用9020.3平方米，对县疫情指挥部办公场所使用优先保障。制定全县重点项目市民文化艺术中心分配使用方案，并配合该项目验收和投用。强化办公用房日常监督使用管理，对各部门办公用房开展例行检查，预防私改私调，严守公务用房“红线”，实现全县办公用房无超标违规使用现象。

【公务用车管理】 2022年，全县350辆一般性公务用车完成车载北斗终端安装，并全部纳入公务用车平台管理。制定印发《沂水县公务用车平台使用管理办法（试行）》，全面实行网上预约、网上派车制度，通过平台实时掌握公务用车出行事由、返场时间、轨迹、里程、油耗等数据，实现对车辆运行的可视化监控。严格按照《沂水县党政机关公务用车管理实施办法》和国家有关规定进行公务用车的更新、调剂、处置，全年更新乡镇实物保障车6辆、行政执法车辆6辆，联合国资公开拍卖、报废处置公务用车27辆，为各部门调剂公务用车5辆。通过政府采购确定的定点保险公司、维修企业、加油企业、汽车租赁公司全部在山东省政府采购网站注册，实行网上下单，公车费用全流程透明化。加强对定点服务企业的监督管理，对定点企业进行不定期暗访、满意度调查、服务评分，对不满意度较高的企业进行督导，对违规的定点企业一票否决并追究其法律责任。

【机关后勤保障】 2022年，沂水县推进机关食堂反食品浪费工作，督导各机关食堂对照评估标准定期开展自查，县政府办公室会同有关部门开展反食品浪费专项督导，按照中央八项规定精神，落实接待审批机制，规范接待流程，完成国家、省、市来宾接待任务，接待预算181万元，比上年减少12万元。加强对保洁公司和物业公司的监督与管理，对办公楼公共卫生保洁、苗木绿化实行常态化、规范化管理。加强安保工作力度，对安保人员实行定人、定岗、定责，加大到岗在岗、巡查检查和应急处理等情况的检查考核。加强水、电、暖、消防、通信等系统设施设备的维修改造养护。（杨　波）

中国人民政治协商会议沂水县委员会

综　述

【政协委员及组成界别】　2022年，沂水县政协有常务委员58名，委员329名，界别17个。其中，中共党员131名、九三社员5名、民盟2名、致公党1名、农工党1名、民进1名；中共界23名、民主党派与无党派24名、工会界15名、共青团界11名、妇联界12名、工商联界34名、文化艺术与新闻出版界16名、科技科协界11名、经济界39名、农业界19名、教育体育界23名、医药卫生界18名、社会福利与社会保障界28名、台胞台属侨属界5名、少数民族界7名、宗教界8名、特邀界36名。

【政协自身建设】　2022年，沂水县政协出台《全面从严治党主体责任任务分工及责任清单》《县政协党组意识形态和网络安全工作专线实施方案》《加强和改进全县政协委员学习工作的实施意见》，修订完善政协常委会加强自身建设的意见、党外委员专题视察办法及主席会议、常委会会议工作规则等12项规章制度。成立32个学习座谈小组，5个专委会功能型党支部、14个界别党小组，开展理论学习中心组学习研讨活动12次，组织集体学习交流13次，分享理论文章48篇。开通“沂水政协”微信公众号，发布工作动态、理论文章和文史资料287篇。修订完善委员管理办法、履职考评办法，抓严考评标准、抓实管理细节、激发委员热情，“双向发力、双岗创优”成为委员的行动自觉。以党的政治建设为统领，推进支部标准化、规范化建设。持续推进纪律作风整顿活动，坚决落实中央八项规定精神及实施细则，压缩“三公”经费支出，科学规范会议活动。　（袁俊广　张立明）

重要会议

【县政协十一届一次会议】　2022年1月27—29日，中国人民政治

2022年1月27—29日，中国人民政治协商会议第十一届沂水县委员会第一次会议在县委党校礼堂召开　（县网信中心　供图）

协商会议第十一届沂水县委员会第一次会议召开。会议应到委员329名，实到324名。县委书记陈士贤和县委副书记、代县长刘铭等出席会议，参加分组讨论，开展专题协商，与委员共商沂水发展大计。会议审议并通过政协第十届沂水县委员会主席陈海龙代表政协第十届沂水县委员会常务委员会所作的工作报告，政协第十届沂水县委员会副主席赵清锋代表政协第十届沂水县委员会常务委员会所作的提案工作情况的报告。选举产生政协第十一届沂水县委员会主席郭忠友，副主席郭春玲、张希国、张洪春、董文明、王晓娟、徐守凯，秘书长谭海龙以及58名常务委员。

【县政协常委会会议】 2022年，沂水县政协常委会召开会议4次。

政协第十一届沂水县委员会第一次常委会会议 1月29日召开。县委组织部负责同志就有关人事事项作协商说明；审议通过有关人事事项。

政协第十一届沂水县委员会第二次常委会会议 5月7日召开。会议传达学习《习近平总书记在中央政协工作会议暨庆祝中国人民政治协商会议成立70周年大会上的讲话》、全国两会精神、《葛慧君在全省市县政协主席学习研讨班上的动员讲话》《政协沂水县委员会关于加强和改进委员活动小组工作的意见》《政协沂水县委员会关于印发县政协2022年工作要点的通知》。审议通过《政协沂水县委员会常务委员会关于加强自身建设的意见（草案）》《政协沂水县委员会常务委员会工作规则（草案）》《沂水县政协委员管理办法（试行）（草案）》和有关人事事项。

政协第十一届沂水县委员会第三次常委会会议 7月22日召开。会议传达学习《习近平总书记关于加强和改进人民政协工作的重要思想专题摘编》部分内容，听取县政府、县法院、县检察院关于上半年工作情况通报。

政协第十一届沂水县委员会第四次常委会会议 12月22日召开。会议传达学习中国共产党沂水县第十五届委员会第二次全体会议精神，县委书记陈士贤关于“优化政务服务，推动经济高质量发展”讲话要求，讨论并审议通过《关于优化政务服务，推动经济高质量发展的建议案（草案）》。

【县政协主席会议】 2022年，沂水县政协召开主席办公会议8次。

4月29日，沂水县政协召开主席办公会议，集体学习习近平总书记在十八届中央政治局第十五次集体学习时、在庆祝全国人民代表大会成立六十周年大会上的重要讲话精神；传达学习葛慧君在全省市县政协主席学习研讨班上的动员讲话；听取县政协十一届二次常委会会议筹备情况汇报；审议通过《政协沂水县委员会主席会议工作规则》；审议拟提交县政协十一届二次常委会会议通过的《政协沂水县委员会常务委员会关于加强自身建设的意见（草案）》《政协沂水县委员会常务委员会工作规则（草案）》《沂水县政协委员管理办法（试行）（草案）》。

7月13日，沂水县政协召开主席办公会议，集体学习习近平总书记关于加强和改进人民政协工作的重要思想，听取各委室（中心）上半年工作总结和下半年工作计划情况。

7月20日，沂水县政协召开主席办公会议，集体学习习近平总书记关于加强和改进人民政协工作的重要思想；研究通过县政协十一届三次常委会会议有关事宜；审议通过《关于在全县政协委员中深入开展“双向发力、双岗创优”活动的实施意见（草案）》《关于加强和改进全县政协委员学习工作的实施意见（草案）》《关于开展“有事多商量”平台建设工作的实施意见（草案）》《关于政协委员联系服务界别群众的实施意见（草案）》《党外委员专题视察工作办法（草案）》。

（袁俊广　张立明）

协商议政

【概况】 2022年，沂水县政协探索建立“有具体工作方案、有牵头政协领导、有专门调研班子、有专题调研活动、有书面协商报告、有协商监督落实”的“六有”协商工作机制，规范协商流程，构建协商闭环。

【专题协商】 2022年，沂水县政协紧扣建设市域副中心、打造发展新高地、建设秀美新沂水总体发展定位，发挥专门协商机构作用，会同县委、县政府联合确定6项协商议题。围绕城区道路综合改造和停车泊位规划建设、困难群众基本生活保障等课题深入调研协商12次，协商成果得到县委、县政府主要领导批示肯定。全县各级积极参与协商议政，在政协协商平台摆问题、听建议、话发展，构建起协商、监督、参与、合作于一体的“沂起商”工作新格局。

【基层协商】 2022年，沂水县建成“有事多商量”议事厅56处，覆盖18个镇街、14个界别小组和24个村居、企业。富官庄镇围绕花卉产业发展，组织驻地委员、站所、企业协商，为“花卉+”战略实施提供有益参考。高桥镇组织社区负责人、小区群众代表，围绕改善安置小区管理协商议事，探索建立“1+2+3+N”社区服务体系，即发挥村党组织引领核心作用，依托党群服务中心、物业服务社等两大服务载体，形成以村委会、物业管理委员会、物业服务社理事会为管理主体，联动协同共建力量等多方单位，全面凝聚社区治理合力、激发社区治理活力。高庄镇围绕优化基层社会治理协商讨论，提出整合司法工作室、访前法律工作室、信访工作室、“12345”工作室、信访服务大厅等“四室一厅”的行政力量、专业力量和社会力量的建议。许家湖镇十里堡社区围绕农贸市场秩序整治、四十里堡镇洪沟社区围绕美丽乡村建设协商议事，镇党政部门负责人与村民代表、乡贤代表针对项目资金来源、施工质量及后续维护等沟通协商。

【全员协商】 2022年，沂水县政协建立“全员协商”制度，围绕协商议题，通过网上平台征求委员意见，结合“12345·沂水首发”工单和群众信访问题等，全县各级开展协商议事活动100余次，利益相关方在“有事多商量”议事平台协商对话，参与决策部署制定，合理有序表达利益诉求，推动问题在协商中解决、矛盾在协商中化解。依托“山东通”视频会议系统，围绕“优化营商环境，推动经济高质量发展”“城区义务教育阶段学位保障”“文旅活县助力乡村振兴”等课题开展网上协商，变约时定点协商为随时随地协商，探索协商新模式。社会福利与社会保障界围绕优化城区道路交通秩序开展商讨，提出持续推进路口改造、综合施策整治堵点、深入拓展停车空间等建议8条。年内，县政协持续做好每名政协委员联系3名界别群众的“1+3”活动，开展微协商1000余次，收集民意民愿100余件，搭建起委员履职新平台。（袁俊广　张立明）

提案办理

【概况】 2022年，沂水县政协健全完善协同推进、监督落实、考核评价“三个体系”，推动提案工作纳入年度经济社会发展综合考核、纳入调研视察协商重点内容，以县政协领导领办督办重点提案为引领，严抓提案办理落实。县政协十一届一次会议期间，县政协围绕七县战略行动，审查立案提案244件，其中个人提案51件、联名提案193件，分别送交67个部门单位办理。至7月底，所有提案全部高标准办复完毕，办复率100%。

【工业强县建设提案】 2022年，沂水县政协围绕工业强县战略行动，聚焦传统产业转型升级、品牌食品建设、企业上市等方面，提出提案37件。落实《关于推动沂水工业高质量发展》的提案，县工信部门从全面提高资源要素保障能力、全面支持企业做大做强做优、全面支持企业创新领航发展等方面提出10条意见，确定设立1.6亿元专项资金，全方位支持重点企业转型升级。《关于推进企业上市促进县域经济跨越式发展》的提案，县金融中心会同财政部门实施企业上市培育工程，出台金融业支持县域经济高质量发展的十条意见，企业上市在上级奖补基础上，县财政最高奖励300万元，激发企业上市积极性。

【农业稳县建设提案】 2022年，沂水县政协围绕农业稳县战略行动，聚焦乡村振兴、农村供水、高素质农村劳动力等方面，提出提案30件。落实《关于建设乡村振兴集中推进区》的提案，县农业农村局等部门结合县域实际，连片打造示范片区，建设院东头镇乡村振兴示范片区、黄山铺镇美丽乡村示范片区、崔家峪——泉庄衔接乡村振兴集中推进区。《关于引领农村劳动力扎根农村》的提案，县农业农村局、县教体局、县人社局、县民政局等部门多方联动，全方位推进高素质农民培育工作，发挥“土专家”“田秀才”、传统艺人等作用，以师带徒、薪火相传，形成一批可复制推广的创新型人才培养模式。

【科教兴县建设提案】 2022年，沂水县政协围绕科教兴县战略行动，聚焦招才引智、优化乡村教师队伍等方面，提出提案29件。《关于人才入沂政策》的提案，县委组织部、县人社局及时充实完善沂水籍在外高层次人才信息库，加强驻外人才工作联络站建设，变沂水“在外人才”为“驻外人才”。打造市内首个人才主题公园，作为宣传人才政策、讲好人才故事、传递人才声音、开展人才活动的平台载体。《关于优化乡村教师队伍》的建议，县教体局投入1820万元建设教师周转房290套。实施“一十双百”培育工程，表彰10位名校长、100位名班主任、100位名师。

【生态立县建设提案】 2022年，沂水县政协围绕生态立县战略行动，聚焦守护蓝天、碧水、净土等方面，提出提案23件。《关于加强水源地保护，确保城区饮用水安全》的提案，县生态环境分局与水利、农业农村部门协同配合，对破坏饮用水水源地的环境违法行为“零容忍”，676处饮用水水源地水质达标率均保持100%。《关于合理开发利用矿产资源》的提案，县自然资源和规划局全面规范矿产资源管理秩序，实现矿产资源管理实时化、全程化、动态化。严格矿山设置最低规模限制要求和生态保护规定，限制劣质企业进入矿产资源市场。

【商贸富县建设提案】 2022年，沂水县政协围绕商贸富县战略行动，聚焦优化营商环境、“夜间经济”、电商发展等方面，提出提案28件。《关于进一步优化营商环境》的提案，县府办牵头县行政审批局、县发展和改革局、县财政局等部门深化“一次不用跑，全程帮代办”改革，为全县144个重点项目提供全生命周期帮代办服务。推进交易全流程电子化，全县电子化开标率和电子化评标率均实现100%。《关于推动沂水夜间经济发展》的提案，县商务局会同文旅、综合执法部门统筹城乡商业网点布局和商业设施建设，鼓励刘南宅步行街、万德广场、恒隆广场及周边街区等传统夜间经济区改造升级，支持开设深夜营业专区、24小时便利店，活跃夜间市场，发展夜间经济。

【文旅活县建设提案】 2022年，沂水县政协围绕文旅活县战略行动，聚焦旅游文化氛围、文物保护、非遗传承等方面，提出提案23件。《关于进一步提升全县旅游文化氛围》的提案，县文旅局出台多项扶持政策，不断丰富旅游业态，完善旅游服务设施，沂蒙花开旅游区成功创建国家AAAA级旅游景区。《关于充分利用河西文化艺术中心，打造沂水文化艺术高地》的建议，县文旅局创作的大型红色舞台剧《红石崮》在市民文化艺术中心大剧院完成首演，首届“沂河文艺奖”颁奖典礼在市民文化艺术中心举行。在中心规划建设2100平方米的文艺之家，打造沂水文化艺术交流的新阵地。

【依法治县建设提案】 2022年，沂水县政协围绕依法治县战略行动，聚焦畅通群众诉求表达渠道、规范行政执法、保护妇女儿童权益等方面，积极建言献策。《关于依法治县，建设法制沂水》的提案，县司法局牵头，以打造“强县有我·法治护航”品牌为抓手，深入组织“法律进乡村”“赶法律大集”等活动，统筹推进“八五”普法落实。建立行政执法协同监督机制，对重点行业领域开展专项督查。成立新就业群体法律维权服务中心，为新业态劳动者提供法律咨询援助等服务。《关于保护妇女儿童权益》的提案，县妇联、团县委、民政、司法、教育等部门将反家庭暴力法律宣传教育列为“八五”普法、“三八维权月”等活动的重要内容，加强对反家暴知识的宣传。在18个镇街全部建立基层维权工作站，开通维权热线和互联网维权专栏、电子信箱，完善法律咨询和投诉受理机制。

（袁俊广　张立明）

2022年沂水县政协优秀提案一览表

表4

序号	提案名	提案人
1	关于进一步集中土地等要素资源向骨干企业和重点项目倾斜，强化园区载体建设，推动工业强县战略实施的建议	李红梅、杜伟
2	关于加强水源地保护，确保城区饮用水安全的建议	张明学、王维峰、贾忠建、张学文、丁文军
3	关于提升城市精致建设、精细化管理水平的建议	马会加、林贵重、杨付友、李明峰 、马俊同
4	关于加快美丽乡村建设、大力推进乡村振兴的建议	刘健、宗广军、师文华
5	关于加强农村医疗卫生事业建设的建议	李玉勇、王世河、刘文强、桑文强、杜明坤
6	关于进一步优化营商环境的建议	吴琳璘、刘兆芹、徐晓鸣、钱国华 、田振东
7	关于加强校园周边环境综合治理，解决学校上下学时段交通堵塞问题的建议	张洪春、刘涛、孙卫东、刘专、杨在会、许登峰、李玉芝
8	关于大力实施“科教兴县”战略，促进经济高质量发展的建议	郭一磊
9	关于加大“招大引强”力度，推动县域经济新跨域的建议	高仲平、杨雪峰、孙长文、王晓明、公衍仕、孔祥辉、刘新太、孙群力、吴淑强、邵光智、段元波、袁国华、高岩、高瑞文、黄传栋、魏然森
10	关于建立创城长效机制的建议	马会加、林贵重、马俊同、李明峰、杨付友

调研与视察

【调研视察】 2022年，沂水县政协围绕“12676”总体思路和七县战略行动，形成报告23篇，提出意见建议400余条。围绕建设市域副中心、打造发展新高地，组织开展工业强县、文旅活县、稳外贸促消费强电商、镇域经济高质量发展、食品机械产业提升等专题视察8次，提出加大招引力度，培育壮大本土企业；发挥电商平台作用，促进商贸经济发展；提升城镇建设载体，夯实镇域经济发展基础等意见建议。围绕建设秀美新沂水，组织开展“两城同建”、水污染防治、“照我回家”工程、美丽乡村建设等专题调研20次，形成《创新“九项机制”、实现“四个转变” 城乡人居环境整治常抓常效》《扎实做好“两城同建”，建设秀美新沂水》等调研报告。协助上级政协开展农业品牌建设、打击治理电信网络诈骗、加快高水平职业学校建设、建立健全“一站式”矛盾纠纷调处化解平台、加强历史文化遗产保护利用、加快实施美丽移民村建设等联合调研并形成系列调研报告，其中《见圾行事·变废为宝——沂水县积极探索“1+3+6”农业废弃物资源化利用新路径》入选省政协乡村振兴典型案例，得到省委、省政府主要领导批示肯定。

【社情民意信息】 2022年，沂水县政协发挥社情民意“直通车”优势，着力打造“群众身边政协”，建立信息收集汇总、跟踪督办、成果转化、编审报送机制，收集社情民意信息307篇，向省市提报272篇，其中7篇被省政协转报全国政协。

（袁俊广　张立明）

2022年8月18日，沂水县政协视察全县商贸工作（县政协办公室　供图）

民主监督

【概况】 2022年，沂水县政协持续推进民主监督工作规范化、制度化、程序化建设，发挥政协在协调关系、汇聚力量、建言献策、服务大局方面的重要作用。推荐37名委员担任特邀监督员、人民监督员、信访听证员，64名委员参与全县经济社会发展监督评价活动，开展民主监督活动30余次。

【农村饮水工程专项民主监督】 2022年9月21日，沂水县政协开展农村饮水工程专项民主监督调研活动。调研组实地调研沙沟镇柏山村“十四五”城乡饮水环境项目、沂山林场山水林田湖草沙一体化保护和修复工程项目等，了解项目进展情况。与会委员就沂水县“农村饮水工程”实施情况及水源地保护现状进行发言，并对改善水环境质量、加快农村生活污水和黑臭水体治理及林草湿地修复等工作提出一系列意见建议。

【义务教育阶段学校“双减”政策落实情况专项民主监督】 2022年7月1日，沂水县政协开展

2022年7月1日，沂水县政协开展全县义务教育阶段学校“双减”政策落实专项民主监督调研活动 （县政协办公室 供图）

全县义务教育阶段学校“双减”政策落实专项民主监督调研活动。调研组先后到县实验小学、第四实验中学、实验三小实地调研，察看各学校“双减”政策落实情况，听取各学校“双减”政策落实工作中的特色和规划。提出要规范课后服务，持续改善学校基础条件，加强教研指导，并通过完善教师考核和教育质量评价机制，提高教育教学质量，实现学生“双减双升”。

【巩固拓展脱贫攻坚成果，助力共同富裕专项民主监督】 2022年11月15日，沂水县政协开展巩固拓展脱贫攻坚成果，助力共同富裕专项民主监督调研活动。调研组先后到院东头镇佟家庄村蓝莓大棚、桃棵子村等地实地调研，听取脱贫攻坚成果、乡村振兴相关情况汇报，综合各方意见，形成《关于加快美丽乡村建设、大力推进乡村振兴的建议》提案。

【优化政务环境，推动经济高质量发展专项民主监督】 2022年10—11月，沂水县政协开展优化政务环境，推动经济高质量发展专项民主监督调研协商活动。调研组先后到经济开发区行政审批服务局、沂城街道便民服务中心、县政务服务大厅、县行政审批服务局崔家峪所、泉庄镇便民服务中心等地实地调研，现场了解工作开展情况。11月16日，召开专题协商座谈会，听取相关工作情况汇报，调研组成员及参会委员依次进行发言，并提出建设性的意见和建议，形成《关于进一步优化营商环境》提案。

（袁俊广 张立明）

专门委员会

【概况】 2022年，沂水县政协工作机构为“七委二室一中心”，其中7个专门委员会包括经济委员会（农业和农村委员会）、教科卫体委员会（文化文史和学习委员会）、社会联络和法制委员会、提案委员会、人口资源和环境委员会。各专委会准确把握新时代政协工作特点规律，提升工作制度化、规范化、科学化水平，开展视察调研、协商议政、座谈交流等各类活动50余次。

【经济委员会（农业和农村委员会）】 2022年，沂水县政协经济委员会组织委员90余人次参加专题调研、专项视察等活动。组织经济界政协委员到许家湖镇、四十里堡镇开展“食品产业和机械产业提升发展”调研活动。调研组先后到山东精工密封技术公司、山东正肽生物科技公司、山东鼎福食品公司、刘家官庄村美丽乡村示范村实地调研，并召开座谈会，指出要立足地方资源，抢抓机遇，发挥优势，加快产业转型升级，把品质做高、品牌做强，推动战略性新兴产业发展壮大。联合县妇联开展“强县有我·巾帼建功”调研活动，现场观摩临沂高维新材料有限公司、高桥镇小瓮山“好说好商量”议事厅、高桥手绣文化展览馆等，与会政协委员对促进全县巾帼企业发展、妇女居家灵活就业，助力妇女增收致富等方面建言献策。

【教科卫体委员会（文化文史和学习委员会）】 2022年，沂水县政协教科卫体委员会围绕教育、科技、卫生、体育等事业改革和发展中的重要问题，开展重点调研、视察和协商，提出一批有质量的意见和建议。针对城区义务教育阶段学位保障进行专项视察，并依托“山东通”系统，定期召开“城区义务教育阶段保障”线上协商座谈会。组织医药卫生界委员调研“院端医保一票两码”工作。调研组实地调研杨庄镇曹家坡村卫生室、杨庄镇卫生院，提出要加大宣传推广力度，在方便参保人员业务办理的同时，强化实名认证，管住管好老百姓的“看病钱”“救命钱”。通过流程再造大力推行掌上办、网上办、预约办、容缺办等方式，打造便捷高效的医保服务。组织县政协委员参加市政协“喜迎二十大·翰墨颂党恩”书画展，获优秀组织奖。

【社会联络和法制委员会】 2022年，沂水县政协社会联络和法制委员会紧扣中心工作，着眼社会和法制两个领域，结合委员履职特点和专业特长，着力在优化界别委员联络服务、发挥委员主体作用上下功夫，围绕“两院”工作报告、“两城同建”、平安沂水、关爱青少年健康成长、困难群众基本生活保障等重要内容，聚焦瓶颈问题，组织委员开展调研、视察、监督和协商。

【提案委员会】 2022年，沂水县政协提案委员会以推进提案清单化管理为重要抓手，以推动提案工作提质增效为重点，着力打造提案工作品牌，建立主席会议成员领办督办提案制度，推动提案工作高质量发展。组织开展提案交办会议和提案办理“面对面”协商座谈会，遴选重点提案、收集提案答复件和委员意见，评选提案承办先进单位和优秀提案。

【人口资源环境委员会】 2022年，沂水县政协人口资源环境委员会突出界别特色，倾听委员心声，服务委员需求，加强委员联系服务界别群众工作，发挥界别委员优势，完善联系服务机制，围绕县委、县政府中心工作，就乡村振兴、水污染防治、“全域科普”等工作开展专题协商调研，提出意见建议。

【沂水县政协委员书画作品网络展活动】 2022年11月20日，为深入贯彻落实党的二十大精神，充分发挥人民政协爱国统一战线组织作用，县政协教科卫体工作委员会牵头组织的“讴歌新时代·奋进新征程”书画作品网络展在“沂水政协”微信公众号开展。活动收到社会各界书画爱好者70余幅作品，评选出30幅优秀作品通过线上展出，表达政协委员、社会各界的向上向美精神。

【沂水县政协委员履职能力提升培训会议】 2022年9月1日，县政协委员活动工作室牵头组织的沂水县政协委员履职能力提升培训会议召开。培训围绕人民政协的发展历程、人民政协作为中国重要政治制度的科学安排等内容作专题辅导，对帮助委员更加深入理解和把握新时期履行政协职能的规律、特点和方法，提升委员履职水平和实效具有非常强的指导意义。282人参加培训。

【“学习贯彻二十大·政协委员大家谈”活动】 2022年10月25日，县政协经济工作委员会牵头组织的“学习贯彻二十大·政协委员大家谈”活动在线上举行。活动组织20位市县政协委员，谈感受、说体会、话打算，深情表达矢志不渝跟党走的笃定之心和踔厉奋发新时代的昂扬之志，委员学习心得在“沂水政协”微信公众号上遴选编发。

（袁俊广　张立明）

中共沂水县纪律检查委员会
沂水县监察委员会

综　述

【管党治党责任落实】 2022年，沂水县纪委监委贯彻党委（党组）落实全面从严治党主体责任规定，协助县委修订主体责任清单，形成党委（党组）主体责任、书记第一责任人责任、班子成员"一岗双责"、纪委监委监督责任"四责协同"的良好局面。协助县委对全县70余个单位主要负责人和领导班子成员开展履职履责和廉政谈话。协助县委对各乡镇（街道）、县直单位落实全面从严治党主体责任开展考核。组织开展党政领导干部述责述廉工作2次。

【党的纪律建设】 2022年，沂水县抓作风促发展，在全市率先部署开展党员干部纪律作风集中整顿活动。县纪委监委统筹监督力量，聚焦干部队伍中存在的"遵规守纪不严、违反中央八项规定精神、损害营商环境、解决群众诉求不力、漠视侵害群众利益"等突出问题，开展随机抽查、明察暗访、督导检查52次，查处纪律作风类问题128起138人。以严纪律硬作风护航县委七县战略行动，相关做法被市委《临沂信息》刊发。

【"三不腐"一体推进】 2022年，沂水县深刻把握"三不腐"的内在联系，使严厉惩治、规范权力、教育引导紧密结合、协调联动。始终保持高压态势，紧盯重大工程、重点领域、关键岗位，加大反腐力度，全县纪检监察机关处置问题线索969件1031人，立案263件264人，给予党纪政务处分330人，涉及科级干部14件14人，采取留置措施6人，移送检察机关审查起诉6人。1起案例入选国家监委、最高检首次联合发布的5起行贿犯罪典型案例。推动发现问题、严明纪法与整改纠偏、深化治理有机贯通，制发纪检监察建议书21份，围绕严格项目资金审批、加强招投标监管、保障医保资金安全等方面，督促有关部门健全制度机制，补齐监管漏洞，开展专项整治。坚持挺纪在前、抓早抓小，运用"四种形态"批评教育帮助和处理1185人次，其中第一种形态占71.7%，第二种形态占17.1%，第三种形态占3.1%，第四种形态占8.1%，惩前毖后、治病救人的效果更加显现。开展"廉政第一课"活动，组建廉政宣讲团，向全县科级干部发放廉洁自律提示卡，制作播放警示教育片，引导党员干部明理铸魂、明纪崇廉、明责促行。

【派驻机构建设】 2022年，沂水县有派驻纪检监察组10个，覆盖监督全县62家单位。沂水县纪检监察派驻机构聚焦美丽宜居乡村建设、疫情防控、物业管理等21项专项监督工作，通过小切口"立项"、清单化管理、项目化运作方式，围绕所驻单位的政治

2022年4月29日，沂水县纪委监委"青春心向党 强县勇担当"演讲比赛举办 （县纪委监委 供图）

生态、权力运行风险点开展现场监督和专项检查146次，查办案件62起，督促整改问题650条。开展惠民惠农"一卡通"专项监督的做法被中央纪委国家监委网站刊发。

【纪检监察队伍建设】 2022年，沂水县纪委监委加强思想理论武装，认真贯彻民主集中制，严格执行请示报告制度，抓实系统内意识形态工作。全面落实机关党建主体责任，加强审查调查组、巡察组、工作专班临时党支部建设，推动党建与业务深度融合。强化信息化应用，用好监督执纪问责系统、外部信息查询分析平台等信息系统，提高信息化监督能力。实施全员培训，开设"周五微课堂"，设立"支部擂台赛"，采取集中培训、视频培训、案例教学等方式，举办培训班14期、培训820余人次。突出实战练兵，抽调选派人员协助上级办案、参与巡察等工作，通过轮岗交流、专案跟班、以老带新、以干代训等途径，在斗争一线锻炼干部。认真执行监督执纪工作规则、监督执法工作规定，围绕线索管理、初核立案、审查调查等关键环节，严格审批程序，强化内部约束。加强内控机制建设，严格落实"十严禁"、打听案情登记备案等制度。县监委向县人大常委会专项报告公职人员廉洁从政教育工作，发挥特邀监督员作用，自觉接受多方面监督。坚持刀刃向内，约谈纪检监察干部5人，批评教育13人。

（高元超）

重要会议

【县纪委全委会】 2022年1月19日，中共沂水县纪委第十五届一次全体会议召开。会议选举陈士贤、刘铭、胡发贵、解飞、何法江、王焕奎、李晓冬、何长平、于民、闫从发、刘洪达为中共沂水县第十五届纪律检查委员会常

2022年1月19日，中国共产党沂水县第十五届纪律检查委员会第一次全体会议在龙冈会议中心召开 （县纪委监委 供图）

务委员会委员，陈士贤为书记，刘铭、胡发贵为副书记。会议通过《中国共产党沂水县纪律检查委员会关于加强自身建设的决定》。

2022年2月9日，中共沂水县纪委第十五届二次全体会议召开。县委常委、县纪委书记、县监委主任解飞代表县纪委常委会作题为《忠实履行纪检监察职责使命，为新时代现代化强县建设提供坚强保障》的工作报告。全会的主要任务是以习近平新时代中国特色社会主义思想为指导，全面贯彻党的二十大精神，落实二十届中央纪委二次全会、十二届省纪委二次全会、十四届市纪委二次全会部署，总结2021年全县纪检监察工作，安排2022年工作任务。

【县纪委常委会会议】 2022年，沂水县纪委常委会召开会议15次，主要涉及学习习近平总书记重要讲话精神、重要指示批示精神，传达学习上级有关重要会议、文件精神，研究重点工作、重大事项、重要案件、意识形态、“三重一大”、纪检监察干部队伍建设等议题。

3月2日，召开纪委常委会会议。传达学习习近平总书记关于自我革命的重要论述；传达市委书记任刚在市党代会上的报告及相关讲话精神；研究县纪委监委纪检监察室联系派驻组、乡镇调整建议，派驻组监督单位调整建议；研究有关案件审理意见。

3月31日，召开县纪委常委会会议。传达学习习近平总书记在2022年3月1日春季学期中央党校（国家行政学院）中青年干部培训班开班式上的重要讲话；研究有关案件审理意见；集中学习市纪委关于认真学习贯彻《中共山东省纪委关于4起纪检监察干部违纪违法案件的通报》的通知、《中共山东省纪委关于4起纪检监察干部违纪违法案件的通报》；研究《县监委向县人大常委会报告工作实施方案》；观看《县纪委监委2021年工作纪实》。

5月7日，召开县纪委常委会会议。传达学习《习近平在中共中央政治局第二十九次集体学习时的讲话》《习近平在黄河流域生态保护和高质量发展座谈会上的讲话》；研究有关案件审理意见；研究《沂水县纪检监察机关“规范化法治化正规化建设年”活动实施方案》《2022年专项监督工作方案》《疫情防控专项监督谈话工作方案》。

9月27日，召开县纪委常委会会议。传达学习习近平总书记在中央全面深化改革委员会第二十七次会议上的讲话精神；听取各分管领导上半年工作情况汇报，县纪委监委领导班子成员分工建议，县纪委监委机关委员会书记、专职副书记任命的请示及各党支部改选情况汇报。

（高元超）

党风廉政建设

【“清廉沂水”建设】 2022年，沂水县推进新时代廉洁文化建设，着力打造红色廉洁文化高地，印发出台《关于大力推进“清廉沂水”建设的实施方案》，实施“强基固本”铸魂行动、“红色基因”传承行动、“修身齐家”示范行动、“清廉单元”创建行动、“沂水清风”传播行动五大行动，全面建设“清廉沂水”。开展“廉政第一课”活动，县、乡两级干部同上“一堂课”、共敲“警示钟”。突出阵地建设，县廉洁教育基地入选全省廉洁教育地图，承接县内外76个部门6900余人次接受警示教育。组建廉政宣讲团，开展“订单式”廉政宣讲18轮次，5300余人次接受教育。向全县科级干部发放廉洁自律提示卡1300多张，制作警示教育片，在全县各单位播放。中央纪委国家监委网站刊发沂水县做法。

【2022年度县级党政领导班子成员述责述廉会议】 2022年1月19日，2021年度县级领导班子成

员述责述廉会议召开。会上，县委、县政府10名领导班子成员依次进行述责述廉，述责述廉对象围绕“责”“廉”两个主题，实事求是总结工作、客观主动查摆问题，并接受县纪委委员询问，其他县级领导班子成员书面述责述廉。县纪委委员对述责述廉对象进行民主评议。

【乡镇（街道）和县直部门主要负责同志述责述廉会议】 2022年1月14日，沂水县乡镇（街道）和部分县直部门主要负责同志述责述廉会议召开。会上，8名乡镇和县直部门主要负责人现场向县纪委全会述责述廉，接受县纪委委员询问。县纪委委员对述责述廉对象进行民主评议。

【全县党员干部纪律作风集中整顿动员会议】 2022年7月2日，全县党员干部纪律作风集中整顿动员会议召开。县委书记陈士贤出席会议并讲话，陈士贤强调，作风建设永不竣工，只有起点没有终点，部署开展全县党员干部纪律作风集中整顿活动，就是要全面查找问题，深入抓好整改，促进全县党员干部严纪律、转作风、勇担当、树形象，为推动沂水经济社会高质量发展、加快建设市域副中心、打造发展新高地、建设秀美新沂水提供坚强保障。

【“廉政第一课”党性和廉政教育活动】 2022年2月8日，沂水县开展“廉政第一课”党性和廉政教育活动。活动分两个阶段，第一阶段组织县级领导班子成员及各乡镇（街道）、县直各部门单位主要负责人分批次参观县廉政警示教育基地，举行集中宣誓仪式。第二阶段邀请市纪委常委、秘书长、市监委委员刘纪祥作廉政专题辅导报告，着力营造风清气正、担当作为、干事创业的良好氛围。（高元超）

监督执纪

【政治监督】 2022年，沂水县坚定不移用新思想武装头脑、指导实践、推动工作，政治监督更加坚定有力。健全“一台账、

2022年2月8日，沂水县级领导班子成员及各乡镇（街道）、县直各部门单位主要负责人参观县廉政警示教育基地，举行集中宣誓仪式
（县纪委监委　供图）

两清单、双责任、双问责”监督机制，紧盯“三新一高”、黄河重大国家战略、新旧动能转换、乡村振兴等，跟进监督、精准监督、全程监督。严明政治纪律和政治规矩，查处违反政治纪律案件4件4人。健全政治生态分析研判机制，形成分析报告3篇，得到县委主要领导批示肯定。动态更新全县1400余名科级及以上干部廉政档案，对干部廉情动态研判、精准“画像”。把好干部选拔任用政治关、品行关、作风关、廉洁关，回复党风廉政意见1.7万人次。结合日常监督发现问题，督促职能部门开展专项整改，在招投标领域采用不见面开标和电子评标项目519个，节省财政资金2256万元。提升信访监督质量，接收信访举报346件次，对群众反映的农村小微权力腐败信访件快查快结，农村信访举报数量比上年下降11%。开展集中化解信访积案行动，15件实名举报全部化解，16件匿名举报化解14件，化解率94%。

【“四风”纠治】 2022年，沂水县坚定不移纠“四风”树新风，查处形式主义、官僚主义问题16起，批评教育帮助和处理17人，其中给予党纪政务处分7人。严防享乐主义、奢靡之风反弹回潮，紧盯重要时间节点，紧盯隐形变异问题，查处享乐奢靡问题29起，批评教育帮助和处理32人，其中给予党纪政务处分22人。开展新风正气宣传教育，引导党员领导干部坚决反对特权思想和特权行为，管好家属子女，严格家教家风。开展漠视侵害群众利益、巩固脱贫攻坚成果同乡村振兴有效衔接、粮食购销领域腐败等专项监督，对教育医疗、食品药品安全等突出问题精准施治，严查优亲厚友、截留挪用、吃拿卡要等行为，查处群众身边腐败和作风问题212起221人。开展清廉村居建设专项监督的做法被《中国纪检监察报》刊发。严格落实“三个区分开来”，坚持尽职免责、失职追责、精准问责，实施党内问责12起，问责党员干部13人，给予党纪政务处分2人。查处诬告陷害案件3起，为29名受到不实举报的干部澄清正名，对4名干部容错纠错。常态化做好被问责和受处分干部的跟踪回访，保护党员干部干事创业积极性。

【重点工作监督】 2022年，沂水县守好“一排底线”、生态环保等重点工作，在监督检查中发现并处理违规违纪问题53件。抓好疫情防控督导工作，深入重点区域督导检查104次，推动各方责任落实。在安全生产领域专项监督中，督促相关部门整改责任落实不到位、隐患排查不彻底等问题91个，及时推动化解一起重大安全隐患。工作经验被《中国应急管理报》《大众日报》等媒体报道。

【难点工作监督】 2022年，沂水县开展“优化营商环境”专项监督，针对“中梗阻”、涉企执法、第三方服务、招投标4个领域开展专项行动，排查纠治问

2022年8月5日，沂水县纪委监委到清沂山石化科技有限公司走访调研，帮扶企业发展
（县纪委监委　供图）

题390个，查处违规违纪问题40起，给予党纪政务处分33人。开展2轮“企业评部门”活动，抽取290家企业，以调查问卷方式对县直部门评议，针对评议结果和收集的问题，县纪委监委制发监督建议书9份，督促相关部门、乡镇（街道）落实整改措施，改进工作作风，为企业纾困解难，企业总体评价满意度98.4%。

【热点工作监督】 2022年，沂水县参与“12345”提效能强功能工作，建立“点题整改”机制，排查长期未解决的问题和群众反馈不满意问题，制定问题清单，一案一策、销号管理。联合热线办督办工单195条，推动解决群众诉求211件，查处形式主义、官僚主义问题47起49人。坚持“抓当下”与“管长远”相结合，将各项监督工作融入部门治理、行业治理和基层治理，督促相关部门推行“一次不用跑·全程帮代办”“云踏勘、云评审”等服务模式，实现项目审批集约化、高效化，审批材料和时限分别压缩53%和68%。相关做法在省纪委监委网站上刊发。 （高元超）

巡察工作

【概况】 2022年，沂水县纪委监委编制《十五届县委巡察工作规划》，完成十五届县委第一轮、第二轮巡察工作，巡察17个县直部门和1个乡镇党组织，发现重点问题631个、线索77条。配合开展市委第二轮巡察，部署开展十五届县委第三轮对3个乡镇及下辖15个村级党组织的常规巡察。

【十五届县委第一轮巡察】 2022年3月15日，十五届县委第一轮巡察工作动员会召开，县委授权组建5个巡察组对县财政局、县人社局、县市场监管局、县交通运输局4个县直部门单位党组织以及黄山铺镇党委开展巡察，发现问题152个，移交问题线索22条。5月31日，县委巡察工作领导小组听取、研究5个巡察组工作情况。6月16日，县委书记陈士贤召开书记专题会议听取县委第一轮巡察工作情况汇报。6月，5个巡察组分别向5个被巡察单位党组织进行反馈，被巡察单位分管县级领导出席反馈会议并对整改工作提出要求，被巡察单位党组织主要负责人作表态发言。

【十五届县委第二轮巡察】 2022年6月15日，十五届县委第二轮巡察工作动员会召开，县委授权组建5个巡察组，采用“常专结合”的方式，对县水利局等15个县直部门单位党组织开展县委第二轮常规巡察，对其中14个单位黄河流域生态保护和高质量发展国家战略贯彻落实情况开展专项巡察，发现问题479个，移交问题线索55条。

【十五届县委第三轮巡察】 2022年12月2日，十五届县委第三轮巡察工作动员会召开，县委授权组建3个巡察组对许家湖镇党委及所辖宝泉村、马庄村党总支，后坡村、邵家宅村、八宝庄村党支部，夏蔚镇党委及所辖桃峪村、云头峪村、回峰涧村、铜城村、三坪村党总支，诸葛镇党委及所辖凤鸣村、宿山村、阳湖村、暖峪村、东河西村党支部3个乡镇及下辖15个村级党组织开展常规巡察。

【巡察整改】 2022年，沂水县进一步明确压实各级整改责任。制定《贯彻落实〈关于加强巡视整改和成果运用的意见〉的工作措施》，明确被巡察党组织整改主体责任，县纪委监委、县委组织部日常监督责任，县委巡察办统筹督促责任，为做好巡察“后半篇文章”提供政策依据。落实“三双”机制推进反馈问题整改。坚持“双反馈”，分别印发向被巡察党组织以及主要负责人的反馈意见，对不适宜向党组织反馈的问题单独向主要负责人反馈；实行“双抄送”，反馈意见除抄送县纪委监委、县委组织部外，同时抄送被巡察单位的分管县级领导并邀请其参加反馈会议；落实“双报告”，整改方案、整改进展情况报告限时向县纪委监委报告，同时抄送县委组织部、县委巡察办，各部门共同承担起监督责任，形成监督合力。年内，反馈的152个问题全部完成整改。制定《关于开展市委巡察反馈问题整改情况监督检查的工作方案》，组织4个检查组，对上一届市委巡察的12个乡镇（街道）整改情况进行监督检查。

【巡察队伍建设】 2022年，沂水县对十四届县委巡察工作先进集体和先进个人通报表扬。对县委巡察工作人才库人员更新补充，建立人才库，有210余人，涵盖财务、审计、党建、纪检等多个领域。坚持政治素养和业务能力同提升，组织巡察干部开展业务培训5次，培训150余人次。组织专职巡察干部轮岗，对巡察组组长、副组长、联络员进行混编，加强交流学习。

【中共沂水县委巡察工作规划（2022—2026年）（试行）】 2022年6月，沂水县制定《中共沂水县委巡察工作规划（2022—2026年）（试行）》。规划对新一届县委巡察的任务总量、进度安排、组织方式、加强上下联动、推动“四项监督（纪律监督、监察监督、派驻监督、巡视监督）”贯通融合、深化巡察整改和成果运用等方面重点研究部署，明确今后五年巡察的工作方向、工作目标和实施路径，为新一届县委巡察工作高质量发展奠定基础。

【巡察监督与其他监督贯通融合】 2022年，沂水县以巡察监督引领“四项监督”贯通融合。纪检监察室、信访室、派驻纪检监察组等向巡察组通报被巡察单位相关情况3次，共享重要信息；选派4名县纪委监委人员参加巡察工作，担任巡察组组长、副组长、联络员等，同时安排5名纪检监察室负责人兼任不驻组的巡察组副组长，对个别重要、疑难的问题线索，提请纪检监察室等介入分析研判，提高问题线索质量。以巡审联动新模式提升监督工作合力。充分发挥巡察监督的政治优势和审计监督的专业优势，在县委第一轮巡察黄山铺镇党委时，将3名审计局审计组人员编入县委巡察组，授权审计组组长为巡察组副组长，双方组建一支队伍同步进驻，在县委巡察组组长的统一领导下开展工作。推动巡察监督与其他监督的沟通协调。完善制定与财政、信访、宣传、保密等部门的沟通协调机制，就巡察前沟通、巡察期间协作等展开紧密配合。县委第二轮巡察中，与县委宣传部联合开展意识形态工作责任制落实情况专项检查，与县委保密办联合开展保密工作专项检查。《山东省沂水县以“四项监督”贯通融合提升巡察工作质效》被中央纪委国家监委工作网站刊发。

（明增坤）

群众团体

沂水县总工会

【工会组织建设】 2022年，沂水县有工会组织854个，会员6.2万人。年内，开展“工会加强年”专项工作，新建工会78家，新发展会员4155人。持续扩大工会组织有效覆盖，新发展农民工会员5470人。开展工会干部网络教育培训1574人次。举办沂水县基层工会干部技能竞赛，持续推动“职工之家”规范化建设。年内，高标准建设沂水歌尔电子有限公司和宝美隆（山东）智能制造科技有限公司2处涵盖工会办公室、职工活动室、妈妈小屋、职工书屋、职工大讲堂、心理咨询室六位一体的职工之家。

【职工思想政治引领】 2022年，沂水县强化工会宣传教育工作，制定工会宣传教育工作规划，开展劳动模范典型事迹宣传35场次，组织协调工会重点工作宣传26次，工会精神文明创建活动13场次，调查研究和反映职工思想状况活动6次，发布工会新闻稿件48篇。

【和谐劳动关系创建】 2022年，沂水县提升职工法治思维，开展普法宣传10场，法治讲座5场，健全劳动保障法律法规，增强企业用工意识，提升职工维权能力。组织建立集体协商和监督保证机制，开展集体协商、签订集体合同的指导意见，组织指导企业签订集体合同700余家。健全协商劳动关系三方机制，组织律师进驻企业60余次，开展“法治体检”40余次，形成三方合力机制，逐步完善职工权益保障。帮扶困难职工22人，开展困难职工培训5次，帮助困难职工就业100多人，发放中央财政帮扶资金82797元，省帮扶资金20万元，县总工会经费配套补助70798

2022年8月19日，“喜迎党的二十大 工会组织在行动”全县基层工会干部技能竞赛（决赛）在县第四实验中学举办 （县总工会 供图）

元，缓解困难职工生活、就业压力。

【产业工人队伍建设】 2022年，沂水县成立劳动竞赛委员会，举办职工职业技能竞赛12场，参与职工1300余人，将竞赛成绩同职工的技能评定、培训学习、职级晋升、评先树优等结合起来，推动职工全面发展。创建县级劳模创新工作室3家，激发职工创新创造活力。县总工会参加县应急管理局、县市场监管局、县住建局等安全事故处理，举办"送安全进企业"专家培训讲座8场次。

【劳模评选与关爱】 2022年4月26日，沂水县召开庆祝"五一"国际劳动节暨劳动模范通报表扬大会，评选并表扬80名沂水县劳动模范。至年底，全县登记在册健在的各级劳模1015名，其中全国劳模2名、省部级劳模40名、市级劳模（包括富民兴鲁劳动奖章和省五一劳动奖章）92名、县级劳模（包括振兴沂蒙和市五一劳动奖章）881名。做好劳模慰问和困难劳模帮扶工作，为全县劳动模范制作专属"劳模荣誉卡"，提供劳模荣誉津贴发放等多元化、全方位的金融服务。

【职工维权服务】 2022年，沂水县多措并举解决职工难题，保障职工合法权益，全年办结案件170件，其中涉及工资问题案件144件、合同问题案件9件、保险问题案件6件、工伤问题案件9件、其他案件2件。

【职工医疗互助】 2022年，沂水县宣传发动职工医疗互助保障工作，101个单位参与职工互助保障，参保职工1.2万人，参保金额152.8万元。做好理赔工作，获得住院保险理赔521人次，理赔金额97.3万元。

【工会文化建设】 2022年，沂水县工人文化宫先后引进职工艺术团、职工心理志愿服务队、职工法律援助律师团、职工书画家协会4家社会组织各类人才300余名，为全县职工提供专业、优质服务。举办职工教育培训类活动17场次，职工、农民工免费技能培训4000余人次。开展职工文化类活动15场次，参与职工2000余人次。开展职工体育类活动3期，参与职工200余人次。开展职工心理咨询志愿服务、云课堂线上各类讲座、送法律（文化）进基层和企业等活动12期，惠及职工7000余人次。

【普惠活动】 2022年，沂水县安排专项资金通过"齐鲁工惠"App普惠服务职工平台开展线上普惠活动27场，惠及职工1万余人。在青援食品有限公司和山东鲁洲集团沂水化工有限公司等开展齐鲁工惠进企业宣传推广活动。结合节假日等重要时间节点开展特色主题活动，"三八"妇女节开展"身所魅力女性修炼课堂"活动，"4·23"世界读书日举办线上公益读书活动，七一前夕开展红色观影及插花活动，暑假期间开展职工子女托管班活

2022年8月25日，沂水县总工会2022年"金秋助学·筑梦起航"助学金发放仪式在工人文化宫举办

（县总工会　供图）

动等优秀活动被省、市级媒体报道。

【“3+X”活动】 2022年，沂水县开展的“3+X”（理论学习、调查研究、推动工作三位一体和基层工会自选X动作）活动构建起全县工会系统联系基层服务职工工作体系。全县已建立18个乡镇总工会联系点，抽查18个企业工会，组建劳模宣讲团和“我的业务我来讲”讲师团，建成基层工会规范化建设示范点21个，整合沂水县总工会下辖的县职工艺术团、职工书画家协会等6个社会组织，开展“3+X”活动18场。

【“四季有爱·工会有约”品牌打造】 2022年，沂水县“四季有爱（春送岗位、夏送清凉、金秋助学、冬送温暖）·工会有约”作为关爱职工、爱护职工的品牌项目，共开展春送岗位7场，组织县内168家企业参加招聘活动，提供岗位1.3万个；组织开展夏送清凉活动5场，发放约10万元慰问物资，惠及职工2000余人次；开展金秋助学1场，帮扶救助困难职工家庭大学新生12人，发放慰问金1.2万元；开展冬送温暖活动1场，走访慰问在档困难职工及生活困难一线职工30余人，发放慰问资金4.5万元。

【流动工会成立】 2022年10月11日，沂水县在威海市流动工会成立大会召开。威海市总工会、沂水县总工会、山东格瑞特监理咨询有限公司及沂水县在威海市务工人员代表20余人参加会议。大会选举产生沂水县在威海流动工会第一届委员会、经费审查委员会、女职工委员会和劳动法律监督委员会。流动工会坚持“入会”和“服务”并重，发挥好服务平台作用，为务工人员办实事、解难事，让广大在威海务工人员真正感受到工会是“职工之家”。

（程建杰）

2022年10月11日，沂水县在威海流动工会成立大会召开（县总工会 供图）

共青团沂水县委

【团员和团组织建设】 2022年，共青团沂水县委有基层组织2536个。其中，团委71个、团工委5个、团总支314个、团支部1863个、毕业生团组织283个；乡镇（街道）团（工）委18个；学校领域有团支部496个。全县有团的领导机关团干部6人，基层团干部3373人。全年新发展团员2980人，其中初中新发展团员1450人、普通高中新发展团员950人、中职新发展团员500人、社会领域新发展团员80人，团员发展计划执行率100%。已满14周岁、未满15周岁的经少先队推优入团515人，推优入团率100%。年内，全县18个乡镇（街道）完成团组织换届选举工作。

【青少年思想引领】 2022年，沂水县1863个团支部围绕“党的青年运动史、建团100周年大会精神、新时代的伟大成就、党的二十大精神”4个学习专题开展教育实践活动。全县18个乡镇（街道）团（工）委组织开展“喜迎二十大、永远跟党走、奋进新征程”主题教育实践活动。38所中学（中职）团委开展“砥砺奋进守初心　青春献礼二十大”主题团课教育。推进“青年大学习”网上主题团课学习，全年参学180万人次。选拔100名青年人才充实“青年讲师团”“红领巾巡讲团”2支队伍，开展宣讲活动260余场次。开展红色基因薪火传承行动，举办清明祭英烈、少先队队前教育线上集体备课、学习宣传习近平总书记在庆祝中国共产主义青年团成立100周年大会上重要讲话精神交流研讨会等活动30余场。开展“青·荐读”系列活动38期，荐读优秀理论文章、编发优秀青年学习文章114篇。“青春沂水”微信公众号订阅人数16.6万人，编发文章1026篇、阅读量73万余人次。

2022年6月4日，沂水县召开全县乡村好青年工作推进会议暨青年创业导师团聘任仪式　（团县委　供图）

【青年创新创业服务】 2022年，沂水县聘任18名青年创业人才，成立沂水青年创业导师团，与青年创业者建立“一对一”“多对一”帮扶联系制度。5月，推荐2名青年人才获评首批“沂水优秀人才”。团县委联合县委组织部、县人才发展集团等部门在“青年人才月”推出一系列惠青政策，发布青年人才政策汇编。帮助创业青年解决融资难题，为众发纸业等青创小微企业办理“鲁青惠企贷”“鲁青基准贷”400万元。依托沂蒙直播电商基地，培训电商人才300余人。联合工信、商务等相关部门开展青年企业家培训等活动10余次。成功申报市级乡村好青年创业培训基地1处，建设青年会客厅1处、青年人才服务站18处，为青年人才在沂水就业创业提供全方位服务。

【青少年权益维护】 2022年，沂水县新成立“青阳”普法志愿服务队，开展“法治进校园”“开学第一课”等青少年法治宣传教育、自护教育活动40余场次。扩充18支防溺阻泳志愿服务队，开展应急救援培训3场次，编发防溺水专题宣传信息30余条，全县196所中小学校防溺水安全教育活动全覆盖。团县委联合县人民医院承办共青团临沂市委第14期“12355·沂蒙青少年成长公开课”，以《疫情期间青少年心理健康教育》为题，帮助青少年缓解心理压力，应对新冠疫情影响。中高考前，邀请心理咨询专家在沂水融媒《舒方听你说》讲授“中高考考前心理辅导”“关爱高中学子”。联合县人民医院杏林志愿服务队开展“守护心房”——心肺复苏急救普及进校园活动4场次。组织开展以“新时期青少年爱国主义教育的新特点、新趋势、新路径”为活动主题的“共青团与人大代表、政协委员面对面”座谈会。

【青年志愿服务】 2022年，沂水县组建19支青年志愿服务队、18支青鸟学子志愿服务队，常态化开展文明城市创建、疫情防控等工作，累计服务3万小时。全县各级团队组织开展“金晖助老”“共筑碧水蓝天”等志愿服务活动1.5万场次。

【希望工程·圆梦行动】 2022年，沂水县通过“青春沂水”微信公众号发出助学倡议，集中到山东绿洲农牧有限公司、贵州习酒沂水经销商（一滴水商贸有限公司）等长期参与“希望工程·圆梦行动”的爱心企业走访，暑假期间，举办“绿洲情·学子梦”“农商情·学子梦”“习酒·我的大学”逐梦奖学金等公益助学活动12场，资助困境少年儿童、大学生360余人，发放助学金50余万元。深化“牵手关爱行动”，常态化做好345名农村留守儿童关心关爱工作，在沂河三桥风景区、尹家峪田园综合体、沂蒙彩虹小镇等地开展“点亮心灯”“集体生日会”“感受城市”活动10余场。

【少先队工作】 2022年，沂水县193个少先队大队组织、8.8万余名少先队员相继开展“习爷爷教导记心中”“扣好人生第一粒扣子”“争做新时代好队员”等主题教育活动。4月2日，开展“缅怀英烈 铭记历史”——清明祭英烈线上主题队课，全县196所中小学、15.2万人次在线观看。4月19日，全县2200余名辅导员参加少先队队前教育线上集体备课，提升少先队规范化建设。5月，集中聘任校外辅导员20名，开展少先队辅导员政治素养提升工程测试，全县以平均分97.3分位居全市第二。开展分批入队示范观摩活动，首批入队少先队员4403名，分批入队工作实现中小学全覆盖。全县1321名少先队员获评“红领巾奖章”一星章。建设命名10处少先队校外实践教育基地，制作沂水县少先队实践教育地图，打造沂水少年红色研学活动品牌。

2022年3月5日，沂水县“牵手关爱 相伴成长”集体生日会在沂河三桥风景区举办 （团县委 供图）

【乡村好青年选培“鉴行”计划】 2022年，沂水县推进实施“1231（搭建一个服务平台，实现队伍选培体系化；拓展两套服务机制，促进工作保障制度化；实施三大服务项目，确保服务内容规范化；培树一批先进典型，推动比学赶超示范化）”工作法，召开全县乡村好青年工作推进会议，选培市、县、乡三级乡村好青年391人。推出“乡村振兴好青年贷”专属金融产品，授信495户、金额2.8亿元。加强乡村青年人才储培，36名乡村好青年进入镇街青工委班子，参与乡村好青年管理服务。命名2批、40个“乡村振兴合伙人”示范项目，分别授予100万—500万元的贷款信用额度，建立结对帮扶机制，在技术、信息、人才、金融等方面提供全方位支持。开展乡村好青年集中遍访活动2期，18个乡镇（街道）全覆盖。市级乡村好青年、唐王坡生态农业产业园项目负责人崔本超发挥高端蜜薯种植项目示范引领作用，辐射带动周边农户种植13公顷，年用工7000余人次，为农户增收100多万元。市级乡村好青年、夏蔚镇朱家坪村党支部书记张都金在全市村党组织书记示范培训班上以《暖心朱家坪》为题就党支部领办志愿服务工作进行交流。

【“希望小屋”儿童关爱行动】 2022年，沂水县以双向“1+N”

工作模式，召开全县希望小屋现场推进会，为困境青少年打造专属生活学习空间。5月20—24日，“5·20”公益季中，发动全县各级团组织、少先队组织、爱心企业、社会组织及各界爱心人士，组建战队643个，30016人次参与献爱心，线上募资71.5万元，腾讯公益配捐4.5万元。建成希望小屋125处，每处希望小屋按照2∶1比例招募志愿者，在亲情陪伴、学业辅导、心理疏导、习惯养成等方面对小屋主人长期帮扶。组织共青团届政协委员、驻道托镇县政协委员开展关爱青少年健康成长专题调研，并向道托镇捐赠2万元“希望小屋”洗浴设施配套资金。至年底，全县建成希望小屋400处。

【“青鸟计划 才聚沂水”行动】2022年，沂水县开展“青鸟计划 才聚沂水”寒假、暑假大学生“返家乡”社会实践活动，寒假24个、暑假45个县直机关单位、乡镇（街道）分别招募291名和295名大学生参加社会实践。各实践单位组织青鸟学子参与“寸草心”、文明城市创建、疫情防控等志愿服务，集中观摩全县重点工程建设项目、调研乡村振兴，帮助大学生了解沂水、感知家乡。以“青鸟计划”为统揽，开展“春风行动”“才聚沂水”等专场招聘会7场。举办临沂市“万名优秀沂蒙学子家乡行”沂水专场活动。

【青年交友联谊】2022年，团县委深化“青春有约·缘来是你”工作品牌，为适婚青年“牵线搭桥”。6月25日，联合县文化和旅游局、县融媒体中心、泉庄镇人民政府承接“桃花为媒 情定崮乡”——临沂市第56期“青春有约·缘来是你”青年交友联谊活动，来自全县各部门行业的50余名单身青年参加活动。全年开展青年交友联谊活动5期，280余名单身青年参加，25对青年牵手成功。

【“青春社区”创建】2022年5月19日，沂水县召开“青春社区”创建工作现场推进会。会议期间，在沂城街道西朱家庄社区举行全省首批100个“青春社区”揭牌仪式，在各镇街选取17个城市社区、新建农村搬迁社区作为市级“青春社区”示范点申报单位，探索实施“一带三聚五提升”工作模式，打造“青春社区”沂水样板。（张　勇）

沂水县妇女联合会

【妇联组织建设】至2022年底，沂水县有机关、企事业单位妇女委员会69个，“两新”组织妇女委员会31个，直属机关妇女联合会1个，乡镇（街道）妇联组织18个，村（社区）妇联组织387个，创建“妇女微家”示范点52处，全县各级妇联执委3840名。探索直属、行业妇联组织建设新路径，在县税务局、“饿了么”沂水站等6个行业单位成立妇联组织。沂水县先后被列为中华全国妇女联合会移风易俗试点县，妇女联合会全省99公益日“齐鲁润春蕾”联合募捐工作先进集体、省2022年全国科普日优秀活动、市妇女儿童工作先进集体、市农村人居环境整治工作先进集体、市巾帼建功先进集体、全市实施家庭安康工程先进集体一等奖，《搭平台建舞台摆擂台“妇女微家”成为基层妇女贴心娘家》被评为山东省“四个十”妇联改革创新典型案例。

【妇女思想政治引领】2022年，沂水县打造沂水“巾帼红”品牌，汇聚服务大局“她力量”，开设全县基层妇联干部履职赋能培训、家庭家教家风母亲素质提升培训、“沂”起学理论巾帼大课堂3个培训项目，开展“她”声有力量、“七讲七进”巾帼宣讲等活动600场，8万名妇联干部、妇女群众参与教育培训。录制发布“娘家人说法”视频信息5期。

【“妇女微家”建设】 2022年，沂水县因地制宜建设“妇女微家”，将妇女工作阵地建到妇女群众家门口，构建起“上下一条线、织密一张网、微家在身边、妇女全覆盖”的基层妇联组织建设新格局。落实“123456”工作法，坚持一个“微家”定位一个主题，精准服务，吸纳更多的妇联主席、妇联执委、女致富带头人、女企业家、巾帼志愿者加入并担任“微家长”，服务微家、引领微家。全年在企业、学校、村、单位、新阶层新领域等建设“妇女微家”52个。12月，该项目入选山东省“四个十”妇联改革创新典型案例。

【巾帼建功行动】 2022年，沂水县实施“巾帼兴—强县有我·巾帼建功”行动，拓宽妇女就业渠道，建立巾帼企业项目库，了解企业发展现状，提供多种服务，助力企业解困，帮助解决信贷资金4.2亿元，拓宽妇女就业渠道，输送优秀妇女人才2000余名。召开女企业家发展座谈暨招商推介培训会，以妇女群众需求为导向，进行“订单式”授课，开展志愿服务直通车到基层活动50次，举办各类线上、线下培训400场，辐射引领5万名妇女提升创业就业能力、发展致富本领。开展“春风行动”巾帼就业专场招聘会3场，提供就业指导200次，帮助1800名妇女实现家门口就业。探索营销新模式，举办电商培训班，培育女网红、女电商主播30名，进行直播带货。

2022年5月26日，沂水县妇联举办“‘她’声有力量”朗诵技巧讲座

（县妇联　供图）

【家庭文明建设】 2022年，沂水县实施“巾帼美—三美工程”，把“美在农家”提档升级作为推进家庭文明建设的重要载体，部署开展“美在农家”百日攻坚、评比观摩、擂台赛等活动100余场，组织广大妇女和家庭积极参与整治美化家居环境。年内，创建县级“美在农家”村60个、“美在农家”户500户。实施“巾帼美”选树工程。开展评选表彰“最美家庭”“好婆婆”“好媳妇”五个100活动，其中2户家庭被评为临沂市“最美家庭”。开展“晒晒我家小院子”“美在农家”户风采展等活动620场次，展现全县家庭文明新风貌。实施幸福“沂家人”家庭家教家风工程，开展家庭教育大讲堂、母亲素质提升、文明创建、线上阅读等活动300余场次，8万群众参与。开展“家庭点单、妇联派单、社会组织接单”的菜单式服务，为1200个家庭提供个性化服务。举办“诵党恩·咏经典·传家风”家庭阅读线上竞赛活动，知识点传播16万次。传承践行沂蒙精神，弘扬爱国拥军的光荣传统，评选出2022年度“十佳兵妈妈”“十佳好军嫂”，推选2人被评为全市“十佳兵妈妈”“十佳好军嫂”，1人被评为省“十佳好军嫂”。

【妇女儿童维权关爱行动】 2022年，沂水县实施“巾帼和——家事国事半边天”行动，发挥妇女儿童权益部门联防联动工作机制

2022年4月28日，沂水县妇联"春蕾"救助金捐赠仪式举办

（县妇联　供图）

作用，做好婚姻家庭维权辅导工作。召开婚姻家庭辅导工作座谈会、婚姻家庭辅导志愿者培训会、妇女儿童权益维护联席会，为2300个家庭提供线上、线下咨询调解、心理咨询、情绪疏导服务。常态化开展普法宣传活动，提高妇女群众和儿童的维权意识和能力。开展线上各类普法宣传200余次，线下活动100余次，发放宣传材料5万份，接受群众询问5000余人，维权接访73次，处结率100%。设置困境母亲暖心包、困境儿童爱心包、"美在农家"奖励包，多种方式为困境妇女儿童送温暖。争取资金62万元，救助157名"两癌"患病妇女，募集"春蕾计划"联合劝募爱心资金50万元，救助困境儿童820名，争取经费12万元，为"美在农家"示范户配备钟表、挂件、书架、春联等物资。（崔瑞安）

沂水县科学技术协会

【科协组织建设】 2022年，沂水县有企业科协14个，乡镇（街道）科协18个。县科协先后获"山东省2022年全国科普日活动优秀组织单位""临沂市'弘扬科学家精神 喜迎党的二十大'科学家精神宣讲大赛优秀组织奖"等称号。

【科技服务】 2022年，沂水县推荐4名科技工作者参加临沂市"沂蒙最美科技工作者"评选活动，有1个团队和1名科技工作者分别获"沂蒙最美科技工作者"和"沂蒙最美科技工作者提名奖"。联合开展2022年"沂水最美科技工作者"学习宣传活动，评选出10名"沂水最美科技工作者"和10名"沂水最美科技工作者提名奖"。在全县组织开展"弘扬科学家精神 喜迎党的二十大"科学家精神宣讲大赛，评选出一等奖1名、二等奖3名、三等奖5名、优秀奖6名。推荐2名优秀选手参加市级宣讲大赛，分别获大赛二等奖和三等奖。组织开展"临沂市科技工作者之家"评选工作，山东烟叶复烤有限公司沂水复烤厂、山东隆科特酶制剂有限公司、沂水二中3家企业、单位被市科协命名为第四批"临沂市科技工作者之家"。组织县内有实力、有发展潜力的科技型企业5家，成功申报临沂市科技工作者之家联盟。持续跟进中国科协专利信息平台相关服务工作，对县内注册的77家企业跟踪维护，推进"科创中国"在沂水县深入开展。

【科技活动】 2022年，沂水县组织开展"科普一分钟"短视频创作大赛作品征集活动，经过专门评审和网络投票，共评出一等奖10名、二等奖15名、三等奖20名。首届沂水县青少年科技节活动征集科普演讲、科普征文作品180余部，科技小制作作品100余件，推选部分优秀作品参加市赛评选，其中获一等奖15名、二等奖17名、三等奖35名。启动以"我和妈妈学科学·美丽家乡我代言"为主

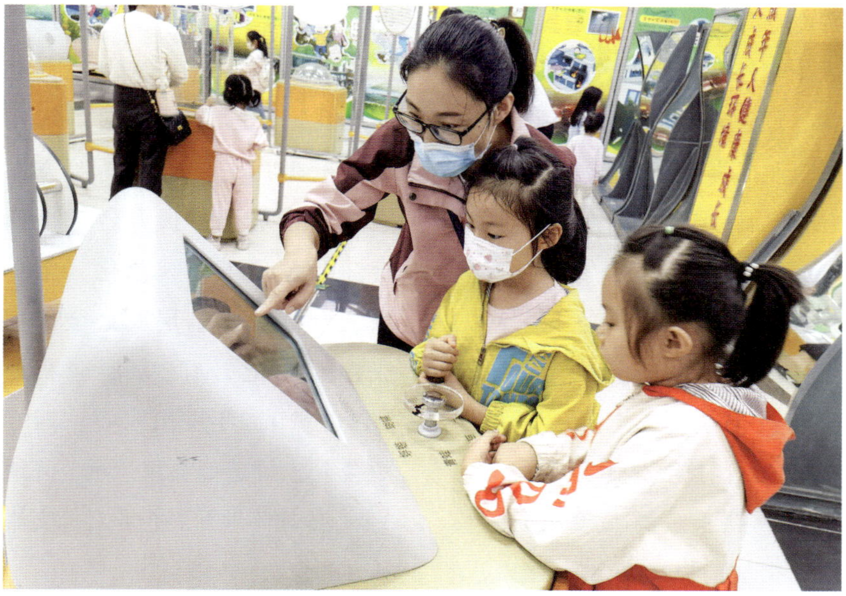

2022年国庆节期间，沂水县科协开展“体验科学 探索未来”科技馆体验活动
（县科协 供图）

题的抖音短视频大赛，评选出一等奖7名、二等奖11名、三等奖16名。沂水县34件小学组作品分获临沂市第37届青少年科技创新大赛二、三等奖，3件科技辅导员作品获市级一等奖并被推荐参加山东省青少年科技创新大赛，2名教师被评为市级“十佳优秀科技辅导员”。

【沂水县科技馆】 沂水县科技馆全年面向社会公众免费开放。2022年，购置新型科普展品12件套，常设展品300余件套，价值820多万元，包括“数学魅力”“电磁现象”“声光奥秘”等系列展品，以及“地理互助教学系统”“智能VR科普一体机”“脚踏发电比赛”等新型展品。展品涉及生物、物理、数学、力学、光学、电磁学等多种基础科学知识。年参观群众2.1万余人，其中80%以上为青少年学生。组织开展“体验科学，探索未来”“红心向党，蓓蕾绽放——手牵手圆梦行动”等各类科教活动8次。（王 艳）

沂水县工商业联合会

【工商联组织建设】 2022年，沂水县建有基层商会26个，其中行业商（协）会8个、乡镇（街道）商会18个，全县乡镇（街道）商会登记管理覆盖率100%。沂水县工商业联合会第十次代表大会召开并完成换届。沂水县工商业联合会被山东省工商联表彰为“全省民营企业调查点工作先进单位”。

【民营经济人士培训教育】 2022年，沂水县开展“沂蒙红商·青蓝接力”行动，召开企业家座谈会4次。联合建设公益性教育平台三众商学院，举办培训会2期，560余人次。以开展“学悟见创”活动为契机，打造民营经济人士“红色课堂”，组织专题学习实践活动20余次，现场研学100余人次。开展“创业好故事、书记好党课、企业好案例”展评和“我为沂水发展献一策”活动，举办“3+1”理论武装体系宣讲会5场，全县26家商会分别组织专题学习，覆盖会员企业500余家。

【民营经济法律服务】 2022年，沂水县建立“工商联+司法”协作机制，从法律法规宣传、企业合规指导、安全隐患规范等方面，提供专业帮助和智力支持。为41家企业进行法律体检，帮助发现、解决法律相关问题53条。依法依规推进企业合规改革试点工作，3起案件被检察院批准适用合规机制。

【民营经济调查研究】 2022年，沂水县开展多层次、广覆盖的走访调研活动，围绕优化营商环境、绿色发展、科技创新、民生和谐等重点调研课题，开展专题研讨、现场观摩调研、成果交流会，形成调研报告8篇，其中《沂水县“3+1”产业体系发展调研报告》获评2022年度山东省工商联系统优秀理论调研成果三等奖。

【民营经济人士参政议政】 2022年，沂水县借助人大、政协“两会”平台，鼓励引导商会组织和民营经济人士建言献策，就事关民营经济发展的重大问题，上报各类议案提案和调研报告20余篇。

【服务民营经济发展】 2022年，沂水县服务民营企业发展，开展“万家民营企业评营商环境”问卷调查、民营经济人士思想状况调查等工作，入库企业填报率100%。带领5家商会和部分企业代表到浙江、青州等地考察学习。召开全县校企合作协商座谈会、食品产业发展园区建设座谈会等5场座谈会，帮助企业招引人才、转型升级。沂水县有1家民营企业获评山东省民营企业创新100强，1家民营企业获评山东省文化旅游行业领军10强。

【民营经济党建】 2022年，沂水县有非公经济企业党组织281个。围绕“3+1”理论武装体系，在全县非公组织中开展“学悟见创”活动、工商联界政协委员联组活动，党组书记就党的二十大、非公党建工作开展专题解读，上一堂党课，推动党建会建“双引领、双融入、双提高”。以开展“学悟见创”活动为契机，依托县党性教育基地、沂蒙山革命根据地、沂蒙红嫂祖秀莲纪念馆等平台，打造民营经济人士“红色课堂”，开展体验教学，通过重温沂蒙红色历史，引导企业把践行沂蒙精神落实到助力社会发展、履行社会责任中。

【民营经济社会服务】 2022年，沂水县引导民营企业、非公经济人士全面参与社会公益事业，履行社会责任。助力光彩事业、慈善公益、疫情防控，累计捐款捐物1000余万元。疫情防控期间，向全县统战干部和广大统一战线成员发布抗击疫情的倡议书，广大商会组织会员企业累计捐赠总额500余万元。

【商会建设】 2022年，沂水县工商联印发《沂水县镇街商会注册登记工作“集中攻坚月”活动实施方案》，将商会注册登记工作列入民营经济统战工作年度考核指标，实行“一月一调度，一月一通报”机制，对镇街商会注册登记流程、商会党组织建设、数据库的维护更新等方面进行专题培训，提升各镇街商会注册登记工作规范化。至年底，全县18家基层商会全部完成注册登记，有2家商会获评2021—2022年度山东省“四好商会”。打造商会组织示范阵地3个，依托阵地开展企业对标交流活动20余次。

【“万企兴万村”行动】 2022年，沂水县开展“万企兴万村”助力乡村振兴行动，印发《关于开展“万企兴万村”助力第一书记抓党建促乡村振兴的实施方案》，发出《关于动员全县民营企业参与乡村振兴倡议书》，全县103个村企结对，引导发动会员企业参与光彩事业、扶危济困、

2022年12月5日，临沂金林混凝土有限公司为第一书记任职村四十里堡镇漩沟子村捐建卫生室获赠锦旗 （赵圣君 摄）

2022年8月9日，沂水县新的社会阶层人士联谊会第二届会员代表大会召开，选举产生新一届理事会、监事会领导班子，并颁发职务牌匾（县工商联 供图）

关爱老人、爱心助学等公益活动，全县民营企业捐献物品资金430余万元。《服务搭桥，村企联姻》入选山东省工商联典型案例。县工商联获评临沂市工商联系统乡村振兴“先进单位”。

【“四心四商”工作机制】2022年，县工商联发挥桥梁、纽带、助手的作用，实施以“育心尊商、爱心亲商、连心重商、舒心护商”为内容的“四心四商”工程，激发民营企业家动力，释放企业能量，赋能工业强县战略行动。坚持“项目为王、企业为尊”理念，召开企业家座谈会等20余场，举办商会亲清“下午茶”等活动，营造重商亲商氛围。组织商会和企业家外出学习考察，形成高质量考察报告。《山东沂水：“四心四商”助力打造工业强县》典型经验被全国工商联《中华工商时报》、省工商联《工作动态》简报刊发。

【沂水县工商业联合会第十次代表大会】2022年5月10日，沂水县工商业联合会第十次代表大会召开。大会听取并审议县工商业联合会（总商会）第九届执委会工作报告，宣读《关于动员全县民营企业参与乡村振兴的倡议书》，选举产生第十届执行委员会和新一届领导班子，郭春玲当选沂水县工商业联合会第十届执行委员会主席。（高 伟）

延伸阅读

沂水县实施“四心四商”工程 推动民营经济统战工作提质增效

沂水县围绕推动经济社会高质量发展目标，树牢“项目为王、企业为尊、发展为先、实干为要”导向，充分发挥统战部、工商联组织的桥梁、纽带、助手作用，实施“四心四商”工程，把民营企业家动员起来、凝聚起来，把广大企业的能量焕发出来、释放出来，为工业强县战略行动强势赋能。经验被全国工商联《中华工商时报》、省工商联《工作动态》简报刊发。

“育心尊商”聚共识

以统战系统“学悟见创”活动为契机，围绕县委“工业强县”战略，组织开展“强县有我”解放思想大讨论，凝聚团结奋进共识。打造“CEO”孵化站、联企e站、会员导师团、沂商发展生态圈等民营企业家实践创新基地各1个，提升企业家素质能力。开展“沂蒙红商·青蓝接力”行动，加大创二代企业家培养力度，现已培育10名“领跑导师”、50名“成长创星”。组织“先进商会”“优秀企业家”评选活动，有20名企业家获得省市县表彰，让企业家“站C位”，提升企业家获得感、荣誉感和责任感。

“爱心亲商”增活力

召开“3+1”产业体系骨干企业座谈会，听取意见建议，做好对接服务。创新推行“问题收集、分类交办、跟踪调度、办结销号”“四步闭环”民企诉求解决工作法，召开诉求办理反馈会4次，解决问题23个，帮助民企融资3.5亿。成立公益性培训机构三众商学院，开设经营管理、心理健康等课程，为企业家减压赋能。组织工商联执常委体检，关心关爱企业家健康。开展“创业好故事、企业好案例”展评活动，展现企业负责人矢志奋斗、干事创业的精神风貌，坚定发展信心，放心创新创业。

“连心重商”促共赢

建立企业家列席全县重点经济工作会议制度，提高企业家政治地位。在20家链主企业成立知联分会，开展“百名专家教授联百企”活动，助力企业加快转型升级。成立食品、装备制造等行业商会分会，采取“1+1”结对方式，实现“强带弱、大带小”合作共赢。链主企业宝美隆公司带动40多家企业扩大规模，会员企业产能提升30%以上。

“舒心护商”优环境

县委出台工业十条、金融十条、人才十条，强化要素保障。县委成立专班帮包85家重点企业，统战部1名班子成员联系2家商会，通过联系帮包，推动各级惠企政策落地见效。落实“一次不用跑·全程帮代办”等服务举措，助力企业上项目、扩产能。联合县检察院建立企业合规第三方监管异地协作模式，3家涉案企业被免予起诉，案例入选最高检典型案例。

（资料来源：“沂水改革”微信公众号2022年9月23日）

沂水县文学艺术界联合会

【文联组织建设】 2022年，沂水县有作家协会、书法家协会、美术家协会、音乐舞蹈家协会、曲艺家协会、戏剧影视家协会、摄影家协会、民间文艺家协会、诗词学会9个文艺家协会、各级会员3145名。其中，作家协会101名，书法家协会496名，美术家协会138名，摄影家协会120余名，民间文艺家协会70名，诗词学会2000名；音乐、曲艺、戏剧3个协会220名；有国家级会员76人、省级会员211人、市级会员767人。山东省文学艺术界联合会《文联信息》刊发《沂水县落实四项措施 为文艺事业高质量发展注入新动能》，在全省推广沂水文艺工作经验。

【文艺创作】 2022年，沂水县创作的大型沉浸式红色舞台剧《红石崮》全省巡演。推动反映沂蒙山区社会主义新农村建设的电影《樱桃崮》在院线上映。创作红色著作《中共中央山东分局在沂蒙》《烽火海棠》等、广播剧《生命的守护》、电影《永不褪色的党旗》《那山那崮那个人》等红色题材文艺作品。长篇小说《顺天河》《沂蒙家传》、组照《西下山村的乡村振兴》等文艺作品入选临沂市“十四五”时期重点文艺创作项目。在第十一届“沂蒙文艺奖”评选中，组照《我的家》获摄影类作品一等奖，长篇叙事史诗《鬼谷子长歌》、组照《沂蒙村口》分获文学类、摄影类二等奖。

【文艺活动】 2022年，沂水县举办“砥砺奋进守初心 青春献礼二十大”青少年书画展，集中展出书画作品100幅。举办“喜迎二十大 聚焦乡村振兴”摄影展，用光影的语言记录群众的幸福生活、描绘家乡的美丽画卷。举办沂水县“激情夏日、唱响沂水”戏曲、舞蹈、声乐大赛。举办“红色王庄 樱桃崮里”红色故事征集活动等。

【文艺志愿服务】 2022年，沂水县开展“文艺进万家·健康你我他”新时代文明实践文艺志愿服务、“到人民中去”、“我们的中国梦”——文化进万家等文艺志愿服务活动100余场次。举办“喜迎二十大、志愿暖沂蒙”活动，创作反映沂水县历史人文、自然风光、发展成就等方面的各类文艺作品200余件。在10余所中小学校开展“十人十校十讲”文学公益讲座活动，讲解各类题材作品的写作方法，受益学生2万人。开展“喜迎二十大 讴歌新时代”沂水县“沂河之声”文艺志愿宣讲活动。组织开展送文化下乡活动，现场写福字写对联，创作书画作品2000余件。组织书画进校园活动10余次，创作书画作品500余件。

【“文艺之家”阵地建设】 2022年，沂水县在市民文化艺术中心

2022年4月28日，沂水县文艺工作座谈会召开　（县文联　供图）

建设县“文艺之家”，涵盖文艺之家办公室、各文艺家协会办公室、文艺大讲堂、书画创作室、艺术展厅、艺术交流会客厅和文艺作品储藏厅等，总面积2100平方米。4月28日，县委专题召开文艺工作座谈会。8月28日，县作家协会成立暨第一次会员代表大会召开。10月6日，县美术家协会成立暨第一次会员代表大会召开。

【文艺工作座谈会】　2022年4月28日，在“双百（百花齐放、百家争鸣）”方针提出66周年之际，县委专题召开文艺工作座谈会，谋划新时代沂水文艺发展。县委主要领导、县文联及各文艺家协会负责同志和乡村文艺工作者代表参加。会议提议自2022年起设立“沂河文艺奖”，每3年一届。加大文艺创作、生产、展演奖励扶持力度，改善各文艺家协会条件，以实际行动推动文艺事业大发展、大繁荣。　（王筱菲）

沂水县残疾人联合会

【残联组织及残疾人】　2022年，沂水县有县乡残联组织19个，残联工作人员64人，村残协387个，残疾人专职委员387人，各类残疾人专门协会5个。全县持证残疾人37051人。其中，视力残疾2990人，听力残疾3523人，言语残疾392人，肢体残疾22839人，智力残疾2865人，精神残疾2742人，多重残疾1700人；按照残疾等级分，一级残疾3398人，二级残疾8310人，三级残疾7554人，四级残疾17789人。12月13日，县残联第八次代表大会召开，完成换届。　（沙晶晶）

【残疾人服务机制】　2022年，沂水县残联制定《沂水县残疾人专职干事绩效考核办法》《关于进一步加强村残协专职委员管理工作的通知》等文件，聚焦残疾人实际需求，健全“一事一跟踪”服务机制，推动残疾人工作规范化、常态化开展。发挥基层残联组织在残疾人事业中的主体作用，完成3.9万余名持证残疾人基本状况调查工作，征集各类需求9513条。深化残疾人证“跨省通办”一次办好和“上门办证”服务工作，全年新办残疾人证1601个，其中上门办理350个、“跨省通办”83个。将志愿助残服务纳入全县农村信用体系建设。6月1日，沂水县在山东省残联检查评估村（社区）残协建设工作中获全省第二名。　（张树明）

【残疾人社会保障】　2022年，沂水县有已脱贫建档立卡残疾人11835人，易返贫致贫监测残疾对象416人，残疾人惠残政策全部落实到位。坚持兜底保障，落实困难残疾人生活补贴和重度残疾人护理补贴标准动态调整机制，全县有14227名残疾人纳入最低生活保障范围并享受困难残疾人生活补贴，一、二级残疾人每人每月170元，三、四级残疾人每人每月146元。有11360名残疾人享受重度残疾人护理补贴，一级残疾人每人每月152元，二级残疾人每人每月135元。落实持证残疾人政府代缴居民医疗保险政策、重度残疾人政府代缴最低限额养老保险和提前5年领取养老保险金政策，为21506名持证残疾人代缴城乡居民医疗保险费688.2万元，为1.2万名重度残疾人代缴居民养老保险50余万元。

【残疾人就业服务】 2022年，沂水县推进残疾人劳动就业，对7534名就业年龄段残疾人进行就业状况调查，专项开展残疾人职业技能和农村实用技术培训428人次，全年新增城镇就业24人，新增农村就业1022人，城乡公益性岗位残疾人就业809名。开展用人单位按比例安排残疾人就业年审，全县113个用人单位安排残疾人就业277人，未按比例安排残疾人就业的用人单位缴纳残疾人就业保障金700万元。新培育残疾人辅助性就业机构省级1处、市级2处。推荐7名残疾人参加市残联举办的淘宝云客服培训，助其实现居家就业。提升“齐鲁手创”盲人按摩机构标准化建设水平，新打造2处盲人按摩标准化建设机构。

【残疾人教育服务】 2022年，沂水县落实残疾大学生励志助学项目，按照专科4000元、本科6000元、硕士研究生8000元、博士研究生10000元的标准，为年内考入高等院校的11名残疾人大学生发放一次性励志助学金4.6万元。做好残疾儿童康复教育，建设县级特殊教育资源中心1处，建成特殊教育示范性资源教室6个、资源教室24个，配全配齐各功能教室，保障残疾儿童少年的康复、评估和训练。开展“送教上门”工作，残联、卫健、教育等部门组成的残疾儿童专家鉴定委员会每年定期摸底排查残疾儿童并进行入学能力评估鉴定，根据评估情况，对每位残疾儿童提出最合适的受教育安置方式，保障每一个残疾儿童享受公平有质量的教育。（武传中）

【残疾人康复服务】 2022年，沂水县新增2家残疾儿童定点康复机构。全县有听障儿童、肢体儿童定点康复机构各1家，智力儿童定点康复机构2家，孤独症儿童定点康复机构3家，县残联审批救助各类残疾儿童345人，其中肢体残疾40人、智力残疾140人、精神残疾132人、听力33人。建立健全残疾儿童筛查诊断工作机制，成立儿童残疾筛查诊断中心，通过县妇计中心和各级医疗机构，及时筛查发现疑似残疾儿童并转介至定点康复机构，实现残疾儿童康复救助全覆盖。根据残疾人精准康复服务要求及残疾人基本状况调查需求，适配各类辅具1008件，其中适配下肢假肢44例、儿童矫形器33例、儿童助听器31例。对全县脱贫仍享受政策的残疾人、残疾儿童（0—17周岁）、重度残疾人、精神残疾人、一户多残家庭的残疾人5类人员开展家庭医生签约服务，签约22551名残疾人，拨付服务经费22.6万元。开展《山东省残疾预防与残疾人康复条例》宣传学习，印发《沂水县防聋治聋行动方案（2022—2025年）》《关于成立县级儿童残疾筛查诊断中心的通知》，在“全国爱耳日”“全国爱眼日”等节日开展残疾预防进社区、社会融合等活动，宣传普及残疾预防知识。（郭春欣）

【残疾人权益保障】 2022年，沂水县按照残疾人居住一户一案的原则，为255户困难重度残疾人实施家庭无障碍改造。对12名有法律援助需求的残疾人提供法律援助服务，向申请临时救助的4名残疾人发放救助金5000元，接待残疾人来电来访500余次，通过“12345”政务服务便民热线解决残疾人诉求29件，按时办结率100%。开展法治宣传教育活动，在“国家宪法日”“国际残疾人日”期间，通过设置宣传展板、政策咨询台、普法宣传车，向群众发放宣传材料，现场解答相关政策问题。春节和助残日期间，投入资金4.5万元，走访慰问56户困难残疾人、重度残疾人家

2022年2月15日，龙家圈街道“如康家园”开展“民风民俗、五彩元宵”活动　　　　（县残联　供图）

庭，7家残疾人集中的学校、企业和机构。　　（沙晶晶）

【“如康家园”残疾人之家】 2022年，沂水县新建“如康家园”残疾人之家14处，乡镇（街道）实现全覆盖，133名精神、智力及重度肢体残疾人得到辅助性就业、日间照料、康复训练、文化娱乐、技能培训、心理咨询等服务。12月1日，沂水县在全市“如康家园”工作会议暨业务培训上作典型发言。　（武传中）

【残疾人事业宣传】 2022年6月29日，临沂市残疾人文化周启动仪式暨“学听跟”活动在沂水县举行，通过残疾人自强模范事迹宣讲、参观“不忘来时路”主题展览等活动，宣传党的奋斗历程和发展成就，激发广大残疾人爱党爱国的热情。组织举办18场残健融合文艺演出，搭建残疾人融入社会文化生活的平台。组织开展“书香中国·阅读有我”活动，结合文化进社区项目，推动残疾人参与全民阅读。打造媒体宣传矩阵，推出《沂水县残疾人工作经验交流》，分享最新资讯及各乡镇促进残疾人事业发展的经验做法和成效，全年在新闻媒体、报纸、网站和微信公众号刊发稿件130篇。“沂蒙榜样”、沂城街道残疾人专职干事田琦作为县优秀共产党员先进事迹宣讲报告团成员参加党课宣讲活动5次。组织参加山东省残联、齐鲁晚报社联合举办的“黄河魂·自强梦”《我的奋斗故事》征文比赛活动，选送的16篇征文获一等奖3件；组织参加临沂市“喜迎二十大　奋进新征程”残疾人视频演讲比赛，获一等奖2件；在临沂市残疾人事业好新闻评选中，获广播类一等奖1件。全县信息宣传工作获全市第一名。　（葛晓东）

【沂水县残疾人联合会第八次代表大会】 2022年12月13日，沂水县残疾人联合第八次代表大会召开。大会听取并审议通过沂水县残疾人联合第七届主席团向大会所作的题为《不忘初心·砥砺奋进　努力开创全县残疾人事业新局面》的工作报告；选举产生沂水县残疾人联合第八届主席团委员、第八届主席团主席、副主席，沂水县出席临沂市残疾人联合会第八次代表大会代表、主席团委员候选人，聘请第八届主席团名誉主席；推举产生沂水县残疾人联合第八届执行理事会理事长、副理事长、理事和各专门协会主席、副主席。　（张树明）

沂水县红十字会

【人道救助】 2022年，沂水县为13名捐献造血干细胞志愿者发放慰问金2万元。开展2022春节送温暖活动，对大病困难家庭、贫困家庭、孤寡老人等特殊群体187户211人发放价值3万元的慰问品。办理9名患儿小天使彩票公益金项目申请。全年接收并分配疫情防控捐赠物资5笔，捐赠款项2笔，价值63.9万元。

【“三献”工作】 2022年，沂水县推动造血干细胞捐献、遗体

2022年6月8日，沂水县红十字会为山东恒泰纺织有限公司培训救护员27名，并发放救护员证（县红十字会　供图）

（器官）捐献、无偿献血等人道服务，做好“三大捐献”组织、发动、咨询、登记、捐献及追踪服务工作。县红十字会对2名初筛成功的造血干细胞志愿者进行再动员，对1名高分辨成功的造血干细胞志愿者进行体检。办理遗体捐献登记2人，实现捐献1人。办理角膜登记2人，实现捐献1人。组织无偿献血宣传活动3次，无偿献血7987人（次）246.7万毫升。

【应急救护培训】　2022年，沂水县红十字会举办应急救护培训“进企业”1场，培训人员35人，举办救护员持证培训2场，考核并发放救护员证49人。全年开展应急救护知识普及宣传5次，发放宣传材料450份，惠及群众1180人次。

【“世界急救日”宣传活动】　2022年9月9日，沂水县红十字会联合明亮义工在南庄社区振兴花园进行“世界急救日”宣传活动。活动中10名志愿者现场讲解应急救护知识，开展心肺复苏、海姆立克急救法等应急救护技能培训。（董旭南）

沂水县计划生育协会

【计生协会组织概况】　2022年，沂水县有县级计生协会1个，乡（镇）级计生协会18个，村级计生协会1028个，志愿者96人。

【计生奖励扶助】　2022年，沂水县全面落实计划生育利益导向工作机制，对独生子女父母符合奖励扶助条件的计划生育家庭人员，按照每人每月80元的标准，为符合奖励扶助14380人发放奖励扶助金1376万元，符合计划生育特别扶助520人发放特别扶助金517.8万元，符合独生子女57人发放退休一次性补助134.3万元。发放独生子女父母奖励费，农村符合条件14934人，发放金额155.3万；城镇符合条件983人，发放金额9.3万元。

【特殊家庭关爱】　2022年，沂水县优先把全县计生特殊家庭纳入家庭医生签约范围，为每个家庭成员建立健康档案，开通就诊“绿色通道”，提供全方位的健康关怀。利用中秋节、春节、“7·11”世界人口日等节日，集中开展多种形式的走访慰问活动，发放慰问金和慰问品23.8万元。为特殊家庭人员400余人办理护理险，免费办理“意外和重大疾病安康保险”，实行商业保险补充，增强特殊家庭抵御风险的能力。

【沂水县计划生育协会第四次会员代表大会】　2022年5月31日，沂水县计划生育协会第四次会员代表大会召开。大会回顾总结县计生协第三次会员代表大会工作，明确今后5年的主要目标任务，审议通过《沂水县计划生育协会第三届理事会工作报告的决议（草案）》，选举产生县第四届计划生育协会领导机构，并聘请县政协主席郭忠友为县计划生育协会第四届理事会名誉会长。

（张　晗）

法 治

政法委与综治

【概况】 2022年，沂水县统筹发展和安全，实施依法治县战略行动，落实平安法治建设各项措施，推动社会治理创新、风险隐患防控、信访矛盾化解、营商环境优化、政法队伍建设等工作，走深走实、见行见效。年内，政法系统开展“党建引领 共同成长”品牌创建、“强县有我 政法护航”等主题活动，优化政法部门政治生态，提升政法干警素质。完成关键时间节点安保工作，侦办黑恶势力犯罪集团案件1起，成功追捕归案境外逃犯1人，排查化解各类矛盾纠纷1602起，化解率99.2%。沂水县重大决策社会稳定风险评估及铁路护路联防工作经验做法被中央及省、市领导充分肯定，分别在《长安》、《平安山东建设简报》、中国长安网发稿1篇，《山东省沂水县规范稳评标准抓实源头防控》一文在中央政法委机关刊物刊发。

【法治营商环境优化】 2022年，沂水县制定出台《全县政法机关深入推进法治化营商环境建设的实施意见》《关于建立营商环境问题诉求办理“绿色通道”的通知》，成立工作专班，开展全县优化法治营商环境调研，深化政法“放管服”改革举措。实行涉企经营许可事项全覆盖管理，将“一业一证”改革由20个行业扩展到50个行业。打造“无证明城市”，在企业开办、生产许可、证明事项等领域推行告知承诺制度。持续推进证明事项清理，动态调整证明事项清单，向社会公布。加强政务诚信建设，重点治理政府采购、招标投标、招商引资、债务融资等领域的失信行为。

【平安建设】 2022年，沂水县开展“强意识、严打击、重整治、创平安”“打现行、扫黑恶、反诈骗、治拐卖、追逃犯”等集中行动，开展拉网式、滚动式线索摸排，整治重点行业领域，保持对黑恶霸痞势力依法严惩的高压态势。全年新增市扫黑办交办和自受线索16件，立案侦查9类涉恶案件50起，破获案件20起。常态化推进扫黑除恶宣传，结合“六进”、文艺汇演等开展《中华人民共和国反有组织犯罪法》及扫黑除恶政策、知识、战果宣传，组织《中华人民共和国反有组织犯罪法》知识竞赛56场次，发放宣传手册、明白纸55.7万份，征求群众意见建议500余条，编发手机公益短信19.4万条，集中演出823场次。持续开展平安村居（社区）、单位创建，挖掘工业园区创建单位，逐村分析创建资质，有针对性地开展问题排查整改，平安村居（社区）、单位创建率分别达到81%和99%。

【社会治理体系建设】 2022年，沂水县制定《推进市域社会治理现代化工作方案》《社会治理平台建设工作推进方案》等9个专项推进方案，实行市域社会治理项目化运作落实。制定出台《乡镇街道、村社区综治中心规范化建设标准》《综治中心建设深化提升工程实施方案》，镇村综治中心的工作职责、内设机构、人员配备等全面规范。县社会治理中心建设主体办公区投入使用，镇级综治中心采取“8+N”模式设置，逐步实现镇村综治中心的实体化、规范化建设。完善全省社会治理网格化智能工作平台建设。实现基础信息建档、事项流转办理、工作指挥调度、队伍考核管理等全程信息化，提升全县社会治理信息化、智能化水平。

【矛盾纠纷多元化解】 2022年，沂水县完善“访调对接”工作机制，按照“属地管理”和“谁主管谁负责”原则，对一般性矛盾纠纷、婚姻家庭矛盾纠纷、邻里关系矛盾纠纷等重点领域，落实矛盾纠纷多元化解责任，提升矛盾纠纷化解效能。全年排查出各类矛盾纠纷1615起，化解1602起，化解率99.2%。沂水县在全市诉源治理现场会上作经验交流。

【执法司法监督】 2022年，沂水县开展涉法涉诉信访案件“四查四清四到位”评查化解工作，开展重点案件评查，采取调度、通报、约谈、实地督导等方式，落实责任。全年完成35起涉法涉诉案件化解，化解率92.1%，评查出的29处瑕疵性问题全部得到有效整改；对判处实刑未执行案件进行详细梳理、分析研判，57起判处实刑未执行案件执行30起。

【铁路护路联防】 2022年，沂水县组织铁路沿线乡镇成立7个专项整治小组，对铁路沿线周边堆积秸秆杂物、私搭乱建彩钢房设施等影响铁路安全运行的各类隐患进行排查、整治。安装拌线报警、星光全彩等监控摄像头，提高沿线治安防范能力；组织开展“5·26”我爱路、“爱·在乡间—爱路护路百镇千村行”集中宣传，提升沿线群众爱路护路意识。沂水县在平安山东建设护路联防工作视频会议上作交流发言，县政法委被评为山东省2021年铁路护路联防工作先进集体。

【“强县有我 政法护航”主题活动】 2022年4月28日，沂水县在政法系统开展“强县有我 政法护航”主题活动，以引导全县政法干警主动融入大局，更好地服务于全县“七县”建设战略行动。印发《沂水县政法系统“强县有我政法护航”解放思想大讨论活动实施方案》。政法各部门立足自身主责主业，深入调研剖析在优化营商环境、涉企案件办理等方面的亮点和不足，研究制定服务保障县域经济发展方面的相关措施。“强县有我 政法护航”主题活动于5月27日结束。

【矛盾纠纷大排查大化解百日攻坚行动】 2022年4月28日，沂水县开展矛盾纠纷大排查大化解百日攻坚行动。矛盾纠纷大排查大

2022年4月28日，县委平安沂水建设领导小组会议暨全县矛盾纠纷大排查大化解百日攻坚行动动员会议在县委礼堂召开 （县委政法委 供图）

化解百日攻坚行动对一般性矛盾纠纷、信访积案、涉法涉诉案件进行排查化解。在政法委、司法局、信访局分设矛盾纠纷排查调处、重点信访案件排查化解、涉法涉诉信访案件排查化解等工作专班。通过集中接访、干部下访、座谈走访等形式，逐村进行排查，把已经发生和有可能发生的矛盾纠纷、重点信访问题全部纳入视线、建立台账，每周定期报专班汇总。行动期间排查化解一般性矛盾纠纷335起，重点信访案件155起。（于文栋）

2022年6月29日，中共沂水县委全面依法治县委员会第五次全体会议暨党政主要负责人现场述法工作会议在县委会议室召开（县司法局 供图）

法治政府建设

【概况】 2022年，沂水县巩固全省法治政府建设示范县创建成果，全面落实依法治县各项工作任务，法治政府建设向纵深推进。制发县政府规范性文件5件，将法治政府建设纳入全县高质量发展绩效考核，完善依法行政制度体系。深化综合行政执法体制改革，加强行政复议应诉，行政机关负责人出庭率100%；创新“五维”立体式和四部门联动的行政执法协同监督机制，承接市县乡三级行政执法协调监督工作体系建设试点工作，行政执法质量和效能持续提高。主动落实政务公开，推进诚信政府建设。

【依法治县机制建设】 2022年，沂水县实施依法治县战略行动，落实领导责任、主体责任、配合责任制定下发法治沂水、法治社会、法治政府、法治建设系列纲要文件，全县73名县直单位、乡镇（街道）党政主要负责人向县委全面依法治县委员会述法。以依法治县战略“龙虎榜”评选为载体，每月对各乡镇（街道）单位依法治县工作推进情况进行综合评定，“龙虎榜”成绩在县委、县政府公示栏公示，通过简报、沂水新闻、“沂水发布”微信公众号通报，并纳入全县高质量发展综合绩效考核，年终对法治政府建设先进集体及个人进行表彰。

【合法性审查】 2022年，沂水县制定《沂水县人民政府规范性文件管理规定》《沂水县政府合同合法性审查办法》，审查文件66件。其中，规范性文件8件，审查县政府各类合同协议66件，清理县政府规范性文件65件，决定继续有效30件、宣布失效26件、废止2件。

【行政复议应诉】 2022年，沂水县坚持“存疑受理”，推行“一次性告知”，收到行政复议案件255件，其中受理112件，全部审结。经和解调解当事人自动撤回申请，复议终止26件，调解和解率23.4%；纠错案件35件，直接纠错率31.5%。制定《行政诉讼和行政复议败诉案件责任追究办法（试行）》，对因主观原因造成的行政行为错误或因懈怠应对行政诉讼案件造成的败诉，落实责任追究。利用约谈、考核等形式，督导行政机关负责人出庭应诉，办理一审应诉案件19

件，均按时答辩应诉，参与庭审12次，负责人出庭率100%。

【行政执法监督】 2022年，沂水县持续开展县、乡两级协调监督工作体系建设试点工作，创新行政监督、纪检监督、社会监督、舆论监督、行政对象监督相融合的“五维”立体式行政执法协同监督模式，在18处乡镇（街道）建立行政执法监督协调办公室，推进乡镇（街道）严格规范公正文明执法。全年开展市场监管、城市管理、交通运输、应急管理、农业农村、文化旅游6个行业领域的专项督查，排查问题22处，处理“12345”热线投诉5个、行政复议案件线索1起，下达行政执法监督意见书9份。发挥社会监督作用，选聘第一批行政执法社会监督员10名。创新“热线+部门+媒体+纪委+司法”“12345”行政执法工单督办新模式，调取“12345”热线涉及行政执法的工单，集中分析研判，对其中可能存在的不作为、乱作为情况，邀请热线办、“沂水首发”媒体记者与协同监督工作人员直达行政执法现场，全过程曝光行政执法行为。全年进行现场督办涉及行政执法工单11件，现场解决9件，答复满意率100%。创新行政执法监督小程序，解决行政执法现场监督不及时的问题，保障行政执法事前、事中、事后的全流程监督。

【政府法律顾问】 2022年，5名县委、县政府法律顾问代理行政复议与行政诉讼案件22件，参加案审会、专题讨论等会议63次，参与规范性文件、合同合法性审查35次，出具法律意见37件。

【行政执法协同监督新机制创建】 2022年，沂水县建立人大、纪委监委、检察机关与司法行政机关协同联动的行政执法协同监督新机制。从四部门抽调工作人员，组成协同监督检查组，通过日常监督检查、综合监督检查、专项监督检查、抽查暗访监督检查等4种方法，开展全方位多角度监督检查。推广“沂码监督”行政执法协同监督小程序，将全县所有登记在册的市场主体纳入适用范围，将全县53个行政执法主体、1572名行政执法人员纳入“数字监督”，设立行政执法监督企业联系点36个，发挥行政相对人行政执法第一监督人作用。该做法被最高检察院、司法部、新华社、人民网、《经济日报》等宣传报道。 （林国强）

公 安

【概况】 2022年，沂水县聚焦党的二十大安保主线，强化公安主责主业。开展常态化巡查宣防，全年刑事发案比上年下降21%。开展涉危涉爆等安全隐患排查整治，未发生任何问题；全面承担全县疫情防控联防联控等急难险重任务。完成党的二十大等重大安保任务。行政复议案件、行政诉讼案件全部保持执法安全“零事故”。出台优化营商

2022年8月19日，沂水县公安局举办“向党和人民报告——全县政法（公安）机关开放日”活动 （县网信中心 供图）

环境系列文件，聘请人大代表、企业家等特邀监督员160余名。1月11日，全省法治公安建设高质量发展现场推进会在沂水县召开。

【治安管理】 2022年，沂水县开展黄赌专项整治行动，查处赌博案件27起55人，查处介绍、容留妇女卖淫案10起，刑事拘留7人、治安处罚38人。开展危爆物品安全监管大排查大整治专项行动，重点排查整治民爆物品安全、枪支弹药安全、烟花爆竹安全、剧毒和易制爆危险化学品安全。全县全年零事故。

【刑事犯罪侦查】 2022年，沂水县常态化推进扫黑除恶、打击治理电信网络诈骗以及刑事技术等重点工作，侦破刑事案件1132起，抓获各类违法犯罪嫌疑人2287人，其中7起命案全破，抓获境外涉黑目标逃犯。建设新型犯罪研究作战中心，全县电信网络诈骗案件立案427起，破案151起，采取强制措施266人，止付银行卡5206张，止付金额17561万元，冻结银行卡157张，冻结金额570万元。

【经济犯罪侦查】 2022年，沂水县立涉经济犯罪案件28起，破案19起，抓获犯罪嫌疑人116人，挽回经济损失2亿余元。破获“智慧高速公司”等非法吸收公众存款案，抓获涉案犯罪嫌疑人62人。依托抖音等各种资源平台和载体，开展预警防范宣传。

【禁毒工作】 2022年，沂水县开展全县打击毒品违法犯罪专项行动、全县禁种铲毒专项行动，抓获毒品犯罪嫌疑人25人。开展禁毒宣传教育活动25次，其中开设禁毒讲座12场次，设置禁毒宣传栏6处，发放禁毒宣传资料3万余份。禁毒大队被公安部授予“全国公安机关五一劳动节成绩突出集体”称号。

【食药环违法犯罪侦查】 2022年，沂水县侦破食药环知领域刑事案件48起，抓获犯罪嫌疑人92人，提请逮捕13人、移诉75人。在全市公安机关严厉打击非法采矿犯罪专项行动中居第一名，在依法严厉打击制售假药劣药犯罪重点攻坚专项行动中居第五名，在食药环侦部门案例评析活动中获得二等奖，1起涉嫌非法采矿案被省厅评为全省公安机关“昆仑2022”专项行动第四批督办案件。

【户政管理】 2022年，沂水县深化“放管服”改革，简化手续，优化流程，推进减证便民，推进居民身份证、居住证电子化及互通互认；设立24小时自助服务大厅，配备居民身份证自助申领一体机方便群众自助申领；双休日、节假日轮班上岗，提供延时服务。全年办理户籍业务12.6万人次，居民身份证5.5万个，临时身份证5189个，全国异地居民身份证553个，自助办理身份证71个，出生登记8608人，死亡登记1.8万人，户口簿1.4万本，边境通行证162本，出具临时身份证明6289张。提升网办效率，依托“山东公安”App、“山东微警务”“临沂微警务”微信公众号，建设集“业务咨询、网上预约、网上预受理、网上查询”于一体的微信公众服务平台，网上申办户口业务1547项，主动上门办证780人次，接受群众业务咨询1.8万余次。

【出入境管理】 2022年，沂水县受理护照、往来港澳通行证等各类出入境证件683件次，为境外人员办理居留、延长居留手续31件次，县公安局出入境管理大队在群众满意度测评工作中获全省、全市第一。打击妨害国边境犯罪，侦办组织他人偷越国边境犯罪案件1起，抓获犯罪嫌疑人1人，遣返“三非”外国人8人。县公安局出入境管理大队被省公安厅授予“全省公安机关集中打击妨害国边境管理专项行动成绩突出集体”称号。 （王钧正）

【道路交通安全管理】 2022年，沂水县下发《隐患排查整治

2022年3月18日，沂水县交警大队对危化品运输车辆进行检查
（县交警大队　供图）

“回头看”方案》《道路交通安全专项整治方案》《“防风险、查隐患、保底线”专项整治方案》等文件，部署“两路两车”、道路交通秩序整治、酒醉驾和务工人员综合治理、交通安全隐患大排查大整治等专项整治行动，查处各类交通违法行为36.6万起，排查整改公路类交通隐患418处，整改校园周边安全隐患21处。全年无执法安全事故。完成面包车建档1.9万辆、三轮车建档2.5万辆，发放宣传彩页2.7万张，签订承诺书4.5万份。县交警大队自主研发应用涉案车辆管理系统、法律文书电子送达系统、远程执法系统，完善执法监管体制机制。自主研发的涉案车辆管理系统在全市推广。推进警力下沉，在城区17个路口和11所学校路段落实高峰岗、助学岗制度。调整沂河东路、长安路等路段交通信号灯160余处，路口通行效能不断提升；新增21处交通信号灯，施划标线700余平方米。全县新车注册1.2万辆，办理过户2.1万辆，转入车辆4956辆，办理机动车抵押解押1.4万起，机动车变更登记2527起。受理驾驶证报名2.1万人，驾驶证补证换证2.4万本，补领号牌行驶证登记证书3582本，回访群众6.3万条。重点车辆审验率和报废率达100%，重点驾驶人审验率和换证率提升45%。县车辆管理分所被评为全省一等车辆管理所。

（韩　旭）

【监所管理】　2022年，沂水县对监所加强巡视监控和教育管理，组织开展安全大检查24次，全面排查安全隐患，清除违禁物品，消除各类隐患苗头，保障监所安全与稳定。县公安局监管大队被市局监管支队评为“示范看守所”7次、“示范监室”12次。服务视频提审349人次、开庭198人次、律师会见294人次。

【网络安全治理】　2022年，沂水县建立网安工作室，明确网安联络员，配备等级保护工具箱、安全检查工具箱和应急处置工具箱，推进网络安全等级保护、互联网信息系统数据安全保护工作。配合网信部门查处从事危害网络安全活动案等4类案件10余起，不履行网络安全管理义务10余起，非法获取他人信息1起。打击侵犯公民个人信息犯罪，核查侵公线索7条，立案侦查2起，抓获犯罪嫌疑人2名。

【警用无人机应用】　2022年，沂水县致力打造“无人机+警务”的实战实用新格局，投入经费150余万元，组建警航专班，配备民警2人、辅警16人，配备无人机38架、搭载设备12套。全局20名民警、2名辅警考取民航局无人机驾驶员合格证，实现持证上岗。警航专班在全市警用无人机比武竞赛中获第一名。

【执法办案管理中心成立】　2022年，沂水县建成执法办案管理中心，建筑面积5700平方米，设功能区6个、功能室130个。执法办案管理中心对标齐鲁“规范警务”品牌建设，整合办案中心、案管中心、涉案财物中心。8月22日，执法办案管理中心被公安部评为全国公安机关建设应用成效突出的执法办案管理执法中心。

【全国公安机关爱民模范集体、人民满意的公务员集体】 2022年5月22日，马站派出所被公安部表彰为“全国公安机关爱民模范集体”，9月19日被省委、省政府表彰为“人民满意的公务员集体”。马站派出所践行新时代“枫桥经验”，创新建立沂蒙乡贤“四层级”（乡镇、村居、管理区、沂蒙乡贤领导小组办公室），“三条线”（人民调解、行政调解、司法调解），“一联席”（镇综治、信访、派出所、法庭、司法、公益律师等）矛盾纠纷多元化解新机制，实行沂蒙义警“共建共治共享”社会治理新模式。年内，辖区刑事发案比上年下降56%，“110”接报刑事、治安警情比上年分别下降44.4%、17.3%，电诈案件“零发案”，群众安全感在全市162个乡镇中位居前列。

（王钧正）

检　察

【概况】 2022年，沂水县开展“清积提质”“提升质效 重点攻坚”和“夺旗打榜 重点攻坚”专项行动，办理刑事、民事、行政和公益诉讼各类案件1764件，9起案件入选最高检典型案例和全省检察机关典型案例，案件审结率等多项指标居全市第一位。县检察院与公安机关共同设立侦查监督与协作配合办公室，促进侦查办案质量提升。

【刑事检察】 2022年，沂水县办理审查逮捕案件217件239人、审查起诉案件952件1133人。持续打击危险驾驶、放火等危害公共安全犯罪449件455人，起诉故意杀人、强奸等严重暴力犯罪55件66人。开展扫黑除恶斗争，坚持打早打小、促进常治长效，发挥侦查监督与协作配合办公室的信息共享优势，提前介入侦查公安机关拟作为涉恶犯罪处理的共同犯罪案件4件。开展利用手机软件违法收集使用个人信息的专项监督，办理侵犯公民个人信息案件20件23人。落实用最严密法治保护生态环境，办理非法采矿案件36件70人，批捕10人、起诉15人，起诉危废类污染环境案2件4人。打击涉众型金融犯罪，对非法集资案提前介入引导侦查取证和追赃挽损，依法从快批捕36人，提起公诉22人。贯彻“断卡”行动要求，稳慎处理新型网络犯罪案件，与公安机关形成案件提前商讨、介入机制，办理新型网络犯罪案件56件102人。宽严相济处理侵财类刑事犯罪，办理侵财类案件109 件121人，对初犯、偶犯、社会危害不大的轻微侵财类案件宽缓处理，对惯犯、社会危害性较大的案件从严打击。做好企业合规改革工作，对4家企业开展合规整改考察，规范适用企业合规流程规定。开展打击整治养老诈骗专项行动，成立专项行动领导小组，与公安机关会签提前介入协作办法，规范办案衔接机制。开展线上、线下相结合的主题宣传，将打击整治养老诈骗犯罪宣传与党员“双报到”等工作结合，扩大宣传覆盖面。加强看守所监管活动的监督，督促看守所与监狱机关进行协调沟通及时移交，监督纠正刑事执行各类违法违规问题17件。对600余名接受社区矫正人员进行2次考察，通过随机抽查方式走访司法所、村镇街道人员，发现并监督纠正监外执行违法案件47件，规范社区矫正工作。对于财产刑执行过程中存在的执行程序不规范、执行方式不当等方面存在的问题发出违法通知书14份，督促法院规范执行。

【民事检察】 2022年，沂水县重点监督法院在民事审判、执行过程中违法送达文书、超期审理等问题，发出民事审判程序及民事执行程序监督检察建议89份，其中执行监督检察建议36份、民事审判监督检察建议53份，采纳率、回复率均为100%。支持民事起诉，办理民事支持起诉案件38件，支持起诉意见采纳率100%。

开展建设工程领域支持农民工起诉专项监督，办理案件22件，为22名农民工追回欠薪23.4万元。

【行政检察】 2022年，沂水县办理行政检察监督案件47件，其中办理行政生效裁判结果监督案件3件，办理行政审判程序违法监督案件13件，发出检察建议13份，均回复采纳。办理行政非诉执行监督案件18件，发出检察建议18份，均回复采纳。针对生效裁判向行政机关发出检察建议案件2件，均回复采纳。推进行政争议实质性化解工作，办理行政争议实质性化解案件10件，为申请人免除加处罚款29万元。

【公益诉讼检察】 2022年，沂水县开展公益诉讼服务保障乡村振兴战略，纵深开展土地生态修复专项行动。开展野生动物保护监督活动，针对非法狩猎陆生野生动物违法行为，发布诉前公告2起，提起刑事附带民事公益诉讼1件。全年办理侵犯公民信息刑事附带民事公益诉讼案件9件。受理公益诉讼案件线索32件，立案31件，提出行政诉前检察建议19件，回复率100%。发布民事公益诉讼诉前公告12件，提起刑事附带民事公益诉讼案件3件，判决、调解6件。

【未成年人检察】 2022年，沂水县在“六一”儿童节前夕举办检察开放日活动，邀请人大代表旁听法治教育宣讲。县检察院与县妇联等3家单位会签家庭教育指导工作实施办法，召开联席会，建立协作机制，共同推动家庭教育指导工作落地实施。推动检察人员落实1号检察建议、强制报告、入职查询等制度，对密切接触未成年人的人员把好入口关。参与社会治理，对落实强制报告制度不严等问题，制发检察建议4件，推动开展专项整治。全年办理涉未成年人刑事案件77件116人，开展法治进校园宣讲5场、进社区宣讲2场。

【检察监督】 2022年，沂水县加强立案监督和侦查活动监督，监督立案14人，监督撤案12件，纠正漏捕、漏诉37人，提前介入侦查32件，提请刑事抗诉2件，书面纠正审判、侦查活动违法133件。发挥“侦查监督与协作配合办公室”作用，全面提前介入公安机关在侦案件，跟踪监督已进入诉讼程序案件，对公安机关办案情况进行实时动态监督，监督撤案2件，监督立案3人，移送犯罪线索2条，发现抗诉线索1条。全年办理各类民事监督案件128件，办理行政检察监督案件47件。

【检务公开】 2022年，沂水县检察院向县委常委会汇报企业合规改革工作；向县人大常委会专题报告公益诉讼、认罪认罚从宽制度等重点工作，抓好审议意见执行落实；向县政协常委会通报检察工作情况，听取常委会意见建议。开展“向党和人民报告”检察开放日活动。召开党外人士座谈会，向党外人士通报检察工作情况，聘请5名党外人士为特约检察员，主动接受人民监督和民主监督。构建律师现场阅卷、异

2022年9月7日，沂水县人民检察院举行特约检察员聘任仪式
（县检察院　供图）

地阅卷、互联网阅卷并重的多元化阅卷服务体系，制作电子卷宗931件2900册，为152名律师办理阅卷申请业务，提供案件信息查询200余次，保障律师及涉案当事人合法权益。做好公开听证衔接工作，举行公开听证56次，推动各业务条线公开听证全覆盖。公开选任18名听证员，推进听证工作全面开展。

【检务为民服务】 2022年，沂水县检察院出台16条服务保障七县建设战略行动的意见。开展建设工程领域支持农民工起诉专项监督，帮助22名农民工追回拖欠工资23.4万元。全面构建“司法救助+社会救助”工作格局，向52名刑事被害人发放救助金57万余元，防止因案致贫、返贫。处理信访216件，其中来访162件、来信30件、来电20件、网络信访4件，均及时规范处理并回复。开展简易公开听证，将释法说理工作贯穿信访工作全过程，主持召开简易公开听证45件，全部息诉息访。加强检律协作，办理阻碍律师行使诉讼权利案件4件，书面纠正违法4件。

【检察改革创新】 2022年，沂水县持续推进企业合规改革工作，加大办案力度，进行合规整改涉案企业3个，稳定已有就业230余人，新增就业100余人，稳定已有税收330万元，在全省涉案企业合规试点工作综合评估中获评优秀等次。创新精品案例培育发掘模式，从培育路径、方法、重点入手，健全完善案例发掘培养常态化机制，2起案件入选最高检典型案例，7起案件获评全省检察机关典型案例。

【一起案件入选国家监委、最高检行贿犯罪典型案例】 2022年4月20日，国家监察委员会、最高人民检察院首次联合发布5起行贿犯罪典型案例，沂水县检察院办理的一起行贿、串通投标案例成功入选。在案件办理过程中，办案人员把握行贿案件特殊性质，推进受贿行贿一起查，加强与监察机关协作配合，加大对招投标等重点领域行贿犯罪查处力度，服务保障优化营商环境；厘清法律适用关系，把握定罪量刑界限，做到罚当其罪。针对案件暴露出的普遍性、典型性问题，依法向有关部门制发检察建议，促进专项整治。 （巩玉成）

法 院

【概况】 2022年，沂水县法院系统坚持忠实履行审判职责，坚持司法为民、公正司法，统筹疫情防控和执法办案，推进“为群众办实事示范法院”建设。全年受理各类案件12907件，结案13461件，结案率97.8%；一审案件被发改率0.5%，法定审限内结案率100%，均居全市法院第一位。在全市首先实施“预重整”及“合并预重整”制度，受理临沂市首例“预重整”及“合并预重整”案件。

2022年8月11日，沂水县人民法院走进昌辰集团生产车间，为企业量身定制司法服务，助力营商环境优化提升 （县法院 供图）

【立案服务】 2022年，沂水县依托电子诉讼服务网、移动微法院，推行全流程网上诉讼服务。加强诉讼服务中心建设，设立专职导诉员，帮助当事人网上立案、网上缴退费，为群众提供智能诉状自动生成、诉讼风险智能评估等智慧化服务。推进“12368”诉讼服务热线运行。全年网上立案1.2万件，接听当事人来电4000余次，解答当事人诉求3000余次。

【刑事审判】 2022年，沂水县依法打击刑事犯罪，建设平安沂水，审结刑事案件726件763人。依法严惩危害国家安全、公共安全和群众生命财产安全犯罪，审结放火、抢劫、强奸、故意伤害等暴力犯罪案件61件。开展禁毒斗争，依法审结涉毒品犯罪案件6件，其中1起贩卖毒品案被临沂中院选定为毒品犯罪典型案例并予以公开发布。守住人民的食品、药品安全红线，审结生产销售伪劣产品犯罪3件。依法严惩电信网络诈骗等涉众型犯罪7件。首次使用“刑拘直诉”制度审理1起案件，当天完成立案、开庭、宣判，创下刑事案件审判速度新纪录。

【民商事审判】 2022年，沂水县审结民事案件4451件，审结婚姻家庭继承类案件1250件，快速妥善化解劳动争议案件243件。开展“法企同行”护航行动，开通涉企案件审执“快车道”，实行优先立案、优先审理、优先执行，成立2个商事精审团队，审结买卖合同、运输物流、股权转让等商事案件752件。设立8个执行团队，派驻1个法警中队，对涉企案件坚持善意文明执行，灵活运用“活封活扣”“协商和解”“惩戒预警”等措施，对被执行人给予合理履行宽限期，最大限度地降低保全、执行措施对市场主体不利影响，在全市法院优化营商环境监测指标考核中5项指标居全市前三位。

【行政审判】 2022年，沂水县审结行政诉讼案件及非诉执行审查案件368件，行政机关负责人出庭应诉率100%。参与诉源治理，加强与行政机关良性互动，推进行政争议实质性化解，全年为行政机关授课2场次，组织人大代表、政协委员、行政机关执法人员旁听案件2次，为行政机关正确履行法定职责提供法律帮助。在行政庭基础上成立环境资源审判庭，实行环境资源行政、刑事、民事“三合一”归口审理模式，全年审结各类环境资源案件69件。

【案件执行】 2022年，沂水县开展“百日执行”“沂蒙风暴”“暖心冬日”等集中执行行动及涉民生、涉党政机关、涉金融债权等专项清理活动52次，线上、线下查扣冻账户30多万次，强制拍卖、腾空交付房产72套、土地使用权3宗，发布失信被执行人名单1477人次、限制高消费3559人次，300多名被执行人迫于压力自动履行义务。全年执结案件6203件，执行到位标的额12.1亿元。

【智慧法院建设】 2022年，沂水县法院利用全国法院统一调解平台实现网上诉调对接，支持家事纠纷、劳动争议纠纷、交通事故损害赔偿纠纷等12类案由网上诉前调解，新建12个互联网法庭，提升互联网开庭的硬件条件，依托庭审笔录预设、庭审提纲生成、裁判文书自动生成等功能，全面提升审判质效。全年在线开庭5180件，电子送达1.5万余次。审判流程信息公开率、庭审直播率和裁判文书上网率均居全市法院前列。沂水法院综合办公室获“全省智慧法院建设先进集体”称号。

【审判体制改革】 2022年，沂水县推进人民法庭转型升级。沂城、许家湖、黄山铺3处法庭定位为城区法庭，以建设家事审判、合同纠纷、道交纠纷、民间借贷等专业化速裁型法庭和精审法庭为主。其余6处法庭定位为乡村法庭，以建设“假日法庭”“果品法庭”“旅游法庭”等特色化法庭为主。组织开展员额法官业务提升“三个一”“法官教法官大讲堂”等培训活动，促进审执经验交流，营造“比学赶超”氛围。

【诉源治理】 2022年，沂水县创新“四级调解法”和“法庭+”诉前调解模式，加强村委“村民说事点”、法庭驻村调解室、法庭驻网格调解工作室和法庭听证工作室、法庭驻企调解工作室、四级多元解纷工作微信群等软、硬件建设，灵活选任和吸纳亲朋、乡贤、村干部等，增强多元化调解力量，化解纠纷。增强批量化、集约化纠纷处理能力，速裁庭集约化审理的12起追偿权纠纷案件先后被中央政法委、省委政法委和省高院官媒报道，成为服务“六稳”、“六保”、体现政法机关担当的典型案例。全年诉前解纷4216件，调解成功率74.9%。“四级调解法”经验在全市诉源治理推进会上被推广，被省高院批示肯定。

【未成年人权益保护】 2022年，沂水县法院向未成年被告人及其监护人发出《家庭教育指导令》6份，开展跟踪帮教，为少年犯家长进行“普法补课”，促进未成年人全面健康成长；向检察机关、公安局发出《未成年人犯罪记录封存通知书》8份，封存犯罪记录，防止“标签化”，让失足未成年人“无痕”回归社会。选派20余名法官及法官助理担任法制副校长、校外辅导员，抽调10名优秀青年干警加入沂水县“青阳”普法志愿服务队，到各中小学校开展“彩虹伞·法治进校园”“开学第一课”等普法活动20余次，学生5000余人。

2022年4月2日，沂水县法院速裁团队到群众家中调解案件

（县法院　供图）

【“预重整”及“合并预重整”制度实施】 2022年，沂水县在临沂市首先实施“预重整”及“合并预重整”制度。通过庭外重组和破产重整的衔接，将破产重整程序中的债权债务清理、债权人会议、债权人表决等工作提前到正式破产重整程序之前，指导企业重整，发挥破产审判职能，助力危困企业走出困境。年内，成功受理临沂市首例预重整案件，从受理到结案仅用时2天，案例被写入市中院人大工作报告；成功受理临沂市首例合并预重整成功案件。（于茄雪）

司法行政

【概况】 2022年，沂水县创树“强县有我，法治护航”法治品牌，聚焦司法行政工作提质增效，创新审批监管衔接机制，实施“双全双百”提升工程，构建全闭环调解工作体系，化解6起重大纠纷。强化社区矫正对象、刑满释放人员监管，推动律师队伍建设、公证服务、法律援助、司法鉴定工作走深走实。维护新就业群体权益工作得到新华社、人民网等媒体采访报道。

2022年12月8日，沂水县司法局普法团在县法治广场开展普法宣传活动

（县司法局　供图）

组织律师到顺丰快递、饿了么、美团外卖网点开展专题法治宣传活动，增强依法维权意识和自我保护意识。全年开展法律援助专题法治宣传21次，提供法律咨询1300余人次，提供法律援助9次。深化律师行业党建品牌建设，指导7家律所党支部完成换届工作，完善党组织参与决策管理机制，探索形成沂水特色律师党建品牌。全年接到各类投诉19件，全部按照规定进行处理。

【普法依法治理】　2022年，沂水县实施“思想引领”“宪法十进”“美好生活·民法典相伴”“服务大局普法行”“党员干部法治素养提升”精准普法“五大工程”。全年开展法治宣传1160场次，涉及群众56万人，“沂水司法”微信公众号原创普法栏目《小杜说法》更新10部。提升387处村级法治文化阵地，加强法治文化阵地建设。开展“法治带头人”“法律明白人”培育工程，选拔出“法治带头人”387人，“法律明白人”1193人，实现基层全覆盖。

【人民调解】　2022年，沂水县开展专项矛盾纠纷排查化解活动和矛盾纠纷大排查大化解百日攻坚行动，排查化解一般性矛盾纠纷4143起，无民间纠纷转化为刑事案件或引起群体性上访、群体性械斗等现象发生。立足职能优势，化解大案要案，其中化解重大医疗事故纠纷6起，人身损害赔偿纠纷6起，涉案金额480余万元。

【司法鉴定】　2022年，沂水县进行司法鉴定队伍管理教育，开展常态化整治司法鉴定行业顽瘴痼疾，拓展专项治理成果活动，指导和监督鉴定机构及全体鉴定人员开展能力和资质清查。全年完成司法鉴定服务176件。

【律师工作】　2022年，沂水县有律师事务所9家，在职执业律师86名。成立新就业群体法律维权服务中心。每天20名律师轮流在中心值班，为来访的新业态劳动者提供优质常态化的法律咨询、法律援助等服务。

【社区矫正】　2022年，沂水县完成判前调查、假释评估326例，接收社区矫正对象468名，未发生脱管漏管现象和影响安全稳定事件。建立“队建制”机制，社区矫正工作科更名为社区矫正执法大队，下设6个执法中队，负责全县社区矫正管理工作。实施精准矫正，对75名不服从管理的社区矫正对象出具警告，对5名提请撤销缓刑建议，对1名情形消失人员提请收监执行建议。

【安置帮教】　2022年，沂水县衔接安置帮教对象758人，其中刑满释放人员206人，解除社区矫正人员552人。与监狱管理部门沟通，及时掌握释放人员信息，按照一人一档的要求，对刑满释放人员登记造册，建立安置帮教档案；规范使用全国安置帮教信息管理系统，准确核查人员信息，人员核查成功率99.4%，人员衔接成功率100%。

【司法远程视频提审会见】 2022年，沂水县搭建远程会见平台，以“家门口会见”的方式，实现服刑人员与亲属的“零距离”沟通；借助该平台，帮助相关部门实现资源共享、跨区域远程办案。全年，组织罪犯家属会见40人次，审判机关线上开庭办理案件4起，公安机关线上提审2人次。

【法律援助】 2022年，沂水县办理法律援助案件2437件，挽回经济损失240万余元。在开展的农民工专项服务中，办理涉及农民工的法律援助案件246件，挽回经济损失50万余元。开展司法救助，救助涉法涉诉困难家庭8户，发放救助金4万元。

【公证服务】 2022年，沂水县利用微信、公证云、远程视频公证技术，为群众提供“线上服务”“预约服务”和“上门服务”等，做到“随时约、快捷办”，采取邮寄方式送达公证文书，减少人员聚集。为行动有困难、不方便到公证处申办公证业务的困难群众提供上门公证法律服务65次。全年办理各类公证事项6136件，办理“绿色继承”公证业务680余件，代办产权服务240余件。服务全县重点工作，现场监督招标投标757件，现场监督安置房抽签活动11次。

2022年6月21日，沂水县司法局组织律师到沂水长青环保能源有限公司开展法治讲课活动 （县司法局 供图）

【法律服务进企业】 2022年6月，沂水县司法局为服务全县经济发展大局，在涉及战略性新兴产业、化工产业、食品产业、装备制造产业、纺织服装产业、文旅产业、医药产业、房地产及建材产业的重点企业开展法律服务进企业活动，与全县42个重点企业和5家商会结对帮扶，根据企业需求提供“订单式”免费法律服务和全面法治体检，为企业发展保驾护航。年内，走访企业286次，举办座谈会72场，举办预防职务犯罪、《中华人民共和国民法典》及合同方面的法治讲座57场，解答法律咨询416件，提供法律指导意见145条，围绕合同审查、劳动用工等开展全面“法治体检”35件次，出具法治体检报告84份。 （林国强）

军 事

沂水县人民武装部

【概况】 2022年，沂水县落实党管武装制度规定，协调召开县委常委议军会，县人武部印发《中共沂水县委关于加强新时代党管武装工作的意见》，召开全县武装工作暨党管武装述职会议，基层党委书记进行党管武装述职。加强思想政治建设，圆满完成年度军事训练、征兵等任务。开展人武部正规化建设“四个秩序”（规范战备秩序、训练秩序、工作秩序、生活秩序）活动，组织安全整治和枪支弹药大清查活动，通过军分区4次安全综合检查。

【思想政治建设】 2022年，沂水县人武部坚持以习近平强军思想为指导，组织开展“忠诚维护核心、矢志奋斗强军”主题教育、“忠诚·担当·尽责”主题教育实践活动，开展“从严纠风治弊、纯正政治生态”专项整治活动，做好迎接军委“加强政治建设、严守政治纪律”专项巡视。落实全面从严治党主体责任，开展警示教育、纪律教育、廉政教育。加强党组织规范化建设，落实党委“八项组织生活制度”和党支部“七项组织生活制度”。开展基干民兵队伍政治工作，完善预建党组织，强化政治思想教育。组织学习宣传党的二十大精神。县人武部被临沂军分区表彰为“2022年度全面建设先进人武部”。

【军事训练】 2022年，沂水县人武部完成基干民兵训练任务，基干民兵参训率达到95%。在军分区的随机抽考中，考核沂水县防暴队形、单兵战术基础等9个科目，抽考成绩总评优秀。组织人武部机关本级课题演练，开展首长机关训练，参考人员全部达标。完成专武干部6天训练，在军分区和沂水县武装部组织的新任职专武干部资格认证中，所有参考人员均一次性通过认证。在军分区民兵干部集训中，沂水县在全市参训民兵干部总评中分别获第一名、第三名。在省军区共同基础科目和专业装备操作考核中，沂水县基干民兵成绩优异。

【基层建设】 2022年，沂水县人武部组织全县基层党管武装述职暨武装工作会议，18名乡镇（街道）党（工）委书记进行年度工作述职，增强基层党委书记管武兴武意识。县人武部召开12次专武干部例会，采取以会代训形式，提高专武干部履职尽责能力。持续深化帮抓基层活动，机关人武专武干部与乡镇（街道）武装部结成“对子”，推动各项工作有序开展。加大投入持续打造武装工作主阵地，基层武装部办公室、资料室、值班室、活动室、装备器材库、兵役登记站“四室一库一站”硬件基础设施建设完善，装备器材配套。

【国防动员】 2022年，沂水县推进民兵工作“十四五”规划落实，编组基干民兵，其中党员比例44.9%、专业对口率88.2%；编组普通民兵连，各项指标要求均达到上级标准。11月，沂水县代表全市接受省军区考核民兵工作，涉及县、乡镇两级静态资料、拉动考核等总分820分，沂水县得分809.1分，成绩优异。对全县18岁男性青年进行兵役登记，确定预征对象。突出大学生青年征集，出台本科毕业生入伍优惠政策，大学毕业生占比提高，征兵“五率”考评各项指标在全市排名第三。沂城街道武装部被市征兵办表彰为“征兵工作先进单位”。

【国防教育】 2022年，沂水县将习近平强军思想和习近平主席在军队领导干部会议上的最新重要讲话精神，作为县委集体研讨重要内容，纳入县委中心组学习计划，经常性学习党管武装法规、文件和国防知识。利用县委党校分期干部培训的机会，定期为参训干部进行国防教育授课辅导。组织“国防教育进校园”活动，把国防教育纳入学校课堂教学、融入课外活动。借助两季征兵宣传月之机，分别在2月、6月开展国防法规宣传活动2次，张贴标语400余条、悬挂过街横幅50余条，出黑板报（宣传栏）20余期，播发新闻稿件12篇。结合全民国防教育宣传日，设立国防宣传站，发放国防教育宣传单5000余份。投资30万元建设县人武部荣誉室，打造一个全面介绍武装部史的爱国主义教育基地。组织开展全县“党管武装好书记”和“关心国防建设人物”“关心国防建设单位”评选活动。

【后勤保障】 2022年，沂水县组织人武部持续提升营区正规化建设水平，完成兵器室配套设施升级。调整战备器材分布，优化战备器材布局。规范采购秩序，每月定期上报采购需求。完成老民兵训练基地（田庄）移交和荣誉室建设项目的招标采购、工程建设等工作。落实部队资产可视化建设要求，所有资产按规定录入资产可视化建设。严格武器装备管理，规范武器装备动用审批手续，武器装备完好无损。4次迎接上级安全检查，均取得优异成绩。 （刘红兵）

武警沂水中队

【概况】 2022年，武警沂水中队坚持以习近平新时代中国特色社会主义思想为指导，深入贯彻习近平强军思想和新时代军事战略方针，持续统思想、强能力、固基层、正风气、抓落实，部队全面建设态势向好、趋势向前。开展以党的二十大为主题的知识竞赛，提高官兵理论素养；进行实战化训练，锤炼官兵谋战打赢本领；开展“书香军营”建设、“官兵大讲堂”、一队一品等文化活动；召开官兵恳谈会，听取官兵意见建议。

2022年7月1日，武警沂水中队开展“重温入党誓词”支部主题党日活动
（武警沂水中队 供图）

【思想政治建设】 2022年，武警沂水中队学习习近平新时代中国特色社会主义思想、习近平强军思想，开展"忠诚维护核心，矢志奋斗强军"年度主题教育、思想心理排查、"知兵爱兵"活动，增进官兵关系、兵兵关系。成立兴趣爱好小组，开展育才学习活动，丰富文体活动。编排中队特色节目参加文艺演出。开展以党的二十大为主题的知识竞赛，全年无政治性问题，无严重违纪、等级事故、刑事案件、失泄密问题。

【练兵战备】 2022年，武警沂水中队及时修订各类方案，熟悉"大小三线"兵力布势，完成战备值班任务。进行战备教育演练。定期进行战备常规检查，做到有问题立刻整改，确保中队"召之即来、来之能战、战之必胜"。抓好专勤专训，把训练场搬到哨位上，模拟多种可能出现的情况对战士进行引导启发，提高哨兵情况处置能力。

【后勤保障】 2022年，武警沂水中队严格落实财经纪律，经费投向做到有计划、有研究、有预算、有汇报，确保经费开支依法依规。组织学习各级新修订下发的后勤各项规章制度，坚持财务工作"四个到位"，即重视到位、保障到位、管理到位和培养到位。注重后勤队伍管理，落实专业兵训练、会操、考核制度。每月经济民主组查账，考核司务长业务能力、卫生员战场救护能力、军械员武器练习分解结合能力。发挥经委会作用，严防产生因管理不善而经费使用不当或浪费现象。 （许亚运）

人民防空

【概况】 2022年，沂水县重新组建县人民防空保障服务中心，为县发展和改革局所属副科级事业单位。年内，县人民防空保障服务中心深入贯彻习近平总书记关于人民防空工作的重要论述，提高战备意识，坚持战备牵引、平战一体，统筹发展，坚持改革创新、提质增效，履行"战时防空、平时服务、应急支援"的职能使命，推进人防工程建设与管理，构建人防信息保障体系，组织"9·18"防空警报试鸣工作，开展人防宣传教育"六进"活动，推进人民防空高质量发展。 （毕京萌）

【人防工程建设与管理】 2022年，沂水县对单建人防工程实行网格化管理，落实安全生产和驻点监督工作，进行防汛防洪排涝安全防范，开展冬春季安全生产百日攻坚行动，组织开展人防工程安全隐患专项排查治理，对人防工程设备设施、疏散通道、通信线路、应急照明设备等实施"拉网式"排查，排查整治安全隐患9处。在春节、国庆、中秋等节日及重大活动期间，对工程开展例行检查和突击检查。 （朱　琳）

【人防信息保障体系建设】 2022年，沂水县完善"三位一体"指挥体系建设。人防指挥所建设完成项目立项、可研评审、图纸设计和审查、土地征收手续和供地手续、用地规划手续。开展人防指挥通信系统维护管理，每季度组织技术人员对全县警报设备检修维护，定期对指挥通信设备、零部件维护检修、充电维保，保障指挥通信警报系统处于良好战备状态。安排业务骨干外出培训人防机动指挥通信系统实操训练，增强人防机动指挥通信系统应急保障能力。

【人防宣传教育】 2022年，沂水县开展人防宣传教育"六进"活动。在全县32所初级中学开设人防知识课程，发放《人民防空政策宣传手册》1万余本。拓展人防宣传教育进社区覆盖面，强化典型引领带动。建立人防宣传教育示范社区，抓好人防宣传教育亮点工作。定期对重要经济防护目标单位职工进行人防知识教育宣传活动，开展人防消防演练。结合全国防灾减灾日、警报试鸣日、全国法制宣传日等时间节点，在县府广场、龙湾广场等地设立人防宣传站，开展人防法律法规普法宣传50余次，与融媒体广播电台FM91.1的《一路好心情》栏目、《临沂日报》等媒体联合开展各种形式的宣传教育，巩固扩大人防宣传教育阵地。

（李小丽）

双拥共建

【概况】 2022年，沂水县按照“军地一体、统筹规划、建用并举、注重实效”的原则，着力推动形成党政军统筹统抓、各部门协同协作、全社会广泛参与的军民全方位融合新格局。定期召开县委议军会议、军政座谈会议和双拥联席会议。至年底，全县建成“双拥公园”1处、“双拥广场”18个、“双拥一条街”7处。

【拥政爱民】 2022年，沂水县推动建立并落实军地“双清单”活动，持续开展军民共建、助学纾困、医疗帮扶等工作。县人武部协调上级持续帮抓黄山铺镇蛮庄村，投入资金25万元，建设村卫生室。持续结对援助困难学生，为3户学生家庭送去慰问金和慰问品。县人武部、武警沂水中队结合八一、春节等时机，组织看望23位困难户、老党员、老复退军人和困难学生，密切军民军政关系。

【拥军优属】 2022年，沂水县组织各级开展敲锣打鼓送喜报和发放慰问金活动。成立沂蒙军属就业创业服务促进会，召开拥军爱民专场招聘会，323家会员企业解决军属就业1552名。为军人落实子女优先择校入学政策，营造全社会尊崇军人的良好氛围。走访慰问困难退役军人、重点优抚对象13户和慰问维和官兵家庭，发放慰问品及慰问金2.6万元。

【双拥宣传教育】 2022年，沂水县开展“爱心献功臣”“双拥在基层”活动，对全县的退役军人和优抚对象进行走访慰问、加强基层双拥工作建设，规范双拥工作档案材料，打造龙家圈街道“双拥文化一条街”和马站镇“双拥文化广场”。全县有“双拥一条街”7处、“双拥广场”18处。

【军属“荣光行动”】 2022年，沂水县对现役军人家属开展“荣光行动”，即入伍每人一场“荣光”仪式，每周一次入户开展配套服务，每月一次定期开展就业服务，每年一次免费健康体检，每年一次免费保险赠予，让现役军人家属得到尊崇和荣光，实现“一人当兵，全家光荣”。全年军属享受该项待遇的有1600余名。

（许雪涛）

经济管理

宏观经济调控

【经济运行监测】 2022年，沂水县建立事前预报指导、事中监测预警、事后研判分析经济运行监测分析机制，每月对31项经济指标进行跟踪调度、协调推进，撰写经济运行分析报告10篇，组织召开经济运行分析会、重点指标专项推进会8次。（黄宝振）

【固定资产投资】 2022年，沂水县持续优化投资结构。县发展改革局协调有关部门落实项目的要素保障，与金融部门协调配合，引导信贷资金向重点项目倾斜。全年实施固定资产投资项目298个，完成投资259亿元，比上年增长17.5%。总投资中，四新投资（四新经济涉及项目产生的投资，四新经济指“新技术、新产业、新业态、新模式”的经济形态）占总投资比重为50.8%；工业投资比上年增长6.2%、工业技改投资比上年增长6.3%，制造业技改投资比上年增长12.1%。房地产开发投资比上年增长47.7%。（武刚强）

【项目资金争取】 2022年，沂水县把握上级投资政策与县域经济和社会发展的契合点，指导项目单位做好项目策划工作，确保项目精准申报。争取中央及省预算内投资项目7个，争取上级无偿资金2915万元。（武刚强）

【重点项目建设】 2022年，沂水县有17个项目入选省级重点项目，20个项目列入市重大项目，完成投资67.6亿元，投资完成率144.5%。其中，省重大项目1个、省优选项目6个、省补短板项目10个。

2022年沂水县省重点项目一览表

表5

序号	企业名称	项目名称
1	临沂鲁驰新材料科技有限公司高性能橡胶制品生产项目	省重大项目
2	山东恒泰纺织有限公司整体搬迁升级改造二期项目	省优选项目
3	200MWp农光互补项目	
4	山东锐巴新材料科技有限公司年产15.2万吨橡塑功能新材料项目	

续表5

序号	企业名称	项目名称
5	沂水大地玉米开发有限公司60万吨/年玉米淀粉智能化改造提升项目	省优选项目
6	山东创优生物科技有限公司年加工25万吨玉米胚芽项目	
7	隆科特蛋白肽系列产品项目	
8	国网山东省电力公司临沂供电公司临沂灵泉220千伏输变电工程	省补短板项目
9	沂水县城区排水管网雨污分流项目	
10	沂水县乡镇驻地生活污水治理项目	
11	沂水县职业学校教学楼宿舍楼综合楼及配套建设项目	
12	沂水县西城区污水处理厂建设项目	
13	沂水县泉庄镇马莲河温凉河综合治理工程	
14	2022年东城区基础设施建设项目	
15	2022年西城区基础设施建设项目	
16	沂水县全民健身运动中心项目	
17	沂水县森林保育工程项目	

建设中的省补短板项目——全民运动健身中心 （县发展和改革局 供图）

【沂水县被评为县域经济高质量发展先进县】 2022年5月18日，山东省政府发布《关于2021年度县域经济高质量发展差异化评价结果的通报》，对全省118个县级单位进行综合评价，沂水县再次位居全省10个“高质量发展先进县”之列，连续3年获此殊荣。为推进县域经济高质量发展，沂水县做大做强主导产业、做优做精特色产业，构建形成具有地方特色的现代产业集群；立足产业优势，开展精准招商；招才引智，全力提升县域经济核心竞争力；把深化改革作为重点突破带动全局的重要手段，为经济社会发展赢得更大空间。

（刘润泽）

【“一表申请”表单智慧供给试点县工作】　2022年，沂水县被山东省发展和改革委员会确定为“一表申请”表单智慧供给试点单位。在“一表申请”表单智慧供给试点工作中，将企业投资项目立项核准、立项备案、节能审查全项纳入工程建设项目审批管理系统，与“爱山东”App以及山东政务服务平台融合，实现统一网上办事入口，生成统一的申请表单，实现申请事项自动分办、结果文书共享互认。平台内办理审批业务473件，共享数据256条，减少重复提交材料217份，提升审批效率50%。

（郭礼迪）

自然资源管理

【国土空间总体规划】　2022年，沂水县国土空间总体规划按照新要求调整完善，形成新的规划文本，并上报临沂市自然和规划局审查。开展“三区三线”划定工作，全县划定永久基本农田保护规模6.6万公顷，生态保护红线规模2.1万公顷，城镇开发边界规模83.2平方千米（新增建设用地规模12.3平方千米），其中中心城区城镇开发边界规模69.8平方千米（新增建设用地规模10.2平方千米），保障未来15年发展空间和用地需求。该划定成果于10月14日经《自然资源部办公厅关于北京等省（区、市）启用“三区三线”划定成果作为报批建设项目用地用海依据的函》同意启用。

【土地供应和储备】　2022年，沂水县供应国有建设用地122宗，面积291.9公顷，总价款30.9亿元。其中协议出让26宗，面积9.7公顷，出让价款0.7亿元；挂牌出让26宗，面积60.9公顷，价款29.8亿元；划拨70宗，总面积221.3公顷，价款0.4亿元。全县供应集体建设用地33宗，面积62.1公顷，总价款1.6亿元。其中工业用地19宗，面积47.1公顷，价款1.4亿元。获省重大基础设施项目计划148.2公顷、省重大项目计划6公顷。

【土地开发利用】　2022年，沂水县获批批次用地24个、独立选址项目2个，面积262.9公顷，保障省、市重点项目以及民生项目的用地需求。开展批而未供土地、闲置低效用地处置专项整治行动，处置批而未供土地124.9公顷，盘活闲置土地0.1公顷，挖潜低效土地34公顷，均超额完成市下达任务。土地征收成片开发方案通过省政府批复，涉及4个片区，拟征收土地20.9公顷，实施面积12.3公顷，实施率58.8%。

【不动产登记】　2022年，沂水县办理各类不动产登记业务2.7万件，其中网上办理2.6万件，网办率98.5%。颁发不动产权证书1.5万本，证明1.1万份，即时生成电子证照，纳入全省电子证照库。完成农村宅基地确权登记工作，新增调查宅基地3.8万宗，全县总调查宅基地42万宗，新增确权登记住宅2.9万宗，发放不动产权证书33.9万本。

【测绘管理】　2022年，沂水县落实“十四五”基础测绘规划，编制沂水地图，对城区43.4平方千米1∶500比例尺地形图测绘进行更新，提高和完善地图的现势性。全面巡查全县128个测量标志点，对4家测绘资质单位进行复审换证，对测绘产品进行检查，强化测绘行业管理。开展“8·29”全国测绘法宣传日活动，宣传和普及国家版图、地图知识，强化公民国家版图意识。

【自然资源确权登记】　2022年，沂水县加快确权登记，推进农村不动产确权登记工作，新增调查宗数3.6万宗，新增确权登记宗数2.9万宗，完成农村房地一体确权登记，宅基地证书发证率100%，宅基地登记业务实现常态化开展。制定全县登记财产创新提升2022年行动计划，深入改革不动产登记服务工作，提升“不动产抵押登记（抵押注销）+金融服务外网”申报效率，持续推进电子证照应用常态化。加快推进不动产“慧登记”落地实施，提升“互联网+不动产登记”服务能力，丰富不动产“一网通办”平台功能，实现网络查档、地籍图公开查询、水电气热有线电视协同过户、交易登记一体化等，推进不动产登记业务“跨域通办”，全程网办、异地可办。全年办理不动产登记业务 2.4万件，其中网上办理2.3万件，网办率98.3%；办理不动产信息查询1.6万次，其中群众自助查询和网络查询1.4次，占比84.7%。

【自然资源调查监测】 沂水县2021年度国土变更调查国家下发监测图斑1.4万个，自主提取图斑5879个，更新图斑5.4万个，面积7.1万公顷。举证图斑个数2.1万个，举证照片23.2万张。开展耕地资源质量分类工作。对全县6.2万个图斑、7.3万公顷耕地和6.4万个图斑、6.1万公顷可恢复耕地开展调查评价；2022年度林草湿地调查监测项目，完成224个标准地、332个标准木的调查及入库工作，完成2次国家下发2889个变化图斑监测工作，完成林地图斑监测13.7万个，实地举证图斑1.3万个。

【自然资源执法监察】 2022年，沂水县强化土地卫片执法，实行月清、季核、年度评估，提升自然资源保护效能。年内，部级下发卫片图斑959个、面积673.4公顷，占耕地面积17公顷。经拆分填报为1200个图斑，其中，合法类图斑177个，占耕地面积72.4公顷；违法类图斑268个，占耕地面积98.1公顷；其他类图斑755个，占耕地面积146.5公顷。省级下发沂水县乱占耕地建房图斑369个，下发图斑面积61.5公顷，占耕地面积51.8公顷，基本农田4.1公顷。经核查，不属于乱占耕地建房图斑188个，属于乱占耕地建房图斑181个，其中省级审核销号 330个、未销号39个。

【农村建设用地腾退利用项目】 2021年9月，沂水县获批开展省级农村建设用地腾退利用项目试点。试点获批后，沂水县结合全县“十四五”规划，对部分乡镇的产业项目、可复垦资源等进行调研分析，组织立项泉庄镇崮崖村等6村、四十里堡镇谷家官庄村、沙沟镇夹石峪村等3个农村建设用地腾退利用项目，立项拆旧面积1.8公顷，复垦耕地面积1.7公顷，节余建新指标1.8公顷。2022年5月，完成验收复垦农用地面积1.5公顷。 （肖兴军 扈明新）

国有资产监督管理

【概况】 沂水县有县属国有企业2家，为沂水城市建设投资集团有限公司、沂水县浚源水务集团有限公司，下设全资及控股子公司55家。至2022年底，资产总额311亿元，负债148亿元，所有者权益163亿元，资产负债率为47.7%。纳入全县行政事业资产管理信息系统的行政事业单位161个，资产总额48.2亿元。

【国资国企改革】 2022年，沂水县继续推进国企改革三年行动各项工作，制定出台系列文件，搭建全县“1+N”国有企业监管制度体系。深化国资监管机构职能转变，梳理界定国资监管机构工作职能、精简监管事项、优化监管职能，提升国资监管服务效能。制定《沂水县国企改革3年攻坚行动方案》，成立国企改革领导小组，统筹推进国企改革工作。推进劳动人事分配3项制度改革，建立公开招聘、管理人员竞争上岗、末等调整和不胜任退出制度，提高企业员工积极性和主动性。实行全员绩效考核，建立健全差异化的薪酬机制。实行与企业功能性质相适应、与经营业绩考核相挂钩的差异化薪酬分配办法，激发县属国有企业干事创业积极性和主动性。落实县属国企“党建入章”规定，规范落实党组织参与企业重大问题决策的主要内容和程序。梳理国有企业公司章程，发挥公司章程在企业治理中的基础作用，规范党组织、董事会、监事会和经理层权责，依法促进企业党组织与董事会、经理层、监事会协调运转、有效履职。

【国有企业发展】 2022年，沂水城投集团拓展融资渠道，夯实资金保障，落地融资20.3亿元，以债券融资和银行贷款为主、其他融资渠道作为补充的融资格局基本形成。推进安置区项目、学校项目、污水处理厂项目、道路项目、房地产开发项目等重点项目建设，实施沂河滩地整治项目，加强矿产企业运营，统筹推进房屋租赁、汽车租赁业务。投资8060万元收购园区供汽企业，承担园区34家企业的高品质蒸汽供应及春水社区的冬季供暖任务。

2022年，浚源水务集团开展“质量提升”年活动，投资10亿元，建设智慧水务管理平台4处，建成水源工程261处、水厂3处；投资5.9亿元，建设光伏发电项目。开展城市基础设施和人居环境改造工程、城市精细化管理提升工程、国省县道绿化工程、全县大型隔离点建设项目、“十四五”城乡水环境综合治理项目、山水林田湖草沙一体化保护和修复工程、土地整理项目等。

【国企社会责任落实】 2022年，沂水县国有企业助力乡村振兴发展，发挥专业化、体系化、法治化管理优势，扶持帮扶村发展农业产业。推进污水处理厂、西城水厂、三桥旅游区、土地整理、棚改项目、学校建设等民生项目建设。按照省、市房租减免相关政策，加强重点行业领域惠企纾困工作，对符合减免条件的服务业小微企业和个体工商户进行租金减免。

【行政事业单位国有资产管理】 2022年，沂水县出台《沂水县行政事业单位国有资产管理暂行办法》，建立分工协作机制，健全财政部门、主管部门、行政事业单位三层次管理模式。制定《沂水县行政事业性国有资产管理绩效评价暂行办法》，通过引进绩效评价指标方式建立涵盖全流程、全要素的评价指标体系，评价结果纳入县直部门预算管理绩效综合考核评价指标，与部门综合考核、预算资金安排和资产配置相挂钩。印发《关于进一步加强县级行政事业单位国有资产出租出借管理的通知》，采取资产评估的方式确定资产出租底价，实行公开竞价招租，通过公开招标、拍卖等公开方式确定承租方，确保出租过程公正透明；加强国有资产有偿使用收入管理，实现收入执行“收支两条线”管理规定上缴财政。

（常洪泉　刘子阳）

民营经济促进

【概况】 2022年，沂水县民营经济市场主体78231户（企业24369户，个体工商户53862户），提供80%以上的就业岗位，吸纳就业人员20余万人。全县规模以上工业企业297家，其中大型企业6家、中型企业18家、小型企业246 家、微型企业27家。全县规模以上民营企业实现产值682.4亿元，比上年增长16.4%，占全县规上工业企业产值的93.5%，实现税收15.7亿元，比上年增长9.8%，占全县规上工业企业税收84%，吸纳就业20余万人，贡献全县95%以上的就业岗位。新认定国家级专精特新“小巨人”企业3家、“瞪羚”企业3家、省级专精特新20家，累计培育省级专精新特新企业29家、国家级“小巨人”企业6家、“瞪羚”企业11家。

【融资服务】 2022年，沂水县建立政银企常态化对接工作机制，召开市行行长沂水行暨金融服务实体经济发展对接会议，工商银行临沂分行、农业银行临沂分行分别与沂水县政府签订金融支持沂水工业强县和农业稳县战略合作协议，两家银行未来3年向沂水提供50亿元信贷支持，其中工商银行20亿元、农业银行30亿元。中信证券公司、天风证券公司分别与七星柠檬公司、京普太阳能公司签订上市合作协议。青岛银行临沂分行、齐鲁银行临沂分行分别与沂水县政府签订新设县级支行合作协议。部分银行机构为全县6家企业进行现场授信。实施企业上市培育工程，建立高成长企业上市培育库，精准服务培育一批专精特新中小企业上市后备资源；加大企业上市挂牌财政补助力度，由县财政最高奖励300万元；联合举办沂水干部大讲堂“企业上市政策”专题报告会，提升各部门及中小企业对资本市场的认识。至2022年底，全县有上市公司3家、新三板挂牌公司1家、区域股权交易市场挂牌公司12家，资本市场融资额50亿元。

（赵凯丽　陈　倩）

财　政

【概况】 2022年，沂水县财政收支平稳运行，预算执行情况总体良好。一般公共预算收入实现26.2亿元，其中税收收入19.7亿元、非税收入6.5亿元。全年一般公共预算财力76.2亿元，安排支出76.2亿元，增长26.5%。其中，教育支出20.7亿元，社会保障支出18.6亿元，农林水支出10.2亿元，医疗卫生支出6.8亿元，一般公共服务支出8.5亿元。全县民生支出63.3亿元，占一般公共预算支出的83.1%。

2022年沂水县一般公共预算收入完成统计表

表6　　单位：万元

预算科目	年初预算	2022年完成数			与2021年完成数比较				
		完成数	占预算（%）	比重（%）	完成数	增减额	比重（%）	比重变化（%）	增减（%）
一、地方收入完成情况	266202	262033	98.4	100.0	244221	17812	100.0	—	7.3
（一）分项目完成情况	266202	262033	98.4	100.0	244221	17812	100.0	—	7.3
工商企业税收	180258	168123	93.3	64.2	160599	7524	65.8	-1.6	4.7
农业税收	32704	28559	87.3	10.9	30003	-1444	12.3	-1.4	-4.8
其他各项收入	53240	65351	122.7	24.9	53619	11732	22.0	3.0	21.9
（二）分征收部门完成情况	266202	262033	98.4	100.0	244221	17812	100.0	—	7.3
税务部门征收	222292	209863	94.4	80.1	199142	10721	81.5	-1.5	5.4
财政部门组织征收	43910	52170	118.8	19.9	45079	7091	18.5	1.5	15.7
（三）收入构成情况	266202	262033	98.4	100.0	244221	17812	100.0	—	7.3
税收收入	212962	196682	92.4	75.1	190602	6080	78.0	-3.0	3.2
非税收入	53240	65351	122.7	24.9	53619	11732	22.0	3.0	21.9
二、境内实现各级财政收入	406262	433007	106.6	100.0	397968	35039	100.0	—	8.8
税务部门征收	362352	380355	105.0	87.8	351116	29239	88.2	-0.4	8.3
财政部门组织征收	43910	52652	119.9	12.2	46852	5800	11.8	0.4	12.4
其中：税收总量	353022	364186	103.2	84.1	341243	22943	85.7	-1.6	6.7

2022年沂水县一般公共预算支出统计表

表7

单位：万元

预算科目	年初预算	调整预算	2022年完成数	占比（%）	2021年完成数	比2021年同期	
						绝对数	百分比
一般公共服务支出	49180	68575	85351	173.6	46397	38954	84.0
国防支出	100	410	423	423	118	305	258.5
公共安全支出	19715	29655	29668	150.5	18598	11070	59.5
教育支出	213617	213617	206998	96.9	194197	12801	6.6
科学技术支出	2034	922	2353	115.7	1849	504	27.3
文化旅游体育与传媒支出	5866	5866	7200	122.7	5534	1666	30.1
社会保障和就业支出	145667	175301	186093	127.8	137422	48671	35.4
卫生健康支出	43873	63321	68415	155.9	43835	24580	56.1
节能环保支出	13395	5236	3134	23.4	12920	–9786	–75.7
城乡社区支出	17315	29923	23520	135.8	16242	7278	44.8
农林水支出	91550	91550	101781	111.2	84116	17665	21.0
交通运输支出	8512	21057	8982	105.5	8030	952	11.9
资源勘探工业信息等支出	5742	3157	2373	41.3	6527	–4154	–63.6
商业服务业等支出	2177	1032	1085	49.8	1747	–662	–37.9
金融支出	500	120	153	30.6	305	–152	–49.8
援助其他地区支出	320	320	320	—	320	—	0.0
自然资源海洋气象等支出	11515	18295	19106	165.9	6950	12156	174.9
住房保障支出	6900	4207	3801	55.1	6866	–3065	–44.6
粮油物资储备支出	599	698	780	130.2	566	214	37.8
灾害防治及应急管理支出	5219	5219	5528	105.9	4924	604	12.3
债务付息支出	4787	4787	4787	100	4775	12	0.3
预备费	6500	—	—	—	—	—	—
合　计	655083	743268	761851	116.3	602238	159613	26.5

说明：民生支出633248万元，占比83.1%

2022年沂水县乡镇（街道）一般公共预算收入完成统计表

表8

单位：万元

	收入预算	实际完成	收入进度（%）	2021年同期	增幅（%）	其中：税收收入	
						合计	比重（%）
乡镇合计	201707	201213	99.8	182365	10.3	192179	95.5
沂城街道办事处	82044	72633	88.5	74585	–2.6	70135	96.6

续表8

	收入预算	实际完成	收入进度（%）	2021年同期	增幅（%）	其中：税收收入	
						合计	比重（%）
许家湖镇	31663	31674	100.0	28784	10.0	30107	95.1
四十里堡镇	3719	4131	111.1	3381	22.2	4048	98.0
道托镇	2688	3488	129.8	2443	42.8	3382	97.0
高桥镇	3625	3827	105.6	3295	16.1	3742	97.8
杨庄镇	5610	7358	131.2	5100	44.3	6876	93.5
富官庄镇	6969	7597	109.0	6335	19.9	7389	97.3
马站镇	4129	4993	120.9	3754	33.0	4870	97.6
沙沟镇	3141	4324	137.7	2856	51.4	4200	97.1
诸葛镇	8805	8810	100.1	8004	10.1	8426	95.6
泉庄镇	2100	2364	112.6	1495	58.2	2296	97.1
高庄镇	2927	3309	113.1	2661	24.4	3210	97.0
夏蔚镇	2737	2838	103.7	2489	14.1	2791	98.3
崔家峪镇	2000	2552	127.6	1228	107.8	2505	98.2
黄山铺镇	3873	3889	100.4	3521	10.5	3700	95.2
院东头镇	9568	11380	118.9	8698	30.8	10282	90.4
龙家圈街道办事处	19229	20768	108.0	17481	18.8	20020	96.4
圈里乡	6881	5280	76.7	6256	-15.6	4200	79.5

【财政政策落实】 2022年，沂水县减税降费和缓税退税8.7亿元，其中增值税留抵退税4亿元、缓缴税费2.5亿元、减税降费2.2亿元，影响地方财政收入3亿元，较2021年增加1.9亿元。设立新旧动能转换、工业金融奖励、外资外贸奖励等扶持资金1.6亿元，引导金融资源和社会资本流向中小微企业，助力经济高质量发展。

【民生投入保障】 2022年，沂水县守住“三保”（保障基本民生、工资发放和机构运转）底线，设立工资及民生专户，明确“三保”在预算编制和预算执行中的优先顺位。全年拨付“三保”资金59.7亿元，较2021年增加3亿元。

【预算绩效管理】 2022年，沂水县开展预算绩效评价，通过预算管理一体化系统填报绩效目标747个，涉及金额58.2亿元，覆盖率100%。在财政部组织的全国财政管理综合绩效评价中，沂水县位居全国第24名，获得奖励资金500万元。

【政府采购管理】 2022年，沂水县深化“放管服”改革，规范政府采购行为，打造一流的政府采购营商环境。各采购单位委托社会代理机构组织采购项目400余个，抽取专家1500余人次，发布采购信息1200余条，2800余家次企业参与竞争，保证政府采购的公开竞争性。全年政府采购8.6亿元，节约资金1656.6万元，节支率1.9%，占一般公共预算支出的11.3%。在2021—2022年度政府采购监管专业评价中，沂水县被评为全国政府采购百强县。

【重点项目保障】 2022年，沂水县支持乡村振兴，推进巩固脱贫攻坚成果同乡村振兴有效衔接。全年整合涉农资金11亿元，用于美丽乡村、高标准农田、衔接推进乡村振兴、农业产业强县等项目建设；政策性农业保险达到8个险种，全年财政补贴保费3000万元。财政支出17.8亿元，保障棚户区改造、户户通、县乡道路、城市基础设施等项目建设；筹措资金5.5亿元，投入污水污泥处置、大气污染、垃圾焚烧治理、节能环保等项目，推动全县生态环境提升。

【直达资金管理】 2022年，沂水县直达资金规模22.5亿元，其中中央资金15亿元、省级资金7亿元、市级资金0.2亿元、县级资金0.3亿元。抓好资金保障，巩固脱贫攻坚成果，推进乡村振兴，完成支出22.3亿元，支出进度98.9%，其中中央资金全部实现支出。

【会计管理】 2022年，沂水县财政局做好财政各项会计准则、制度修订的意见征集和反馈，增强会计制度贯彻力度。依托“山财培训网”组织4685人完成会计继续教育培训，针对不同岗位会计人员对继续教育内容的差异性要求，新增自选课程134节。把握上级会计部门新出台的各项会计政策，为各企事业单位下发相关文件12件。311人获得初级资格，77人获得中级资格，高级会计师评审通过14人。组织689人参加新政府会计制度实务、内控要点培训，参训人员成绩均为合格。完成124个单位的行政事业单位内部控制编制、送审及审核工作，推进会计基础规范化进程。

2022年，沂水县持续整合涉农资金推进乡村振兴。图为美丽乡村小松林村
（县财政局　供图）

【政府债务管控】 2022年，沂水县争取政府专项债券，保障重点项目建设。坚持资金跟着项目走，做深做细专项债券项目储备，优化专项债券投向领域，严格资金使用监管，重点支持在建和尽快开工的项目，扩大有效投资。全年发行新增专项债券14.9亿元，增长35.5%，主要用于棚户区改造、城市基础设施、职业学校、中医院等14个项目。化解到期债务本息15.3亿元，其中预算安排偿债资金5.2亿元、发行再融资债券5.9亿元、借新还旧及项目经营性收益化解债务4.2亿元。

【财税体制机制改革】 2022年，沂水县制定县直部门和乡镇政府公用经费定额标准，实现公用经费定额标准化。将所有基本民生项目纳入县级支出，由县财政统一支付。控制“三公”经费和会议费、培训费等“五项经费”支出，确保只减不增。加强对办公用房大修、政府购买第三方服务、信息化建设等项目审批管理；规范预算编制、执行、追加、决算等资金管理流程。对政府投资项目实行计划管理，严格审批流程，确保财政平稳运行。

加大财政助力经济发展力度，筹措资金4.8亿元，设立产业发展项目扶持基金，加大对工业金融、农业、文旅、外资外贸、总部经济等各类企业的扶持力度。

【“鲁担惠农贷”工作】 2022年，沂水县农担办事处在全县18个乡镇（街道）发放“鲁担惠农贷”贷款481笔，金额2.9亿元，为全县“三农”和小微企业融资需求提供高效、精准、低成本服务。其中，农业银行发放2亿元、邮储银行发放2846万元、农商银行发放4277万元、建设银行发放1805万元。

【财金融合支持乡村振兴试点工作】 2022年，沂水县承接的山东省财政金融政策融合支持乡村振兴战略制度试点工作完成，“股权质押+”模式获得省财政厅认可，是全省财金融合支持乡村振兴试点工作的六大模式之一。沂水县针对农村集体资产股权价值低、贷款额度小，农民融资需求迫切的实际，创新形成农村集体资产“股权质押+”信贷模式，通过农村集体股权为持股农民无感增信，实现“户户有股权、户户有授信”。县财政会同农业部门、人民银行出台股权质押贷款风险补偿基金管理办法，设立风险补偿基金，对不良质押贷款与金融机构按照一定比例进行风险分担。通过创新“股权质押+”信贷模式，为农民手中的股权价值放大，农民从事生产经营提供资金支持。（常洪泉 刘子阳）

税务

【概况】 2022年，沂水县完成各项税收收入36.4亿元（含海关代征增值税、消费税，未扣减出口退税），比上年增长6.1%。其中，税务部门组织税收收入36.4亿元。非税收入29.2亿元。办理出口退税6.3亿元，减少5600万元，下降8.2%。主要税种呈增长趋势，增值税、企业所得税、个人所得税保持平稳增长。重点行业税收态势良好，化工产品行业、食品制造业、橡胶制品行业等重点行业稳定增长。

【税费收入】 2022年，沂水县组织社会保险费26.6亿元，比上年增收1.3亿元，增长5.3%。其中，企业职工基本养老保险费10.5亿元，增收6572万元，增长6.7%；机关事业单位基本养老保险费4.7亿元，增收3244万元，增长7.4%；失业保险费5152万元，增收540万元，增长11.7%；工伤保险费3316万元，增收1223万元，增长58.5%；职工基本医疗保险费6.5亿元，增收483万元，增长0.8%；城乡居民基本养老保险费1.1亿元，减收302万元，下降2.7%；城乡居民基本医疗保险费2.9亿元，增收1715万元，增长6.2%。

2022年，沂水县组织非税收入29.2亿元。其中，国有土地使用权出让收入27.5亿元；矿产资源专项收入4396万元；教育费附加6282万元，增收1529万元，增长32.2%；地方教育附加4191万元，增收1022万元，增长32.3%；残疾人就业保障金705万元，增收19万元，增长2.8%；工会经费621万元，增收13万元，增长2.1%。

【税收征管】 2022年，沂水县落实《关于进一步深化税收征管改革的意见》重点工作任务，组织“改革一年间”集锦展晒活动。推行征管电子档案。制定《涉税中介机构税收监管指引》，完善监管原则、监管举措和评价机制。制定《沂水县税务局全面数字化的电子发票受票扩围试点工作方案》，推进高集成功能的智慧税务建设。承担市局征管基础数据修改试点，研究制定《税收基础数据管理实施办法》，对数据入口、审核、修正、检查等内容进行明确，核实异常数据5257条、整改4989条，整改率94.9%。

【纳税服务】 2022年，沂水县开展“便民办税春风行动”“中小企业服务月”“个体工商户服务月”等宣传活动，利用电子税务局、鲁税通等推送政策，扩大政策宣传覆盖面。制作税收宣传视频、漫画、海报等，丰富宣传方式。推广“网上办”“掌上办”等各类“非接触式”办税缴费方式，提高服务效能。组建沂蒙税贤会客室、爱税志愿者之家和税收网格员工作站，推进“枫桥式”税务分局建设。全年办理业务104.7万笔，非接触式办税率97.8%。在2022年度全省纳税人缴费人满意度调查工作中列全省第3名、全市第2名。

【减税降费】 2022年，沂水县落实科技型中小企业研发费用加计扣除、高新技术企业设备一次性扣除等政策，开展个人所得税综合汇算清缴和房产、土地税源信息摸底调查，利用契税等关联税种做好立体化管理。优化不动产联办业务流程，完成16个房地产开发项目土地增值税清算。加强部门协作，提高耕地占用税收入质量。举办非居民税收知识培训班，加强税收协定待遇政策落实。加强非居民税源日常监控和税收风险管理，做好非居民税收风险核查。年内，实现减税降费合计8.7亿元，影响县级收入3亿元，惠及3.4万户次纳税人。其中，增值税留抵退税3.9亿元，比上年增加1.7亿元，惠及390户次纳税人；实现缓缴税费2.5亿元，惠及2090户次纳税人；实现减税降费2.2亿元，惠及31110户次纳税人。

【风险管理实施】 2022年，沂水县税务局成立风险应对小组，做好风险应对工作。编写《小规模纳税人涉税风险防范提示告知书》，将相关涉税风险、法律条款及风险防范提示及时告知纳税人。加强数据整合，筛选开具发票400万元以上的小规模纳税人，与税源管理单位进行数据共享，在日常工作中重点关注名单涉及的纳税人，有计划、有节点地对名单纳税人进行案头分析，抓住事中有利时机，阻断发生风险路径，预防虚开普票犯罪。总结小规模纳税人虚开普票风险应对经验，下发《关于加强对小规模纳税人涉税风险防范和应对的通知》，对小规模纳税人各类风险疑点指标进行分析整理汇总，运用税收大数据平台，深化模块运用，拓展分析渠道和方式方法，通过财务报表、纳税申报、开票信息、上下游企业等指标，综合创建小规模纳税人行业模板，对发现的涉税疑点进行提醒和预警，引导纳税人自查自纠，增强分析准确度和日常管理精准度。

【依法治税】 2022年，沂水县落实行政执法三项制度，进行法制审核16次，执法公示1949户次，发起执法音像记录272次，完成率100%，发起数量与完成率均居全市第一。开展大企业数据分析，对关联交易、跨境投资等重大交易事项提供专业辅导，分类编写风险指引，做好风险防范。县税务局与公安部门联合成立公安税务联络机制办公室，对

2022年7月21日，沂水县税务局联合县应急管理局到蓝鲸石化开展联合执法活动
（县税务局 供图）

涉税违法行为进行打击。开展县域税收风险管理态势分析，形成《沂水县域税收风险管理态势分析报告》。开展重点行业和典型企业风险分析应对工作，开展风险应对633户次，查补入库税款1.2亿元、滞纳金766万元。

【税务基层建设】 2022年，沂水县制定《全县税务系统基层建设三年规划》，开展标准化分局创建、"新六小"建设、制度建设和文化建设等。建设"沂蒙红税贤工作室"，学习"枫桥经验"，从村镇老党员、老干部、老教师中选择优秀税贤，建立税贤智库。从当地威望高、影响力大的企业和专业水准高、业内口碑好的税务师事务所、会计师事务所、律师事务所中，选聘业务精英组成沂蒙红爱税志愿者，为纳税人缴费人提供涉税政策咨询服务，协助解决税企争端。建立税收网络员队伍，协助解决纳税缴费过程中遇到的困难和问题。

（薛艳霞）

金融监管

【地方金融组织监管】 2022年，沂水县加强对2家小额贷款公司、1家民间资本管理公司、2家融资性担保公司、1家应急转贷机构的监管。做好小额贷款公司、民间融资机构分类评级、到期换证等工作，开展各类专项整治检查14次，并建立问题台账，逐一销号，年内整改各类问题20余个。加强监管人员业务培训，开展多部门联合监管，实现信息共享、结果互认，减轻企业迎检负担。

（李伟鹏）

【银行业保险业监管】 2022年，沂水县有银行机构13家，全县各项存款765.1亿元，各项贷款余额493.9亿元，不良贷款率0.5%，降至历史最低点。县监管组对辖区两家法人机构进行监管评级，农商行、村镇银行监管评级分别为CC、AAA级。审核两家法人机构1104张报表，关注银行保险机构监管指标变化，对未达标机构进行风险提示。对沂水农商行下发监管提示，督促整改资金业务、房地产占比等问题。对机构经营行为进行监管，查处部分银行机构存款送礼品行为，督促农商行、邮储银行、邮政公司、村镇银行等机构整改问题，规范金融市场秩序。强化整顿车险市场秩序，治理保险行业乱象，推动保险公司回归保险主业。引导保险公司树立依法合规经营意识，从源头降低消保投诉纠纷。指导保险公司落实新冠疫情风险保障，做好复工复产工作。全面推进督导检查，对辖区网点开展30余次疫情防控督导，通报批评8家机构违规行为，约谈机构主要负责人3人次。

【金融风险防控】 2022年，沂水县开展"规范建设巩固年"活动，聚焦风险防控、公司治理评估、监管评级反馈、审慎会议落实，下发关注事项2项、约见谈话10人次，责令相关机构进行责任追究492人次。加强金融风险研判分析，关注法人机构资产质量、盈利能力和流动性、同业业务、表外业务等业务状况，加强金融稳定业务专项调研，关注异常经营情况及不良变化趋势。开展地方法人机构重点风险排查工作，发现6类20余项问题线索，全部整改完毕。加大风险化解处置力度，建立不良处置周报制，协调、指导银行机构通过现金清收、核销、盘活、优质资产置换等措施，加大不良贷款处置、核销力度，确保县域不良余额、占比持续下降。组织县法院、纪委联合开展不良贷款百日攻坚清收活动，清收不良贷款3.8亿元，化解处置新大陆橡胶、基诺玻璃等企业不良贷款。

（徐以明）

【外汇管理】 2022年，沂水县推进贸易外汇收支便利化试点，开展"优汇服务进万家""双机制"政策宣传活动，全县便利化试点企业9家、试点银行3家，发生便利化业务5253笔、8.9亿美元。指导山东泓达生物科技有限公司开办跨境资金集中运营业务，全年发生业务46笔、531.2万美元。实施“沂起避险，保驾护航”特色活动，开展外汇避险宣传月活动，组建“汇率避险宣传”小分队，开展政策集中宣讲9次，涵盖5家外汇指定银行和43家涉外主体，为36家企业办理汇率避险87笔、金额10858.7万美元。

【货币管理】 2022年，沂水县构建城市硬币自助兑换“三千米”服务圈，在县域布放硬币回笼设备，引导群众合理处理手中硬币，盘活社会硬币沉淀，推进金融机构货币真伪鉴定工作体系标准化、规范化建设，选取沂水农商行作为货币真伪鉴定三级鉴定机构。夯实人民币图样使用、残缺污损人民币兑换和货币真伪知识宣传的长效工作机制，全年办理特殊残缺污损人民币鉴定业务12笔、金额8.1万元。通过现场督查、电话督导解决拒收现金行为问题16个。

【反洗钱工作】 2022年，沂水县对全县56家金融机构按银行、保险、证券等行业开展2021年度反洗钱监管评价，指导法人机构开展反洗钱分类评级。指导沂水中银富登村镇银行开展洗钱和恐怖融资风险自评估。召开全县洗钱入罪工作推进会，加强与县域公、检、法等相关部门的情报会商，推动县法院宣判全县首起洗钱案件，相关经验做法被《山东反洗钱》（内刊）采用。以反洗钱罪立案侦查的7起反洗钱犯罪活动案件进入公诉环节。

【账户风险管理】 2022年，沂水县辖内12家银行机构结合“断卡”工作要求完善账户管理内控制度、建立健全账户监测分析模型。依托临沂市“优化企业开户县支行群”、沂水县“沂水金融工作群”，对发现并堵截的可疑人员开立银行账户案例进行跨行、跨区域信息共享，防止可疑人员流窜开户风险。组织辖内银行机构开展涉案账户、相关账户倒排查工作82批次，排查313户涉案账户、31236户相关个人和单位，对排查出的可疑账户采取暂停非柜面业务、只收不付、不收不付等账户处置措施，约谈5家“涉案账户”数量突出银行。建立全县“警银联动钉钉工作群”“警银联动微信工作群”，配合公安机关打击犯罪。年内，辖内银行机构协助公安部门打击诈骗案件3起，抓捕违法人员7人，控制涉案资金32.4万元。

【消费者合法权益保护】 2022年，沂水县推进金融消费者权益保护制度建设，推动建立健全投诉处理机制，完善合规管理体系，压紧压实机构主体责任，保护消费者合法权益。开展金融知识宣传教育，引导银行设立“金融助理”、推出“挎包银行”、开通“绿色通道”、开发“大字版掌上银行”等措施，打造适老化服务，发布消费者风险提示，加快纠纷多元化解机制建设，全年处理“12315”“12345”热线投诉37起，群众满意率达100%。 （闫怡璇）

审　计

【概况】 2022年，沂水县聚焦主责主业，做好常态化审计监督工作，强化审计“治已病、防未病”作用。全年完成财政预算执行审计、领导干部经济责任审计、民生审计、政府投资审计等6大类、44个审计项目，查出问题金额9.2亿元，审计发现非金额计量问题56个，提出审计建议193条。各乡镇（街道）审计办完成村居干部经济责任审计256个，查处各类违规违纪资金14.3亿元。

【政策落实跟踪审计】 2022年，沂水县对全县2021年至2022年6月政府新增政府专项债券管理和政府债务风险防控情况进行专项审计调查，延伸审计调查15个项目单位。重点关注政府专项债券管理使用、隐性债务化解、国有平台治理整顿行动审计复查、支持地方落实减税降费、医疗等重点民生资金管理使用和基层“三保”落实等情况。审计发现专项债券资金7000万元拨付不及时、政府专项债券项目重点绩效评价覆盖面不足、隐性债务化解账务处理错误、债务实际化解时间与债务系统化解时间不一致、交通补贴1931.4万元未按月发放等问题。对照审计发现问题，提出有建设性的审计意见和建议，促进政令畅通、令行禁止。

【财政预算执行审计】 2022年，沂水县根据省市县“三级联动”工作要求，对全县108个一级预算单位进行大数据分析全覆盖，对13个部门单位预算执行情况进行现场审计。重点关注财政收支真实性、存量资金、民生户管理使用、隐性债务化解、政府专项债券、政府融资平台运营情况等。对残疾人就业培训、退役军人抚恤金、救灾资金、国三货车淘汰奖补资金、省级田园综合体建设等专项资金管理使用情况进行审计。代表县政府向县人大常委会作2021年度本级财政预算执行和其他财政收支情况的审计工作报告，代表县政府向县人大常委会作2021年度县级财政预算执行和其他财政收支审计查出问题整改情况报告。

【领导干部经济责任审计】 2022年，沂水县建立经济责任审计对象数据库，优化审计计划安排，前移监督关口，建立以任中审计为主，离任审计、离任交接为补充的领导干部经济责任审计新格局。全年对21个部门单位26名领导干部进行任期经济责任审计，其中任中审计11名，占比42.3%。通过审计，发现在贯彻执行国家经济方针政策、重大经济事项决策、财政财务管理、生态文明建设、落实中央八项规定精神等方面存在问题，涉及金额2.6亿元。对职业学校违规举债3248万元等问题线索，移送县纪委。

2022年4月7日，沂水县审计局开展医疗资金审计。图为审计人员现场查看医疗物资储备情况　　（张廷伟　摄）

【政府投资审计】 2022年，沂水县聚焦政府投资审计“三个转变”，探索政府投资审计新方式、新方法，以高质量审计护航经济高质量发展。县审计局对11个两城同建项目、农村饮水安全工程（涉及1327个自然村）、155个扶贫资金衔接项目进行审计。审计查出建设资金管理不到位、工程项目结算不真实，虚报工程量，重复、多计工程量等问题，审减造价4677.7万元，节约财政资金。对县第二实验中学新建初中教学楼、沂新中学教学楼及室外配套工程等2个政府投资建设项目进行工程决算审计。对总投资6.9亿元的山水林田湖草沙一体化和修复工程进行跟踪审计，发现设计不完善、工程材料不达标、施工质量不够高等问题，督促问题整改，推动项目有序、规范、高效开展。

【乡镇（街道）内部审计】 2022年，沂水县聚焦服务乡村振兴和清廉村居建设，制定出台

《沂水县关于进一步加强和改进内部审计工作的意见》《关于加强乡镇（街道）内部审计工作的意见》，推动村居干部经济责任审计向乡镇内部审计转型。指导各乡镇（街道）内部审计办完成村居干部经济责任审计项目256个。查处收入不入账、坐收坐支、违规收费、挪用公款、白条顶库、挤占截留专项资金等20个方面的问题，涉及金额14.3亿元。移送纪委监委、组织部门违法违纪案件线索52起，处分处理村居干部39人，帮助化解群众信访事件31起。

【智慧审计】 2022年，沂水县成立智慧审计工作领导小组，设立电子数据审计科，组建智慧审计团队，形成以领导小组为核心点、电子数据科为牵头线、智慧审计团队为辐射面的点、线、面智慧审计立体格局。建设数据分析室，强化大数据分析、比对，全方位拓展审计的广度、深度和精度。实行数据主审、业务主审"双主审"模式，发挥"数据中心组+多个现场审计组"协同作战优势。财政预算执行审计中，对县财政及一级预算单位全部进行大数据分析，发现滞留非税收入，预算编制不细化、不完整等违规问题资金1.5亿元。在住宅专项维修资金审计中，建立结构化查询语言数据分析模型16个，通过模型建立统计分析、多维分析以及跨行业跨部门关联比对等，发现存在住宅专项维修资金归集不到位、多收取维修资金等方面的10余个问题，涉及金额300多万元。

【审计整改】 2022年，沂水县召开十五届沂水县委审计委员会第一次会议，审议通过《关于建立健全审计查出问题整改长效机制的实施意见》，明确被审计单位的整改主体责任，主管部门的监督管理责任，审计机关的督促检查责任，为审计整改工作提供制度支撑。审委会成员单位加强协作配合，联合开展"整改回头看"，推动相关问题解决。县审计局将问题整改贯穿于审计全过程，建立问题整改台账，督促指导被审计单位逐项整改、对账销号，对拒不整改、推诿扯皮、弄虚作假的问题开展专项检查，推进审计问题整改到位。县委、县政府首次将审计结果和整改情况纳入全县高质量发展综合考核，作为全面从严治党考核的扣分事项，遏制被审计单位对审计查出问题屡审屡犯情况。

（张廷伟　刘　栋）

统　计

【概况】 2022年，沂水县推进农作物对地调查样本轮换和城乡住户调查大样本轮换工作，对全县500余家"四上"企业开展统计数据质量核查。完成全县地区生产总值等主要指标的统计监测分析。县统计局编印《沂水县第七次全国人口普查数据资料》《2021年沂水县统计年鉴》，撰写呈阅件6篇报县委，编发各类统计信息322篇，编发统计分析102篇，完成政府信息约稿96条，发布数据指标千余个，为全县经济运行提供重要参考。组织统计法律法规培训12期。参加全市统计系统职业技能大比武，获得团体一等奖，选派1名人员参加全省职业技能大赛，获得总成绩三等奖。

【统计数据质量】 2022年，沂水县建立统计数据核查常态机制，开展企业数据核查，重点关注大型企业，组建统计数据核查工作组，到企业进行统计基层基础质量现场核查，指导企业完善统计台账。聘请第三方服务机构，配合县统计局检查、督导企业，完成统计报表等相关工作任务，协助企业完成基层统计基础资料整理与上报，真实准确反映企业生产经营情况。

【统计基层基础建设】 2022年，沂水县开展第二届县级基层统计人才培育工程人才评选，新评选出县级统计人才15人。强化统计业务培训，全年开展工业、能源、投资、贸易、服务业、房地产业、建筑业、劳动工资、住户调查、工业生产者价格调查、农业调查等专项统计业务培训会议52次。

【统计服务】 2022年，沂水县提升统计服务能力。定期发布主要经济数据，撰写分析报告，解读经济走势，科学引导社会预期。年内，县统计局发布统计信息322篇、统计分析102篇，完成县委、县政府约稿及各类统计分析96篇。完成《沂水县国民经济和社会发展统计公报》《2022年沂水统计年鉴》编印。解答社会各领域部门、单位、企业提出的统计问题。强化预警预测，建立重点企业预报制度，月初开网之前，对重点企业提前调度，加强数据分析，做好数据预警。

【依法治统】 2022年，沂水县健全政府法律顾问制度，外聘专职律师1人，保障统计法治建设的规范性和统计执法的公正性；利用“国家宪法日”和“统计开放日”，开展宪法和统计法律法规知识宣传。开展统计法律法规知识培训和统计法宣传讲座，组织全县统计人员学习统计法律法规知识。落实统计法律法规进党校要求，邀请市统计局专家到县委党校讲授统计法律法规知识。配合省统计局完成统计执法检查工作，做好“四上”企业数据核查和统计执法检查工作，开展统计“双随机、一公开”执法检查。

【统计调查】 2022年，沂水县统计局开展农作物对地调查秋冬播、夏播遥感面积调查和夏粮、秋粮产量实测工作，完成样本轮换并按时启用新样本点，确定大梨行等20个村、60个样方作为全县今后5年开展粮食面积和产量调查的样本。开展畜牧业统计调查，理顺完善畜牧业调查体系，完成大型户摸底和样本更新。开展城乡住户调查大样本轮换，在全县范围内抽取15个调查小区、150户，抽选出符合设计要求、代表性较好、能够稳定使用5年的样本，完成调查小区的边界确认、拆分，小区图绘制、住户信息摸底，新样本户抽取、换户、开户、试记账等工作。

【统计改革创新】 2022年，县统计局建立月度数据“两上两下”分析调度机制。上报前，月度中、下旬两次调度分析企业生产情况，形成月度数据分析预测，作出数据预判分析，向各主管部门两次通报数据预判分析。上报后，汇报数据完成情况。反馈后，汇报经济数据在全市位次。2022年，全县各项主要经济指标均高于全省、全市，地区生产总值增速、规上工业增加值增速等指标更是取得近10年以来最好成绩。地区生产总值核算37项数据指标中，高于全市平均增速的有28项，占75.7%，列全市前3位的有11项，占29.7%；列全市4—6位的有15项，占40.5%；列全市7—10位的有8项，占21.6%。

2022年3月31日，全县高质量纳统工作座谈会议在县政府会议室召开

（县统计局 供图）

【纳统考核】 2022年，沂水县出台《2022年度沂水县高质量纳统考核实施方案》，加大企业“升规纳统”指导和考核力度。根据企业、项目监测情况，将符合纳统标准企业、项目名单推送到行业主管部门和乡镇（街道），督促符合纳统标准企业、项目申报纳统。将高质量纳统工作纳入全县高质量发展综合绩效考核，分别制定部门和乡镇《高质量纳统考核方案》，进行日常督办、考核，做好与市场监管局、税务局、人社局等部门提供资料的比对，更新全县“准四上”企业培育库，对接发展改革局、工信局、商务局等部门，进行重点监测。全年纳统入库单位99家，其中工业纳统入库单位27家，贸易（批零、住餐）纳统入库单位44家，服务业纳统入库单位8家，房地产纳统入库单位5家，建筑业纳统入库单位15家。

（桑韶华）

市场监督管理

【概况】 2022年，沂水县加强食品药品、特种设备、产品质量等重点领域监管，强化行政执法。优化营商环境，规范稳定市场秩序，服务县域经济发展。推进个体私营企业党建标准化建设，成立“个体私营企业协会”，建设“暖蜂驿站”，85家企业加盟“暖蜂爱心企业联盟”。编制发布《沂水县“十四五”市场监管规划》。全市进口高风险非冷链集装箱货物疫情防控现场观摩会、中央生态环境保护督察“回头看”反馈意见第33个问题整改和销号现场会、临沂市小型餐饮单位“清洁厨房”规范提升暨食品生产企业“三标”行动现场推进会在沂水县召开。

【市场主体信用监管】 2022年，沂水县落实“双随机、一公开”和“一单两库”建设工作，建立涵盖414名执法检查人员名录库，全面公开监管信息、随机抽查事项等内容，做好企业经营异常名录和严重违法失信企业名录管理。全年抽查市场主体710户，并公示。完成各类用人单位工资支付情况检查、养老机构监督检查、影院经营情况抽查等59项任务，抽查市场主体330家，移出经营异常名录1225家次。

【市场主体年报】 2022年，沂水县开展年报公示工作，多渠道深入宣传《企业信息公示暂行条例》，定期调度市场主体年报率，加大企业年报公示力度，促进市场主体应报尽报。全年企业报送1.8万户，年报率为91.4%；个体工商户报送2.3万户，年报率为48.1%；农民专业合作社报送1468户，年报率为67.4%。

【网络交易监管】 2022年，沂水县严厉打击互联网领域侵权假冒、网络销售不安全食品和药品、医疗器械、虚假宣传、虚假广告、刷单炒信、违规促销、违法搭售、侵犯个人信息等突出问题。强化网络监管，开展疫情防控、城镇燃气排查整治、网上非法交易精神药品、面向未成年人无底线营销食品、电子烟等专项行动，实地检查网络平台、店商1322家，排查违法线索255条，责令改正网站（网页）85个，立案查处网络虚假广告宣传案10起。

【反不正当竞争】 2022年，沂水县打击各种不正当竞争行为，维护市场公平竞争秩序。对“12315”“12345”等平台申诉、投诉、举报及企业维权行为进行分析研判，及时查处。成立沂水县反不正当竞争工作联席会。开展不正当竞争专项治理行动3次，查处不正当竞争行为案件2起，行政约谈经营者6次。印发《公平竞争审查第三方评估机制》《重大政策措施公平竞争审查会审制度》等文件，实现公平竞争审查制度县级全覆盖，完成机构改革后公平竞争审查联席会议调整工作。开展“打击传销，人人有责；拒绝传销，从我做起”主题宣传教育活动，向群众宣传违法传销的危害性，增强群众识别、抵制传销的意识和能力，活动期间开展集中宣传10场次，发放宣传材料1万余份，现场解答群众咨询600余人次。

【广告监管】 2022年，沂水县开展医疗、药品、医疗器械、保健食品、校外培训、房地产、金融领域等重点领域广告整治行动和儿童青少年近视防控产品违法违规商业营销宣传专项整治行动，出动执法人员770余人次，查处违法广告类案件17起。

【消费者权益保护】 2022年，沂水县开展消费环境建设工作，开展放心消费创建活动，推行实体店无理由退货，突出发挥市场开办者和消费维权服务站的作用。运用“12315”“12345”平台，推动《热线运行管理办法》落实，缩短调查处理时限，受理各类投诉举报1万余件，全部做到响应率、办结率、合理诉求满意率3个100%。创建县级放心消费示范单位1249家，承诺无理由退货单位1344家，创建线下消费维权服务站163家。

【品牌建设】 2022年，沂水县市场监管局指导泓达生物、威普斯橡胶、源泉机械3家企业迎接市长质量奖现场评审，泓达生物和源泉机械获临沂市第十一届市长质量奖，威普斯橡胶获市长质量奖提名奖。指导隆科特酶制剂、玻纤集团、鼎福食品等6家企业申报山东省制造业高端品牌示范（培育）企业。沂水机床厂被评为山东省高端品牌培育企业；指导东方管业、沂蒙山酒业等6家企业申报山东优质品牌。指导威普斯橡胶、青援食品2家公司上榜“好品山东”品牌名单。

【产品质量监督】 2022年，沂水县聚焦生产环节产品质量监管工作、认证认可监督管理工作，开展危化品、农资、燃气具、电动自行车、儿童学生用品、成品油市场“自流黑”等专项整治工作，严查生产环节产品质量违法行为。全年投入抽检经费41.8万元，完成抽检140批次，检查各类市场主体500余家次，提报小微企业质量管理体系提升案例3个，“三同”企业8个，拆除不符合保留条件的自备油罐40个。

【特种设备安全监察】 2022年，沂水县开展城镇燃气安全、电梯质量安全“2022梯安行动”和特种设备专项整治行动，制定全县特种设备“防风险、查隐患、保底线”安全生产专项整治行动实施方案，出动检查人员3000余人次，检查企业800余家，发现一般隐患1000余项，下达特种设备安全监察指令书15份，停业整顿5家，立案处罚特种设备单位38家。

【计量管理】 2022年，沂水县开展民生计量器具“铁拳”专项行动，对加油站、超市、医疗卫生机构和粮油购销4个计量领域开展专项行动，开展节日市场、夏粮收购计量专项检查工作。出动执法人员150人次，检查商场、超市、集贸市场31家。开展疫情防控计量器具服务执法工作。检查玻璃体温计、红外线测温仪等计量器具6万台检。利用“3·15”消费者权益保护日和“5·20”世界计量日契机，开展宣传活动，发送宣传资料1000余份，测量血压血糖300余人，校准电子秤20余台。

【标准化工作】 2022年，沂水县推行企业标准自我声明公开和监督制度，企业根据需要自主制定、实施标准，鼓励制定企业标准和团体标准，扩大市场自主制定标准的有效供给，促进新技术、新产业发展和传统产业转型升级。山东隆科特酶制剂有限公司参与制定国家标准1项已实施；鲁洲生物科技（山东）有限公司主持修订的3项国家标准均已实施；山东京普太阳能科技股份有限公司参与修订、制定的四项国家标准实施；山东泓达生物科技有限公司主持制定团体标准2项已实施。县市场监管局联合临沂市市场监督管理局共同起草《小型餐饮服务组织经营服务规范》市级地方标准草案，协同民政局推进殡葬改革标准化国家级试点评估申请。（刘炜方）

【检验检测】 2022年，沂水县检测能力达到967种产品、19659个参数，覆盖食品、环境、化工、轻工、机械、板材等领域；建立社会公用计量标准18项，对全县加油机、汽车衡、电子秤、压力表、心电图机、血压计（表）、B超、温度计等100余种计量器具开展检定及校准。完成食品监督抽检1535批次（其中食品570批次、农产品961批次、餐饮具4批次），做到重点场所全覆盖、城乡区域全覆盖。对跋山水库水源地水质进行监测分析，完成跋山水库饮用水水源地水质监测79批次，免费为群众检测生活饮用水50余批次。服务县内食品企业高质量发展，培训企业化验员及现场技术指导120余人次。一次性通过“黄河流域五省（区）纺织品检验检测机构能力验证”及“山东省检验检测机构脱氢乙酸含量能力验证”考核。完成检定企事业单位、个人计量器具1.1万台次（其中，衡器1102台次、压力表5459台次、玻璃量器1146台次、检定电子天平823台次、酸度计和分光光度计77台次、加油机1306台次、B超和血压计108台次、心电图机91台次、环境温湿度仪795台次）。开展计量服务中小企业纾困解难“百千万”行动，组建6支“1+3”计量服务队，对企业实施“一企一策”计量精准服务，为企业提供实地帮扶和技术指导，服务中小企业50余家，帮助企业解决问题300余次。

（王西进）

【食品安全监管】 2022年，沂水县推进食品生产企业“三标管理”（质量、环境、职业健康安全三个管理体系整合认证），打造示范企业27家。深化农批市场“五项制度”落实，持续推进食用农产品快检工作，全年快检22.1万批次。开展农村假冒伪劣食品整治工作，立案39起。开展小型餐饮服务单位清洁厨房行动，完成小型餐饮服务单位清洁厨房示范店建设1300余家。开展“互联网+明厨亮灶”建设，406家学校食堂、4家养老机构食堂完成建设。开展网络订餐整治活动，检查入网餐饮单位120家。开展保健食品行业专项清理整治，检查保健食品经营主体1000余家。开展特殊食品“守底线、查隐患、保安全”风险隐患排查工作，检查经营主体1200余家。全年完成县级食品安全监督性抽检任务3118批次，完成省级食品安全评价性抽检任务127批次。

【药品医疗器械监管】 2022年，沂水县开展药品经营、疫苗质量管理、药品使用单位、药品安全、第二类精神药品等专项检查整治行动，健全打击危害药品安全违法犯罪行为工作机制，推动医疗器械唯一标识应用，推进“沂械安”注册使用和医疗器械清单化管理。全年检查药品企业444家、医疗机构673家，办理药

2022年4月7日，沂水县市场监督管理局深入山东康柏食品有限公司开展监督检查

（县市场监督管理局 供图）

品大案要案9起，完成药品抽检75批次；检查医疗器械经营使用单位870家次，移交医疗器械大案要案线索2起。

【市场监管执法】 2022年，沂水县市场监管局制定《关于服务“四新经济”发展实施包容审慎监管的指导意见》；设立公职律师岗位，制定公职律师管理办法和工作方案；制定《沂水县市场监督管理局行政处罚案件负责人集体讨论办法》，将重大疑难复杂案件，涉及公众利益、国家利益的案件全部纳入负责人集体决策范围。全年审核一般程序案件718起，查办各种案件710起，下达行政处理决定634起。

【沂水县个体私营企业协会成立】 2022年6月17日，沂水县个体私营企业协会成立，举行第一届一次会员大会，大会通过《沂水县个体私营企业协会章程》，选举产生第一届理事会和理事会领导班子。协会服务个体私营经济发展，贯彻落实国家的各项方针政策，健全个体私营企业自律公约，规范发展秩序，为会员服务、解决好所关心的共性问题，是政府职能部门与协会、会员与会员之间的沟通平台。

【“放心消费在山东”创建活动十佳案例】 2022年，沂水县市场监管局实施的《打造放心消费旅游环境 助推沂水旅游高质量发展》案例，被山东省消费者权益保护工作联席会议办公室评为“放心消费在山东”创建活动十佳案例。县市场监管局首先选择院东头镇地下大峡谷景区作为全域旅游放心消费创建示范点，结合示范点的行业特点和实际情况，对照放心消费创建标准，从经营环境、硬件设施、规章制度、商品及服务质量、消费维权等各方面，进行现场指导、“一对一”帮扶，细化创建措施，落实创建内容，逐一规范提升，以打造具有代表性和指导性的创建示范点。通过推广景区放心消费示范点经验和做法带动县内其他景区开展创建活动。雪山彩虹谷、地下画廊、天上王城景区创建为示范点。通过定期检查与临时抽查、明查与暗访相结合的方式，对示范点进行动态管理。对发现存在制售假冒伪劣商品、严重侵犯消费者合法权益、造成负面影响等行为的，予以摘牌淘汰，实现优进劣出，保证放心消费创建工作的实效性。

（刘炜方）

价格监管

【概况】 2022年，沂水县完成省授权管理的商品和服务价格与收费标准的制定及调整、国家与省各项价格监测任务和农产品成本调查任务；开展水电气暖领域涉企违规收费自查自纠；县发展改革局配合公检法监等机关，完成各项价格认定协助业务。参与国家省市价格管理工作征求意见5次、调查调研4次；在疫情防控后勤保障工作中完成20余家宾馆征用补偿；处理涉价热线工单269件；对全县供热企业2021—2022年供暖季居民、非居民供暖成本进行核算，为县政府进行供暖季补贴提供依据；配合教体局“双减”、住建局棚户区改造、安置区配套等工作。（姜晓达）

【价格认定】 2022年，沂水县办理各类价格认定业务162件，认定总价值 1.1亿元。其中，接受县公安局等司法机关协助申请，办理涉嫌刑事价格认定案件111起，认定总价值3273.9万元；接受县综合行政执法局等执法机关协助申请，办理行政价格认定案件51起，认定总价值7567.4万元。（于学利）

【价格调整】 2022年，沂水县发展改革局制定大中型骨干渠道农业供水价格，完善农业供水价格体系，完成全县农业水价改革任务。制定天然气价格上下游联动制度，增加一档年用气量到300立方米，对燃气壁挂炉取暖用户做气量优惠规定。优化亩产效益评价企业差别化价格政策；重新公布全县水利工程农业供水价格。制定义务教育学校课后服务收费标准，规范课后服务行为。调整中心医院周边三个停车场收费管理方式和停车服务收费标准，调整中心医院、县医院停车收费标准对住院病人免收停车费。公布公办中小学学生装最高限价。

【价格监测】 2022年，沂水县完成山东省居民生活消费品（食品）零售价格监测报表287个，省生产资料价格管理监测报表52个，省畜禽及饲料价格监测报表52个，省平台生猪系统直报104次，上报生猪市场价格动态分析52个、畜禽及饲料原料价格分析20个。

【成本监审】 2022年，沂水县落实成本监审办法和成本监审目录，对跋山水库、沙沟水库实施成本监审，为制定大中型灌区骨干工程农业供水价格提供依据；开展2021—2022年供暖季供暖成本监审，为确定供暖补贴提供依据。

【农产品成本调整】 2022年，沂水县完成国家小麦、花生、烤烟、桑蚕茧的农产品常规成本调查任务，包括种植意向、存售粮、农资购买3个专项调查和小麦、花生两个预测调查。

（姜晓达）

【价格监督检查】 2022年，沂水县加强对教育、粮食购销、物业等领域价格监管力度。开展教育收费专项检查，检查各类学校29家，发现价格公示不规范、课后服务时间设置不合理等问题6项、办理案件5起。持续推进粮食购销领域价格监管工作，出动执法人员87人次，检查涉粮食品生产企业17家，粮库2家，发现明码标价不规范问题4项。开展物业收费领域价格监管工作，检查物业服务企业36家，处理“12315”投诉17起，责令退回多收电费5.3万元，没收未退款电费3731元。

（刘炜方）

知识产权保护

【概况】 2022年，沂水县开展知识产权创造、高价值发明专利考核及培育、行政裁决与行政确权衔接工作，加大专利行政裁决案件办案力度，突出打击重点，知识产权保护力度日趋强化。开展专利奖推荐评选工作，2件专利（山东昆达生物科技有限公司、山东泓达生物科技有限公司1件，山东隆科特酶制剂有限公司1件）获评临沂市专利奖三等奖。办理全县第一起行政裁决与行政确权案件，为2019年机构改革后作出的首例专利侵权纠纷行政裁决。

【专利申请】 2022年，沂水县授权专利1186件，比上年增长6.7%。其中授权发明专利122件，授权实用新型专利880件，授权外观设计专利184件。全县有效发明专利拥有量416件，比上年增长26.5%，万人发明专利拥有量4.3件。年内，县市场监管局通过重点企业培育、高质量专利挖掘、专利权质押融资等方式，新增高价值发明专利43件，全县高价值发明专利177件，比上年增长32%，发放高价值专利培育补助资金7.2万元。规范专利申请行为，全年核查非正常专利申请363件，通过与代理机构及申请人联系沟通，363件非正常专利申请全部主动撤回，撤回率100%。重点部署知识产权质押融资工作，制作全县专利企业情况表，对意向融资企业及时服务指导，全年有26家企业进行知识产权质押登记，知识产权质押融资额4.1亿元。

【商标申请注册】 2022年，沂水县商标申请量3085件，商标注册量2647件。商标有效注册量17910件，比上年增长16%，有效注册量居全市第四位、全市9个县第一位。

【地理标志产品保护】 2022年，沂水县新增地理标志商标1个——“诸葛香椿”。县市场监管局重视地理标志的保护，指导企业申报“沂水韭菜”“沂水丹参”两个地理标志商标。开展地理标志专项行动，查处擅自使用或伪造地理标志名称及专用标志的行为，出动执法人数100余人次，检查业户60余家，维护全县市场秩序。

【知识产权执法】 2022年，县市场监管局加大专利行政裁决案件办案力度，开展行政裁决与行政确权衔接工作，加大对商标使用商家、专利研发及使用商家的检查力度，检查生产企业50余家、流通商家100余户，处理知识产权投诉举报50余起，立案查处11起知识产权案件，司法确认1件，办结4起专利行政裁决案件，知识产权领域严重失信行为列入严重违法失信名单案件1起。

（刘炜方）

社会信用建设

【社会信用监管】 2022年，沂水县做好事前、事中、事后信用监管。建立健全信用承诺制度，并应用于政府采购、施工许可、农业农村小型取水等领域，实行告知承诺、容缺受理、多诺合一等模式。推进信用分级分类监管，对市场主体开展公共信用综合评价，根据信用等级高低采取差异化监管措施。推动完善信用修复机制，落实失信主体信用修复“一网通办”。

【公共信用平台建设】 2022年，沂水县依托临沂市双公示上报系统，推进信用信息归集共享，夯实信用数据基础，涉及18个数源单位，归集行政许可1.1万条、行政处罚1.1万条。依托临沂市信用修复协同处理系统，落实“一网通办”，引导失信企业主动纠错。临沂市信用状况监测与分析平台，调度48个单位信用制度、营商环境、信用监管、权益保护等数据。

【信用服务】 2022年，沂水县协助有关部门进行企业、个人信用查询。完善信用修复机制，通过明白纸发放、专项治理、专题培训等方式，扩大知晓覆盖面，完成信用修复700余条。建立健全信用信息异议投诉制度，鼓励信用主体依法依规维护自身权益。推进“信易贷”，组织引导金融机构和企业入驻“乡振通”平台，搭建以企业信用为基础的银企合作平台，拓展中小微企业融资新渠道。

【“信用+”差异化监管】 2022年，沂水县在多个领域探索建立以企业信用为基础的差异化监管机制。行政审批领域，落实“联合奖惩”“信用核查”相关政策规定，办理行政许可实行告知承诺、容缺受理。招投标领域，诚信记录良好的一律取消保证金门槛，开启绿色通道。税收领域，分五级纳税人，在增值税发票、税收信用证明办理等方面运用评价结果。市场监管领域，“双随机、一公开”与信用等级相结合，将随机抽查的比例频次、被抽查概率与抽查对象的信用等级、风险程度挂钩。

【“信用+招标投标”改革】 2022年，沂水县实行“信用+招标投标”改革，对财政性资金招标项目，一律取消诚信记录良好的投标单位招标投标保证金，减少企业缴费、开具银行保函或电子保函以及公共资源交易平台收退保证金环节，优化交易流程，提高服务效能。全年为投标企业节省流动资金约5000万元，解决企业大量流动资金被占用、企业负担过重等问题。

（杨婷婷）

中国食品城

综 述

【食品产业发展】 食品产业是沂水县传统产业，历届县委、县政府因势利导，重点扶持，接续推动食品产业发展，逐步形成基础扎实、优势突出、特色鲜明的食品产业集群。2022年，沂水县落实《关于食品产业高质量发展三年行动的实施意见》，明确"一号产业"定位，立足打造"大食品"集群，建成全国重要食品产业基地和农产品精深加工基地，搭建载体夯实产业发展基础，双轮驱动推动产业膨胀，引导品牌创建，支持食品企业提质增效。至年底，全县获证食品生产企业560余家，固定资产200余亿元，从业人员5万余人，产品涉及33个门类，年可加工各类食品600余万吨。拥有"中国驰名商标"2个，"三品"专项行动典型成果1个，"农业产业化重点龙头企业"12家，其中国家级2家、省级10家，"好品山东"品牌1个，"山东知名品牌"3个，"山东优质品牌"6个，山东省制造业高端品牌培育企业5家，山东特色优质食品目录产品7个。沂水县被评为全国食品工业强县、中国食品城、中国优质饼干加工示范基地、全国食品安全示范县等。

【产业规划】 2020年9月，沂水县政府印发《关于食品产业高质量发展三年行动的实施意见》，围绕巩固和提升"食品城"目标、部署食品产业布局优化、产业规模壮大、领军企业培植、重点项目准入、区域品牌打造、人才支撑等方面推进措施，配套实施财税金融、技改投入、质量品牌、科技创新、提档升级、人才引育、升规纳统、要素资源等8个方面的食品产业专属扶持政策，鼓励企业膨胀规模、高质量转型升级。2022年2月，《沂水县工业强县战略行动实施方案（2022年）》出台，将食品产业纳入大工业新发展格局，聚焦以"质"创品，以理念、延链、四新、研发、监管促转调，壮大优质企业，布局食品产业转型升级低碳示范园建设，培育优良产业生态，打造全国重要食品产业基地。

（黄传磊　白　莲　王晓东）

【食品产业链式招商】 2022年，沂水县围绕玉米淀粉深加工、休闲功能健康食品重点产业链条，依托青援食品、大地玉米、隆科特酶制剂、山东诺好佳等食品产业龙头企业，坚持链式招商，向上向下"双向延伸"，向产业链上游招引紧缺的"补链型"配套项目，向下重点引进"国字头""中字号""500强"等"建链型""延链型"制造业名牌企业，发挥产业集聚带来的协同效应和规模效应。引进由瑞宏信（上海）科技有限公司投资13.6亿元建设的创优生物全产业链智慧工厂项目、由上海晴夏生物科技有限公司投资10.6亿元建设的新型酶制剂及发酵制品项目、由上海康地恩生物科技有限公司投资3.2亿元建设的年产3万吨新型添加剂等一批项目。其中，创优生物项目实现当年开工、当年投产，入选全市高质量发展现场交流会项目，创优生物连续3个季度被评为临沂市十快项目。（吴增国）

【科技创新平台】　至2022年底，沂水县建成食品生产领域国家级企业技术中心2个、省级3个、市级7个，省级重点实验室2个，省级工程技术研究中心1个、市级2个，国家级工程研究中心1个，博士后科研工作站2个，院士工作站1个，技术创新示范企业1家，高新技术企业3家。获国家级科技成果奖2个，市级以上科技成果奖63个，国家级、省级制造业单项冠军各1家。年内，隆科特酶制剂公司新增有效发明专利8个，参与修订国家标准1项，入选全省科技领军企业；鲁洲生物科技（山东）有限公司主持修订国家标准2项；七星柠檬科技有限公司、山东世纪春生物科技股份有限公司获得省级专精特新企业称号。全县食品产业的净化车间占比90%以上。

【食品科技项目与成果】　2022年，沂水县依托博士后工作站、重点实验室、企业技术中心等国家级、省级科研工作平台，引导企业研发新型精深加工产品。青援食品有限公司“双重发酵制备改性麦麸并协同菊粉制作高膳食纤维营养饼的研究”科技成果被临沂技术市场协会评为国内先进水平。创优生物全产业链智慧工厂项目是省优选项目，采用与中国农业大学联合攻关的“专用玉米全产业链”技术，生产药用淀粉、阿洛酮糖、肌醇等40多个系列高端产品。项目总占地16.5公顷，总投资13.6亿元，采用美国皇冠、德国西门子高端工业自动化控制系统，生产工艺高端智能，项目全部建成投产后，年可加工玉米胚芽25万吨，可生产毛玉米油10万吨，玉米胚芽粕15万吨，年玉米加工能力达到85万吨，玉米淀粉产能达到60万吨。

（黄传磊　白　莲　王晓东）

【品牌培育】　2022年，沂水县强化高端品牌培育，重点引导青援、鲁洲、隆科特等食品生产企业加强质量管理和绩效管理，组织申报山东省高端品牌培育、山东优质品牌和山东知名品牌。3月，青援食品有限公司入选第一批“好品山东”品牌，为全省唯一入选的饼干生产企业；9月，“青援食品”进入2022中国品牌价值评价信息榜，品牌价值8.9亿元。至年底，全县有中国驰名商标、名牌产品等品牌20个。

（刘炜方　白　莲）

2022年沂水县食品企业优质品牌一览表

表9

序号	企业名称	产品名称（注册商标）	获评时间	品牌称号
1	山东乐福记食品有限公司	乐福记	2010年	中国驰名商标
2	山东鼎福食品有限公司	鼎福	2011年	
3	青援食品有限公司	青援饼干	2022年	“好品山东”产品
4	隆科特酶制剂有限公司	—	2019年	山东省制造业高端品牌培育企业
5	沂水大地玉米开发有限公司	—	2019年	
6	青援食品有限公司	—	2020年	
7	鲁洲生物科技（山东）有限公司	—	2020年	
8	山东泓达生物科技有限公司	—	2021年	

续表9

<table>
<tr><th>序号</th><th>企业名称</th><th>产品名称（注册商标）</th><th>获评时间</th><th>品牌称号</th></tr>
<tr><td>9</td><td rowspan="3">青援食品有限公司</td><td>食用葡萄糖</td><td>2019年</td><td rowspan="6">山东优质品牌</td></tr>
<tr><td>10</td><td>饼干</td><td>2020年</td></tr>
<tr><td>11</td><td>香菇酱</td><td>2021年</td></tr>
<tr><td>12</td><td>鲁洲生物科技（山东）有限公司</td><td>麦芽糖浆</td><td>2021年</td></tr>
<tr><td>13</td><td>山东鼎福食品有限公司</td><td>糕点</td><td>2020年</td></tr>
<tr><td>14</td><td>山东蒙山龙雾茶业有限公司</td><td>绿茶</td><td>2020年</td></tr>
<tr><td>15</td><td>青援食品有限公司</td><td>淀粉糖</td><td>2021年</td><td rowspan="3">山东知名品牌</td></tr>
<tr><td>16</td><td>鲁洲生物科技（山东）有限公司</td><td>麦芽糖</td><td>2021年</td></tr>
<tr><td>17</td><td>山东蒙山龙雾茶叶有限公司</td><td>绿茶</td><td>2021年</td></tr>
<tr><td>18</td><td rowspan="3">青援食品有限公司</td><td>钙奶饼干</td><td>2021年</td><td rowspan="7">山东省特色优质食品目录产品</td></tr>
<tr><td>19</td><td>婴幼儿饼干</td><td>2022年</td></tr>
<tr><td>20</td><td>菊粉高膳食纤维营养饼</td><td>2022年</td></tr>
<tr><td>21</td><td rowspan="2">鲁洲生物科技（山东）有限公司</td><td>麦芽糖（桶装）</td><td>2022年</td></tr>
<tr><td>22</td><td>葡萄糖浆（桶装）</td><td>2022年</td></tr>
<tr><td>23</td><td rowspan="2">山东沂蒙山酒业有限公司</td><td>鲁沂牌红薯粉条</td><td>2022年</td></tr>
<tr><td>24</td><td>吏部宴牌芝麻香型白酒（38°、53°）</td><td>2022年</td></tr>
<tr><td>25</td><td>隆科特酶制剂有限公司</td><td>—</td><td>2014年</td><td rowspan="2">市长质量奖</td></tr>
<tr><td>26</td><td>山东泓达生物科技有限公司</td><td>—</td><td>2022年</td></tr>
</table>

产业集群与产业园区

【概况】 沂水县是农业大县，农产品原料供给充足。2022年，沂水县提高食品原料供给质量水平、带动食品产业基础加快向高级化演进，聚焦食品产业升级再造，开展链式招商、链式技改、链式培育，推动食品全产业链协同发展，形成玉米淀粉深加工产业链、功能休闲保健食品产业链和优质食品添加剂产业链3条完整的食品加工产业链。5月6日，省工业和信息化厅公布2022年度山东省特色产业集群名单，沂水县淀粉糖及休闲食品特色产业集群入围。筹划食品产业园区提档升级，引导园区企业与高等院校建立深度产学研合作体系，加大功能性食品、保健食品等高附加值产品的研发力度，扩大投资规模，提高产能，提升核心竞争力。至年底，全县规模以上食品企业实现产值126.1亿元、税收3.1亿元，比上年分别增长17.5%、83.5%。

【玉米淀粉深加工产业集群】 玉米淀粉深加工是沂水县食品产业中的特色优势产业链，产品覆盖淀粉糖、麦芽糖浆、葡萄糖浆、啤酒专用糖浆、果葡糖浆、山梨醇、麦芽糖醇、柠檬酸等。其中，年产淀粉糖及相关产品产能180万吨，占全国产量的10%，产品销往全国各地以及日韩、东南亚、中东、欧洲、南北美洲等30多个国家和地区。鲁洲生物科技（山东）有限公司、青援食品公司、大地玉米公司、七星柠檬公司等企业是龙头骨干企业，沂水县先后获“国家火炬计划功能性生物糖特色生产基地”“山东省新型工业化示范基地（焙烤食品和淀粉糖）”“全国淀粉深加工产业集聚区”等称号。2022年，鲁洲生物科技（山东）有限公司实施新结晶糖生产线提升项目，改造糖醇车间，新购置氢化反应釜、氢气贮罐，物料罐、焦化罐、螺杆空压机、液化柱及管道等配套系统50台套，提高产品质量和生产效率，节约劳动力70%。至年底，全县4家淀粉深加工骨干企业实现工业产值66.5亿元、税收2.1亿元。

【休闲食品产业集群】 沂水县休闲食品产业以饼干、糕点、糖果生产为主。2022年，有企业420家，占全部食品企业的75%。饼干、糕点、糖果产销位居全国前列，沙琪玛、紫皮糖果等产品是全国最大的生产基地。2022年，全县休闲食品企业实施重点技改项目22个，总投资规模5亿元。山东诺好佳食品有限公司新上高端休闲食品项目，新建车间2万平方米，新建电商直播中心及分拣仓库2000平方米，新上糕点类休闲食品生产线1条。山东欧派生物科技有限公司生物奶油制品生产线项目，新建车间8200平方米，新上奶油生产线2条，冷冻半成品生产线1条，新上无菌空气过滤处理系统、污水处理系统等相关设备。青援食品公司研发上市“菊粉高膳食纤维营养饼”兼具高膳食纤维、粗粮、低糖、营养等特点，入驻中央电视台中视购物商城。全县有沙琪玛生产线70余条，占据国内70%以上的产能。全县31家规模以上休闲食品企业，实现工业产值32.7亿元。

（黄传磊　白　莲　王晓东）

休闲食品生产线　（县食品协会　供图）

【沂水县高端食品产业园】 沂水县高端食品产业园始建于2016年，总投资 50 亿元，总规划面积 133.3公顷。其中，一期占地34公顷，总投资 25.8 亿元，落户诺好佳食品、上选食品等高端食品项目6个、2个配套项目，主要生产高附加值的休闲食品、航空食品，包括高档巧克力、蒸蛋糕、婴幼儿米粉、威化饼、八宝粥等系列食品。2022年，6家食品企业瞄准“网红”“长红”产品，新增投资6亿元，将园区容积率由1.2提高到1.6，增加产能7.5万吨，实现产值8.3亿元，税收550万元。诺好佳的休闲面包、御膳香的顶羊羊奶、亿佰利的沙琪玛、皇世的大豆蛋白粉在细分领域，市场占有率较高。产业园被评为全国农村创业园区、全国农业产业化示范基地、省级农产品加工示范园区。

（张明东）

产业门类

【粮油加工】 2022年，沂水县发挥粮食资源优势，拉长粮油产业链条，突出深加工，粮油加工产业持续发展。全县有粮油加工类企业28家。其中，青援食品有限公司、山东创优生物科技有限公司、山东大仓食品股份有限公司等规模以上工业企业9家。产品以植脂奶油、小麦粉、玉米油、挂面、果蔬面（米）粉、五谷杂粮制品为主，产品畅销全国20多个省市，并出口海外。至年底，全县粮油加工规上企业实现工业产值11.3亿元。

【食品添加剂生产】 2022年，沂水县有食品添加剂类企业15家。其中，七星柠檬科技有限公司、山东隆科特酶制剂有限公司、山东昆达生物科技有限公司等规模以上工业企业9家。产品有食品工业用酶制剂、柠檬酸、山梨糖醇、山梨酸钾、烟酰胺、烟酸等，产品除供应国内市场，还远销欧洲、中东、东南亚等50多个国家和地区。山东隆科特酶制剂有限公司投资1.1亿元新上年产1.2万吨植物蛋白深加工项目，占地1.5公顷，总建筑面积2.3万平方米，建设生产车间1.5万平方米，仓库面积8000平方米，新上喷雾干燥塔均质机、粗磨机、细磨机等国产设备78台套。通过对植物蛋白进行水解、杀毒等生物技术处理后，利用高温瞬间干燥技术，实现植物蛋白肽、蛋白粉等产品，是公司产业链延伸的提质增效项目。产品主要给功能性食品等下游企业提供功能性原料。至年底，全县规模以上食品添加剂企业实现工业产值27.5亿元。

【乳制品及饮料生产】 2022年，沂水县有生产乳制品、含乳饮料、植物固体饮料、蛋白固体饮料等乳制品及饮料类企业38家。其中，有山东世纪春食品有限公司、山东皇世食品有限公司、山东航冠食品有限公司等规模以上工业企业9家。沂水大为食品有限公司新上豆奶粉包装生产线项目，新建车间4000平方米，购置搅拌机、烘干机、包装机等设备，新上豆奶粉生产线2条。山东芙麦康食品有限公司新上豆奶、米粉等食品包装项目，项目新建生产车间2000平方米，新上豆奶粉、米粉包装生产线4条。至年底，全县规模以上乳制品及饮料企业实现工业产值6亿元。

【速冻食品生产】 2022年，沂水县有速冻食品类企业53家，生产的速冻食品主要为速冻面米食品、速冻调制食品等。其中，沂水新希望六和食品有限公司、山东贝亿食品有限公司、山东万德大地有机食品有限公司等规模以上工业企业4家，产品销往全国各地，并出口德国、荷兰、日本、美国等国家。山东鲁佳食品有限公司新上年产5000吨速食肉制品项目，购置螺旋速冻机、炭烤机、多功能立式包装机等国产设备30余台套，装修冷库1500平方米并配套相关制冷设备。2022年，全县规模以上速冻食品企业实现工业产值8.7亿元。

【调味食品生产】 2022年，沂水县有调味品类企业42家。主要生产酿造酱油、酿造食醋、大豆酱（黄酱）、半固体（酱）调味料等调味食品。其中，有青援食品有限公司、山东名肽生物科技有限公司、临沂葛福记食品有限公司等规模以上工业企业3家。山东饭扫空食品有限公司新上年产2000吨辣椒酱项目，新建车间6000平方米，新上辣椒酱生产线1条。2022年，全县规模以上调味品企业实现工业产值16亿元。

【方便食品生产】 2022年，沂水县有方便食品类企业41家，主要生产方便面、冲调谷物制品、复合麦片等方便食品。其中，有山东捷瑞食品有限公司、山东世纪春生物科技股份有限公司、山东乐福记食品有限公司等规模以上工业企业7家。临沂魏福记食品有限公司新上年产1.2万吨燕麦片项目，新建生产车间6000平方米，购置燕麦片生产线2条及其配套设备4台。规模以上方便食品企业全年实现工业产值5.3亿元。

【酿酒】 2022年，沂水县有酿酒类企业7家，主要酿制白酒、配制酒、葡萄酒、其他蒸馏酒等。

山东沂蒙山酒业有限公司是县内最大的酿酒企业，其前身——沂水酒厂生产的吕祖家酒和穆陵关特曲曾获布鲁塞尔金奖。历经发展，公司主要生产芝麻香型白酒，具有“优雅纯正、醇和细腻、香气协调、余味悠长、风格典雅”的特点。至年底，全县规模以上酿酒企业实现产值4657.6万元。

【精品茶制作】 2022年，沂水县有制茶类企业4家，以生产茶叶及相关制品、叶类代用茶、袋泡茶等为主。山东蒙山龙雾茶业有限公司是有机高山绿茶的种植、加工和流通企业，生产的蒙山龙雾茶获“山东省著名商标”“中国林交会金奖”“国饮杯一等奖”等称号，销往国内山东、上海、北京、天津、河北、河南等十多个省市。至年底，全县规模以上精品茶企业完成工业总产值7194.5万元。

【罐头食品与果蔬加工】 2022年，沂水县有罐头食品类企业14家，主要生产八宝粥罐头、米饭、米粥、米粉制品、肉类罐头等，代表企业青援食品有限公司、山东航冠食品有限公司、山东乐福记食品有限公司等。有果蔬加工类企业26家，主要生产果酱、水煮蔬菜、酱腌菜、蜜饯类、非油炸水果、蔬菜脆片、干制食用菌等，代表企业临沂心之谷食品有限公司、沂水农丰食品有限公司、临沂葛福记食品有限公司等。

（黄传磊　白　莲　王晓东）

食品生产安全监管

【概况】 2022年，沂水县推行食品企业“三标+”管理模式，全县500余家食品企业“三标+”管理实现全覆盖，完成率100%。推广使用“山东食链”，多渠道宣传，开展线上、线下培训，全县获证食品企业激活完成率100%，入链率100%。开展饼干产品专项整治工作，组织召开全县饼干生产企业风险警示会，全面排查风险隐患，开展监督检查“回头看”。开展专家查隐患活动，以2021年始抽检不合格的食品生产企业为重点，聘请第三方检测机构专业技术人员，开展专家会诊活动，检查企业80家，排查风险隐患152个。

【“食安八方”智慧监管平台】 2022年，沂水县完善智慧食品安全监管与服务平台，构建“食品可追溯、执法可联动、管理有依据、数据可视”监管网络。向平台开发公司购买网络接入服务，支持业户自行购买设备免费接入平台。该平台包含餐饮监管地图、后厨视频联网、远程视频巡查等监管业务应用。强化对食品企业生产加工过程中“人、机、料、法、环”五大要素的视频监控、联动预警，掌握现场动态情况，对企业正在进行的违规操作及时报警联动，规范企业日常操作。年内，平台接入生产环节生产经营业户237户，AI检测报警问题322个，均妥善解决。

【质量管理体系认证】 2022年，沂水县获得管理体系认证的食品生产企业69家，有效证书119张。县市场监管局通过走访调研、开展培训、精准帮扶等，鼓励支持食品生产企业运用质量管理体系认证提升质量管理水平和食品行业质量安全水平。2022年，新增获得管理体系认证的食品生产企业26家，证书35张。其中，ISO9001质量管理体系认证证书14张，危害分析与关键控制点（HACCP）体系认证证书11张，ISO22000食品安全管理体系认证证书10张。

（刘炜方）

产品营销

【多元化市场开拓】 2022年，沂水县各食品企业精准分析目标人群和产品定位，拓展产品销售渠道，打造多元化市场营销网络。各企业持续巩固食品个体经营、超市卖场、经销商代理等传统营销方式，注重与国内大型、知名连锁商超的长期战略性合作，在全国范围内铺货。多途径提升品牌影响力，青援食品巩固山东航空A级供应商成果，做精做优产品，相继与厦门航空、青岛航空等航空公司开展合作，鼎福食品发展多家连锁直营店，打造品牌化发展路径。年内，多数食品企业依托“互联网+”发展电商新模式，入驻淘宝、天猫、京东、抖音、快手的终端销售网店销量日益提升，“线下品尝、网上下单、云仓发货”的电商平台运营机制逐步形成，众多企业参加线上食品展会开发新客户。青援食品、供销宜万家超市等企业参加“2022金秋双节直播季”“东方甄选——山东好品专场”直播、“山东好品惠乐购双十一”电商促消费、“鲁浙直约”赢商会等活动。先后举办抖音电商临沂产业带（沂水）招商对接会、拼多多食品产业带招商暨阿里诚信通升级发布会等，促进食品产业电商的发展。（程寿彬）

【“沂水十品”专卖】 沂水县实施品牌引领战略，在全县开展“沂水十品”评选活动，经过宣传发动、广泛征求意见建议和社会各界、广大群众公开投票评选，沂水丰糕、青援饼干、鼎福桃酥、蒙山龙雾绿茶等沂水最典型、最有代表性、最具鲜明特色的产品入选“十品”名单。做优擦亮叫响“沂水十品”特色品牌，优化维护市内高速公路服务区2家“沂水十品”营销专柜，规范提升临沂市北城新区政务中心店、齐鲁园店2家市级实体运营示范店，引进现代经营模式，实行开架自选、连锁经营。2022年，两家实体运营店日客流量500人次以上，营业额约5万元。（李振万）

2022年10月19日，青援食品有限公司电商平台主播开展直播活动

（陈希柱 摄）

企业选介

【青援食品有限公司】 青援食品有限公司始建于1985年，前身为沂水县青援食品厂，是山东省规模最大、产品种类最为齐全的食品生产企业之一。公司位于沂城街道，占地60公顷，总资产16亿元。主要生产方便食品、休闲食品、调味食品、淀粉糖产品、小麦粉产品、包装印刷6大系列近300个品种，年产食品60多万吨。产品销往全国各地及日本、韩国、东南亚、欧美、非洲等国家和地区。公司通过多项ISO体系认证，被授予“农业产业化国家重点龙头企业”“全国食品工业优秀食品龙头企业”“中国轻工业二百强企业”“中国轻工业食品行业五十强”“改革开放四十周年山东省食品行业功勋企业”称号。“青援”商标获评“中国驰名商标”，淀粉糖系列产品被评为山东优质品牌，方便面系列产品获“第二届全国农业产品博览会银奖”，“青援饼干”入围“好品山东”品牌榜。2022年，公司完成产值14.4亿元，实现税收1亿元，其中出口贸易1269万美元。

（武玉蒙）

【鲁洲生物科技（山东）有限公司】 鲁洲生物科技（山东）有

鲁洲生物科技（山东）有限公司外景　　（张立东　摄）

限公司是以玉米精深加工为主的淀粉糖生产企业，为省农业产业化重点龙头企业。公司成立于2004年11月，位于沂水经济开发区，占地40公顷，年加工玉米40万吨，生产各类淀粉糖30万吨，企业总资产10亿元。主要产品为高麦芽糖浆、葡萄糖浆等系列淀粉糖产品以及玉米蛋白粉、玉米纤维、玉米胚芽等副产品，广泛应用于食品、糖果、饮料、啤酒及化工、发酵等行业，远销日本、韩国、东南亚、中东、欧洲、南北美洲等30多个国家和地区。公司有各项专利近100项，建有"国家认定企业技术中心""博士后科研工作站"，与江南大学、华南理工大学等建立长期合作关系，多次参与淀粉糖国家标准的起草及修订工作。公司先后通过多项ISO（国际标准化组织）体系认证，有犹太人洁食证书、伊斯兰教协会"清真证书"和印尼清真认证。获"中国食品工业优秀企业""中国食品工业百强企业""中国淀粉行业十强企业""中国民营企业500强""全国发酵行业循环经济示范企业"等称号。2022年，公司完成产值15.5亿元，实现税收8114.2万元，出口创汇2330万美元。

（牛纪超）

【沂水大地玉米开发有限公司】

沂水大地玉米开发有限公司成立于1997年，位于沂城街道，占地20公顷，注册资金8000万元。年处理玉米85万吨，年产食用玉米淀粉60万吨、蛋白粉等副产品24万吨，年转化麦芽糖20万吨、食用葡萄糖5万吨、麦芽糊精10万吨、药用淀粉10万吨，产品畅销全国20多个省、市，并出口韩国、东南亚等国家和地区。公司获"农业产业化重点龙头企业""全国淀粉糖二十强企业""中国食品工业百强企业""全国食品工业优秀龙头企业""山东省农产品加工业示范企业""山东省制造业高端品牌培育企业""山东名牌产品"等称号。2022年，公司完成产值21.6亿元，实现税收3052.1万元。（孙作宝）

【山东隆科特酶制剂有限公司】

山东隆科特酶制剂有限公司始建于1976年，位于沂水县城北工业园，公司占地34.7公顷，年产新型酶制剂10万吨，国内市场占有率20%以上。公司是国家高新技术企业，先后被认定为国家单项冠军示范企业、中国轻工业发酵行业十强企业（酶制剂唯一入选企业）、中国生物发酵行业特殊贡献企业等。通过多项许可认证、饲料添加剂生产许可认证。公司设有国家企业技术中心、国家地方共建工程研究中心、国家博士后工作站、院士工作站等研发平台，与中国农业大学等国内著名科研院所、院校建立合作关系，公司下设北京、天津等研发中心，有专职研发人员108人，其

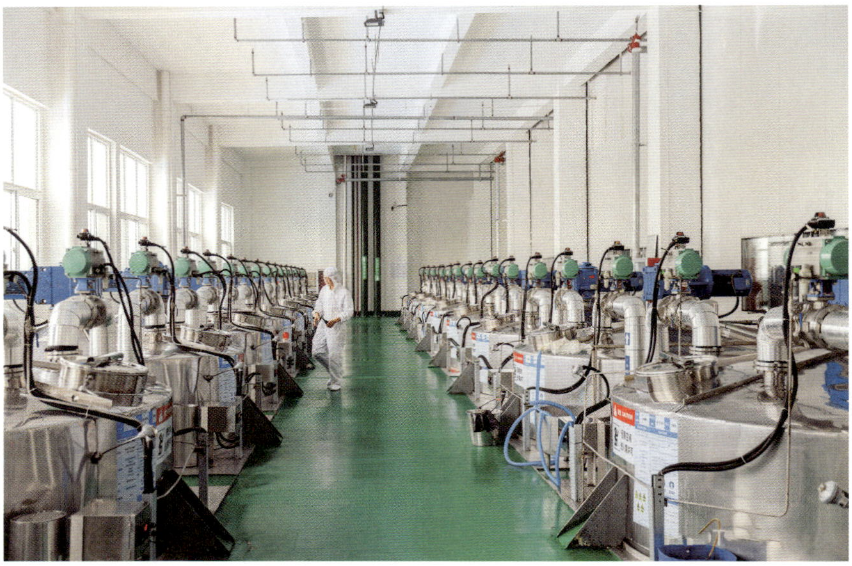

七星柠檬科技有限公司生产车间　（县工信局　供图）

中博士生5人、硕士生38人。先后承担国家重点研发计划8项、火炬计划3项、国家高技术产业化项目2项、重点产业振兴项目2项，其他省部级科研项目18项，并参与制定9项酶制剂国家标准、15项行业标准和团体标准的修订工作，核心技术已获得83项国家发明专利、5项国际发明专利。与天津科技大学联合承担的重大淀粉酶品的创制、绿色制造及其应用被评为国家技术发明二等奖，与中国农业大学联合承担的半纤维素酶高效生产及应用关键技术被评为国家科技进步二等奖。2022年完成产值9.3亿元，实现税收4895.3万元。（张　辉）

【七星柠檬科技有限公司】 七星柠檬科技有限公司是农产品玉米深加工及柠檬酸（盐）全产业链高效智能制造企业，主要产品为柠檬酸、柠檬酸钠、高端饲料等，应用于食品、饮料、医药、化工、洗涤、塑料加工等行业领域。公司成立于2018年1月，注册资本46500万元，总占地58.9公顷，位于庐山项目区。一期项目投资12亿元，建成投产年产10万吨食品添加剂生产线。公司采用生产数字化、进度实时化、系统集成化、管理智慧化的“智能工厂”模式，先后获得国家发明专利3项、实用新型专利15项，柠檬酸发酵恒温控制系统等计算机软件著作权7项，通过2项科技成果评价，获得“高新技术企业”“山东省‘瞪羚’企业”“山东省专精特新中小企业”“山东省农业产业化重点龙头企业”“山东省数字经济重点项目”“山东省科技‘小巨人’企业”等称号。公司柠檬酸系列产品先后通过国际、国内认证20余项，产品远销欧洲、中东、东南亚等50多个国家和地区。2022年，公司实现柠檬酸产量14万吨，完成产值15亿元，实现税收1.4亿元，出口1亿美元。

（刘寿晨）

【山东诺好佳食品有限公司】 山东诺好佳食品有限公司成立于2016年，注册资本1000万元，位于沂水县高端食品产业园，占地面积4.6公顷。公司专业从事高端休闲食品研发、加工及销售，有“千焙屋”“鲜焙士”两大品牌，巧克力、蛋糕、面包、冲调饮料四大系列100余种产品。公司按照医药级标准建设车间，和面过程采用国际高度智能化糕点生产设备；新建国内自主研发一流智能成型设备生产线，具有自动化撒料、自动化进炉、智能化控温系统；精选国内一流食品包装生产线，具有仿人工智能套袋、打码、封装、码垛系统，减少人力，提升效率。2022年，公司完成产值1亿元，实现税收188.5万元。

（周文彬）

农 业

综 述

【产业发展】 2022年，沂水县实施农业稳县战略行动，农业实现稳产增产。全年完成农林牧渔业总产值106.6亿元，比上年增长5.7%。其中，种植业总产值51.6亿元，比上年增长6.1%；林业总产值2.5亿元，比上年增长15.8%；牧业总产值43.2亿元，比上年增长2.1%；渔业总产值3.9亿元，比上年增长8%；农林牧渔服务业总产值5.2亿元，比上年增长11.6%。新建高标准农田3333.3公顷，粮食生产稳步提升，推进粮食生产，粮食总产量30.1万吨，比上年增长0.04%。播种瓜菜面积1.8万公顷，蔬菜总产量104.5万吨。沂水县被列为全省首批现代农业强县，成功争创全国农作物病虫害绿色防控整建制推进县；县农技推广中心获评全国、全省五星农技推广机构。

【农业政策落实】 2022年2月11日，沂水县委办公室、县政府办公室印发《2022年度七县战略行动实施方案》，其中《沂水县农业稳县战略行动实施方案》聚焦农业稳产增产、农民稳步增收、农村稳定安宁，部署7大项、32小项工作任务清单，加快推动农业农村现代化。建立稳定的财政支农投入增长机制，梳理市以上惠农财政补贴政策，发布耕地地力保护补贴、畜禽无害化处理补贴、农机购置补贴等46项惠农财政政策清单。其中，中央及省级补贴项目32项，市级补贴项目14项。实施农业支持补贴，全年发放耕地地力保护补贴资金2806.2万元，种粮农民一次性补贴资金1231.8万元，政策性农业保险保费补贴资金1739.1万元，良种统供资金417.6万元，农机购置补贴资金960万元。

【绿色农业】 2022年，沂水县整建制推进绿色防控技术，加强质量管理追溯体系建设，强化专业化粪肥还田服务组织培育，构建养殖企业+服务主体+种植农户“三位一体”绿色种养循环发展模式。开展农作物病虫害科学安全用药培训，举办县乡技术培训14期，发放各类宣传材料9万余份，培训农民2000余人次，以成熟技术模式强化辐射带动作用，生物菌剂、生物农药、迷向丝、性诱剂、太阳能杀虫灯等绿色防控技术全面推广，实现农药减量增效。持续推进国家绿色种养循环农业试点项目，在黄山铺镇、四十里堡镇建立2个粪肥还田利用核心示范区，全县整建制推广畜禽粪肥还田利用面积0.7万公顷，堆制腐熟粪肥6.5万余吨；实施畜禽粪肥替代、减肥梯度等试验示范6处；开展有机肥施肥情况调查50户，建立土壤有机质提升监测点20个，开展肥料质量检测80批次。

【省级现代农业产业园建设】 沂水县省级现代农业产业园项目于2021年启动，规划总投资12230

尹家峪村“崮园”农业示范园项目　（县农业农村局　供图）

万元（省级财政奖补资金3000万元），涵盖泉庄镇、诸葛镇2个乡镇，总面积3.2万公顷，以桃、苹果为主导产业，建设“五谷满院”优质果品加工示范基地、“农兴”优质果品标准化种植示范基地、“崮园”优质果品标准化种植示范基地、农产品交易中心、农产品品牌建设等5个项目，实施期两年。至2022年底，产业园项目基本建设完成，引进苹果、桃等新品种10余个，发展杀虫灯技术、推广水肥一体化等技术10余项，新上优质果品加工生产线2条，建设大数据中心1处、农产品交易中心1处、电商中心1处、配套物联网2处、新建冷藏库1座。

【农业科技创新推广】 2022年，沂水县遴选确定县乡两级农技人员60名，分省、市、县三级培训，省级培训25人，市级培训80人，县级培训实现全覆盖。建设农业科技试验示范基地8处，遴选科技示范主体300名。经专家筛选、论证，向社会推广适宜全县农业发展的15项主推技术和5项主推模式。其中，小麦主推技术2项：冬小麦宽幅精播高产栽培技术、小麦规范化播种技术。玉米主推技术2项：玉米精量播种高产配套栽培技术、玉米适期晚收增产技术。花生主推技术1项：花生单粒精播高产栽培技术。谷子主推技术1项：谷子精播高产栽培技术。韭菜主推技术1项：韭菜主产区迟眼蕈蚊综合防治技术。苹果主推技术1项：苹果矮砧密植集约栽培技术。推广甘薯、丹参、生姜、桃、大樱桃、大棚草莓、大棚葡萄栽培技术各1项。主推模式5项：日光温室蔬菜环境调控新技术、病虫害绿色防控技术、有机肥替代化肥关键技术、测土配方施肥技术、水肥一体化技术。

【农业综合行政执法】 2022年，沂水县办理农业综合执法案件212起，收缴罚没款120.8万元，获评省级优秀案卷3个、市级优秀案卷1个，在全省农业综合行政执法改革自查与交叉互评工作中，沂水县农业综合执法练兵比武工作经验被省农业农村厅通报推广。实现全年秸秆禁烧国家、省、市卫星遥感监测零火点，2项秸秆禁烧工作经验被省生态环境厅推广。开展农业综合行政执法“护奥运保春耕”专项行动、农资打假专项治理行动、农资打假专项治理“清源”行动，办理农资领域案件155起、罚没款57余万元。其中，农药案件149起，肥料案件2起，种子案件4起；办理农安类案件2起、罚没款0.7万余元。

【沂水县被确定为山东省现代农业强县】 2022年4月19日，省农业农村厅、省畜牧兽医局、省财政厅下发《关于印发2021年现代农业强县、农业绿色发展先行县、农产品加工业高质量发展先行县和畜牧业高质量发展先行县名单的通知》，沂水县被确定为首批省级现代农业强县（全省10个县区），获省财政资金支持1亿元。省级现代农业强县建设期两年，2024年建设期满后，由市级和省级考核评估。6月，《沂水县省级现代农业强县实施方案》印发，明确省级现代农业强县建设的总体思路、基本情况、创建优势、项目安排、建设任务

和政策保障，推动各项建设工作有序开展。（刘　钊）

种植业

【概况】 2022年，沂水县粮食作物播种面积稳定在4.9万公顷，比上年增加33.3公顷；总产30.1万吨，比上年增加0.04%；平均单产6161.4千克/公顷，比上年减少0.2千克。落实小麦、玉米良种统供面积1.9万公顷、1万公顷，播种瓜菜面积1.7万公顷，蔬菜总产量96.2万吨。推广种植高油酸大花生品种。推进现代农业发展，主要农产品稳产保供。

【粮食生产】 2022年，沂水县实现夏粮收获面积1.6万公顷，比上年增加106.7公顷，总产8.9万吨。完成秋粮播种3.3万公顷，总产21.1万吨。其中，小麦面积1.6万公顷，总产9万吨，平均单产5524.4千克/公顷；玉米面积2.5万公顷，总产15.9万吨，平均单产6414千克/公顷；谷子面积1146.7公顷，总产4467.1吨，平均单产3884.6千克/公顷；高粱面积5.5公顷，总产14.9吨，平均单产2704.8千克/公顷；大豆面积1000公顷，总产2855.8吨，平均单产2859千克/公顷；薯类面积5573.3公顷、总产4.5万吨、平均单产7986.5千克/公顷。

【花生生产】 2022年，沂水县种植花生面积1.9万公顷，重点推广丰花1号、花育33、山花9号等高产大花生品种以及潍花25、冀花16等高油酸大花生品种，年总产7.9万吨，较上年减少1459.4吨；单产4117.5千克/公顷，较上年增加117千克/公顷；完成花生保险5120公顷，较上年增加940公顷。主推春花生单粒精播覆膜高产栽培技术。

【瓜果蔬菜生产】 2022年，沂水县播种蔬菜及食用菌1.8万公顷、产量104.5万吨，瓜果1040公顷、产量5.5万吨，与上年持平。完成高效特色农业发展项目，项目总投资1300万元，在沙沟镇张家双沟村建设1处12.7公顷现代标准化示范蔬菜基地，大棚53个，设施内面积7.1公顷，推广韭菜绿色高质高效生产创新集成技术。

【中药材生产】 2022年，沂水县种植中草药材面积1348.5公顷，主栽品种为丹参、黄芩、金银花。其中丹参733.3公顷，黄芩200公顷，金银花133.3公顷，其他281.8公顷。主要分布在沙沟、富官庄、杨庄、诸葛、马站、道托等乡镇，重点推广丹参起垄覆膜栽培技术。发展"公司+合作社+农户"及引进工商资本等模式，3公顷规模以上生产经营主体数量18个。沙沟镇在金沙岛建设100公顷中药材种植基地、在下虎峪村建设66.7公顷丹参、金银花、连翘种植基地。马站镇编制"建设沂水中草药种植示范区"战略规划，引入世界500强国药集团旗下山东中平药业有限公司，合作共建马站镇丹参GACP基地，流转

高桥镇张家山宋村蔬菜大棚　（刘伟　摄）

100公顷土地种植丹参，每公顷均纯收入4.8万元。

【测土配方施肥】 2022年，沂水县继续实施化肥减量增效项目，开展测土配方施肥、水肥一体化、有机肥替代化肥等新技术，生物有机肥、配方肥、缓控释肥、水溶肥等新产品，种肥同播机、水肥一体化等新机具“三新”配套示范区建设，示范推广面积1733.3公顷。开展田间调查、取土化验等耕地基础调查工作，按照每667公顷不少于1个点原则合理布设140个耕地质量监测点位，检测土样140个，化验2204项次。发布小麦、玉米、花生、生姜施肥配方4个，完成测土配方施肥技术推广面积8.3公顷，覆盖率90%以上。争取市级财政资金300万元实施水肥一体化示范项目，在黄山铺镇、诸葛镇等9个乡镇建设示范区15个、面积200公顷，主要采用喷灌、微喷、滴灌等技术模式，应用于粮食、苹果、桃、蓝莓、樱桃等作物上。至年底，全县新增水肥一体化发展应用面积2540公顷。

【病虫害防控】 2022年，沂水县主要农作物病虫害发生面积88.8万公顷次，防治面积85.2万公顷次，危害损失率控制在5%以内。完成小麦条锈病、赤霉病、草地贪夜蛾等重大病虫害防控工作，在小麦种植连片区完成飞防作业8666.7公顷次，在玉米种植连片区完成飞防作业1466.7公顷次。开展试验示范，推行绿色防控技术，沂水县创建为全国农作物病虫害绿色防控整建制推进县。强化监测预警，全年上报病虫情况周报表32期，发布植物保护情报15期，完成小麦、玉米、花生等病虫害综合防治技术意见8期，预报准确率95%以上。提高测报的智能化、专业化、现代化水平，设立智能化测报站2处、智能化监测点10处，由县农业农村局申报的“建设新型智慧农业构建病虫害监测‘防火墙’”项目，获得由山东省大数据局举办的第二届中国新型智慧城市创新应用大赛智佳奖（三等奖）。

【植物检疫】 2022年，沂水县做好检疫性病虫害调查和防治、铲除工作，开展苹果蠹蛾、扶桑绵粉蚧、马铃薯块茎蛾、红火蚁等检疫性有害生物调查60余次。开展产地检疫和调运检疫的日常监管，督导检查全县种苗、花卉的生产、经营和加工单位，开展全县普查3次，随机检查和重点抽查5次。开展植物检疫宣传活动，发放植物检疫宣传画、宣传手册2万余本，举办培训班5期，悬挂宣传条幅220余幅，接待解答群众咨询70余次。 （刘　钊）

2022年4月16日，沂水县农技中心在小麦种植连片区开展植保无人机飞防作业，统防统治小麦病虫害 （县农业农村局　供图）

烟草业

【概况】 2022年，沂水县围绕精品烟叶培育和“山地 生态”优质烟叶品牌打造，推进烟草生产提质提量。全县种植烤烟2666.7公顷，收购烟叶5075吨（10.2万担），上、中等烟比例分别为73.4%、20.4%，均价29.9元/千克，实现烟农收入

15178.5万元，烟叶税收3339.3万元。植烟面积和烟叶收购量位居全省第二、全市第一。7月，全国烟叶高质量发展现场会在沂水县召开。

【烤烟生产政策扶持】 2022年，沂水县继续加大对烤烟生产的扶持。县财政按当年烟叶税收县级分成部分的22%安排资金，专门用于发展烤烟生产。其中，17%资金除列支人工影响天气经费外，剩余部分按比例返还乡镇，统筹用于弥补工作经费、基础设施建设、奖补烟农，共计资金389.2万元；5%资金专项用于乡镇烟叶基础设施新建和维修项目，共计资金124.7万元。

【烟草规模化种植】 2022年，沂水县优化烟草生产布局，鼓励各乡镇扩大植烟面积，推广适度规模种植。把生产计划向适宜种植区和优质烟叶区域倾斜，开展土地区域集中流转，推行轮作、间作种植模式，重点推进2公顷至3.3公顷适度规模种植，促进镇、村、片、户4个层面的规模化种植。规划建设园区56处，面积1213.3公顷，占总面积的45.5%。

【烟叶结构优化】 2022年，沂水县优化烟叶种植结构，淘汰基础薄弱植烟区，将重心向种植条件优越地区转移，落实精益生产，提高烟叶单产。根据烟叶市场形势和工业厂家需要，调整种植品种，整治清理劣杂品种，优良品种使用率100%。全县以中烟100、NC55、中川208为主，面积1823.3公顷，占比68.4%。云烟301、中烟特香301、NC102共843.3公顷，占比31.6%。探索发展雪茄烟产业，在诸葛镇、沙沟镇、四十里堡镇试种雪茄烟叶21.3公顷，在诸葛镇建设麒麟雪茄庄园和雪茄中心。

【烤烟产业化经营】 2022年，沂水县推进综合性服务合作社运作模式，整合资源，健全专业化分工、社会化服务体系建设。依托“沂水县金旭烟农专业合作社”发展入社社员1003户，烟农入社率100%。合作社主要在育苗、冬耕、起垄施肥、植保、烘烤、分级等环节开展专业化服务，全年服务面积2666.7公顷。其中专业化育苗、专业化分级实现服务全覆盖，专业化冬耕服务面积2133.3公顷、服务率80%；起垄施肥服务面积2666.7公顷、服务率100%；植保服务面积2666.7公顷、服务率100%。持续推进烟农合作互助小组建设，组建烟农合作互助小组138个，入组烟农862户，占总户数的85.9%。

【科技兴烟】 2022年，沂水县完善精准技术体系和新技术示范推广体系，把科技兴烟措施贯穿生产全过程。推广飘浮育苗、抗旱保墒、减氮增密、水冲井窖式移栽法和水肥一体化等先进适用技术，推广面积2666.7公顷。实施绿色防控技术，推广烟蚜茧蜂防治蚜虫技术和物理防控措施，安装性诱捕器3450个，受益面积345公顷，烟蚜茧蜂生物

崔家峪镇双崮绿色园区烟田 （马源 摄）

防治面积2666.7公顷。聚焦先进生产技术、烟草种植扶持政策等内容，培训技术员、合作社专业服务队和烟农3200余人。

【烤烟生产基础设施建设】 2022年，沂水县争取上级烟草行业投入资金2251.9万元，实施水利配套、道路建设等。其中，烟水机耕路土地整理项目投入资金939.4万元，烟草农用机械购置及存放设施建设投入资金150.8万元，新能源烤房建设投入资金1015.7万元，其余已建项目修复资金146万元。县级财政投入资金124.7万元，专项用于烤房、道路、加热设备以及育苗大棚的新建、扩建、提升和维修等项目。

【烟农利益保障】 2022年，沂水县构建烟草生产精准防雹体系，加强预警预报，落实安全责任，保证信息畅通。适时启动人工影响天气作业，开展火箭增雨作业35轮次，发射火箭126发；开展高炮防雹增雨作业27轮次，发射炮弹540发，降低大风、冰雹、干旱等自然灾害的影响。投入抗旱资金293.5万元，采取沟灌、滴灌、微喷灌等方式浇灌烟田7600余公顷，保障烟株需水，控制旱情发展。降低植烟风险，按照750元/公顷（其中，烟草行业承担450元/公顷，烟农个人承担300元/公顷）的标准缴纳植烟保险，维护烟农利益。（马　源）

果茶业

【概况】 2022年，沂水县有果园面积2.5万公顷，产量83.8万吨，产值30亿元，主要栽植苹果、桃、大樱桃等；茶叶种植面积566.1公顷，产量135.6吨。组织实施果业振兴计划、现代农业生产资金、高效特色农业发展平台、技术推广等果品类项目，先后建成古村、长虹、恒和、道托、金龙山等一批现代栽培示范园。发展诸葛镇上古村、四十里堡镇大赵家屯村、泉庄镇尹家峪村、圈里乡七箭村、道托镇双河村、富官庄镇漫流村、杨庄镇大罗张村等一批苹果、桃、大樱桃、蓝莓“一村一品”专业村，果品业逐渐成为农业增效、农民增收的重要支柱产业之一。

【苹果种植】 2022年，沂水县苹果栽培面积4880.1公顷，产量20.1万吨，产值5亿元。早熟品种有藤牧1号、珊夏、嘎啦、美国8号、秦阳等，主要分布在诸葛镇、高桥镇、四十里堡镇、沂城街道等；中熟品种有鲁丽、金帅、红将军、新红星等，主要分布在泉庄镇、院东头镇、诸葛镇、四十里堡镇等；晚熟品种有红富士系列、维纳斯黄金、小国光等，各乡镇、街道均有分布。采用现代高标准集约栽培技术，先后建成古村果业园区、长虹果业园区、恒和农场果业园区、道托果业园区等10余个规模大、档次高、效益好的苹果现代集约示范园，推广苹果矮砧集约栽培模式，被山东省农科院列为苹果现代矮砧集约栽培模式科技示范基地。

【桃种植】 2022年，沂水县桃栽培面积1.5万公顷，产量52.5万吨，产值12亿元，是全县乡村振兴的重要支柱产业之一。科学规划桃种植，“早—中—晚”成熟期品种合理搭配，鲜食桃+加工桃+设施桃融合发展。设施桃以四十里堡镇、许家湖镇、富官庄镇等东部乡镇为主，种植模式为促早栽培，以126、中油4号、春雪、未来1号、鲁油系列等早熟品种为主。

【大樱桃种植】 “沂水大樱桃”先后获国家地理标志农产品认证、第五届沂蒙优质农产品交易会参展农产品金奖，是“沂水十品”之一。2022年，全县有大樱桃果园1600公顷，产量2.4万吨，产值5.2亿元，品种以美早、水晶、布鲁克斯、先锋、鲁樱5号等为主，主要分布在夏蔚镇、黄山镇、富官庄镇、马站镇等。其中，夏蔚镇有“樱桃小镇”之

大樱桃　　（夏蔚镇　供图）

称，是长江以北大樱桃主要生产基地，大樱桃种植面积1460公顷，打造大棚樱桃产业园区4处，樱桃大棚79个，产量2.2万吨，产值4.7亿元。

【茶叶种植】　2022年，沂水县茶叶品种以鸠坑、黄山群体种为主，由于昼夜温差大，积累的营养成分多，所产茶叶口感好、香味浓、耐冲泡。全县仅3个乡镇种植茶叶，种植面积566.1公顷，产量135.6吨。其中，院东头镇栽植面积548.7公顷、产量117.9吨，在全县占比分别为96.9%、86.9%；沂城街道栽植面积8公顷，产量9.1吨；四十里堡镇栽植面积9.3公顷，产量8.6吨。

【果品技术推广】　2022年，沂水县推动品种更新、新技术推广及防灾减灾工作，向果农推荐优良品种。苹果着重发展优质中熟品种如鲁丽、晚熟品种威海金等。桃重点发展郑州果树所“中”字系列、上海农科所“锦”字系列、北京农科所“瑞”字系列等。推广起垄栽培、果园生草、水肥一体化、立架栽培、设施栽培、物联网等果品生产先进实用技术。

【果茶绿色标准化生产】　2022年，沂水县制定出台果园标准化管理规程、果园病虫害绿色防治管理、果园数字化和机械化技术方案等。结合有关项目实施推广果园生草、水肥一体化、病虫害统防统治技术、质量安全追溯系统、数字农业、高效果园栽培模式等先进技术和管理模式，推动实现果园管理精细化、技术标准化、安全绿色化、果农专业化。先后有“沂水苹果”“沂水绿茶”“沂水大樱桃”3个产品获得国家地理标志农产品认证，7个产品通过有机认证，15个产品通过绿色认证，8个产品通过无公害认证。“百桃”牌蜜桃成为全国首个同时通过中国、欧盟、美国三方有机认证的蜜桃品牌。

【果茶合作社发展】　2022年，沂水县围绕苹果、桃、大樱桃、茶叶等主导产业，实施本土人才培育、优秀人才回引工程，激励大户和回乡创业人员领办合作社。开展果茶示范社创建工作，在技术服务、项目扶持、政策配套上给予倾斜。试行将全县果茶合作社作为信用评价对象，依托农村信用信息平台，实现对其动态信用评价，引导合作社逐步走向规范。至年底，全县有果茶类合作社658个，其中，国家级示范合作社2个、省级示范合作社11个、市级示范合作社53个；果茶类家庭农场346个，其中省级示范家庭农场8个、市级家庭农场46个。　（刘　钊）

林　业

【概况】　2022年，沂水县推进林业产业提质增效，因地制宜发展苗木花卉、林下经济和森林生态旅游，全县苗木花卉总面积达401.7公顷，林下经济总面积达1.3万公顷，建成国家级森林康养基地（试点）3处。突出“科技创新、要素集聚、产业示范”主题，加强崎密山居森林旅游示范区、沂蒙黄杨苗木培育中心、兴林苗木专业合作社流苏示范区等12处市级林长科技创新示范区的规范化、标准化、科学化管理，打造集林业成果展示、科研创新、示范推广、科普宣传等于一体的典型样板，辐射引领全县林业高质量发展。

【林下经济发展】 2022年，沂水县利用林地资源和森林生态优势发展林下经济，全县林下经济总面积1.3万公顷，带动就业4.6万人。发展模式以林下种植、养殖、林产品采集加工和森林景观利用4个模式为主。其中，林菌、林药、林菜、林草、林粮等林下种植模式面积6333公顷，产值3.4亿元；林禽（畜）、林蝉等林下养殖模式面积1533公顷，产值1.1亿元；林下产品采集加工模式面积3866公顷，产值1.1亿元；森林景观利用模式面积866公顷，发展农家乐等1000余家，年接待人数20万人次，实现收入1亿元。

【林业品牌建设】 2022年，沂水县加快林业产业体系建设，扶持和鼓励发展林下经济、森林生态旅游等林业产业示范基地，组织指导沂水县沂山森林康养基地认定国家级森林康养基地试点。至年底，沂水县建成国家级林下经济示范基地1处，国家级森林康养基地（试点）3处；省级经济林标准化示范园5处，“齐鲁放心果品”品牌2个，山东省十佳观光果园1处，省级林业合作社示范社5家。 （梅雪鸿）

畜牧业

【概况】 2022年，沂水县围绕实施农业稳县战略，推进畜牧业标准化规模化养殖、产业化绿色发展，开展畜禽粪污资源化利用，强化动物疫病防控、畜产品质量安全监管，落实各项试点县工作。年底，全县生猪存栏46.4万头、出栏66.9万头，比上年分别增长2.9%、0.1%；牛存栏4.1万头、增长4.3%，出栏4万头、下降5%；羊存栏23.2万只、增长0.8%，出栏28万只、下降17.9%；家禽存栏1087.1万羽、出栏3621.2万羽，比上年分别下降9.1%、0.1%；蜜蜂存养9055群，肉蛋奶产量16.8万吨。

【畜牧业产业化】 2022年，沂水县聚焦养殖规模化、屠宰集成化、经营一体化，推动畜牧业产业化发展。新申报市级标准化规模示范场3家、种养结合示范场2家，全县有畜禽规模化养殖场519家，其中国家级4家、省级18家、市级59家。依托生猪调出大县项目奖励资金，鼓励养殖场户加强生猪生产环节的圈舍改造、良种引进、粪污处理、疫病防控等，提升生猪养殖、屠宰、无害化处理水平，完成4.9万头能繁母猪存栏任务。推进政策性畜牧业保险实施，投保能繁母猪7278头、育肥猪16.4万头。推动屠宰行业向集成化、规模化方向发展，逐步减少落后产能，取消9家小型生猪屠宰企业。至年底，全县有生猪屠宰企业3家，其中大型屠宰企业1家、生猪定点屠宰小型企业2家、禽类屠宰企业4家，年产值10亿元。有畜牧合作社198家，其中国家级1家、省级5家、市级8家，畜牧业产值43.3亿元，比上年增长5.7%，占农林牧渔业产值40.6%，增加值2.3亿元。

【重大动物疫病防控】 2022年，沂水县指导养殖场开展强制免疫“先打后补”，并在全县范围内建立实施散养畜禽春秋集中免疫、每月补免和常年补针相结合、规模养殖场常年按程序免疫的长效免疫机制。全年免疫猪104.1万头、牛11.9万头、羊44万只、家禽473.9万羽，发放禽流感疫苗241.5万毫升、猪口蹄疫疫苗96.8万毫升、牛羊口蹄疫疫苗72.2万毫升、小反刍兽疫疫苗38.9万头份，免疫密度保持在100%。县畜牧发展促进中心制定《沂水县动物疫病监测净化与流行病学调查计划（2022—2025年）》，集中开展口蹄疫、禽流感、小反刍兽疫等免疫抗体监测，监测畜禽类样品2267份，免疫抗体合格率

90%以上。集中开展重大动物疫病流行病学调查，调查猪、牛、羊、禽场36个和散养户6个、无害化处理厂1个、屠宰场2个，无重大动物疫情发生。强化突发事件应急，充实预备队人员，开展应急演练，更新应急防控物资，购买消毒药品9吨、防护服2000套。

【动物检疫监管】 2022年，沂水县严格检疫证章标识管理，规范检疫票证和畜禽标识的领取、发放、使用、回收等，建立健全各项记录台账，规范检疫出证行为。加强猪牛羊检疫监管，细化检疫任务清单，提升猪牛羊检疫率，实行周通报制度。严格按照产地检疫和屠宰检疫操作规程实施检疫，实行痕迹化管理，定期开展动物检疫监管工作巡查，确保产地检疫和屠宰检疫到位。年内，全县产地检疫生猪68.4万头、牛3.1万头、羊20.4万只、鸡6114.9万羽（其中雏鸡1952.1万羽）、鸭23756万羽（其中雏鸭13433万羽），屠宰检疫畜产品4808.7吨、禽产品9万吨。

【畜禽粪污资源化利用】 2022年，沂水县推进畜禽粪污资源化利用，推行畜禽粪污干湿分离、雨污分流，完善堆粪场、沉淀池、沼气池等粪污处理配建设施，采用堆积发酵、环保垫料等方式，实现就近还田、种养结合、农牧循环。依托农业农村部整县畜禽粪污资源化利用项目，投资2.4亿元，在许家湖镇、诸葛镇建成两处大型沼气工程，年处理畜禽粪污40多万吨。全县规模养殖场粪污处理设施配建率100%，畜禽粪污综合利用率90%以上。沂水县推进农村废弃物、畜禽粪污资源化利用的做法得到省委、省政府主要领导批示肯定，并以简报形式在全省推广。

【畜禽养殖污染防治】 2022年，沂水县对全县规模养殖场及专业户畜禽养殖场粪污资源化利用情况、粪污处理设施配建、设备运行等进行摸排和督导检查，摸排3000余场次，对粪污处理设施设备不达标、老旧或运行不正常的养殖场，下达整改通知书。全县规模养殖场粪污处理设施配建率100%，养殖专业户设施配建率100%。采用参观学习、知识培训、发放宣传资料等形式加大宣传引导力度，提高养殖户环保意识，发放宣传材料2000多份，举办培训会20余次，培训人员1200余人。

【饲料兽药生产监管】 2022年，沂水县推进新版兽药GMP工作，4家兽药生产企业全部通过省畜牧兽医局验收。指导饲料、兽药生产经营企业办证，22家企业全部通过验收。制定沂水县兽药减量化使用方案，确定4家养殖场作为试点，推进兽药减量化使用。推动饲料行业“两低一高”（饲料产品“低蛋白、低能量、高转化率”），引导企业调整优化饲料配方结构，挖掘动物源性饲料资源优势。8月26日，全市兽药行业安全生产应急演练现场会在沂水召开。至年底，全县注册饲料生产企业36家，饲料总产量127万吨，产值50亿元；兽药生产企业4家，年产值2517万元。

【无纸化出具动物B证（电子证）试点】 2022年3月21日，临沂市启动无纸化出具动物B证（电子证照）试点工作，沂水县作为试点，加快构建动物检疫全链条信息化监管模式，制定印发《全县推进无纸化出具动物B证（电子证照）试点工作方案》，严格检疫操作规程，实行检疫痕迹化、规范化管理，加大对逃避检疫打击力度，提升猪牛羊检疫率。年内全县无纸化出具动物B证4.1万余份。

【“无疫省”示范县创建通过国家评估】 2022年，沂水县推进“无疫省”示范县创建工作，实施4次集中拉网式督导检查，整理完善县级各类档案275册，监督指导19个乡镇站完善重点场所档案89处970余册，发放《无规定动物疫病区建设知识问答手册》，拍摄无疫省建设宣传片1部，举办相关培训22场327人次，开展“无疫省建设宣传月”活动，制作宣传展板80块，发放明白纸、学习手册1500余份，悬挂条幅、标语、挂图等3200余幅。8月11日，农业农村部发布公告，认定沂水县“无疫省”示范县创建通过国家评估。

（武玉龙　邱新娜）

渔　业

【概况】　2022年，沂水县持续巩固全国平安渔业示范县、国家级渔业健康养殖示范县创建成果，依托沂河、沭河流域，打造休闲渔业园区，发展现代渔业，推动渔业科技入户，加快渔业产业新旧动能转换。加快构建水产养殖绿色发展空间格局，调整水产养殖结构，引进金鱼新品种“将军”和“玛丽”，培育金鱼特色品种“泰狮”和“兰寿”。强化渔业生产安全监管，开展水产品质量安全监管和渔业安全生产专项行动，杜绝重大食品安全事件和渔业生产安全事故发生。提升水产品品牌建设质效，推进“三品一标”认证。发展生态渔业，开展渔业增殖放流活动，促进渔业健康发展。至年底，建有3家部级健康养殖示范场、1家省级养殖示范场，渔业产量1.3万吨，渔业总产值5.5亿元。

【淡水养殖】　2022年，沂水县淡水渔业养殖面积4181公顷，其中大水面水库放养面积3733公顷，池塘养殖448公顷（其中工厂化池塘养殖水面177010立方米），主要养殖品种有鲤鱼、鲢鱼、鳙鱼、草鱼、鲫鱼、乌鳢、鲟鱼、观赏鱼等。

【渔业品牌创建】　2022年，沂水县通过品牌申报、宣传、推广等活动，加快水产品品牌建设进程。推进“三品一标”认证，跋山水库7个品种的初级水产品成功申报有机品牌认证。发展运用电子商务，全县观赏鱼产量的20%通过抖音、快手等网络平台销售，提高沂水县观赏鱼品牌知名度。以涉渔节庆活动为载体，利用各种媒体媒介，组织渔业从业者参加水产品推介、展销、评选等活动，宣传沂水特色渔业品牌，“苗氏金鱼”“渔家邦”等渔业品牌的知名度和影响力日益提升。

【水产养殖绿色发展】　2022年，沂水县争取上级资金48万元，连续第15年对沂河、沭河流域实施渔业资源修复行动，开展增殖放流活动。投放鲢鱼、鳙鱼苗240万尾，保护沂河、沭河流域渔业生态平衡发展，改善水质质量。

【现代渔业】　2022年，沂水县继续实施“一心四带百园”休闲渔业发展规划，以县城为中心，打造都市休闲垂钓中心；以县域内沂、沭、梓、浯4条主要河流为依托，打造综合性现代渔业园区；围绕143座大中小型水库，打造一百个休闲垂钓园区。至年底，累计建成都市休闲垂钓中心1

诸葛镇小峪村苗氏金鱼养殖基地　（县农业农村局　供图）

处，综合性现代渔业园区12处。其中，爱鱼人现代渔业有限公司等一产和二产融合发展的综合现代渔业园区2处，富众渔业园区等养殖垂钓结合型园区2处，峙密山居等生态观光型园区2处，苗氏金鱼养殖基地等观赏鱼养殖园区3处，山东平湖港湾休闲渔业有限公司等集约化养殖渔业园区3处。连年筹办“放鱼节”“渔文化美食节”等涉渔节庆活动，提高沂水休闲渔业的知名度。全年休闲渔业实现总产值1.1亿元。

【渔业产业新旧动能转换】 2022年，沂水县推动传统渔业向现代渔业发展转变，外引内聚，发挥上级资金600万元杠杆作用，吸收社会资本1400万元，投资建设山东金谷地特种养殖有限公司、临沂爱鱼人现代渔业有限公司水产品初加工和冷链物流仓储设施设备建设项目。至年底，项目基础设施建设、设备采购安装和调试工作均完成，通过省级验收，具备试生产条件。

【渔业科技】 2022年，沂水县实施科技兴渔战略，成立渔技服务队，为渔业园区建设提供投饲、水质测量、镜检等技术支撑。指导建设九岭苗氏金鱼养殖基地1处，建成鱼菜共生大棚1个，金鱼良种孵化大棚4个，配备高效增氧机、毛刷、硫化脱肥种植床和加温锅炉、气象监测站等设施，采用陆基标准化循环水养殖模式，建设“鱼菜共生”项目。该基地主要从事“泰狮”“兰寿”等特色金鱼品种的智慧化、智能化养殖，与日本、欧美等国内外1000余经营户达成稳定产销合作关系。10月10日，中国渔业协会金鱼分会会长樊东仁一行到沂水县开展金鱼产业调研工作，对“鱼菜共生”项目给予高度肯定。

【渔业安全生产】 2022年，沂水县渔业发展保护中心联合各乡镇农技站（水产站），与全县渔业养殖企（户）签订安全生产责任书150余份。督促养殖单位制定标准化生产操作规程和质量安全控制措施，建立完善的养殖生产、药物使用和产品销售“三项记录”，分设兽药和饲料仓库。深入渔业养殖企（户）40家次，排查安全隐患86处，全部整改完成。开展渔业安全生产宣传，发放张贴安全生产明白纸200余份，悬挂标语、横幅10余幅，制作宣传牌20余个分发给渔业养殖业主，普及渔业安全生产知识。

（朱珍珍）

种 业

【概况】 2022年，沂水县实施农业良种工程，开展主要粮油、蔬菜、畜禽、水产等新品种培育推广，推动重要农产品品种迭代升级。至年底，全县有持证的农作物种业企业1家、种畜禽场9家、水产养殖合作社2家；年销售农作物种子2.7万吨，年产种禽蛋4100万枚、商品雏禽苗18760万羽、种猪6900头、培育优质淡水鱼种 59吨，繁育优质金鱼鱼苗245万尾。

【农作物种业】 2022年，沂水县坚持“因地制宜、适地适种”原则，依据先试验后示范、试验示范成功后再大面积推广的程序，推动重要农作物新品种选育、示范及推广工作。先后在马站镇、四十里堡镇、黄山铺镇展示示范田5.8公顷，跟踪评价玉米展示品种52个、小麦展示品种 11个、水稻展示品种14个、甘薯展示品种10个。参加全市小麦品种田间展示会议，通过现场评价，确定全县小麦推广品种10个，其中水浇地类型品种6个、旱地类型品种4个。

【水产种业】 2022年，沂水县实施水产种业企业扶优行动，指导九岭苗氏金鱼养殖基地建设金鱼良种孵化大棚4处，培育“泰狮”“兰寿”精品金鱼苗种，该基地被山东农业大学选为特色产业（观赏鱼）试验示范基地，获第四届（合肥）渔业博览会金奖。8月，鲁溪源水产养殖专业合作社与沂水县渔丰苑水产养殖专业合作社通过水生生物经济物种增殖放流苗种供应单位认证。

【种业监管】 2022年，沂水县依法开展种业监管。实施保护种业知识产权专项行动，对全县11个乡镇的种子经营主体和村级农产品质量监管员专题培训600人次，为全市首例。县农业农村局组织开展“种业监管执法年”专项活动，累计出动执法人员400余人次，检查种业企业730余次；抽取农作物种子样品219份，常规指标检测合格率100%；办结种业案件10件，案值4.2万元，罚没款项12.1万元。到种子企业、种子销售商店开展非法转基因种子专项检查，未发现非法转基因种子生产及销售行为。实行种子备案制度，年内审核种子备案1760条，审核品种720个。其中，杂交品种606个、常规品种114个。强化种畜禽监管，对全县9家具有种畜禽生产经营资质的企业实施全程留痕监管，依法保护种畜禽生产经营者的合法利益。

（刘 钊）

农田水利

【概况】 2022年6月，《沂水县高标准农田建设规划（2021—2030年）》出台，明确全县高标准农田建设的总体要求和建设标准、内容、任务以及后续管护等，指导高标准农田建设科学有序开展。年内，建成高标准农田3333.3公顷，同步发展高效节水灌溉面积1066.7公顷。健全高标准农田管护体系，制定《沂水县加强农田建设项目工程管护实施办法》，实施“县负总责、乡镇落实、村为主体、所有者管护、使用者自护、受益者参与”的管护机制。

【高标准农田建设】 2022年，沂水县建设高标准农田面积3333.3公顷，同步发展高效节水灌溉面积1066.7公顷，总投资9750万元（其中，中央资金5127万元，地方财政配套资金4623万元）。项目区位于崔家峪镇、富官庄镇、诸葛镇、黄山铺镇、杨庄镇和圈里乡6个乡镇，涉及30个行政村。项目实施主体为项目所在地乡镇人民政府，自6月15日开工建设，12月15日全部竣工并完成决算。项目硬化道路66.9千米，建设泵站59处；新建蓄水池27座、维修4座；新建管涵37座；新建溢流堰1座；新建大口井12眼、筒井4眼、机井1眼；生产桥完成6座；铺设管道243.7千米，安装出水栓3376个、闸阀896处；安装变压器25台；架设高压线10.6千米、低压线17.9千米。项目区内施用有机肥2942吨。

【农田智能化管理平台】 2022年，沂水县推进农田智能化管理平台建设，管护全县6000公顷高标准农田，提升农田综合生产能力。完善视频监控中心，实时监控泵房、大口井，保障设备安全、落实设施管护。实施数据可视化，将土壤墒情监测站、空气环境监测站、超声波流量计、视频监控信息等各种感知设备的基础数据进行统一存储、处理和挖掘，以数字、图形和图

2022年4月，崔家峪镇磨峪村高标准农田建设项目竣工 （王本玉 摄）

像等多种方式展现给用户，方便管理调度农田气象、土壤墒情、灌溉流量等信息。利用控制中心或移动App对泵房设备运行情况实施监测和远程控制，实现远程灌溉、精准灌溉、节水灌溉，提高灌溉设备利用率。

（刘　钊）

农业机械化

【概况】　2022年，沂水县立足县内小麦、玉米、花生主要农作物，加快推进农业机械化生产。落实农机购置补贴资金960余万元，推动农机惠农强农政策实施。开展农机科技推广、深松整地作业补助试点和农机维修服务工作，提升农机社会化服务体系建设。依法审验农机机械382台套，强化农机安全生产源头管理。至年底，全县农机总动力97.9万千瓦。完成机耕作业面积7.1万公顷，机播面积8.2万公顷，机械铺膜面积4.1万公顷，机械植保面积7.5万公顷，机收面积8.3万公顷，农作物机械脱粒44万吨，农作物耕种收综合机械化率88.5%。

【农机装备水平】　沂水县持续增加大型智能农业机械，优化农机装备结构，至2022年底，全县农机总动力97.9万千瓦，拖拉机保有量59818台，各类配套机具6.8万台套。其中，大中型拖拉机1565台，各类谷物、花生收获机械1335台，高效植保机械636台，无人植保机105台，日烘干能力30吨以上的粮食烘干机21台。

2022年沂水县农业机械拥有量及机械化水平统计表

表10

指标名称	计量单位	数量
一、农业机械年末拥有量	—	—
年末农业机械总动力	千瓦	978943
其中：农产品加工机械总动力	千瓦	16881
排灌机械动力	台	43891
大中型拖拉机	辆	1565
	千瓦	79127
小型拖拉机	辆	58253
	千瓦	376867
二、农业机械配套设施年末拥有量	—	—
拖拉机配套机械	台	68272
联合收获机	台	725
脱粒机	台	5386
水泵	台	6687
节水灌溉机械	套	37204
三、农业机械化水平	—	—

续表10

指标名称	计量单位	数量
免耕面积	万公顷	1.6
机耕面积	万公顷	7.1
机播面积	万公顷	8.2
机械植保面积	万公顷	7.5
机械铺膜面积	万公顷	4.1
机收面积	万公顷	8.3
机械脱粒量	万吨	44

【农机作业】 2022年，沂水县开展深松整地作业补助试点工作，制定《沂水县2022年农机深松整地作业补助试点工作实施方案》，组织农机专业合作社按照深度达到或超过25厘米要求，开展深松整地作业7333.3公顷，其中补助作业面积3773.3公顷，落实财政补助资金170万元。实施保护性耕作（小麦秸秆切碎还田）示范推广补助项目，面积1584.9公顷，补助59万元。完成小麦秸秆机械化还田面积8180公顷，秸秆还田量4.9万吨。“三秋”生产玉米秸秆还田面积1万公顷、离田面积1.4万公顷，玉米秸秆还田量25.7万吨、离田量32.4万吨。全年调试、检修各类农机具1.5万台套，农机化生产投入各类农机具2.7万台套，其中拖拉机1.1万台，谷物联合收获机850台，播种机3200台，完成机收面积1.6万公顷。成立跨区作业服务接待站4处，发放跨区作业证25个。

【农机购置补贴】 沂水县制定出台《2021—2023年沂水县农机购置补贴工作方案》《2022年沂水县农业机械报废更新补贴实施方案》，成立补贴工作领导小组，落实农机购置补贴资金。2022年，沂水县分配到中央农机购置补贴资金960万元，2021年结余470元，资金结算率99.4%（含报废资金），补贴农机具5055台套，其中大中型拖拉机159台，粮食作物收获机械76台，植保无人驾驶航空器7台，微耕机、田园管理机4411台。使用农机报废补贴资金51.3万余元，报废农机具387台，结算率94.4%，其中，大型、高效、复合类农机使用补贴资金量占比64%。

【农机机收减损】 2022年，沂水县围绕小麦机收、玉米机收、粮食烘干3个重要环节，开展机收减损技术培训宣传工作，组织粮食机收观摩、技术大比武活动，推广粮食机收减损技术措施，引导群众购置绿色环保、智能高效的收获机械，支持农机合作社等社会化服务组织购置大型先进粮食烘干机械，推进粮食产地烘干减损作业。发明米平检测法和手抓式检测法，米平检测法通过实地检测、反馈机手调整，减损率降低0.1%。手抓式检测法针对小麦、玉米、大豆、水稻开展检测，易于操作，能快速出结果，及时反馈至驾驶操作人员调整机组收获状况。县农机中心被评为2022年度全市粮食作物机收减损技能大比武活动优秀组织单位。

【农机专业合作组织】 2022年，沂水县有农机合作社86家，提供涵盖耕、种、收、植保、还田及烘干等一条龙、保姆式作业服务。其中，国家级1家，省级6家。全年总作业量36.8万公顷，农机合作社服务面积23.9万公顷，拖拉机作业能力0.4公顷/千瓦，联合收割机作业能力1公顷/千瓦，合作社承担全县65%以上机收、机播、秸秆切碎还田和农机深松作业任务。落实农业机械化转型升级推进工程资金46万元，支持8家农机合作社提档升级，解决粮食烘干机械化水平低等问题。宏福合作社负责人赵兰富获临沂市“鸿雁人才”称号，金土地合作社入选临沂市“全程机械化+综合农事”服务中心典型案例，富民合作社被评为市级农民合作社示范社，运昌、金土地、军海、丰庆4家合作社被评为省级农民合作社示范社。

【农机推广】 2022年，沂水县聚焦农业机械化短板环节与薄弱领域，采取现场会、培训班、田间日等方式，推广玉米籽粒直收、高效飞防植保、秸秆综合利用等绿色高效农机化新技术新机具。推动林果及经济作物示范园区建设，在沂城街道等5个乡镇分别建设5处200公顷以上的林果机械化示范区，在四十里堡镇建设1处花生机械化示范区。推广在沂城街道建设的山东省（沂水县）苹果生产全程机械化实验示范基地13.3公顷，每公顷增收2万元，节本增效27.2万元，辐射带动面积80公顷，增加收益163.2万元。年内，全县农作物耕种收机械化率88.5%；县农机中心被评为山东省农机技术推广先进集体、临沂市星级基层农技推广机构。

【农机安全管理】 2022年，沂水县依法开展农业机械年度检验，实行“送检下乡”，检审机械382台。先后组织开展“开工第一课”培训班、“6·16安全生产宣传咨询日”、“农机安全生产月”、“大学习、大培训、大考试”等活动，培训人员500余人，发放宣传材料200余份。11月，泉庄镇申报省级“平安农机”示范乡镇。开展集中整治行动，县农机中心成立3个检查工作组深入各乡镇对全县农机生产经营组织安全隐患进行督促检查。聘请两名行业安全专家查处安全隐患26条，全部整改完成。

（牛 璐）

高桥镇小麦机收现场 （县农机中心 供图）

农产品质量建设

【农产品“三品一标”建设】 2022年，沂水县做优做强特色农产品品牌建设，推进“三品一标”认证及监管工作。引导新型经营主体开展“三品一标”质量认证，严把认证准入关，对申报的关键环节提供指导与服务。年内，全县有效用标企业51家，取得“三品一标”农产品认证72个。其中，无公害农产品获证企业13家，20个产品，认证面积1193.3公顷；绿色食品获证企业33家，47个产品，认证面积7413.3公顷；农产品地理标志获证企业5家，认证面积2万公顷。强化“三品一标”认证后的监督管理，重点检查伪造、冒用、超范围使用标志等违法违规行为，维护“三品一标”的品牌形象和社会信誉。

【农产品质量监管】 2022年，沂水县完善农产品质量合格证追溯平台建设，将农产品质量安全追溯平台升级，数据同步上传，实现合格证网上直接打印。全年纳入试行合格证种植业生产主体363家，督导种植业相关生产主体开具合格证15万余张。开展农产品质量禁限用高毒农药成分安全监测，聚焦节假日重要时间节点，重点监测“治违禁、控药残、促提升”三年行动重点治理品种、“三品”认证基地、省级标准化生产基地及特色优势农产品生产基地。完成县级农产品质量安全果蔬定量监测1100批次，合格率98%以上；乡镇定性监测27800批次，合格率99%。相继开展“护奥运保春耕”专项行动、农资打假专项治理行动、农资打假专项治理“清源”行动，办理农资领域案件155起、罚没款57余万元，其中，农药案件149起，肥料案件2起，种子案件4起。办理农安类案件2起、罚没款0.7万元。

（刘　钊）

【食用林产品质量安全监管】2022年，沂水县开展“守护舌尖安全”食用林产品专项整治行动，重点组织整治违法使用剧毒、高毒和禁限用农药，低毒农药非法添加高毒成分，以及滥用和不合理使用农药等违法违规行为，持续保持严打高压态势，未发生区域性、系统性食用林产品质量安全事件。开展食用林产品质量安全监督抽检，对全县核桃、柿子、花椒、板栗、山楂5个树种抽检，完成县级抽检30个批次，配合完成省级、市级抽检41个批次。（梅雪鸿）

【畜产品质量安全监管】2022年，沂水县开展养殖环节“瘦肉精”百日行动、饲料兽药生产企业“双随机、一公开”检查等专项整治，与全县各类涉牧行业签订责任书、承诺书、告知书，落实畜产品生产经营企业主体责任。配合省市抽检肉、蛋、奶、尿等471批次，全部合格；“瘦肉精”快速筛查尿样17169个，未发现“瘦肉精”阳性样品。构建病死畜禽集中无害化处理可追溯机制，通过安装远程电子监控、车辆定位、加施钳封等措施，对病死畜禽无害化收集处理实施闭环管理。

（武玉龙　邱新娜）

【水产品质量安全监管】2022年，沂水县开展“水产养殖用投入品专项整治三年行动”“食用农产品‘治违禁 控药残 促提升’三年行动”“水产品养殖用药减量行动”等活动，出动监管人员40余人次，检查生产经营主体60余次，发放水产品用药明白纸100余份，签订水产品质量责任书、承诺书100余份。年内，完成水产品质量安全抽检40个批次，其中省级抽检8个批次、市级抽检18个批次、县级抽检14个批次，合格率100%。（朱珍珍）

工　业

综　述

【产业发展】　2022年，沂水县培树“项目为王、企业为尊”理念，实施工业强县战略行动，瞄准千亿集群、百亿产业、十亿税收目标，实施“工业再造”工程，着力构建高端食品、装备制造、纺织服装为主导，以新能源新材料、生物产业等战略性新兴产业为突破的“3+1”产业体系，推动工业经济企稳回升、提质增效。至年底，全县297户规模以上企业实现工业产值730.1亿元，比上年增长15.8%，实现营业收入687.9亿元，比上年增长14.9%；实现税收18.7亿元，比上年增长3.3%。工业增加值增速11.3%，全市第3位，全县工业用电量29.4亿千瓦时，全市第4位，比上年增长2.2%，占全社会用电量的70.8%。全县产值过亿元企业113家，比上年增加12家。34户优质骨干企业实现产值485亿元、税金15.6亿元，比上年分别增长20.1%、9%，分别占规模以上工业企业的66.4%、83.5%，其中市“50优”隆科特酶制剂公司、泓达生物公司、恒泰纺织公司、玻纤集团、七星柠檬公司5家企业实现产值108.2亿元、税收7.1亿元，比上年分别增长23.1%、35.1%，示范带动作用突出。培植纳税过5000万元企业12户，其中过亿元企业7家，创历史同期最高水平。宝美隆（山东）智能制造科技有限公司、山东昆达生物科技有限公司获全市“新旧动能转换标兵企业”称号。

（苏　强　姜向东）

【政策支持】　2022年，沂水县政府印发《沂水县工业强县战略行动实施方案（2022年）》，明确工业强县6大重点领域13项具体任务，实施清单化管理、项目化推进，明确2022年重点任务清单、优质企业包保清单、专精特

2022年3月11日，沂水县《关于加快工业强县建设的十条意见》政策宣讲会在县政府会议室召开

（县网信中心　供图）

新单项冠军培育清单、低效企业整治工作清单、2022年重点产业项目清单、2023—2026年重点储备项目清单、技术创新储备项目清单、科创平台及高新技术企业培育清单、数字化平台建设清单等9个工作任务清单，为实现工业突破、建设工业强县提供坚实支撑。县政府出台《关于加快工业强县建设的十条意见》，设立1.6亿元工业强县高质量发展专项资金，聚焦食品、化工、装备制造、纺织服装等传统产业和新能源、新材料、数字经济等新兴产业，从全面提高资源要素保障能力、全面支持企业做大做强、全面支持企业创新领航发展3个方面，提出10条支持工业强县建设意见，全方位支持重点企业转型升级、提质增效。（任志刚）

【工业技术改造】 2022年，沂水县设立2000万元技改专项资金，鼓励和引导企业瞄准“高端化、智能化、绿色化、服务化”发展方向，对标行业、国家、国际标准，推动产品提质、设备提效、结构提优，滚动实施“百企百项”技改工程，开展智能化技改“云对接”服务，推动企业再造升级。年内，沂水县纳统167个技改项目，完成工业技改投资108.3亿元，项目个数、投资额均居全市第一。实施重点技改项目92个，计划总投资43.8亿元。其中，过亿元重点技改项目18个，6个项目获市重大标杆项目、贷款贴息项目、省设备奖补支持。山东恒泰纺织有限公司整体搬迁升级改造二期等5个项目入选市重点项目，山东隆科特酶制剂有限公司年产1.2万吨植物蛋白深加工等6个项目入选省导向项目，沂水大地玉米开发有限公司60万吨/年玉米淀粉智能化改造提升入选省、市重点“十快项目”，宝美隆（山东）智能制造科技有限公司年产18万台套工程机械精密零部件制造项目、山东玻纤集团股份有限公司年产10万吨玻璃纤维高端制造项目被评为市“重大标杆”技改项目。（朱春妍 曹丽丽）

【工业转型升级】 2022年，沂水县聚焦构建“3+1”现代化产业体系，推动食品、装备制造、纺织服装三大传统产业转型升级，培育以新能源、新材料为主体的战略性新兴产业。食品产业突出以“质”创品，推动大地玉米公司、创优生物公司、七星柠檬公司、青援食品公司、鲁洲生物公司等骨干企业，立足玉米浸出液高值化利用，拉长产业链条，持续巩固玉米淀粉深加工集聚区优势。沂水县淀粉糖及休闲食品特色产业集群被认定为2022年度山东省特色产业集群。装备制造产业围绕智能化，引导兴田机械公司、沂水机床厂公司、宝美隆智能制造公司等企业加快项目建设。纺织服装产业突出以“新”赋能，构建新型产业生态，建设以纺织服装产业园为核心，以高档纺织品、高档家纺服装、高档鞋帽劳保用品和乡村振兴纺织服装产业示范基地为依托的“一核心四基地”现代产业集群，打造高端纺织服装生产基地；重点突破战略性新兴产业，集中资源要素推动基础化工、基础装备等向战新方向转型。年内，全县“3+1”产业完成产值407亿元、税收12.2亿元，分别增长13.3%、11.9%，占全县规上工业总量的55.8%、65.2%。其中，战略性新兴产业完成产值243.8亿元、税收8.6亿元，分别占全县规上工业总量的33.4%、46%。

（任志刚 纪耀华）

【工业创新驱动】 2022年，沂水县以创新赋能企业发展，引导企业加快创建技术创新平台，促进企业与高校产学研合作，强化协同创新。年内，临沂瑞丰高分子材料有限公司等33户企业被认定为省级创新型中小企业，七星柠檬科技有限公司等20户企业被认定为省级专精特新企业；3户企业被认定为第四批国家专精特新“小巨人”企业；山东泓达生物科技有限公司、山东黎宁科技新材料有限公司、山东源泉机械有限公司被认定为山东省“瞪羚”企业。山东威普斯橡胶股份有限公司、山东昆达生物科技有限公司被省工信厅评为2022年山东省技术创新示范企业。山东恒泰纺织有限公司、山东精工密封技术有限公司被认定为市“一企一技术”研发中心。山东玻纤集团股份有限公司等17户企业的28个技术创新项目被列入2022年山东省技术创新项目计划。沂水机床厂公司与山东大学，山东隆科特酶制剂有限公司与江南大学，山东泓达生物科技有限公司与天津科技大学，山东源泉机械有限公司与青岛农业大学进行产学研合作对接。（杨洪源　赵凯丽）

【两化（工业化和信息化）融合】 2022年，沂水县完成397处5G基站建设，实现县城主城区核心区域5G信号全覆盖。启动“上云用数”行动，组织20余户企业开展数字化转型培训。沂水县华琪服装有限公司、鲁洲生物科技（山东）有限公司、山东新大陆橡胶科技有限公司取得两化融合贯标认证。沂水山水水泥有限公司取得DCMM贯标认证。山东玻纤集团股份有限公司获省级“数字化车间”、工业互联网典型应用场景称号。山东恒泰纺织有限公司被认定为工业设备上云标杆。许家湖镇沂蒙山电商产业园入选2022年度市级数字经济园区，获奖励资金14万元。（武传荣）

【绿色发展】 2022年，沂水县聚焦水泥、玻纤、化工等重点行业，全面推行绿色发展模式。建立20余家“绿色工厂”企业培育库，推动昆达生物公司连续申报市级、省级、国家级绿色工厂，山水水泥公司、清沂山石化公司纳入2022年工业节能监察企业名单，实施山东昆达生物有限公司杂醇油综合利用项目二期、山东泓达生物科技有限公司年产2万吨丁烯醛、2000吨丁酸及2×330吨/日污泥干燥处置等一批绿色技改项目。至年底，先后培育4家国家级绿色工厂、2家市级绿色工厂。

（朱春妍　曹丽丽）

【亩产效益评价改革】 2022年，沂水县修订完善《关于亩产效益评价改革的实施意见》《工业企业“亩均效益”综合评价办法》，出台《沂水县低效企业改造提升实施方案》，在亩产效益评价指标体系上，加大亩均税收、亩均产值赋分；在评价范围上，由占地3亩以上企业扩大到占地1亩以上企业；在目标导向上，由重点扶持优质企业延伸到低效企业改造提升。年内，完成235户规模以上工业企业评级评价。其中A类企业50户、B类企业96户、C类企业78户、D类企业11户；完成668户规模以下工业企业评级评价，其中A类企业15户、B类企业121户、C类企业395户、D类企业137户。推动101户亩均税收3万元以下规上工业企业实现出清，盘活低效用地面积525.1公顷，低效用地提升率81.3%。

（苏　强　姜向东）

【链式集成改革】 2022年，沂水县确定将产业链式发展系统集成改革作为2022年度“一县区一改革品牌”项目，围绕“大工业”思路，出台《沂水县产业链式发展系统集成改革实施方案》，高位谋划、统筹推进产业指挥体系、产业规划体系、政策引导体系、要素配置体系、服务保障体系“五大体系”集成改革，构建县级统筹协调、产业专班推进、职能部门联动的工作格局，实现政策一体贯彻、资源一体供给、服务一体落实，推动重点产业高质量发展，内生动力持续增强。（任志刚）

【企业帮扶】 2022年，沂水县落实“一线工作法”。1月，举办首届企业家沙龙。2月，县政府印发《关于实行县级班子领导包保重点工作、重大工程、关键项目、优质骨干企业责任制的通知》，设立24个专班对20项重点工作、13个关键项目、34家优质企业进行精准包保，县级班子领导任主要责任人，统筹推进包保工作。年内，收集领导包保企业问题99个，通过问题闭环式解决机制解决91个，问题解决率91.9%。发挥国家级公共服务平台作用，与省内外57家优质服务

2022年1月3日，沂水县首届企业家沙龙在东方瑞海会议中心举办

（县网信中心　供图）

机构签订合作协议，按照“一站式、专业化、全方位”原则，为全县中小企业提供各类创业、兴业服务。（杨坤晓　刘　敬）

装备制造产业

【概况】　沂水县素有“中国油顶城”之称，历经60余年的发展，产品涵盖机床、液压油缸、通用零部件、电子产品等领域，形成门类相对齐全、规模逐步壮大、结构日益优化、产品配套能力持续提升的产业体系。年产机床产品2000余台，各类液压油缸90余万件，轴类产品30余万件、连杆80余万件，大型玉米收获农机1000余台，各类小型农机8万余台。其中，农机液压油缸占到全国份额的60%以上。有山东沂水机床厂有限公司、山东源泉机械有限公司2家国家级专精特新企业、省级技术创新示范企业，有省级专精特新企业13家、高新技术企业18家、省级科技创新平台8处。装备制造产业先后获“市级机动车配件产业集群”“山东省液压油缸制造业基地”“省级机械产业集群”等称号，成为在全国具有较强影响力的特色产业集群。2022年，全县44家规模以上装备制造企业完成产值30.9亿元，实现税收5803万元。

【机床生产】　沂水县有山东沂水机床厂有限公司等5家规模以上机床生产企业，产品以普通车床、螺纹车床、数控车床为主，广泛应用于石油开采、地质勘探、矿产开采、工程机械、化工冶炼、管道建设、机械制造和船舶建造等行业，产品出口俄罗斯、南非、印度和中东等30多个国家和地区。沂水机床产品先后承担山东省技术创新项目16项，山东省重点研发计划项目2项；获国家机械工业科技进步二等奖1项，山东省科技进步二等奖1项、三等奖3项；与德国慕尼黑大学、山东大学等国内外知名高校建立产学研合作关系。2022年，全县规模以上机床生产企业完成产值3亿元，比上年下降2%，实现税收1087万元，比上年下降28.9%。

【液压油缸生产】　沂水县液压油缸产品种类齐全，涵盖农机用前置缸、工程机械油缸、自卸车油缸等领域，主要为沃尔沃、雷沃、大运、陕汽等重型机械企业以及五征、福田等农用机械提供产品配套，年产各类液压油缸90余万件。2022年，有规模以上液压油缸企业15家，以山东兴田机械有限公司、山东福阳液压科技有限公司等企业为代表的液压油缸生产企业，提升生产工艺和研发能力，液压油缸产品逐步向高压化、小型化、材质轻量化转变，产品核心竞争力持续增强。2022年，规上液压油缸企业完成产值11亿元，比上年下降2%，实现税收2046万元，比上年下降11.3%。

（杨洪源　鞠永贵）

【重点企业】　宝美隆（山东）智能制造科技有限公司　公司成立于2020年2月，由香港文凯、业隆通用机械、临沂临工机械集团合资成立，专注于全球工程机械及农用机械精密零部件制造专业化生产，年产18万台套工程机械精密零部件。公司拥有高端精密零部件智能制造自动化流水线，ERP/MES信息化管理系统，AGV自动化物流管理系统，全流程生产线及在线检测自动化、智能化水平行业领先，与世界500强企业卡特彼勒、沃尔沃建筑设备、三一重机以及山东临工、潍柴雷沃重工等国内外大型主机厂建立长期合作关系，是瑞典沃尔沃建筑设备核心配套商、山东临工黄金供应商、潍柴雷沃战略合作供应商、雷沃阿波斯出口机唯一指定供应商。2022年，公司完成产值2.6亿元，比上年增长4.6%，实现税收633.7万元，比上年下降58.6%。

山东兴田机械有限公司 公司始建于2005年，专业生产液压油缸，主要产品有单作用液压缸、双作用液压缸，为自卸汽车、拖拉机、联合收割机等农业装备以及专用机械设备等配套，年生产能力30余万台。产品出口到美国、俄罗斯等国家和地区，国内重点为潍柴雷沃、山东巨明等大型企业配套。公司是中国农业机械零部件龙头企业、山东省“专精特新”企业，建有省级企业技术中心，先后获“中国农机工业零部件产品创新奖”、山东省机械工业协会“技术创新奖”等称号。2022年，完成产值2.5亿元，比上年下降6.5%，实现税收660万元，比上年增长3.3%。

山东沂水机床厂有限公司 公司始建于1952年，系原国家机械工业部管螺纹车床定点生产厂家，于2013年改制为山东沂水机床厂有限公司，是一家专业从事中大型车床系列产品研发、生产与销售的国家高新技术企业，国家级专精特新“小巨人”企业，科技型中小企业，山东省军民融合企业。公司涵盖铸造及机床产品制造两大主营业务板块。铸造分公司有先进的树脂砂生产工艺及铸造设备30余台，生产各类中、小型优质灰口铸铁、球墨铸铁等，最大浇注单体铸件25吨，年产能达2万吨。铸造产品获山东国际铸造工业展览会“优质铸件奖”称号。机床制造，完成新产品新技术研发50余项，主要产品有数控车床、数控斜床身车床、数控管子螺纹车床、油缸车床系列、重型车床系列产品等，年产能达1000台套，其中数控管子螺纹车床系列产品为国内型号最全、规格最大。产品畅销全国各地，并远销美国、德国、印度和中东等30多个国家和地区。公司先后获“山东省瞪羚企业”“山东省中小企业‘隐形冠军’企业（第一批）”“山东省技术创新示范企业”“山东省两化融合试点企业”等称号，有国家专利40项，其中发明专利6项。2022年，公司实现产值1.6亿元、利税2304万元。

山东连杆总厂有限公司 公司始建于1989年6月，逐步发展成为一家集汽车发动机连杆、锻造件和风力机舱零部件等系列产品的研发设计与生产销售于一体的国家高新技术企业。主要生产检测设备625台套，主导产品为汽车发动机连杆，是国内规格型号最全的汽车发动机连杆系类产品生

山东沂水机床厂有限公司智能化数控专用车床

（山东沂水机床厂有限公司 供图）

产企业，先后与西安交通大学、哈尔滨工业大学、山东大学等高等院校及科研院所建立长期稳定的产学研合作关系，并与西安交通大学机械研究所共建专业的技术研究发展中心，编制《汽车发动机质量检测》等企业标准。建设省级项目大型海上风力发电主轴装置端盖激光铣削及激光抛光项目1个。公司是中国风能专委会会员单位、中国风能协会会员单位、中国锻压协会理事单位、中国内燃机协会发动机连杆分会理事单位等。多次被各主机厂评为质量信得过单位，被中国汽车零部件联合销售集团评为名优产品生产单位，被国家质量检测中心评为质量检测达标产品。2022年，完成产值2347万元，比上年下降6.7%，实现税收209万元，比上年下降52.8%。

山东明沃机械有限公司　公司成立于2010年5月，是中国农业发展集团有限公司的控股子公司，总投资2亿元，是一家现代化农业装备制造企业，建有机加工、焊接、涂装、组装生产车间，1000台套农业收割机、10000台套农业收割机配件生产线1条，主要产品为玉米收割机、玉米剥皮机、秸秆打捆机、转向桥总成、割台总成等。主要销往东北、内蒙古等地区大型农场，占整个关外市场的20%；收割机配套系列产品市场规模均居同行业领先地位；各种产品经国家农业机械推广鉴定中心检验合格，成为山东巨明、日本久保田、德国科乐收、河南豪丰、洛阳中收等知名农机厂家的一级配套供应商。2022年，完成产值4亿元，比上年增长2.9%。

（杨洪源　鞠永贵）

化工产业

【概况】　化工产业是沂水县支柱产业之一，石油化工、精细化工、橡塑加工、生物化工四大产业集群初步形成。庐山化工产业园区是全县化工产业的主要承载区，也是山东省政府认定的85家化工产业园区之一。至2022年底，全县在册保留的化工企业57户。其中，危化品企业24户，位于庐山化工园区（或化工重点监控点）的企业46户，化工企业入园率80.7%。规模以上化工企业实现产值313.4亿元、利税18.1亿元，比上年分别增长4.6%、37.5%。培植纳税过亿元化工企业3家，其中泓达生物集团成为全县第一家纳税过3亿元的工业企业。

2022年，全县化工产业聚焦高质量发展和链条延伸，健全完善化工项目“县级+市级”“部门+专家”联合审查机制，聘请专业团队，从产业定位符合性、危险程度、工艺技术、产品档次、市场前景、亩均贡献等方面从严把关，评审化工延链、补链、强链项目36个，通过23个，落地5个。聚焦低效企业出清，盘活低效化工用地企业4家，土地46.7公顷。至年底，累计盘活提升化工企业13户，盘活低效土地117公顷。2022年，昆达生物公司被评为省化工产业智能化改造标杆企业、省“瞪羚”企业、绿色制造企业；威普斯橡胶公司被评为国家级第三批专精特新“小巨人”企业，其输送带系列产品被评为“山东名牌”产品；泓达生物公司、康爱特化工公司、黎宁科技公司等6家企业被评为省级专精特新企业，新大陆橡胶公司被评为“两化融合”贯标企业。

【石油加工】　石油化工产业是沂水庐山化工园区的核心产业之一，以清沂山石化公司300万吨/年原料油深加工、铭浩化工公司碳四深加工为代表的石化产业，主要产品包括润滑油、汽煤柴油、液化气、丙烷、石油焦、沥青等。其中，清沂山石化有300万吨/年原料预处理装置、100万吨/年延迟焦化装置、80万吨/年高压特种油加氢联合装置、80万吨/年中压特种油加氢装置、30万吨/年煅后焦装置，重点发展特种油及特种油深加工。坚持科技创新，2022年取得专利9项，获得省级科技创新成果一等奖1项、市级科技创新成果一等奖1项，取得两化融合证书，外国专家来华项目获得科技部审批通过；铭浩化工公司年产3.2万吨轻芳烃、10.6万吨MTBE、4万吨异戊烯、5.8万吨异丁烯、2万吨频呐酮，其中醚化工艺技术提升改造项目可实现C4产业链延伸，新上5万吨戊二酸/己二酸系列产品及2.5万吨叔戊醇项目可实现C4/C5两条链相互切换；沂联石化年产20万吨脱硫精制溶剂油等，新上20万吨年石脑油深加工装置产品升级技术改造项目，可实现产品从石脑油、轻质燃料油转变为辛烷、重芳烃，实现石油化工和精细化工的深度融合，形成较为完善的石油化工产业链条。年内，全县8家石油化工企业完成产值167.4亿元、税收1.5亿元，比上年分别增长27.8%、3.8%。

【橡塑加工及助剂生产】 2022年，沂水县有橡塑加工及助剂生产企业8家，其中，永丰轮胎公司年产半钢乘用子午胎1200万条、全钢载重子午胎400万条，建成国家强制性产品认证（CCC）认证，海关AEO认证等质量保障体系，连续7年位列临沂市工业企业进出口额第一名。威普斯橡胶公司年产输送带1万平方米，走中国SUV轮胎领先品牌的差异化、特色化发展道路，全力创建全球最专业化的SUV轮胎研发制造基地，获得7项发明专利，26项实用新型专利，有多个规格的SUV轮胎产品填补全球市场的空白，是高新技术企业、山东省企业技术中心、山东省一企一技术研发中心。瑞丰高分子公司年产2万吨ACR、4万吨MC、2万吨ECH，是创业板上市公司瑞丰高材（股票代码300243）的全资子公司，其产品是国家“十三五”重点支持的新材料。鲁驰高性能智慧输送带国家首创项目使用国内专业的、先进的、自动化程度较高的生产设备，按国家及行业标准进行设计，可有效提高安全和环保设施条件，降低事故风险，新上先进的RTO废气处理环保设施为世界先进的废气处理设备，可实现碳中和零排放。至年底，全县规模以上橡塑加工及助剂企业实现产值75.8亿元，税收3.3亿元，分别比上年增长6.3%、-10.9%。

【生物化工及精细化工】 生物化工及精细化工产业是沂水县化工产业重点发展的链条，有企业26家，代表性企业有泓达生物公司、昆达生物公司、国力化工公司、黎宁科技新材料公司等。其中泓达生物公司木薯发酵生产乙醇，以乙醇、乙醛等为原料形成6条产业链，公司主要产品包括乙醇21万吨/年、乙醛9万吨/年、吡啶3万吨/年等。其中烟酰胺（维生素B3）占国内市场30%、山梨酸（钾）占全球市场的40%、乙胺占国内市场的50%、吡啶占国内市场的60%，乙胺、哌啶被中国石化联合会认定为全国市场占有率第一，且哌啶生产装置填补国内空白。国力化工公司主要生产司盘系列、快速渗透剂T等产品，有行业定价权产品10余种，是市级纺织助剂重点实验室单位、临沂市纺织助剂工程技术中心，有发明专利4项、高新技术产品认证5项，其中，无水快速渗透剂T、高含量快速渗透剂T等产品为国内独家，市场占有率100%。黎宁科技新材料公司年产各类高性能环境友好型皮革化学品3万吨，有发明专利7项，2022年获得第四批国家专精特新“小巨人”企业称号，10月获得段镇基皮革和制鞋科学技术奖创新企业奖。至年底，全县有规模以上生物化工及精细化工产业实现工业产值78.3亿元、税收3.3亿元，比上年分别增长20.6%、23.7%。

【重点企业】 山东泓达生物（集团）科技有限公司 公司创立于2004年，以木薯发酵生产乙醇，并以乙醇、乙醛等为原料形成6条产业链，主导产品为山梨酸（钾）、维生素系列产品、氨基酸系列产品、医药农药中间体、醋酸、香精香料等。其中吡啶占国际市场40%以上；乙醛占国内市场50%。产品远销欧美亚非等100个国家和地区，通过打造乙醇深加工产业链条，打破欧美国家多个产品的垄断，在国际竞争中拥有产品定价的话语权。公司研发实力强劲，先后建设博士后科研工作站等9个省、市级创新平台，在北京、上海分别成立研发中心。引进院士沈寅初等教授专家18人，打造技术创新团队，与多所高等院校开展紧密合作，形成产学研用战略联盟。授权、引进发明专利20件，实用新型专利69件。公司先后被授予“国家循环经济标准化试点企业”“山东省技术创新示范企业”“中国食品添加剂五十强企业”“中国石油和化学工业500强企业”“中国石化民营企业销售收入百强企业”和中国石化联合会专精特新优选企业，以及山东省“十强”产业重点企业等称号。2022年，公司实际产量20万吨，实现产值43亿元，上缴税金3.2亿元，成为全县第一家纳税过3亿元的企业。

山东永丰轮胎有限公司 公司成立于2013年3月，建设年产1200万套半钢乘用子午胎和400万套全钢载重子午胎生产线，产品畅销全国并远销欧洲、美洲、非洲、中东、东南亚等地。坚持技术创新，从欧洲、美国、日本等地引进世界先进制造技术和生产设备，建立完善的质量保证体系。2022年，公司完成销售收入42亿元，上缴税金2.7亿元，进出口额位列全市工业企业前列。

山东清沂山石化科技有限公司 公司成立于2010年6月，是临沂市唯一一家获批原油非国营贸易进口资格的特种油生产企业。产品主要为高端特种油、柴油、润滑油、煅后焦等，广泛用于航空航天、纺织、日化及国防科工、新材料等特殊行业。2019年成为沂水县首家年产值过百亿企业，是国家高新技术企业，先后成立山东省高端特种油技术创新中心、院士工作站、石化行业工程研究中心。公司先后获中国石油和化工民营企业销售收入百强、中国制造业民营企业500强、山东民营企业百强等称号。2022年，公司加工原材料87.1万吨，生产柴油27.2万吨、石脑油13.1万吨、特种油16万吨、煅后焦10.3万吨，实现产值150亿元，税收1.4亿元。年内取得专利9项，获得省级科技创新成果一等奖1项、市级科技创新成果一等奖1项，取得两化融合证书，外国专家来华项目获得科技部审批通过。

山东清沂山石化科技有限公司　　（王文剑　摄）

临沂国力化工有限公司 公司成立于2014年10月，是全县纳税前50强企业，主要生产司盘系列、快速渗透剂T等300多个品种，同时二期项目建成后，再新上聚醚生产线12条、食品级酯化生产线10条（设计产能5万吨）。企业研发实力强，与中国矿大、东华大学等高等院校建立产学研合作关系，无水快速渗透剂T、高含量快速渗透剂T等产品市场占有率100%。企业工艺先进，投资1000万元进行自动化、智能化改造，使用全球最先进的流量计。改造完成后将成为国内智能化、自动化程度最高的聚醚、酯化生产线，用工减少15%。2022年，公司实现产值4.1亿元，税收1769万元。

（张 霞 刘佳宁）

纺织服装产业

【概况】 2022年，沂水县成立纺织服装产业转型升级工作专班，统筹协调纺织服装产业转型升级，制定出台《沂水县人民政府关于加快纺织服装产业高质量发展的实施意见》，开展纺织服装行业链式招商，主动靠前服务推动重点项目建设，聚焦“一核心四基地”目标，启动基地提升工程、印染中心规划论证和纺织服装产业园选址规划，全县纺织服装产业集群化、高端化、品牌化发展初见成效。至年底，沂水县有纺织服装经营业户1036家（企业374家、个体工商户662家），374家纺织服装企业中纺织类企业21家，主导产品为各种本色及染色腈纶、无结纱、混纺腈纶纱、羊绒、天然纤维混纺纱、滚刷绒、装饰绒、棉坯布等；家纺服装类企业208家，主导产品有针织内衣、针织外衣、梭织外衣、床上用品等；鞋帽、箱包、劳保用品类企业82家，主导产品有运动鞋、旅游鞋、各类胶鞋、布鞋、帽子、箱包等。全县26家规模以上纺织服装企业实现产值30.4亿元，税收7875万元，亩均税收8.3万元。

【重点项目建设】 2022年，沂水县纺织服装产业实施6个重点项目，总投资23.9亿元，年内完成投资额4.5亿元，占总投资额的18.8%。技改项目2个，总投资14亿元、年度完成投资3.6亿元。其中，山东恒泰纺织有限公司高端智能织造项目，总投资12.8亿元、年度完成投资3.5亿元，慧阳制衣智能化提升改造项目，总投资1.2亿元，年度完成投资1000万元。招商项目4个，总投资9.9亿元、年度完成投资9400万元。其中，普云时装智造工业4.0项目总投资6.5亿元，年度完成投资3200万元；年产800万平方米清洁绒和刷子绒项目总投资1亿元，年度完成投资5000万元；华腾新材料制品生产项目1亿元、年度完成投资1000万元；百千喜服装及床上用品加工项目总投资1.4亿元、年度完成投资200万元

【龙头企业培育】 2022年，沂水县强化科技创新，狠抓技改投入，培育壮大龙头企业。全县纺织服装企业产值过5000万元的有11家，实现产值25.9亿元，上缴税金6626万元，分别占全县规模以上纺织服装企业产值、税收的85.2%和84.1%。其中，恒泰纺织（含恒泰纺园），有员工2600人，主营纺纱、染色和织布三大板块，主要产品为各类原白纱线、色纺纱线、花式纱线、半精纺纱线。全年实现产值15.6亿元，上缴税金5275万元，分别占全县规模以上纺织服装企业的51.3%和67%，作为龙头企业、链主企业的地位作用突出。双星瀚海、君诺体育、红润手套、宏图鞋业、华琪服装、京援鞋业、慧阳制衣、德汇行针织、荣丰制帽、帅科新材料产值均超过5000万元。

【纺织科技创新】 2022年，沂水县纺织服装产业研发经费投入9048.6万元，占全县规模以上工业企业研发投入的4.6%。新增巧夫人、丝舒纺、芳源等7个国内品牌及4个境外商标。恒泰纺织致力于完善研发创新机制，被评为国家级高新技术企业、山东省企业技术中心、省级瞪羚企业等，有授权发明专利19项，授权外观、实用新型专利7项、软件著作权7项、参与行业标准3项。“锦云”牌装饰布被评为山东省著名商标；“芳源”牌腈纶纱线被评为山东名牌产品。年内，公司全面建设ERP、MES等信息系统，优化设备工艺，提高生产效率。慧阳制衣加快转型升级，优化产品结构，实施智能化提升改造项目，新上服装自动化生产线12条，引进国内先进服装吊挂生产线6条，提升产品档次，升级产品结构。

（张 静）

新能源新材料产业

【概况】 沂水县是全国新能源产业百强县，发展新能源新材料产业基础较好。2022年，沂水县将发展新能源、新材料纳入战略性新兴产业体系重点培育，推进光伏、风电、生物质、氢能、玻纤等新能源新材料和可再生能源发展。规模以上新能源新材料企业11家，完成产值21亿元，实现利税5.6亿元；新能源与可再生能源发电总装机容量68.4万千瓦，发电量11.5亿千瓦时。年内，投资12.7亿元的国电投储能项目、投资2.1亿元的山能一期光伏项目和投资9.7亿元的黄山铺镇200兆瓦农光互补项目推进。新招引项目4个，分别是投资100亿元的正威集团锂电池负极及碳新材料项目，投资52亿元的山东能源超高模玻纤制造项目，投资3.2亿元的旭腾新材料锂电新能源项目，投资3亿元的山东明银碳酸亚乙烯酯锂电新材料项目。诸葛镇、许家湖镇2个乡镇和11个村庄，入选山东省首批绿色能源发展标杆乡镇和标杆村。

【光伏产业】 2022年，沂水县实施整县分布式光伏规模化开发试点工作，寺前官庄村2.6兆瓦整村推进项目开工建设并网。该项目在全省率先实现"首个"开工建设、"首个"并网发电、"首个"群众受益，打造高标准建设、后期保障无忧的沂水样板，摸索出一整套标准化、流程化、可复制、可推广的整县分布式光伏开发经验及标准。《大众日报》、中国发展网、经济网等新闻媒体刊登推广试点经验。年内，全县光伏新增并网4.6万千瓦。累计并网32.6万千瓦；有阳光富民科技有限公司1家规模以上工业企业，完成产值9026万元，利税623万元。

【风电产业】 2022年，沂水盛荣风电49.8兆瓦项目并网运行，全县累计装机规模304.7兆瓦，发电5亿千瓦时。风电运行平稳，中广核沂水唐王山风电场、中广核沂水沙沟风电场、中广核沂水龙山风电场、华能沂水马站风电场、华润沂水杨庄风电场、华润沂水聚禄风电场等6家规上企业完成产值2.5亿元，利税1.1亿元，除唐王山风力发电外亩均税收均超过30万元。

【生物质能产业】 2022年，沂水县有规模以上生物质发电企业2家，年可处理农作物秸秆、农林业废弃物27.9万吨，处理生活垃圾25万吨，完成产值1.7亿元，利税5400万元。山东长青环保能源有限公司以玉米秸秆和小麦秆等为原料，配套3万千瓦机组，年发电量2.5亿千瓦时。沂水沂清环保能源有限公司以生活垃圾为原料，配套0.6×2万千瓦机组，年发电4502万千瓦时。许家湖镇、诸葛镇2处有机废弃物资源化利用项目建设有序推进。

【玻纤产业】 2022年，沂水县有2家玻璃纤维制品生产企业。山东玻纤集团股份有限公司有6条生产线，玻璃纤维年产能41万

山东玻纤集团智能化生产车间 （李国庆 摄）

吨，位居全国第四、全球第六，产品广泛应用于电子、电器、建筑、交通、风电等20多个行业领域，远销世界五大洲20多个国家和地区。先后获“国家级绿色工厂”“高新技术企业”“博士后创新实践基地”“省级健康企业”等称号，入选2021年度山东省新材料领军企业50强。年内，实现收入27.6亿元，上缴税金6600万元。（李　磊）

电力工业

【概况】 2022年，国网山东省电力公司沂水县供电公司服务全县56.5万高低压客户。至年底，县域内有220千伏变电站3座、110千伏变电站14座、35千伏变电站15座，主变总容量2722.1兆伏安。35千伏及以上输电线路664.5千米，10千伏配电线路3458.1千米，0.4千伏配电线路4956.2千米。全年售电量33.3亿千瓦时，比上年增长5.7%，总量保持九县第一、增量九县第三；营业收入21.4亿元、比上年增长15.1%；综合线损率3%，比上年降低0.02个百分点。公司获“山东省厂务公开民主管理工作优秀单位”称号。

【电网发展】 2022年，沂水县践行“电等发展”理念，电网发展规划纳入政府国土空间规划。编制县东、西城供电能力提升方案，总投资2638万元、6个10千伏城区电缆项目取得可研批复。争取上级电网投资6.5亿元实施9项电网建设工程，覆盖9个乡镇、8座变电站，建设规模和电网投资均居历年之最。政企联合推进，完成“3开工、6投产”年度电网建设目标任务，康庄、于沟等4座变电站主变完成扩建，历史性解决单线单变问题。推进老旧设备治理，超前完成5座变电站、102面XGN老旧开关柜改造，彻底清零老旧开关柜。在全市首批建成输配电集中监控中心。推动“智能+人工”巡检技术融合，输电线路实现全电压等级通道全可视，在九县率先实施无人机自主巡检，无人机飞巡数量保持九县第一。提前3个月实现10千伏配电线路全联络。

【用电服务】 2022年，国网山东省电力公司沂水县供电公司推广“宜商三电”新模式，充当“电管家”“电保姆”角色。推行“专班化”重点项目服务，专人对接118个县域重点项目，邀请17家重点企业参加“营商环境”座谈，实现被动服务向主动服务转型。特事特办保障2个疫情防控项目快速上电。提前制定东、西城8个棚户区改造项目方案，加快搬迁居民回迁速度。持续提高“获得电力”便利度，畅通政企办电信息共享，挂牌建立全县首家“水电气暖信视”联合营业厅。严格“三省三零”（省力、省时、省钱服务和零上门、零审批、零投资服务）要求，完成54家“零投资”小微企业用电报装，累计1.4万户电子信息实现线上获取，持续提升“获得电力”感知。推行电动汽车充电桩“无证明”办电、分时电价等利民政策，助力居民客户绿色出行。开展“四进送服务为民办实事”活动，累计走访客户8716户，上门解决问题5项。完成分布式光伏并网616户、容量4.5万千伏安。年内，意见工单比上年压降54%，实现服务“零投诉”。

【电力安全生产】 2022年，国网山东省电力公司沂水县供电公司结合安全教育培训、应急能力建设和隐患排查治理，推进全域电网安全运行。全员开展“五问三问”“五个同频共振”研讨，“现场+远程”抽考供电所人员900余人次。开展“盯现场、强监督、保安全”主题督查活动，累计督查352处，下发整改通知单27份，各级查处违章71起，考核人员152人次、处罚5.2万元。开展“双无创建活动”，评选无违章员工427人次、班组38班次，奖励17.1万元，无违章班组占比达95.6%，违章数量比上年下降35%。开展触电隐患整治专项行动，累计排查触电隐患6585处。强弱电线路消防安全

2022年9月1日，国网沂水供电公司在35千伏崔泉线上开展输电线路螺栓紧固工作　（许宗明　摄）

隐患专项治理中，完成40个台区治理任务。开展各类专项应急演练31场次。

【电力节能】　2022年，国网山东省电力公司沂水县供电公司落实“双碳”目标，组建新能源服务专班，促进新能源科学有序发展。保障京能光伏等15万千瓦光伏高效并网。打造整县分布式光伏灵活消纳和技术降损示范区，整县光伏开发示范县建设保持全省领先。完成2281套台区智能融合终端、408台光伏保护开关安装，实现台区智能融合终端、光伏保护开关全覆盖。出台电力储能配置支持政策，定期对外公布分布式光伏接入可开放容量。建成寺前官庄整村开发等4类场景示范工程，承担国网公司2项光伏开发示范区建设项目，“集中逆变、专变升压、一点并网”开发模式全省领先，在国网公司率先实现分布式光伏2—21次谐波数据采集，中电联、省公司、市人大常委会等进行现场调研。完善保电指挥体系，完成北京冬（残）奥会、党的二十大等重大活动保电任务。　（张广珍）

2022年沂水县各行业用电量情况统计表

表11

指标名称	2022年用电量（万千瓦时）	2021年用电量（万千瓦时）	增长率（%）
全社会用电总计	415129	395287	5
一、全行业用电合计	347146	336284	3.2
第一产业	10793	9952	8.5
第二产业	299260	292338	2.4

续表11

指标名称	2022年用电量(万千瓦时)	2021年用电量(万千瓦时)	增长率（%）
第三产业	37093	33994	9.1
二、城乡居民生活用电合计	67982	59003	15.2
城镇居民	27085	25010	8.3
乡村居民	40897	33993	20.3
全行业用电分类	347146	336284	3.2
一、农林牧渔业	12073	10966	10.1
二、工业	293733	287351	2.2
（一）采矿业	9230	7503	23
（二）制造业	251107	244094	2.9
（三）电力、燃气及水的生产和供应业	33395	35754	-6.6
三、建筑业	5701	5130	11.1
四、交通运输、仓储和邮政业	4023	3346	20.2
五、信息传输、软件和信息技术服务业	3173	2775	14.3
六、批发和零售业	7809	7184	8.7
七、住宿和餐饮业	3490	3358	3.9
八、金融业	589	548	7.5
九、房地产业	2252	2216	1.6
十、租赁和商务服务业	820	452	81.4
十一、公共服务及管理组织	13486	12958	4.1

建筑业

综 述

【产业发展】 2022年，沂水县综合施策，着力调整优化建筑产业结构，培育企业自主创新能力，推动技术进步，推广建筑节能，增强产业整体素质和竞争力，推动建筑业集约发展、转型发展、和谐发展。年内，县建筑业企业完成建筑业总产值36.4亿元，比上年增速54%；签订合同额28.2亿元，比上年降低10.6%；房屋施工面积167.6万平方米，比上年下降 21.6%；房屋竣工面积66.2万平方米，比上年降低7.6%；建筑业从业人数 4082人，比上年增长16.2%。

【建筑企业】 2022年，沂水县有建筑企业89家，其中施工总承包一级企业4家，二级企业14家，三级企业18家，专业承包企业50家。山东恒洲建设集团有限公司企业由二级企业升级为一级企业。推进企业诚信体系建设，信用等级A级企业37家、B级3家。

【企业资质动态核查】 2022年，沂水县住建局通过“双随机、一公开”方式，分别于3月、9月和12月对全县2021年12月31日前取得建筑业企业资质的84家企业进行动态核查。至年底，全县建筑业企业资质申请5家、资质升级2家、资质迁入2家，未有资质增项和迁出。 （张永圣）

2022年沂水县建筑业施工企业资质标准一览表

表12

企业资质标准	企业名称		
一级企业	开先建设集团有限公司 山东恒洲建设集团有限公司	山东兴沂建设集团有限公司	沂水启航建筑安装工程有限公司
二级企业	山东寰宇建安有限公司 山东力国建安有限公司 沂水县兴达建筑工程有限公司 沂水县浩宇建筑安装工程有限公司 临沂腾麒建筑工程有限公司	山东黄山建筑工程有限公司 沂水宏远建筑安装公司 山东天铭建筑工程有限公司 山东沂晟建筑安装有限公司 山东金杜建设工程有限公司	山东融汇建安有限公司 山东景沂建安工程有限公司 山东瑾明建设工程有限公司 山东祥益建筑工程有限公司

续表12

企业资质标准	企业名称		
三级企业	沂水美银建设工程有限公司 临沂盛建建筑安装工程有限公司 山东丰晟建设工程有限公司 山东良骏建筑工程有限公司 山东冠红建设集团有限公司 沂水恒睿建筑工程有限公司	山东广昌建筑工程有限公司 临沂迈顺建筑工程有限公司 临沂春鹏建筑工程有限公司 沂水县城投建筑安装工程有限公司 山东汇满建筑工程有限公司 沂水丽森绿化工程有限公司	临沂正固建筑工程有限公司 山东万昆建安有限公司 临沂越航建筑工程有限公司 临沂启程建筑安装工程有限公司 山东时中建筑安装工程有限公司 山东峻捷建筑工程有限公司

勘察设计

【概况】 2022年8月，沂水县住建局发布《建设工程勘察、设计企业监管办法》，落实“双随机、一公开”工作机制，强化对全县勘察设计市场行为与资质的监督；推广建筑信息模型（BIM）及减隔震技术应用，提升建设工程勘察、设计质量和建筑物体抗震设防能力。至年底，全县有6家县外勘察单位、28家县外设计单位承接县内工程勘察设计业务，其中，甲级20家，乙级14家。

【建筑设计】 2022年，沂水县有34家县外单位承接县内74个工程项目的勘察设计，设计面积160余万平方米。县住建局规范勘察设计市场秩序，继续推广装配式、钢结构等建筑新技术及推进建筑信息模型（BIM）在勘察、设计过程中的应用。落实绿色低碳发展理念，督促设计企业贯彻执行绿色建筑设计标准规范，采取“双随机、一公开”监督检查方式，对9个工程项目的勘察设计单位资质及市场行为进行核查，均在资质范围承接业务，未存在违法违规行为。现场检查勘察39个新建工程项目，督导企业及时整改问题80余个。

【抗震设计防护】 2022年，沂水县推广应用减隔震技术，全县新建学校、幼儿园等总建筑面积13.6万平方米的15个工程项目，均按规定采用减隔震技术。严格施工图纸中对抗震设计的审查管理，落实新建工程设计完全符合规范再出具图审报告制度。 （张永圣）

建筑施工

【建筑工程】 2022年，沂水县新开工及续建建筑工程项目98个，涉及工程单体1111个，建筑面积661万平方米，其中民生重点项目35个，工业重点项目1个，服务业重点项目4个，所有重点项目按照既定节点推进，建设过程中未发生较大以上质量安全事故，全县工程质量安全总体平稳受控。

2022年沂水县在建重点工程一览表

表13

序号	工程名称	建设单位	施工单位	项目开工时间	建筑面积（平方米）
1	沂水县人民医院（西院区）医养中心建设工程项目	沂水县人民医院	沂水启航建筑安装工程有限公司	2021年1月	9774.2

续表13

序号	工程名称	建设单位	施工单位	项目开工时间	建筑面积（平方米）
2	沂水县中医医院建设项目	沂水县中医医院	天元建设集团有限公司	2021年1月	32035
3	前马荒安置区二期	沂水城投置业有限公司	天元建设集团有限公司	2021年3月	131011.5
4	沂水县牛岭埠片区棚改项目	沂水县城投置业有限公司	天元建设集团有限公司	2021年4月	135000
5	老法院周边片区棚改项目	沂水县城投置业有限公司	天元建设集团有限公司	2021年5月	198459.3
6	沂水县杨家庄子片区（二期）棚改项目	沂水城投置业有限公司	沂水启航建筑安装工程有限公司	2021年6月	71549.7
7	沂华名都三期	临沂市广达房地产开发有限公司	山东工建建筑工程有限公司	2021年8月	91039.7
8	德普花园小区	临沂东世杰置业有限公司	山东瑾明建设工程有限公司	2021年9月	40366.2
9	龙家圈棚户区改造项目A地块二期	临沂城市发展集团有限责任公司	临沂城发建工集团有限公司	2021年11月	46894.5
10	开先蓝庭项目	山东开先置业有限公司	开先建设集团有限公司	2022年1月	160539.7
11	沂水县全民健身运动中心PPP项目	沂水县政晟项目管理有限公司	临沂市政集团有限公司	2022年2月	39454
12	阳光云玺	临沂泰城置业有限公司	沂水启航建筑安装工程有限公司	2022年3月	190587.2
13	沂水县兴龙博雅据小区	沂水县兴龙房地产有限公司	山东黄山建筑工程有限公司	2022年4月	65723.7
14	传宝龙湾帝璟小区项目	山东传宝创业园管理有限公司	山东黄山建筑工程有限公司	2022年4月	122962.9
15	沂水县十里社区安置楼项目	沂水城投置业有限公司	山东黄山建筑工程有限公司	2022年4月	44878.2
16	传宝龙湾帝璟二期项目	山东传宝创业园管理有限公司	山东黄山建筑工程有限公司	2022年5月	47530.1
17	昌辰御玺苑小区	山东昌辰房地产开发有限公司	山东工建建筑工程有限公司	2022年5月	80029.3
18	沂水县杨家庄子片区（三期）棚改项目	沂水城投置业有限公司	山东广昌建筑工程有限公司	2022年5月	16966.7
19	沂水北坛新区创美苑二期	山东勤正置业有限公司	山东工建建筑工程有限公司	2022年5月	52493.1
20	沂水县马山官庄棚户区改造工程项目	沂水城投置业有限公司	天元建设集团有限公司	2022年5月	57974.1
21	沂水县沂城街道柏家坪新型养老服务中心	沂水县沂城街道柏家坪养老服务中心	山东力国建安有限公司	2022年6月	5512.3
22	沂水县职业学校建设项目	沂水县职业学校	天元建设集团有限公司	2022年6月	107611.6
23	依澜居（融汇）	山东双月房地产开发有限公司	山东融汇建安有限公司	2022年6月	21845.6
24	沂河度假小镇温泉庄园一期	临沂城发沂城置业有限公司	临沂三德建筑工程有限公司	2022年6月	112656.1

续表13

序号	工程名称	建设单位	施工单位	项目开工时间	建筑面积（平方米）
25	沂华名苑小区	临沂市广达房地产开发有限公司	山东工建建筑工程有限公司	2022年7月	43116.1
26	沂水县第二实验小学改扩建项目	沂水县第二实验小学	天元建设集团第十一工程分公司	2022年8月	24650.9
27	幸福里项目东区商业	山东东泰房地产开发有限公司	山东金杜建设工程有限公司	2022年8月	29421.7
28	第六实验中学（含小学）建设项目	沂水县第六实验中学	中铁十五局集团第四工程有限公司	2022年9月	21055.1
29	依澜居小区（汇满）	山东双月房地产开发有限公司	山东汇满建筑工程有限公司	2022年9月	30346.7
30	御富园二期项目	山东昌辰房地产开发有限公司	山东沂晟建筑安装有限公司	2022年9月	26898.4
31	佳和湾小区	沂水县城市建设综合开发公司	沂水宏远建筑安装公司	2022年9月	30792.6
32	嵩山居项目	山东绿椰置业有限公司	开先建设集团有限公司	2022年9月	179443.4
33	沂水源丰农产品加工有限公司高标准化生产车间项目	沂水源丰农产品加工有限公司	天元建设集团有限公司	2022年10月	100004.3
34	沂水县实验中学东校区改扩建项目	沂水县实验中学	天元建设集团有限公司第十一建筑工程公司	2022年10月	4711.8
35	沂水县第六实验小学改扩建项目	沂水县第六实验小学	天元建设集团有限公司	2022年11月	11496.1
36	沂水县第九实验小学（含幼儿园）建设项目	沂水县第九实验小学	天元建设集团有限公司	2022年11月	21181.3
37	沂水县第五实验小学改扩建项目1#教学楼、2#综合楼	沂水县第五实验小学	天元建设集团有限公司	2022年11月	15871.5
38	兴鲁文昌府项目（三期）	山东兴鲁置业有限公司	天元建设集团有限公司	2022年12月	15580.4

【装饰装修】 2022年，沂水县具有装饰装修工程专业承包二级资质企业6家，完成建筑业总产值4164.6万元，比上年增长4.4%。全年对6家装饰企业检查2次，下达整改意见书3份，提出整改意见5条。

【装配式建筑】 2022年，沂水县出台《沂水县人民政府办公室关于加快推广应用装配式建筑的实施意见》，推动装配式建筑发展。对政府投资的公共建筑学校、医院全面实施装配式建筑，从项目立项图审到建设实施全过程监管。完成第九实验小学、第五实验小学、第六实验中学、马站中心小学等教学楼8个项目实施装配式建筑，建筑面积20.2万平方米。 （张永圣）

建筑工程管理

【建筑工程质量监管】 2022年，沂水县在建筑工程质量大检查中实测实量68个具备条件的主体项目，查处质量问题隐患216条并完成整改。通过聘请第三方机构，对全县在建工程开展3次质量安全辅助巡查，检查在建项目38个，提出质量缺陷问题159条，全部完成整改。选择2家房地产企业试点开展“先验房后收房”制度，落实住宅工程参建各方主体质量责任，减少工程质量投诉，提升人民群众对住宅工程建筑质量的满意度。全年受理“12345”服务热线、网上问政、上门投诉、电话投诉等建设工程质量投诉90余起，质量投诉处结率100%。沂水县市民文化艺术中心工程获评中国建设工程鲁班奖（国家优质工程）；1项工程获“2022年山东省优质结构工程”称号；8项工程获“2022年度临沂市优质结构工程”称号。对全县18家预拌混凝土生产企业和4家检测机构开展节后复工专项检查1次，查处检测合同未备案、检测过程不规范等违法行为6起，查处混凝土生产过程质量控制资料存在弄虚作假的行为1起，向综合执法局移交处罚1起。完成建筑工程质量检测合同备案110个。依法依规办理消防设计审查验收相关手续，完成建设工程消防验收19项、备案41项，美丽乡村建设项目消防安全技术评估43项。采用政府购买第三方服务的模式，提升验收的严谨性和专业性。推行“老建筑老标准、新建筑新标准”、特殊项目“一项一策”的政策，解决因消防新老规范变化导致的消防验收遗留问题。加大建设工程消防验收法律法规宣传力度，全年组织开展进工地一线政策宣讲和技术答疑活动12次。

【建筑工程安全管理】 2022年，沂水县坚持日常检查与专项整治相结合，建立日常安全检查巡查机制。开展监督抽查757次，季度大检查行动4次，第三方辅助检查3次，起重机械专项检查3次，其他各类专项行动10余次，下达整改通知书692份，排查整改各类安全隐患817条，整改完成率100%。警示约谈企业10家，行政处罚17起，其中责令停工11起，移交执法局处罚6起，处罚12.8万元。利用“开工第一课”、安全生产“晨会”、“大学习大培训大考试”等活动，组织从业人员参加各类线上、线下安全培训教育考核活动10余次，组织综合应急演练活动和防汛专项演练2次，参加培训8142人次，悬挂宣传条幅270余条，张贴宣传画180余幅，发放建筑领域安全宣传材料5000余份，对36家企业的安全总监履职情况完成2轮次督导。依托智慧建设综合监管平台，对全县在建工地商混企业等安装起重机械智能保护仪、扬尘噪声在线监测及视频监控等设备。至年底，全县160处建筑工地、8台塔机、20处搅拌站，32家监理企业的512位关键岗位人员、55家施工企业的618位关键岗位人员均纳入平台监管。在山东省住建厅主办的2022年“全省建筑工程质量安全监督知识竞赛”中，县住建局获工程质量团队赛二等奖、施工安全团队赛二等奖、个人赛二等奖2名、个人赛三等奖3名；2个建筑工地被授予“2022年度山东省建筑施工安全文明标准化工地”；

2022年6月26日，沂水县住建局开展第二季度建筑施工安全大检查
（县住建局 供图）

8个建筑工地被授予“2022年度临沂市建筑施工安全文明标准化工地”称号。

【建筑工程扬尘治理】 2022年，沂水县按照“六个100%”（物料堆放100%覆盖、施工工地周边100%围挡、工地100%湿法作业、出入车辆100%清洗、施工现场地面100%硬化、渣土车辆100%密闭运输）的扬尘防治标准，对城区56个在建工地扬尘污染防治逐一督导巡查，以扬尘污染防治工作专班名义转发交办单692 个，督办事项 2417项，涉及建设领域督办事项361项，整改回复率100%。扬尘污染防治检查建筑工地现场1006个次，停工通知书19份，即行即改216份，移送行政综合执法局处理4份。（张永圣）

建筑市场管理

【概况】 2022年，沂水县通过日常巡查、专项整治、监督抽查、季度大检查、第三方辅助查等方式，强化对98个在建工程的质量监管、安全管理和扬尘治理。试点实施“先验房后收房”制度，严格消防审验，提升建筑工程质量。全年检查建筑工地160处，发现问题1192条，全部完成整改。

【工程监理行业管理】 2022年，沂水县有本地监理企业2家，其中1家监理企业升级为甲级资质；外地驻沂监理企业15家，从业监理人员249人。全县新开工程项目35个，8家监理企业承接监理业务。实施监理人员网上考勤制度，做好监理企业智慧平台录入人员信息的核对工作，审查42个工程项目配备的监理人员，对监理人员不在岗的5家企业依法移交行政执法部门进行处罚。

【建设工程招投标与造价管理】 2022年，沂水县有5家工程招标代理机构。县住建局持续规范工程招投标活动，建立健全招投标市场主体及从业人员信用制度和市场行为考核制度，对招标项目的各个环节进行严格审查和把关，促进工程招投标活动公开、公平、公正。年内，通过网络发布招标公告36项，中标公示41项，招标工程总面积9.8万平方米，总造价27.3亿元。强化工程造价政策宣传，提供建设工程造价政策、计价标准的咨询服务工作，推行招投标全过程线上运行，实现全流程电子化，增强信息透明度，实现阳光下招投标。实施远程异地评标，实现“不见面”开标，畅通投诉、异议受理渠道，对违反招投标规定的坚决进行纠正，依法依规进行处理。

【建筑业农民工工资管理】 2022年，沂水县加强住建领域农民工工资支付监管平台管理，将农民工实名制管理、农民工工资保证金、农民工工资专用账户、通过银行代发工资等制度系统整合，政府主管部门、施工企业、农民工、银行等四方信息互联互通，实现对在建工程项目管理、工资专用账户、用工信息、预测预警、统计报表等全过程实时监管。县住建局会同县人社部门通过日常巡查和专项检查相结合的方式，加强住建领域农民工支付监管和服务指导力度，开展以清理拖欠农民工工资、打击非法用工、规范劳动关系为主要内容的专项检查，检查建筑工地42个，下达整改指令通知书36份。安装工人实名制识别设备42套，在线实名制考勤农民工49235人，代发工人工资11.6亿元。（张永圣）

商贸服务业

商贸流通

【概况】 2022年，沂水县统筹疫情防控和商贸业发展，全县商贸服务业平稳运行。制定《全县居民生活物资保供应急预案》，做好全县市场消费与生活物资保障工作，疫情应急状态下，全县各大商超米面粮油、蔬菜水果、肉蛋奶等生活必需品货源充足，供应渠道畅通，市场物价平稳，有效保障广大居民正常生活需求。全年实现社会消费品零售总额204.2亿元，较上年增长0.2%。新增纳统单位73家。其中，实现年度纳统单位71家，实现月度纳统单位2家。至年底，全县限额以上贸易单位177家（企业78家、大个体99家），其中2022年新增限额以上贸易单位73家（企业44家，大个体29家）。

【商贸流通体系建设和消费促进】 2022年，沂水县健全市场监测机制，增强分析预测能力，指导11家样本企业在商务部业务系统统一平台及时准确填报数据，提升数据填报质量。推进《全县商业网点布局规划》编制，健全完善县乡村三级商贸流通体系。建设乡镇商贸中心，东方超市新建成4处乡镇直营店，达25处；供销宜万家新建成村级（加盟店）40处，达60处。围绕“促消费、稳经济、惠民生”主题，组织远通汽贸、正科家电、东方超市等35家限额以上单位参加“2022年惠享临沂消费年”汽车消费券、家电消费券等惠民消费活动，激发居民消费热情，拉动消费增长。

【汽车流通管理】 2022年，沂水县商务局对汽车流通企业开展“双随机、一公开”监督检查，公开抽查情况及查处结果。完成13家二手车交易市场备案工作，促进二手车流通健康发展。至年底，沂水县有汽车销售公司500家（经营范围含汽车销售），其中，家庭乘用车销售量较大的有沂水远通汽贸、沂水县易胜汽贸和沂水联谊汽贸；商用车销售量位居前列的有天成汽贸和希望久久；新能源车销售量位居前列的

2022年9月9日，沂水九州商业大厦举行“迎中秋、庆国庆”促销活动
（黄明涛 摄）

有沂水世通汽贸的比亚迪、顺丰新能源的思皓。有11处品牌4S店（或同等级别待遇），分别为远通汽贸的一汽大众、上海大众、别克、捷达、广汽本田和五菱宝骏，领吉汽贸的吉利，联谊汽贸的荣威、长城，易胜汽贸的东风日产以及世通汽贸的比亚迪。2022年，销售汽车5454辆，实现销售额5.5亿元。（王　凯）

批发零售业

【批发业】　2022年，沂水县限额以上批发业企业56家。其中，年内新增限额以上批发业企业21家。56家限额以上批发业企业全年实现销售额65.4亿元，商品进购额63.4亿元。企业从业人员期末人数851人。凯驰蓝德、喜牛橡胶、易粮商贸作为批发龙头企业，带动作用强。

【零售业】　2022年，沂水县限额以上零售业企业36家。其中，年内新增限额以上零售企业18家。36家限额以上零售企业实现销售额19.4亿元，商品进购额16亿元。企业从业人员期末人数1942人。

（王　凯）

2022年沂水县限额以上批发企业商品购销情况统计表

表14

指标名称	法人企业数（个）	从业人员期末人数(人)	商品购进额（万元）	商品销售额（万元）
农、林、牧、渔产品批发	11	66	85251.7	87305.1
食品、饮料及烟草制品批发	10	199	65621.8	67312.7
纺织、服装及家庭用品批发	3	39	10226.8	10350.2
医药及医疗器材批发	1	26	8955.7	11483.5
机械设备、五金产品及电子产品批发	4	101	167529.8	172299
矿产品、建材及化工产品批发	27	420	296101.2	305684.9

2022年沂水县限额以上零售企业商品购销情况统计表

表15

指标名称	法人企业数（个）	从业人员期末人数(人)	商品购进额（万元）	商品销售额（万元）
综合零售	6	1201	48872	72185.1
医药及医疗器材专门零售	1	289	7887.5	11685.2
汽车、摩托车、零配件和燃料 及其他动力销售	20	341	94350.3	99146.1
家用电器及电子产品专门零售	7	58	7911.8	9743.9
货摊、无店铺及其他零售业	2	53	1087.9	1594.8

住宿餐饮业

【住宿业】　2022年，沂水县打造精品民宿、建设旅游民宿集聚区助推旅游业提质升级。建成精品民宿22家，院东头镇成功创建省级旅游民宿集聚区；开展星级民宿评定，云水间申报为省级五星级民宿，沂蒙老山街、花筑·洞贤居、峙密山居为四星级民宿。民宿与县内酒店虽持续提升管理和服务水平，但受外部环境影响，住宿业收入整体下滑。至年底，全县限额以上住宿业单位13家（企业7家，大个体6家），其中，年内新增限额以上住宿业单位3家（企业2家，大个体1家）；13家限额以上住宿业单位客房3047间、床位4148张，7582位餐位，实现总营业额1.1亿元，比上年下降11.7%。

【餐饮业】 2022年，沂水县限额以上餐饮业单位42家（企业8家，大个体34家），其中，年内新增限额沂水餐饮业单位8家（企业3家，大个体5家），42家限额以上餐饮业实现营业额3.3亿元，比上年下降12.7%。8月16日，临沂市小型餐饮单位“清洁厨房”规范提升暨食品生产企业“三标”行动现场推进会在沂水召开。会议现场观摩长安路餐饮一条街和刘南宅餐饮聚集区的“清洁厨房”规范提升情况。9月，县商务局组织金仕顿、宝隆、瑞海、寰宇等酒店参加“新时代 新鲁菜”2022创新大赛，打造沂水美食名片。强化餐饮业安全生产监管，组织开展“开工第一课”、安全生产专项整治三年行动、“迎冬奥、庆春节、保两会”安全生产百日攻坚和专项行动、“安全生产月”等活动。印发《全县商务领域餐饮经营场所燃气安全排查整治工作方案》《全县餐饮经营场所燃气安全全员培训工作方案》，督导餐饮场所安装燃气报警器。

（王　凯）

电子商务

【概况】 2022年，沂水县电子商务实现网络零售额14亿元，比上年下降20%。其中，农产品网络零售额1.3亿元，比上年增长38.8%。开展夏蔚镇朱家坪和院东头镇佟家庄、院东头、马家崖4个淘宝村创建工作，持续推进许家湖镇、院东头镇直播基地建设，开展电商培训和电商平台资源对接活动。

【淘宝镇（村）创建】 2022年，沂水县持续推进淘宝镇（村）创建，聘请闪迅集团专业团队，入驻开展调研考察、创业培训、店铺孵化、产品挖掘、资源整合等工作，全渠道指导在淘宝、天猫、拼多多、抖音短视频等平台直播培训。通过大班培训、小班孵化方式，开展淘宝、拼多多、快手和抖音直播等培训100余期，培训530余人次，开设店铺132家，孵化标杆重点店铺14个。夏蔚镇朱家坪和院东头镇佟家庄、院东头、马家崖4个村创建淘宝村，院东头镇创建淘宝镇。

【电商培训】 2022年，沂水县开展抖音电商临沂产业带（沂水）招商对接会、拼多多食品产业带招商暨阿里诚信通升级发布会、直播电商助农沙龙活动、基层干部学历教育（直播电商）专题培训班等多期培训对接活动。结合淘宝镇（村）创建，开展电商发展现状及趋势、平台分析和入门实操、电商应用与实践等培训，培训780余人次。

【电商直播基地】 2022年，院东头镇、许家湖镇依托本地电商

2022年6月28日，直播电商助农沙龙交流会在县电子商务公共服务中心举办

（程寿彬　摄）

龙头企业建设电商基地，基地集聚效应凸显。许家湖镇电商直播基地整体面积1.2万平方米，设有沂水特色食品展示厅、喵物App基地、网红主播孵化器、直播电商训练营、智慧物流中心、跨境电商及一站式电商服务中心，开展直播技能培训、开店支持和带货资源对接等服务，实现电商与实体产业深度融合，带动产业转型升级。院东头镇“沂蒙直播电商基地”建筑面积2880平方米，分直播电商培训中心、直播带货间、“沂水十品”展厅（沂蒙土特产购物中心）、仓储物流、旅游服务5个功能，孵化“沂蒙小凤凰”等达人，为当地优质农产品搭建网络营销平台，拓宽农产品销售渠道。（程寿彬）

粮食物资储备流通

【概况】 2022年，沂水县落实地方政策性粮油储备，完善粮食应急供应保障体系，做好各类应急救灾物资储备和管理，储存装具、被服等物资8000余件。筹备开展成品粮油和物资储备库项目建设。核校分析30家纳统涉粮企业月报数据，梳理全县粮食购销、加工转化、储存情况。完成粮食执法人员派驻，对粮食加工企业定期开展粮食收购、仓储设施等监督检查。加强全县粮食市场监测，完善粮油价格测报、市场供求监测预警机制。

【粮食储备管理】 2022年5月，沂水县与境内3家公司签订社会粮食责任储备协议，落实成品粮油储备任务。至年底，全县地方储备粮油规模落实到位。地方储备粮品种为小麦，等级一等；地方储备油采取企业代储的方式进行储存，品种为国标一级玉米油。8月，完成储备油轮换任务，收益全部上缴县财政粮食风险基金。落实国家粮食和物资储备局《关于印发优质粮食工程“六大提升行动”方案的通知》要求，申报并组织实施绿色仓储升级改造项目工程，改造提升仓容1.4万吨，实现准低温储粮和智能远程粮温监测等智能化管理措施，改善粮食储存条件。

【物资储备管理】 2022年，根据沂水县应急局下发的年度救灾物资储备计划，县粮食和物资储备中心招标采购临时住宿、保暖衣物、通用防护类物资充实库存储备，库存物资总价值99.6万元。与青援、新东方等企业签订应急供应协议，与富强、锦城搬家公司签订应急运输协议，落实各类应急物资保障供应。在全市率先开展成品粮油和物资储备库建设，选址三十里粮食储备库院内，计划投资622.4万元，建设规模2900平方米，并配套相关设备设施。至年底，完成项目前期各项建设手续的审批办理工作，项目进入建设阶段。

【粮食应急体系建设】 2022年，沂水县加快推进应急粮食供应网点建设。按照区域全覆盖原则，依托东方、九州等大型超市为基础，建设粮食应急供应网点20家。与大仓、青援、正基、创优4家公司签订应急加工协议，与大仓、正基、金谷3家公司签订应急配送协议，与金谷公司签订应急储运协议。根据疫情防控要求和沂水人口规模，修订并重新制发《沂水县粮食应急预案》，组织相关成员单位应急推演。沂水县粮食应急供应体系建设的经验做法在全市范围推广。

【粮食流通监督检查】 2022年9月，沂水县深化综合行政执法改革，将县综合行政执法大队15名执法人员派驻到县发展和改革局局开展粮食流通监督检查工作。加强涉粮企业粮食流通监管，督导辖区内30家涉粮企业完成粮食收购资格备案。对县域内5家面粉加工企业、1家县级粮食储备企业开展11次全覆盖式督导检查，派出检查人员145人次，查出安全隐患177条，并严格要求企业依法依规完成隐患整改。建立联动执法机制，与市场监管、综合执法等部门建立粮食联动执法和案件移交机制，与沂南县签订《粮食联合执法监督检查协议》。全县粮食购销市场总体稳定，企业未出现违规行为。完成定向销往沂水县6家饲料企业的14批次2.9万余吨超期稻谷现场审验、材料备案和监管工作。

【粮食流通统计】 2022年，沂水县落实国家粮食流通统计管理制度，对全县30家纳统涉粮企业每月报送的统计数据进行校核、分析，及时准确掌握全县粮食购销、加工转化、储存等情况。完善粮油价格测报机制，坚持粮食价格监测情况“周报制度”，及时掌握粮食市场供求趋势和价格变化，定期发布粮油市场价格信息。按时完成社会粮油供需平衡调查、农户粮情固定调查等工作。年内，发布国家粮油信息系统年报、价格周报52期、产品季报4期、夏粮收购五日报24期、秋粮收购五日报38期。

【粮食加工企业发展】 2022年，沂水县引导骨干粮食企业在产业链上下游市场主体的深化协作，带动全产业链一体化发展，增强企业的核心竞争力和行业带动力，全年玉米、小麦等各类粮食加工转化量200余万吨。引导企业品牌创建，指导沂水县豪盛面粉申报“省级好粮油”品牌。推动粮油加工企业科技创新，山东省隆科特酶制剂有限公司自主研发的“新型霉菌毒素降解酶研发与应用”项目获得山东省重大科技创新工程“卡脖子”技术认定。

【粮食收购贷款信用担保基金认缴】 2022年，沂水县向县内粮食企业推广粮食收购贷款信用基金，支持企业融资增信。经过严格规范的募集程序，沂水大地玉米开发有限公司完成800万元的基金认缴，农发行为其授信8000万元粮食收购贷款额度；沂水县七星柠檬公司计划认缴600万元，省基金会完成相关材料审核。全县认缴金额度占全市总认缴金额30%以上，居全市首位。 （刘恺东）

2022年11月25日，沂水县粮食和物资储备中心深入六和饲料有限公司开展粮食流通统计检查 （县粮食和物资储备中心　供图）

供销合作

【概况】 2022年，沂水县供销系统完善基层组织运行机制，发挥资源网络密集优势，围绕商贸富县战略实施，开展全国流通服务强县创建、土地托管、农业社会化服务等中心工作，打造农村现代商贸流通服务网络，拓展为农服务领域，提升为农服务水平。至年底，县供销社辖19处乡镇基层供销社，3家社有企业；总资产3.1亿元，各类经营服务设施12万平方米，收入700余万元。沂水县入选全国县域流通服务网络强县培育名单，被列为全省10个“互联网+第四方物流”重点县之一；《省委改革办》《大众日报》等媒体发文推广全县农村现代商贸流通服务网络建设和土地托管服务工作经验；全省“互联网+第四方物流”重点县工作会议，全市供销社系统流通服务

马站镇古峰台村土地托管服务小麦夏收现场　（王维彬　摄）

网络建设推进会议先后在沂水县召开。

【农业社会化服务】 2022年，沂水县供销系统依托改造提升的16处为农服务中心和沂水县盛世祥隆农业生产资料有限公司，开展农资供应、农机作业、统防统治、技术培训等社会化服务，全系统年销售化肥3万余吨、农药500吨，开展农业社会化服务面积1.3万公顷。以山东供销现代农业发展集团有限公司为经营服务主体，在马站镇杨家城子、古峰台等12个村先行试点推广“土地股份合作+全程托管服务”模式，对266.7公顷土地开展“耕、种、管、收、售”全托管服务工作，通过规模化、机械化、标准化生产，小麦、玉米平均亩产为375千克、500千克。小麦、玉米实现销售收入569.6万元，合作社、村集体、村民分别实现分红84.8万元、43.7万元、16.9万元。《光明日报》《中华合作时报》《大众日报》官方网易号宣传推广全县土地托管服务做法与经验。

【社有资产保值增值】 2022年，沂水县构建集体研究、“三统一”集中监管、资产租赁评估、资产维修维护评审四位一体的监管机制，推动社有资产保值增值。落实集体研究机制，涉及处置、出租、续租、维修、新建、改扩建资产问题，一律先由企业集体研究意见，报县社党组会议研究确定。落实“三统一”集中监管机制，对企业和基层社的“公章、合同、收益”实行集中统一管理。落实资产租赁评估机制，县财政部门委托第三方评估机构评估社有资产出租、处置价格，以其为出招租底价，解决定价随意问题。全年评估21家企业141处资产设施，评估出租总金额166.3万元；完成城关供销社中心街商业沿街公开招租，增加租赁收入80万元。落实资产维修维护评审机制，注重对社有资产使用的过程监督，履行资产维修维护上报手续，经第三方评审后予以实施。

【基层社建设】 2022年，沂水县供销合作社联合社印发《关于基层供销合作社分类改造实施方案》，优化基层社机构设置、职能配置，规范基层社运行机制，提升基层服务能力和低效闲置场所利用率。利用社有资产保值增值监管机制，盘活乡镇供销系统原有老旧闲置资产，增加企业租赁收入80余万元。争取项目资金83万元改造建设许家湖供销社袁家庄物资站。四十里供销社筹集资金16万元提升苍子坡门市。完成富官庄供销社为农服务中心二期主体工程和诸葛供销社供销家园项目。

【沂水县入围全国流通服务强县创建名单】 2022年，沂水县借助全国流通服务强县创建和全省“互联网+第四方物流”试点推广契机，整合资源，以供销宜万家超市为商贸流通企业龙头，优化镇村商业网点布局，推动构建以县域配送为主体、乡镇周转为补充、村级服务为基础的三级联动、双向流通、

杨庄镇供销综合服务站　　（县供销联社　供图）

培树，推进全国烟叶高质量发展现场会筹备工作，高效落实现代烟草工作任务。夯实网建和市场两个基础，推动“客户服务、队伍职能、品牌共育、终端运管、智慧营销、供求关系”六大转型升级，强化烟草专卖监管，严厉打击涉烟违法犯罪行为，全县烟草事业稳中求进。实现经营收入10.2亿元，实现毛利额3亿元，累计上缴税金1.1亿元，与上年基本持平。

一体发展的农村现代商贸流通服务网络新格局。依托1.5万余平方米的县域供销综合集配中心，联合快递企业及县域代理商，拓展仓储配送、中央厨房、电商运营、快递分拣、冷链物流等服务功能，实现“统仓共配”。依托16个乡镇日用品超市建设镇级供销综合服务站，负责镇域范围内日用品和农产品的分拨配送。依托集市村、学校村、千人以上村原有网点改造提升170处农村综合服务社，拓展经营服务内容，带动周边村的服务覆盖。5月，中华全国供销合作总社办公厅公布2022年度供销合作社县域流通服务网络强县培育名单，沂水县入围全国流通服务强县创建名单。

【全省“互联网+第四方物流”重点县工作会议召开】 2022年10月14日，全省供销社“互联网+第四方物流”重点县工作会议在沂水县召开。省供销社党组成员、监事会副主任胡文朴，市供销社党组书记、理事会主任冯凡华，全省10个重点县（市、区）供销社主任参加会议。与会人员先后到杨庄镇供销综合服务站、杨庄镇四官庄村供销综合服务社、县供销综合集配中心实地参观考察，了解沂水县“互联网+第四方物流”供销集配体系建设开展情况。沂水县在会上作《发展互联网公共服务体系 促进农村商贸流通转型升级》典型发言。

（李振万）

烟草专卖

【概况】 2022年，沂水县聚焦“山地·生态”优质烟叶品牌

【卷烟营销】 2022年，沂水县持续深化一类烟市场开发“一把手”工程，开展“一类烟进企业”“跟我游沂蒙”等“七个一”市场开发活动，全方位挖掘卷烟消费潜力，全县销售卷烟774.5万条，人均条数7.6条，比上年增长2%；实现销售收入8.9亿元，比上年增长8.9%。销售一类烟5632箱，首次突破5000箱；销售一类细支烟3308箱，首次突破3000箱，比上年增长41.2%；销售鲁产细支烟2450箱，首次突破2000箱，比上年增长53.1%。规划全县终端建设网格，由点及面开展跨区域营销示范线路建设，建设“醉美沂城”示范线路2条、跨乡镇烟叶片区示范线路1条、跨服务站——雪茄庄园观摩线路和千亩烟田生态园线路1条。建成品牌店115家，精品店981家，标准店1872家，终端改造率77.8%，

2022年2月17日，沂水县烟草专卖局与县市场监督管理局联合开展烟草专卖市场检查 （县烟草专卖局 供图）

零售终端逐步从“建”向“管、用”转型升级。

【专卖管理】 2022年，沂水县强化烟草市场监管。县烟草专卖局与县各执法职能部门以“剿战”专项行动为主线，严厉打击涉烟违法犯罪行为。查办涉烟案件549起，其中符合国标网络案件1起，5万元以上大要案件21起，万元以上大要案件125起，向未成年人销售电子烟案件6起。查获非法卷烟271.6万支，其中真品卷烟236万支、假私烟35.6万支，查获烟叶烟丝11.3吨，涉案总值419.7万元。刑事拘留23人，行政拘留1人，判刑4人。落实“放管服”改革，做好行政许可管理服务，实行“一窗受理”许可机制，新办烟草零售许可证207户，歇业154户，注销27户，撤销1户，变更23户，停业整顿8户，延续78户，恢复营业5户，始终保持烟草零售许可户数合理市场容量。推进“三个依法”建设，开展“八五”普法，会同公安、市场监管、教育等部门开展整治向未成年人销售电子烟违法行为，发放《烟草专卖法律法规摘登》《识别真假卷烟明白纸》《中华人民共和国未成年人保护法》等普法宣传材料6000余份。

【烟草精益创新】 2022年，沂水县烟草专卖局制定出台《2022年自主创新工作实施方案》，激发全员参与精益创新工作的积极性和主动性。全年立项科技项目11个，精益课题43个，结题17项，QC（质量管理）立项2个，申报岗位创新28个，获奖6项，创新成果转化推广10个，发表论文6篇，取得实用新型专利2项。全年管理创新总积分连续4年居全市烟草系统第一。 （王 彬）

成品油销售

【概况】 至2022年底，沂水县有加油站95家。其中，国有加油站34家，含中石化17家、中石油11家、其他国有（集体）6家，民营加油站61家。全县销售汽油3.6万吨（中石化、中石油销售2.6万吨），销售柴油4万吨（中石化、中石油销售2.5万吨）。

【成品油市场管理】 2022年，沂水县加强对成品油市场的监管。县商务局对95家加油站经营许可进行年审，为11家企业办理企业名称或者法人变更手续，为5家企业办理换证手续。规范台账管理，加强油品质量管控，使油品来源可追溯、油品去向可核查。落实生态环保要求，引导20余家加油站开展错时优惠加油活动。县应急局组织加油站开展安全自查，发现整改隐患1991条。推动加油站实现数字化转型、智能化升级，完成73家加油站覆盖加油机、储油罐等重点部位的监控视频和视频存储建设，对加油站

人员违规行为及异常状态进行识别、报警和记录。（王　凯）

食盐销售

【概况】　2022年，沂水县有食盐销售企业4家，销售食盐6000余吨，其中小包装食盐占比25%，其他50千克等包装食盐占比75%。主要食盐销售企业为沂水盐业公司，隶属县城投集团，主要销售鲁盐集团“鲁晶”牌精制盐、无碘盐、腌制盐、低钠盐、深井岩盐等。沂水盐业公司销售食盐4080吨，其中食盐1380吨（小包装食盐280吨、加碘盐260吨、小包装加碘盐300吨、加工用盐290吨、多品种食盐250吨），工业企业用盐2700吨。

【食盐储备管理】　2022年，沂水县市场监督管理局、县工业和信息化局等单位深入盐业市场，多方面、多渠道了解掌握市场动态，开展打击食盐非法经营行为，维护食盐市场秩序。沂水盐业公司负责食盐社会承储责任，储备仓库符合卫生、防火、防盗、防潮、防洪等安全管理要求，储备食盐按期轮换，确保质量安全，企业储备量月均300吨，达到足量、安全、卫生、规范的要求。（黄玉成　黄润菊）

邮政服务

【概况】　2022年，中国邮政集团有限公司山东省沂水县分公司邮政业务收入1.7 亿元，比上年增长20.8%，高于全市平均增幅3.2个百分点。邮政快递业务量924.1万件，比上年增长22.4%，高于全市平均增幅3个百分点，业务收入2576万元，比上年增长17%。

【邮政普遍服务】　2022年，沂水县有邮政网点26处，其中农村网点22处，建制村通邮率100%。全县开通县内邮路9条、普邮投递段道68条、特快投递段道10 条，覆盖283个建制村。全县建制村党报党刊征订服务率100%，68名投递员负责全县党报党刊投递工作。年收投各类邮件、报刊 1020 万余件/份；收包裹1200余万件，投包裹 600余万件，投递党报党刊 180 万份、其他普通报刊 240 万份。全县机要通信完成产品量 2550 件。加强服务规范保障，做好融合发展，与交警大队合作办理换证等各项业务，与税务局合作代开税票业务，推动警邮、税邮等政务融合发展，全年代开税票1万余张，代收税236.8万元。

【邮件处理中心建设】　2021年11月，沂水邮政邮件处理中心成立，承担沂水、沂南、蒙阴、莒南进出口陆运特快、快递包裹邮件的分拣集包和网运作业，承担临沂邮区中心局副中心职能。邮件处理中心位于经济开发区振新路7号院内，场地面积6544.3平方米，配备260格口环形自动分拣机1台，进口卸车垛口2条，出口发运垛口5条，进出口线各1条，进口投递分拣线一条。每日对接济南—沂水2—3个频次、临沂—沂水3个频次邮件处理。下行邮路开通沂水—沂南、沂水—蒙阴各2个频次，沂水至各乡镇往返邮路。县城—乡镇已全面推行公交运邮模式，全县27个网点（揽投部）制定10条公交线路带运进出口邮件，每日1个频次（旺季根据业务量增加频次）。2022年，处理邮件2555万件，日均7万件。

【邮政普惠金融服务】　2022年，沂水县有邮政储蓄营业网点24处。其中，县城网点3处，农村网点21处。依托覆盖城乡的网点布局，强化零售业务和中间业务，为城市社区和农村地区居民提供普惠金融服务。加快电子银行渠道建设，开展手机银行1+N项重点工作，利用国债、保险、基金定投、中邮证券、消费贷重点突破，提高三方绑定支付真实率。加大城乡自助设备投放，支持邮政银联绿卡办理跨行查询、支取、刷卡消费等业务。相继开发代发工资、代售保险等业务，标准保费本年新增8.1亿元，占金融总量新增比重33%。

（郝 霞）

物流业

【概况】 2022年，沂水县继续把物流业作为全县提升竞争力的综合配套产业来培植，实施“枢纽沂水、物流八方”战略，通过培育龙头企业、强化行业监管、优化部门服务和加强信息化建设等一系列措施，优化物流业发展环境，推进重点物流项目建设，全县物流业持续快速健康发展。至年底，全县物流企业158家，货运车辆8065台、吨位11.9万吨。其中，国家AAA级仓储型物流企业1家，国家AAAA级综合型物流企业5家，经营物流专线企业2家，专业性物流园区1家，开通公铁联运物流企业2家。

【物流项目建设】 公路物流项目 山东传宝物流园二期传宝大厦工程，位于沂水县珠江路与泰山路交会处，总投资1.6亿元。项目涵盖智慧农贸集散中心、冷链配送中心、信息服务中心、物流汽贸中心、生活服务区等。2022年，全部二期工程及配套完成并投入使用，运营状态良好。

冷链物流项目 马站鲁担冷链物流项目，位于沂水县马站镇工业园，总投资40亿元，占地面积24.7万平方米，总建筑面积40.3万平方米。2022年，完成一期工程加工车间部分主体，原料库主体建设完成，加工中心装修完成并试运行，其他相关工程及配套建设按照规划进度稳步推进。

2022年6月16日，沂水县交通运输局到物流企业开展检查指导

（管冰 摄）

【物流监管】 2022年，沂水县交通运输局制定实施《沂水县交通运输系统“三管三必须”实施细则》等文件，组建两个行业督查小组定期到物流企业，针对企业安全教育培训、疫情防控宣传、规范运输物品等内容开展行业服务和督导工作。依托动态监控平台，加强信息化建设，对普货车辆、冷链车辆、危化品车辆等抽查通报。通过设置电子围栏等方式，对疲劳驾驶、偏离轨道、不听劝阻等行为及时提醒和锁定，全天候推送报警数据，并将信息汇总推送给企业，形成闭环式管理模式。全年督查督导各类事项330余件，推送各类车辆信息2万余条。推动物流企业信用体系建设，修复30余家企业信用问题。

【农村物流发展】 2022年，沂水县继续完善高效便捷的配送体系，依托全国城乡交通运输一体化示范县、省城乡高效配送示范县等项目，加快县、乡、村三级物流体系建设，畅通农村物流渠道。在全县18个乡镇（街道）及行政村布局物流配送服务站点，开通7条串联各乡镇服务站点的专线货运班线，配置50台货运班车，统一标识，统一调度，实行定车、定线、定站发车，实现货运班车“客运化”运行，提高物流效率，畅通工业品下乡、农产品进城的双向流通渠道。

【省级客货邮融合发展样板县创建】 2022年，沂水县依托既有的县、乡、村三级物流网络体系，优化整合交通、邮政、供销、商务、农业等领域的站点、平台、运能、服务等资源，打造4个县级客货邮综合服务中心，5个镇级客货邮综合服务站，开通5条客货邮合作运营线路，串联沿线156个行政村，创建“省级客货邮融合发展样板县”。

【物流园区】 2022年，沂水县有山东嘉隆物流有限公司1家专业性物流园区。成立于2010年3月，该园区是中国物流与采购联合会常务理事单位、国家AAA级仓储型物流园区，位于沂水县富春江路和衡山路交会处，占地14.4公顷，建筑面积13万平方米，总投资 4.2亿元。主营业务包括运输、货物装卸、中转、联运、仓储、物一体化、货运配载、仓库保管等综合物流服务，致力于成为鲁中地区食品、纺织、服装、机械、矿产建材等制造业原材料集散中心。2022年，园区物流线路拓展到全国300多个城市、地区，实现年货物吞吐量68万吨。

【物流企业】 沂水县天成物流有限公司 成立于2010年11月，是国家AAAA级综合型物流企业，集普通货运、仓储、物流配送、信息配载、大中型货车维修为一体，有货运车辆500余台，总仓储面积3.2万平方米。公司主营全国各地的长短途整车、零担公路运输业务，并同多家大型公司签有长期运输合同，开辟沂水至河北、北京、天津、重庆、成都等往返专线。开通公铁联运业务，自临沂铁路段运输至重庆、四川等地。2022年实现货运量240万吨。

沂水县宏顺物流有限公司 成立于2012年11月，位于沂水县黄山铺镇是专业的第三方物流服务企业，国家AAAA级物流企业，建筑面积5000余平方米。主要经营普通货运、冷藏保温货物运输、集装箱运输、二类机动车维修、车辆销售及售后服务等业务，有各种运输车辆400余台。2022年，实现货运量200余万吨。

山东盛泽物流有限公司 成立于2011年8月，位于沂水县杨庄镇，是国家AAAA综合物流企业，是一家以矿产品、大型机械、食品等运输为主的物流公司。2022年，实现货运量110万吨。

（王兆存）

快递业

【概况】 2022年，沂水县有申通、韵达、中通、圆通、极兔5家加盟快递企业，有京东、顺丰、德邦3家直营分支机构，有邮政沂水分公司1家国有企业，末端备案网点68个，快递从业人员600 人。全年快递业务总量完成6.3亿件，比上年增长15%；快递业务收入3.6亿元，比上年增长22.8%；快递业务投递量3224.9万件，比上年增长1.1%。

【快递进村】 2022年，沂水县借力“山东省农村客货邮融合发展样板县”创建，快速推进“快递进村”工作，全县快递进村率100%。整合提升客运中心、邮政分拨中心、快递分拨中心等既有资源，打造9处县、镇级客货邮综合服务场所，开通5条运营线路，串联沿线156个行政村，实现公交、快递、电商物流网络顺畅衔接、协同发展，推动农村物流“点、线、网”融合发展。9月，省邮政管理局局长杜继涛到沂水县调研“快递进村”模式，并给予高度评价。推进“电商+快递”融合发展，聚力实施“沂水小食品”快递服务现代农业金牌项目和沂水地标性特色产品推广行动，线上销售量提升。

【快递市场管理】 2022年，沂水县推动快递业绿色发展，在全行业倡导绿色包装理念，动员全行业使用电子面单、环保箱、环保袋、环保胶带环保器具；督促各快递企业、营业网点、分拣场地、末端网点设置包装废弃物回收装置网点，推进邮政业绿色发展。至年底，寄递企业使用电子面单率100%，电商快件不再二次包装比例99%，快递循环中转袋（箱）使用率96.3%。组织开展“关爱关心快递小哥”活动，关注其物质生活和身心健康，引导参与企业民主管理，助力行业健康发展。

【寄递安全整治】 2022年，沂水县实施快递业职业技能提升工程，持续开展“快递服务”国家标准、快递安全生产等行业培训，提升快递服务公众满意度。落实安全生产主体责任，开展各类安全检查168次，下达检查整改304份，发现问题212个，停业整顿企业网点23家，关停营业网点3个，行政立案处罚5家，处罚金额6万元。强化行业安全管理，做好全国两会、党的二十大、快递服务旺季等重大活动期间寄递安保任务，全年行业内未发生一起安全事故。筑牢寄递渠道疫情防控屏障，召开专项会议25次，开展疫情防控专项检查70余次，督促寄递企业落实落细车辆、分拣场地、快件消毒等工作。

（高立吉）

通信服务

【概况】 2022年，沂水县持续强化通信网络基础设施建设，建成光缆2663千米，移动电话基站数351个，移动电话用户91.6万户，固定电话宽带用户17.4万户，光纤接入用户31万户，有线电视用户数23.8万户。完成40处老旧小区光缆下地及飞线整治、110个乡镇美丽乡村飞线整治和26个强弱电分离。完成480处偏远区域有线宽带覆盖和扩容，受益客户达6000户。增加全屋Wi-Fi业务，宽带速率提高至1000M，宽带用户速率更加稳定，网络覆盖更广。发展生活服务会员3.6万户，开展客户领生活日用品、电费券、洗车券等惠民活动。完成7处隐患基站的选址搬迁工作，保障网络覆盖。

【5G网络建设】 2022年，沂水县开展“七网”行动，改造及新建5G基站397处。至年底，新建、改造5G基站927处，实现县城区及重点镇5G信号全覆盖。对75处5G基站进行直供电改造及电价优惠，减轻基站电费负担30.3万元。为昆达生物公司、恒泰纺织公司等10余家企业布局5G技术和建设5G场景应用。建成临沂市中心医院5G专网系统，实现“小推车”智慧查房，AI影像智能临床应用的快速部署。建设公安、教育、卫生等行业场景数据专线700余条，为政企单位提供安全、可靠、高速数据互联服务。实现雪山彩虹谷景区、天上王城景区、田园综合体景区、地下大峡谷景区、萤光湖景区、花彩小镇景区5G全覆盖，推动5G网络向所有景区延伸，为国家文化公园沿线区域、重点景区、工业旅游基地建设奠定网络基础。

（武传荣）

【中国移动沂水分公司】 2022年，中国移动通信集团山东有限公司沂水分公司打造5G高质量发展“沂水模式”，加快推进信息化、数字化、智慧化项目建设，赋能沂水七县战略实施。年底，移网用户58.8万户，其中，5G用户23.8万户；固定电话用户0.9万户；移动互联网用户16.2万户，高清电视用户14万户；光纤宽带16.8万户，运营收入3.7亿元，运营收入、纳税总额居全县通信运营商首位。投资1.2亿元新建5G基站121处，实现沂水县主城区、镇（街道）驻地，工业园区、交通重点区域连续覆盖和95%以上农村覆盖，全县移动5G小区总数1216处，无线通道可用率99.9%以上，无线拥塞率小于0.1%，网络接通率99.9%。发挥技术服务优势，完成防汛应急、重点项目开工仪式、桃花节等重大通信保障15次，先后调动应急人员200余人次，应急通信车60余次。推进“5G智慧社区服务项目”、“智慧养老管理服务项目”、农业、医疗、教育、电子政务等大型信息化项目建设。启动千兆宽带建设发展，助力新农村建设。全面拓展数字技术在政务服务、市场监管、生态环境、公共安全等领域应用，建设公安局执法办案管理中心智能化信息项目、应急管理局智慧应急联网平台项目、文化旅游发展促进中心智慧旅游管理服务平台项目等项目，推动5G+工业互联网、数字社会、数字政府、数字乡村和智慧城市、智慧交通、智慧旅游等领域建设。（李兴强）

【中国联通沂水分公司】 2022年，中国联合网络通信有限公司沂水县分公司持续加大5G网络、千兆宽带投资，聚焦建设智能化综合性数字信息基础设施，以“大联接、大计算、大数据、大应用、大安全”等全方位的网络化、数字化、智慧化服务能力，助力沂水数字政府、数字社会、数字经济、数字乡村、5G+工业互联网、智慧城市等各领域转型发展，助力七县建设战略行动推进。年末，县域联通用户40余万户，运营收入1.8亿元。9月20日，沂水县人民政府与中国联通临沂分公司签订“十四五”数字强县建设战略合作协议，后续签约数字乡镇建设18个，纳入数字乡村平台262个，城市智慧社区31个。完成数字乡村建设255处，建设箱体1380个。完成40处老旧小区改造和 110个美丽乡村整治，整治光交箱、分线箱等基础设施110处，整治改迁网络通信及相关线路370千米，整治170余个乡村弱电线路，包括6处村庄强弱电线路分离工作。全年新建移动基站298个，实现城区范围全覆盖，乡镇驻地、大型工业园区、大型景区、重点项目工程等区域5G全覆盖。开展10GPON（高速的光纤传输技术）改造工程，全年新开通10GPON设备78台，城区实现10GPON全覆盖，乡镇均开通10GPON设备，具备千兆接入能力。实施国土空间规划一张图建设项目、沂水农商行2022年视频会议系统采购项目、环保网格化平台建设项目等党政企事业单位信息化项目40余个。提升应急保障能力，成立专业通信保障应急突击队，出动300余车次，先后保障重要会议80余场，整合各类网络资源200余套。

（李　华　刘兆阳）

2022年9月20日，沂水县人民政府与中国联通临沂市分公司推动“十四五”数字强县建设战略合作签约仪式在东方瑞海会议中心举行

（联通沂水分公司　供图）

【中国电信沂水分公司】 2022年，中国电信股份有限公司沂水分公司落实“云改数转”战略，推进县域信息化项目和智慧社区建设，提升数字平台服务能力，推动5G和千兆光网赋能千行百业。全年完成通信业务收入4800万元，移动用户8.1万户，互联网宽带用户6.4万户。至年底，建设5G基站142个，5G网络覆盖沂水主城区、乡镇（街道）驻地、交通重点区域，总投资500万元，建成光缆1100千米，直供电改造及电价优惠3处，减轻电费负担 1.2万元。小区宽带光改全部完成，FTTH接入（光纤到户）方式占比99%以上，普通用户LAN（局域网）宽带网提速

300M以上。提升服务品质。定期参加“行风热线”栏目，将问题纳入管理体系，挂牌督办，推广网厅、掌厅、微信公众号、微信小程序等多样化、电子化服务模式，打造高素质、高技能的高端智慧家庭工程师队伍，实现30分钟响应，“当日装、当日修、慢必赔”，逐单回访，提升用户满意度。助力乡村振兴。在全县范围内打造数字乡村、数字乡镇，利用建设天翼看家、天翼大喇叭和智慧E屏，提升农村综合治理水平及农村安全水平。遵守实名制要求，杜绝非实名入网。在业务办理时引导用户下载安装“国家反诈中心”App，分批次对全网用户发送防诈短信。“光网城市”建设。深度覆盖城区和农村网络，城区进行千兆能力覆盖，覆盖率超85%，500兆宽带覆盖率超99%，提升网络下载速率，率先实现主城区、县城及重点乡镇网络全覆盖，全县4G覆盖率99%以上。

（牛　爽）

养老服务业

【概况】　2022年，沂水县落实支持养老服务业发展的政策措施，打造以养老机构为支撑、城市社区日间照料中心和农村“幸福食堂”为有益补充、以志愿服务为载体的完整养老服务链条，健全多层次养老保障体系。推进全市“时间银行”试点县工作，依托全县智慧养老信息化平台“沂家亲·时间银行”志愿服务模块，整合志愿类社会组织、专业家政等力量，为社区内留守、空巢、失能老年人提供助餐、助医、心理慰藉等志愿服务1500余人次。持续实施居家养老党建引领“关爱老人·情暖夕阳”寸草心志愿服务行动，该行动获第七届山东慈善奖优秀慈善项目，入选山东省居家社区养老服务典型案例、全国居家和社区养老服务改革试点工作优秀案例。规范发展机构养老，完成90张护理型床位改造提升，培训养老护理员800余人次。持续开展养老机构安全生产大排查大整治活动，排查整改隐患240条。至年底，全县投入运营各类养老服务设施103处，其中养老机构4处、日间照料中心29处、农村幸福院47处，暖心食堂30处。养老床位2330张，入住老人980名，每千名老人拥有养老床位约10张。

【健康养老重点项目建设】　2022年，沂水县高标准配建小区养老服务设施，盘活新老小区养老服务设施。投资300余万元在三众·阳光100、城投首府等新建小区配建城市社区日间照料中心11处；投资100余万元翻新东皋小区、长虹小区等6处老旧小区原有养老服务设施。至年底，全县建设日间照料中心29处，实现城市社区养老服务设施全覆盖。以农村幸福院为依托，投资300万元新建“幸福食堂”30处，为农村老年人提供集中就餐和上门助餐服务。夏蔚镇朱家坪幸福食堂和诸葛镇东河西幸福食堂先后被《人民日报》、中央电视台等主流媒体宣传报道。

【家居环境适老工程】　2022年，沂水县优化特困人员养老服务供给，实施困难家庭老年人适老化改造工程。对接县委组织部、县残联等相关部门，对新中国成立前入党老党员和抗日战争时期入伍老战士、分散特困供养人员以及困难家庭残疾老年人调查摸底，按照“一户一策”原则制定评估方案，相应提供院落整理、电气线路改造等服务，配套拐杖、轮椅等辅具。至年底，完成989户特殊困难老年人家庭适老化改造任务。

（刘　恒）

延伸阅读

沂水县“加强志愿服务，打造农村互助养老新模式”

民政部办公厅、财政部办公厅公布了居家和社区养老服务改革试点工作优秀案例名单，沂水县“加强志愿服务，打造农村互助养老新模式”等案例入选。

以“队伍建设”为支撑，党建引领践初心

一是发挥党建引领作用。坚持以村党支部为核心，以党员干部为主体，选优配强志愿服务队员，把践行初心使命落实到为群众服务的具体行动上。每村成立志愿服务队，由村支部书记担任队长，当好志愿服务队的“主心骨”，带动村“两委”干部主动入户、上门服务，解决村干部平时入户少、与群众交流少的问题。二是整合志愿服务力量。发动村内50周岁以下、常年在家、有一定服务能力的党员，主动亮明身份，带头开展服务。发挥后备力量的助力作用，引导入党积极分子、村级后备干部、优秀农村青年等加入服务队伍，在志愿服务中学本领、增才干。三是加大关怀激励力度。对志愿服务行动开展好的优秀村党支部书记，同等条件下，优先推选“两代表一委员”和“优秀共产党员”等称号；对优秀志愿服务队员，优先推荐各类表彰评选人选、优先推荐入党或作为村级后备干部进行重点培养，树立鲜明导向，营造创先争优的浓厚氛围。

以“关爱老人”为核心，志愿服务见行动

一是鳏寡孤独老人“全覆盖”，实现老有厚养。设定标准、严格程序，划定新中国成立前老党员、70周岁以上“三无”和重度残疾老人、留守老人“三类服务群体”，组织乡镇街道认真排查摸底，托清底数，核清身体状况、家庭成员、收入支出等基本情况，严格按照“四议两公开”程序，征求服务对象和全体村民意见，确保程序公正、群众公认。二是每周上门服务“送温暖”，体现党的关怀。将每周六定为志愿服务日，每周到服务对象家中开展“四个一”志愿服务，即：打扫一次卫生，料理一次家务，清洗一次衣服，帮助一次代购，满足服务对象最紧要、最迫切、最基本的生活需求，努力把党委政府的关怀传递到群众心坎里。三是发动社会力量“齐参与”，汇聚爱心资源。发动各级各界力量主动融入，进一步壮大志愿服务队伍，汇聚半径更长、圈层更密的“敬老助老”同心圆。以干部联系群众结亲连心为依托，要求联系干部每月至少一次到联系户服务对象家中开展志愿服务，逐步形成服务常态。通过引导企业家成为服务队员、捐款捐物等方式，为志愿服务提供人财物力支持，把志愿服务行动打造成爱心企业参与社会服务的综合平台。

以“确保实效”为导向，做强保障促落实

一是夯实组织保障。沂水县把党支部领办志愿服务队工作作为重点民生工程和“一把手”工程来抓，成立由县委书记任组长的领导小组，建立例会制度，定期研判工作，协调解决问题，建立党委领导、政府主导、部门配合、社会参与、上下联动的领导机制。县里设立志愿服务总队，统筹服务资源下沉，推进志愿服务工作开展；乡镇成立志愿服务中队，制定志愿服务规范流程，指导村级志愿服务队开展活动。二是完善政策保障。县委出台《关于实施党建引领“关爱老人·情暖夕阳”寸草心志愿服务行动的指导意见》，从总体要求、主要内容、激励措施、组织保障四个方面11条进行明确，督促全县各级带着感情、带着良心、带着责任做实志愿服务。三是充实资金保障。县财政列支300万元志愿服务经费，对乡镇进行补助，为村级志愿服务队购买志愿服务必需用品；用活党员关爱基金，适时补助关爱村内的生活困难党员；发挥县乡慈善总（分）会和农村在外优秀人才等作用，争取社会捐助，建立志愿服务资金多重保障体系。

（资料来源：“山东民政”微信公众号2022年3月23日）

家政服务业

【概况】 2022年，沂水县登记注册的涵盖家政服务领域单位143家，其中家政公司51家，个体户92家。主要提供家务服务、月嫂服务、育婴服务、养老服务、专业保洁和护工服务等。县商务局督导家政服务企业规范信用制度及人员信用档案，开展从业人员信用信息平台记录认证，7家家政服务企业纳入家政信用体系，在商务部信用信息平台录入家政从业人员1100余人。

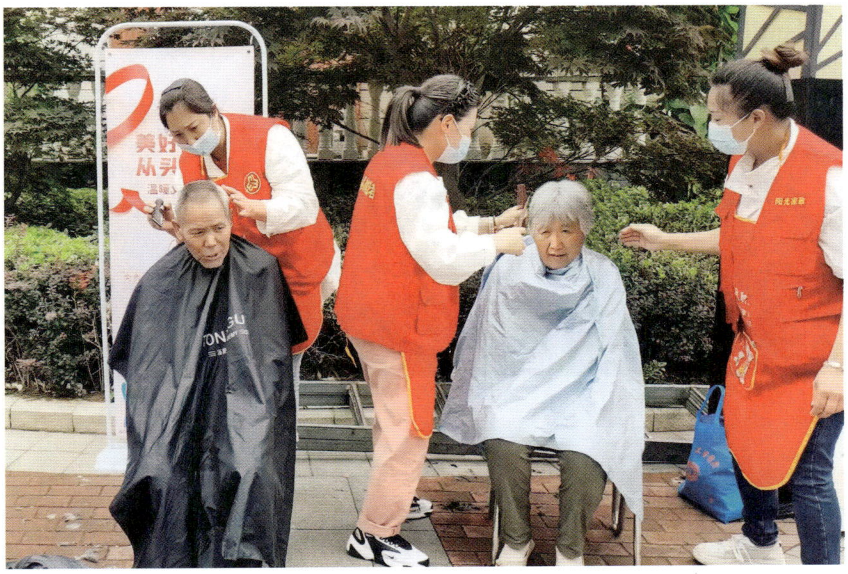

2022年5月19日，吉祥家政公司到沂河明珠小区开展义剪志愿服务活动

（郭春芳　摄）

【家政服务进社区】　2022年，沂水县组织申报社区家政便民服务网点建设项目。依托辖区内的家政服务企业，选择具有一定规模的社区，科学规划建设家政便民服务网点，满足人民群众多样化、差异化、个性化的家政服务需求。新增社区家政便民服务网点3处，建设规模660平方米，服务覆盖1.5万人左右。采用家政赶大集、志愿服务送温暖等形式，开展诚信家政进社区惠民促销活动，组织企业相继开展五月端午粽香情、八月十五做月饼、免费为老年人理发及清理卫生等进社区活动20余场。

【沂水吉祥家政服务有限公司】公司成立于2011年3月，以提供家庭服务和家政保洁、家政培训、居家养老为主，下设阳光职业培训学校1处，家政服务网点10余个。配备多媒体培训教室、计算机教室和实训教室，有稳定的专、兼职师资队伍，培养优秀月嫂、育婴、养老等家政服务员近万人。通过家政服务技能培训安置就业人员1.4万人，为1万个家庭提供家政服务。先后被评为山东省三星级诚信家政企业、临沂市五一劳动奖状、沂水县模范标兵岗。2022年，公司培训高级育婴员143人、五级育婴师107人、养老护理员160人、母婴护理员173人、家庭保洁员47人。依托学校定期开展回炉、升级培训263人，形成培训、就业的融合发展。承办全县育婴员工种技能选拔大赛，有200余人参赛。先后与北京唐顿世家、青岛安心大姐两家家政服务公司签订“吉祥阳光育儿嫂”输出协议，有30人被派遣到北京和青岛，学员深受客户好评，获赠锦旗4面。　（王　凯）

金融业

金融服务

【概况】　2022年，沂水县围绕金融要素保障作用发挥，聚力银行信贷投放、企业上市挂牌、金融改革创新、金融风险防控等工作，为县域经济社会发展赋能。全年实现金融业增加值27.3亿元，比上年增长7.8%；实现金融业税收2.5亿元，占总税收的6.9%，税收贡献行业排名第五位；体现地方财政收入1.6亿元，占总收入的7.1%。沂水农商银行连续9年实现税收过亿元。至年底，全县有金融机构60家。其中，银行13家，保险公司40家，证券公司1家，小额贷款公司2家，民间资本管理公司1家，融资性担保公司2家，应急转贷机构1家。8月，市地方金融监督管理局到沂水县调研企业上市工作。

【银行信贷投放】　2022年，沂水县聚焦七县战略实施，综合施策，持续优化信贷结构，全面推动信贷投放提速、增量、挖潜，引导金融机构加大信贷投放、培育优质金融产品。7月，市行行长沂水行暨金融服务实体经济发展对接会议上，各银行机构与沂水县内部分重点项目和企业在会上达成融资意向54个、78.7亿元。9月，全县扩大信贷投放座谈会议召开，聚焦工业企业、招商项目、房地产、普惠金融等重点领域，量身定制融资方案，保障市场主体融资需求。至年底，全县本外币存款余额765.1亿元，较年初新增79.3亿元，比上年增长11.6%；余额和新增均居九县第一位。本外币贷款余额493.9亿元，较年初新增58.7亿元，比上年增长13.5%；余额和新增分别居九县第一位和第二位。余额存贷比和新增存贷比分别为64.6%和74.1%。

【金融改革创新】　2022年3月，沂水县政府出台《关于金融业支

2022年8月16日，临沂市地方金融监督管理局到沂水县调研企业上市工作

（县网信中心　供图）

持县域经济社会高质量发展的十条意见》，从深化金融供给侧改革、实施上市培育工程、规范发展保险机构和地方金融组织、强化金融风险防控方面促进金融业转型升级。9月，印发《沂水县银行业金融机构评价激励办法》，强化对银行机构考核激励。开展农村信用体系建设试点工作，推出“信沂贷”系列产品，为新型农业经营主体和农村居民授信5.7亿元，用信3.1亿元。发展绿色金融，推出“绿贷通”专属信贷产品，发放12.4亿元。沂水农商银行与市融资担保集团合作，采取“见贷即保”“批量操作”方式，创新推出“惠农易贷”产品，发放9.7亿元。推出“直播电商贷”产品，发放3300万元。争取设备购置与更新改造贴息贷款，10个项目通过国家审核，发放贷款1.2亿元。由财政部门和农业农村部门牵头，开发股权质（抵）押融资系统，推动股权质押登记规范透明，便捷高效。拓展担保权能，创新“股权质押+担保增信”“股权质押+无感式增信”“股权质押+合作社聚合增信”3种“股权质押+”增信模式，解决股权授信额度小及股权变现难的问题，破解农民融资难题。至年底，全县质押2539股，放贷1205笔、5.6亿元，带动农民增收5000余万元，股权质押贷款总额在全省率先过亿元，总量位居全省第一。

（李伟鹏）

【金融供给扩大】 2022年，沂水县引领辖内金融机构盘活存量、用好增量、做大总量、提高质量，持续提升金融服务实体经济质效。推动“金融十条”《沂水县银行业金融机构评价激励办法》实施，协助县政府召开政银企对接会，落实融资意向到位资金22.8亿元。年底，各项贷款余额493.9亿元、比年初增加58.7亿元、增长13.5%。各项贷款余额占全市比重5.5%，贷款余额、新增分别居九县第一和第二位。其中，涉农贷款新增33.5亿元，绿色贷款新增15.3亿元。

【乡村振兴金融服务】 2022年，沂水县探索创新“股权质押+”模式赋能乡村振兴。发放农村土地承包经营权抵押贷款3笔、4515万元；发放农村集体经营性建设用地使用权抵押贷款2笔、1.1亿元；质押农村集体资产股权贷款1019笔、2.6亿元，居全省前列；相关经验做法被评为山东省财政金融政策融合支持乡村振兴战略制度创新试点典型经验模式，被新华网刊登报道。在全省率先推出“美在农家贷”，重点支持“美在农家”示范户的融资需求。全年发放“美在农家贷”186笔、3850万元，相关做法被《金融时报》刊发。

【绿色金融】 2022年，中国人民银行沂水县支行依据环保评级，联合生态环境局对县内规模以上企业配置不同的绿色金融标识，分类施策，实行差异化信贷支持。指导县农商行在全省首创“绿贷通”，《沂水县支行创推“绿贷通”“贷”动工业企业绿色转型发展》被中国人民银行济南分行《送阅信息》刊发、获人行济南分行副行长董龙训肯定批示，相关做法被《金融时报》刊发。年内，全县银行机构发放“绿贷通”贷款金额12.4亿元，惠及99家小微企业，为企业节约融资成本363万元。利用央行专项再贷款、省农担等政策红利，指导农商行创新推出信贷产品“助旅贷”，支持文旅产业发展，全年发放“助旅贷”956笔1.3亿元。

【科技金融】 2022年，沂水县把精准服务专精特新企业作为发展科技金融的着力点。县人行加强与县工业信息化局等政府职能部门协作联动，逐户走访专精特新企业25家，了解经营状况、融资需求，指导沂水农商行在全省率先推出“专精特新贷”，支持优质企业发展，推动经济转型升级。全年全县发放“专精特新贷”19户5.5亿元。

（闫怡璇）

【地方金融组织】 2022年，沂水县有2家小额贷款公司、2家民间资本管理公司，发放贷款1亿元。其中，盛荣小额贷款公司发放2200万元、贷款余额1.4亿元；开先民间资本管理公司发放7756万元。4家融资担保公司担保额6.7亿元，其中，沂和融资担保公司、力源融资担保公司分别新增担保2.2亿元、2700万元，年末在保余额1.1亿元、3550万元；省农业融资担保公司新增担保额2.9亿元，累计担保额8.7亿元，年末在保余额3.8亿元；亿盛担保公司新增1.4亿元。（李伟鹏）

2022年沂水县金融机构信贷收支情况统计表

表16　　单位：亿元

指标名称	12月余额	比年初增减额
一、各项存款	765.1	79.2
（一）境内存款	765.1	79.2
1.住户存款	637.7	82.2
（1）活期存款	134.2	12.3
（2）定期及其他存款	503.5	69.9
2.非金融企业存款	78.8	2
（1）活期存款	47.4	-4.5
（2）定期及其他存款	31.4	6.5
3.广义政府存款	48.6	-5
（1）财政性存款	3	-2.6
（2）机关团体存款	45.6	-2.4
4.非银行业金融机构存款	0.001	-0.0009
（二）境外存款	0.04	1
二、各项贷款	493.9	58.7
（一）境内贷款	493.9	58.7
1.住户贷款	243.7	17.8
（1）短期贷款	107.5	13.5
消费贷款	35.7	2.7
经营贷款	71.8	10.8
（2）中长期贷款	136.2	4.3
消费贷款	128.5	3.9
经营贷款	7.8	0.5
2.非金融企业及机关团体贷款	250	40.9

续表16

指标名称	12月余额	比年初增减额
（1）短期贷款	101.6	27.9
（2）中长期贷款	89.8	10.5
（3）票据融资	58.6	2.3
（4）融资租赁	—	—
（5）各项垫款	0.1	0.1
（二）境外贷款	—	—

银行业

【概况】 2022年，沂水县贯彻落实稳健货币政策，持续有效扩大金融供给，深化普惠金融综合示范区建设，用足用好专项再贷款工具支持沂水重大基础设施建设、产业转型升级、绿色金融发展。至年底，辖内有13家银行机构，其中政策性银行1家、国有大型银行5家、股份制商业银行3家、城市商业银行2家、农村中小金融机构2家。各项存款余额765.1亿元，较年初新增79.3亿元；各项贷款余额493.9亿元，较年初新增58.7亿元。不良贷款余额2.7亿元，较年初减少0.1亿元。

（闫怡璇）

【中国农业发展银行沂水县支行】 2022年，中国农业发展银行沂水县支行坚守农业政策性银行职能定位，强化履职担当，发挥政策性金融"当先导、补短板、逆周期"作用。全年发放贷款12.2亿元，年末贷款余额55.2亿元、较年初增加6.7亿元，存款余额13.7亿元、较年初增加9.2亿元，日均存款余额15.4亿元、较年初增加2.2亿元。被农发行山东省分行授予支农资金筹集"开门红"先锋县支行三等奖，被农发行临沂市分行评为先进单位、授予"开门红"支农资金筹集贡献奖一等奖，被沂水县委、县政府评为服务经济社会发展先进单位。聚焦服务国家粮食安全和重要农产品稳产保供，持续深化信贷支持，发放地方储备粮油贷款500万元，支持企业购进玉米油300吨；发放龙头加工企业粮油收购贷款8000万元，支持企业购进农作物原材料3万吨；发放粮油购销流动资金贷款4000万元，支持企业购买木薯、瓜干等1.9万吨。支持县域基础设施建设，发放水利建设贷款4.5亿元支持县域

沂水县农发行发放贷款支持沂河综合治理工程项目实施

（县农发行　供图）

沂河综合治理工程项目，对跋山水库—姚店子河河口进行疏浚整治、新建防汛道路、搭建防汛交通桥梁、打造沂河沿岸生态景观；发放城乡一体化贷款2.7亿元支持龙家圈街道城乡一体化项目，实施房屋提升改造和建设道路工程、排水工程等基础设施工程。提升“农地银行”品牌影响力，发放土地整治项目贷款3.7亿元，支持崔家峪镇南梨园村等32个土地增减挂钩项目区建设，复垦面积105.3公顷，新增城乡建设用地增减挂钩结余指标105.3公顷。用好政策性金融工具，投放7800万元重点建设基金支持高科新材料产业园配套建设工程。发挥政策性金融支农支小作用，发放800万元流动资金贷款支持源发物流，助力民营小微企业发展。响应东西部协作战略部署，持续巩固拓展脱贫攻坚成果，协调贷款企业向隆林县那么村捐赠帮扶资金15万元，组织员工购买脱贫地区农产品1.5万元。（王晓晖）

【中国工商银行有限公司沂水支行】 2022年，中国工商银行股份有限公司沂水支行优化体制机制建设，加快市场拓展，盘活存量贷款，畅通金融服务地方经济社会发展渠道。至年底，各项贷款余额30.1亿元，较2021年增长13.3%。各项存款余额42亿元，比上年增长12.1%。

金融服务 实施综合营销策略，丰富金融产品供给，扩容中高端客户数量。深化分层营销，完善客户营销、维护、考核体系，调动全辖员工参与存款营销主动性。年底，各项存款余额42亿元，比年初增加3亿元。开展创建“文明诚信”窗口活动，完善“工行驿站”建设、行业规范。建立文明服务奖罚档案，健全服务考核激励机制。开展星级网点创建，北城支行、支行营业部2个网点验收达标。辖内4个网点全部提档升格为二级支行，服务领域扩大，服务功能拓展。

服务实体经济 加快战略转型和业务结构调整，加强信贷支持，助力县域经济社会健康发展。向上级行争取金融信贷资源，支持基础设施建设和民生项目，助力在建工程、新建项目、重点项目客户的复产复工。年底，各项贷款余额30.1亿元，较年初增长3.5亿元。其中，向三众房地产集团有限公司、山东铭泽置业有限公司房产开发项目贷款0.3亿元；个人住房、消费、经营类贷款发放金额0.6亿元；向沂水县人民医院、临沂市中心医院、沂水城投公司等企业投放流动性贷款1.4亿元。支持县域经济发放项目贷款0.2亿元，发放设备购置贷款0.7亿元（财政全部贴息），小微企业乡村普惠贷款0.3亿元。

金融风险防范 制定实施《沂水支行2022年不良贷款清收、转化、盘活考核细则》，完善联防联控机制，推进清收处置，强化信贷管理，动态监管企业账户、信贷资金流向及企业风险状况。全年公司、企业及个人不良贷款20.2万元，处置不良贷款19.1万元。（姜　峰）

【中国农业银行股份有限公司沂水县支行】 2022年底，中国农业银行股份有限公司沂水县支行各项存款余额138.2亿元，较年初增加19.8亿元；各项贷款余额69.4亿元，较年初增加11.4亿元；实现中间业务收入3808万元；拨备前利润2.9亿元，拨备后利润2.7亿元，净利润2亿元，均创历史最高纪录。继续保持全国“文明单位”和农行总省行“文明单位”，农行总行“运营基础管理先进单位”荣誉，获农行省分行“先进基层党组织”“先进集体”“四无一创建合规支行”“信贷资产质量提升暨转型发展达标支行”等多项称号，在全省县域领军银行监测中排名第三位。

支持经济发展 向重点项目倾斜资源、要素，支持山东玻纤集团车间升级改造项目资金3.2亿元、沂水县人民医院流动资金1亿元等。拓宽小企业融资渠道，扩大担保范围、丰富融资产品，推动以简式快速、可循环信用的简

2022年8月16日，中国农业银行股份有限公司沂水县支行与临沂市住房公积金沂水分中心举行“金银共建　惠企利民”战略合作协议签约仪式

（县农业银行　供图）

式贷、纳税e贷、退税e贷等为主打的信贷业务，全年累计投放小微企业贷款5.7亿元，年底余额增加1.9亿元，增幅94%。多渠道增加信贷投放，加大承兑、信用证等产品推广力度，全年累计办理贴现8.1亿元。助力巩固脱贫攻坚成果，发放扶贫贷款2.8亿元，完成扶贫贷款增量计划，发放量居全县金融系统首位。工业贷款、制造业贷款分别增加6亿元和10.2亿元，均居全县同业第一位。

普惠金融　持续加大涉农惠农贷款投放力度，涉农贷款增加10.8亿元，比上年增长28.8%。乡村产业贷款增加8亿元，增长167.9%。联合农业农村局创新推动“齐鲁富民贷”投放，发放900多笔、1.3亿元；加强与省农担公司合作，发放鲁担惠农贷2亿元，占全县总量的68.7%，发放笔数与金额均居全县金融机构首位。针对县内机械、新材料、食品制造业三大支柱产业，开展对规模以上、高新技术、专精特新、纳税A级四大类企业清单式“大走访”活动。全年为108名首贷户发放贷款5400万元，为8家省级以上专精特新企业授信2.5亿元，7家高新技术企业授信7.7亿元。年底，小微企业贷款余额4.2亿元，较年初增加2.2亿元。与临沂市住房公积金沂水县分中心签订战略合作协议，全年发放住房公积金贷款2.5亿元，居全县第一位。落实减费让利，为小微企业和个体工商户减免支付结算手续费4876笔、37.4万元。持续推进基础金融体系建设，加大普惠金融服务“三农”覆盖面，在乡镇地区建设惠农通服务点15处，发展乡村振兴信息员44名，扩大客户服务的范围和触角。投资37万元，为县内98家学校上线“智慧校园”移动支付场景，释放学校人力，方便学生校园生活。

风险管控　推进运营、财会、信贷等各领域精细化管理，开展“三化三铁”（通过业务“标准化、规范化、制度化”建设，实现“铁账、铁款、铁规章”的管理目标）工作。提升优质服务、强化投诉处理，运营考核和优服考核稳居全市前列。做实岗位分离机制，完善优化信贷管理各岗位设置、人员配置，实现用信审核、档案管理、抵押登记等关键岗位隔离。对新增贷款实行贷前会商制，综合研判企业“三品三表一流水”、民间借贷、对外担保、同行业及政府部门的评价等，把好风险源头控制。年底，不良贷款余额644万元，不良率0.1%，其中个人贷款不良351万元、信用卡不良293万元，法人贷款零不良，各项指标大幅低于系统及同业平均。

（苏洪宝）

【中国银行股份有限公司沂水支行】　2022年，中国银行股份有限公司沂水支行强化信贷投放力度，突出国际结算优势，拓宽存款增长渠道，提升数字化经营水平，各项业务稳健发展。被市行授予“中银优秀集体”“绩效考核先进单位”，被省行授予“先进基层党组织”称号。至年底，各项存款折合人民币余额37.9亿元。其中，个人存款余额25.5亿元，企业存款余额12.4亿元，存款总额较年初增长 3.1亿元；各项贷款余额达18.6亿元，较年初增长0.3亿元 。服务县域经济发展，助力七县战略行动实施，优化信贷结构，将金融资源投向经济社会发展重点领域。支持全县康养强县建设，向康养项目、医疗设备更新项目提供授信2.5亿元；扶持民营经济发展，小微企业及业主普惠金融贷款全年实现新增1.1亿元；支持城市基础设施建设，为西城电网提升改造项目批复授信1亿元。发展普惠金融，个人各项贷款余额10亿元，当年余额新增0.1亿元；全年累计发放个人住房按揭贷款1.6亿元。发挥国际化专业优势，将金融业“稳外贸”作为贯彻落实中央“六稳”要求的首要任务，组织企业财务人员参加“中国银行全球市场业务公司客户市场分析会”，帮助企业分析汇率走势。成立专业国际结算团队，深度调研行业现状，动态分析业务发展趋势，助力客户甄选融资方案，提升进出口客户服务质量。全年国际结算金额6.4亿美元，跨境人民币结算2.4亿元。落实贷款准入审查、贷款发放、贷后管理各个环节，全行不良贷款率由年初的0.41%下降到 0.35%，全年清收处置法人不良贷款400万元。

（马兆伟）

【中国建设银行股份有限公司沂水支行】 2022年，中国建设银行股份有限公司沂水支行践行新金融理念，统筹疫情防控与复工，推进数字化经营，在服务实体经济中促进高质量发展。至年底，一般性存款余额32.9亿元，各项贷款余额33.4亿元。其公司类贷款余额20亿元，个人类贷款余额13.4亿元。聚焦发展规划助力产业转型升级，按照沂水县经济社会发展规划要求，围绕全县产业体系支持实体经济发展，加大对制造业、民营企业、普惠金融、PPP项目支持力度。全年实体贷款余额33.4亿元、较2021年净增10.2亿元，累计发放贷款14.3亿元、较2021年多发放11.3亿元。其中，制造业贷款余额13亿元，较2021年净增8.7亿元；民营企业贷款余额17.3亿元，较2021年净增12.4亿元；普惠金融贷款余额4.2亿元，比上年新增1.1亿元；PPP项目贷款余额1.6亿元，较2021年净增1.6亿元。

（李　宁）

【中国邮政储蓄银行股份有限公司沂水县支行】 2022年，中国邮政储蓄银行股份有限公司沂水县支行坚持“服务‘三农’，服务中小企业，服务社区”定位，依托覆盖城乡的网络优势，围绕产业转型升级、乡村振兴、普惠金融等领域持续优化信贷结构，提升金融服务质效，推进城乡联动、协调发展。至年底，各项存款余额14.2亿元，较年初增加2亿元。持续丰富金融产品，推进财富管理转型，做大AUM规模，深耕客户服务，通过产品、服务、渠道等维度提升客户体验。年内，实现个人AUM净增2.2亿元，个人本外币存款结余9.3亿元，年增1亿元，理财日均保有量1.6亿元，保险销量2344.1万元，信用卡结存20287张，信用卡场景分期1020万元。强化政企合作，配合沂水县退役军人事务局开展优待证发放工作，发放优待证17989张。为玻纤集团、鸿达生物等大型企业提供金融服务福费廷、信用证、票据贴现6亿元。至年底，对公存款结余5亿元，比上年净增1亿元，突破历史新高。聚焦发展规划助力产业转型升级，围绕全县“3+1”产业体系支持实体经济发展，扩大信贷投放规模，保持信贷增长与经济发展相适应。助推乡村振兴战略，累计投放“三农”贷款3163笔、5.1亿元；其中贴息贷款34笔、655万元；农担贷款40笔、1544万元；信用户贷款982笔、7122万元。助力小微企业发展，发放小微企业贷款47笔，金额9566万元；贷款结余2.6亿元，比去年净增9566万元。各项贷款总量16.2 亿元、比上年净增 3.5 亿元，累计发放贷款 14亿元。（李　宁）

【山东沂水农村商业银行股份有限公司】 2022年，山东沂水农

2022年1月1日，沂水农商银行2022年“春天行动”启动（王国栋　摄）

村商业银行提升存款业务运行质效，启动“春天行动”。开展村级经济组织账户开立“集中攻坚月”活动，设定专项奖励，按周督导调度，开立账户1198户，沉淀资金5.5亿元。搭建“智慧+校园食堂”“智慧+点餐”等线上收费场景，拓展13个乡镇学校上线该平台，累计缴费10万笔、1200万元。中标住房维修基金开户银行，留存资金4420万元。开展聚合支付提升活动，重点发挥聚合支付便利性，提升流动性资金揽存占比，全年实现交易金额1.4亿元。至年底，各项存款余额324亿元，较年初增加23.6亿元。各项贷款余额196.8亿元，较年初增加9.7亿元。落实“六稳”“六保”要求，提升信贷结构与县域经济社会发展目标的适配性，加快贷款投放，助力经济社会发展。开展“金融惠民工程”，将全县各类客户群体划分到1634个营销网格中，提供有针对性、差异化的精准服务。开展“精准深耕目标客群，定向营销特定客群”活动，明确农区和城区网点15类服务客群，员工权责明晰、下沉服务、经营网格、培育客户。至年底，支持农业龙头企业12户、4.7亿元，种养殖大户及家庭农场328户、3675万元。开展首贷培植，持续为每个村庄选取的1名致富带头人打造金融应用场景，提供资金、技术、运营和产供销一条龙服务。拍摄《蓝莓里的致富经》《甜桃敲响致富门》等视频3期，复制推广致富带头人的技术、管理、销路等全流程环节，引导带动身边农户创业致富。其中，四十里堡镇党委组织致富带头人召开蓝莓种植推广座谈会，带动当地50余户种植蓝莓。举办乡村振兴合伙人需求对接会1次，授信3487万元。参与全县信用指标评价体系，推动信用评级结果运用，对信用等级评价AAA级、AA级、A级的客户分别增加授信额度15%、10%、5%。依托临沂审计中心沂蒙云贷系统平台，与“信用沂水”微信公众号实现系统直联，实时查询授信信息，开通手机银行自助放款，全年累计授信4.1亿元，增信2420万元，让利85.4万元。推出“创业担保贷”，发放445户、8095.5万元；推出“退役军人创业贷”，发放81户、1484万元；推出“国担普惠贷”，设立40亿元“见贷即保”资金，对1000万元以下“三农”和小微客户实行“见贷即保”，发放4325户、金额10.5亿元。推出“直播电商贷”“流水贷”等特色产品，发放9户、金额3900万元。搭建直播电商平台与银行客户合作平台，帮助崔家峪镇上常庄党支部领办沂水县慧农果蔬种植专业合作社，借助“沂蒙红嫂”品牌直播平台，线上销售特色产品满香园手工煎饼，助力乡村振兴。

（王国栋　刘　斌）

保险业

【概况】　2022年底，沂水辖区有保险机构40家，其中财险公司21家、寿险公司19家，布设营业网点76处。保险保费收入16.1亿元，其中财险保费收入4.4亿元、寿险保费收入11.7亿元。总赔付金额5.2亿元，总赔付率32.3%。其中，财险赔付金额2.7亿元，寿险赔付金额2.5亿元。各保险公司依法合规经营，坚持创新驱动，持续丰富保险产品种类，开办机动车辆保险、企业财产保险、家庭财产保险、货物运输保险、责任保险、信用保险、人身意外伤害保险、健康保险、农业保险等百余个险种，满足客户多元消费需求，发挥保险“稳定器”“助推器”作用，服务县域高质量发展。（徐以明）

【中国人民财产保险股份有限公司沂水支公司】 2022年，中国人民财产保险股份有限公司沂水支公司持续供给多元化保险产品，推出安责险、食品安全保险等险种，深度服务健康医疗、乡村振兴、安全生产等多个领域。年内，公司保费规模2.2亿元，市场份额41.4%，其中，传统非社保保费收入13318万元，比上年增长7.4%；上缴税金2099万元，比上年增长7%，其中，体现地方财政贡献1892万元，比上年增长5.2%。服务医疗体系建设，持续开办大病医疗保险，公司业务系统和基本医保系统对接，实现信息互联互通和数据共享，所有定点医院“一站式”“一单式”即时结报，全国联网结算案件、省平台结算的省内联网案件和特殊药品案件结报顺利。全年社保大病保险保费8244.3万元，处理大病保险赔案8.1万人次，支付赔款8701万元。公司专职配备4名人员进驻县医保局大病保险窗口，常态化开展大病保险咨询、结算服务，配合医保局巡查医院及社保意外案件调查。全年入户调查62次215件案件，医院内调查案件931件，查处954件，追回医保基金59万元。中国人保财险为临沂保承保人之一，年内，公司保费收入903.9万元，为13.1万名沂水居民提供保障。服务乡村振兴，提升农业保险覆盖率，综治保险支付赔款82.4万元，育肥猪、能繁母猪保险赔款192.6万元，奶牛赔款58万元，生姜赔款227.2万元，玉米赔款255.3万元，花生赔款11.1万元，扶贫大棚保险支付赔款56.3万元。通过“保险+服务”助力安全屏障构建，开办企业财产险、安全生产责任险、校园方责任险和食品安全责任险等，保费收入720万元，为企业机关提供210亿元风险保障。完善农村保险服务网络，在9个乡镇设立营销服务部，3个乡镇设立“三农”保险服务站，畅通保险服务农民渠道。推行数字化保险服务，线上承保、线上理赔，实行赔案流转限时结案制，缩短理赔周期。健全“客户—后台”直通直达的在线案件处理体系，车险小额案件“查勘—付款”全流程线上处理。全年处理交通事故赔案5278起、6378万元。（郭凤莹）

【中国人寿保险股份有限公司沂水县支公司】 2022年，中国人寿保险股份有限公司沂水县支公司强化经济补偿、资金融通和社会管理功能发挥，深化保险“普”与“惠”，深度参与多层次社会保障体系建设，保险供给质量持续提升。开办各类人寿保险、健康保险和意外伤害保险三大类118个保险产品，为全县39万名群众提供360亿元的风险保障，实现保费总收入3.8亿元，其中，银行保费收入1277万元。全年受理赔案14280件，赔付金额3933万元，给付生存金、养老金等2550件次，金额5080万元。

2022年中国人寿保险股份有限公司沂水县支公司保费收入统计表

表17　　单位：万元、%

考核项目	目标	已完成	完成率
标准保费	2254	1744	77.4
首年期交保费	6025	5201	86.3

续表17

考核项目	目标	已完成	完成率
10年期及以上保费	2518	2193	87.1
短期险保费	4704	4918	104.6

服务社会保障体系建设　强化与部门联合，全力服务兜底性、普惠型、多样性的社会保障体系建设。“银龄安康工程”为22万名老年人提供140亿元意外风险保障，全年处理赔案5032件，赔付金额978万元。“家庭安康工程”为6万名适龄女性及配偶提供40亿元的重疾和意外风险保障，全年处理赔案877件，赔付金额472万元，其中，特定女性癌症81起，赔付金额313万元。“学生平安保险”为全县7.7万名在校生提供180亿元的意外和疾病风险保障，全年处理赔案4495件，赔付金额595万元。“职工长期护理”为558人支付护理费607万元，联合医疗机构入户指导5322人次。核实数据受理“职工大病医疗保险”业务案件1847件，拨付大病保险待遇158万元。

服务乡村振兴　2022年，践行系列普惠金融服务政策，以乡镇营销服务网点为中心，在农村社区开设21处“服务乡村振兴国寿综合金融服务站”，服务专员在服务站开展“大喇叭”银行、保险等普惠金融知识宣传活动78次。办理银行卡开卡、各类涉农信用贷等服务，协助社区居民进行农业保险、人身保险、财产保险等保险的承保、保全、理赔等一揽子服务6321人次。

（王增涛）

证券业

【概况】　2022年，沂水县有上市公司3家（上海主板企业1家、香港主板企业1家、境外企业1家）、新三板挂牌公司1家、区域股权交易市场挂牌公司12家，资本市场融资额50亿元。有证券公司1家，为中泰证券股份有限公司沂水长安中路证券营业部。

【企业上市培育工程】　2022年，沂水县实施企业上市培育工程。建立上市后备资源企业协调服务机制，县级领导进行帮包。提升财政补助力度，企业上市在省市奖补基础上，县财政最高奖励300万元。健全上市后备资源企业动态管理库，对入库的30余家企业进行梯队管理，推动企业尽早尽快启动上市程序。年内，推进七星柠檬公司创业板上市工作；锐巴新材料公司拟到主板上市，制定上市计划并与中介机构签订上市服务协议；京普太阳能公司定向增发股票融资1200万元；龙冈旅游公司启动公募REITs（不动产投资信托基金）融资项目。

【中泰证券股份有限公司沂水长安中路证券营业部】　至2022年底，中泰证券股份有限公司沂水长安中路证券营业部沂水营业部客户总数4.1万户，新增5618户，新开客户总资产4663万元；客户托管总资产16.3亿元，交易总额240.1亿元，资产净流入1.6亿元；两融新增账户60户，累计753户，日均两融余额6269万元。　（李伟鹏）

旅游业

综　述

【旅游接待】　2022年，沂水县有国家A级以上旅游景区43处，国家AAA级以上景区22处。其中，国家AAAAA级景区1处，为萤火虫水洞·地下大峡谷旅游区；国家AAAA级景区5处，分别是天然地下画廊、雪山彩虹谷、天上王城、东方瑞海国际温泉度假村、沂蒙花开旅游区；国家AAA级景区16处。年内，接待游客770.7万人次、实现旅游总收入78.6亿元，比上年分别下降14.2%和15.3%。

【旅游产业政策】　2022年，沂水县强化“组织、人才、资金、考核”保障措施，印发《沂水县文旅活县战略行动实施方案（2022年）》《关于推进全县红色教育和文化旅游融合发展的实施意见》《以红带绿精品旅游线路提升节点计划》《沂水县旅游民宿扶持办法（试行）》《沂水县旅游品质提升百日攻坚集中行动实施方案》等文件，为全县旅游产业高质量发展规划方向。出台《2022年度沂水县过夜旅游团队奖励办法》《沂水县2022年促进旅游消费提振旅游市场实施办法》等多项奖励措施，县财政分别出资200万元用以激发旅游消费潜力，帮助旅游企业纾困解难、减负快进，助力旅游市场恢复。

【全域旅游品牌创建】　2022年，沂水县深化“全景沂水、全域旅游”战略，构建“天上王城 人间彩虹 地下奇观 红色沂蒙”全域旅游体系，打造“红绿相映·多彩沂水”精品线路，实施重点旅游项目和“沂蒙乡愁”民宿建设，提质多元化旅游业态。通过组织开展节庆营销、新媒体宣传、政务媒体宣传、外出推介等方式，叫响“路不远、景又美，欢迎来沂水”“千年古县秀美沂水欢迎您”宣传口号，提升沂水文旅品牌影响力。2018—2022年，沂水县连续5年获“全国县域旅游综合实力百强县”“全国县域旅游竞争力百强县”称号。年内获首批“山东省文旅康养强县”。院东头镇创建省级旅游民宿集聚区，其创建经验做法在全省推广，《中国旅游报》头版专题报道；《疫情形势下，院东头镇旅游青年们的逆袭之路》入选文化和旅游部《文化和旅游领域纾困发展案例集》。沂蒙花开旅游区创建国家AAAA级旅游景区。彩虹运动休闲小镇被省政府办公厅公布为“山东省特色小镇”。天上王城景区被评为山东省第四批中小学研学基地。夏蔚镇朱家坪村、杨庄镇吴家楼子村、院东头镇马头崖村、诸葛镇耿家王峪村4个村获批第三批省级景区化村庄。云水间民宿被评为2022年山东省旅游民宿设计评选“十佳建筑设计民宿”。在首届山东文旅智库大会上，萤火虫水洞·地下大峡谷旅游区获“十佳创新景区”，尹家峪田园综合体获“十佳乡村旅游目的地”。

【文旅融合】 2022年，沂水县立足山水文化、历史文化、传统文化和红色文化，将旅游与农工商、研学深度融合，一批景观精品旅游项目、经典路线和“天上王城”第二届汉服文化节、沂蒙花朝节等民俗参与、展示演示文化活动相继推出并融入旅游行程。打造精品旅游线路，加快院东头镇“红嫂故里·鱼水乡情”革命传统教育示范区、夏蔚镇“沂蒙根据地”沂蒙精神寻根体验区、泉庄镇“沂蒙花开”乡村振兴示范区等重点区域产品提升。做好与红色旅游结合文章，推进“沂蒙颂”干部党性教育基地项目建设。打造“水旅融合”特色品牌，沂河三桥风景区新上“夜游沂河”项目。深化历史文化与旅游融合，提升天上王城、峙密山居、彩虹小镇等古韵景区建设。 （高　琳）

【沂水县入选首批山东十大文旅康养强县】 2022年，沂水县紧盯“文旅康养强县”目标，紧扣《山东省文旅康养强县财政激励政策实施方案》，县政府办牵头抓总，县文旅局、县卫健局、县财政局等15个相关部门，围绕“推动文旅产业高质量发展、文旅消费扩容升级、产业服务保障体系建设”重点，协同推进，开展“文旅康养强县”创建工作。6月24日，山东省财政厅、省文化和旅游厅、省卫生健康委员会联合印发《关于印发2021年度文旅康养强县激励名单的通知》，沂水县入选首批山东十大文旅康养强县，获奖励资金1000万元。

（张　梅）

旅游资源

国家AAAAA级旅游景区

【概况】 2020年12月，萤火虫水洞·地下大峡谷旅游区被确定为国家AAAAA级旅游景区，成为全省第13家，全市单体创建成功的第一家国家AAAAA级景区，也是县内唯一的AAAAA级景区。该旅游区包括萤火虫水洞和地下大峡谷两个景区。2022年，景区相继与山海集团等30余家公司对接，引进山东天竞、青岛酷奇等公司投资5000余万元建设地心探秘、萌宠乐园等4个项目。新建“萌宠乐园”景区成为网红打卡地，“七星海世界”等两个在建项目加快推进。落实《沂水县AAAAA级景区综合提升工作方案》要求，投资1000余万元，提升景区休息设施和安全设施，改造导引系统，美化绿化景点及观光车沿途、步游道等地。完善《景区对客服务标准化手册》，推出“微笑服务”“龙冈舞”等特色服务。实施“员工素质提升”工程，通过外出培训、标准化服务评比等形式，提升员工综合素质。

【萤火虫水洞】 景区位于院东头镇，有亚洲罕见的萤火虫奇观、形态各异的钟乳石、水量达35万立方米的岩溶暗湖、江北特大的生态蝴蝶谷等景观，是集休闲观光、科普教育、科考探险等多功能于一体的大型综合性生态旅游区。景区分蝴蝶谷、萤火虫水洞两大主题旅游区。蝴蝶谷依山背湖自然形成，三面环山，植被丰富，中间谷底贯穿一条溪流，为原始生态蝴蝶谷，有丝带凤蝶、麝香凤蝶等50余个品种。萤火虫水洞为特大型地下暗湖岩溶洞穴，是萤火虫生活的主要区域。该洞穴形成于约2.3亿—0.65亿年前，全长1200米，洞体规模宏大，各种岩溶景观千姿百态，洞中地下湖水量充沛，有大量的钟乳、奇石等景观，萤火虫在岩洞中寄居生存，布满洞顶。

【地下大峡谷】 景区位于院东头镇，是风貌奇特的溶洞景区，由巨大的喀斯特裂隙发育而成，形成于约2.3亿—0.65亿年前。洞体长度6100米，开发3100米，是中国特大型著名溶洞之一、沂蒙地下地质奇观核心景区。洞内常年温度在17—18摄氏度，冬暖夏凉，四季宜人。洞内分九大景段，有“一河”“九泉”“九宫”“十二瀑”“十二峡”等景观100余处。洞内呈峡谷态势，深近百米、两壁如削、宽窄不一，钟乳石形态各异。地下暗河6100余米，水量充沛，四季长流。利用暗河水势开发漂流项目，全长1000余米，被上海大世界基尼斯总部认证为“最长的溶洞漂流”，被山东省列为全省旅游重点探险项目之一。

国家AAAA级旅游景区

【天上王城】 位于泉庄镇，主体分布在纪王崮。纪王崮海拔577.2米，顶部阔大，面积约400公顷，是沂蒙七十二崮中唯一有人居住过的崮，被誉为“沂蒙七十二崮之首”。景区以春秋时期纪国迁都至此的历史故事为主题建设而成，有奇崮风貌观赏区、王城文化体验区、市井民俗体验区、乡村游乐场、地下冰宫、御鸟园等六大区域。以纪齐两国交战为背景的大型高山古装马战《王者之战》和天然地下冰宫的冰雕艺术展是景区主推的精品项目。景区崮顶发现春秋古墓，入选“全国十大考古新发现”。2022年，景区举行“天上王城”第二届汉服文化节和第十二届冰雪节等活动。

【天然地下画廊】 位于院东头镇，是纯天然景观溶洞。洞内钟乳遍布，石笋林立，108处主要景观形态各异。景区分天谷乡愁湖观光休闲区、天谷乡愁远古部落体验区、天谷原野滑草（滑雪）体验区、天谷乡愁度假村、天谷乡愁民俗体验区、地下画廊溶洞观光区、“穿越漂流”体验项目等七大功能区，是集地下溶洞游览、体验参与、餐饮、客房、商务会议、科普、健身于一体的综合性旅游景区。景区还有激情卡丁车、室内激光碰碰车等娱乐互动项目。2022年，景区举办仲夏星空露营生活节等活动。

【雪山彩虹谷】 位于沂水县城东，海拔400余米，是一处融合自然环境，集娱乐、休闲、度假、参与表演于一体的旅游景区。雪山树木葱郁，奇石林立，文化内涵丰厚。景区建有彩虹谷、情人谷、欢乐谷、野战谷等主要景点，涵盖滑草、红嫂剧场演出、彩虹漂流、摸鱼池、儿童游戏区及彩虹谷滑雪场等体验项目。其中，最具特色的景点彩虹谷被誉为“七彩山水与东方艺术的美丽奇遇”，通过实施人工降雨，利用阳光折射，呈现彩虹美景。2022年，景区举行第七届彩虹文化节，开设音乐啤酒节、光影艺术节两大活动现场，吸引暑期众多游客前来观赏。

【东方瑞海温泉度假村】 位于沂水县城南，是温泉型景区，集客房、餐饮、温泉、会议、娱乐于一体，总占地面积16.6公顷，其中酒店面积3万余平方米、温泉近2万平方米。酒店配有豪华套房、豪华标准间等各类客房，中餐厅、西餐厅、多功能宴会厅以及多个风格各异的贵宾小厅可容纳500人同时用餐，服务和娱乐设施完备。室内温泉有保温连廊围合入口区、以竹文化为主题的竹林泡汤区、以中药养生为主题的药浴泡汤区、以特色温泉为主题的特色浴区、以地热温泉为主题的石板长廊区、以动感娱乐为

东方瑞海温泉度假村　　（县文旅中心　供图）

主题的泳池戏水和滑梯游乐区。2022年，全县旅游行业“颐百花杯”第十二届“劳动之星”旅游职业技能竞赛在度假村举办。

【沂蒙花开旅游区】 位于泉庄镇，是山东省首批田园综合体试点项目、省乡村振兴重大项目库项目。景区是一处集科技农业、航空航天、艺术研学、儿童娱乐、田园度假酒店与民宿等多种经营业态为一体的综合性旅游区，建成未来太空城、芽芽幻城、台湾风情体验馆、鱼菜共生自然餐厅、橘子布欢乐城堡、空中草莓采摘园、Q-BOX美食街、崮水间主题酒店、云水间精品民宿、游客服务中心等十大功能区。芽芽幻城是一站式潮玩、沉浸式体验的互动乐园；未来太空城有90+实景体验项目，开启航天文化科普与探险之旅；台湾风情体验馆是运用8大台式文旅氛围打造的网红打卡地；鱼菜共生自然餐厅是以生态循环农业、科技农业为基础，打造的自然生态体验式餐厅；橘子布欢乐城堡打造全景自然美学体验。旅游区先后被评为中国乡村振兴最佳示范奖、中国航天基金会航天科普教育基地、山东省科普教育基地、山东省教育研学基地、山东省文旅新锋尚十佳乡村旅游度假目的地、山东省休闲农业和乡村旅游示范点等。2022年10月27日，景区被评定为国家AAAA级旅游景区，是12年来沂水县唯一新增国家AAAA级景区。

国家AAA级旅游景区

【沂蒙山根据地】 位于夏蔚镇，距县城以西30千米，是全国百家红色旅游区、山东省文物保护单位、山东省爱国主义教育基地、山东省党员定点教育基地、山东省首批专题实践教学基地。景区由中共中央山东分局旧址、八路军山东纵队指挥部旧址、《大众日报》创刊地、孟良崮战役陈毅指挥所旧址、百年天主教堂、圣母山圣母堂、沂蒙红嫂园、根据地广场等景点构成。内有展室11间，面积600余平方米，摆放抗日战争时期文物、书籍100余件，是集教育、爱国、休闲等于一体的红色旅游景区。2022年，接待游客及各种研学活动8万人次。

【桃棵子红色旅游区】 位于院东头镇西北部8千米处桃棵子村。该村是沂蒙红嫂祖秀莲的故乡，祖秀莲救治八路军战士郭伍士的故事是“蒙山高，沂水长，我为亲人熬鸡汤”最早原型之一，郭伍士8年寻亲报恩真实体现“生死与共，水乳交融”的沂蒙精神。该村风光秀美，先后被评为全国乡村旅游重点村、中国美丽乡村百佳范例、国际美丽乡村等。旅游区立足村庄丰厚资源，打造沂蒙红嫂祖秀莲纪念馆、红嫂祖秀莲故居、刘知侠旧居、战时邮局、知青老屋、鱼水情广场、藏兵洞、民兵打靶场等景点，配套一山九墅度假木屋、红云岗宾馆、特色农家乐等旅游设施。2022年，景区被纳入全县“红绿相映·多彩沂水”精品文旅线路打造，完善旅游公共信息导向系统建设，提升服务质量，打造优质旅游环境。

【沂河三桥旅游区】 位于沂河沂水县重要城市节点，是贯穿沂水县城区的主要滨河景观带，规划区内主要以沂河水系为主体，以怡心岛、龙舟岛、爱情岛等岛屿为重点，以正阳路大桥等景观桥梁为亮点，融合大小沂河湿地公园、水杉林、花彩小镇及市民文化艺术中心等景观节点，发挥“水、岸、船、滩、堤、路”的作用，发展各类无形的文化资源形成夜游沂河精品项目，着力打造“三河交汇、三桥飞架、三岛辉映”的城市旅游综合景区。2022年春节，景区举办马戏灯光游船美食嘉年华活动，杂技表演、空中舞蹈、网红美食等内容带动周边游、短途游，成为县内旅游新晋网红打卡地。

【赛石·沂水花朝园】 位于沂水县城北，是以花文化为核心，集花卉旅游、亲子游乐、婚庆婚恋、特色民宿、休闲购物于一体的旅游度假综合体。主要建有游客接待中心、休闲商业区、特色婚庆区、游乐体验区、精品花卉区、果园采摘区、有机蔬菜区等七大特色园区。园内打造郁金香园、杜鹃园、月季园、婚庆草坪、紫藤园、菊花园、游园小火车、美食一条街等景观节点20余处。2022年，景区举行沂蒙花朝节，推出“花朝巡游”“花朝赏红”“柳暗花明”等活动。

（范存波）

2022年沂水县国家AAA级以上旅游景区一览表

表18

序号	名称	等级	评定时间	地址
1	萤火虫水洞·地下大峡谷旅游区	AAAAA	2020年	院东头镇四门洞村
2	雪山彩虹谷风景区	AAAA	2007年	沂城街道东院村
3	天然地下画廊	AAAA	2008年	院东头镇留虎峪村
4	天上王城景区	AAAA	2009年	泉庄镇杨家洼村
5	东方瑞海国际温泉度假村	AAAA	2010年	许家湖镇南一环与长安路交会处
6	沂蒙花开旅游区	AAAA	2022年	泉庄镇尹家峪村
7	沂蒙山根据地旅游区	AAA	2010年	夏蔚镇王庄村
8	沂蒙山酒文化生态旅游园	AAA	2010年	院东头镇刘家店子村
9	蒙山龙雾茶博园	AAA	2011年	院东头镇驻地
10	东皋公园	AAA	2012年	沂水县城
11	云水禅	AAA	2013年	黄山铺镇圣水坊村
12	滨河现代农业创意园区	AAA	2013年	许家湖镇滨河大道东侧
13	红旗山苹果庄园	AAA	2014年	沂城街道友兰村
14	沂蒙风情小镇旅游区	AAA	2016年	院东头镇驻地
15	泉庄镇天地合生态休闲庄园	AAA	2017年	泉庄镇沙地村
16	泉庄·崮乡传奇小镇	AAA	2017年	泉庄镇驻地
17	赛石·花朝园	AAA	2017年	龙家圈街道后马荒村
18	桃棵子红色旅游区	AAA	2018年	院东头镇桃棵子村
19	沂河三桥旅游区	AAA	2018年	沂水县城
20	艺博园旅游区	AAA	2018年	泉庄镇驻地
21	峙密山居	AAA	2020年	院东头镇师家崖村
22	灵泉山	AAA	2021年	龙家圈街道

“红绿相映·多彩沂水”精品文旅线路打造

【线路总体规划】 2022年，沂水县践行市委“以红带绿，以绿映红，红绿接蓝、古今辉映”文旅发展理念，落实研学旅游“红线”、生态旅游“绿线”、水上旅游“蓝线”、文化旅游“古线”的“红绿蓝古”四线旅游精品线路总体思路，立足县域丰富的红色革命资源和山清水秀的生态文明环境，着力“红绿相映·多彩沂水”精品旅游线路打造，推动景区、线路、业态、商品、企业的共生、融合、集成的链式发展。通过下沉调研、专家会商，策划推出“千年古县·红色风情沂水考察线路”“沂水红色党性教育专线”“红色文化·绿色乡村沂水考察线路”3条线路。

【线路基本布局】 2022年，沂水县围绕线路总体规划，构建“一心两课三区六驿站”红绿融合精品文旅线路发展格局。建设1个中心，把县城作为旅游综合服务中心及夜游中心；策划两大红色教育课，依托场馆，推出大型红色演艺和党性教育课两大红色教育课；打造3个红绿结合示范区，示范引领，集中建设院东头镇“红嫂故里·鱼水乡情”革命传统教育示范区、夏蔚镇“沂蒙根据地”沂蒙精神寻根体验区、泉庄镇“沂蒙花开”乡村振兴示范区三个红色教育和文化旅游融合发展示范区；规划建设六处旅游服务驿站，建设长深高速沂水出口，在重要县界、路界设立6处红色旅游服务驿站。完善政策体系，制发《关于推进全县红色教育和文化旅游融合发展的实施意见》《以红带绿精品旅游线路提升节点计划》，将精品线路打造纳入全县20项重点工作、重大工程管理，绩考办跟踪考核。成立红绿融合精品旅游线路专班，县领导牵头，组织部、宣传部、财政局、交通运输局等多个单位参与，明确职能责任，强化督导调动，有序推进项目建设。

【线路打造提升】 2022年，沂水县投资4000余万元推动“红绿相映·多彩沂水”精品旅游线路打造，推进“一心两课三区六驿站”红绿融合精品文旅线路格局构建。“一心”：沂水县红绿线路规划方案融入临沂市规划方案，红绿融合线路旅游指示牌施工完成，制作完成沂水旅游民宿宣传片、沂水旅游原创歌曲《沂水情长》。发展酒店219家，客房0.9万间，床位1.9万张。“两课”：舞台剧《红石崮》面向公众进行公益演出，党性教育课《传承沂水红色文化 助力现代化强县建设》试讲。“三区”：院东头镇“红嫂故里·鱼水乡情”革命传统教育示范区西墙峪红色记忆馆开馆，红色文化广场军民鱼水情雕塑、春秋编钟雕塑、走向胜利雕塑建设完成，沿线路域环境提升完成；夏蔚镇“沂蒙根据地”沂蒙精神寻根体验区云头峪传统村落提升项目建设完成，烈士陵园改造提升完成，沿线路域环境整治提升完成，编写符合沂蒙山根据地景区实际的企业标准124个；泉庄镇“沂蒙花开”乡村振兴示范区天上王城山野山也民宿营业，八路军山东纵队直属后方医院装修完成并对外试开放，《党旗红》剧本编写完成试演。“六驿站”：建设完成院东头镇旅游服务驿站、沙沟镇旅游服务驿站两处驿站。（杨　磊）

旅游项目建设

【概况】 2022年，沂水县落实“村庄景区化、景区产业化、产业特色化”项目建设要求，持续推进精品民宿建设，培育打造产品多元、业态丰富、配套完善的特色乡村旅游精品。全县有21个旅游项目纳入旅游工作调度。院东头镇创建首批山东省旅游民宿集聚区，沂水县旅游民宿集聚区创建典型做法被省文旅厅在全省推广。

【旅游重点项目建设】 2022年，全县有21个旅游项目纳入旅游工作调度，总投资14亿元。其中，彩虹文化运动休闲特色小镇项目、尹家峪田园综合体二期项目、竹园春风旅游项目3个续建项目纳入全县重点产业项目调度，完成投资7亿元。

2022年沂水县重点旅游项目推进情况一览表

表19

项目名称	投资主体	建设地点	项目简介	完成投资情况	项目推进情况
彩虹文化运动休闲特色小镇项目	山东亲情沂蒙旅游有限公司	沂城街道东院村	项目投资50亿元，占地110公顷，主要建设青少年实践教育培训基地、沂蒙文化博物馆、民俗文化区、酒店民宿、彩虹沂蒙国际医疗康养基地等	3.8亿元	项目手续办理正常推进；沂蒙颂博物馆、彩虹阁、国学书院、民俗集聚区、商业集聚区等项目主体建设完成
尹家峪田园综合体二期项目	山东峪泉田园农业开发集团有限公司	泉庄镇尹家峪村	项目投资4亿元建设，占地6.67公顷，主要建设峪泉小区（乡村振兴学院）、峪泉综合楼（配套中心）、峪泉农产品综合开发示范基地、花韵乡居水街等项目	2.7亿元	3500平方米游客服务中心建设完成并投入使用；拓展训练中心主要设施建设完成；泉悦水韵党性教育基地主体已完成，内部装修完成20%；太空草莓项目投入使用
竹园春风旅游项目	临沂中房置业公司	院东头镇	项目投资5.5亿元，占地46.67公顷，主要建设105套苏式风情民宿、松林健身景区、传统文化体验区、生态游乐景区、特色养生度假区、康养医疗居住区、诗意田园生活区，配套酒店、会议中心、纪念品商业购物、地方特色美食、停车场等辅助设施	5000万元	体验区已建设完成，11号、16号、20号基础设施施工基本完成，有机农业大棚完成2个

【精品民宿建设】 2022年，沂水县持续推进“沂蒙乡愁”精品民宿建设，整合强化资金支持，实施“顶层设计、政策集成、多元构建、创新帮扶”发展路径。探索企业投资、租赁合作、合作社开发、自营管理等民宿“多元投资”模式。坚持旅游民宿新建、改建并举，以四门洞花筑·洞贤居民宿为代表的运营合作模式，以云水间民宿、沂蒙老山街民宿为代表的企业投资模式，以龙门小筑民宿为代表的出租合作模式，以一山九墅民宿为代表的党支部领办合作社模式，以老马家民宿为代表的村民自营管理模式等多元开发建设模式，呈现民宿多元开发运营活力。借力“秀美沂水”品牌培育，塑造沂水精品民宿品牌，在“沂水旅游”微信公众号开通“醉美民宿”专栏，改版沂水旅游服务手册、漫游沂水手绘地图，完善县内重点民宿情况。提供智力支撑，成立沂水县旅游民宿集聚区智库、院东头镇旅游民宿联盟，共享政策和资源。成立工作专班，推出旅游民宿“帮扶办证”流程，一事一议，服务到家，加快手续办理。5月18日，

山东省文化和旅游厅印发《关于推广沂水县旅游民宿集聚区创建典型做法的通知》，推广沂水县经验做法。9月27日，院东头镇入选首批山东省旅游民宿集聚区。至年底，全县有24处精品旅游民宿，5处星级民宿，举行2场民宿论坛座谈会，3场民宿专题培训会。

【星级民宿评定】 2022年，沂水县按照《山东省旅游民宿等级划分与评价》标准要求，开展星级民宿评定。有4家民宿提报申请。其中，申报五星级1家、四星级3家。10月19—20日，省文旅厅对沂水县民宿进行验收，云水间民宿获五星级民宿，沂蒙老山街、花筑·洞贤居、峙密山居获四星级民宿。

（杨　磊　范存波）

2022年沂水县精品民宿统计表

表20

序号	旅游民宿名称	床位数量（张）	获评等级	评定时间
1	泉庄镇原舍·桃颂民宿	30	国家乙级 省四星级	2021年 2021年
2	泉庄镇云水间民宿	67	省五星级	2022年
3	院东头镇沂蒙老山街民宿	30	省四星级	2022年
4	院东头镇峙密山居旅游区民宿	30	省四星级	2022年
5	院东头镇花筑洞贤居民宿	35	省四星级	2022年
6	院东头镇云竹民宿	64	—	—
7	院东头镇一山九墅	27	—	—
8	院东头镇八亩地山庄	12	—	—
9	院东头镇地中海峙密庄园	10	—	—
10	院东头镇老马家民宿	32	—	—
11	院东头镇西墙峪山乡民宿	8	—	—
12	泉庄镇石棚铂思民宿	20	—	—
13	泉庄镇东汉ZOE公社民宿	20	—	—
14	夏蔚镇云头峪村民宿	17	—	—
15	夏蔚镇朱家坪民宿	13	—	—
16	夏蔚镇大战地民宿	10	—	—
17	龙家圈街道龙门小筑民宿	36	—	—
18	黄山铺镇茶溪谷旅游民宿	9	—	—
19	崔家峪镇凤栖谷休闲民宿	17	—	—
20	道托镇瑞天民宿	50	—	—
21	诸葛镇耿家王峪民宿	28	—	—
22	许家湖镇雪山花溪谷	11	—	—

续表20

序号	旅游民宿名称	床位数量（张）	获评等级	评定时间
23	泉庄镇天上王城景区山野山也民宿	40	—	—
24	院东头镇西墙峪民宿	26	—	—
合计		642	—	—

【沂蒙花开旅游区创建国家AAAA级旅游景区】 2022年10月27日，沂蒙花开旅游区被评定为国家AAAA级旅游景区，是12年来沂水县唯一新增国家AAAA级景区。沂蒙花开旅游区由临沂城市发展集团有限公司投资建设，占地38平方千米，2021年启动沂蒙花开旅游区国家AAAA级旅游景区创建工作。夯实基础配套，先后投资6000余万元升级改造导向系统、停车场、旅游厕所、游客服务中心、智慧旅游等设施。健全市场营销、卫生、环保、统计等各项规章制度10余个。完善公共服务体系，通过规范服务流程、优化管理制度、健全投诉处理机制等措施提升服务品质。

【院东头镇创建首批山东省旅游民宿集聚区】 2022年9月27日，院东头镇入选首批山东省旅游民宿集聚区。院东头镇秉承沂蒙山区“院子文化”建设，立足沂蒙山区村落“石”的特点，突出“古朴简约”装饰，采用竹子、四叶李等绿化苗木，辅以奇石、农具、根雕等点缀，配套文化展览设施，让每个小院成为一件文化产品，让每处民宿集聚的村庄充满文化氛围，打造出“一院一品”特色模式。至年底，全镇建设精品民宿17家，床位467张，入住率67.5%。 （高　琳）

旅游业态

【概况】 2022年，沂水县强化业态驱动，推动“文旅+”融合发展，依托自然生态和历史人文优势，持续完善地质文化旅游、红色旅游、乡村旅游、假日旅游、夜间旅游、工业旅游、研学旅游等业态体系，培育文旅发展新动能。

【地质文化旅游】 地质文化旅游是沂水旅游的最强业态、最靓品牌，沂水县构筑“地质文化旅游集群打造带动全县旅游业高质发展”格局，融入全省“雁阵型”产业集群培育大局，激发地质文化旅游资源活力，提升旅游配套服务，提高游客满意度。至2022年，全县有地质地貌方面的国家AAA级以上景区8家。其中，岩石洞与岩穴类有萤火虫水洞·地下大峡谷旅游区（AAAAA）、天然地下画廊（AAAA）；岱崮地貌有天上王城（AAAA）、泉庄·崮乡传奇小镇（AAA）；温泉类资源有东方瑞海国际温泉度假村（AAAA）；山丘型景观有雪山彩虹谷（AAAA）、灵泉山旅游区（AAA）、峙密山居（AAA）。

【红色旅游】 沂水县是一片血染的热土，是著名革命老区、沂蒙精神主要发祥地之一、“沂蒙红嫂”的故乡，是中共中央山东分局诞生地、八路军山东纵队创建地、《大众日报》创刊地，红色经典歌曲《沂蒙颂》创作地。2022年，依托全县丰富的红色资源，打造“红嫂故里·鱼水乡情”革命传统教育示范区、“沂蒙根据地”沂蒙精神寻根体验区、泉庄镇“沂蒙花开”乡村振兴示范区等“红绿结合示范区”，实现产品供给多样。创建红色旅游景区，其中沂蒙山根据地和桃棵子红色旅游区为国家AAA级红色旅游景区，高庄镇兵工旅游小镇景区和夏蔚镇三崮里旅游区2家为国家AA级红色旅游景区。

【乡村旅游】 2022年，沂水县挖掘境内特有的地质景观、多彩的生态文明和鲜明的民俗特色，把乡村旅游发展纳入县域经济社会发展、生态环境保护、乡村振兴统筹推进。争取上级资金300万元，扶持县内旅游民宿集聚区创建、景区化村庄建设、乡村旅游重点镇村建设及“乡村好时节”品牌活动开展。举办2022年第十一届山东·沂水（泉庄）网络桃花艺术节、2022年中国旅游日活动暨夏蔚镇第七届“云上樱桃节”网络直播活动、第六届临沂文化和旅游惠民消费季暨彩虹网红音乐节启动仪式等活动。桃棵子、四门洞2个项目入选亲情沂蒙红色人文之旅线路；夏蔚镇朱家坪村、杨庄镇吴家楼子、院东头镇马头崖村、诸葛镇耿家王峪村4个村获批第三批省级景区化村庄；泉庄镇被评为2022年山东省精品文旅名镇；院东头镇旅游纾困做法纳入文旅部《文化和旅游领域纾困发展案例集》；在首届山东文旅智库大会上，尹家峪田园综合体获“十佳乡村旅游目的地”；彩虹运动休闲小镇被省政府办公厅确定为“山东省特色小镇”。至年底，有全国乡村旅游重点镇1个、全国乡村旅游重点村2个，省级旅游民宿集聚区1个、省级乡村旅游重点镇1个、省级乡村旅游重点村2个、省级景区化村庄16个，建成精品民宿24家。

2022年沂水县省级以上乡村旅游重点镇、村一览表

表21

序号	镇、村名称	级别
1	院东头镇	国家级
2	院东头镇桃棵子村	
3	院东头镇四门洞村	
4	泉庄镇	省级
5	泉庄镇尹家峪村	
6	院东头镇西墙峪村	

2022年沂水县省级景区化村庄一览表

表22

序号	村庄名称	入选批次
1	院东头镇桃棵子村	第一批
2	院东头镇四门洞村	
3	龙家圈街道南黄家庄村	
4	道托镇西道托村	
5	泉庄镇佃坪村	
6	马站镇关顶村	
7	诸葛镇秀峪村	
8	夏蔚镇云头峪村	
9	院东头镇西墙峪村	第二批
10	黄山铺镇圣水坊村	
11	夏蔚镇王庄村	
12	泉庄镇尹家峪村	
13	夏蔚镇朱家坪村	第三批
14	杨庄镇吴家楼子村	
15	院东头镇马家崖村	
16	诸葛镇耿家王峪村	

【假日旅游】 2022年假日期间，沂水县丰富假日文旅产品供给，促进假日文旅消费。春节期间，全县游客总接待量与同期相比增长18%，短途近郊自驾散客游为主流，占总游客接待量的98%。其中，雪山彩虹谷·沂蒙彩虹小镇游客接待总量单日最高2

万人次，沂河三桥旅游区单日最高1.2万人次；五一假日期间，天上王城天幕露营，院东头镇峙密山居露营、红云岗露营等“轻度假”产品深受游客喜爱，采摘、野餐露营、烧烤音乐party等体验式乡村周边游爆火；十一假日期间，游乡村美景、住民宿酒店、搭帐篷野餐等短途“慢旅游”成为热点，特色民宿酒店成为乡村休闲游的亮点，洞贤居、云水间、山野山也等特色民宿入住率80%以上。

【工业旅游】 蒙山龙雾茶博园为国家AAA级景区，是县内唯一一处山东省工业旅游示范基地。位于院东头镇驻地，集茶史展览、茶叶工艺展示、茶艺表演、茶文化研究与交流、茶餐服务、旅游住宿于一体。大山深处零星散布着半野生茶园，加工生产的茶叶便是著名的“蒙山龙雾高山绿茶”。在景区可体验中国茶文化的博大精深，欣赏独具特色的大型茶艺表演，观摩娴熟优雅的传统绿茶加工工艺，品尝和购买新鲜炒制、地道纯正的蒙山龙雾高山绿茶。

【夜间旅游】 2022年，沂水县依托“夜沂水”主题，全面打造以“夜赏沂景、夜品沂味、夜购沂城、夜娱沂情、夜健沂民、夜居沂宿”为特色的六大夜间经济品牌，让游客、居民享受沂水夜生活。沂河三桥旅游区新上滨河游船项目和夜游沂河项目。赛石·花朝园规划设计灯光秀项目和夜间啤酒美食节项目，春节期间夜间游客接待量比白天接待量增加1倍。彩虹文化休闲特色小镇入选首批山东省夜间文化和旅游消费集聚区，集聚商户118家，营业面积3万平方米，汇聚沂蒙传统名吃、手工匠人非遗工坊、古时生活作坊、知名风情小吃和可互动的游玩娱乐等商业业态，创新推出非遗打铁花、彩虹元宇宙、凤鸟仙人表演、不倒翁演绎等沉浸式“旅游+文化”新业态。春节期间，中央电视台带动省、市、县四级媒体联动报道，浏览量超6000万次。全年吸引夜间游客60万人次。

【研学旅游】 2022年，沂水县丰富研学旅行产品体系，加快建设一批知识科普型、体验考察型、励志拓展型、自然观赏型、文化康乐型研学旅行基地。有省级中小学研学基地5处，省级红色研学基地2处。沂蒙山根据地景区、桃棵子红色旅游区、西墙峪、八路军山东纵队卫生部直属后方医院旧址等红色旅游点均打造成为党性教育基地。9月19日，天上王城研学旅行基地被评为省级中小学生研学基地，基地以春秋时期的历史文化背景为依托，以景区独特“崮”地貌、春秋古墓、纪军七营、祈福台等50余处遗址、景点为载体，设置1套符合中小学生课程学习与实践相结合的研学旅行课程，带领学生们“穿越春秋，研学习礼”。

【省内首趟旅游专列Y734次“齐鲁之星”出发】 2022年6月25日，Y734次“齐鲁之星”旅游

2022年6月24日，Y734次“齐鲁之星”旅游专列从烟台站出发，到沂水开启周末度假旅程，是年内山东省开行的首趟旅游专列

（县文旅中心 供图）

专列满载230余名游客从烟台站出发抵达沂水，开始沂水周末二日游。游客先后游览天然地下画廊、雪山彩虹谷和天上王城景区，品尝沂水全羊汤、沂蒙炒鸡等特色美食。该专列是山东省开行的首趟年度省内旅游专列，标志着规模性省内跨市游全面启动。（杨　磊）

旅游营销

【概况】 2022年，沂水县聚焦“天上王城、人间彩虹、地下奇观、红色沂蒙”旅游产品营销，与高铁、航空等交通类媒体，广播、电视等主流媒体，网络自媒体深度合作，树立优秀旅游目的地形象。丰富节庆会展活动，举办“情长沂水”微视频大赛、泉庄网络桃花艺术节、金秋“沂”起乐游媒体采风行等活动，推出免费游景区、发放惠民消费券等惠民措施，实现旅游精准营销，助力旅游市场快速回暖。

【推介营销】 2022年，沂水县文化旅游发展促进中心联合景区采取“线下推介+线上营销”模式，加强针对性、专业性、有效性旅游市场宣传推介，实现宣传的聚合效应。与县融媒体中心联合推出“旅游+县区融媒矩阵”宣传推介活动，沂南、平邑等6县融媒体中心共同参与，打造区域宣传矩阵。抢占关键广告位，设置高速跨线桥广告牌，在临沂、青岛、济南、烟台等重点客源市场投放城市公交车体广告。参加“福虎迎新春 景区过大年”临沂文旅景区直播推介、“云游临沂”线上直播推介、临沂文化旅游（济南、淮北、徐州）推介会等活动。聚力“千年古县”“长城鼻祖”“崮上春秋”“王庄时代”等沂水特有资源，制作宣传精品，利用新媒体平台投放信息流和视频类广告，在旅游垂直类平台组织主播、旅游大V、旅游达人、体验官等作为创作人在马蜂窝、汽车之家、小红书等发布游记、旅游攻略、短视频、宣传图片。8月，沂水县国家AAAAA级景区携手抖音网红达人，与全国游客在屏幕前一起“逛”景区、看美景，直播曝光人数突破48.5万人次，直播进人人数突破4.4万人次，成交订单金额突破55.2万元。

【媒体宣传】 2022年春节期间，彩虹不夜城登陆中央电视台，四级媒体联动宣传。旅游民宿集聚区建设工作的经验做法被省文旅厅、市文旅局推广，并在《中国旅游报》头版刊发。中央电视台《正大综艺》栏目走进院东头镇，拍摄专题片，在中央电视台综合频道播放宣传。与江苏电视台综合频道《游在美途》栏目和《山东商报》开展媒体宣传合作，并利用短视频、直播等方式开展联动宣传。全年在省级以上媒体发表沂水旅游原创稿件50余篇，点击量近2000万次。

【2022年中国旅游日活动暨夏蔚镇第七届“云上樱桃节”网络直播活动】 2022年5月19日，沂水县2022年中国旅游日活动暨夏蔚镇第七届“云上樱桃节”在夏蔚沂蒙大讲堂开幕。夏蔚镇党委负责人做客直播间畅聊夏蔚红色文化以及樱桃种植历史，展示沂水特色旅游商品、土特产等，打造种类多样、兼具沂蒙特色的“云上”农副产品展销会。活动中，10万人次在线观看直播。

【第六届临沂文化和旅游惠民消费季暨彩虹网红音乐节启动仪式】 2022年6月2日，第六届临沂文化和旅游惠民消费季暨彩虹网红音乐节活动启动仪式在沂水县沂蒙彩虹小镇举行，第四届临沂市文化旅游商品创意设计大赛、彩虹网红音乐节同步启动。活动现场，发放20万元定向消费券。彩虹网红音乐节持续16天，接待客流10万余人，媒体刊发稿件73篇，最高阅读量125万次，微博啤酒节话题量226.2万次，彩虹谷音乐啤酒光影节抖音同城热榜第一，抖音啤酒光影节单话题量630万次。

2022年6月2日，第六届临沂文化和旅游惠民消费季暨彩虹网红音乐节活动启动仪式在沂水县沂蒙彩虹小镇举行 （县文旅中心 供图）

【旅游惠民】 2022年，沂水县陆续出台《2022年度沂水县过夜旅游团队奖励办法》《沂水县2022年促进旅游消费提振旅游市场实施办法》《沂水县旅游民宿扶持办法（试行）》等文件，激发旅游消费潜力。鼓励各收费旅游景区开展“周末免费游”“一元限购门票”等阶段性惠民活动，对开展活动的旅游企业给予补贴。6—10月，对全县景区、旅行社、酒店民宿、旅游商品生产企业、非遗手造等发放5轮70万元定向旅游惠民消费券，核销68.4万元，带动文旅企业消费800万元。6—9月，接待并奖励7个过夜旅游团队3.8万元。

【彩虹不夜城登陆中央电视台】 2022年春节，沂蒙彩虹小镇推出“彩虹不夜城”项目，春节长假7天接待游客21万人次。中央电视台《晚间新闻》、山东电视台《新闻联播》、临沂电视台《临沂新闻》相继报道，经抖音、快手、微博、小红书等新媒体传播，前来游玩的游客“口口相传”，沂水彩虹不夜城成为山东省新晋网红夜游景区。

【“情长沂水”微视频大赛】 2022年1月，沂水县文旅中心组织开展“情长沂水”旅游宣传微视频征集活动。活动征集各类作品104个，评出一等奖2名、二等奖2名、三等奖3名、优秀奖24名、参与奖10名。优秀作品在沂水旅游抖音、西瓜视频、头条号小视频发表82个，总播放量近200万次。

【沂水旅游红色故事分享会】 2022年5月11日，“沂”起学理论！沂水旅游红色故事分享会在沂蒙彩虹小镇举行，来自全县各乡镇、旅游景区的33名选手参加。县文旅中心选取优秀选手制作11期宣讲视频，在沂水旅游微信公众号、抖音、今日头条号上集中宣传，累计播放量突破10万次。

【“秀美龙湾杯”文旅商品大赛暨旅游形象标识征集活动】 2022年7—9月，沂水县文旅中心与龙家圈街道办事处联合举办“秀美龙湾杯”沂水县文旅商品大赛暨旅游形象标识征集活动。活动收集旅游商品实物类作品56个（系列），旅游商品设计类16个，旅游标识类73个。评选出文旅商品实物类金奖1名、银奖2名、铜奖3名、优秀奖10名；文旅商品设计类金奖1名、银奖2名、铜奖3名；旅游形象标识最佳设计奖1名，优秀设计奖5名。

【金秋“沂”起乐游媒体采风行】 2022年9月26—28日，山东省内外籍留学生、省内新闻媒体门户网站以及抖音平台的知名网络红人、摄影师等组成的“金秋‘沂’起乐游”文旅采风团，到沂水进行旅游采风活动。采访团通过门户网站、微信、抖音、小红书、视频号等媒体平台持续开展宣传、联动发稿，全网发布图文攻略游记15篇，点击量超30万

次，发布短视频34个，点击量超200万次。（周彦君）

旅游管理

【概况】 2022年，沂水县坚持“安全第一，预防为主，综合治理”的方针和“外防输入、内防反弹”的疫情防控策略，组织旅游职业技能竞赛、各类应急处置实战演练、疫情防控实战演练等活动，保障假日旅游安全，提升旅游企业管理和服务质量。至年底，全县有星级饭店3家，旅游民宿24家，旅行社7家。

【假日旅游市场秩序维护】 2022年，沂水县强化假日旅游工作部署，先后召开全县春节、元宵节旅游安全生产疫情防控工作会议、节假日重点景区秩序维护工作会等。假日期间，11个县直部门和5个乡镇（街道）组成联合检查组对9家重点旅游景区开展驻点包扶工作。下发《关于进一步深化文明旅游和志愿服务工作的通知》，设立志愿服务岗60个，在节假日期间开展一系列文明旅游志愿服务活动。

【旅游安全管理】 2022年，沂水县健全综合协调、部门联动、分工协作的旅游安全联合管理工作机制，落实属地和行业监管责任，累计成立41个检查组，派出检查人员197人次，督导检查辖区内A级景区、旅行社、星级饭店、旅游民宿等文旅企业的安全生产状况。与旅游企业签订安全责任书，督导企业统筹做好设施设备、交通安全、应急体系、安全教育培训等各类安全管理工作。建立游客投诉快速处理机制，实现游客投诉处理率100%，游客投诉处理满意度100%。举办各类教育培训活动，筑牢安全生产防线。先后组织开展旅游行业索道应急救援演练、山野驻训搜救、溺水抢险应急演练、游客受伤应急演练和防火应急演练等。3月11日，举办旅游行业新冠疫情防控现场观摩及安全档案规范管理培训会，23人参加。8月26日，举办旅游行业“大学习、大培训、大考试”专项行动培训班，41人参加。

【旅游饭店管理】 2022年，沂水县有星级饭店3家（东方瑞海国际温泉度假村、寰宇大酒店、商业宾馆），客房511间，床位960张。有旅游民宿24家，床位656张，其中，五星级1家（云水间），四星级4家（沂蒙老山街、花筑·洞贤居、原舍·桃颂、峙密山居）。县文旅中心按照《星级饭店访查规范》《旅游民宿基本要求与等级划分》《山东省旅游民宿星级评定与管理办法》等标准，规范服务行为，督促企业清洁用具要分区、分类、分型、分色，确保客用品“一客一换一消毒”，倡导公勺公筷“双筷制”“光盘行动”“文明餐桌”，提醒客人适量点餐，防止浪费，确保食品安全。

【旅行社管理】 2022年，沂水县有旅行社7家。其中，AAA级旅行社1家，为沂水亲情沂蒙旅行社有限公司。年内，县文旅中心执行跨省旅游“熔断”机制，加强关键环节管理，不定期检查旅行社疫情防控工作，确保游客健康出游。督促各旅行社落实落细《旅行社条例》等法律法规，引导旅行社履行主体责任，依法规范诚信经营。落实旅行社合同签订、行前说明会和导游“一岗双责”制度，加强游客文明引导提示，落实旅游行程各环节文明引导。做好旅游产品和旅游线路安全评估，规范旅行社和旅游包车客运企业经营行为，打击旅游包车违规违法行为。

【导游管理】 2022年，沂水县有6人通过导游资格考试，累计注册导游120余人。引导持证导游通过全国旅游服务监管平台培训板块在线学习、培训和年检，提升导游业务素质和讲解技能。县文旅执法监察队不定期开展执法检查，对带团导游进行随机抽查，维护全县旅游市场秩序，确保一线带团导游和游客生命财产安全。

【旅游行业“颐百花杯”第十二届“劳动之星”旅游职业技能竞赛】 2022年9月16日，由沂水县文旅中心主办的全县旅游行业“颐百花杯”第十二届“劳动之星”旅游职业技能竞赛在东方瑞海国际温泉度假村开幕。全县选拔出20余支精英代表队伍参加中式客房铺床、中餐摆台、中式烹调、中式面点、西式面点五项实操比赛进行学习交流，评选出各项目一等奖1人，二等奖2人，三等奖3人，优秀奖24人，54人获得职业技能鉴定证书。

（张　波）

旅游公共服务

【概况】 2022年，沂水县升级旅游景区基础设施和配套服务，建设旅游厕所18处，提升导向指示牌36块，新建红色旅游路4.5千米，规范提升旅游集散中心，推广智慧景区建设，组织开展“暖人心·游沂水”志愿服务，打造优质旅游环境。

【基础设施建设】 2022年，沂水县开展旅游厕所、导向系统、路域环境提升等公共服务设施建设。建设旅游厕所18处，强化对旅游厕所管理，不定期监督检查旅游厕所的卫生、设施及管理服务。完善旅游公共信息导向系统建设，天上王城、雪山彩虹谷、沂蒙花开旅游景区等景区景点提升扩充旅游导向指示牌36块。开展路域环境提升工程，院东头镇打造景观大红门1处，新修南墙峪—桃棵子红色旅游路3千米、西墙峪红色旅游路1.5千米，泉庄镇马头崖—郭庄旅游路实施绿化、美化、亮化工程，配置停车港湾、公交站牌、安防等设施。

（范存波）

【智慧景区建设】 2022年，沂水县景区围绕游客体验、需求以及景区管理，完善提升智慧景区建设。萤火虫水洞·地下大峡谷旅游区完成无线覆盖和视频监控，全面实现自助售票、门票预约和海马游团单等服务，微博、微信、抖音、快手等平台注册企业号，并建设电子导览、VR导览系统及官方网站。雪山彩虹谷、天上王城等AAAA级景区均开通网络营销、网上预订、网上支付等电子商务项目，完成门禁系统、停车管理系统、售票系统、安保系统、导览系统等智慧化项目建设。

（高连成）

【“暖人心·游沂水”旅游志愿服务】 2022年，沂水县旅游行业在春节、五一、“5·19中国旅游日”、十一等节假日期间，开展一系列文明旅游志愿服务活动，打造“暖人心·游沂水”文明旅游志愿服务品牌。各旅游景区在游客中心设置志愿服务站，在文明引导、游览讲解、游乐设施、购物区公平秤等服务窗口设立志愿服务岗。各旅游企业对志愿服务者进行岗前培训，配备旅游志愿服务马甲，规范服务礼仪，打造标准化、便捷化、亲情化旅游服务。全年向游客发放宣传材料2万余份，向6500名游客提供信息咨询、旅游导引等服务。志愿服务助推文明旅游，开展美化环境公益活动，清理垃圾1.5吨；制止游客大声喧哗、乱扔垃圾等不文明行为，营造文明和谐的旅游环境。

（张　波）

房地产业

房地产开发

【房地产开发投资】 2022年，沂水县土地出让平均价格为 370万元/亩，房地产开发投资完成34.7亿元，竣工面积58万平方米，新增开发面积98万平方米，在建施工面积285万平方米。

【房地产项目建设】 2022年，沂水县有龙湾帝璟、龙湾一品、开先蓝庭、阳光云玺、博雅琚等12个房地产开发项目。其中龙湾一品项目占地9.7万平方米，投资11.8亿元，总建筑面积31万平方米，共28栋楼。项目位于西城新区的滨河景观轴上，注重景观布局，在绿化上引入各种名贵花卉苗木，以“龙生九子，子子不同”的寓意打造了9个景观活动场地，营造“幽、雅、逸、趣”的休闲生活舞台。开先蓝庭项目计划总投资12亿元 ，占地面积5.5万平方米，规划建筑面积1.6万平方米，主要建设住宅楼12栋，是沂水纯正新中式城市建筑的代表作。

昌辰御玺苑小区建设现场 （县住建局 供图）

【房地产开发企业】 2022年，沂水县有房地产开发资质的企业50家。其中，一级资质的1家，二级资质的49家，规上房地产开发企业39家，实力较强的开发企业有三众房地产集团有限公司、开先建设集团、昌辰集团、沂水城建开发公司等。各房地产开发企业围绕全县“建设市域副中心、打造发展新高地、建设秀美新沂水”的总体发展定位，主动融入新发展格局，推动企业向专业化、品牌化、多元化发展。

（张永圣）

房地产交易

【商品房供应】 2022年，沂水县商品房市场新增112.7万平方米，比上年增长45.7%。其中，住宅新增5854套、面积83.5万平方米，比上年分别增长33.5%、39.7%；商业新增223套、面积2.9万平方米，比上年分别增长-46.5%、-63.2%。

【商品房销售】 2022年，沂水县商品房市场（包含储藏室、车库/位）销售57.2万平方米，比上年增长-41.1%。其中，住宅销售2799套、面积39.1万平方米，比上年增长-43.1%、-42.5%；商业销售474套、面积3.9万平方米，比上年分别增长21.2%、-23.8%。全县商品房（包含储藏室、车库/位）销售均价6341元/平方米，比上年增长11.1%。其中，住宅（不包含储藏室、车库/位）销售均价7647元/平方米，比上年增长12.7%；商业销售均价5976元/平方米，比上年下降14.2%。全县商品房库存193.4万平方米，比上年增长44%。其中，住宅存量5675套、面积84.7万平方米，比上年分别增长115%、109.4%，套均149平方米，主要是大面积户型；商业存量2593套、面积37.5万平方米，比上年分别下降9.7%、8.4%。

【二手房交易】 2022年，沂水县二手房成交面积27.4万平方米、成交套数2327套，比上年分别增长-0.2%、1.2%。其中，二手住宅成交面积25.2万平方米，比上年增长2%；成交套数2211套，比上年增长0.6%。

（张永圣）

房地产市场管理

【经营性用地挂牌出让】 2022年，沂水县经营性用地挂牌出让26宗，出让土地面积60.9万平方米，成交总额29.8亿元。其中，居住类用地15宗，出让土地面积48.2万平方米，成交总额27.9亿元；商业用地5宗，出让土地面积5.3万平方米，成交总额1.7亿元；工业用地4宗，出让土地面积7.3万平方米，成交总额0.2亿元；公用设施用地2宗，出让土地面积0.1万平方米，成交总额100万元。

【房屋征收】 2022年，沂水县实施征收片区14个，其中，新列征收片区8个，继续实施的往年遗留扫尾项目6个，总征收住户1950户、企业10家，新增征地面积143.2公顷。完成征收住户953户，其中东城完成351户（老职业学校家属院50户全部完成、第七实验小学周边156户完成144户、黄泥崖棚改192户完成157户），西城公家疃签订协议602户。

【商品房销售管理】 2022年，沂水县对房地产开发项目实行售前、售中、售后全过程监管，要求各开发企业严格按照《房地产市场秩序整顿明白纸》签订保证书，在办理预售资金监管和商品房价格审核备案的时候签订承诺书。落实商品房销售现场信息公开公示制度，加强售楼现场信息公开公示制度化建设，采取定期和不定期检查相结合，用制度规范公开公示内容，要求商品房买卖双方在签订《购房意向书》或《商品房买卖合同》前，以书面形式签订购房提示告知书，从源头上解决信息不对称问题，避免矛盾纠纷的产生。全年检查售楼现场15次。

【房屋租赁管理】 2022 年，沂水县加强市场监管，对房屋中介市场中租赁行为加以规范，以登记备案制度为主线，提升房屋租赁管理水平。开展 2022年度房地产领域“双随机、一公开”检查，对全县 30余家中介机构实地检查指导工作，依法开展房屋租赁登记备案工作，完成登记备案51 件。

【住宅专项维修资金管理】 2022年，全县归集167个小区、11.2万户的住宅专项维修资金3.5亿元，交存面积1206.2万平方米。归集住宅专项维修资金1753.5万元，缴存面积60万平方米，增值收益628.6万元，使用维修资金245.7万元，发挥住宅专项

维修资金住宅共用部位、共用设施设备保修期满后的维修更新和改造作用。（张永圣）

物业管理

【概况】 2022年，沂水县有物业服务企业52家，企业从业人员2300人，物业服务项目178个，其中住宅项目144个，物业服务面积1835.2万平方米，其中住宅项目1389.8万平方米。

【物业领域集中整治】 2022年，沂水县印发《沂水县物业领域、棚户区改造和城镇开发边界内未建成社区建设集中整治工作实施方案》《关于在全县物业领域组织开展“大走访、大排查”活动的通知》，成立沂水县物业领域、棚户区改造和城镇开发边界内未建成社区建设集中整治工作专班，推进全县物业领域集中整治工作。收集《全县物业领域走访排查问题表》2750份，整改问题338个。对8家物业公司负责人进行约谈，督促其提升服务水平，

2022年9月27日，沂水县物业领域纠纷人民调解委员会成立
（县住建局 供图）

规范服务行为。成立沂水县物业领域纠纷人民调解委员会，调解重大物业投诉纠纷5起。

【物业服务企业信用管理】 2022年，沂水县加强以信用为基础的监管机制，促进物业服务企业诚信自律，加强物业服务企业信用管理。全县有52家物业企业进入山东省物业服务企业信用信息管理系统，信用等级A级以上的物业企业10家，其中AAA级4家、AA级1家、A级5家。

【物业服务行业文明创建】 2022年，沂水县物管小区参与全国文明城市创建工作，通过宣传栏、横幅、电子屏等方式宣传文明城市创建标语，设置各类公益宣传栏244处、条幅（广告）436条、微型消防站64个、学雷锋服务站40个，新安装灭火器100余个，更换便民生活圈示意图30余块。创建卫生先进单位，落实爱国卫生运动，全县33个物管小区被评为省级卫生先进单位、市级卫生先进单位。

【小区充电桩建设】 2022年，沂水县推进小区充电桩建设，在78个住宅小区建成充电设施407处，配备充电端口7014个，帮助居民解决充电难的问题，避免违规充电存在的安全隐患。（张永圣）

开放与合作

招商引资

【概况】 2022年，沂水县坚持“项目为王、企业为尊、发展为先、实干为要”干事创业导向，突出招商引资“一号工程”地位，紧扣主导产业，盯紧“招大商、招优商、招好商”目标，建立健全以产业链为核心的联动招商机制，全力招引一批投资体量大、带动能力强、经济效益好的高质量项目和高端引领、成长性好的优质中小项目。年内，引进招商项目43个。其中，过50亿元项目1个，20亿—50亿元项目1个，10亿—20亿元项目3个，1亿—10亿元项目31个。协议利用县外资金174.4亿元，实际到位资金123.6亿元，比上年增长21.2%，完成全年目标的103%；实际利用外资5787.4万美元。投资50亿元的丰原生物年产50万吨乳酸、30万吨聚乳酸项目，投资10.2亿元的隆大新型酶制剂冠军制造基地等11个过10亿元的重大高质量项目相继落地建设。投资13.6亿元的创优生物全产业链智慧工厂、投资12.8亿元的恒泰智能制造和投资7.6亿元的歌尔泰克元宇宙&智能穿戴3个项目入选全市高质量发展现场交流会项目，并获得优异成绩。其中，创优生物、恒泰智能制造2个项目实现当年开工、当年投产，创优生物连续3个季度被评为临沂市“十快项目”。沂水县招商引资工作综合成绩位居全市第一。

投资12.8亿元的恒泰智能制造项目　　（县投资促进服务中心　供图）

【机制建设】 2022年，沂水县健全招商引资“第一工作机制”和“一把手”外出招商机制。年内，县级领导、各单位“一把手”外出招商423次、精准对接企业516家，重点对接央企、国企、世界500强、上市公司项目30个。健全专班工作机制。按照“严真细实快”工作作风和“实好多快”工作要求，对丰原生物、隆大新型酶制剂等重点项目实行县级领导牵头的AB角专班包扶推进机制，按照《重点产业项目全流程服务管理办法》坚持全流程跟进、全周期服务，落实专人专班，推进项目建设。创新招商工作路径。3月11日，印发《沂水县驻点招商工作方案》，开启驻点招商新招商模式，组建4个驻点招商工作小组，面向京津冀、济淄潍、青烟威、长三角、珠三角等地区开展驻点招商。强化招商宣传工作机制。结合全县资源优势和产业发展规划，更新制作《沂水投资指南》《齐鲁明珠·沂水》招商引资宣传片等招商宣传材料，健全招商信息网络，通过“投资临沂”“沂水招商”微信公众号等网络服务平台推介沂水。其中，《沂水县抓牢招商引资“牛鼻子”全力招大引强促发展》等文章被《临沂政务信息》《市招商工作专班通报》等刊发。统筹招商考核工作机制。抓好市重点考核项目上报和县内招商项目考核工作，与县绩考办等部门研究制定《2022年度全县产业项目固定资产投入考核管理办法》，引导全县各级各部门聚焦聚力重点产业项目招引。按照考核标准做好招商引资项目认定、数据核对、考核打分等工作，推动项目管理出成效、工作考核出导向。

2022年4月29日，沂水县参加临沂市组织的“沂”“网”情“深”云上签约活动（县投资促进服务中心 供图）

【重大招商活动】 2022年，沂水县参加省市组织的招商活动及自主举办的重大招商引资签约推介活动4次，借力宣传、加强推介沂水，放大招商效应，签约落地投资规模大、质量效益好、带动作用强的“大好强”项目30个，计划总投资197.6亿元。4月29日，参加市组织的“沂网情深”招商引资签约活动，集中签约重点招商项目6个，计划总投资30.1亿元。5月11日，在沂水县举行县级集中签约活动，签约项目21个，计划总投资157.5亿元。其中，过50亿元项目1个，过10亿元项目5个，过5亿元项目3个，过亿元项目12个。6月2日，参加山东与世界500强连线现代海洋产业合作专场活动，线上签约高端深海鳕鱼项目1个，计划总投资1.8亿元。9月24日，参加全市组织的“只此青绿·好品临沂”招商引资项目推介会，集中签约项目2个，计划总投资8.3亿元。

【重点产业招商】 2022年，沂水县立足建链补链延链强链，围绕“3+1”产业体系构建，深化产业链招商和以企招商。

产业链招商　围绕“3+1”主导产业，依托10条重点产业链、20家链主企业，围绕推动高端食品、装备制造、纺织服装三大传统优势产业转型升级，培育壮大以新材料新能源为主的战略性新兴产业，研究梳理出功能休闲健康食品产业链、玉米淀粉深加工产业链、玻纤材料及制品产业链等10条重点产业链，绘制产业链图谱，关联招商地图、目标企业“名录”，开展“挂图式”招商。围绕高端食品产业，招引投资10.2亿元的隆大新型酶制剂等项目；围绕纺织服装产业，招引投资10亿元的年产1600万件服装1400万套床上用品项目、投资12.8亿元的山东恒泰纺织有限公司高端智能织造等项目；围绕新能源产业，招引投资12.7亿元的独立储能电站示范等项目；围绕高端装备制造产业，招引投资5.2亿元的兴田机械高端液压器件智能化生产基地等项目；围绕新材料产业，招引投资50亿元的丰原生物聚乳酸等项目。

以商（企）招商　通过开展企业家高层次人才“归雁行动”、骨干型企业家座谈会、成长型企业家座谈会等活动，加强与企业家的对话交流，聘请企业家为“招商顾问”“招商大使”，发挥沂水籍在外企业家人脉优势和现有企业的上下游客户资源优势，开展以商招商、以企招商。招引投资12.1亿元的年产60万吨玉米淀粉智能化项目、投资10亿元的年产80万吨重蜡油加氢联合装置项目、投资10亿元的年产16万吨锂电新能源生产等项目。

【项目服务】　2022年，沂水县强化源头把关，过程控制，提升招商质效。严格项目评审遴选。深化亩产效益评价改革，强化“要素跟着好项目走”机制，成立项目落地评审专班，按照“五位一体”评估准入标准，召开大项目评审会，严格考察、论证、评审，提高落地项目质量，实现招商引资向招商选资转变。召开项目初审会2次，大项目评审会2次，评审项目42个。淘汰不符合产业政策、环保要求的低效项目53个。抓实领导专班包扶。实施2022年度“231”工程，对20项重点工作、重大工程，34家重点企业，118个重点项目，设立4个县级领导包扶重点产业专班和21个重点招商项目专班，帮助企业解决项目推进过程中手续办理、要素保障等问题，加快项目建设进度。（吴增国）

【外资及港澳台资利用】　2022年，沂水县借助县内招商引资工作机制，坚持全员招商和专业招商相结合，着力引进优质外资及港澳台资项目。依托“山东省重点外资项目跟踪推进平台”推介山东合盛汇能产业园、方舟创园（沂水）新型化工产业园等重点项目，扩大外资领域和规模。全程跟踪服务成熟项目，新增外资及港澳台资备案项目7个。发挥外资及港澳台资企业“服务大使”作用，落实项目签约、手续办理、落地建设全过程服务，提高项目履约率、资金到账率。香港首选食品公司深海鳕鱼制品项目在“山东与世界500强连线”现代海洋产业合作专场签约，京沂储能项目和华腾新材料项目在第三届跨国公司领导人青岛峰会上签约。至年底，全县有外资及港澳台资企业45家，实际利用外资及港澳台资5787.4万美元，投资者涵盖日本、英国、德国等9个国家和地区；港资企业27家，占外资及港澳台资企业的60%，有4家企业实现外资及港澳台资到账4741.4万美元；澳资企业2家，占外资及港澳台资企业的4.4%；台资企业3家，占外资及港澳台资6.4%。其中，制造业使用外资及港澳台资5287.4美元，非制造业使用外资及港澳台资500万美元。（张　静）

对外及港澳台贸易

【贸易促进】　2022年，沂水县实施培强骨干、培优新企、培树品牌、培育市场“四大工程”，全力稳住外贸基本盘。借力精准包保优质骨干企业机制，加大对重点外贸企业在市场开拓、贸易融资、出口信贷和贸易便利化等方面的支持力度，扩大企业进出口业务。借力市级扶持奖励机制，发展市场采购贸易、跨境电商等外贸新业态。深化“放管服”改革，简化对外贸易备案登记流程，新增外贸备案企业75家。组织重点外贸企业参加第二届RCEP区域（山东）进口商品博览会，第131、第132届线上广交会等知名展会，拓市场、保订单。邀请临沂海关、临沂商城开展外贸业务专题培训，提升外贸人员业务水平和专业技能。落实中央、省外经贸发展专项资金管理使用要求，指导企业成功申报中央外经贸专项资金（中小企业开拓市场项目）和省级出口信用保险保费补贴等资金255.8万元。

【货物贸易】 2022年，沂水县实现进出口179.9亿元，比上年增长16.3%，其中，实现出口166亿元，比上年增长16.9%，实现进口139.5亿元，比上年增长9.8%。对港澳台地区实现进出口2.6亿元，比上年增长109.6%，其中，对香港地区实现进出口1.6亿元，比上年增长530.9%；对台澎金马关税区实现进出口1.1亿元，同比增长7.6%；对澳门地区实现进出口50.7万元，同比下降29.9%。全县自有企业实现进出口104.2亿元，比上年增长10.4%，市场采购贸易方式实现出口69.4亿元，比上年增长24.1%。过亿元企业共13家，累计实现出口86.7亿元，占全县进出口总额的48.2%。

（赵学婧　单增辉）

2022年6月14日，临沂商城“市场采购＋跨境电商＋特色产业聚集区”培育活动在县商务局举办　（县商务局　供图）

【参与“一带一路”建设】 2022年，沂水县主动融入共建“一带一路”，发挥自身进出口产品优势，对共建“一带一路”国家实现进出口78.7亿元，比上年增长24.7%，占全县贸易总额的43.7%。其中，橡胶轮胎类产品实现进出口13.1亿元，占“一带一路”市场总额的16.7%；木薯干实现进出口5.8亿元，占“一带一路”市场总额的3.2%。　（田　田）

2022年沂水县自有企业进出口商品统计表

表23　单位：亿元

名称	出口额	比上年增长%	进口额	比上年增长%	进出口额	比上年增长%
农副产品深加工	2.9	30.9	—	-100.0	2.9	19.4
钻石	3.2	35.4	3.1	13.4	6.3	23.6
橡胶轮胎	45	6.3	1.7	-44.9	46.7	2.9
纺织鞋服	3.9	8.5	0.08	-49.3	4	5.9
化工产品	20.2	28.5	9	40.9	29.2	32.1
日化用品	2.6	37.3	—	452.6	2.6	37.3
家具板材	2.6	-19.5	—	—	2.6	-19.5
食品农产品	3	-8.7	0.07	-59.6	3	-11.3
塑料产品	1.5	-0.6	—	-100	1.5	-1.6
机电产品	1.1	23.3	0.02	-0.4	1.1	22.7
五金建材	4.2	-1.4	0.008	39416.6	4.2	-1.2
其 他	0.07	-83.3	0.009	448.8	0.08	-81.3
合 计	90.3	10.5	14	9.7	104.2	10.3

【经贸交流活动】 2022年，沂水县邀请县内6家外贸企业参加“对话山东”韩国、日本、德国、以色列4场产业合作交流会。先后组织山东明银日化有限公司、临沂百姓日化有限公司等5家企业参加“2022临沂海外线上对接会——巴基斯坦站”。组织青援食品有限公司、山东恒泰纺织有限公司2家企业参加“2022外贸优品展销会”，组织山东昆达生物科技有限公司、鲁洲生物科技（山东）有限公司等5家企业参加山东——东盟产业合作展览展示交流会，推动企业利用国际资源，拓展国际市场。

【贸易服务】 2022年，沂水县贸促会发挥资源共享职能优势，整合国家、省、市贸促会资源，利用微信群、QQ群等网络信息平台，为企业提供各类经贸信息服务，帮助企业掌握市场动态。其中，向企业提供经贸论坛、洽谈会、交流会等经贸活动信息20余条，提供展销会、博览会等展会信息30余条。聚焦外贸新业态、新模式，开展系列培训，提升从业人员专业素养。组织贸促系统人员和部分企业外贸人员参加中俄贸易与投资风险识别与应急处置线上交流会、“一带一路”市场拓展线上培训会（拉美专场）、后疫情时代会展业发展机遇及展会新模式专题培训会等培训课程。

【原产地证办理】 2022年，沂水县贸促会为全县23家外贸出口企业审核签发原产地证明书3005份，签证金额3.1亿美元，为11家企业打印一般原产地证330份。县贸促会政务大厅窗口为全县40余家企业审核签发原产地证1万余份，为10余家企业打印原产地证1000余份。 （徐依东）

2022年沂水县外贸企业办理原产地证明前十位情况一览表

表24

序号	企业名称	办理数量（份）
1	山东昆达生物科技有限公司	926
2	山东永丰轮胎有限公司	812
3	山东凯驰蓝德轮胎有限公司	544
4	山东明银日化有限公司	152
5	鲁洲生物科技（山东）有限公司	135
6	山东恒泰纺织有限公司	95
7	青援食品有限公司	91
8	山东雪原昌盛洗涤制品有限公司	63
9	临沂百姓日化有限公司	52
10	沂水大地玉米开发有限公司	47

沂水经济开发区

【概况】 沂水经济开发区是山东省生态工业和循环经济示范园区、山东省循环化改造示范园区、山东省首批开发区创新创业公共服务示范平台、山东省体制机制创新试点开发区。2022年，沂水经济开发区按照“全县招商引资主战场、‘尖刀班’”定位，以“五年过千亿、争创国家级”为引领，聚力“疫情要防住、经济要稳住、发展要安全”三件大事，聚焦招商引资、服务企业、安全生产主责主业，推进园区平台建设，优化提升服务水

沂水经济开发区　　（经济开发区　供图）

平，推动高质量发展。至年底，管辖面积33.4平方千米，规模以上工业企业185家。全年实现工业总产值532亿元、增长15.6%，税收16.3亿元、增长3.7%，进出口总额157亿元、增长43%，实际使用外资及港澳台资5787.4万美元。在全省160家开发区综合评价中列第60位、临沂市14家排名第4位。

【产业集群】 沂水经济开发区涵盖滨河项目区和庐山新材料高科园2个园区。2022年，围绕县“工业十条”“金融十条”“人才十条”落实落地，培育装备制造、高端食品、纺织服装和以新能源新材料为主的战新“3+1”产业体系，推动链式发展、打造产业矩阵。滨河项目区规划面积16.7平方千米，重点发展机械电子和高端装备制造及配套产业、纺织服装鞋帽产业、新型建材产业、新能源新材料产业、中成药制造产业、高端食品产业，全年实现产值205.6亿元，税收10.3亿元。庐山新材料高科园为省政府认定的化工园区，规划面积10.9平方千米，重点发展化工新材料、高端精细化工、生物基新材料等产业，全年实现产值223亿元，税收2.5亿元。

【招商引资】 2022年，沂水经济开发区聚焦招商“一号工程”，搭建15个招商专班，围绕全县高端食品、装备制造、纺织服装和以新能源新材料为主的战新“3+1”产业，开展链式招商、以商招商、以企招商、委托招商，全年引进过亿元招商项目25个，合同总额130余亿元，实际利用外资及港澳台资5787.4万美元。上市公司丰原集团投资50亿元的聚乳酸项目、上海麒祥投资20亿元的年产40万吨新材料项目（盘活原道一石化项目）、三杰公司投资6亿元的新材料项目等一大批引领性强的项目陆续落地建设。

【重点项目建设】 2022年，沂水经济开发区实施重点项目54个，逐一成立包扶推进专班，挂图作战，集中攻坚堵点、难点、痛点，保障项目顺利推进。其中，省重大项目鲁驰高性能智慧输送带国家首创项目总投资17亿元，占地33.3公顷，一期建成试产，二期全面开工建设。省优选项目创优生物全产业链智慧工厂项目投资13.6亿元，项目建设、设备安装全部完成，已竣工投产，连续3个季度被评为全市“十快项目”。总投资7.6亿元的歌尔泰克元宇宙&智能穿戴项目和总投资12.8亿元的纺园高端智能织造项目全部完成，竣工投产。重点项目全年完成工业投资79亿元，增长12.6%。对开发区范围内的长期停产停建企业、亩均税收3万元以下的企业“一企一策”、专班盘活，盘活完成原道一石化、汇泽纸业等9家低效企业，盘活土地资源74公顷。

【营商环境优化】 2022年，开发区创新机制、精准施策，打造“店小二”式服务品牌，推动营商环境向宜商环境转型。承接54项审批事项，设立园区一站式审批服务中心，聚焦“程序最简、速度最快、服务最优、成本最低”目标，围绕工程建设领域，落实并联审批、容缺审查等要求，压茬推进项目审批，全年完成项目审批业务600项。实行“管委会+公司”运作模式，经济开发区开发投资公司下设5家独资子公司、4家控股参股公司。以开发区开发投资公司为主体，实施政策性金融开发工具项目——庐山新材料高科园基础设施综合提升项目。与山东标至信咨询服务公司共同成立经开——至信（沂水）项目咨询公司，开展全过程项目工程咨询服务。

【安全环保】 2022年，沂水经济开发区协调县应急管理局、属地乡镇、安全第三方公司开展企业安全生产培训、隐患排查和整改工作，召开园区安全生产分析研判会议10余次，督导企业安全生产600余家次，园区企业安全生产形势持续平稳。委托君和环保公司每季度检测开发区地下水、大气等环境指标，出具监测报告，委托第三方公司运营维护园区有毒有害气体预警系统，开展园区环评追踪评价和整体性安全评估报告修编工作。全年未发生突发环境事件。 （张明东）

庐山新材料高科园

【概况】 沂水县庐山新材料高科园是全县战略性新兴产业的主要承载区，总规划面积10.9平方千米，是山东省政府认定的85家化工产业园区之一。2022年，按照“绿色、安全、高效”发展理念，园区形成石油化工、精细化工、橡塑加工、生物化工四大产业集群。落户企业54家，协议投资399亿元，其中投产企业41家、在建企业13家。全年实现产值223亿元、比上年增长22.5%，税收2.5亿元、比上年增长–8%。

【基础设施建设】 园区基础设施完善，双电源保障用电，集中供汽、供水、供气和污水集中处理。有集中的安全环保应急监测监控系统，设特勤消防站，保障园区应急处理能力。建立园区门禁系统，实现封闭化管理。配套建设庐山化工专业污水处理厂，日处理污水量6000吨，处理能力居全市首位。配套建设规划占地6.6公顷危化品车辆专用停车场，危化品车辆停车位150个，是全市率先规划建设的危化品车辆专用停车场。2022年，开发投资公司争取政策金融工具资金7800万元，撬动实施总额7.8亿元的新材料高科园基础设施综合提升项目。项目高标准规划建设管控中心、智慧平台、管廊及“一企一管”、创新平台和产业研究院等基础设施，年内完成前期筹备工作。

【安全生产】 2022年，庐山新材料高科园应急管理党总支成立，引领庐山园区党建、业务、发展高度融合，定期组织县应急管理局、属地乡镇、第三方召开安全生产研判会议，推进园区安监规范化、标准化。成立庐山化工产业园安全生产专委会，协调各单位落实安监职责、强化安全发展。完成化工园区安全生产风险分析评价，结果为C级，通过化工园区复审认定。 （张明东）

2022年9月29日，沂水县新材料产业链综合党委成立大会在新大陆橡胶公司召开 （经济开发区 供图）

区域发展合作

【概况】 2022年，沂水县贯彻国家发展战略，把握国家、省、市出台的支持革命老区振兴发展、黄河流域生态保护和高质量发展战略等各项政策机遇，健全工作机制，强化项目支撑，规划建设青岛临沂（沂水）经济合作区，主动融入各项区域协同发展战略，助推新时代县域经济高质量发展。

【新时代沂蒙革命老区振兴发展政策落实】 2022年，沂水县组织上报金融支持革命老区振兴发展拟签约项目5个，贷款额合计19.3亿元。提报临沂革命老区振兴发展“十四五”规划重大工程项目25个，计划总投资297.2亿元。抓住“临沂市—济南市”革命老区对口合作机遇，申请提报列入济南与临沂对口合作重大工程项目4个。协助开展“在全国革命老区现代化进程中走在前”专题调研，提报《沂水县域经济发展总体情况》《落实区域协同发展战略情况》两篇报告，系统全面地介绍沂水县域经济发展总体情况、贯彻落实区域相关政策所采取的主要措施及取得成效，并重点围绕如何更好推进县域经济高质量发展、用足用好用活上级支持革命老区政策提出对策建议。

【黄河流域生态保护和高质量发展战略实施】 2022年，沂水县完善推进机制、压紧压实责任、健全政策体系，实施黄河流域生态保护和高质量发展战略。成立领导小组，统筹协调重大事项，夯实组织保障。印发《沂水县2022年推动黄河流域生态保护和高质量发展任务台账》《沂水县落实山东省“十四五”推动黄河流域生态保护和高质量发展实施方案重点任务、重要政策、重大工程清单》，明确“加快构建抵御自然灾害防线、水安全保障及优化利用、生态环境保护治理、加快构建国土空间保护利用新格局、绿色低碳发展、保护传承弘扬红色文化、扩大高水平对外开放”等7大领域、20项重点任务，及“三张清单”中40项重点任务、31条重要政策以及9项重大工程，推动全县黄河重大国家战略各项工作有力、有序、有效开展。聚焦重点领域，谋划落实合作事项，提报年度推动黄河流域生态保护和高质量发展重大活动2项。每月对5个黄河战略重点项目进行调度，项目总投资14.9亿元，年度完成投资6.2亿元，投资完成率132.5%。申请上报2023年推动黄河流域生态保护和高质量发展重点项目3个，项目计划总投资20.6亿元。协助开展推动黄河流域生态保护和高质量发展竞赛活动，上报沂水县先进个人5个、典型案例8个。（李　静）

【青岛临沂（沂水）经济合作区规划建设】 2022年，沂水县落实临沂市委“对接京津冀、融入济青潍”部署要求，规划设立青临（沂水）经济合作区，在青岛市和临沂市搭建产业对接、融合发展平台。成立县级合作区推进工作专班，开发区作为牵头单位，拟定《加强青岛—临沂区域合作的建议函》《青岛临沂对口合作建议方案》和《关于设立青岛—临沂（沂水）经济合作区的报告》，召开推进会议，推动临沂、青岛两市深度对接，明确合作路径和目标。

（张明东）

交　通

公　路

【概况】　2022年，沂水县有5条国省道普通干线公路。其中，国道 233克黄线长67.8千米，为一级公路；国道341黄海线长44.8千米，为二级公路；国道342日凤线长59.5千米，为二级公路；省道229沂邳线长53.9千米，为二级公路；省道234惠沂线长19千米，为二级公路。强化公路日常养护管理，服务协调高速公路和国省道公路建设，保护公路及附属设施，推进“智慧公路”建设，参与路域环境综合整治，创建“党员示范路”2条，投资1020万元养护公路239千米。

【临临高速公路沂水段项目建设】　临临（临淄至临沂）高速公路沂水段工程建设项目全长22.2千米，途经高庄镇17个行政村，投资约30亿元，设王家庄子、高庄2处互通立交。2022年，征地拆迁和工程施工同步推进，红线范围内涉及房屋拆迁70户，完成青苗和地上附着物兑付、清表，解决75座姜窖、2万余平方米果蔬大棚补偿兑付，县公路中心配合施工单位办理沥青拌和站、综合场站等6处临时用地手续。路基、隧道和桥涵施工推进，完成投资14.5亿元，占总投资的48.3%。　（张振修）

临临高速高庄高架桥施工现场　（张振修　摄）

【农村公路建设】　2022年，沂水县实施“四好农村路”提质增效专项行动。投资2.9亿元提升改造农村公路328.2千米。其中，投资3300万元，完成路网延伸通达工程52千米；投资2400万元，完成路网提升改造工程13千米；投资2.1亿元，完成路面状况改善工程263.2千米、投资35万元，完成生命安全防护工程5千米；投资2189万元，建设桥梁9座；投资538.3万元，完成道路彩化工程45.4千米。实施县乡道大中修改建工程。投资8600万元，完成许后路大修5千米，高河路大修9.3

千米，彩虹谷路改造2.7千米。实施农村通户道路硬化工程。投资1500万元，硬化通户道路面积20.8万平方米，全县行政村通户道路硬化完成率96.6%。至2022年底，全县农村公路总里程3792.8千米，其中县道26条367.2千米、乡道83条607千米、村道2818.6千米；农村公路桥梁619座，其中大桥14座、中桥198座、小桥407座。

【公路养护】 2022年，沂水县投资1401.8万元完成G22青兰高速沂水段保养，大中修完成投资771万元。投资849.7万元完成G25长深高速沂水段保养。增配清扫车对干线公路全面实施机械化路面湿式保洁，在重要时段对重点路段加大清扫频率，提升路面保洁质量。在国省道重点路段修剪树木1.7万棵，修剪绿篱1.2万平方米，清理路肩杂草160余千米。对106座桥梁实施专项检修和安全隐患排查，修复桥梁病害，消除安全隐患。组织实施小修工程，完成同步碎石封层12.4千米8万余平方米，微表处治4千米1.9万余平方米，坑槽挖补1.6万平方米，修补路面裂缝7.5万延米，零星刮油7.2万平方米，次差路改造提升2.7千米。投资4000余万元，完成S229沂邳线沂水沂源界至沂水县城段全长31.5千米的路面中修工程。

【公路运输】 2022年，沂水县开通城乡公交线路17条，总长度658千米，设置站点592处。线路从沂水县城分别至富官庄镇、圈里乡、泮池村、小店子村、龙湾村、王庄村、泉庄镇、甄家疃村、埠西村、院东头镇、石门村、诸葛镇、新民村、高山子村、小啊疃村、吴家安子村、老官庄村。全县新增货运企业25家，货运车辆1732台，新增吨位2.6万吨。全县公路旅客运输量537万人次，旅客周转量1.3亿人千米；货物运输量3270万吨，货物周转量33.2亿吨千米。

（管 冰）

【路域环境综合整治】 2022年，沂水县公路事业发展中心协调交警、交通执法等部门，共同保护路产路权，现场勘查评审涉路工程3起，完成干线公路集贸市场提示牌整改12块，协助查处私开平交道口、设置非公路标志、违规涉路施工等违法行为21起。查处公路保护路赔事案75起，事案查处率、回收率、结案率均为100%。使用车载移动路赔事案收费系统（一站式智能缴费系统），实现“闭环式”路赔事案现场处理、现场结案。推进公路“路长制+”公路管理工作机制，全年召开调度会议12次，对干线公路路域环境开展专项集中整治4次，清理乱堆乱放45处，摆摊设点56处，非标35处，打场晒粮6处，落地灯箱34处，小广告57处。根据秀美沂水建设要求，实施干线公路绿化提升和“照我回家”工程，投资1500余万元栽植绿化树木36.9万株，投资2000余万元安装路灯4000余盏。

（张振修）

【公路“路长制+”落实】 2022年，沂水县推进“路长制+”工作，各级路长担当履责，开展公路养护管理、路域环境治理等工作，提升公路管理养护水平。加强县道养护，修补路面坑槽8000平方米，修复挡土墙等设施600余立方米，修剪绿化树100千米，新栽植绿化苗木15千米。（王宝国）

【“照我回家”工程】 2022年，沂水县投资1.2亿元，亮化县城连接乡镇驻地的重点线路10条236.5千米，安装路灯6639盏；亮化重点线路连接线、村内道路1500余千米，安装路灯2.8万盏。

【党员示范路】 2022年，沂水县公路中心联合交警、交通执法等部门，整顿“党员示范路”（葛子铺桥西十字路口至黄山铺镇大街东和前坡村至南三环路口）的交通秩序。与许家湖镇、黄山铺镇建立联合党支部，定期组织党员到“党员示范路”进行路面保洁、行道树修剪、边坡整理、排水沟清挖等义务劳动。与沿线加油站共建“司乘之家”，配齐手机快速充电、免费无线连

2022年6月17日，党员在“党员示范路”义务劳动　（张振修　摄）

接、阅读书吧、饮水机、微波炉等便民服务设施。（张振修）

交通运输管理

【概况】　2022年，沂水县有一级客运站场1个，客运企业4家；货运企业168家；机动车综合性能检测企业12家，各类机动车维修企业131家；驾驶员培训学校9家，从业资格培训机构3家。全县登记营运性机动车8407台，其中客车354台。

【交通运输行业管理】　2022年，沂水县新增二类维修企业2家、综合性能检测站1家；审核普通货运车辆道路运输证8088件；新增道路运输从业人员1072人；举办驾驶员从业资格继续教育线上、线下培训，继续教育人员5225人；诚信考核驾驶员从业资格8302人次；审核结业驾驶证学员5350人次。

2022年，沂水县完善物流行业质量信誉考核和从业人员诚信考核体系，落实激励惩戒措施，强化事中事后监管，维护公平竞争、健康有序的市场环境。注重教育培训和职业资格建设，提升从业人员整体素质。对81家物流企业进行质量信誉考核，其中考核等级AAA级企业1家、AA级企业53家、A级企业26家、B级企业1家。举办第十二届“劳动之星”维修职业技能竞赛。

【交通运输综合执法】　2022年，沂水县开展道路客运行业专项整治行动和鲁南经济圈城市群跨区域联合执法集中行动。在重要活动和节假日期间，对重点区域、重点时段进行检查。开展治理车辆超限超载联合执法和治超非现场执法，维护路产路权，保障道路交通安全畅通。抽调一个执法中队到县矿产办集中办公，配合开展全县矿产资源开发秩序专项整治。全年出动执法人员约9300人次，执法车辆1500台次，检查各类运输车辆3.3万余台次，查处各类交通运输违法违章案件2805起，接收交警移交的超限超载车辆2899台，卸载货物14.3万吨。

沂水县推进交通运输行政执法规范化长效机制建设，开展交通运输执法领域有关突出问题专项整治，落实交通运输执法人员“两规范一禁令”要求，执行行政处罚标准、规范行政执法程序。优化案件办理流程，推行“一案到底”处理方式，提高案件处理效率。畅通人民群众投诉举报渠道，落实服务投诉快速办理机制，及时受理办理上级转办、“12345”“12328”等投诉举报。规范使用电子票据，所有案件全部使用电子二维码处理单据，实现罚款缴纳扫码支付。全年办理“12345”“12328”等各类渠道执法类投诉举报问题913件，使用电子票据2805份。

【交通安全生产】　2022年，沂水县在交通运输领域开展“迎冬奥、庆春节、保两会”百日攻坚、“防风险、查隐患、保底线”专项整治、“交通运输强化年”“大排查、严整治、保安全、迎盛会”等安全生产专项攻坚行动，派出检查组100个、出动人员300人次，查出隐患856条，约谈问题企业12次；开展交通运输综合应急演练，参演企业120家，参演人员200余人；开展“大学习、大培训、大考试”专项行动，参加企业135家，培训企业负责人及安全管理人员240人。排查存在安全隐患的县道26条、乡道82条，化解瓦日铁路公跨铁立交桥风险隐患，补充设置防撞护栏690米；开展防汛防台风工作，组建保障队伍24人，准备应急抢险运输车辆80余台，砂石料1000余立方米，铁锹、雨衣、手电、沙袋、铁丝等物资。

【智慧交通建设】 2022年，沂水交通运输综合运行监测平台（TOCC）基本建成。该平台涵盖全县营运车辆动态监管、雪亮平台涉路涉桥视频、非现场执法、智能电子公交站牌管控平台、“掌通沂水”便民出行App和微信小程序平台、“本地出行”智能出租车电召平台等数据。其中，全县营运车辆动态监管平台整合原来分散在5家第三方营运车辆定位服务公司的数据，汇聚全县7000余辆营运车辆在线情况、实时定位、超速行驶、疲劳驾驶、违章行驶等运行数据。建成电子公交站牌30处；升级建设“本地出行”出租车智能叫车系统，实现巡游出租车电召；建成5处非现场执法点，自动侦测抓拍超载车辆；手机视频公路代巡查软件接入“山东通”系统。至2022年底，TOCC平台接入出租车、公交车、运输管理、综合执法、农村公路及社会第三方等11类数据，接入数据量近10亿条。

【沂水县首例航道行政案件查处】 2022年2月22日，沂水县交通运输综合执法大队在巡查中，发现沂河三桥旅游码头处航道内有渔具漂浮，便会同交通运输事业服务中心港航股对其进行调查。经调查，发现有人驾驶两艘小船在沂河三桥旅游码头游船通行区域设置拦鱼网，进行捕捞。随即对当事人给予行政处罚。这是全县首例航道行政案件。

【临沂市交通运输综合行政执法技能竞赛在沂水县举办】 2022年6月16—17日，临沂市交通运输综合行政执法技能竞赛在沂水县举办。竞赛采用知识竞答、模拟实操等形式，重点对行政执法基础知识、现场模拟执法、执法文书模拟制作、创新创意竞赛4项内容进行评比。竞赛历时2天，20支代表队80名一线执法人员参加竞赛。县交通运输综合执法大队在竞赛中夺得团体一等奖，模拟执法一等奖，知识竞赛一等奖，文书制作三等奖。

【第十二届“劳动之星”维修职业技能竞赛】 2022年，沂水县举办第十二届“劳动之星”维修职业技能竞赛。该竞赛设汽车机电组和钣金组，有30家企业的48名技工参加，包含实际操作技能和理论知识考核，两者分别按70%和30%的比例计入总成绩。该竞赛最终每个组别产生一等奖1

2022年7月28日，沂水县第十二届“劳动之星”职业技能竞赛机动车维修竞赛现场
（县交通局 供图）

名、二等奖2名和三等奖3名，优秀组织奖2名。

【临沂交通运输投资集团有限公司沂水汽车站】 沂水汽车站占地面积10.1平方千米，按国家一级汽车客运站标准设计，主要由站前广场、售票厅、候车厅、发车区、停车场、客运楼和附属楼组成，总建筑面积1.4万平方米。候车大厅内设有重点旅客候车区、旅客购物超市，站内设有快餐、加油站等配套服务设施。2022年，沂水汽车站有职工153名，进站车辆505部（其中，始发车辆384部、过路车辆121部），营运线路53条，日发送班次728个，日发送旅客6000余人次。沂水汽车站先后被评为全省交通系统文明服务先进单位、全省交通系统文明建设先进集体、省级巾帼建功示范岗、山东省道路运输百强诚信客运站。（管　冰）

铁　路

【概况】 2022年，沂水县推进铁路建设与运营，对铁路沿线环境进行综合治理，服务京沪高铁二通道建设。有胶新铁路和瓦日铁路2条铁路线。胶新铁路沂水段长9.3千米，在四十里堡镇设沂水站，站房5800平方米，候车室3115平方米，可容纳800人。2005年7月1日正式运营，2014年8月全线电气化改造完成。全年发送旅客4万余人，日均接发列车7列。瓦日铁路在黄山铺镇设沂水西站，站房建筑面积2060平方米，设计规模容纳400人。全年日对开货运40列，日运送货物30万吨，尚未开通客运。

【铁路沿线环境综合治理】 2022年，沂水县印发《沂水县铁路沿线环境综合治理工作实施方案》，拆除影响环境的违法建设、废弃建筑物，粉刷铁路沿线老旧墙体，清理违章设置的户外广告，整顿废品收购站；进行平地绿化、坡地绿化、垂直绿化；清理铁路沿线内外的生活垃圾、残土堆、柴草堆等乱堆乱放的物料；设置透空墙和围栏，对沿线不良景观设置实体墙进行遮挡。全年出动1.2万余人次，采伐树木2500余棵，固定彩钢瓦9600平方米，加固塑料大棚7700余平方米，拆除私搭乱建6处，清理垃圾160余吨，完成公铁并行防护栏交接2处，对16处“公跨铁”安全标识标志进行维修安装，对20处桥底穿线进行规范加固，并对县道三水路“公跨铁”渗水桥面进行防水处理。全年县财政拨付铁路沿线环境综合治理资金45万元，乡镇（街道）投入资金120余万元。全年发送旅客4万余人次，日均接发列车7列。

【京沪高铁二通道建设】 根据建设规划，京沪高铁二通道在沂水县境内约11千米，途经四十里堡镇海子后、南王岭、大赵家屯村南、斗子官庄、三十里堡、后岔河、孙家河村南、刘官庄村北、张官庄、张家庄、袁家庄、孟家庄12个村，在海子后村东与莒县交界处设两台四线双侧站房1座，站点范围内为有渣路基，站房建筑总面积1.2万平方米，站房采用线侧平站型。2022年，高铁用地预审获自然资源部批复，工程可研及行业评审完成专家评审，“莒县沂水站”作为高铁站的正式名称上报国家发展改革委批复。（殷文国）

水 利

综 述

【美丽幸福示范河湖创建】 2022年，沂水县投资1400余万元，建设姚店子河淮河流域美丽幸福示范河湖、崔家峪河省级美丽幸福示范河湖（水清、河畅、岸绿、景美、鱼游、鸟栖、人和）。完成河湖清违整治15处工作任务，对崔家峪河5处数字化监控设备进行改造。淮河流域姚店子河美丽幸福示范河湖通过淮委验收，被评为淮河流域幸福河湖。崔家峪河省级美丽幸福示范河湖准备工作上报省水利厅进行远程验收，被评为省级美丽幸福示范河湖。

【水价综合改革】 2022年，沂水县农业水价综合改革是全县30项省定共性改革任务重点调度内容之一，改革任务总面积2.8万公顷。1万公顷的改革任务于2022年6月通过市级验收；剩余的1.7万公顷改革任务于11月26日通过市级验收，2022年改革任务全部完成。

【智慧云平台建设】 2022年，沂水县建设智慧水利云平台，提升全县防汛防洪能力。平台包含“智慧监管、智慧维护、智慧防汛”三大主要模块。在全县河道水库敏感部位，安装河道水库视频监控点125处。1500名河、湖长、100名“荣誉河长”、509名“河湖管理员”统一使用“沂水河长”App信息平台，在线巡河，做到巡河信息实时上传，发现问题及时上报，河湖“四乱”问题整改随时销号，实现河湖问题闭环处置。对全县140座小型水库实行30米的红线管理和50米的黄线管理，明晰产权，颁发不动产权证，规范水库承包制度，印发水库大坝管理规程，建立河湖信息与电子化档案，安装建设视频监控、雨水情测报系统，对大坝迎水面、背水面、溢洪道、水库管理房、启闭机房、公示牌、界桩等进行全天候监管。通过智慧河湖管护平台，搭建水旱灾害防御与应急调度模块，借助气象降雨数学模型、天气预报、卫星云图、雷达探测等，将全县137个降雨监测站点、山洪、气象、水文全部纳入平台管理，并通过可视化视频监控手段，对水文资料、防汛预案、防汛物资、防汛人员、河湖名录及各类动态监测站点基础信息等基础资料数据进行整合，统一协调，提升水旱灾害防御综合调度能力。

（王　剑）

水利工程建设

【农村饮水安全工程】 2022年，沂水县实施农村饮水安全维修养护项目。投资567万元，新打深井8眼、新建泉室2处、泵房10处、蓄水池5座、絮凝池1座、溢洪道护管工程1处、阀井室45处、入户集中水表坑150套，维

2022年6月12日，沂水县实施沂河上游堤防加固工程（县水利局　供图）

修蓄水池1座，安装水泵16台套、启动柜11台套、变频器5台套、消毒设备6台套、水表245套，铺设各类聚乙烯塑料管道84.7千米，使项目区自来水供水保证率提高到97%，受益人口48万人。

【水库维修养护工程】　2022年，沂水县完成全县140座小型水库维修养护工程，涉及18个乡镇132个村庄，总投资691万元。工程于2022年6月27日开工建设，8月27日全面完成建设任务，11月24日完成县级验收。

【移民扶持工程】　2022年，沂水县实施移民扶持工程项目110个，总投资5206万元。其中，投资1200余万元，建设诸葛镇大峪村、许家湖镇前进村等6处美丽移民村。工程主要涉及村内主干路铺沥青路面，整修主路两侧排水沟、建砌石、砖墙花池，1座村庄入口新建村标志，村内街道沿线美化墙面；村内安装太阳能路灯等。

【沂河上游堤防加固工程】　2022年，沂水县实施沂河上游堤防加固工程。工程概算总投资3.1亿元，其中移民安置补偿投资1.8亿元，工程建设部分投资1.2亿元。加固北二环至沂南县界段两岸新筑堤顶宽6米的堤防29.1千米；北二环至跋山水库段两岸新筑路面宽4.5米泥结碎石防汛道路16.7千米；新建穿堤建筑物58座，桥梁3座。

（王　剑）

水利监察

【水行政执法】　2022年，沂水县落实片区责任制度，加大对河道、水库、塘坝等水利工程的日常巡查和管理力度，发现并制止各类水事违法行为。全年出动执法车辆700余次，人员1300余人次，巡查河道1800余千米，查处各类水事违法行为16起，举报案件12起，立案处罚16起，收缴罚款15.4万元。

（王　剑）

【水行政许可】　2022年，沂水县推出农田灌溉、单村供水取水许可“极简办”，取水单位即来即批，所有审批环节精简材料9份，精简率75%，简化办理环节1个，精简率50%。全年结涉水行政许可447项。其中，单村供水151件，农田灌溉224件，水利基建项目初步设计文件审批3件，河道、湖泊、水库大坝、灌区管理范围内工程建设方案审查4件。

（宋　坤）

【水利普法宣传】　2022年，沂水县借助“世界水日”“中国水周”“全国城市节约用水宣传周”等活动，开展水行政法律、水资源节约宣传活动，发放宣传手册1万余份。通过微信公众号、广播电视台、水利普法宣传车、节水宣传车、节水志愿者等开展宣传，发布相关宣传信息100余条。

（王　剑）

跋山水库管理

【概况】　2022年，沂水县跋山水库管理中心推进水利工程标准化管理、水库增容、饮用水水源地管理、城市供水、防汛抗旱、渔业管理、东干渠管理。加强工程维修养护，完善防汛工作规程，落实防汛职责任务，汛期安全调洪2.8亿立方米。联合跋山派出所、渔业合作社成立水资源联合巡查中队，保障城区居民用水需求和用水安全。合理提高湖埠西橡胶坝和邑山橡胶坝水位，保持湖埠西、邑山、北社3座橡胶坝水体清洁，维护城区水景观。实施东干渠工程维修、养护项目3项，投资300余万元，经东干渠抗旱输水47天、865万立方米，无偿调水600万立方米帮助郯城县、河东区等县区解决栽稻用水问题。

【工程管理】 2022年，沂水县完成大沂河枢纽工程确权划界和闸坝安全鉴定工作。完善两项水利工程标准化档案整理工作，通过临沂市水利局组织的验收评价。组织专业技术人员对跋山水库大坝、溢洪闸、放水洞、水电站、大沂河橡胶坝的枢纽工程及电气设备、备用发电机组、观测系统、自动化控制系统、视频监控系统等进行全面检查检测和维护调试。邀请省水利厅、省水科院和县应急局、水利局有关工程电气设备、金属结构和水工建筑等方面专家，到跋山水库集中排查隐患，查找整改隐患32个。投资20万元完成灌区工程电子测绘，形成普查现状图（电子版）、普查报告、影响数据等。完成跋山水库灌区和北社灌区有效灌溉面积核定，投资16万元完成灌区工程取水许可。投资285万元实施东干渠上游渠道防渗工程，对1390米干渠进行清淤、筑底、加固，保障输水畅通。投资18万元维修柏家坪段、伴城段等坍塌渠段36米。处置侵权行为7起、直排污水8处。引进社会资金500万元对城区黄山路两侧干渠实施改造，保障工程安全运行和附近学校学生安全。

2022年6月13日，沂水县跋山水库管理中心向联合巡查中队授旗

（县跋山水库管理中心 供图）

落实安全生产责任制和制度规程，开展工程建设、防汛抗旱、防溺水、水源地管理、渔业管理、电力生产、交通安全、消防等方面的安全工作，全年生产安全无事故。投资30万元完成大沂河枢纽工程柴油发电机、变压器、管理房等安全隐患整改，保障工程安全运行。

【防汛工作】 2022年，沂水县编制完成跋山水库汛期调度运用计划、防御洪水方案、超标准洪水防御预案、大坝安全管理应急预案、跋山水库调度规程、溢洪道防水预警方案等，完善跋山水库防汛工作规程，落实防汛各岗位职责和任务，规范水库控制运行的标准和流程。根据大中型水库防汛物料储备标准和要求，落实防汛抢险队伍7455人、挖掘机17台、装载机13台、车辆332台；现场储备编织袋2.1万条、土工膜8852平方米、砂料2000立方米、块石1630立方米、铁丝6.8吨、救生衣200件，新增抢险救援船2只、号料炸药1吨、汽油柴油各10吨、黏土5000立方米。投资30余万元，改造防汛值班室和应急防汛会议室，建立跋山水库应急指挥中心，整合省防汛指挥系统、县应急指挥系统、语音管理系统，搭建防汛调度综合服务平台，提高跋山水库防汛工作的信息化、自动化、智能化水平。投资470余万元实施溢洪道文物发掘临时保护工程影响泄洪应急补救工程，完成渣土开挖5.2万立方米、砼浇筑1100立方米，保证旧石器遗址安全度汛和跋山水库行洪安全。2022年，跋山水库控制流域降水618.3毫米，水库来水3.9亿立方米，安全调洪2.8亿立方米。

【水资源保护】 2022年，沂水县制定《跋山水库饮用水水源地管理办法》，在饮用水水源地一级保护区新建、维修防护网945米，改造提升原老码头，更新改造不锈钢护栏、台阶160平方米。在重点近水路口安装防溺水警示牌78块。跋山水库管理中心与跋山派出所、渔业合作社成立水资源联合巡查中队，依法打击破坏水环境行为，处置侵权违法行为4起，违法捕鱼行为3起，阻止劝离自行采砂21起，复垦4起，劝阻违法钓鱼100余人次。水质检测合格率100%，水库水质保持国家地表水Ⅱ类水质。跋山水库管网供水2065万立方米、城区用水7000余万立方米。

【渔业发展】 2022年，沂水县指导规范渔业生产秩序，协助渔业合作社落实渔业安全生产、轮捕轮放制度，夏季捕捞花白鲢53万千克、野杂鱼虾7.5万千克。指导渔业合作社完成跋山水库鲢、鲤、鲫、草、银鱼、河虾等7种鱼的有机鱼认证，注册两大类50个品种鱼商标。协调渔业合作社在沂水县城筹建以销售花鲢、白鲢、鲤鱼为主的跋山水库活鱼直营店。

【跋山水库增容提质综合保障项目】 2022年，跋山水库增容提质综合保障工程由山东省水利勘测设计院有限公司规划设计，概算投资17.9亿元，主要实施清淤、环库路、抬田、库区移民及确权范围土地补偿、智慧水利等工程。年内，完成库容曲线复核、地质勘测，形成抬田和环库路方案。10月，山东省水利厅《关于公布沂水县跋山水库和沙沟水库新增库容曲线的通知》发文批复跋山水库库容曲线，工程可行性研究报告（评审稿）编制完成并呈报省水利厅技术审查。

【跋山文体生态旅游（皮划艇激流回旋）基地项目】 2022年，由临沂市承办的第26届省运会皮划艇激流回旋比赛场地确定位于跋山水库坝下。结合皮划艇激流回旋项目建设规划，沂水县规划建设“文旅融合、体旅统筹、农旅一体”的跋山文体生态旅游基地。该项目分两期实施，主要建设皮划艇激流回旋训练比赛场馆、水上综合运动中心、运动员康养休闲基地等。年内，召开两次分析论证会，对项目必要性、可行性、手续办理等进行论证。确定中建一局（集团）有限公司为项目投资主体。县司法局对战略合作框架协议进行合法性审查。 （张华政　赵　山）

沙沟水库管理

【概况】 2022年，沂水县做好沙沟水库工程管理、防汛抗旱和水源地保护工作，为农村生活生产用水和农业灌溉用水预留充足的水源，有效灌溉面积3400公顷，实现农村安全饮水工程供水水量125万立方米，清理库面漂浮物22.5立方米。年内，在山东省大数据局主办2022年度第二届中国新型智慧城市创新应用大赛上，县沙沟水库管理中心的《创新“千里眼+智慧大脑”智能监测模式，打造水库大坝安全“卫士”》获得智成奖。

【工程管理】 2022年，沂水县投入81.6万元实施沙沟水库维修养护及防汛抗旱、水源地生态保护等工作，维修渠道260立方米，养护坝区草皮护坡3.2万立方米，保障渠道、水库大坝安全运行，对水库4组启闭设施进行维护，确保水库设备设施正常运行。实施沙沟水库集中式饮用水水源地隔离防护项目。提升单位的安全生产规章制度、应急预案、操作规程、记录、档案等文件资料的符合性、有效性和完整性，以及现场设备管理、作业管理状况。11月23日通过省级标准化管理工作

2022年7月20日，沂水县沙沟水库管理中心在沙沟水库开展水上应急演练
（县沙沟水库管理中心 供图）

专家组核查，获省级水利工程标准化管理单位称号。

【防汛抗旱】 2022年，县沙沟水库管理中心编制并批复沙沟水库防汛控制运用计划、沙沟水库防御洪水方案，汛前对水库工程和机电设备进行全面检查、维护、试调。落实防汛“三线队伍”3050人，其中常备队250人、抢险队800人、抢险后备队2000人，全部人员建制编排，明确抢险任务，熟练抢险技术，落实抢险责任，逐人登记造册，满足抢险需要。开展防汛应急处置能力演练2次。受上半年降雨偏少影响，沙沟水库流域部分地区土壤墒情偏低，出现不同程度旱情。管理中心提早分析抗旱形势，对南北干渠进行全线清淤清障和渠道维修工作，清淤清障后，灌溉供水全线畅通，灌溉面积3400公顷，受益人口9万余人，缓解农田旱情。

【水源地保护】 2022年，沂水县继续实施以渔净水、以鱼控藻的生态养殖方式，提升水质，保障供水安全。监督渔业公司投放规格为30尾的草鱼700千克，规格为10尾的草鱼1200千克，规格为40尾的花鲢1100千克，规格为10尾的花鲢1000千克，规格为2尾的花鲢20200千克，规格为30尾的白鲢800千克，规格为10尾的白鲢1050千克，规格为2尾的白鲢10000千克。做好供水、发电管理，发挥水资源效益。农村安全饮水工程实现供水水量125万立方米，安全发供电190天，发电62万千瓦时。实施沙沟水库集中式饮水水源地隔离防护项目，完善隔离防护措施，防治水体污染，提升生态功能保护区管护能力。

【湖长制工作】 2022年，沙沟水库管理中心落实日常巡查管护制度，对水库进行实时监控。年内组织定期巡查24次，特殊巡查5次，排查隐患问题16处。加强流域环境综合整治，清理库面漂浮物22.5立方米。配备水质监测设备，每天监测水质质量。做好防溺水等安全管理工作，大坝新装拌线2条，库区周边警示标志牌新安装20余块，更换、涂刷标识80余块。

【集中式饮用水水源地隔离防护工程】 2022年，沂水县实施集中式饮用水水源地隔离防护工程，在集中式饮用水水源地保护区范围内实施隔离防护设施、宣传警示设施、能力建设提升设施以及水质保障设施建设工程。项目争取上级专项资金934万元，规划建设隔离防护围栏、防撞护栏、事故导流槽、应急池、保护区界标、交通警示牌、宣传牌、视频监控系统、消能装置等，总投资940万元。5月，制定《沂水县沙沟水库集中式饮用水水源地隔离防护项目实施方案》，8月22日进行招投标，9月1日与中标单位沂水县久远水利水电建筑安装有限公司签订施工合同，开始施工建设。年内，沙沟水库集中式饮用水水源地隔离防护工程完成90%。 （都张娟）

城市建设

城市规划

【控制性详细规划】 2022年，沂水县推进街区控规编制，编制完成沂水县彩虹文化运动休闲特色小镇康养区、隆科特新型酶制剂及功能性食品项目周边地块、锐巴新材料项目周边地块、华腾新材料制品项目周边地块、鑫源纸业项目周边地块等5个城区控规，崔家峪镇南街区、诸葛镇东居住片区、沙沟镇东工业片区、黄山铺镇党委东地块4个乡镇控规，为隆科特新型酶制剂及功能性食品生产项目等一批产业项目提供规划支撑。

【规划管理】 2022年，沂水县加强建设工程批后监管，实施建设项目批后管理跟踪卡制度，确保所有建设项目达到规划控制要求。对149个在建建设工程跟踪管理，参与放线49起，验线102次，下达整改通知书21件、变更定位图7次，完成竣工规划核实项目32个。

【规划专题研究】 2022年，沂水县实行重大建设项目国土空间规划委员会审议制度，组织召开国土空间规划委员会会议5次，审议通过项目52个。审议项目包括龙湾帝璟、阳光云玺、博雅琚等房地产项目，第九实验小学、第七实验中学等教育公共设施，隆科特酶制剂、锐巴新材料等“两规”[土地利用总体规划、城市（镇）总体规划]一致性调整项目。

【规划行政审批】 2022年，沂水县审批工程建设项目96个。其中，住宅项目26个，总面积196.6万平方米；工业项目16个，总面积11.8万平方米。

【规划服务】 2022年，沂水县出具国有、集体及增减挂钩项目地块规划区位图8个批次，出具93个地块的用地规划条件，办理用地预审与选址意见书9份，出具项目选址及用地评估放线图11份，完成民营企业完善产权手续2022年第一批次规划意见。

（扈明新）

城市更新

【城市路网建设】 2022年，沂水县投资6218万元新建城区道路5条，总长4900米，铺设雨水管网6467米。其中，海河路（西一环）路建设工程总投资2616万元，全长1685米，道路红线宽40米，主路22米，绿化带3米，慢车道3米，人行道3米，铺设雨水管网3000米；杨家路建设工程总投资460万元，全长437米，道路红线宽18米，车行道宽7米，两侧各5.5米人行道，铺设雨水管网437米；沂河山庄北路建设工程总投资1029万元，全长686米，道路红线宽24米，路面宽16米（车行道宽12米、非机动车道4米），两侧各2米绿化带、2米人行道，铺设雨水管网1300米；雪山河北侧道路建设工程总投资936万元，全长936米，车行道宽7米，两侧各2米人行道，南侧铺设雨水管道一道，铺设雨水管网670米；文山东路建设工程总投资1200万元，全长1206米，规划道路红线宽18米，车行道宽9米，铺设雨水管网1060米。

【金澜湾沂河大桥建成】 2022年10月16日，金澜湾沂河大桥建成通车。大桥总投资3.1亿元，北起淮河路（龙湾大道）南端，南至沂河东路（滨河东路），该桥是沂水县第一座独塔斜拉桥，长度约1115米，道路宽43米，铺设雨水管网800米。

【城市绿化】 2022年，沂水县投资1196万元实施沂河西路中段绿化、沂河东路（龙岗—泰山路）斜坡绿化、沂蒙山西路道路斜坡绿化、黄山路西段绿化、龙港路路口三角绿地工程。沂河西路中段沿河绿化工程长度1400米，投资390万元，主要建设小广场、廊桥、假山、景观小品，栽植景观松、雪松、银杏等花灌木1.5万平方米。沂河东路（龙岗—泰山路）斜坡绿化工程长度1600米，投资312万元，主要采用华山松、垂丝海棠、榆叶梅等绿植，面积1.2万平方米。沂蒙山西路道路两侧绿化工程投资108万元，主要采用白皮松、玉兰、垂丝海棠等绿植，路口三角绿地配景观黑松景石点缀。黄山路西段绿化工程投资156万元对黄山路与顺天河路路口东南角绿地进行改造，主要栽种景观黑松、玉兰等绿植，面积1600平方米。龙港路路口三角绿地工程投资230万元，主要栽种白皮松、红花碧桃、美人梅等绿植，搭配对节白蜡盆景造型，面积2300平方米。

【城建重点工程】 2022年，沂水县城建工作继续实施以河为轴、两城同建的发展战略。全年实施道路桥梁建设、棚户区改造、片区征收及安置楼建设、公共基础设施建设、片区开发、村镇建设6大类、50项城建重点工程，建设总投资81亿元。金澜湾沂河大桥建成通车，全民健身运动中心、第三污水处理厂、正阳西路停车场及北侧绿化带建设工程、西城综合医院、县疾控中心、雪山彩虹谷休闲运动体育特色小镇等工程按节点正常推进。

【城市照明】 2022年，沂水县投资290万元，对金澜湾沂河大桥、海河路（西一环）建设工程、杨家路建设工程、沂河山庄北路建设工程、雪山河北侧道路建设工程和文山东路建设工程道路（桥梁）两侧安装路灯341盏。

【棚户区改造】 2022年，沂水县对列入省棚户区改造计划的马山官庄、于家官庄三期、郭柳社区3个棚户区实施改造，开工建设1080套19栋安置楼。完成下

2022年1月，锦绣花园安置区建成交付　　（县网信办　供图）

一年2个棚户区改造项目288套的计划上报。对12个列入省市棚户区改造和城镇开发边界内未建成社区进行专项集中整治，上报销号项目4个，竣工项目6个，完成省专项整治80%的目标要求。督促以前年度项目加快施工进度，完成10个棚改项目1925套安置房建设任务，其中6个项目完成房屋分配、交付使用。

【老旧小区改造】 2022年，沂水县完成皮件厂家属院、物资局家属院、沂水一中家属院等40个小区的雨污管网更换维修、道路更新硬化、公共建筑物修缮、屋面防水、小区内亮化绿化、安防监控、弱电线路规整入地等改造任务，涉及居民楼132栋、3122户，总改造面积28.5万平方米。

（张永圣）

2022年沂水县老旧小区改造一览表

表25

序号	项目名称	坐落街道（镇）名称	小区建成年份（年）	改造楼栋数（栋）	改造单元数（个）	户数（户）	建筑面积（平方米）
1	交通局北一环家属院	沂城街道	1994	6	12	96	7485
2	健康路三中家属院	沂城街道	1994	4	14	137	9840
3	公路中心家属院（鑫华路）	许家湖镇	2001	2	6	48	4654
4	四中家属院	龙家圈街道	1995	1	4	40	2827
5	实验小学家属院	沂城街道	1996	2	7	46	3856
6	沂水县第二实验小学家属院	沂城街道	1996	1	2	24	2040
7	沂水县物资局家属院	沂城街道	1989	6	12	104	7040
8	沂水二中老校区	沂城街道	1989	2	11	72	5455
9	刑警大队家属院	沂城街道	1996	2	8	80	9652
10	中国人民财产保险股份有限公司沂水支公司家属院	许家湖镇	1996	1	4	40	3800
11	沂水县人民医院家属院	沂城街道	1997	4	—	149	14082.8
12	工商局家属院（冯家庄）	沂城街道	1999	8	16	128	10880
13	沂水县中医院家属院	沂城街道	1997	1	3	20	1656
14	计生委家属院	沂城街道	1997	3	8	49	4941
15	中小企业局家属院	沂城街道	1997	1	3	30	2550
16	工商银行东家属院	沂城街道	1997	2	6	77	7068
17	沂城兽医站家属院	沂城街道	1998	1	2	12	1140
18	丝绸公司北院	沂城街道	1987/1996	2	5	46	3272
19	汽车八队家属院	沂城街道	1999	9	18	146	12700
20	沂新中学家属院	沂城街道	1996	1	2.5	15	1344

续表25

序号	项目名称	坐落街道（镇）名称	小区建成年份（年）	改造楼栋数（栋）	改造单元数（个）	户数（户）	建筑面积（平方米）
21	沂水一中	龙家圈街道	2003	10	32	229	17096
22	公安局（看守所）家属院	沂城街道	1999	5	15	200	26500
23	复烤厂家属院	沂城街道	1998	11	30	264	24606
24	裕丰小区原林业局家属院	许家湖镇	2000	4	9	80	7186
25	信用社家属院	许家湖镇	2000	7	8	103	11140
26	连杆厂家属院	沂城街道	2000	6	24	232	20175
27	建委北家属院	沂城街道	1986	1	3	32	2240
28	广播电视台家属院	沂城街道	1997	2	6	52	3950
29	电影公司露天影院家属院	沂城街道	2000	1	3	14	1372
30	皮件厂家属院	沂城街道	1996	2	6	54	4320
31	电焊条厂沿街	龙家圈街道	2002	1	5	40	3800
32	城关供销社家属院	沂城街道	2003	3	6	66	9180
33	原城关烟站家属院	沂城街道	1998	2	6	60	4800
34	沂城信用社家属院	沂城街道	1998	1	2	12	1200
35	卫生局家属院	沂城街道	1998	4	8	64	5040
36	公路中心家属院 长安南路	许家湖镇	2004	2	6	44	5720
37	畜牧局家属院	沂城街道	1998	2	5	28	2280
38	文化馆家属院	沂城街道	1998	2	6	41	4072
39	沂水二中东院（一）	沂城街道	1998	5	13	126	12394
40	经委散装水泥家属院	沂城街道	1997	2	3	22	2100

市政设施

【供水】 2022年，沂水县完成供水量2807万吨。投资300万元，用于供水基础设施建设，改造提升溪源水厂机组，新建庐山泵站并投入运行，新建、改造供水主管网5000米。承接西朱家庄片区、前马荒片区、杨家庄子片区等11个新建安置小区供水专项配套工程，安装8740户。开展强管理促发展百日集中整治行动，进行用水管理、供水漏损等专项整治活动。（张永圣）

【供气】 2022年，沂水县有燃气公司2家，加气站3家，液化气站15家。燃气管网覆盖全县12个乡镇，管网长度1156千米，天然气户数10.9万户。其中，天然气居民用户10.8万户，工业天然气用户280户，工服天然气用户353户，年用天然气总量1.5亿立方米。液化气用气户数5万余户，年供液化气1万余吨。燃气企业全部实行智能化监管，每个燃气企业安装高清监控设施，燃气主管部门可在平台上对燃气经营企业实现24小时远程实时智能监管。对燃气经营企业进行季度检查、复查，在做好日常监督检查的前提下，采取购买第三方服务的方式，邀请具有安全评估资质的第三方全面查找燃气企业、站点规章制度、设备、工艺、储存和使用过程中存在的问题，列出危险源和风险点，确定风险等级，针对风险源进行整改。年内，对全县燃气企业进行季度检查4次、复查4次，形成安全隐患评估报告80份，排查隐患687条，企业自查自改问题隐患106条。

【供热】 2022年，沂水县新增供热管网2.5千米，改造供热管网4千米，检修养护供热管网85.5千米，检测养护设施213处。完成翰林华府一期、裕源小区等7处老旧小区的供热改造。督促供热企业落实煤源32.5万吨，保障集中供热煤炭供应。2022—2023年供暖季供暖面积713万平方米，供暖户数6.8万户。

【污水管网建设】 2022年，沂水县总投资0.2亿元，对城区213千米污水管网进行检测及清淤。完成中央控制工业管道内窥摄像检测（CCTV）污水管网181.4千米，污水管道清淤96.2千米，管网水质流量监测47.8千米，完成普查及清淤任务。

（李兰华）

城市公共交通

【城市公交】 2022年，沂水县有新能源电动公交车60辆。设城市公交线路5条，总长度88千米，设置站点226处。其中，1路，起点汽车站，终点安达驾校；2路，起点汽车站，终点武家洼；3路，起点汽车站，终点新技校；5路，起点万泉湖，终点沂水第三中学；6路，起点汽车站，终点车管所。日在线营运车辆60辆，480班次，日均客流量7000人次。

【出租车管理】 2022年，沂水县有巡游出租车公司3家，分别为沂水华菱汽车出租汽车有限公司、沂水兴华汽车出租有限公司、沂水县盛通公交客运有限责任公司，有巡游出租汽车378辆。年内，结合全国文明城市创建等工作，县交通运输局定期组织从业人员教育培训，确保服务文明规范、车辆整洁卫生。

【网约车管理】 2022年，沂水县有网约出租车公司3家，分别是蓝海科技有限责任公司沂水分公司、山东小迈科技有限公司沂水分公司、深圳万顺云信息技术有限公司沂水分公司，有网约出租车29辆。年内，县交通运输局督导企业制度建设，组织从业人员教育培训，加强车辆动态监控，加大对违法违规运营行为的打击力度，确保行业运营规范、服务文明。

（刘京宝）

城市管理

【市容市貌管理】 2022年，沂水县落实“门前五包”（包卫生、包绿化、包秩序、包看护、包美化）责任制，对城区各路段流动摊点、占道经营、私搭乱建、乱停乱放等各类违规行为进行整治，提升城市精细化管理水平。利用无人机等科技手段全面管控违章建筑，遏制产生新增违建。依法清理规范流动摊点等违规行为1.2万起，整治店外经营、占道经营4300余处，拆除城区违法建设216起，面积15.9万平方米。

【环境卫生管理】 2022年，沂水县开展精细化保洁，人工清扫以“两次普扫，全日保洁”为作业模式，机械化清扫以洗路车和机扫车联合清扫为作业方式，对部分路面进行精细化、深度化保洁，机械化清扫里程日均740余千米，洒水400余千米，冲洗路面50余万平方米，处理生活垃圾18万吨，餐厨垃圾4694.9吨，更新破损生活垃圾桶150个。对全城72处公共卫生间实行24小时不断层管理。总投资约200万元，新建1处公共卫生间，改造提升7处公共卫生间。倡议垃圾分类处理，在城区5个小区开展垃圾分类试点，发放宣传资料6000余份，在诸葛镇、黄山铺镇安装分类垃圾桶2500余个，完成吕家庄停用垃圾填埋点治理84%。

【城乡环卫一体化】 2022年，沂水县各乡镇均成立环卫所，全县配备环卫所专职人员296名，卫生巡查员119名，18个乡镇（街道）配备村级环卫工人3430名，配备标准为每300人设1名环卫工人。全县配备中转站25座，垃圾清运车177辆，配备垃圾桶5.7万个。对18个乡镇（街道）生活垃圾的收集台账、中转站接收台账、生活垃圾转运台账进行时时记录，每月汇总，与焚烧发电厂地磅数据核实后，形成《生活垃圾月产生量确认表》，统一报送城乡环卫一体化办公室留存。

【园林绿化】 2022年，沂水县加强园林养护管理，打造绿化精品，完成歌尔电子厂西侧河道治理工程、城区裸露土地治理工程。加强园林绿化执法，加大违法破坏园林绿化的查处力度。办理交通肇事造成绿化补偿17起、违法行为造成绿化补偿5起。完成富田游园、计委西口袋公园的建设，城区绿地游园改造提升工程完成80%。打草、拔草295万平方米，修剪绿篱126.4万平方米，苗木抹芽5.6万株，补植各类苗木花卉11.1万株，清理绿化带卫生112万平方米，维修安装绿化栅栏9700余处，清理河道水面垃圾80余万平方米。

【市政设施管理】 2022年，沂水县加强道路设施、排水设施管护，开展路灯设施维护，整理更换路缘石93处、下水箅子120余套、道路盖板170余块，修补沥青路面8000余平方米，修补大理石板、方砖、荷兰砖7000余平方米。巡查污水管网200余千米，

建设中的香山路口袋公园　　（县行政执法局　供图）

维修维护管网20余处，疏通污水管网2500余米，排查清淤90余千米。修复检查井96个、更换检查井盖板100余块，维修城区路灯2000余盏次，处理检查井线路200余处、砌垒检查井50余个、更换电缆线1000余米。完成正阳大桥及县府广场周边亮化。

【户外广告管理】 2022年，沂水县排查大型户外广告安全隐患2次，排查大型户外广告90处，排查店面招牌安全隐患6次。规范大型户外广告设施41处。规范牌匾标识321处，整改不符合城镇容貌标准和存在安全隐患户外广告牌61处。配备7名专职保洁人员，划定责任区域，清理各类野广告2365处。发挥野广告电话追呼系统作用，加大对野广告电话的取证、追呼力度，电话语音提示140余起。更新城区道路指示牌、公交候车亭等位置的城市管理公益广告画面，更新覆盖道路指示牌500余平方米，更新广告画面70余幅。

【综合执法】 2022年，沂水县梳理执法事权、事项及执法依据，根据权责清单动态调整行政处罚、行政强制等事项及相关裁量标准。以规范执法程序和行政处罚自由裁量权行使为重点，完善执法程序，实施案审会制度，规范案件办案流程，明确办案时限，实现执法规范化，提升执法办案质量和效率。明确1556项行政处罚权的监管职责界定和处罚自由裁量权，立案查处行政处罚案件196起。对执法人员进行业务培训，重点培训新修订的行政处罚法对程序问题和办案注意事项以及“零口供”办案，开展各类培训12次。推进基层中队标准化建设，将沂城街道、许家湖镇、龙家圈街道中队先行试点打造，年底基本打造完成。

【智慧城管】 2022年，沂水县依托餐饮油烟大数据平台，完成1268家城区餐饮饭店建档立卡，纳入“一店一码”。对58家规模餐饮饭店安装在线监测设备，下达责令餐饮油烟整改通知书130余份，立案处罚11起。通过车载全景慧眼系统（新型移动抓拍车）和手机抓拍程序，对城区机动车辆乱停乱放加大巡查处罚力度。上报案件2.8万件，立案2.8万件，结案2.7万件，结案率97.7%。上传交警平台违停信息1万余条。

【市区停车管理】 2022年，沂水县加快停车场建设。新建香山西路停车场1处，新增停车位7650个，更新8750个，施划停车线3.4万米，安装严管街标识牌220处，禁停标志89处。

【城市排水防涝】 2022年，沂水县组建城市防汛应急分队，开展城市防汛演练，对汛前安全隐患排查整治。开展城市防汛应急处置6次，出动城市防汛应急执勤分队3次，出动应急施工队3次，出动强排泵车1次，检查问题隐患点176处，排查问题隐患25个，完成整改24个。对市政领域2处排水泵站升级在线实时监测预警功能；对各类管道、井盖、雨水箅子等排水附属设施检查维护，落实防汛物资保障，部署储备防汛用沙3000立方米、编织袋7万条、木材60立方米、铁丝10吨、排水泵8台、运输车辆9辆等防汛物资。 （李兰华）

乡村振兴

综　述

【乡村振兴战略规划】　2022年，沂水县召开县委农业农村委员会全体成员会议2次、县委农村工作会议1次，专项研究推进乡村振兴工作。出台《沂水县2022年农业稳县实施方案》《关于做好2022年全面推进乡村振兴重点工作的实施意见》《关于调整县委农业农村委员会组成人员的通知》《中共沂水县委农业农村委员会关于成立乡村振兴五个专班的通知》，强化乡村振兴战略规划，部署乡村发展、乡村建设、乡村治理等重点工作，促进粮食生产稳面积提产能、巩固脱贫稳势头提后劲、产业发展稳基础提效益、乡村建设稳步伐提质量。

【乡村振兴齐鲁样板打造】　2022年，沂水县贯彻落实乡村振兴先行战略，确保全县4.3万名脱贫享受政策人口稳定脱贫不返贫。成功争创省级首批现代农业强县。累计打造“长三角”中心城市优质农产品供应基地22个，培育国家级农业产业化重点龙头企业2家、农民合作社2156个、家庭农场1435家，沂水苹果品牌入选浙江大学品牌价值榜，品牌价值17.6亿元。新培育县级以上美丽乡村100个，其中省级5个，全县20.5%的农村常住庭院建成“美在农家（美丽庭院）”示范户。接续推进院东头镇、黄山铺镇市级乡村振兴、美丽乡村示范片区以及泉庄——崔家峪、许家湖——四十里堡衔接乡村振兴集中推进区建设，争创院东头镇乡村振兴齐鲁样板省级示范区。比省定期限提前3个月完成许家湖镇南社、袁家庄2个安置区建设任务。完成4个农村信用体系建设试点任务，受到财政部、省农业农村厅等各级各部门的认可。农村集体资产股权质押贷款累计办理5.6亿元，总额位居全省县域第一。沂水县在全市乡村振兴现场观摩评议中位居第一，被评为全省农村集体产权制度改革整县试点工作表现突出集体，《绘就“三生三美”乡村振兴新画卷》入围“山东省乡村振兴优秀案例（县域）”。

（刘　钊）

脱贫攻坚成果巩固拓展

【概况】　2022年，沂水县聚焦动态监测帮扶、衔接资金项目建管、政策落实、衔接乡村振兴集中推进区建管等重点工作，持续巩固脱贫成果，防止返贫致贫。至年底，全县脱贫享受政策人口29838户、43041人，动态监测人口1432户、2986人，脱贫享受政策人口和动态监测人口年人均纯收入10115元，比上年增长16.5%。获得全市巩固脱贫攻坚成果工作考核第一名。

【组织体系建设】 2022年，沂水县落实“四个不摘”要求，实行“三级书记”抓巩固拓展脱贫攻坚成果同乡村振兴有效衔接，压实乡镇主抓主推责任、行业部门专项责任，发挥343名省、市、县选派第一书记驻村帮扶责任及农村基层党组织在抓乡村振兴中的作用，确保3700名帮扶责任人每季度入户走访排查整改问题。强化考核，对乡镇（街道）加大督查力度，每月督查通报。

【脱贫巩固提升】 2022年，中央、省、市、县下达衔接推进乡村振兴补助资金19184万元，其中，定向使用资金3644万元，用于项目建设资金15540万元。投入10540万元实施衔接资金项目127个，投入5000万元实施衔接乡村振兴集中推进区项目28个，全部完工。落实“四权”分置管理机制，对2016年以来建成的668个项目加强监管，确保资金资产安全，收益长效稳定。落实《山东省乡村振兴局山东省财政厅关于开展衔接乡村振兴集中推进区建设工作的通知》要求，在泉庄镇、崔家峪镇实施衔接乡村振兴集中推进区项目。总投资28480.2万元，其中衔接资金5752.1万元，统筹整合全县组织、农业农村、水利等部门资金9671.1万元，社会资金13057万元。实施35个项目，其中产业发展项目9个、就业带动项目2个、环境整治项目21个、乡村治理项目3个。提升脱贫享受政策人口和动态监测人口就业比例，设置农村公益性工作岗位1129个，落实岗位补贴812.9万元。向符合条件的一般农户推荐政策性贷款，发放“齐鲁富民贷”997笔、13802.6万元；发放脱贫人口小额信贷26笔、115万元；发放富民生产贷5笔、4900万元，带动1006户增收。

【政策兜底保障】 2022年，沂水县继续落实脱贫攻坚期内出台的住房、教育、饮水、金融等政策，确保脱贫享受政策人口和监测帮扶人口稳定脱贫不返贫、不出现新致贫。对动态排查发现的133户不安全住房列入危房改造计划，已全部完成改造。资助贫困学生2356人次、148.5万元；减免学费（保教费）807人次、78.6万元；“雨露计划”补助343人次、51.5万元。开展家庭医生签约服务，签约服务4.6万人次，签约率100%。对58097名医保帮扶对象参加城乡居民基本医疗保险个人缴费部分，给予参保补贴金额1859.1万元，实现应保尽保。投入590万元，实施农村饮水安全维修养护工程，保障1.7万户群众饮水安全。落实残疾人政策，实现需求动态清零，为1607名残疾人新办理或变更残疾人证；投入资金78万元集中采购轮椅、假肢、助听器等辅具1063件，为残疾人发放各类辅具724件。严格落实易地扶贫搬迁后续扶持，整合上级扶持资金213.3万元，在诸葛镇九岭实施现代园区项目，年实现收益12.8万元。加大就业帮扶力度，实现易地扶贫搬迁脱贫户中有劳动能力人口全部实现就业，其中公益岗位18人、劳务输出11人、自主创业和灵活就业13人。

易地扶贫搬迁后的诸葛镇大崮后村　（县发展改革局 供图）

【长效机制构建】 2022年，沂水县组织开展巩固脱贫攻坚成果大走访活动5次，走访40余万户，筛查“两不愁三保障”落实情况，确保政策全部落实到位。创新动态监测帮扶村级直报机制，将全县1040名村级防止返贫动态监测网格员纳入钉钉群管理，发现致贫返贫风险后开展钉钉直报。每季度组织民政、医保、残联等7个部门召开防止返贫动态监测预警工作联席会议，集中研判预警信息10097条。印发《2022年防止返贫一册清》帮扶手册，督促责任人及时掌握脱贫户相关情况，定期开展精准帮扶。全年纳入监测帮扶对象118户295人，按照“缺什么补什么”的原则落实针对性帮扶。探索构建产业项目产业保险、维修基金、计提折旧、核销处置四级保障机制，制定《沂水县产业扶贫资产维修基金管理办法（试行）》《扶贫资产计提折旧及资产处置管理办法（试行）》《沂水县扶贫资产核销管理办法（试行）》。至年底，产业保险赔付27次107.1万元，维修基金补贴修缮项目28个、140.6万元，完成计提折旧试点工作。《山东审计简报》刊载《沂水探索设立产业扶贫资产维修基金 保障扶贫资产长效运营》一文，推广沂水县维修基金保障机制做法。（张志远）

农村改革

【农村集体产权制度改革】 2022年，沂水县推进省级第一批农村改革试验区建设，年内新增股权质押贷款2亿元，新增有偿退出业务145笔。“股权继承和有偿退出”机制、“股权质押+”、拓展农村集体股权“五大权能”先后入选省发展改革委、省委农办典型案例，新华社客户端、新华财经客户端等新闻媒体相继报道沂水县股权质押贷款做法。

【农村集体“三资”管理】 2022年，沂水县农业农村局按照《沂水县农村集体资金资产资源管理办法》要求，指导乡镇（街道）加强对村集体资产的管理，按规定执行招投标制度，加强合同管理。通过对财务公开情况进行明察暗访，定期监督检查农村集体“三资”监管平台账务处理等情况。每季度对各乡镇扶贫资产登记、核算、运行、监管情况进行调度、统计和监督检查。联合乡村振兴服务中心对2019年以来各村扶贫资产收益收支情况进行调度，以扶贫资产确权、“三资”系统录入等为重点开展扶贫资产“回头看”。指导黄山铺镇、道托镇、崔家峪镇、四十里堡镇开展第一、二批市级农村财务管理改革试点工作，提升经管站办公场所、信息化设备及服务大厅，建立高标准农村集体“三资”管理服务中心，配齐配强农经人员队伍，配备专用档案柜，推行银农直连审批支付系统和村级会计委托代理服务，以“线上+线下”方式规范各村财务公开。

【土地流转】 2022年，沂水县新增土地流转面积3066.7公顷，累计流转4.5万公顷，占家庭承包经营土地面积56%，土地流转3公顷以上面积达4.1万公顷，规模化经营面积占比92%。签订流转合同19.9万份，合同签订率100%。走访调研马站镇古峰台村、崔家峪镇西荆山头村、富官庄镇林头村等，总结推广整村集中流转、解决细碎化难题等典型案例2个。在崔家峪镇建设农村土地承包及流转服务示范窗口1处。

【农村宅基地改革】 2022年，沂水县创新农村宅基地改革，聚焦农村住宅建设，开展土地综合整治，盘活存量建设用地，挖潜低效利用土地。5月31日，山东省农业农村厅发布《山东省农业农村厅关于推介农村宅基地管理典型案例的通知》，沂水县入选推介目录。至年底，全县备案盘活闲置农房、闲置宅基地面积43公顷，挖潜出存量建设用地41.6公顷。（刘 钊）

乡村产业

【概况】 2022年，沂水县规模以上农产品加工企业119家，实现营业收入312亿元，较上年同期增长14.8%。有市级及以上农业产业化重点龙头企业71家。许家湖镇连续3年被认定为全国乡村特色产业超十亿元镇。有全国“一村一品”示范村镇3个（诸葛镇苹果、许家湖镇生姜、泉庄镇桃），省级“一村一品”示范村镇2个（院东头镇生姜、夏蔚镇大樱桃），省级农业产业化示范联合体6家，省级乡土产业名品村42个，省级农业产业强镇5个。院东头镇、四十里堡镇分别承担国家级农业产业强镇建设项目。沂水县被认定为山东省农产品加工业示范县，有省级农产品加工业示范园区1处（沂水县高端食品产业园区），省级农产品加工业示范企业6家，全市十强农业乡镇2个（院东头镇、四十里堡镇）。

【农业龙头企业培育】 2022年，沂水县培育壮大提升农业产业化龙头企业，新增沂水新希望六和食品有限公司、七星柠檬科技有限公司2家省级重点龙头企业。山东隆科特酶制剂有限公司入围2022年山东民营企业创新100强、创新潜力100强。至年底，有青援食品、大地玉米2家国家级重点龙头企业，12家省级重点龙头企业，57家市级重点龙头企业。大地玉米、青援食品、泓达生物3家企业上榜2022年中国农业企业500强。

【农业品牌建设】 2022年，沂水县用足用好“好品山东”“产自临沂”“沂水十品”等区域公共品牌，发挥鲁州、青援、沂蒙山、鼎福等企业品牌优势和沂水苹果、沂蒙绿茶、沂水生姜、沂水大樱桃等区域品牌优势，组织世纪春、沂水苹果申报山东省高端品牌企业，组织“正囍”申报第七批山东省知名农产品区域公用品牌和企业产品品牌并获得通过，新通过绿色食品认证5个，组织金龙山、名肽生物等申报临沂优质农产品品牌运营协会创始会员单位。加强品牌对外推介，组织全县优势特色农产品参加中国国际农产品交易会、全国糖酒交易会、广交会等各类展会活动。9月21日，筹办“山东·临沂庆祝2022年中国农民丰收节”活动。青援食品、沂水苹果进入2022中国品牌价值评价信息榜，品牌价值分别为8.9亿元、5亿元；沂水苹果进入浙江大学中国农村发展研究院中国农业品牌研究中心2021中国果品区域公用品牌价值榜，品牌价值17.6亿元。3月，青援食品入选第一批“好品山东”品牌。

【新型经营主体】 2022年，沂水县以实施省级家庭农场高质量发展整县提升试点为契机，建立家庭农场辅导员制度，规范提升农民合作社、家庭农场，新增农民合作社58个，家庭农场163个，新增3个农业生产性市级示范服务组织，新增市级农民合作社示范社15个、家庭农场示范场17家；8个合作社进入省级示范社

省级示范社——尹家峪村金龙山农业专业合作社 （县农业农村局 供图）

公示名单。指导成立家庭农场协会，入会成员135家。将新型农业经营主体引入农村信用体系，实现对新型农业经营主体动态信用评价，引导新型农业经营主体逐步走向规范。众鑫种植专业合作社、丰庆家庭农场分别入选全市合作社、家庭农场典型案例。（刘　钊）

乡村建设

【乡村规划】　2022年，沂水县加快推进镇村规划编制，完成沂城街道长安、大梨行村等15个村庄规划成果和马站镇南湖村等5个百村示范行动规划设计方案。完成斜午拦河闸、黄山铺镇光伏电站项目选址论证报告专家评审。对崔家峪镇、泉庄镇乡村振兴衔接推进区及其他乡镇5批354个扶贫建设项目进行现场踏勘、规划审核回复。（扈明新）

【农村人居环境整治】　2022年，沂水县实施村庄清洁“春节战役”“春季战役”和“夏季战役”暨实施“村容村貌提升百日攻坚”行动，对18个乡镇（街道）城乡环境综合整治工作开展3轮观摩点评、4次无人机检查，严督实考，常态化推进全域整治。全年拆除残垣断壁10432处，完成农村弱电线路整治994个村庄。至年底，1030个村达到清洁村庄标准。

市级美丽乡村示范片区——黄山铺镇大匡庄村　　（黄山铺镇　供图）

【美丽乡村建设】　2022年，沂水县发挥美丽乡村示范作用，以点促面，推进美丽乡村梯次培育。改造提升“四好农村路”100千米。实施“照我回家”工程，安装完成2.8万盏路灯。开展“美在农家”建设，县级以上“美在农家”示范户6000户。开展农村“厕所革命”，农村累计改厕11.8万户。年内，创建省级美丽乡村5个，市级美丽乡村21个，县级美丽乡村100个。累计建成省、市、县三级美丽乡村333个。（刘　钊）

【农村危房改造】　2022年，沂水县持续实施农村危房改造，逐步建立健全农村低收入群体等重点对象住房安全保障长效机制，实现巩固拓展脱贫攻坚成果同乡村振兴有效衔接。严格危房改造“七步”程序，将农户个人申请—村级集体评议—乡镇审核—县级审批—签订协议—组织实施—竣工验收的流程全面严格落实到位，确保低收入群体危房应改尽改。年内，拨付补助资金568.9亿元，由村镇建筑公司或经培训合格的建筑工匠队伍施工建设，完成低收入群体等农村危房改造229户。

【农村改厕】　2022年，沂水县住建局组织开展农村改厕“户户到、大排查、大整改”及户厕问题摸排整改“回头看”工作，对排查出的问题建立清单台账，分门别类制定措施，推进整改。在征求群众意愿的基础上持续开展农村改厕，结合改厕试点乡镇示范、农村危房改造以及村庄社区建设，累计完成农村改厕11.8万户。巩固改厕成果，做好改厕规范升级和后续管护，全县18个乡镇（街道）全部按照标准建立农村改厕后续管护公司，公司实体化运行，配齐人员和设施设备，满足厕具维修、粪污清运、利用处理等服务需求。

【清洁取暖改造】 2022年，沂水县超额完成1.2万户农户清洁取暖改造。成立专项工作组，制定《沂水县2022年农村地区清洁取暖建设工作方案》，层层分解落实工作任务。因地制宜推进，对使用分散电取暖、分散生物质取暖模式的1.2万名农户，实行全县统一招标采购，农户自主选择设备，厂家免费送货安装。强化清洁取暖建设全过程监督，实现项目规划、设计、建设、验收及运行等无缝隙监管，构建农村清洁取暖稳健、长效运行机制。

【乡村建设评价省级样本县打造】 2022年6月，沂水县被推荐为乡村建设评价省级样本县，为临沂市唯一。在样本县打造中，成立县委副书记、县长任组长的乡村建设评价工作领导小组，制定《沂水县2022年乡村建设评价工作方案》，聚焦与农民群众生产生活密切相关的内容，从发展水平、农房建设、村庄建设、县城建设4个方面分析评价县域乡村建设情况。乡村建设评价包括数据采集、问卷调查、现场调研、分析评估、形成评价报告等步骤，评价方为部级和省级专家团队组成的第三方机构。评价组到院东头镇、许家湖镇、泉庄镇等调研，掌握乡村建设状况和水平，查找乡村建设中存在的问题和短板，提出有针对性的建议，指导各地运用好评价成果，采取措施统筹解决评价发现的问题。

（张永圣）

乡村文化

【文化惠民】 2022年，沂水县投资260万元改造提升杨庄、高庄等5个乡镇综合文化站与高桥手绣展馆、高庄粉皮非遗园等6处展馆。整改提升乡镇95个综合文化活动室与文化广场进行，补充更新图书1.9万册。投入15余万元为全县42支公益演出团队配置音箱、彩虹门、舞台背景等设备。实施农村公益电影放映工程，全年放映各类公益电影1.5万余场次。开展“我们的中国梦·文化进万家”百场公益演出送基层慰问活动，举办全县庄户剧团培训2期，设置小戏小剧展演大赛3个赛区，展演100余个小戏小剧文艺节目。投资78万元，为每个社区农家书屋配书100册。实施农民阅读习惯培养工程，开展阅读活动1200余场，奖励基层书屋图书28649册，奖励活动补助资金5.6万元。申请县级财政资金100万元，升级改造14个乡镇786个村级应急广播平台，与省级平台对接，建成村、镇、县三级畅通的应急广播平台。 （张 梅）

【农民丰收节举行】 2022年9月21日，中国农民丰收节（山

2022年5月23日，“我们的中国梦·文化进万家”活动走进许家湖镇

（县网信中心 供图）

东·临沂）在沂水县市民文化艺术中心广场举行。活动由临沂市人民政府主办，以“庆丰收·迎盛会”为主题，表彰“最美农技人员”“星级农机推广机构”等优秀“三农”人物和组织，展示临沂优秀农产品，用歌舞等艺术形式展现喜悦、庆祝丰收、喜迎党的二十大召开。（刘　钊）

2022年6月9日，四十里堡镇第一期“创优”类村党组织擂台赛举办

（县网信中心　供图）

乡村治理

【农村基层党组织建设】 2022年，沂水县开展农村党建“质量提升年”活动，坚持抓党建促乡村振兴。将县委提级管理村级班子作为书记突破项目，探索镇级提级培育、管理村级后备人才制度，储备“兵人才”和“乡村好青年”。深化村党组织书记提级考核，创新村级“两委”干部县级备案管理制度，全过程监测所有村干部履职情况，构建“目标一致、分工合理、考核量化、奖惩分明”的村级工作落实体系。推行村干部履职辞职承诺制度，明确“必须为”职责，划定“不能为”红线，承诺在“三务”公开栏公示。以全省党建引领乡村治理试点为契机，以自然村为单位，按照50—60户标准，划分5709个网格，成立网格党小组3969个。探索网格员“定岗网格”制度，明确9项职责，做到“月遍访”“四随到、四进家”。探索“网格化+信息化”治理模式，开发党群同心线上平台，全要素展示网格情况，全天候受理群众诉求，全过程监测办理进度，构建诉求处置闭环机制。探索党员量化积分、村民信用积分、村民代表履职积分、村规民约践行积分4个积分体系，推动乡村治理力量平时一线为民服务、战时“一键响应”转化。聚焦特色产业培育，构建“党建引领、镇村作为、国企助力”的工作体系，组建农业特色产业联盟4个，实施国企合作项目17个，带动村集体增收2843万元。所有村集体收入均过10万元，过50万元的村占比52%。推广乡镇党委领办合作社联合社、党支部领办合作社土地托管模式，全县398家合作社带动村集体增收816万元，群众分红1600万元。集中连片推进5个第一书记乡村振兴示范片区建设，投入产业资金5.1亿元，发展产业项目174个，带动村集体新增经营性收入440.5万元。（王　杰）

【乡村振兴“四雁”工程】 2022年，沂水县聚力实施乡村振兴“四雁”工程。突出“头雁”领航。实行县委提级管理村党组织书记、村级班子机制，配备“兵支书”，打造过硬战斗堡垒。抓好“鸿雁”示范。培育本土农业技能人才，重视发挥“土专家”“田秀才”在乡村振兴中的骨干和示范作用，培育高素质农民300名、乡村好青年391名、齐鲁乡村之星7名、沂蒙乡村之星18名，申报农民职称58名。推动“归雁”助力。开展“双招双引”和“归雁”人才返乡创业考察活动362次，提报回乡创业的外出能人线索735个，吸引“归雁”人才回乡发展142人。打造

“雁阵”强村。推广乡镇党委领办合作社联合社、党支部领办合作社土地托管模式，累计成立村党支部领办合作社398家。

【清廉村居建设】 2022年9月，沂水县149个行政村启动清廉村居建设。构建县级“双专班”+镇街工作专班的“2+18”（县工作专班、县监督专班、18个乡镇街道工作专班）运行机制，实施“周调度+实地督导”推进机制，制定县、镇、村三级任务清单，设计“三步走”（2022年40%行政村、2023年全覆盖、2024—2025年巩固提升）路线图，在149个村设立纪检监督员，为161名村干部建立廉政档案。在全市率先建立“5+1”农村党员分类管理量化积分体系。细化公开7个方面、38大项、40小项小微权力，规范村级权力运行。依托清廉村居“阳光村务”监督平台，推进“三务”线上公开。依托银农直连系统办理业务11936笔，成功支付4.3亿元。在全县选定30个村居打造农村清廉文化示范点，评选各类好人、道德模范300余人。为240名村干部购买养老和人身意外险，激励村干部担当作为。

【高素质农民培育】 2022年，沂水县农广校采取线上、线下相结合的方式，完成各类农民培训4479人。围绕农业支柱产业开展高素质农民培育。依托国家高素质农民培育项目，开展全季节、全产业链长期培育，通过生产技能类与经营管理类的阶段性集中培训，提升参训学员的基本生产技能、掌握初步管理知识；通过田间课堂、现场教学、跟踪指导等形式开阔学员眼界、创新思维模式、提升实践能力，掌握农村一二三产融合发展的各类知识，培育高素质农民300人。根据乡村特色产业开展农村实用人才培训，组织家庭农场、专业合作社、种植大户等，开展作物、蔬菜果品生产、果园管理技术、果树高效栽培技术、水肥一体化管理、电商销售暨直播带货等培训班，培训农村实用人才3933人。

【农村信用体系建设试点】 2022年，沂水县针对农村居民、新型农业经营主体、村居3类评价对象，分别设定正负面清单和评价指标，依托农村信用信息平台，实行信用积分等级管理，落实激励惩戒措施，构建“信用+乡村治理”机制。年内，建成沂水县农村信用信息平台，与农商银行“沂蒙云贷”系统完成对接，有3家银行24款贷款产品加入“信沂贷”，依托平台完成对院东头镇、黄山铺镇、崔家峪镇、泉庄镇4个试点镇的12.8万名农村居民及全县3755家新型农业经营主体1—12月信用评价。建成信用广场15个、信用长廊8个、诚信讲堂8个、其他阵地621处，打造信用超市224个、其他村级应用场所99个。为1466户A级及以上“信用户”颁发悬挂门牌，公示表扬2374名A级及以上信用居民。A级及以上农村居民在村级信用超市等开展积分兑换，享受加油、购物、购药优惠4200余人次。A级及以上新型农业经营主体和农村居民总授信5.5亿元、用信3.1亿元。财政部、中国普惠金融研究院、省农业农村厅等领导先后调研全县农村信用体系建设工作并给予充分肯定，《新华财经》《经济日报》《光明日报》等各级媒体予以报道。沂水县在全市美德积分金融转化机制试点暨普惠金融服务乡村振兴改革试验区建设工作推进会上作典型发言。

（刘　钊）

生态环境保护

综　述

【生态环境要素保障服务】 2022年，沂水县提高资源配置效率，争取省级以上污染防治资金2096.6万元，重点支持饮用水水源保护、空气质量生态补偿等项目。强化环境要素保障，主动对接项目建设单位，摸清项目主要污染物总量需求，统筹总量指标使用。年内，完成29个重点项目要素保障污染物总量确认工作。

【国家重点生态功能区县域生态环境质量监测评价与考核】 2022年，沂水县制定《国家重点生态功能区县域生态环境质量监测评价与考核工作实施方案》，投入资金9.8亿元，设立城乡环卫一体化、垃圾焚烧、污水污泥、园林绿化养护、森林防护等专项资金，重点实施污水处理、大气治理、森林培育、水土保持、垃圾焚烧等项目。成立由县委副书记、县长任组长的工作领导小组，明确各部门职责，细化工作分工，形成齐抓共管的工作合力。由县生态环境质量监测评价与考核工作领导小组办公室牵头，督导各部门按照任务清单上报相关资料。同时纳入年度环境保护考核工作，对工作重视程度不够、推动不力、行动迟缓的，视情节轻重予以通报、批评、约谈。10月，生态环境部印发《关于2021年度国家重点生态功能区县域生态环境质量监测评价与考核结果的通报》，沂水县综合评价结果居全省第二名，被生态环境部予以奖励激励。（徐建伟）

环境质量

【大气环境质量】 2022年，沂水县空气质量综合指数4.35，

2022年10月2日，沂水县生态环境分局到沂水丰源矿业有限公司督查
（县生态环境分局　供图）

全市排名第五位，综合指数改善5.6%，全市排名第九位；优良天数293天，全市排名第一位，较2021年增加27天，优良率80.3%，比上年增加7.4个百分点。六项指标中，细颗粒物（$PM_{2.5}$）年均浓度40微克/立方米，较2021年改善7%；可吸入颗粒物（粒径10微米以下，简称PM_{10}）年均浓度72微克/立方米，比上年下降13.3%；二氧化硫年均浓度12微克/立方米；二氧化氮年均浓度26微克/立方米，比上年下降10.3%；一氧化碳日均值第95百分位数浓度年均1.4毫克/立方米；臭氧日最大8小时平均值第90百分位年均浓度156微克/立方米，比上年上升5.4%；城市降尘量3.1吨/平方千米·月，较2021年降低18.2%。

2022年沂水县城区环境空气质量主要指标一览表

表26

监测项目	2022年	比上年改善率（%）
二氧化硫（微克/立方米）	12	—
二氧化氮（微克/立方米）	26	10.3%
细颗粒物（微克/立方米）	40	7%
可吸入颗粒物（微克/立方米）	72	13.3%
一氧化碳（第95百分位，微克/立方米）	1.4	—
臭氧8小时（第90百分位，微克/立方米）	156	-5.4%

2022年沂水县各乡镇（街道）环境空气质量主要指标一览表

表27 单位：微克/立方米

站点	二氧化硫	二氧化氮	一氧化碳	臭氧8小时	可吸入颗粒物	细颗粒物
沙沟镇	12	22	1.4	180	79	37
院东头镇	12	17	1.5	170	65	38
泉庄镇	13	19	1.5	170	59	38
富官庄镇	11	28	1.7	170	63	38
诸葛镇	11	22	1.4	157	62	38
道托镇	11	31	1.3	177	66	38
沂城街道	12	25	1.5	169	72	40
高庄镇	10	18	1.2	177	63	40
杨庄镇	9	25	1.5	185	73	40
许家湖镇	13	28	1.4	162	72	41

续表27

站点	二氧化硫	二氧化氮	一氧化碳	臭氧8小时	可吸入颗粒物	细颗粒物
黄山铺镇	11	21	1.3	172	87	41
崔家峪镇	12	33	1.8	169	68	41
高桥镇	11	39	1.8	170	74	42
圈里乡	11	15	1.5	173	61	42
夏蔚镇	11	28	1.5	166	62	43
马站镇	10	34	1.7	169	71	43
龙家圈街道	14	27	1.7	179	70	44
四十里堡镇	12	30	1.9	167	81	44

【水环境质量】 2022年，沂水县省控以上地表水考核断面水环境质量指数4.6，比上年改善率10.6%，均全市排名第二位，水质达标率100%。国控断面跋山水库水质指数3.8，在全市29个省控以上断面中排名第二位。省控沭河谢家庄桥断面水质指数4.6，排名第六位。沂河贾家庄断面水质指数5.5。市控以上地表水考核断面水环境质量指数5.8，全市排名第四位。全县饮用水水源地水质保持100%达标。

2022年沂水县河流断面水质质量指标一览表

表28

站点名称	本期水质	pH值	溶解氧	高锰酸盐指数	氨氮	总磷
沂河贾家庄断面	Ⅲ	8.3	11.3	5.03	0.269	0.102
沭河谢家庄桥	Ⅱ	7.9	8.91	2.10	0.063	0.09

【声环境质量】 2022年，城区范围内区域环境噪声点位103个，噪声值在50.1—55分贝区间内的点位有4个，在55.1—60分贝区间内的点位有57个，在60.1—65分贝区间内的点位有42个，区域环境噪声最大值64.7分贝，最小值51.7分贝，噪声总体平均值59.4分贝。新华路、东环路、长安路、健康路4条主干道路2400米，设置10个城市道路交通噪声监测点位，噪声值小于68分贝的路段长度2100米，噪声值在68.1—70分贝区间内的路段长度300米，噪声平均值65.2分贝。 （徐建伟）

2022年沂水县城市道路交通噪声监测结果一览表

表29

区域	道路总长（千米）	平均路宽（米）	平均车流量（辆/小时）	等效声级			平均值（分贝）		
				平均值分贝	监测道路		L10	L50	L90
					条	点			
沂水县	2.4	16	1252	65.2	4	10	66.1	54.7	45.2

2022年沂水县城市区域声环境监测结果一览表

表30　　单位：分贝

区域	测点个数	暴露在不同等级下的测点个数								等效声级平均值（分贝）
		36—40	40.1—45	45.1—50	50.1—55	55.1—60	60.1—65	65.1—70	70.1—75	59.4
沂水县	103	0	0	0	4	57	42	0	0	

污染防治

【大气污染防治】 2022年，沂水县将冬、春季空气质量保障工作作为重中之重，抓重点领域、抓关键环节，对76家停限产企业驻厂帮扶、研判分析、提供技术支持，帮助企业落实环保主体责任，完成冬、春季空气质量保障任务。开展重污染天气绩效分级，完成2家B级企业、1家引领性企业核定。修订《沂水县重污染天气应急预案》，编制完善企业管控清单，重污染天气预警信息发布后，调度乡镇（街道）、有关部门单位落实应急响应减排措施。发布2次重污染天气预警。印发《沂水县2022年工业企业挥发性有机物深度治理工作方案》，成立工作领导小组，对全县168家企业开展核查并根据企业整改报告进行复核，对工业涂装、包装印刷、加油站等行业开展挥发性有机物治理技术培训，

2022年2月4日，沂水县生态环境分局对重污染天气进行应急检查

（县生态环境分局　供图）

建立8个重点行业企业清单。开展细颗粒物和臭氧协同防控研究工作，分阶段开展道路扬尘专项整治、夏季臭氧专项治理、工业园挥发性有机物、氮氧化物、二氧化硫、施工工地扬尘等专项整治。针对部分区域乡镇空气质量改善短板，借助科技手段加强分析研判，提醒属地镇街采取措施，减少不利因素对空气质量的影响。围绕扬尘源、汽车尾气源、居民生活源、商铺污染源等开展调查，掌握西城区、城北区域和子站周边基本情况并编写调研报告；对全县重点区域范围内30家加油站开展专项检查，并编写检查报告，建立对应的污染源台账。加大对柴油车检测的抽查频次，对发现的问题，通知检测站整改，确保辖区内机动车检测线依法依规运行；联合交警、交通等部门开展重型柴油抽测、非道路移动机械检测。开展12家检测线的监督帮扶，依法处理1家，罚款10万元。完成非道路喷码4800余台，抽测重型柴油货车500余辆，检测非道路移动机械500余辆，对不合格非道路移动机械油品及时溯源。

【水污染防治】 2022年，沂水县印发《全县入河湖排污（水）口溯源整治与规范化管理专项行动工作方案》，对全县420余处入河排污（水）口进行溯源调查，掌控各个排污（水）口水质状况。完成集中式污水处理设施排污口、工业企业排污口规范化整治。对沭河沿线畜禽养殖开展专项排查整治，排查养殖场192户，整改141户。对禁养区的养殖场清理取缔，对其他养殖场规范化管理，养殖场配套建设粪污沉淀池，促进粪污资源化利用。对沂河及其支流雪山河、沙岭子河等开展排污口排场整治，通过完善污水管网、改造清污分流等措施对34个排污口、溢流口开展综合整治。制定水功能区监测方案，对全县水功能区的22条重要河流设置28个监控断面，每季度对断面开展巡查，取样监测，并通报监测结果。通过建设污水处理站、生态汪塘湿地、配套污水收集管网等措施，分类分步推进农村生活污水治理，完成29个社区农村生活污水和1处黑臭水体治理任务。

【声环境污染防治】 2022年，沂水县印发《沂水县建成区声环境功能区划方案》，根据规划方案，1类声环境功能区4个，面积22.7平方千米，约占23.9%；2类声环境功能区5个，面积 30.8平方千米，约占32.4%；3类声环境功能区4个，面积 41.6平方千米，约占43.8%。4a类声环境功能区为沂水城市建成区内主要城市主次干道两侧一定距离范围内区域，其中4a类为各类公路及城市道路交通干线50条（城市主干路14条、城市次干路36条），面积为12平方千米。4b类铁路交通干线1条（瓦日线），总面积为1.1平方千米。

【土壤污染防治】 2022年，沂水县对依法需要调查的拟开发利用地块开展土壤污染状况调查，对拟开发利用的涉及“6+1”行业地块按要求进行采样、监测同步质控，确保监测报告数据质量。将重点行业工业企业调查确定的4家高风险在产地块纳入重点管理，动态更新土壤污染重点监管单位名录并向社会公开。对暂不开发的关闭搬迁企业地块依法落实风险管控措施，防止对土壤和周边环境造成新污染，防止土壤非法处置，通过联合执法、现场检查、加强属地政府管理等方式强化管理。土壤污染责任人或土地使用权人在未完成土壤污染风险管控与修复并确认符合相应土壤环境质量要求前，严禁开发利用，不得开工建设，不得外运土壤，并做好日常风险管控，禁止开展与土壤污染状况调查和风险管控无关的活动。全年完成24处地块土壤污染状况调查，对1处地块按要求开展同步质控工作。

【固体废物污染防治】 2022年，沂水县落实山东省“十四五”工业固体废物污染环境防治工作规划要求，对55家重点监管单位，建立完善企业危险废物规范化管理档案材料。推进临沂市危险废物智慧监管平台建设工作，实现危废从产生、收集、贮存到转移、处置利用的全生命周期监管，有100余家企业完成平台安装、调试工作。推进全县工业固废排查整治“回头看”和历史遗留问题“大走访”活动。开展“回头看”企业、重点场所27个，前期存在问题均整改完毕，未发现新问题。组织全县18个乡镇（街道）1000余个村庄、社区开展走访排查，未发现新增非法倾倒填埋工业固体废物历史遗留问题。排查整治固体废物（危险废物、医疗废物、一般工业固废、生活垃圾、混合垃圾等）非法堆放、贮存、倾倒和填埋点位。组织全县18个乡镇（街道）排查132个点位，未发现新增非法堆放、贮存、倾倒和填埋固体废物问题。与沂水县应急管理局联合开展废弃危险化学品等危险废物风险集中治理专项行动，保持对固体废物尤其是危险废物非法填埋倾倒行为的高压严打态势。（徐建伟）

环境监管

【生态环境综合执法监管】 2022年，沂水县对涉及挥发性有机物排放的138家企业按照一类、二类标准开展专项执法帮扶，石化、有机化工、印刷包装、喷涂等行业为一类，实行入厂包扶；塑料加工、板材行业为二类，由各乡镇驻点包扶。实行每日一调度，各帮扶人员到乡镇分片督导，每周至少2次到一线企业，以问题为导向，围绕7个方面逐一核实挥发性有机物（VOCs）治理情况。开展专项执法检查活动10余次，查处环境信访500余起；排查企业近1800家次，较2021年同期增长15%。为解决“散乱污”企业无序发展、污染环境问题，改善环境质量，印发《沂水县“散乱污”企业整治提升促进高质量发展实施方案》，实行“全面排查、分类整治”，采用法律、行政、经济等手段，对“散乱污”企业实行综合整治，建立健全长效管控机制，确保实现动态清零。排查出“散乱污”企业155家，其中，关停取缔类153家，整改提升类1家，搬迁入园类1家。日常执法活动以“双随机、一公开”方式开展，每月确定一个专题，依托山东省生态环境大数据平台，结合沂水实际，组织实施污染源日常监管随机抽查工作，即被检查企业名单、执法人员随机抽取，对检查结果进行网上公开。污染源信息库纳入监管企业2062家，其中重点企业84家。全年抽查企业211家次。推进实施环境在线监控全覆盖工程，全县涉废水、废气重点企业全部安装在线监控设施，安装116个点位248台套设备。执法人员依托污染源自动监控系统对企业自动监测数据进行分析研判和实时监督，发现数据异常后开展调查取证、准确锁定违法事实。每日对668个用电量监控点位进行巡检，发现异常及时启动核查，办结112次用电量异常一级报警。为全县82家重点排污企业安装200余个视频监控探头，实行24小时值班制度，随时监控企业排污情况，针对视频监控发现的可疑情况进行查处。通过与专家团队合作建立“环保管家”帮扶模式，针对不同类型园区企业实施分类执法帮扶，组织环保专家对园区企业及部分县重点企业完成现场核查300余家次，提出整改问题600余项。

【生态环境监控】 2022年，沂水县开展生态功能区监测、在线对比监测、柴油货车、非道路移动机械检测、餐饮油烟监测、加油站油气回收监测、噪声检测等各类监测，督促重点排污单位按照法律法规、排放标准等要求安装在线监测设施并与生态环境联网运行，及时、准确地向社会公开环境信息。全县27家水环境重点排污单位、34家大气环境重点排污单位均完成在线监测设备的安装联网工作。对全县153家企业867个用电量监控点位进行日常巡检，对在线监测数据超标、数据缺失、数据不更新等异常情况告知企业、运维公司和属地镇街，按相关技术规范进行处理。对废气连续3小时、废水连续2次超标的，立即启动应急调查、现场取样监测等工作，全年异常情况警示提醒900余次，启动在线超标应急9次，核实办结用电量异常一级报警135次。为保证自动监测设备正常运行，排污单位每季度委托有资质的第三方监测机构对自动在线监测设备进行比对监测并出具监测报告。对辖区内重点排污单位按照不低于20%的比例抽查进行比对监测，全年完成119家企业260台监测设备的抽查比对监测。和专家合作对辖区内重点排污单位自动监测设施的运行维护、校准校验比对、数据传输等情况进行检查，重点严查不正常运行自动在线监测设备，篡改、伪造自动监测数据或者干扰自动监测设施运行情况。出动执法人员50余人次，检查企业41家。对拟开发建设用地，在未完成土壤污染状况调查并通过专家评审、确认符合相应土壤环境质量要求前，严禁开发利用。

【环保督察整改】 2022年，沂水县制定《沂水县贯彻中央生态环境保护督察报告整改方案》，明确责任单位、整改措施、整改时限。组织调度推进会、现场会、“回头看”，督察问题整改。至年底，第二轮省级环保督察交办问题全部销号，第二轮中央环保督察反映问题剩余4件未销号。

【生态环境应急预警与处置】 2022年，沂水县提高全县环境预案备案率，督导相关企业开展环境风险评估、编制预案，规范应急预案的可操作性和时效性，严格限期办结和一次性告知制度，只要材料齐全、符合规范，予以备案。全年受理完成110家企业环境应急预案备案登记工作。制定全县环境隐患排查治理工作方案，指导各乡镇（街道）对辖区内企业进行风险隐患排查，督促企业落实环境隐患排查治理责任，做到环境安全隐患早发现、早报告、早处置。对辖区内49家涉危化品、涉重金属、危险废物、尾矿库企业及县级以上医院等重点环境风险企业现场监督检查。出动人员1322人次，检查企业741家。会同第三方安全专业团队对全县35家重点涉水、涉气、涉危废企业环保设施安全进行全面核查，检查企业64家次，发现隐患全部化解完成。督促重点环境风险企业制定并落实年度应急演练计划，并开展部门与企业联动演练。督促企业加强拦污截污等环节演练，通过实景实战，检验预案的科学性，发现问题、弥补短板，锻炼企业各部门间的协同处置能力。建立联合应急演练制度，联合经济开发区，依托山东华宝颜料有限公司开展生态环境部门环境应急演练。

【生态环境保护宣传教育】 2022年，沂水县生态环境分局通过微博、微信公众号宣传解读最新环保法律法规及政策，报道一线执法人员的工作动态。全年推送微信公众号宣传文章556篇，阅读6万余人次，微博发文7000余篇。印制环保科普知识、法律法规等宣传册600份。开展“送法入企”活动，发放法律法规知识册150家次。开展第五批齐鲁生态环保小卫士选树活动（申报5人）、第二批沂蒙生态环保小卫士（申报成功10人）、沂蒙十佳基层环保人（1人）、沂蒙十佳生态环境志愿者（1人）、沂蒙十佳生态环境友好型企业（1家）等创建活动。

【“互联网+网格化”生态环境治理新模式】 2022年，沂水县整合原县环保局“12369”智慧环保云平台、县住建局建筑扬尘管理平台、庐山服务局化工园区监管平台、综合执法局高空瞭望监管平台部分内容，建设集高空瞭望监控、在线监测、网格化监管、重点企业视频智能监控、危废库智慧监控、移动执法现场调查监控等功能于一体的综合性、多系统、统一登录的生态环境网格化监管平台，实行“多网合一、一网运行”。将部门原有各业务系统分散的监管数据加以整合、互通、共享，实现数据直观化和可视化，并实时跟随各业务系统数据变化同步更新平台数据，实现监管数据互通共享。以发现问题、解决问题为核心，建设县、乡镇、村居三级网格监管平台，组建专门的网格化工作队伍，网格员均配备移动终端，明确各级网格和网格员职能，通过“环保监管”手机应用程序及时上报事件，实行闭环流转、联动处置、分级监管，形成工作整体合力。完善安全保障机制，落实安全等级保护有关要求，围绕云、网、数据、应用等方面，构建全面覆盖、自主可控的安全防护制度体系，强化数据安全管理，防范数据安全风险。

【生态环境安全底线工作】 2022年，沂水县开展守好“一排底线”工作，按照县底线办、市专线工作部署要求，建立完善专线组织架构、风险评估标准、工作方案，形成“日排查化解、周调度汇报、月考核分析”的工作机制，加强各部门、各乡镇（街道）沟通协调，完成每日上报专线快报及风险台账零报告工作，每周调度、汇总风险台账，录入市风险管控平台，每月组织召开两次专线例会，编写每月风险分析报告、自选专题报告和季度专题分析报告。全年生态环境安全专线风险化解率99.9%，风险总体平稳。 （徐建伟）

水资源保护

【河湖长制落实】 2022年，沂水县全面落实河长制，开展保护水资源、防治水污染、改善水环境、修复水生态、保障水安全。全县13名县级河长、3名县级湖长开展河湖巡查140余次。实施沂水县高庄镇良疃河石井村段河道治理项目、县城景观河段生态提升工程、沂河城区段滩地整治工程、浯河综合治理工程、潍河综合治理工程、17处河道清淤疏通工程、沂河上游综合治理（跋山水库上游至沂源县段）项目，沭河上游综合治理（沙沟水库至青峰岭水库段）项目，提高河道行洪能力及河道景观建设。其中，沂河上游综合治理项目总投资9600万元，沭河上游综合治理项目总投资2.7亿元。针对河湖“四乱”现象，组织开展联动执法，集中治理，限期销号。

（王 剑）

【水生态监测】 2022年，沂水县分析监测点位、频次、项目，完成地表水环境质量监测、污染源监督监测、集中式生活饮用水源地水质监测等，出具监测数据570个，为重点生态功能区考核提供数据支撑。对全县国、省、市控河流湖库跋山水库、沂河、沭河、黄花河、梓河等监测点位开展例行监测，完成监测30余次，出具监测数据680余个，对沂河的10条支流、4个入河排污口进行水质监测，提供监测数据690个；对沙沟水库及上游支流、主要入库断面布设监控断面9个，提供监测数据1632个，为环境管理提供数据支撑。

【饮用水水源地保护】 2022年，沂水县完成跋山水库饮用水水源地保护区新划定的356处单村联村饮用水水源地规范化建设，设立水源地标志牌。对“千吨万人”以上饮用水源地保护区开展专项排查，整改存在问题。对县城集中式生活饮用水源地跋山水库及10处农村“千吨万人”饮用水源地水质进行季度监测，产生监测数据1580个，集中式饮用水水质达标率100%。

【重点河流断面水环境专项排查】 2022年，沂水县根据《临沂市冬春季河流断面水质保障提升工作方案》，印发《沂水县2022年全县水功能区河流断面水环境问题排查整治专项行动方案》，成立核查组，对全县水功能区23个监控断面所属河流及其支流开展专项排查整治行动。核查组依照“有口皆查、有水必查”的原则，对沂河、沭河、黄花河干流及56条支流全面排查，重点排查两岸入河排污口、涉水企业、城镇生活污水、农村生活污水、畜禽养殖等污染源，在地图标记污染源位置，排查干支流300余千米，监测水样76个，排查出水环境突出问题66个，形成问题整治清单，将排查问题转交给属地镇街和相关部门。（徐建伟）

【水土保持】 2022年，沂水县投资1760万元，实施2022年国家水土保持重点工程沂水县辉泉生态清洁小流域治理工程以及省级水土保持生态清洁小流域示范项目沂水县乔山小流域治理工程，治理水土流失面积35平方千米。该工程于12月完成建设任务。

【节水型社会建设】 2022年，沂水县开展构建节水型企业、节水型单位、节水型小区活动，加强城市节水工作。寨子山水库和沂水县实验小学通过县水利局、县教育局、县机关事务服务中心验收，被命名为沂水县中小学生节水教育实践基地。利用“世界水日”“中国水周”“全国城市节约用水宣传周”，开展进学校、进社区、进企业节水宣传活动。全县70%以上机关事业单位和重点企业以及38%以上居民小区被评为节水型单位。（王　剑）

土地资源保护

【耕地和永久基本农田保护】 2022年，沂水县耕地保有量面积72874.4公顷，永久基本农田保护面积66057.1公顷。落实最严格的耕地保护制度，遏制耕地“非农化”、防止耕地“非粮化”，将耕地和永久基本农田保护纳入乡镇（街道）高质量发展综合绩效考核，压实压紧乡镇耕地保护主体责任。加强耕地用途管制，全县完成耕地占补平衡指标储备任务121.3公顷。落实耕地“进出平衡”，组织编制《沂水县2022年度耕地“进出平衡”总体方案》，从严控制耕地转为林地、草地、园地等其他农用地，保障耕地数量不减少、质量不降低、布局更优化。健全耕地保护补偿激励机制，泉庄镇、马站镇2个乡镇获市级激励资金100万元。

【土地执法监察】 2022年，沂水县规范自然资源县、乡、村三级执法监管队伍建设，建立巡查“周通报、月考核”制度，以考核为抓手，压实三级巡查责任，推动违法行为“早发现、早制止、严查处”。年内，出动巡查人员7240人次，开展巡查1448次，其中夜间巡查351次，收到、核实疑似违法线索353件，转办违法行为为99起。派驻自然资源综合执法中队立案查处行政案件219件，其中土地类105件、矿产类102件、林业类17件，罚没款680余万元，移交刑事案件5件。

【第三次国土调查数据公报发布】 2022年3月，《沂水县第三次国土调查主要数据公报》发布。第三次国土调查于2018年10月开始，以2019年12月31日为统一时点。第三次国土调查汇集23.3万个调查图斑，全面查清全县国土利用和资源情况。

【生产矿山复垦补充耕地新模式】 2022年，沂水县开展富官庄镇后沟水泥用灰岩矿复垦补充耕地入库工作，是全省首例生产矿山企业复垦新增耕地入库项目。该项目总面积36.5公顷，土地复垦完成后，争取国家和省级政策支持，推动生产矿山企业复垦新增耕地享受与农用地整治项目新增耕地同等入库政策，项目区新增耕地面积6.6公顷并成功入库。（扈明新）

林业资源保护

【林长制】 2022年，沂水县林长制办公室印发《沂水县全面深化林长制组织开展“增绿”“护绿”“用绿”“赋绿”“活绿”五项行动实施方案的通知》，推深做实林长制，促进林业高质量发展。调整公布县级林长及县级林长责任区域任务，将森林湿地、国有林场、自然保护地等重点生态功能区纳入林长责任区域，建立林长责任清单和任务清单，实行清单化目标管理。落实林长巡林制度，全年开展县级林长巡林活动71次。沂水县获得2021年度全市林长制工作绩效评价优秀等次。

【造林绿化】 2022年，沂水县完成退化公益林修复与森林质量提升404.9公顷，新建和提升绿色通道204千米，绿化美化村庄90个。启动创建国家森林城市准备工作，对照国家森林城市创建指标体系4个大类33项指标，完成创城规划基础资料收集。开展义务植树活动，全县参加义务植树55.1万人，栽植树木220余万株。开展可造林空间评估，通过比对土地利用规划、林草湿地综合监测和国土变更等成果数据，结合遥感影像和现地调查取证，对国家下发的15842个图斑进行造林适宜性调查评估。经调查评估，全县适宜造林图斑365个、面积579.8公顷。

【森林防火】 2022年，沂水县落实宣传教育、火源管控、隐患排查、督导检查、应急值守等各项措施，开展森林防灭火巡查队伍集训、演练以及护林员分片集中培训，全年未发生森林火灾和人员伤亡事故。开展野外火源治理和查处违规用火、林区输变电线路火灾隐患整治等专项行动，出动检查人员539人次，排查火灾隐患7处，发送防火宣传短信5.4万条。启动沂水县森林防火隔离网及远程供水系统项目建设，在全县重点林区规划建设防火隔离网205.5千米，远程供水系统5套。

【林业有害生物防控】 2022年，沂水县完成飞机施药防治美国白蛾面积42666.7公顷，地面喷药防治杨小舟蛾面积10000公顷，打孔注药防治日本松干蚧面积200公顷。首次采用无人机开展松材线虫病秋季普查，调查松林面积6200公顷，调查死树472株，取样35株，未发现松材线虫病疫情。林业有害生物预测预报准确率98%，有虫株率控制在2%以下，叶片保存率85%以上，林业有害生物成灾率控制在1‰以下。

【林业行政执法】 2022年，沂水县开展涉林违法“双清零”专项行动、2022年草原督查、2022年森林督查暨森林资源管理“一张图”年度更新等，完成初步成果上报。规范建设项目使用林地审核审批，加大建设项目使用林地事中事后监管力度，做好林木采伐和限额管理，未发生超限额采伐现象。与县市场监管、公安、农业农村等部门联动严厉打击猎捕和交易野生动物等非法行为，出动执法人员228人次，查办野生动物违法案件10起，抓获犯罪嫌疑人11人。 （扈明新）

【国有林场管理】 2022年，沂水县国有林场总场下辖沂山、辛子山、沂河和汞丹山4个林场。通过生态疏伐、割灌等抚育措施，改善林木生长环境，提高整体森林质量。完成市、县两级林长制奖补资金项目4个。完成低产林改造2公顷，新造林14公顷，森林质量提升113.3公顷，引进流苏、杜仲苗木2300余株。在4处国有林场实施中央财政林业改革发展资金林木良种苗木培育榆树育苗4公顷，通过上级验收。配合有关单位做好“山水林田湖草沙”退化公益林修复与森林质量提升工程。沂山林场获“2022年度中国林场协会十佳林场”称号，省级杜仲种质资源库升级为国家级“山东省药用植物国家林木种质资源库”，与山东农业大学林学院签约授牌“教学科研实践育人基地”；沂河林场被山东省自然资源厅确定为沂水县杜仲省级林木种质资源库，成功申报国家级森林康养试点建设基地。

2022年，沂水县国有林场总场对外来人员、车辆进行检

沂山林场　　（县国有林场总场　供图）

查、登记，杜绝火种入山，加大各林区防火巡逻力度，做好防火24小时值班。利用横幅、标语、宣传牌、明白纸开展宣传教育。通过高音喇叭不间断播放《森林法》、防火安全常识等内容。对重点林区道路两侧、林缘、坟茔及庙宇周边割草除灌，降低火灾隐患。年内，县国有林场未发生森林火灾。

2022年，沂水县国有林场总场使用打孔注药的方式完成日本松干蚧防治53.3公顷；完成杜仲夜蛾防治15.3公顷；悬挂美国白蛾、杨扇舟蛾、杨小舟蛾等食叶害虫诱捕灯，对松材线虫病和美国白蛾开展检疫监测。各林场设置检疫检查站检查进出林区木材，初步筛查疑似病木。县国有林场总场未发生大的疫病虫情。

（王　惠）

【国家级森林康养试点建设基地获批】　2022年11月21日，沂水县沂山森林康养基地获批国家级森林康养试点建设基地。基地位于沂水县国有沂山林场腹地，森林覆盖率98.6%，空气负氧离子每立方厘米8.9万个，是得天独厚的“天然氧吧”。建成接待中心1处、医养中心1座、康养酒店1座，总建筑面积4.5万立方米，床位1000张。（梅雪鸿）

地质矿产资源保护

【矿产资源管理】　2022年，沂水县将矿产资源综合管理和利用工作作为全县20项重点工作之一，组建工作专班，采取实体运作，实行集中办公，印发《沂水县打击非法采矿专项整治行动实施方案》《沂水县矿产资源违法案件处置方案》《沂水县砂石资源处置管理办法》，建立健全项目会审、信息通报、问题抄告、联合执法等机制，构建起“政府主导、部门联动、属地管理、综合治理”的工作格局。年内，公开处置富余砂石资源3批16宗，结算处置收益1157.4万元。

【矿山地质环境保护与治理】　2022年，沂水县加快推进历史遗留废弃矿山治理，争取上级资金295.5万元，启动马站镇马叫旺玄武岩矿、诸葛镇新庄耿家王峪建筑石料用灰岩矿及沙沟镇黄土泉村周边废弃玄武岩矿3个治理项目，治理面积20.1公顷。对生态修复效果明显，且与周边地质环境相协调的8处废弃矿坑，开展生态修复论证，通过自行恢复的方式修复面积6.9公顷。

【地质灾害防治】　2022年，沂水县政府印发《沂水县地质灾害防治规划（2021—2035年）》，科学划分地质灾害易发区和防御区，为开展地质灾害防治工作提供依循。完成沂水县地质灾害风险隐患普查，全县有地质灾害点及隐患点69处，其中滑坡地质灾害隐患点16处、崩塌（危岩体）地质灾害隐患点49处、泥石流地质灾害隐患点3处、地裂缝地质灾害隐患点1处。稳妥处置夏蔚镇土洼村丁家崮小型基岩崩塌险情，未造成人员伤亡和财产损失。（扈明新）

沂蒙山区域山水林田湖草沙一体化保护和修复工程

【概况】 2021年6月，沂蒙山区域山水林田湖草沙一体化保护和修复工程被确立为全国第一批10个山水林田湖草沙一体化保护和修复工程项目之一。范围涉及兰山区、罗庄区、河东区、高新区、郯城县、沂水县、沂南县、平邑县、费县、蒙阴县10个县区，修复总面积5366平方千米。总投资54.9亿元，其中中央资金20亿元、地方投入25亿元、社会投资10亿元，涉及54项工程（含1项监控监管工程）。

沂水县作为5个重点项目县，规划林草湿地、土地整治、污染防治、水环境治理和农村生活污染防治5大类、7项治理工程，总投资6.9亿元，其中中央资金2.3亿元、地方资金2.6亿元、社会资金2亿元，建设工期为2021—2023年。至2022年底，完成投资5.1亿元。

【沂水县小微湿地生态修复工程】 2022年6月24日，沂水县小微湿地生态修复工程开工。项目总投资5560万元，全部为中央资金。涉及11个乡镇、2个国有林场，对县域内60处（面积38万平方米）小微湿地实施生态修复，开展库塘清淤、水渠配套、植被恢复及配套工程建设等。至年底，58处小微湿地动工，完成修复面积30公顷。

【沂水县森林保育工程】 2022年6月25日，沂水县森林保育工程开工。项目总投资1.4亿元，其中中央资金6249万元、地方资金7600万元。涉及9个乡镇、4个国有林场，建设生态保育通道144千米、生态水池135处、生态保育管网33.7千米、生物隔离绿篱3千米。至年底，新建（修复）生态水池139处、生态保育管网2.6千米、生态保育通道96千米、生物隔离绿篱25千米。

【沂水县泉庄镇马莲河、温凉河综合治理工程】 2022年6月24日，沂水县泉庄镇马莲河、温凉河综合治理工程开工。项目总投资1亿元，其中中央资金2867万元、地方资金4000万元、社会资金3193万元。主要对马莲河泉庄镇驻地至沂河入口段7.4千米、温凉河泉庄至康家泉段4.8千米进行综合治理。至年底，完成河道治理8.6千米。

【院东头镇土地综合整治工程】 2022年3月26日，沂水县院东头镇土地综合整治工程开工。项目总投资1.5亿元，其中地方资金1.3亿元、社会资金2000万元。主要开展绿化树木种植、土地整理、灌溉与排水、道路配套建设等，新增耕地15公顷，整治土地面积1300公顷。至年底，完成土地综合整治面积 1183公顷，新增耕地10.8公顷。

【沂水县退化公益林修复与森林质量提升工程】 2022年6月17日，沂水县退化公益林修复与森

2022 年 6 月 24 日，温凉河、马莲河综合治理工程开工

（县自然资源局　供图）

林质量提升工程开工。项目总投资7800万元，全部为中央资金。涉及7个乡镇、4个国有林场，通过采伐、修枝、抚育、补植、改造等，对重点区域内1573.3公顷国家级公益林实施修复、提升。至年底，完成退化公益修复提升1269公顷。

【沂水县吕家庄停用垃圾填埋点治理工程】 2022年4月5日，沂水县吕家庄停用垃圾填埋点治理工程开工。项目总投资2000万元，均为地方资金。主要对黄山铺镇吕家庄村南停用垃圾填埋点进行综合治理及生态恢复，封场绿化面积32281平方米。至年底，完成防渗膜铺设38150平方米，完成挡土墙土方加固2835平方米。

【沂水（诸葛）有机废弃物资源化利用工程】 2021年，沂水（诸葛）有机废弃物资源化利用工程开工。工程由沂水城投生态环境科技有限公司建设，位于诸葛镇东河西村，建筑面积7757平方米，项目总投资1.5亿元，全部为社会资金。主要建设预处理车间、陈化加工车间、综合用房、办公楼等，购置预处理系统、生物反应系统、脱硫脱碳系统及相应配套设备。至2022年底，工程累计完成投资0.9亿元，畜禽粪污综合处理中心完成主体建设，新增污泥处理处置中心项目完成可研、立项、环评等建设手续审核报批。

【沂蒙山区域山水林田湖草沙一体化保护和修复工程现场推进会议】 2022年8月29—30日，省自然资源厅、省财政厅、省生态环境厅在临沂市联合召开沂蒙山区域山水林田湖草沙一体化保护和修复工程现场推进会议。与会人员现场查看蒙阴、沂南、沂水等县矿山环境生态修复、土地综合整治、生态脆弱区造林、退化公益林修复与森林质量提升、森林保育、小微湿地生态修复、水系治理及饮用水水源地保护等项目实施情况，听取临沂市工程推进情况汇报，并在沂水县召开座谈交流会。至年底，沂水县建成畜禽粪污综合处理中心1处，新增污泥污水处理处置项目，已完成可研、立项和环评。 （扈明新）

节能减排

【节能降耗】 2022年9月，沂水县成立碳达峰碳中和及节能减排工作领导小组，不定期组织召开节能工作会议，组织各部门实施节能减排重点工程，包括重点行业改造升级、园区节能环保提升、城镇绿色节能改造、交通物流节能减排、农业农村节能减排、公共机构能效提升、能源绿色低碳转型、重点区域污染物减排、挥发性有机物综合治理、环境基础设施能力提升等10项工程，助力实现碳达峰碳中和目标。全县万元地区生产总值能耗比2020年下降7.2%，超额完成市下达的能耗强度降低激励目标；规模以上工业企业能源消费总量控制在合理范围内。

【煤炭压减】 2022年，沂水县制定《沂水县2022年煤炭消费压减工作总体方案》，将年度压煤任务细化分解到各乡镇（街道）和规上耗煤企业，对煤炭消费增速过快的乡镇、企业进行监测预警，发挥节能约束性指标倒逼作用。全县规模以上工业煤炭消费量较2020年压减20万吨以上，超额完成市下达的煤炭消费压减任务。对新、改、扩建耗煤项目落实煤炭消费减量替代，全县无新建耗煤项目。

【能耗“双控”】 2022年，沂水县制定《沂水县2022年能源消费总量和强度“双控”工作总体方案》，明确年度能耗“双控”主要目标和重点任务，层层分解落实目标任务。落实节能审查制度、能耗减量替代管理办法，严控“两高”项目的引进和实施，实现源头节能减排。全年协助审批部门完成节能审查业务27件，其中市县级节能审查项目24件、省级节能审查项目3件。严格固定资产投资项目节能事中事后监管，不定期调度项目开工建设及投运情况，组织已投产项目开展节能验收业务，完成节能验收业务8件，其中市级节能验收业务1件、县级节能验收业务7件。推进重点用能单位能耗在线监测系统建设工作，全县有29家企业完成注册、信息维护和数据上传工作，其中“非两高”重点用能企业12家、“两高”重点用能企业12家、“两高”非重点用能企业5家。（王传霞）

【建筑节能】 2022年，县住建局落实《关于认真执行绿色建筑设计标准的通知》要求，完成绿色建筑72.6万余平方米，新增太阳能建筑一体化面积70万平方米。执行居住建筑节能75%、公共建筑节能72.5%设计标准进行设计。开展专项监督检查2次，检查项目63个，下达限期整改通知书3份。（张永圣）

【交通节能】 2022年，县交通运输局完善汽车尾气维修治理设施建设，实施汽车尾气不达标强制维护制度，打造6家汽车尾气排放维修治理“示范站”。全县15家有烤漆房的二类以上机动车维修企业取得排放合格报告。完成物流园区非移动道路机械摸底排查，加快老旧非移动道路机械淘汰，新增或更新非道路移动机械全部按照国家环保标准进行新增或更新为电动（或新能源）机械。以公共交通绿色发展为目标，不断提高新能源车辆在客运班线、公交车、出租车等公共服务领域中占比基数。全县公交车178辆，其中，纯电动车126辆、压缩天然气（CNG）双燃料汽车52辆。出租汽车378辆，均为CNG双燃料汽车。投资140万元在汽车站设置充电桩18个，投资90万元在西城客运换乘中心设置充电桩7个。（程荣华）

【公共机构节能】 2022年，沂水县围绕意识节能、管理节能、技术节能“三条主线”，开展节能宣传周、“低碳日”“世界粮食日”等节能宣传活动，倡导简约适度、绿色低碳的工作和生活方式。组织节能管理员观看绿色低碳讲堂、节能降碳云展播，参加省、市公共机构节能培训、国管局远程教育学习等活动，提高节能管理水平。开展“垃圾分类新时尚，机关先行做表率”活动，在全社会发挥示范引领作用。开展节约型机关创建，组织节能培训3次，现场观摩会1次，全县46家党政机关全部完成创建任务。强化“技术驱动”节能降耗，推广地源热泵可再生能源节能技术，应用面积7万余平方米。与科技公司合作建设节能智能化控制系统，有效监控能源消耗。采用光导管采光系统、“太阳能+空气源热泵”供给热水等先进技术节能增效。通过政府和社会资本合作模式、服务外包等方式加快电动汽车充电设施建设。全县公共机构人均综合能耗、单位建筑面积能耗、人均用水量、单位面积碳排放比上年分别下降1.3%、1.1%、1.2%、1.4%，完成年度能耗“双控”目标。（杨　波）

【污染物减排】 2022年，沂水县提报山东黎宁科技新材料有限公司等5个工业挥发性有机物治理工程、庐山污水处理厂污水处理新建工程，核算减排量分别为挥发性有机物188.9吨、化学需氧量631.9吨、氨氮13吨。（徐建伟）

综 述

【研发投入】 2022年，沂水县为49家企业争取2022年度山东省企业研究开发财政补助资金416万元。全年全县研发费用19.7亿元，研发投入强度3.9%，居全市第一位；规模以上工业企业中有研发活动的企业占比63.4%，提高5%；每万名就业人员中研发人员数63.8人，同比提高16.7%。

【科技人才】 2022年，沂水县申报国家级人才项目9项，入选国家级海外人才引进项目1项；申报两批省泰山产业领军人才项目16项。山东沂水机床厂有限公司引进的乌克兰院士谢尔盖入选省政府齐鲁友谊奖，为全市唯一获奖人选。组织11人参加市2022年“创业沂蒙·共赢未来”高层次人才创新创业大赛，其中王岩、崔彦斌、韩生3人获优胜人选。入选“沂蒙优秀创新人才”1人、“沂蒙优秀创业人才”1人，开发科研助理岗位11人，完成预期目标的137%。办理来华工作许可证4人次（包含高端人才确认函）。

【科技指导】 2022年，沂水县深入企业调研，了解实际需求，组织乡镇、企业开展高新技术企业、研发投入、技术交易等培训，对重点企业现场服务指导。组织企业参加“高新技术企业认定政策解读”“技术合同认定登记专题讲座”“重点人才工程政策宣讲”等科技政策培训活动15场，培训企业300余家、培训人员600余人次。

【科技特派员】 2022年，沂水县调整充实科技特派员队伍，从全县专业技术人才、乡土人才、大学生返乡创业人才中选派农业科技特派员90人，为全县农业生产、涉农企业、农村经济合作组织及农民提供多层次、全方位的服务。全年开展科技指导服务3672次，培训农民17535人次。

（徐云洁）

【乌克兰国家科学院谢尔盖院士获齐鲁友谊奖】 2022年11月，乌克兰国家科学院谢尔盖院士获齐鲁友谊奖，为全市唯一获奖人选。山东沂水机床厂有限公司与谢尔盖院士开展合作，解决大型数控车床精度、低效率低等关键技术难题，山东沂水机床厂有限公司数控车床工作精度达到国际领先水平，谢尔盖院士为全省数控机床行业发展作出贡献。

（任 龙）

科技创新

【创新平台建设】 2022年，沂水县围绕“3+1”主导产业建设一批高层次科技创新平台，设立1000万元创新创业培训基金，对建设省级以上高层次创新平台的企业，落实省市激励奖励。全县申报省技术创新中心2家、省科技成果转化中试示范基地6家、院士工作站1家、市级科技创新平台21家，其中获批建设市重点实验室1家、市技术创新中心1家、市人才飞地2家。

【创新主体培育】 2022年，沂水县实行建库培育、对标培育、有效培育，打造一批拥有自主知识产权、掌握关键核心技术、具有核心竞争力的科技型领军企业。全年落实28家企业和1家孵化载体省、市中小微企业升级高新技术企业补助580万元。培育山东隆科特酶制剂有限公司入选山东省科技领军企业，山东泓达生物科技有限公司、山东沂水机床厂有限公司、七星柠檬科技有限公司、山东兴田机械有限公司4家企业入选山东省首批科技“小巨人”企业。认定高新技术企业45家，其中净增36家、重新认定9家，至年底，全县高新技术企业107家、入库科技型中小企业117家。新培育国家专精特新“小巨人”企业3家，省级制造业单项冠军企业、专精特新企业、“瞪羚”企业25家。高新技术产业实现产值417.4亿元，占规模以上工业总产值比重的57.2%。

2022年沂水县工程技术研究中心名单一览表

表31

序号	工程技术研究中心名称	依托单位	认定年限	级别
1	山东省酶制剂工程技术研究中心	山东隆大生物工程有限公司	2010	省级
2	临沂市非粮乙醇工程技术研究中心	山东泓达生物科技有限公司	2011	市级
3	临沂市烘焙食品工程技术研究中心	青援食品有限公司	2012	市级
4	临沂市超高分子量聚乙烯制品工程技术研究中心	山东东方管业有限公司	2013	市级
5	临沂市贫次杂钛铁矿高效选别工程技术研究中心	山东兴盛矿业股份有限公司	2013	市级
6	临沂市高端装备制造业专用油缸工程技术研究中心	山东兴田机械有限公司	2014	市级
7	临沂市管螺纹车床工程技术研究中心	山东沂水机床厂有限公司	2014	市级
8	临沂市塑木复合材料工程技术研究中心	山东绿森塑木复合材料有限公司	2014	市级
9	临沂市农作物种植生产机械工程技术研究中心	山东源泉机械有限公司	2014	市级
10	临沂市高纯磷酸盐工程技术研究中心	山东鼎欣生物科技有限公司	2015	市级
11	临沂市功能性植物蛋白粉工程技术研究中心	山东世纪春食品有限公司	2015	市级
12	临沂市太阳能利用工程技术研究中心	山东京普太阳能科技有限公司	2016	市级
13	临沂市兽用中药提取工程技术研究中心	山东绿洲动物药业有限公司	2016	市级
14	山东省乙醇衍生品绿色合成工程技术研究中心	山东泓达生物科技有限公司	2016	省级
15	临沂市玻璃纤维增强材料工程技术研究中心	山东玻纤集团股份有限公司	2017	市级
16	临沂市皮革助剂工程技术研究中心	山东黎宁科技新材料有限公司	2017	市级
17	临沂市酶控肥技术工程技术研究中心	斯科沃肥业（山东）有限公司	2017	市级
18	临沂市植物精华提取工程技术研究中心	山东明银日化有限公司	2017	市级
19	临沂市产业用滚刷绒布工程技术研究中心	沂水恒泰纺园有限公司	2018	市级
20	临沂市液压气动密封件工程技术研究中心	山东精工密封技术有限公司	2018	市级
21	临沂市高性能SUV轮胎工程技术研究中心	山东新大陆橡胶科技股份有限公司	2018	市级

续表31

序号	工程技术研究中心名称	依托单位	认定年限	级别
22	临沂市有色金属选矿药剂技术研究中心	山东亿泰化工科技有限公司	2018	市级
23	山东省油料作物种收农机装备工程技术研究中心	山东源泉机械有限公司	2018	省级
24	临沂市重载液压系统工程技术研究中心	山东福阳液压科技有限公司	2019	市级
25	临沂市食品添加剂及营养源绿色工艺制造工程技术研究中心	山东昆达生物科技有限公司	2019	市级
26	临沂市新型低能耗水泥熟料工程技术研究中心	沂水山水水泥有限公司	2019	市级
27	临沂市纺织助剂研发工程技术研究中心	临沂国力化工有限公司	2019	市级
28	临沂市PVC改性剂工程技术研究中心	临沂瑞丰高分子材料有限公司	2019	市级
29	临沂市煤炭清洁利用技术工程技术研究中心	亿利洁能科技（沂水）有限公司	2019	市级

2022年沂水县重点实验室名单一览表

表32

序号	工程技术研究中心名称	依托单位	认定年限	级别
1	山东省酶制剂生物发酵技术重点实验室	山东隆科特酶制剂有限公司	2011	省级
2	山东省工业玉米副产物综合加工重点实验室	山东省鲁洲食品集团有限公司	2014	省级
3	临沂市经济作物智能农业机械装备企业重点实验室	山东源泉机械有限公司	2016	市级
4	临沂市工程橡胶与装备重点实验室	山东威普斯橡胶股份有限公司	2016	市级
5	临沂市塑木复合材料企业重点实验室	山东绿森塑木复合材料有限公司	2017	市级
6	临沂市乙醇衍生品绿色合成技术企业重点实验室	山东泓达生物科技有限公司	2017	市级
7	临沂市农作物烘烤干燥技术企业重点实验室	山东源泉机械有限公司	2017	市级
8	临沂市管子螺纹车床切削技术研究企业重点实验室	山东沂水机床厂有限公司	2018	市级
9	临沂市维生素B族绿色生物制造企业重点实验室	山东昆达生物科技有限公司	2018	市级
10	临沂市纺织助剂研发重点实验室	临沂国力化工有限公司	2018	市级
11	临沂市高性能 SUV 轮胎企业重点实验室	山东新大陆橡胶科技有限公司	2019	市级
12	临沂市阳离子表面活性剂企业重点实验室	临沂康爱特化工科技有限公司	2019	市级
13	临沂市光热能高效利用企业重点实验室	沂水广恒新能源科技有限公司	2019	市级
14	临沂市玻璃纤维企业重点实验室	山东玻纤集团股份有限公司	2020	市级
15	临沂市智能钻探设备企业重点实验室	山东金开峰机械科技有限公司	2020	市级
16	临沂市特种油企业重点实验室	山东清沂山石化科技有限公司	2020	市级
17	临沂市液压油缸企业重点实验室	山东福阳液压科技有限公司	2021	市级
18	临沂市汽车发动机连杆精加工技术企业重点实验室	山东连杆总厂有限公司	2021	市级

续表32

序号	工程技术研究中心名称	依托单位	认定年限	级别
19	临沂市糖蜜废水处理企业重点实验室	山东铭浩环保科技有限公司	2021	市级
20	临沂市中药制剂关键技术企业重点实验室	山东罗欣乐康制药有限公司	2022	市级

2022年沂水县院士工作站室名单一览表

表33

序号	院士工作站名称	依托单位	认定年限	级别
1	山东省院士工作站	山东清沂山石化科技有限公司	2019	省级
2	山东省院士工作站	山东隆科特酶制剂有限公司	2020	省级
3	山东省院士工作站	沂水鼎力环保科技有限公司	2022	省级

2022年沂水县技术创新中心名单一览表

表34

序号	名称	依托单位	备案时间	级别
1	山东省非粮乙醇绿色全产业链技术创新中心	山东泓达生物科技有限公司	2020	省级
2	山东省高端特种油技术创新中心	山东清沂山石化科技有限公司	2021	省级
3	临沂市酶制剂技术新中心	山东隆科特酶制剂有限公司	2021	市级
4	临沂市产业用绒布技术创新中心	山东恒泰纺织有限公司	2022	市级

2022年沂水县人才飞地名单一览表

表35

序号	名称	依托单位	认定年限	级别
1	临沂市人才飞地	山东隆科特酶制剂有限公司	2021	市级
2	临沂市人才飞地	山东绿森塑木复合材料有限公司	2022	市级
3	临沂市人才飞地	山东泓达生物科技有限公司	2022	市级

【产学研合作】 2022年，沂水县深化科技合作交流，助力企业高质量发展。推动中国工程院张立群院士与威普斯、外籍院士王立军与歌尔电子、外籍院士周建斌与鼎力环保（原亿利洁能）建立全面合作关系；组织机床厂等企业赴天瑞重工与外籍院士、泰山产业领军人才李永胜进行技术交流；组织泰山产业领军人才、北京航空航天大学吴国清等专家教授到宝美隆、机床厂、恒泰纺织等20余家企业开展11批次产学研对接活动；动员北京科技大学薛彦鹏教授等高层次人才带资金、带技术、带项目到沂水投资创业。沂水鼎力环保科技有限公司与南京林业大学俄罗斯工程院院士周建斌合作共建院士工作站，合力开展“生物质气化多联产技术”项目研究，以期完成生

物质气化工艺优化，推动炭材料开发的成果转化。（徐云洁）

【山东隆科特酶制剂有限公司入选山东省科技领军企业】 2022年11月9日，山东隆科特酶制剂有限公司入选山东省科技领军企业。山东隆科特酶制剂有限公司是国家高新技术企业，下设院士工作站、山东省重点实验室等研发平台，公司有专职研发人员108人，先后承担国家重点研发计划7项、火炬计划3项、省部级研发项目18项，并参与制定8项酶制剂国家标准、5项行业标准、2项团体标准的修订工作。获国家发明二等奖、国家科技进步二等奖。公司年产新型酶制剂10万吨，位居中国民族酶工业第一位。（任 龙）

科技项目与成果

【科技项目争取】 2022年，沂水县申报省重大关键技术攻关项目2项，其中山东隆科特酶制剂有限公司申报的“新型霉菌毒素降解酶研发与应用”项目成功立项，获得省财政900万元支持；申报中央引导地方科技发展资金项目5项，立项2项，获得省财政180万元支持。入选省科技型中小企业创新能力提升工程项目1项、市重点研发计划项目2项。

【科技成果转化】 2022年，沂水县支持面向市场的技术研发和成果转化。全年登记技术合同283项，登记技术合同成交额14.5亿元、技术交易额1.5亿元，均超额完成市对沂水县分配的目标任务，申报山东省科学技术进步二等奖4项、山东省金桥奖5项。开展科技成果评价11项。

2022年沂水县科技成果登记项目一览表

表36

序号	成果名称	完成单位	完成人	成果完成日期	成果完成方式
1	杜仲种质资源培育关键技术集成与应用	沂水县林业发展中心	刘兆伟 牛庆法 赵而明 夏志兰 梅雪鸿 张洪涛 耿宗琴 刘庆晓 扈明新 孔令娜	2021年12月31日	评价
2	全液压智能大口径潜孔履带自走式岩芯深井钻机技术提升与产业化	山东源泉机械有限公司	王学文 张建英 王 强 刘 伟 纪瑞琪	2022年4月16日	评价
3	海上风电制动系统锁定套工艺研发	山东连杆总厂有限公司	高加祝 李永红 王 成 齐共诚 王平超 孙凯悦	2022年4月13日	评价
4	新型木塑环保材料研究与应用	山东绿森塑木复合材料有限公司；南京林业大学；山东理工大学	李瑞清 李永红 李大纲 蔡红珍 衣 晓 杨科研 安云鹏 韩祥生	2022年1月	评价
5	废弃物生物质炭新型环保功能材料的研制及应用	山东清沂山石化科技有限公司；齐鲁工业大学	赵云强 马洪芳 解金国 李腾飞 张京伟 刘 军 高 振 刘业宽 朱光亮 姚国福 徐广飞 高 翔 岳 燕	2022年4月23日	评价
6	含吡啶废水新技术的研究	山东昆达生物科技有限公司；山东泓达生物科技有限公司	张成龙 杜敬彩 党传玉 程文军 师星辰 段升华 姚晓峰	2022年4月23日	评价

续表36

序号	成果名称	完成单位	完成人	成果完成日期	成果完成方式
7	维生素B_3绿色生物制造关键技术研究与产业化	山东昆达生物科技有限公司；山东泓达生物科技有限公司	杨延河 张之迎 刘清华 李自云 刘　玲 冯　起	2022年4月23日	评价
8	洗涤用酶制剂产品研制的关键技术	山东隆科特酶制剂有限公司	郭庆文 肖　静 王兴吉 王克芬 刘文龙 王春晓 张　杰 佟新伟 贾仁洁 曹世源	2022年3月24日	评价
9	蓝莓高产高效技术集成示范与推广	临沂旺宝农业发展有限公司	魏叶堂 刘　峰 黄　洁 吴现国 徐　鹏 阚积伟 张本华	2021年12月	评价
10	双重发酵制备改性麦麸并协同菊粉制作高膳食纤维营养饼的研究	青援食品有限公司	桑振亮 王日涛 谢贵各 白泽斌 冯桂宝 张志成	2021年11月	评价
11	基于智慧医疗服务模式下脑卒中患者留置胃管现状分析及管理的应用研究	沂水县人民医院	张　昕 孙晓芬 王　红 杜云章 孙瑞云 张丽丽	2022年5月	验收
12	本体彩色玻璃纤维及制造技术	山东天舜环保科技有限公司	张　静 于含波 董　霞 傅理军 黄丽霞 唐国成 张　华 刘晨晨	2021年1月28日	评价

【科技金融合作】　2022年，沂水县建立科技金融合作机制，搭建科技企业与银行沟通桥梁，用好科技成果转化贷款和科技创新再贷款政策为企业纾困解难。全年帮助14家科技型中小企业获批科技成果转化贷款额度1.7亿元、20家高新技术企业获批科技创新再贷款6.1亿元。

（徐云洁）

【新型霉菌毒素降解酶研发与应用项目】　2022年8月，山东隆科特酶制剂有限公司与齐鲁工业大学、中国农业科学院饲料研究所合作实施“新型霉菌毒素降解酶研发与应用”项目。项目可以使新型霉菌毒素降解酶的应用成本不高于20元/吨饲料，饲料中主要霉菌毒素消除率不低于90%。项目实现主要霉菌毒素降解酶的国产化，建成年产5000吨霉菌毒素降解酶工业化生产线，生产工艺成熟稳定。完成产业化建设，具备大规模生产的条件。其中，玉米赤霉烯酮降解酶、漆酶、氧化还原酶发酵活力分别不低于10000U/mL、100000U/L、2000U/mL，达到国际先进水平。项目执行期3年，计划总投资5600万元，其中财政资助900万元。年内，财政到位资金492万元。该项目入选2022年度山东省重大科技创新工程。　（任　龙）

科技宣传与科普活动

【科普宣传】　2022年，沂水县开展系列科普宣传活动，邀请县“立心”青少年科普志愿团队专家到四十里堡镇第一初级中学、第一小学开展“科技筑梦 智引未来”专题科普知识讲座，对孩子们进行科学启蒙、科学教育。邀请省果树专家到四十里堡镇开展科技下乡活动，围绕沂水县特色农业产业进行授课。沂城街道、四十里堡镇等镇街科协组织开展“全国科技工作者日”主题宣传活

2022年9月7日，2022年全国科普日山东主场分活动暨沂水县主场启动活动在沙沟镇举行 （县科协 供图）

动、法治科普宣传进课堂等各类活动20余次。开展以“走进科技、你我同行”为主题的科技活动周宣传活动，向广大群众普及科学文化知识，倡导科学健康的生活方式。围绕“喜迎二十大 科普向未来”全国科普日系列科普行动，开展技术培训、科普报告、青少年信息编程、科普大篷车巡展等特色科普活动。科普大篷车巡展活动先后走进高庄、夏蔚等镇校园、社区、农村开展科普宣传活动10余次。实施青少年科普教育330工程（依托中小学三点半课后科普教育服务，利用三年左右的时间打造多元、立体、可持续发展的科普服务体系），利用科普资源助推“双减”工作，推进青少年科普教育工程进校园，组织山东省科学家精神报告团“三进”活动4场，惠及在校师生5000余人次。

【全域科普工作】 2022年，沂水县开展“全地域覆盖、全领域行动、全媒体传播、全民参与共享”的全域科普工作，成功申报沙沟镇于家双沟村“2022年山东省基层科普行动计划项目”，获得奖补资金20万元。新增新型社区科普馆1处，新建北坛社区科普长廊1处，形成以沂水县科技馆为主、新型社区科普馆为辅的科普教育阵地体系。利用“全国科技工作者日”“科技活动周”“全国科普日”等活动契机，整合资源，开展科普讲座、科技下乡、科技竞赛等系列活动，助推全民科学素质提升。“沂水科普”微信公众号宣传科普信息，推广科技服务，订阅人数3.9万余人，发布信息4100余篇。与“沂水首发”App、“沂水发布”“沂水电视台”等新媒体合作，构建基层科普传播体系。 （王 艳）

【科技活动周】 2022年，沂水县科技活动周以“走进科技 你我同行”为主题，通过悬挂横幅、图板展示、发放科技政策材料、咨询问答等方式，宣传《中华人民共和国科学技术进步法》《中华人民共和国科学技术普及法》，展示建党百年科技事业发展历程，重点突出黄河流域生态保护和高质量发展、碳达峰碳中

2022年7月25日，沂水科技活动周在县科技局举行 （县科技局 供图）

和、乡村振兴、新旧动能转换和创新型城市建设等国家、省、市、县重大战略，在全社会营造爱科学、学科学、用科学的良好氛围。（徐云洁）

地震科技

【地震监测预报】 2022年，沂水县推进震情监视跟踪工作机制，执行24小时震情值班制度，落实震情会商、宏观异常“零报告”制度。年内，沂水县应急局核实分析1起异常和2起舆情，并及时向群众做好解释。升级改造观测设备，延长盆山观测井观测深度至50米。开展全县自然灾害风险普查中地震灾害致灾调查与评估项目，编制沂水县地震构造图、活动断层分布图，编写《沂水县地震灾害致灾调查与评估工作报告》。开展房屋设施抗震设防信息采集和动态更新，采集新建工程137个，加固工程709个。修订《沂水县地震应急预案》《沂水县防震减灾第十四个五年规划》。

【地震科普宣传】 2022年，沂水县免费开放龙家圈社区防震减灾知识展馆，接待参观2132人次。县应急局定期向沂水政府网站、“沂水在线”“沂水发布”等媒体推送防震减灾科普文章。利用“5·12”防灾减灾日组织防震减灾知识竞赛、讲座、地震应急避险演练等活动。通过沂水电视台第一频道滚动播放防震减灾宣传标语。设立宣传站，摆设防震减灾科普知识展板、发放防震减灾等材料536份。组织沂水县师生参加全市防震减灾知识手抄报活动及防震减灾科普宣讲大赛，13人获个人奖。利用联通信息平台，向全县党政机关、企事业单位、乡镇干部及灾情速报员等4861名工作人员发送防震减灾知识信息。（张东林）

【《沂水县防震减灾第十四个五年规划》制定】 2022年11月，县应急局制定《沂水县防震减灾第十四个五年规划》。规划明确监测预警、应急救援、社会治理3大体系重点建设任务，地震灾害风险调查和重点基础隐患排查、地震监测预警能力建设、地震应急技术装备保障3 项重点工程。明确至2025年底，基本建成新时代防震减灾事业现代化体系。（许　磊）

气象科技

【气象服务】 2022年，沂水县气象局加强公共气象服务、决策气象服务和气象灾害防御能力建设，建立重大天气过程面向党委政府的直通式报告机制，强化基层“叫应”服务，推进气象数据与多部门、多领域数据的融合应用。全年发布预警信号109期，重要天气预报22期，周报48期，公众天气预报672期，雨量通报265期，通过短信平台服务约22万条次。

【气象现代化建设】 2022年，县气象局完成台站升级工程，正式启用DTD2冻土自动观测仪；完成高庄镇和富官庄镇天气站六要素升级改造工程，增强设备稳定性和数据可用率。完成年度自然灾害风险普查工作，形成暴雨、冰雹、大风、低温、干旱、高温、雷电、台风、雪灾致灾因子数据。完成气象探测环境调查评估工作，探测环境评分94.8。印发《沂水县气象灾害应急预案》，规范气象灾害预警应急响应工作。自主开发“社区气象防灾减灾平台”。

【人工影响天气工作】 2022年，沂水县配备移动式火箭增雨发射架1部，在15个乡镇布设防雹高炮，配备炮手57人，自动发射装置3套，实现自动化改造的高炮7处。全年开展火箭增雨作业35轮次，发射火箭126发；开展高炮防雹增雨作业29轮次，发射炮弹560发。

【气象科普宣传】 2022年，沂水县气象局结合世界气象日、

2022年5月12日，沂水县气象局开展气象科普宣传　（县气象局　供图）

防灾减灾日、安全生产月深入农村、社区、企业宣讲气象防灾减灾知识，向公众发放气象科普读物、画册。针对春季出现的连续干旱天气，组织业务人员从预报、人工增雨机制等方面科普气象知识，引导公众正确认识、应对干旱；组织气象专家走上街头、进入社区讲解其他种类气象灾害，以及面对灾情时如何正确自救与互救；通过“沂水气象”微信公众号发布各类气象服务信息和防灾减灾温馨提示，引导公众通过更多渠道了解天气变化。

【社区气象防灾减灾平台】 2022年，沂水县气象局根据城市社区居民的气象服务需求，开发“社区气象防灾减灾平台”，并在许家湖镇、龙家圈街道、沂城街道投入使用。平台采用电脑端+手机端协同运行的模式，在社区管理中心设置“指挥舱”，通过电脑端接收气象信息、判别风险和调度叫应防灾减灾工作；在小区负责人、楼长及普通居民的手机端，通过小程序接收预报预警信息、反馈叫应处理结果。平台可根据社区的地理位置，获取距离社区最近的气象站实时观测数据（包括气温、风向、风速、雨量等），接收天气预报、气象预警，同时还可以根据社区自身的抗灾能力，发送个性化灾害阈值报警。全年在30个社区，139个小区（村）推广平台应用，手机端注册用户1万余人次，覆盖居民11万人。先后获评山东省高质量气象现代化建设先行试点（第二批）、2022年度省级新型智慧城市建设优秀案例、2022年度全市气象部门创新项目第一名。

（张玲玲）

教　育

综　述

【教育资源】　2022年，全县有各级各类学校204所，其中，小学162所、初中33所（含13所九年一贯制）、高中4所、职业学校1所、高等教育学校1所、公办特教学校1所、民办学校2所，教职工13257人。普通中小学在校学生131405人，控辍保学率98%。幼儿园335所（其中公办园179所、民办园156所），在园幼儿53641人，学前三年毛入园率95.5%，幼儿园公办率55.9%，普惠率94.5%。

2022年沂水县各类学校基本情况统计表

表37

项目	机构数（所）	毕业生数（人）	招生数（人）	在校学生数（人）
中等职业学校	1	1807	1238	6462
特殊教育学校	2	43	67	304
高中	4	5500	5645	16867
初中	33	10317	11354	38060
小学	162	11259	12245	76478
幼儿园	335	12080	12700	53641
高等教育学校	1	1718	1806	5018

【教育经费投入】　2022年，沂水县财政一般公共预算教育支出20.7亿元。其中，义务教育支出14.3亿元，占比69%，主要用于学校运转及改善办学条件；普通高中教育支出2.5亿元，占比12%，主要用于学校运转、学生资助及改善办学条件。确保各学段教育生均经费执行省定标准（生均公用经费执行小学年710元、初中910元、高中1000元），教育投入达到省定要求，确保教育投入的“两个只增不减”（确保财政一般公共预算教育支出逐年只增不减，确保按在校学生人数平均的一般公共预算教育支出逐年只增不减）。一般公共预算生均教育经费投入人均小学11276元、初中15311元、高中14840元。

【学校建设】　2022年，沂水县投资8.9亿元推动义务教育学位保障工程建设，启动13所义务教育学校的新建及改扩建，新增班数337个、学位15740个，以应对2023年的入学高峰。投资1800万元新建、改扩建教师周转房290套。投资1366万元改善高中办学条件。

【成人教育】 2022年，沂水县利用社区教育学院、教育中心、各教学点组织各种培训活动。开展部分基层干部学历培训、社区健康教育培训、退役军人创新职业培训、焊工、电工专业培训、“金蓝领”培训、城乡公益性岗位培训等多种形式的培训，培训各类学员1800余人。各乡镇（街道）社区教育中心、教学点根据各自的地域特点以及当地社区居民对各类技术的不同需求，建立起适合当地经济发展的培训阵地，主要有养殖种植、手套加工、假发制造、农村财会人员业务培训、育龄妇女优生优育知识讲座、月嫂培训等。每两个月进行一次集中培训活动，技术骨干再对本辖区人员进行不定期培训，逐步提高社区群众的教育培训率。年内，全县组织各类集中培训30余次，培训人员1.5万余人次。 （王炳慧）

教育管理

【教育科研】 2022年，沂水县搭建教育科研平台，引领教干教师们专业发展。组织部分教干和骨干教师到青州进行一周的跟岗学习，提高教师的教科研能力；组织全县3000余名教干教师通过线上直播方式，聆听专家报告；利用“研直播”网络平台，组织高中教师参加60余场网络学习，培训教师8000余人次，提升各学科教师的学科素养。推进课题研究，组织省级课题立项2项、结题3项；市级课题立项27项、结题34项；县级立项89项、结题94项。

【教育信息化建设】 2022年，全县教育信息化建设投入1400余万元，采购多媒体178套、教师机878台、学生机840台。投入24万元，建设沂水教育校园通。投入30万元，建设全县教育视频会议系统，24所县直学校、19所乡镇（街道）联区统一安装视频会议终端，可以同时入会，实时交互，做到随时召集随时开会。组织优质课评选活动，引导教师利用信息技术进行教育教学，实现信息技术与课堂教学深度融合。推进市级智慧校园创建，60余所学校参与创建，30所学校通过验收。加强创客室建设，组织中小学生信息化大赛活动。

【安全管理】 2022年，沂水县在全市首创安装防溺水绊线报警和视频监控系统，投入1200余万元，在456所重点水域安装绊线报警系统和视频监控系统1000余个，实现水域智能化管控无缝隙、全时段。县财政列支1000万元，为学校配备专职保安1594人，全县学校专职保安员配备率、封闭化管理率、“一键式”紧急报警和视频监控系统达标率均为100%。实行学校食堂大宗食品定点采购统一配送，加强原材料采购管理，保障食品安全，降低采购成本。全县504所学校食堂全部纳入大宗食材统一采购，全部实现经营权回收，实行自主经营。

【“沉浸式教学视导”教研模式】 2022年，沂水县实施教研员“沉浸式视导”，对每一所学校利用不少于一周的时间进行视导前调研、课堂听课、参与集体备课、教研员报告会、座谈会、学生调查问卷、教师调查问卷、教情学情反馈会等，促进课改，查找短板，让各校扬长避短，提高课堂效率，让教研员成为学校教育、教师专业成长、学生全面发展的服务者。2月，《山东教育报》以《沂水县教体局以“沉浸式教学视导”促进教研转型》为题，推介沂水县“沉浸式教学视导”的教研转型经验。

（王炳慧）

教师队伍建设

【概况】 2022年，沂水县有教职工13257人。其中，学前教育3881人，小学4691人，初中2806人，高中1411人，特殊教育91人，中等职业教育377人。

【“一十双百”培育工程】 2022年，沂水县开始实施“一十双百”培育工程，出台《“一十双百”培育工程实施方案》，制定“一十双百”人选培养管理办法，通过个人研修、专题研修、培养培训、成果培育等多种措施，打造人才队伍。评选出10名名校长、100名名班主任、100名名师，并在教师节表彰。

【干部教师培训】 2022年，沂水县选派5位教师参加教育部“国培计划（2022）”培训学习，3名教师参加全省中医药文化进校园师资培训，9000余名教师参加教育部2022年暑期教师研修。对全县8950名中小学、幼儿园教师开展50学时的提升工程。组织8725名教师报名参加山东省中小学幼儿园教师“互联网+教师专业发展”研修学习。组织2848名班主任参加山东省班主任全员培训。组织36名园长与骨干教师参加省派“第一书记”帮扶村幼儿园园长与骨干教师培训。组织各学段、学科1000余人参加省工作坊主持人线上同步培训。组织4名高中校长参加临沂市高中校长全员培训班，初中校长33人参加临沂市初中校长素质提高培训班，800名骨干教师参加临沂市乡村骨干教师培训。举办全县小学校长素质提升培训班，161名小学校长参加。举办全县公办、民办幼儿园园长培训，310名园长参加。举办薄弱学科培训、新聘教师岗前培训，培训教师546人。

【交流轮岗】 2022年，沂水县继续实施县域内交流轮岗工作，完善教师在城镇学校和农村学校、优质学校和薄弱学校之间双向流动的长效机制，交流轮岗教师391人，其中骨干教师100余人，占交流轮岗教师总数的25%以上。

【职称评审】 2022年，沂水县继续落实基层中小学高级教师职称制度及乡村中小学教师工作满10年、20年、30年申报中级职称、高级职称、正高级职称可不受单位岗位结构比例限制政策，经申报、评选，8人取得正高级专业技术职务资格（含中小学正高级教师5人、基层中小学正高级教师1人、正高级讲师2人），263人取得高级（基层高级）专业技术职务资格（含中小学高级教师154人、基层中小学高级教师97人、高级讲师12人），263人取得中级专业技术资格（含中小学一级教师348人、讲师5人），331人取得初级专业技术职务资格（含中小学二级教师314人、助理讲师17人）。 （王炳慧）

素质教育

【普法教育】 2022年，沂水县聘请公检法司等部门的法律工作者111人，为203所中小学开展法治报告会400余场，强化学生法律红线。组织全县11余万名中小学生参加“学宪法讲宪法”活动。

【德育教育】 2022年，沂水县制定出台《思想政治课一体化建设实施意见》，推动“大思政课”建设，将思政课程向课程思政拓展，在思政课“四大创优”工程带动下，思政课程与其他课程在理念创新、教学方式、课程建设、实践活动等方面，实现体系化、系统化、相互性交融。组织开展“网上祭英烈活动”“喜迎二十大 奋进新征程”“青春（童心）向党”“颂歌献给党，奋进新时代”师生素养展示等活动，弘扬沂蒙精神，赓续红色血脉。组织志愿服务活动，开展清明网络祭英烈活动，在线播放量

18.2万余人次；开展“小手拉大手 三十行动”系列活动1600余场次，覆盖196个学校少先队组织，12万余名少先队员。

【体育艺术教育】 2022年，沂水县严格落实中小学国家课程方案和课程标准刚性要求，开齐开足上好体育课。全县有12所全国校园足球特色学校，初高中每年组织一次综合性体育赛事，小学每年在春秋两季组织一次趣味运动会、田径运动会。在全市中小学学生体质健康抽测复核中，沂水县总平均分78.8，全市第三名。

沂水县严格落实学校美育课程开设刚性要求，不断拓宽课程领域，加强美育实践活动设计，提升学生的审美素养。巩固提升“班班有画展、校校传歌声”活动成效，遴选3所学校申报临沂市高水平学生艺术团。在2022年临沂市中小学音乐教师基本功展示中获一等奖1名、二等奖2名；在中小学生艺术活动优秀表演节目中个别获合唱组和戏剧组的优秀表演节目奖项；获2022年山东省中小学生校园艺术节合唱戏曲专项展示活动优秀组织奖。

【“十项育人”示范工程】 2022年，沂水县下发《沂水县“十项育人”示范工程实施方案》，以“品牌项目”打造特色学校，以“品牌学校”引领教育发展，93个城区、乡镇（街道）学校认领项目。第四实验小学以《乐享幸福教育 静待蓓蕾花开》为题，成功入选全省第二批普通中小学优秀德育工作实施方案。采取“请进来”和“走出去”两种方式，邀请省内知名专家开展培训学习，组织全县校长先后赴青州、临朐、诸城开展考察学习。

（王炳慧）

学前教育

【概况】 2022年，全县有幼儿园335所（公办园179所，民办园156所），其中省级示范幼儿园35所，省一类幼儿园28所，省二类幼儿园52所，省三类幼儿园186所。3～6周岁适龄幼儿69610人，在园幼儿53641人，有教职工3881人。学前三年毛入园率95.5%，公办率55.9%，普惠率94.5%。2022年，全县幼儿园招生12700人。

【学前教育优质普惠发展】 2022年，沂水县投资7563万元建设标准化幼儿园，其中新建2所，改扩建3所，新增学位1710人。出台《关于加强学前教育镇村一体化管理的实施意见》，在全县推行以“六统一”为主要措施的管理模式，逐步形成镇域学前教育集团化办园、标准化管理、一体化发展的办园格局。全县认定普惠性民办园125所，占已办证民办园总数的92.6%。对在普惠性民办园就读幼儿按照每生每年710元的标准核拨生均公用经费。全县36所优质幼儿园与91所薄弱农村园结对帮扶，每所优质园帮扶2—3所薄弱园，促进城

户外自主游戏　　（县第一实验幼儿园　供图）

乡、区域和园所间优势互补、资源共享。

【规范办园】 2022年，沂水县对全县所有幼儿园实地督导，重点检查科学保教、规范管理、安全卫生等。多次召开提高群众满意度工作会议，各幼儿园通过家长会、家访、半日开放活动等开展联系活动，提高学前教育的社会满意度。四十里堡镇第二中心幼儿园等3所幼儿园通过省一类幼儿园验收。

【教研活动】 2022年，县教体局在全县4大片区分别制定教研计划，每月开展一次教研活动，并撰写《教研简报》，推进教研活动常态化、规范化。制定《沂水县幼儿园与小学科学衔接实施方案》，探索科学开展幼小衔接工作的方法策略，解决入学准备和入学适应实践中的突出问题。组织优质课评选、游戏案例评选等，推选48人参加市级各种评选活动。举行全县幼儿园自主游戏展评活动，提升全县自主游戏实施水平。利用省基础教育教学改革项目《学前教育区域教研共同体的实践研究》，探讨园本教研、区域教研的思路、方向、策略，举办课题成果总结推广会，在国家级期刊《中国教师》发表论文《教研共同体，破冰农村幼儿教师师资不均衡问题》。开展幼儿教师“共读好书”活动，确定推荐书目50本，每位教师自选4本。

（肖红菊）

义务教育

【概况】 2022年，沂水县有小学162所（含24所教学点），初级中学20所，九年一贯制学校13所。有义务教育学生114538名。

【义务教育均衡发展】 2022年，沂水县实施乡镇驻地学校和乡村薄弱完小联盟发展，推进义务教育阶段学校联盟集群发展战略，解决基础教育不平衡不充分问题。高桥镇、道托镇成功申报市级强镇筑基试点。8所县直初中结对25所乡镇初中、14所县直小学结对34所乡镇小学，以县带乡、以强带弱，促进优质教育资源向农村流动。

2022年沂水县小学在校生情况一览表

表38 单位：人

序号	学校名称	在校生数	随班就读学生数	序号	学校名称	在校生数	随班就读学生数
1	沂水县实验小学	3594	5	11	沂水县第二实验中学	3336	8
2	沂水县第二实验小学	3347	8	12	沂水县第三实验中学	3036	5
3	沂水县第三实验小学	2961	4	13	沂水县第四实验中学	3855	8
4	沂水县第四实验小学	2563	4	14	沂水县第四实验中学南校区	1387	3
5	沂水县第五实验小学	1954	9	15	沂水县第四实验中学西校区	91	0
6	沂水县第六实验小学	1782	9	16	沂水县第五实验中学	809	3
7	沂水县第七实验小学	404	0	17	沂水县沂蒙中学	1592	5
8	沂水县第八实验小学	768	1	18	沂水县矿山小学	238	0
9	沂水县实验中学	3494	6	19	沂水县开慧实验小学	645	0
10	沂水县实验中学东校区	1380	5	20	沂水县沂城街道长安小学	328	3

续表38

序号	学校名称	在校生数	随班就读学生数	序号	学校名称	在校生数	随班就读学生数
21	沂水县沂城街道双龙小学	327	0	51	沂水县马站镇中心小学	1570	3
22	沂水县沂城街道武家洼小学	752	2	52	沂水县马站镇珠江完全小学	355	2
23	沂水县沂城街道友兰小学	198	1	53	沂水县马站镇店子完全小学	311	3
24	沂水县沂城街道松峰小学	182	2	54	沂水县马站镇王井完全小学	145	1
25	沂水县沂城街道庞家庄小学	55	0	55	沂水县马站镇双城完全小学	196	0
26	沂水县沂城街道东山小学	119	0	56	沂水县马站镇书堂完全小学	336	0
27	沂水县龙家圈街道柴山小学	169	3	57	沂水县马站镇古峰完全小学	244	1
28	沂水县龙家圈街道峪子小学	115	2	58	沂水县马站镇富岭完全小学	205	0
29	沂水县龙家圈街道港埠口小学	254	1	59	沂水县马站镇后沟完全小学	124	2
30	沂水县龙家圈街道柳泉小学	61	3	60	沂水县马站镇第二小学	473	0
31	沂水县龙家圈街道诸坞小学	79	0	61	沂水县杨庄镇上儒林小学	93	1
32	沂水县龙家圈街道南套小学	40	0	62	沂水县杨庄镇大罗张小学	14	0
33	沂水县龙家圈街道下肖家沟小学	49	0	63	沂水县杨庄镇仁村小学	161	0
34	沂水县国际希望小学	117	0	64	沂水县杨庄镇四官庄小学	221	1
35	沂水县道托镇中心小学	517	1	65	沂水县杨庄镇庄科小学	24	0
36	沂水县道托镇上庄小学	315	3	66	沂水县杨庄镇兴盛小学	31	0
37	沂水县道托镇涝坡小学	188	0	67	沂水县杨庄镇郭家峪小学	78	0
38	沂水县道托镇下村小学	191	1	68	沂水县杨庄镇福海爱心小学	57	0
39	沂水县道托镇余良小学	213	1	69	沂水县杨庄镇北躲庄小学	275	1
40	沂水县道托镇王家庄小学	246	0	70	沂水县杨庄镇第一初级中学	905	2
41	沂水县道托镇大黄旺小学	121	0	71	沂水县杨庄镇第二初级中学	540	0
42	沂水县高桥镇中心小学	970	1	72	沂水县富官庄镇前陈村小学	10	0
43	沂水县高桥镇蓝天希望小学	535	2	73	沂水县富官庄镇中心小学	351	0
44	沂水县高桥镇汗青希望小学	660	1	74	沂水县富官庄镇何家庄子小学	133	0
45	沂水县高桥镇长林小学	227	0	75	沂水县富官庄镇芦沟小学	118	0
46	沂水县高桥镇核桃小学	193	0	76	沂水县富官庄镇漫流小学	103	1
47	沂水县高桥镇牛旺小学	290	2	77	沂水县富官庄镇石岭小学	103	0
48	沂水县高桥镇福国小学	130	2	78	沂水县富官庄镇徕庄小学	147	0
49	沂水县高桥镇海尔希望小学	232	2	79	沂水县富官庄镇得水小学	122	1
50	沂水县高桥镇山宋小学	195	2	80	沂水县富官庄镇何家庄子初级中学	75	0

续表38

序号	学校名称	在校生数	随班就读学生数	序号	学校名称	在校生数	随班就读学生数
81	沂水县沙沟镇中心小学	1117	2	111	沂水县崔家峪镇对荆峪联小	120	1
82	沂水县沙沟镇于沟完全小学	333	0	112	沂水县崔家峪镇上常庄联小	195	0
83	沂水县沙沟镇崖庄小学	10	0	113	沂水县崔家峪镇下泉完小	170	1
84	沂水县沙沟镇川店完全小学	102	1	114	沂水县夏蔚镇第一中心小学	452	0
85	沂水县沙沟镇双山小学	23	0	115	沂水县夏蔚镇第二中心小学	650	3
86	沂水县沙沟镇张马完全小学	67	0	116	沂水县夏蔚镇葛沟小学	60	0
87	沂水县沙沟镇上流完全小学	181	1	117	沂水县夏蔚镇上位小学	129	0
88	沂水县沙沟镇杨庄完全小学	88	2	118	沂水县夏蔚镇上里庄小学	129	1
89	沂水县沙沟镇野坊完全小学	171	0	119	沂水县夏蔚镇麦坡小学		
90	沂水县沙沟镇道德完全小学	169	0	120	沂水县夏蔚镇第三中心小学	198	2
91	沂水县沙沟镇泮池初级中学	263	1	121	沂水县夏蔚镇回峰涧小学	110	0
92	沂水县诸葛镇第二小学	415	6	122	沂水县高庄镇中心小学	1074	1
93	沂水县诸葛镇第三小学	163	1	123	沂水县高庄镇中峪小学	53	0
94	沂水县诸葛镇第四小学	157	1	124	沂水县高庄镇下里小学	85	0
95	沂水县诸葛镇新安小学	309	1	125	沂水县高庄镇马兰小学	40	0
96	沂水县诸葛镇梭峪小学	0	0	126	沂水县高庄镇杏峪小学	37	0
97	沂水县诸葛镇大圈小学	0	0	127	沂水县高庄镇古坟坦小学	55	0
98	沂水县诸葛镇大峪小学	118	0	128	沂水县高庄镇上峪小学	285	0
99	沂水县诸葛镇南门楼小学	177	0	129	沂水县高庄镇第二初级中学	385	2
100	沂水县诸葛镇凤落院小学	8	0	130	沂水县泉庄镇中心小学	336	1
101	沂水县诸葛镇张耿小学	144	3	131	沂水县泉庄镇张庄小学	61	0
102	沂水县诸葛镇第一初级中学	903	3	132	沂水县泉庄镇尹家峪小学	300	2
103	沂水县黄山铺镇中心小学	1219	2	133	沂水县泉庄镇崮崖小学	11	0
104	沂水县黄山铺镇匡庄小学	268	0	134	沂水县泉庄镇沙地小学	7	0
105	沂水县黄山铺镇小河小学	146	1	135	沂水县泉庄镇石汪峪小学	254	0
106	沂水县黄山铺镇土沟小学	190	0	136	沂水县泉庄镇西郭庄小学	12	0
107	沂水县黄山铺镇埠西小学	201	3	137	沂水县泉庄镇福和希望小学	9	0
108	沂水县黄山铺镇泉庄小学	218	1	138	沂水县泉庄镇塔井峪小学	18	0
109	沂水县黄山铺镇龙山小学	112	2	139	沂水县院东头镇中心小学	659	2
110	沂水县崔家峪镇中心小学	473	1	140	沂水县院东头镇上岩峪小学	153	1

续表38

序号	学校名称	在校生数	随班就读学生数	序号	学校名称	在校生数	随班就读学生数
141	沂水县院东头镇下岩峪小学	43	3	159	沂水县许家湖镇东安小学	103	0
142	沂水县院东头镇刘家店子小学	144	0	160	沂水县许家湖镇第三小学	609	2
143	沂水县院东头镇石门小学	67	1	161	沂水县四十里堡镇第一小学	1027	1
144	沂水县院东头镇张家庄子小学	80	0	162	沂水县四十里堡镇第二小学	440	0
145	沂水县院东头镇姚店子中心小学	821	2	163	沂水县四十里镇张庄完全小学	583	5
146	沂水县院东头镇姚店子东水小学	321	0	164	沂水县四十里镇大李马庄完全小学	304	3
147	沂水县院东头镇姚店子东戚小学	224	0	165	沂水县四十里堡镇于家河完全小学	281	2
148	沂水县院东头镇姚店子西仁小学	117	0	166	沂水县四十里镇吕官庄完全小学	189	2
149	沂水县院东头镇姚店子永富庄小学	113	1	167	沂水县四十里镇焦家庄完全小学	246	0
150	沂水县许家湖镇姚店子第三小学	336	1	168	沂水县四十里堡镇老官庄完全小学	115	0
151	沂水县许家湖镇中心小学	422	2	169	沂水县四十里镇金场小学	6	0
152	沂水县许家湖镇第二小学	392	1	170	沂水县四十里镇小薛庄小学	131	1
153	沂水县许家湖镇正阳小学	237	1	171	沂水县四十里堡镇欧家庄完全小学	194	0
154	沂水县许家湖镇潘家沟小学	125	2	172	沂水县圈里乡中心小学	777	1
155	沂水县许家湖镇后坡小学	71	0	173	沂水县圈里乡岱庄学区中心小学	108	2
156	沂水县许家湖镇王家庄子小学	260	2	174	沂水县圈里乡岔河学区中心小学	147	0
157	沂水县许家湖镇南尧小学	112	0	175	沂水县圈里乡高庄学区中心小学	159	1
158	沂水县许家湖镇春水社区小学	441	2	176	沂水县圈里乡麻庄学区中心小学	117	2

说明：表格中含九年一贯制小学

2022年沂水县初中在校生情况一览表

表39 单位：人

序号	学校名称	在校生数（人）	随班就读学生数（人）
1	沂水县实验中学	3140	8
2	沂水县第二实验中学	1750	5
3	沂水县第三实验中学	2569	5
4	沂水县第四实验中学	2853	1
5	沂水县第四实验中学南校区	1327	2
6	沂水县第五实验中学	790	1
7	沂水县沂新中学	2791	4
8	沂水县第二中学	2120	0
9	沂水县沂蒙中学	1940	2

续表39

序号	学校名称	在校生数（人）	随班就读学生数（人）
10	沂水县沂城街道武家洼初级中学	631	3
11	沂水县道托镇初级中学	1012	2
12	沂水县高桥镇中心初中	1781	8
13	沂水县马站镇初级中学	2042	9
14	沂水县杨庄镇第一初级中学	828	2
15	沂水县杨庄镇第二初级中学	867	2
16	沂水县富官庄镇初级中学	652	4
17	沂水县富官庄镇何家庄子初级中学	182	3
18	沂水县沙沟镇中心初中	869	1
19	沂水县沙沟镇泮池初级中学	333	1
20	沂水县诸葛镇第一初级中学	746	2
21	沂水县诸葛镇第二初级中学	340	0
22	沂水县黄山铺镇初级中学	926	3
23	沂水县崔家峪镇中心初中	449	1
24	沂水县夏蔚镇第一初级中学	397	5
25	沂水县夏蔚镇第二初级中学	386	0
26	沂水县高庄镇第一初级中学	849	4
27	沂水县高庄镇第二初级中学	215	2
28	沂水县泉庄镇初级中学	548	0
29	沂水县院东头镇初级中学	544	0
30	沂水县许家湖镇姚店子初级中学	593	2
31	沂水县许家湖镇初级中学	1128	5
32	沂水县四十里堡镇第一初级中学	1098	3
33	沂水县四十里堡镇第二初级中学	636	6
34	沂水县圈里乡中心初中	728	1

【“双减”政策落实】 2022年，沂水县推进课堂教学改革，开足开齐文体课程，让学生在校内学得好、学得足。启动“作业革命”，严禁重复性和惩罚性作业，全面压减学生作业总量。以“学生开心、家长放心”为服务理念和目标，提升学校课后服务水平，开展兴趣小组及社团活动，促进学生全面发展。出版《“双减”背景下的沂水教育新生态》，持续加大“双减”声量。

【课后服务】 2022年，沂水县制定《沂水县义务教育学校课后服务经费保障办法》，规范经费使用。下发《规范课后服务自查清单》，推动课后服务由“托管服务”向“素质教育”升级。应开设课后服务的141所学校全部开展，学生参与率95.2%。探索“课后服务+社团”新模式，全县各级各学校成立各类社团、合作社1500多个，参与学生11万人，开展各类活动2万余次。

【中考招生考试】 2022年，沂水县高中录取过程严格执行《2022年沂水县普通高中招生录取工作实施方案》，确保录取工作的公开、公平、公正。普通生录取分三段，根据考生志愿，按照中考成绩从高分到低分进行录取，总分相同的，依次按照道德与法制、文化课总分、语数英三科总分和语文、数学、英语单科分数进行排序录取。普通高中录取5645人，录取线538分，其中录取指标生3572人、体育特长生50人、普通生2023人。中考成绩最高分747分。

（张丽君）

普通高中教育

【概况】 2022年，沂水县有高中学校4所，其中省级规范化学校3所。在校学生16867人。高中段毛入学率98%以上。2022年，全县普通高中招生录取5645人。

2022年沂水县普通高中在校生基本情况一览表

表40

序号	学校名称	在校生数（人）	随班就读学生数（人）
1	沂水县第一中学	6317	2
2	沂水县第二中学	2735	0
3	沂水县第三中学	3908	0
4	沂水县第四中学	3907	5

【学校管理】 2022年，沂水县教体局指导高中学校做好学生综合素质评价工作，按上级节点要求和程序，如实规范填报，及时上传确认。做好高中省、市级优秀学生、优秀学生干部和优秀班集体的评选工作，评选出省、市级优秀学生170名，优秀学生干部34名，优秀班集体32个。启动特色高中学校建设，形成“特色鲜明 水平一流”的县域高中“名牌”。沂水二中制定《沂水县第二中学课程规划方案》《沂水二中课堂改革实施方案》《沂水二中先导课听评标准》等一系列课程改革实施方案，开设人文特色课程，打造二中特色教育新模式。沂水二中被认定为市级普通高中学科（历史）基地，市级特色高中重点培育校。沂水一中被认定为市级普通高中学科（语文）基地。

2022年6月7日，考生参加高考　　（县交警大队　供图）

【普通高考】 2022年，沂水县6034人报名参加夏季高考。其中，普通类5593人、艺术类307人、体育类134人。　（王炳慧）

特殊教育

【概况】 2022年，沂水县有特殊教育学校2所，特殊教育康复机构6所。省级随班就读示范学校4所，随班就读资源教室24个。全县适龄残疾儿童822名，安置入学学生797名，其中随班就读431人、送教上门147人、特校就读304人，残疾儿童入学率96.9%。

【普通教育与特殊教育融合发展】 2022年，沂水县成立由残联、卫健、教育等部门组成的残疾儿童专家鉴定委员会，定期摸底排查残疾儿童并进行入学能力评估鉴定，根据评估情况对每位残疾儿童提出最合适的受教育安置方式。科学界定送教上门服务主体，对鉴定后需要开展送教上门的残疾儿童，明确服务主体，开展送康送教上门工作，实现普校特校分类合作、优势互补，做到"全覆盖、零拒绝"，保障每一位残疾儿童受教育的权利。

【沂水县特殊教育学校】 2022年1月，沂水县特殊教育学校搬迁，新址位于沂水县中心南街839号。新校区占地4公顷，总投资6000余万元，建有综合办公楼、康教楼、教学楼、宿舍楼、风雨操场等，教育设施设备齐全，是山东省规范化学校、山东省康教结合实验学校、山东省助听器康复定点机构。学校有学前康复班8个，40余名听障儿童。对鉴定的无学习能力的残疾学生开展送教上门服务。学校投资130余万元，建成县特殊教育资源中心，为全县的普校随班就读、随园保教等工作提供特殊教育培训、康复训练指导，为残疾学生、家长提供咨询、评估、教育指导等优质服务；配备智能律动教室、体感感统训练室、心理咨询室等，为残疾儿童提供康复训练，心理健康辅导和感觉统合训练。年内，学校被评为全县教育工作优秀单位、全县教育党建工作优秀单位。多名教师获县优秀教师、名班主任、师德先进个人等称号，5名教师在全市特殊教育教师基本功大赛、康复技能比赛中获奖。

【沂水县培智学校】 沂水县培智学校是一所全日制、寄宿制智障儿童康复教育学校。该校对学生实施矫正缺陷、自理生活、发展智力、补偿心理、提高记忆、职业培训等康复和教育。2000年3月创办，占地2001平方米。2007年10月被确定为特奥运动员沂水县培训基地。2008年4月被确定为省级贫困残疾儿童康复救助工程定点康复机构。2008年10月被确定为山东省沂水县智力残疾人康复指导中心。2009年8月被确定为国家级贫困智力残疾儿童抢救性康复救助项目定点康复机构。2012年9月，被评为3级定点康复机构。2015年7月获得首批中国社会组织评估"中国社会组织AAA级单位"。2021年10月被评为一级智力残疾儿童定点康复机构。学校占地2001平方米，有13个教学班，在校生152名，教职工40名。学校有供学生进行集体教学的教室、个别化训练的个训室、集体活动的活动室、感知觉统合训练室、家长培训会议室，分职务功能的办公室、学生宿舍、餐厅等。至2022年底，有1402名智力障碍儿童康复离校，406名残疾儿童转入普通学校就读。康复项目救助840名贫困残疾儿童，学校免除康复救助项目之外的62名家庭经济及其他情况极差的智力障碍儿童一切费用，为780多名家庭困难生减免学杂费。

（张丽君）

中等职业教育

【概况】 2022年，沂水县有中等职业学校1所（临沂市机电工程学校），系国家级重点中等职业学校、省级规范化学校。学校占地10.2公顷，建筑面积7.1万平方米。有教职工377人，其中专业专任教师225人，"双师型"教师139人，正高级教师3人，省优秀教师1人，临沂市教学能手28人，沂水县教学能手40人。县级名师3人，县级名班主任5人。学校设7个专业教学系10个专业，其中省级品牌专业1个，市级示范性专业4个，全日制在校生5247人。学校被授予“市级学校党建工作示范点”称号。2022年，学校进行扩建，新校区位于许家湖镇十里堡村南。

【职业教育招生】 2022年，临沂市机电工程学校初中起点全日制招生1238人。继续教育建立非全日制学籍372人。年内，在校生总数6462人（包括非全日制学生）。

【教师培养】 2022年，学校新招聘教师33人。学校采取“走出去”和“请进来”的方式，对教师进行线下线上培训和实践，提高教师的教学技能业务水平和信息化教学设计能力。计算机网络技术专业教学团队遴选为“临沂市职业教育教师教学创新团队”。参加临沂市教学能力大赛，获三等奖3个。参加临沂市班主任能力大赛，获三等奖2人。

【教育教学】 2022年，学校进行课程改革，调整课程体系，专业课与文化课的比例由原来的3：7调整为现在的5：5，实现教育教学全面向职教高考升学转型。职教高考专科升学率100%，本科人数从2021年的2人增加到2022年的22人，取得历史性突破。学校全面推进思政课程和课程思政建设，开设职业生涯规划、职业道德与法律、经济政治与社会、哲学与人生、习近平新时代中国特色社会主义思想读本等5门课程，将品德教育与专业教学结合，将立德树人贯穿于整个教育过程。探索建立学校、社会、家庭、企业四位一体的德育工作网络，促进学生健康成长。开展“喜迎二十大 奋进新征程”“青春同心 永跟党走”“红色故事我来讲”征文比赛、演讲比赛、主题班会、知识竞赛等，培育学生的爱党爱国情怀。在“飞向北京——飞向太空”全国青少年航空绘画大赛活动中，1名学生参加并获得国家一等奖；在全市中小学生“学宪法讲宪法”演讲比赛和法治知识竞赛中，两名学生参加并分别获得法治知识竞赛一等奖和演讲比赛二等奖。在临沂市技能大赛中获二等奖2个、三等奖16个。

学生学习车辆维修　　　　（临沂机电工程学校　供图）

【校企合作】 2022年，学校在原有校企合作的基础上，开辟与济南通软信息有限公司、一汽解放青岛汽车有限公司等企业的校企合作关系，实现专业教学与企业生产的有机结合，让学生在实践中提高技能水平。

【社区教育服务】 2022年，社区教育学院组织举办基层干部学历教育培训班、基层干部学历中专班以及学历教育上课培训班等，培训5605人次。开展全县农村和城市社区基层干部教育，开设农村行政管理、农业经济管理、社会工作3个专业，培训2296人。开展全县岗前培训，培训6092人次。在许家湖直播电商培训基地开展两期直播电商培训，培训学员110人。组织诸葛镇和泉庄镇两期公益岗位培训，培训学员515人。

（李　璞　齐春艳　王　丽）

普通高等教育

【概况】 2022年，沂水县有1所高等教育学校，为临沂大学沂水校区。临沂大学沂水校区是临沂大学二级办学单位之一，是山东省教育厅批准的公办全日制本、专科大学校区。沂水校区前身为山东省沂水师范学校。学校占地55.3公顷，建筑面积7.8万平方米。校区开设管理系、经济系、计算机系（信息中心）、会计系、教育系5个系，专业17个；设教学班116个，在校生5018人，其中新生报到1806人，报到率86%，完成初中起点五年制专科联合培养594人转段升学；教职工205人，其中教授1人、副教授79人。

【思想政治教育】 2022年，沂水校区实施党建领航工程，围绕“本科办学，我要怎么干”开展解放思想大讨论，为实现本科办学提供精神动力和思想保障。学习习近平新时代中国特色社会主义思想和党的二十大精神，举办专题报告2场，全体党员学习教育培训4次，师德师风教育专题报告1场，师德师风教育专题培训活动4次。新建党建文化长廊和廉政文化长廊，深化“党建引领+志愿服务”，开展“青春助力乡村振兴 志愿服务温暖人心”系列活动。

【教学工作】 2022年，沂水校区推进课堂教学模式改革，推动翻转课堂，线上、线下混合式教学等新教学方式的示范和应用，加强过程考核，推进学生自主学习。完成16个专业的人才培养方案信息化建设，实现排课工作平台化管理，推行全过程考核方式试点。专升本考试录取824人，录取率80.7%，升本率70.7%。在2022年全国大学生英语竞赛初赛中，7人获D类二等奖，13人获D类三等奖。在第五届全国职业院校跨境电商技能大赛中，19支队伍109人分获一、二、三等奖。在第十四届山东省大学生科技节中，获一等奖2项、二等奖3项、三等奖9项。在第十三届山东省大学生数学竞赛（专科组）中，3人获一等奖、5人获二等奖、7人获三等奖。在师范生从业技能大赛校内联赛中，4人获二等奖，8人获三等奖。在“互联网+”大学生创新创业大赛中，获1银1铜。

【教研科研】 2022年，沂水校区立项省艺术科学重点课题4项、市社会科学规划课题5项、市科协一般调研项目1项，获山东省教育科学研究优秀成果奖一等奖1项、三等奖4项，横向课题经费到账65.8万元。发表各类论文7篇。1名教师获临沂大学青年教师讲课比赛三等奖，1名教师获临沂大学2022年度教师教学创新大赛三等奖，10名教师获评沂水校区2022年度“十佳教师”。具有博士学位教师7人、博士在读教师8人、外出访学教师1人。

【学团工作】 2022年，沂水校区新选聘专职辅导员3名，有专职辅导员16人，兼职辅导员12人。召开第六次学生代表大会。新建大学生就业基地3处，45人获评师范类省级优秀毕业生，97人获评非师范类省级优秀毕业生。2022届毕业生就业落实率超全校平均水平10.3个百分点，其中非师范类就业落实率82.1%，位列全校第二。在临沂大学2022届毕业生创新创业奖学金评选中，1人获一星创业奖，4人获二等创新奖。发放2023届毕业生求职创业补贴86人6.4万元，“十佳学子”奖学金10人5万元，“兰亭旅业助学金”30人10万元，“建诚助学金”5人1万元。成立校区消防安全管理委员会，组织防诈骗教育、反恐怖教育，开展消防安全知识讲座和消防应急演练，13人获评临沂大学平安校园先进个人。

【社会服务】 2022年，沂水校区与山东全通网融集团共同筹建大数据与会计“1+1+1”产业学院，完善产业学院组织架构，举办产业学院建设研讨会，确定产业学院人才培养目标、培养方案。组织3组15人到企业挂职锻炼，选派7名人员参加省“四进”工作组。承接全国二级建造师考试，筹集社会办学资金137.1万元，向沂水县部分乡镇中小学捐赠办学物资价值75.1万余元。

【校园建设】 2022年，沂水校区优化教学设备和基础设施。新装智慧黑板31块，改造多媒体合堂教室8间，与沂水县图书馆共建“城市书房”1处；投资580万元对4号、5号学生公寓及周边进行改造，完成学生公寓楼前绿化及学生餐厅路面硬化。1号、2号餐厅新上集中清洗消毒设备，教学楼、宿舍楼全部更换直饮水设备，对教学楼、综合办公楼楼顶防水及内墙面进行处理。更换供暖方式，采用空气源热泵提供热源的采暖模式。完成排球场硅Pu面层及周边围网建设改造。 （马 骏）

民办教育

【概况】 2022年，沂水县有民办中小学校2所，在校生790人，专任教师90人；民办幼儿园156所，在园幼儿25594人，专任教师1800人。全县“证照齐全”的非学科类校外培训机构115家（含20个教学点），在校学生3543人，从业人员729人，全部纳入资金监管，银行核验通过率、线上支付开通率、购课率均为100%。

【校外培训监管】 2022年，沂水县整治校外违规培训机构，对以“教育咨询”“教育科技”“校外托管”等名义开展非法办学、违规培训行为的证照不全机构，下达《停止违规培训告知书》，责令其停止违规办学。召开5次专题会议，研究全流程监管工作的堵点难点，实现共管联治。依托主流媒体和自媒体平台，印发致学生家长一封信、“双减”明白纸15万余份、开展培训12场、组织学校宣传100余次，覆盖全县13万名中小学生。

【沂水县开慧实验小学】 沂水县开慧实验小学于2015年由山东开慧教育集团投资兴建的一所集学前教育、小学教育于一体的民办学校，由沂水县教育和体育局主管。学校位于香山路101号，占地面积1.9公顷，建筑面积1.3万平方米。学校设有微机室、实验室及运动类、音乐类、美术类等多个功能室，有篮球场、足球场、网球场、羽毛球场、田径场等运动场所。学校教室均安装先进的多媒体教学平台。学校有教职工95人，其中硕士研究生学历2人，大学本科学历60人。小学教学班24个，在校学生740余人。学校充分发挥学生学习的主体作用，探索启发式、讨论式、探究式等教学方法，培养学生创新意识。1名老师被评为县级优秀教师，3名老师获得县级优秀教学质量奖。学校获得“民办单位工作先进单位”“临沂市平安校园师范学校”“民办教育工作先进单位”等称号，获取临沂市少年军校总校沂水分校的培训资格，在2022年社会组织等级评估中获评AAA级社会组织。

（江秀霞 刘一晓）

2022年5月24日，开慧实验小学举行校园艺术周活动

（开慧实验小学 供图）

文 化

公共文化

【概况】 2022年，沂水县落实文旅活县战略，推进覆盖城乡、发展均衡、便捷高效、充满活力的现代公共文化服务体系构建，提升公共文化服务效能。至年底，全县有公共图书馆、文化馆、博物馆各1个，有城市书房13个、乡镇综合文化站18个、村民综合文化服务中心357个、居民综合文化服务中心30个。城乡公共文化服务场所全部实施对外免费开放。县文化馆为国家一级文化馆，2022年6月搬入沂水市民文化艺术中心二区大剧院，设综合室、书画院、创作室、培训辅导室、群文活动室、非物质文化遗产保护室6个内设机构，涉及舞蹈、音乐、美术、摄影、戏剧等多个专业。县图书馆为国家一级图书馆，馆藏纸质文献总量34.4万册，电子图书11.8万册（件），设办证厅、成人借阅室、期刊阅览室、少儿借阅室等服务窗口。县博物馆属国家二级博物馆、山东省研学教育基地、临沂市科普教育基地，馆内设有序厅、纪王崮天上王城春秋墓专题展厅、历史文化陈列展厅、浩歌励世红色文化展厅、民俗风情非物质文化遗产展厅、碑刻长廊、临时展厅7个。 （张 梅）

【文化馆开展活动】 2022年，沂水县文化馆牵头创作大型红色舞台剧《红石崮》，举办春节文艺晚会、庆新春秧歌节、广场文化艺术节、老年文体艺术节等大型节庆及演出活动80余场。对庄户剧团和文艺志愿者开展声乐、器乐、小戏小剧、书法、美术等辅导培训20余场，指导600余人次。创作小品类《守边人》《城市美容师》《贵客喜临门》、表演唱《沂水文艺百花开》等一系列优秀文艺作品。 （刘军霞）

【图书馆开展活动】 2022年，沂水县图书馆联合新华书店通过实施“优惠销售+免费借阅”馆店融合项目，打造“读者选书、图书馆买单、新华书店服务运营”模式。先后举办“喜迎二十大 奋进新征程”和“沂起悦读 书香临沂”征文朗诵大赛、“一画一世界”彩虹堂画展、“与经典同行，与圣贤为友”少儿诗词朗诵大赛、“金石方寸间 书印相成趣”篆刻艺术欣赏与知识普及等活动20余场次，开展传统节日体验活动、亲子阅读、书画展等活动10余场次。年内，购置新书1万余册，新发展读者4479人，新采编上架图书12721册，整编2021年度期刊、报纸合订本1856册，图书流通26.8万册（次），接待各类阅览读者23.8万人次，文化信息共享工程电影放映21场（次）。8月，县图书馆第41分馆“沂水县景区书房”落户地下大峡谷景区。

（江 霞）

【博物馆开展活动】 2022年，沂水县博物馆推出“鲁班记”“古沂寻踪”“情系沂水、领略历史

博物馆“崮上春秋”崮顶陈列　　（县文旅局　供图）

魅力”“博物馆之夜——庆元宵猜灯谜有奖问答活动”“相约沂博粽情端午”主题系列活动、“小画家·观历史文物　绘家乡瑰宝”文化活动、“节能减排，从娃娃抓起”绿色教育活动、“庆元旦”“笔墨随心”书画联展，“虎年说虎”“春节习俗”图片展，“邮票上的时代青年——庆祝中国共产主义青年团成立100周年图片展”等系列文化活动。开展博物馆“研学之旅”，先后开发《煎饼好吃　铁鏊子烙》《探究古人使用的青铜饪食器》《“红嫂”的由来》等课程，利用传统节日、文化遗产日、博物馆日以及喜迎党的二十大召开等时间节点，先后接待各界群众6万余人次，各学校学生2.1万余人，东营、潍坊、青岛等地市以及省外的研学实践参与者9000余人次。开展各类节庆活动19场次，免费参观18.3万人次。年内，征集流散文物10件，近现代具有较高艺术和科学价值的代表性作品70余件，馆藏可移动文物收藏量50567件（套），其中国家珍贵文物92件。　　（马瑞娟）

【惠民文艺活动】　2022年，沂水县开展“喜迎二十大　讴歌新时代”专场文艺志愿宣讲走进乡镇，演出10场，小型戏剧展演3场。实施“一村一年两场戏”工程，采用政府购买的方式，组织全县42支庄户剧团公益演出团队，在全县387个社区（村）开展以庆祝党的二十大为主题的演出活动，参与演员4万余人次，观众45万余人次。在市对县“一村一年一场戏”工作考核中，沂水县排名第一。　　（邱然安）

【公益电影放映】　2022年，沂水县推行“影片有约·百姓点单”服务模式，先后开展“学时代楷模·打造发展新高地”专题放映、“弘扬中华优秀传统文化·培育和践行社会主义核心价值观”优秀影片展映等系列公益放映活动。依托35支农村公益电影标准化数字放映队，开展公益电影放映培训、公开招标、设备检修、影片精选等准备工作，优选100余部优秀电影，在全县所有农村放映点循环放映公益电影1.5万场，实现100%标准化、均

2022年9月22日，沂水县“喜迎二十大　文化润沂水”2022年群众文化活动月暨庄户剧团小戏小剧展演比赛在崔家峪镇启动　　（县文旅局　供图）

等化、全覆盖放映。电影公司获“全省农村公益电影工作先进单位”称号。（赵 彦）

【海迎相机博物馆】 临沂市海迎相机博物馆于2015年5月1日建馆开业，为非国有博物馆，位于萤火虫洞旅游风景区内，馆舍面积460平方米，展览面积400平方米，库房面积60平方米。藏品2080件套，主要涉及世界各地各时期的照相、摄像设备、老照片等。2022年，接待摄影爱好者600余人次，机关团体15个，参观人数2万人次。

（马瑞娟）

【市民文化艺术中心】 沂水县市民文化艺术中心是集旅游集散、文化娱乐、非遗传承、城建展示、方志保护于一体的综合性建筑，总建筑面积12万平方米，由旅游集散中心、大剧院、文化馆、档案馆及裙楼组成。该建筑设有给排水、建筑电气、通风空调、自动消防和建筑智能化等系统，设施齐全、功能完备，被评为2021年度山东省工程建设泰山杯奖。2022年6月投入使用后，成功举办百余场演出和会议活动。

（张 梅）

【城市阅读服务网络构建】 2022年，沂水县构建以城市书房、图书分馆为主要阅读平台的阅读服务网络，打造市民“一千米阅读服务圈”，在赋成书院、临沂大学沂水校区、沂水城投公司等地新建城市书房（图书分馆）16处，统一“沂水县城市书房”门牌标识，统一配送图书，统一图书借阅管理系统，通借通还，资源共享。5月18日，由县图书馆、新华书店联合打造的“馆店融合”项目——新华书店图书馆店揭牌仪式举行。10月，赋成书院获得临沂市“最美阅读空间”称号。至年底，城市书房（图书分馆）图书流通504册次，为实验一小学生集体办理借书证2840个。

（江 霞）

群众文化

【概况】 2022年，沂水县组织开展“我们的中国梦·文化进万家”百场公益演出、“兴沂地产杯——激情夏日·唱响沂水”声乐、舞蹈、戏曲大赛等惠民文艺演出和群众文化活动，惠及群众5万余人次。参与中宣部牵头组织的“新时代乡村阅读季”阅读推广活动，县级排名全国第三。举办第六届沂水文化和旅游惠民消费季，发放非遗、景区、旅行社和旅游商品惠民消费券70万元。泉庄镇、院东头镇桃棵子村获得全省“书香之镇”和“书香之村”称号，入选2022年临沂市乡村文化建设样板镇、村名单。

（刘军霞）

【农民阅读习惯培养工程】 2022年，沂水县实施“农民阅读习惯培养”工程，印发《农民阅读习惯培养工程实施方案》。5月26日，县文旅局、农业农村局主办，县图书馆承办的“农民阅读习惯培养”工程启动仪式暨农家书屋管理员培训班举办，对18个乡镇（街道）文化站站长和36个重点农家书屋管理员进行培训。投资78万元为387个农村书屋配送图书47650册，开展主题阅读推广活动800余场，发放优秀阅读活动奖励补助5.9万元，农民阅读活动参与人数20余万人，农家书屋利用率100%。

（江 霞）

【新时代乡村阅读季】 2022年7月1日，沂水县开展“2022年新时代乡村阅读季”推广活动，全县有基层群众、农家书屋读者、机关单位人员、教师学生等20.7万余人次参与全国“我爱阅读100天”读书打卡活动，活动组织排名位列全国第三。12月14日，新时代乡村阅读工作暨群众性小戏小剧展演大赛表彰会议召开，表彰新时代乡村阅读工作先进个人、优秀管理员各100名，奖励现金购书券2.4万元、520元半价购书券100张、图书2.7万册。

（江 霞）

【兴沂地产杯“激情夏日　唱响沂水”声乐、舞蹈、戏曲大赛】 2022年8月29日，2022年兴沂地产杯“激情夏日　唱响沂水”声乐、舞蹈、戏曲大赛颁奖典礼在县市民文化艺术中心举行。大赛由县委宣传部、县文联、文旅局、融媒体中心主办，县文化馆和山东兴沂建设集团承办，于8月1日启动。赛事包含戏曲、舞蹈、声乐3个艺术门类，有2320名来自机关干部、院校学生、教师、农民、社区群众的选手报名参赛，341个节目报名参加。通过赛前准备、预决赛比拼、专业评选等环节，大赛评选出一等奖16名、二等奖34名、三等奖52名、优秀奖49名。“激情夏日　唱响沂水”大赛是一项文化惠民工程，已连续举办13年。（郭　伟）

【“喜迎二十大·奋进新征程”征文比赛】 2022年4月23日，由县文联、文旅局等联合举办，县图书馆和明德书院共同承办的“喜迎二十大·奋进新征程”征文比赛在县图书馆举行颁奖仪式。征文比赛时间为3月19日至4月5日，收到来自县内外的普通读者、基层群众、教师学生、机关干部等投稿278份，最终评选出一等奖3名、二等奖3名、三等奖11名、优秀奖32名。（江　霞）

【“喜迎二十大　书香满沂水”朗诵大赛】 2022年10月1日，由临沂市图书馆、沂水县文旅局等主办，县图书馆、赋成书院、贝克汉堡城市书房承办的沂水县“喜迎二十大　书香满沂水”朗诵大赛暨临沂市“沂起悦读·书香临沂”首届精美诗文朗诵大赛选拔赛决赛在沂水新华书店举行。大赛于9月22日启动，106组来自机关干部、院校学生、教师、农民、社区群众的选手报名参赛。经专家评审，评选出一等奖2名、二等奖5名、三等奖8名、优秀奖16名。大赛优胜选手代表沂水县参加全市比赛，2名选手分获一、二等奖。（江　霞）

文学艺术

【概况】 2022年，沂水县文艺工作者围绕传承弘扬沂蒙精神的使命任务，推出文学、戏曲、戏剧、音乐、舞蹈、曲艺、美术和书法系列文艺创作精品，其中，22项作品分获省、市级荣誉。拨付专项资金100万元设立“沂河文艺奖”，133件作品获首届“沂河文艺奖”。6月，王公望散文集作品研讨会在诸葛镇举办。（刘军霞）

【文学活动与创作】 2022年，魏然森长篇报告文学《乐群记》列入燕山出版社“当代作家精品·报告文学卷”出版，获第三届“沂蒙精神文学奖”报告文学类一等奖，被列入山东省沂蒙文化研究会弘扬“沂蒙精神”重点推荐作品。公衍仕长篇小说《云崖间》由中国文史出版社出版。董崎搜集整理的民间故事集《秀峪传说》由黄海数字出版社出版。伊西强《沂蒙往事》获第三届“沂蒙精神文学奖”小说类三等奖，王公望《安第斯山　落山

2022年6月19日，旅美华侨王公望散文集《月是故乡明》作品研讨会在诸葛镇秀峪杏花谷研学基地举办　（县网信中心　供图）

基 沂蒙山》获散文类三等奖，邵光智《壮哉，沂蒙》获散文类优秀奖，萍子《人性的灿烂光辉，永远的沂蒙精神》获评论类优秀奖。孔庆礼、孔凡仁长篇叙事诗集《沂水沂蒙红嫂颂》由山东画报出版社出版，获临沂市社会科学优秀成果二等奖。任鹏飞的剧本《我爱“郑”能量》获“喜迎二十大，书写新时代”山东省视听文学剧本大赛优秀剧本奖。薛兆平、李文龙《老军号》，刘敦杰《漫漫征程路，人生当自强》获“黄河魂·自强梦”《我的奋斗故事》主题征文比赛二等奖。王守臣《生命如黄河激昂歌唱》获三等奖。临沂市作家协会、沂水县作家协会联合出品的《临沂广播电视报》“纪念著名作家魏树海先生专刊”出版。由县作家协会、县融媒体中心联合主办的直播节目《悦读》开播，第一期：《大型红色题材舞台剧〈红石崮〉背后的故事》。第二期：《王公望的故乡明月》。魏然森长篇小说《顺天河》列入“2022年山东省作家协会定点深入生活项目”。

（魏然森）

【书画活动与创作】 2022年，沂水县成功举办“迎新春”、“喜迎二十大 奋进新征程”书画展、“送书画到军营”走进县消防救援大队等活动，展出作品160余幅，2000余人次观展。5月22日，召开“翰墨书盛世、丹青绘振兴”喜迎二十大书画创作交流会，10余位来自县书协、县美协艺术家与广大书画爱好者参加，创作书画作品50余幅。开展“喜迎二十大 到人民群众中去”山东文艺志愿者（沂水）在行动，走进亿百利（临沂）食品有限公司、沂水广电网络公司，开展书画创作展览。

【摄影活动与创作】 2022年，沂水县围绕庆祝党的二十大召开组织开展系列摄影展，观展2万余人次。6月，联合应急局开展“安全生产月”书画摄影展；8月，举办“醉美西城、心归蓝庭”摄影展；9月，举办富官庄镇“建党百年喜迎国庆 镜头笔触助力乡村振兴”摄影展；10月，举办龙家圈街道喜迎党的二十大“腾飞西城、秀美龙湾”摄影展、县第十届老年文体艺术节摄影展、“坚持农文旅融合发展打造乡村振兴齐鲁样板”醉美新泉庄摄影展；12月，举办“庆祝二十大 筑梦新道托”摄影展。

【戏剧曲艺活动与创作】 2022年，沂水县创作的红色舞台剧《红石崮》入选“喜迎二十大 奋进新征程”全省优秀剧目展演剧目名单，京剧《初心》获山东省双拥主题文艺作品征集评选三等奖，情景快板剧《守边人》、小品《见面礼》入围临沂市2022年上半年沉浸式情景剧创演评选。

【音乐舞蹈艺术活动与创作】 2022年，沂水县创作歌曲《追寻》获“彩山特曲杯”第四届山东省青年歌手大赛二等奖。歌曲《你就在我身边》和《感恩尹家峪》获2022年“网聚职工正能量 争做中国好网民”全市职工新媒体原创作品大赛歌曲类二等奖。歌曲《敕勒歌》、舞蹈《次仁拉索》分别获第二届全省文化馆（站）业务技能大赛临沂赛区音乐类二等奖、舞蹈类三等奖。

（刘军霞）

【首届沂河文艺奖颁发】 2022年，沂水县落实“文旅活县”战略，设立“沂河文艺奖”。该奖项作为全县最高文艺奖项，每三年一届，每届由县财政拨付专项资金100万元。“沂河文艺奖”设文学艺术作品奖、文艺精品工程奖、文学艺术长青奖、文学艺术人才扶持奖四大类。首届“沂河文艺奖”对党的十八大以来，沂水县十年间的优秀文艺作品和个人进行评选奖励。评选出获奖作品133件，其中一等奖9件、二等奖27件、三等奖44件、提名奖53件，文学艺术长青奖获奖者1人。7月26日，首届“沂河文艺奖”颁奖典礼在县市民文化艺术中心大剧院举办，颁奖典礼实况

在临沂电视台公共频道、经济频道播出。（王有红）

【红色舞台剧《红石崮》公演】 2022年9月15日，沂水县创排的大型红色舞台剧《红石崮》入选“喜迎二十大 奋进新征程”全省优秀剧目展演剧目名单。该剧是展现沂蒙精神、红色历史的沉浸式演艺剧目，以一线串珍珠结构方式，将“中共中央山东分局和八路军山东纵队在王庄成立”“云头峪老百姓掩护《大众日报》”“农民刘洪秀和妻子坚守信念与党旗共存亡”“陈若克和出生仅二十天的女儿英勇就义”“武善桐为保护八路伤员和战略物资抱鬼子跳悬崖”“八路军侦察员郭伍士千里寻找救命恩人祖秀莲并认其为母生死相守”等沂水独有的6个经典红色故事串在一起，以真实存在的“红石崮”作为象征，展现沂水人民的坚韧不拔、忠诚无畏，红色文化的崇高神圣、坚如磐石，中国革命的胜利成果万古长青、永恒不败这一重大主题。3月开始筹划，7月28日首演，全年演出26场，观众3万人次。（张 梅）

文化遗产保护

【概况】 2022年，沂水县新增省级文物保护单位（跋山遗址）1处，全县不可移动文物达596处。其中，全国重点文物保护单位2处，省级文物保护单位15处。2处革命文物入选山东省第二批不可移动革命文物名录。1处村庄入选第二批山东省红色文化特色村。纪王崮墓群考古遗址公园入选山东省第一批省级考古遗址公园立项名单。有县级以上非遗保护项目389项。其中，省级以上非遗保护项目4项，分别为高桥手绣（国家级）、沂水丰糕制作技艺、沂蒙小棉袄制作技艺、沂水桑皮纸制作技艺；市级非遗保护项目43项。公布市级非遗传承人20位。6月，文化和旅游部副部长、国家文物局局长李群到跋山遗址发掘现场和纪王崮墓群进行调研，对沂水县文物保护利用工作和跋山遗址考古发掘成果及其重要性给予充分肯定。（张 梅）

【旧石器时代遗存专项调查】 2022年3月初至6月下旬，沂水县文化和旅游局联合山东省文物考古研究院组成联合调查队，在县境内西部展开为期4个月的旧石器时代专项调查工作，发现旧石器、细石器遗存5处。其中，以水泉峪遗址地层堆积厚、跨度时间长、考古学内涵最为丰富。基于地貌埋藏情况，经初步观察，该遗址文化堆积应涵盖旧石器时代中、晚期；文化面貌体现出从打制石器到细石器的转换与发展。水泉峪遗址是沂河上游区域首次发现的具有原地埋藏性质的细石器遗存。

【“先考古、后出让”制度落实】 2021年11月16日，沂水县人民政府办公室印发《沂水县持续推进文物保护利用工作若干措施》，明确提出基本建设工程要

李氏桑皮纸 （县网信中心 供图）

严格考古审批程序，实施“先考古、后出让”制度。2022年，县文旅局健全“先考古、后出让”政策落实机制，强化部门联动，主动对接县域新旧动能转换和重大基本建设工程，建立台账、专人负责、强化监管，先后完成考古勘探项目40个，调查勘探面积172.8万平方米。（田相凤）

【非物质文化遗产保护和利用】 2022年，沂水县开展第四批县级非遗项目资料挖掘工作，县文旅局组织非遗项目和非遗传承人参加市非遗工坊和手造传承人评选工作，沂蒙小棉袄、桑皮纸等10家非遗工坊和孙洪芸等6人成功入选。建设1处“山东手造”沂水展示展销中心，展示50余个类别的非遗产品。11月，沂蒙小棉袄民俗文化园和桑皮古纸研学基地入选市非遗研学旅游基地。至年底，全县有县级以上非遗保护项目389项，非遗项目传承人市级28人、县级39人。全年开展泥塑、剪纸、桑皮纸、沂蒙小棉袄、陶艺、徐公砚、手绣等非遗进校园、进景区等活动10余场。（贾秀芝）

2022年沂水县县级以上非遗项目名录

表41

级别	数量	名称
国家级	1	高桥手绣
省级	4	高桥手绣、沂水丰糕制作技艺、沂蒙小棉袄制作技艺、沂水桑皮纸制作技艺
市级	43	高桥手绣、沂水丰糕制作技艺、沂蒙小棉袄制作技艺、沂水桑皮纸制作技艺、跑马灯、送火神、水火查拳、纪王崮传说、穆陵关传说、雪山传说、孟母传说、慈湖文化传说、代理阎王传说、周姑戏、陈氏古式家具、柿饼的制作技艺、沂蒙煎饼、裘皮画、沂水龙家圈土陶烧制技艺、手工制作银饰、仰卧颈椎特色整复手法、秀峪传说、圣水坊传说、沂水木雕、沂水制瓮技艺、沂蒙布鞋制作技艺、四十里泥哨制作技艺、杨庄灌肠制作技艺、杨府酥糖制作技艺、沂蒙山酒酿制技艺、泉庄豆腐皮制作技艺、垛庄糖蘸制作技艺、锡器制作技艺、张氏中医外治疗法、沂蒙传统婚俗、山东琴书、沂水剪纸、徐公砚、传统柳编、沂水根艺、核雕、沂水石板画、荆山泥塑
县级	389	沂蒙老干烘制作技艺、院东头面塑技艺、千层底布鞋制作技艺、王家拉面制作技艺、水煎包制作技艺、韭花酱制作技艺、高桥八大碗制作技艺、纪王贡古法酿酒技艺、沂水传统养蚕技艺、晒龙衣、陶笛制作技艺、夏蔚地锅烧酒制作技艺、香椿腌制技艺、荆枕制作技艺、艾蒿熏香制作技艺、糖画制作技艺、杨庄土凉鞋制作技艺、金秋岭灌肠技艺、河奎苇编技艺、南庄蒜蓉辣椒酱制作技艺、古砚制作技艺、兴华照相技艺、沂立汤圆制作技艺、红烧兔子头制作技艺、茶道技艺、沂蒙石板画制作技艺等

【革命遗址遗迹保护】 2022年，沂水县有不可移动革命文物28处。9月20日，西墙峪红色记忆馆举行开馆仪式。11月，开展红色标语类革命文物调研，整理上报15处27条红色标语；下峪子烈士陵园、仙姑顶烈士公墓入选山东省第二批革命文物名录，革命文物保护级别提升。12月，西墙峪村入选第二批山东省红色文化特色村。（张梅 田相凤）

【文物保护单位管理】 2022年，沂水县发挥县、乡镇、村三级巡护体系作用，统筹开展文物安全巡查检查工作，对全县596处（省级以上17处）不可移动文物保护单位进行巡查，重大险情排除率达100%。全县218处县级以上文物保护单位安装文物安全直接责任人公告公示牌，安全责任落实到人。争取专项资金1026万元，重点对齐长城遗址开展保护工作。（田相凤）

2022年沂水县省级以上文物保护单位一览表

表42

序号	文物名称	类别	时代	地理位置	级别
1	齐长城遗址	古遗址	东周	沙沟镇、马站镇、圈里乡、杨庄镇、富官庄镇	国家级
2	纪王崮墓群	古墓葬	东周	泉庄镇天上王城景区	国家级
3	跋山遗址	古遗址	旧石器时代	沂城街道河奎村	省级
4	中共中央山东分局旧址	近现代重要史迹及代表性建筑	民国27年（1938）	夏蔚镇王庄村	省级
5	《大众日报》创刊地	近现代重要史迹及代表性建筑	民国28年（1939）	夏蔚镇云头峪村	省级
6	姑子顶遗址	古遗址	新石器时代、周、汉	富官庄镇何家庄子村	省级
7	抬头遗址	古遗址	新石器时代、汉、唐	富官庄镇抬头村	省级
8	安门头遗址	古遗址	周	诸葛镇安门头村、小黄家庄村	省级
9	垛庄王氏家族墓	古墓葬	明	富官庄镇垛庄村	省级
10	圈里卫东大桥	近现代重要史迹及代表性建筑	1968年	圈里乡北岱庄村	省级
11	唐王山反击战旧址	抗战遗址、纪念设施	1942年	圈里乡吉林村	省级
12	东安故城	古遗址	汉	许家湖镇前城子村、后城子村、黄崖头村	省级
13	古城城址	古遗址	汉	沂城街道西古城村	省级
14	刘家店子遗址	古遗址	东周	院东头镇刘家店子村	省级
15	杨家城子城址	古遗址	汉	马站镇杨家城子村	省级
16	资庆寺砖石塔	古建筑	唐、宋	院东头镇张家庄子村	省级
17	陈毅指挥所旧址	近现代重要史迹及代表性建筑	1947年	夏蔚镇双山村	省级

【齐长城遗址保护】 齐长城遗址沂水段分南北两条线，贯穿5个乡镇48个村庄，全长66.1千米。2022年，沂水县争取上级资金1026万元，实施齐长城遗址穆陵关段、黄墩段抢险加固工程。实施齐长城沂水黑堆山段、杨廷山段安防工程，建立省、市、县监控平台，对齐长城红段实时监控。租赁齐长城遗址两侧各外扩10米范围内的土地为文物保护用地，安装齐长城遗址保护界桩2500余柱，明确齐长城走向，设置警戒线、红线，确保遗址两侧不受群众耕种等人为侵扰。新选聘66名公益性岗位人员为齐长城保护员，压实保护员责任，健全联合巡查和奖惩激励机制。《中国文物报》、山东省文化和旅游厅宣传推广沂水齐长城遗址管护工作。5月，省文化和旅游厅、省司法厅到沂水县开展齐长城保护立法工作调研。6月，在富官庄镇组织召开临沂市齐长城遗址（沂水段）文物保护工作会议，总结推广富官庄镇齐长城遗址两侧10米范围内土地租赁为文物用地试点工作成果。

（田相凤）

【跋山遗址考古】 跋山遗址位于沂水县沂城街道河奎村。2020年7月，因水库泄洪致使地层内象

跋山遗址文化层　（尹纪亮　摄）

牙出露而被发现。后对其进抢救性发掘，发现石制品、动物骨骼及部分骨制品等5000余件。2022年，因遗址濒临河道，对其实施保护性工程，加固围堰，拓宽河道，建设工作方舱，同步开展主动性考古发掘，发掘面积50平方米，出土文化遗物近5000件，发现早期人类活动面。经初步测年，遗址距今10万年左右，文化时代属于旧石器时代中期。跋山遗址是山东省发现的文化内涵丰富的旧石器时代中期遗存，填补山东及中国北方地区旧石器时代考古的空白。2022年1月被公布为山东省第六批省级文物保护单位，2月被评为2021年度山东省五大考古新发现。　（田相凤）

【文物宣传】　2022年，沂水县在“闪电新闻”“文旅沂水”《中国文物报》等媒体平台，直播考古发掘现场2次，报道文物新闻2篇。举办“象”往跋山人类家园——“公众考古”走进跋山遗址活动，让群众走进跋山遗址，了解考古。印发明白纸2000余份，利用村广播，发挥保护员一线宣传员作用，向群众宣传普及《山东省齐长城保护条例》等文物保护法律法规300余次。　（田相凤）

【西墙峪红色记忆馆】　西墙峪红色记忆馆位于院东头镇西墙峪村，总投资295万元，建筑面积450平方米，展陈面积370余平方米。通过挖掘山东纵队、战时医院、沂蒙红嫂、抗日堡垒村等红色文化资源，以平面、现场、雕塑、绘画、视频等形式，分为“序厅”“铁血军旅·齐鲁利剑”“抗战堡垒·铜墙铁壁”“鱼水情深·生死与共”“薪火传承·美丽家园”五部分，集中展现山东纵队指挥机关、山东纵队野战医院医疗所在西墙峪3年的时间里军爱民、民拥军的感人事迹。开馆仪式上，北京八路军山东抗日根据地研究会鲁中分会会长、开国中将孙继先之子孙东宁，鲁中分会副会长、开国中将胡奇才之子胡鲁克，鲁中分会副会长、开国上将王建安之子王海波、王东波，鲁中分会副会长、山东省委原书记高克亭之女高源等在这里战斗生活过的军政首长的后代们参加。

（张　梅　田相凤）

【“山东手造·产自临沂”沂水展示展销中心】　2022年，沂水县联合山东文旅传媒集团，在国家AAAA级景区雪山彩虹谷，高标准设计建设山东手造·产自临沂沂水展示展销中心，集产品展示、销售、传承、体验、研学等多功能于一体，精选50余个项目、1100余件手造产品免费入驻，与11家手造企业签订合作协议，为高桥手绣、沂水桑皮纸、沂水丰糕、沂蒙小棉袄、徐公砚、王庄粉皮、荆山泥塑等优秀非遗作品和手造产品设置展示区和体验区，出版画册《山东手造·产自临沂·沂水篇》，以图文并茂的形式溯源项目历史，介绍工艺流程。

（贾秀芝）

大众传媒

【图书发行】　2022年，山东新华书店集团有限公司沂水分公

新华书店少年儿童文学阅读专区 （田英 摄）

司聚焦图书发行主责主业，探索多元业务发展，推动数字化转型，全年实现营业收入9274.2万元，实现利税1232.5万元，年末固定资产总额3109.6万元，完成集团分配的任务，各项经营指标均居全省县级店前列。中心门店被人民教育出版社评为感动人教2021年度零售书店、获得“2022年度山东最美书店”称号。“沂水新华书店”微信公众号获得北京阅读公众号联盟“十佳活跃度”称号。拓宽政治读物发行渠道，发行党史学习教育系列教材、《中国共产党宣传工作简史》、《百年大党面对面》、《三个走在前》、《习近平谈治国理政》第四卷等书籍10.5万册。完成“课前到书”政治任务，征订中小学教材教辅码洋7826万元。其中，教材征订1811万元，教辅征订6015万元，被山东出版传媒股份有限公司授予“2022年度公司版教辅发行奖”“2022年度评议教辅发行奖”。一般图书发行和多元化商品经营创历史新高，连锁零售部总销售额1394.9万元。其中，图书销售实洋1102.6万元，多元产品销售292.3万元。设立“学习强国”线下体验空间1处，让学习从“云端”到“身边”。组织研学活动25团次，参加人数700余人，营业收入45.7万元。3月，第二实验中学校园书店——和雅书屋开业运营，集图书销售、借阅服务、阅读推广、研学旅行于一体。5月，新华书店和县图书馆合作开设新华书店图书馆书吧，主营业务为图书、多元产品（纯净水、咖啡、甜点等）、文创产品，研学活动推广等，采用“图书馆+书店+多元”融合发展模式，打通县图书馆与新华书店借阅系统、实现公共阅读资源的有效整合。 （刘松艳）

【广播电视】 2022年，沂水县融媒体中心聚焦新闻宣传主业，优化宣传作品形式与内涵，提升主流舆论的传播力、引导力、影响力。开设15档自办广播栏目和电视节目。年内，广播节目播音6205小时，自制节目1216.7小时；电视播出1.3万小时，自制节目1460小时。9篇新闻稿件被中央电视台采用播出，创中央电视台发稿新高。36人次获“省市新闻宣传奖”；收到山东广播电视台、临沂广播电视台的感谢信，获“全省统一供片工作先进单位”“临沂市广播电视新闻宣传先进集体一等奖”等称号。

调频广播 每天播出17小时，完整转播中央人民广播电台《新闻和报纸摘要》《新闻联播》和山东广播电台《山东新闻》栏目，播放《沂水新闻》各365期。推进自办广播节目与新媒体融通并举，《行风热线》《舒方听你说》《悦读》3档节目实现广播与网络、音频与视频同步直播。《行风热线》直播88期，接听群众反映咨询电话108个，现场解答97个，线下解决11个。《舒方听你说》直播44期，以访谈交流的形式，采访嘉宾心灵深处不为人知的悲喜故事，以事动人，以情传理，以理育人；定期邀请心理咨询师以及全县名师走进直播间，与听众互动，接受咨询，答疑释惑。《悦读》直播105

期，与县作协合作，邀请县内知名作家走进直播间，畅谈创作的悲喜故事，为沂水广大文学爱好者和诵读爱好者提供展示才华的舞台。

电视宣传 立足县域本土特色，紧盯时代热点，专注内容质量，推动内宣外宣一体发展。围绕学习贯彻落实党的二十大精神、七县战略、“3+1”理论武装体系构建、疫情防控等主题优化对外宣传，在中央电视台播出新闻稿件9篇，在山东电视台播出108篇，在临沂新闻播出349篇。做强对内宣传，发挥《沂水新闻》龙头导向作用，开播前播放正能量宣传口号和公益广告，开设《项目为王企业为尊》《奋进新征程 建功新时代》《二十大时光》等20余个挂牌栏目。全年采编播出《沂水新闻》365期，播出稿件近4000条，总播出时长在5000分钟以上。推出本土民生节目，围绕党风廉政建设、乡村振兴等主题，采编策划《东皋访谈》《身边》《廉政视窗》《健康沂水》《味道沂水》《法治沂水》等栏目（节目）。配合做好各类重要会议和重大活动的现场直播、录播工作，完成县党代会、县人民代表大会、县春晚等直播、录播40余场次。完成县人大专题片、沂河奔流、省台《追寻》《厚道山东人》、喜迎党的二十大《这十年这十秒》短片、县委宣传部《泛舟沂河赏月圆》《寒风乍起话立冬》国际宣传短片等各类大小专题片、汇报片90余件。完成“学习强国”学习平台短视频、录音供稿创作近千件。（王彦鹏）

2022年沂水县在中央电视台发稿情况一览表

表43

节目名称	播出频道	播出时间
《凡人好事2021——陪你们慢慢变老》	社会与法	2022年2月1日
《临沂沂水非遗项目上演　打铁花照亮夜空》	综合	2022年2月3日
《红火庆新春　有滋有味中国年》	综合	2022年2月3日
《山东沂水院端医保服务参保群众》	新闻	2022年2月13日
《原味乡间沂水篇》	科教	2022年5月15日
《“小棉袄”暖老人心》	农业农村	2022年5月19日
《平安中国2021——人民至上》	社会与法	2022年5月20日
《中共中央山东分局旧址》	新闻	2022年5月29日
《忠诚铸平安·沂蒙山下警旗红》	社会与法	2022年10月14日

【“沂水县人民政府”门户网站】 2022年，沂水县人民政府办公室优化完善网站页面布局和栏目设置，提升政府网站功能，开发部署智能问答系统、长者版门户和政策文件库。制作优化营商环境、减税降费、助企纾困、疫情防控、政策解读等专题17个。发布县委、县政府中心工作及县直部门、各乡镇（街道）各类政府信息4.8万条，发布政务要闻、部门快讯及乡镇动态等宣传信息2672条。集中规范发布县政府（办公室）和部门2016—2022年政策性文件及规范性文件2759件，制发规范性文件8件，清理失效规范性文件23件，废止规范性文件2件。（阚洪胜）

【“沂水发布”新媒体平台】 2022年，沂水县网信中心优化“沂水发布”微信公众号菜单栏，实行“沂水发布”头条号、抖音号专人运营，打造“沂水发布”新媒体品牌。至年底，“沂水发布”微信公众号粉丝9.9万人，全年刊发548期、稿件4265篇，其中阅读量过万的稿件90余篇、阅读量10万以上的稿件7篇。在临沂市2022年度“十佳新媒体”和“优秀新媒体”评选中，“沂水发布”微信公众号获“十佳政务类（县区）新媒体”。“沂水发布”视频号全年刊发短视频213条，其中19条阅读量过万，自制短视频20余条，其中，《相信祖国　黎明就在眼前　沂水加油！》阅读量超14.5万次。“沂水发布”头条号粉丝17万人，全年刊发稿件5503条，在全市新媒体传播影响力榜单中6次排名第一，4次排名第二。“沂水发布”抖音号粉丝32.3万人，发布视频900余条。（于绍文）

【“沂水首发”客户端】　“沂水首发”客户端是县融媒体中心打造的“媒体+政务+服务”新媒体平台，融合本地新闻、便民信息、直播活动、政务服务等模块，是宣传推介沂水、展示品牌形象、服务经济社会高质量发展的重要载体和渠道。至2022年底，“沂水首发”客户端下载量26万户，注册用户超34.7万个，全年发稿5.7万条。开展《舒方听你说》《文化大讲堂》《悦读》等经常性直播活动206场，总场次354场，直播总点击量460余万次。助力全国文明城市创建，更新“新时代文明实践中心”板块内容，记载志愿服务轨迹，激发文明实践活力。至年底，志愿者注册19.5万人，志愿组织2529个，开展活动6367场，总时长467.3万分钟。与县教体局联合设置“中小学心理健康教育”平台，组织27名沂水中小学心理教育专家实现“点对点”个性化问题咨询，解决408条心理咨询问题。与县委组织部联合开设“党代表在行动”专栏，设置24个“党代表线上工作室”，为党代表展示形象、开展为民服务工作提供平台支撑。与县妇联共同搭建“巾帼心向党　奋战新征程”宣传平台，开设《贯彻二十大》《基层妇联组织建设》9个子栏目，宣传全县妇女工作，展示沂水巾帼形象。（王彦鹏）

【《沂水报》停刊】　《沂水报》创刊于1993年1月1日。2022年，《沂水报》刊发48期、稿件1600余篇，开设“在习近平新时代中国特色社会主义思想指引下‘沂’起学理论”“‘临’危不惧　‘沂’起抗疫”“打赢矿产资源开发秩序专项整治攻坚战”“禁放烟花爆竹　守护沂城蓝天”“实施七县战略·一线报道”等专栏。因新媒体环境下，报纸受众减少，传播效果降低，为适应形势变化，《沂水报》于2022年9月10日停刊。

（于绍文）

地方志

【志鉴编纂】　2022年，沂水县实施“精品史志”争创工程，开展精品年鉴品读活动，建立常态化业务讲评制度，提升干部史志编纂能力素质水平。借鉴精品年鉴先进编纂经验，规范编纂流程，提升校审质量，推动《沂水年鉴（2022）》常编常新。加强基层志书业务指导，指导《沂蒙乡医志》《沂水县卫生志》《沂水县扶贫志》等志书，参与市院《临沂市非物质文化遗产志》的征编工作。

【理论研究】　2022年，沂水县深化地方史志领域理论研究，挖掘红色历史资源，撰写党史专题研究文章《〈沂蒙颂〉及插曲〈愿亲人早日养好伤〉在沂水创作的前前后后》，助力沂蒙颂博物馆建设。启动“精品年鉴品读”活动，聚焦“读精品、用精品、编精品”主题开展大学习、大讨论，撰写的《各美其美　美美与共——精品年鉴增强年鉴文化自信路径探析》获山东省“精品年鉴品读”活动优秀征文一等论文。参与山东省方志理论研讨会征文活动，撰写的《清代〈沂水县志〉编纂述论》被评为三等奖。

【《沂水年鉴（2022）》出版发行】 2022年10月，《沂水年鉴（2022）》由团结出版社出版发行。该卷年鉴设沂水概览等30个类目，75万字，记述2021年沂水县自然、政治、经济、文化、社会等领域的基本情况、重要事项和发展变化。卷首设计“百年印记”专题图片，以时间为轴，要点式记述建党百年沂水发展历程。紧扣国家发展战略，特设“开放型经济”“生态环境”等类目，展示沂水县委、县政府贯彻上级决策部署的生动实践。“沂水概览”中增设“历史文化”内容，记述传统文化、史迹遗存和非物质文化遗产，赓续历史文脉，彰显深厚文化底蕴。擦亮沂水“全国县域旅游综合实力百强县”文化名片，升格“旅游”类目。聚焦民生，新设立“社会生活”类目，记录就业、保险等内容，回应群众关切。寸草心志愿服务行动受到群众的欢迎、上级的肯定和主流媒体的持续关注，年鉴“专记”中予以全面记述，倡树社会主义核心价值观。

【《沂水史志》编纂】 2022年，沂水县践行弘扬沂蒙精神，挖掘地域文化，展示沂水风貌办刊宗旨，编印《沂水史志》期刊4期，在全县发放3200册。期刊设“本期特载”“峥嵘岁月”“文史撷英”“沂水风物”“文史论坛”“人物春秋”“艺文采珍”“图说沂水”“工作动态”等栏目，内容涵盖沂水地方党史、人文历史、民俗文化、风土人情等，记述权威、全面、生动的“沂水故事”。为纪念期刊创刊三周年，推出《沂水史志》2022年合订本，将总第6—9期30万字合集刊刷。 （韩 笑）

档案管理

【概况】 2022年，沂水县提升依法治档管档用档水平，开展档案征集接收、档案宣传、档案安全管理工作，建立档案包保联系制度机制，提高档案服务质效。在全省档案工作业务建设评价中，6个单位分别被评为示范单位、先进单位、规范单位；在全市县区综合档案馆业务建设工作全面评价中，县档案馆达到“业务建设规范”最高等次。至年底，全县馆藏档案33个门类，154个全宗，档案176206卷、176036件，图书资料11158册。

【档案征集接收】 2022年，沂水县加强档案资源建设，丰富档案馆藏，保护和开发利用散存在社会上的有价值的档案资料，面向社会发布公告，鼓励单位和个人以档案捐赠、寄存代管和原件复制等方式向档案馆捐赠档案，全面征集记录全县政治、经济、科学、文化等各个方面的历史珍贵档案资料。征集接收《安身立命的乡村：沂蒙纪事（1986—2012）》《职工创业画册》《乐群记》和《尹氏族谱》等图书9套（册），全县重大活动照片资料（电子版）10789张，接收录像带216盘。

【档案业务指导】 2022年，沂水县探索建立档案工作包保联系制度，选派9名业务人员组建3个组，包保指导全县18个乡镇（街道）、县直各单位做好档案工作。开展档案业务联系服务指导300余人次，完成对全县18个乡镇（街道）、县直部门（单位）年度包保联系。推动村级档案规范化建设，投资2万余元帮助村级配备空调、档案橱等管理设施设备，指导帮助整理文书档案540卷、700余件，会计档案620卷，计生、综治档案210盒。在全市年度村级档案规范化建设评价中，四十里堡镇达到示范乡镇标准，所辖刘家官庄村、林家官庄村等5个村和堡前村等19个村分别达到先进村和合格村标准。

【档案服务利用】 2022年，沂水县做好档案服务利用工作，全年接待743人次查档，调阅档案资料1962卷（件），打印档案证明材料1490页。编研出版《半生辛劳纾民困》一书，征集汇聚二十世纪八九十年代老照片300余幅，填补馆藏档案空白。

【档案安全管理】 2022年，沂水县档案馆修订《档案收集制度》《档案保管制度》《档案库房管理制度》《档案保密制度》和《档案鉴定、销毁制度》等，夯实档案安全管理基础。成立档案安全工作领导小组，明确责任，细化分工，强化档案安全检查督促落实。提升档案工作人员的安全意识，经常性开展职工安全、保密教育活动，严格落实档案保管、利用、信息等安全管理制度。不定期开展档案馆库房、机房、消防控制室等档案实体和档案信息系统的安全检查。

【档案宣传】 2022年6月9日，沂水县组织开展国际档案日宣传活动，向社会各界发放档案法律法规宣传材料130余份、档案宣传扇200余份，向群众赠送档案编研资料100余本。持续开展常规宣传活动，在查档服务大厅设置宣传展板，发放宣传画册，为群众答疑解惑。参与国家档案局组织的“点亮辉煌”传递活动、档案托裱和读书征文比赛等系列活动，3人获“全省档案宣传工作先进个人”称号，1人获全市档案托裱比赛三等奖，1人获全市读书征文三等奖。结合全市退役军人档案规范化管理推进会议在沂水县召开契机，向全市档案、人武部系统和退役军人群体宣传推介县退役军人档案工作建设特色亮点，强化标杆单位行业的宣传引领。 （赵文廷　高　磊）

文化产业

【概况】 2022年，沂水县有文化旅游业、包装印刷业、娱乐演艺业、图书零售业、艺术培训业五大文化产业发展板块，规模以上文化企业17家，规模以上文化及相关产业企业营业收入比上年增长3.4%。新增工商注册文旅企业320家，比上年增长10.7%。新增纳入省级重点旅游项目（含厅重点项目）数量9个、完成投资额11.1亿元。

（张　梅）

【影视业】 2022年，沂水县有电影发行放映公司1家，为县文旅局二级单位。影院3家，分别为沂水世纪电影放映有限公司、沂水麦田文化传媒有限公司、临沂市天幕电影放映有限公司，其中世纪电影放映有限公司为国企。年内，受疫情影响，全县影院票房收入303.6万元，观影6万人次，票房和观影人次比上年分别下降62%、74.8%。电影公司开展线上、线下公益电影放映培训6场，保养检修放映设备35套，精选100余部传承优秀传统文化、弘扬社会主义核心价值观、红色精神以及宣传文明新风、孝亲敬老、乡村振兴、安全常识、疾病预防为主题的优秀影片纳入放映范围，并将根据沂水籍先进典型魏德友为原型拍摄的影片《守边人》，作为重点推荐放映影片。以喜迎党的二十大为契机，按不同时间节点，组织公益电影志愿服务队开展“学时代楷模·打造发展新高地”“弘扬中华优秀传统文化·培育和践行社会主义核心价值观”“听党话·感党恩·跟党走·喜迎党的二十大”“文明出行”等一系列主题电影放映活动5000余场。 （赵　彦）

【文旅产业融合发展】 2022年，沂水县有融合业态规上企业5家，营业收入1.1亿元、增速51.5%，从业人员461人。统筹县财政1000万元旅游发展专项资金重点用于全县文旅规划编制、旅游培训、重点项目扶持、非遗项目景区化建设及旅游品牌形象打造。综合运用项目贷款、银团贷款等方式，保障文旅康养重点项目建设资金需求，投放信贷4.3亿元，为沂水县医养中心、尹家峪田园综合体康养社区等项目融资。推动龙冈旅游公司创业板上市，与中泰证券签订合作协议。启动中航沂蒙龙冈公募REITS项目，用于提升和打造萤火虫水洞、地下大峡谷两个国家AAAAA级旅游景区新业态。推进沂蒙彩虹小镇、彩虹沂蒙（国际）医疗康养基地、尹家峪田园综合体、雪山九重阳康养小镇、泉庄艺博园、杨庄沂蒙小棉袄民俗文化产业园等重点项目规划建设，促进文、旅、医、养、体、学全产业链融合发展，规划建设包括特色民俗文化体验区、养生度假酒店、颐乐学院、康乐活动中心、健康管理中心、养生运动场、智慧养老平台（彩虹网）于一体的文旅康养产业集群。

（张　梅）

文化市场管理

【概况】 2022年，沂水县有文化市场各类经营业户327家，其中，印刷企业147家，出版物发行单位118家，互联网上网服务营业场所24家，娱乐场所25家，电影院3家，文艺表演团体、演出经纪机构10家。年内组织各类检查150余次，出动检查人员760人次，检查各类经营场所820余家次。举办安全生产培训5期，培训印刷厂、书店、网吧、KTV从业人员380余人次。推进优化营商环境建设，申请政务服务事项45项。

（宋树武）

【文化市场专项整治】 2022年，沂水县严管重罚违规经营业主，重点排查歌舞娱乐、网吧、影院、旅游景区、星级宾馆、旅行社等企业涉“黄赌毒”、欺行霸市、扰乱行业秩序等涉黑涉恶经营行为。立案处罚22家违规经营业主，形成违法经营受罚，守法经营支持的鲜明导向。严格落实常态化疫情防控管理措施，发放张贴宣传材料1200余份，夜间巡查40余次。

（宋树武）

【“扫黄打非”工作】 2022年，沂水县组织开展“文化市场管理暨扫黄打非”集中行动、“文化市场暑期集中整治行动”、“印刷企业清查行动”、“联合封堵非法出版物行动”等一系列专项行动，对全县农村集贸市场、校园周边、出版物实体经营门店、网上书店、印刷企业、打字复印店、无证经营单位等进行专项督查整治。以“护助少年儿童健康成长，拒绝有害出版物和信息”“全面开启版权强省建设新征程”为主题，通过线上、线下两种宣传形式，推动“绿书签”、版权保护主题宣传深度融合，打造“绿书签”品牌公益形象。开展“清源”“净网”“护苗”等专项整治行动5次，处理侵权盗版案件16起。建立“扫黄打非”基层站点594个，龙家圈街道龙家圈社区入选第六批全省“扫黄打非”进基层示范点名单。（宋树武　张　梅）

卫生健康

医疗卫生资源

【医疗卫生机构】 2022年，沂水县有医疗卫生机构726处，其中综合医院8个（三级甲等医院1个），乡镇卫生院18处，街道社区卫生服务中心2处，社区卫生服务站6处，一体化村卫生室562处。执业（助理）医师2787人，注册护士3258人，千人医师、护士数分别达到3.2人、3.4人。医疗卫生机构总床位7733张，千人床位数增长到8张。各医疗机构总诊疗541.3万人次，其中住院25.7万人次，全县医疗业务收入28.3亿元（含临沂市中心医院）。

【医疗服务体系建设】 2022年，沂水县人民医院发挥县级医疗卫生机构龙头带动作用，统筹县乡资源共享，开展基层业务帮扶，实现人员培训一体化。成立20个帮扶指导专家组分别对接20家基层医疗机构，每周开展技术帮扶，业务指导工作。逐步推进双向转诊制度，细化明确合作利益共享绩效分配机制，调动医疗机构积极性，构建布局合理、层级优化、功能完善、协同联动的城乡医疗卫生服务体系。全年转诊4000余人次，组织专业培训20余次。通过分级诊疗制度建设，促进县、乡两级联动发展，整体提高县域医疗资源的配置和使用率，提升医疗技术水平和服务能力，减少住院病人外流，实现“90%以上病人不出县”的医改目标，让群众就近享受优质医疗服务。

【基础设施建设】 2022年，沂水县有在建医疗机构4个，分别是县人民医院西城分院建设、县中医医院综合楼建设、县精神卫生中心业务综合楼建设、县疾病预防控制中心能力提升及卫生应急指挥中心建设。总建筑面积26万平方米，投资9.3亿元的县人民医院西城分院医疗功能区已全部完工并投入使用。总建筑面积3.1万平方米，投资1.5亿元的县中医医院综合楼，已完成全部主体施工。总建筑面积1.5万平方米，投资5250万元的县精神卫生中心业务综合楼已完成主体工程。总建筑面积1.8万平方米，投资1.2亿元的县疾病预防控制中心能力提升及卫生应急指挥中心建设已完成主体工程。 （张　晗）

疾病预防控制

【免疫规划】 2022年，沂水县接种免疫规划疫苗189984剂次。其中，卡介苗6682剂次、百白破三联疫苗28515剂次、含麻疹成分疫苗14931剂次、脊灰疫苗41189剂次、乙肝疫苗20613剂次、乙脑16556剂次、A群流脑13844剂次、A+C群流脑疫苗25552剂次、甲肝疫苗8415剂次、白破疫苗13687剂次。全县报告疫苗针对传染病水痘病例32例、流腮病例3例、脑炎病例80例、戊肝病例15

2022年2月25日，市民在杨庄镇中心卫生院数字化接种大厅接种疫苗

（县卫健局　供图）

例、乙肝病例204例，其中未明确诊断为慢性乙肝病例16例、随访2例。按照监测方案要求，均在规定的时限内对以上病例进行流行病学调查、标本采集和送检、信息录入等工作。

【重点传染病防治】　2022年，沂水县以艾滋病、手足口病、麻疹等重点传染病防控为重点，强化对重点区域和重点人群的监测管理和督导检查，确保不发生重点传染病的暴发流行。手足口病报告3例，无死亡病例报告。对660名监管场所羁押人员进行艾滋病抗体筛查。随访管理艾滋病感染者和病人146人，开展CD4细胞检测8次、143人次，病毒载量检测128人次。全县尚有愈后存活麻风病人27例，愈后随访率100%。麻风症状监测转诊12例。通过网络上报性病174例，梅毒和淋病的实验室诊断准确率100%，梅毒筛查率100%。对报告的9例出血热病例进行流行病学调查、急性期和恢复期血清标本采集。

【地方病防治】　2022年，沂水县开展疟疾防治，医疗机构血检发热病人603人，复检64人。全年发热病人血检率0.5‰以上，阴性血片复检率10%以上。无疟疾病例报告。通过虫媒监测未监测到按蚊，证明沂水县不具备疟疾输入再传播风险。克山病防治：对44名患者免费查体治疗，病人随访率100%、规范管理率100%。对所有乡镇开展克山病病情监测，监测搜索发现1例慢性克山病患者。开展碘缺乏病防治，采集学生和孕妇尿样及家中的食用盐样300份，合格碘盐食用率95%，儿童尿碘中位数245.4微克/升，孕妇尿碘中位数177.7微克/升。饮水型氟中毒防治：对4个病区村全部改水完成且运转良好，水氟含量全都符合生活饮用水监测标准。8—12周岁的儿童总氟斑牙检出率5.7%，小于30%的标准。

【结核病防治】　2022年，沂水县接诊登记初诊肺结核可疑症状者4218人，影像学检查人数4218人，病原学检测人数4153人，查痰率98.5%，新登记肺结核患者281例。病原学阳性肺结核患者密切接触者272人进行全部筛查。非结防医疗机构报告可疑患者422例，其中重报61例，转诊到位93例、追踪到位201例，总体到位率99.9%，超出国家95%的标准。

【慢性病防治】　2022年，沂水县开展“一评二控三减四健”专项行动，组织开展全民健康生活方式日、减盐宣传周、全国高血压日、联合国糖尿病日和世界卒中日等宣传活动，发放宣传材料3万余份。组织550人参加全国第七届“万步有约”职业人群健走激励大奖赛，被评为全国百强健走示范区。指导基层医疗机构对高血压、糖尿病患者随访管理，全县管理高血压患者89384人、糖尿病患者34617人、冠心病患者11758人、脑卒中患者6672人。开展全人群死因监测、肿瘤、脑卒中、冠心病和伤害发病报告工作，全县报告死亡9640例，报告肿瘤发病3706例、冠心病发病2831例、脑卒中发病5030例、伤害6772例。7月，沂水县入选山东省首批“三减控三高特色项目县”。（张 晗）

【疫情防控】 2022年，沂水县成立县委统筹疫情防控和经济运行工作领导小组（指挥部），建立临时党支部，实行集中办公，24小时值班值守，统筹疫情防控和经济社会发展，建立健全平战结合、扁平化的指挥体系，先后组织开展全要素实景演练3次、桌面推演1次。新成立医疗救治专班、农村地区疫情防控专班、养老福利机构疫情防控专班、春运疫情防控专班、维护社会稳定联勤值守工作专班等，推进医疗救治、重点人群健康服务管理等工作。派出53批次、600余名医疗服务人员，前往市内其他县区、滨州、济宁、泰安、海南、成都、西藏、新疆等地支援疫情防控工作。加强信息发布，通过各类平台，每日及时公布省市新冠防控最新情况、疫情防控科普知识和防控政策等，刊播各类宣传稿件7000余篇。（史建国）

公共卫生

【基本公共卫生服务】 2022年，沂水县推动基本公共卫生服务均等化，人均基本公共卫生服务经费75元，全年为65岁以上老年人查体10.4万人次，老年人健康管理率70.4%。建立居民电子健康档案91.9万份，电子健康档案建档率95%。高血压患者健康管理5.5万人次，基层规范管理服务率61%，管理人群血压控制率46%。2型糖尿病患者健康管理2.1万人次，基层规范管理服务率61%，管理人群血糖控制率37.5%。管理严重精神障碍患者5209人，规范化管理率99.1%。坚持“以患者为中心”理念，制定《“百名名医进沂蒙”行动实施方案》，各二级以上医疗机构通过多种形式邀请市外名医、临沂籍在外名医和专家33人，建立工作室5处，到县内医疗机构坐诊、指导手术、带动学科发展，接诊人数1103人次，授课7场，授课人次30余人。

【妇幼保健】 2022年，沂水县推进适龄妇女“两癌”免费筛查项目工作，启用亿通公司研发的“两癌筛查服务管理系统”，完成全县“两癌”筛查3.9万人。免费开展孕前优生健康检查3000对，免费婚前医学检查7416人，婚检率98.2%。发放叶酸31126瓶，受益妇女5507人，服用率93.4%。全县孕产期接受艾滋病检测产妇7295人、梅毒检测产妇7295人、乙肝检测产妇7295人。新生儿先天性心脏病筛查1781人、遗传代谢性疾病筛查1780人、听力筛查1777人、眼底筛查1019人。全年无死亡病例，发放《母子健康手册》5494本。加快推进3岁以下婴幼儿照护服务，将婴幼儿照护服务列入“十四五”规划民生项目，制定下发实施方案，成立婴幼儿照护服务工作领导小组和婴幼儿照护服务中心，全面开展婴幼儿照护指导工作，全县托位数2805个，每千人口拥有3岁以下婴幼儿托位数2.9个，市级示范托育机构3家，县级示范托育机构4家，1家托育机构成功争创全市唯一一家省级示范托育机构。

【职业健康】 2022年4月，沂水县被列入山东省职业卫生分类分级监督执法试点县，分类分级汇总具有职业病危害因素的企业295家，依托卫生监督信息平台，建档涉及职业病危害因素的用人单位87家，登记职业病危害接触人员8551人。做好职业健康宣教培训、监督执法、技术支撑体系建设和重点职业病监测，完成职业病危害项目申报、健康企业建设、争做“职业健康达人”活动、职业健康信息化建设和统计调查成果运用五项基础工作。县卫健局会同县总工会综合评选出沂水县“职业健康达人”50人，2人被授予“省级职业健康达人”称号，

24人被授予“市级职业健康达人”称号。

【老年健康】 2022年，沂水县养老事业发展服务中心与姚店子中心卫生院加强协作，资源共建共享，设置全科诊室、护士站、抢救室、药房、病房、康复室、理疗室、心理咨询室、临终安宁室等功能科室，有床位700张，配备集中供氧及呼叫系统，“医”“养”结合服务满足供养对象的需求。探索实施“村办养老+社会化投资医疗”的医养结合模式，规划建设380张床位的社区养老公寓，除为辖区20余位70岁以上的老人提供无偿养老服务外，还辐射周边社区老年人群，提供有偿养老服务。在公寓内部招引社会力量投资设立瑞福康中医院（石良中医医院），承担老年公寓医养结合任务，与临沂市中心医院组建医联体，开通老年人绿色通道。依托社会力量，发展民办医养结合机构2处，沂水县金鹏颐年园养老中心和沂水寿长医院分别有床位720张、200张。持续完善老年健康教育体系，以乡镇卫生院为主体，结合年度卫生健康活动日主题活动，定期到社区组织健康教育宣传培训活动，组织老年人到“健康小屋”“健康驿站”学习健康知识，接受健康检查，享受多样化的健康服务。开展老年人心理健康预防和干预活动，为贫困、空巢、失能失智、残疾、计划生育特殊家庭和高龄独居老年人提供日常关怀和心理支持服务，促进老年人心理健康。发挥基层老年协会、计生协会、志愿者协会、心理健康协会等社会组织的作用，常态化开展关爱老年人服务活动，以“健康宣传周”“敬老月”等活动为契机，宣传老年健康政策，科普老年健康知识。制定出台《沂水县老年心理关爱项目实施方案》，在牛岭埠社区实施老年心理关爱项目，投资20余万元提升社区老人活动场所设施。以“寸草心”志愿服务队为主体，每周六为社区老年人提供代办事务、家政服务、生活帮扶、精神慰藉等服务。成立社区文艺演出队，吸收老年人参加，展现老年人良好精神风貌，促进健康老龄化。

【爱国卫生】 2022年，沂水县开展环境卫生集中整治，全县参与干部职工3.1万人次、群众6.5万人次，投入机械5622台次，投入资金360万元，清理各类建筑、生活、河道垃圾、杂物等。申报国家级卫生乡镇5处、省级卫生乡镇4处、省级卫生单位（村庄）99处、市级卫生单位（村庄）151处。开展爱国卫生月活动，清理垃圾堆760余处。开展健康教育宣传，制作宣传板3000幅，印制宣传画1000份，发放宣传材料1万份。推进健康山东行动，做好示范创建和无烟单位创建工作，申报创建示范单位3处、示范社区（村庄）3处、示范餐厅3处、示范食堂3处、示范超市3处、健康促进学校3处。（张　晗）

基层医疗卫生

【医疗急救】 2022年，在全县2个急救中心（临沂市中心医院、县人民医院）3个急救站点（四十里堡镇中心卫生院、高庄镇中心卫生院、马站人民医院）的基础上，增设5个急救站点（妇计中心、富官庄镇卫生院、黄山铺镇卫生院、泉庄镇卫生院、沙沟镇中心卫生院），每个急救站点均安排救护车参与全市“120”的统一指派，同时增加7辆入网救护车增加救助能力。畅通转诊渠道，建立完善基层医疗机构、定点医院之间的协作联动转诊机制，明确转诊流程。

【基层医疗服务】 至年底，沂水县21家乡镇卫生院全部达到优质服务基层行基本标准，5家乡镇卫生院成功创建社区医院。按照房屋、软硬件及人员配备情况，投入资金280余万元，对全县562处村卫生室排查摸底，分期分批集中提升改造村卫生室110处。全县创建省级示范标准村卫生室2处、中心村卫生室52

处，市级示范标准村卫生室63处，县级示范标准村卫生室127处。

【“互联网+护理”】 2022年，沂水县印发《进一步提升“互联网+医疗服务”行动实施方案》，全县二级以上公立综合医院全部实现分时段预约诊疗，检验结果、住院费用、健康体检报告实现手机便捷查询，实现诊间结算、床旁结算。将“互联网+护理”服务项目和“长护险”项目相结合，参与“长护险”的80名护士与20名医生分成20个组，每月对县城300余名参保职工失能人员的生活照护及医疗护理进行专业指导，提供专业的“一对一”居家护理服务。在2022年临沂市“互联网+医疗健康”优秀案例评选活动中，县妇幼保健计划生育服务中心提报案例获二等奖，沂城街道社区卫生服务中心提报案例获优秀奖。

【万名医生下基层】 2022年，沂水县继续开展“万名医生下基层”活动，推动优质医疗资源下沉。全县组建下基层服务团队130个，队员549人，为基层开展培训讲座33期、受众1281人次，义诊922人次，给不方便就医的患病群众提供上门诊疗服务1638人次。

【百名执法人员帮扶民营医疗机构】 2022年，沂水县统筹全县医疗布局，确定寿长医院、瑞福康中医院、颐年园医院为帮扶对象，制定具体帮扶方案，采取“点对点”配档，选派业务骨干组成3个帮扶小组，定期开展依法执业排查、党建活动、法制宣传教育、业务培训。2022年度“十大行动”规范化评价临沂市“百名执法人员帮扶民营医疗机构行动”综合考评第3名，在临沂市百名执法人员帮扶民营医疗机构活动现场会上作典型发言。 （张 晗）

中医药

【中医药传承】 2022年，沂水县中医医院全面推行中医经典、中医外治技术、中医康复、中医治未病、中医护理“五个全科化”建设，支持中医药科技创新，上报省级中医药科技项目2个，其中县中医医院针灸推拿科的“针刺联合猪苓汤治疗湿热下注型慢性非细菌性前列腺炎疗效观察”项目通过省级立项，入选省级中医药重点科研项目，沂水县中医医院成为唯一一个入选省中医药科技项目的县级中医医院。7月29日，在县中医医院举办中医药适宜技术推广师资培训班，有43名来自基层医疗卫生机构的中医学员参加培训。开展“中医药文化进校园”活动。

【中医药服务】 2022年，沂水县共享中药房覆盖县人民医院和21个乡镇卫生院，审核处方2.8万余张，零售金额544万元。新创建6处精品国医堂，其中四星级1处、三星级5处，新创建33个中医药特色村卫生室。组织中医药人员参加线上培训5批次，线下培训86人次，25人参加第五批“西医学习中医”培训，遴选3人参加山东省中医骨干人才培训，1人入选山东省中医临床优秀人才培养对象，1人入选山东省基层名中医。7月24日，在东皋公园广场举办中医药法实施5周年宣传义诊活动，来自6家医疗卫生机构的21名中医师参加活动，义诊290余人次，发放宣传册、宣传折页1344份，发放中药保健香包88个。8月16日，举行山东省国家中医药综合改革示范区建设沂水启动仪式。

【中医药文化进校园】 2022年，沂水县制定《沂水县中医药文化进校园实施方案》，推动中医药文化进校园活动落地落实。在四十里堡镇中心小学开展“中医药文化进校园”活动，从中医膳食、中医绘画、中医书法、中医健身等各方面，开展中医药文化启蒙教育。四十里堡镇

2022年7月9日，“中医药文化进校园”活动走进四十里堡镇中心小学
（县卫健局　供图）

中心小学成功申报第二批山东省中医药文化进校园试点学校。
（张　晗）

卫生监督

【医疗卫生监督专项整治】 2022年，沂水县加大卫生健康监督检查力度，监督医政、学校卫生、生活饮用水卫生、公共场所卫生等单位1930家，立案查处334家。印发《沂水县医疗机构依法执业突出问题专项整治方案》，打击非法行医，规范医疗服务市场秩序，落实监督医疗卫生单位728家，立案20起，其中依法执业突出问题案件14起，未取得医疗机构执业许可证和未取得中医备案凭证案件6起，没收医疗器械及药品1宗，结案案件19起。

【医疗市场卫生管理】 2022年，沂水县加强传染病防控监督，监督全县传染病防控单位726家，监督覆盖率100%。制定《沂水县医疗机构疫情防控消毒措施落实专项监督检查工作方案》，监督检查920人次、立案96起，其中违反医疗废物管理条例案件73起、违反消毒管理办法案件23起。强化对单采血浆有限公司的监督力度，落实监督检查4次，配合市级检查2次。

【学校卫生监督】 2022年，沂水县对全县500多家中小学托幼机构新冠疫情防控工作、生活饮用水卫生管理工作进行全面督导检查，对存在问题的学校当场下达卫生监督意见书，督促其限期整改，同时对25家未按规定开展消毒工作的托幼机构进行立案查处。　（张　晗）

医药医政管理

【医政管理】 2022年，沂水县召开全县医疗机构医疗质量与安全暨平安医院建设会议，针对医疗纠纷高发、频发问题隐患，要求严格按照操作规程和诊疗规范开展诊疗活动。落实平安医院建设，建立“第三方调解与医患纠纷责任保险”工作机制，受理医疗纠纷来访，与医患双方沟通，确保医患纠纷得到及时、合理处理，避免医患矛盾升级。全年通过医疗纠纷人民调解委员会调处医疗纠纷10起。

【药政管理】 2022年，沂水县基层医疗卫生机构加大基本药物品种的采购使用，基层医疗机构药品种类平均398种，县人民医院1500余种，全县基层医疗卫生机构基本药物品种数量平均占比为72.1%，位居全市前列，满足群众的用药需求。

【医药卫生体制改革】 2022年，沂水县加大“三明医改”经验推广力度，印发《沂水县委 沂水县人民政府关于加强医疗卫生一体化建设助推乡村振兴的意见》，调整医药卫生体制改革领导小组。完善改革推进机制，由政府统一分管医疗、医保、医药工作，建立台账，明确责任部门和完成时限。推动优质医疗资源下沉，县乡资源共享，成立医共体一体化发展服务中心，下设财务管理服务中心、应急转诊服务中心、人力资源服务中心、医药物资服务中心和综合保障服务中心5个内设机构。县域内以县人民医院为龙头成立医学检验、影像检查、消毒供应、信息管理、远程心电、病理诊断6个医疗服务中心。做到诊断资源共享和同质化，统一全县医疗卫生机构检验、影像、病理等质控工作。2022年，远程心电中心会诊1.1万余人次，远程影像会诊4600余人次。医保资金专户收拨医保资金2.6亿元。

【现代医院管理制度建设】 2022年，沂水县以“多院区差异化、协同、高质量发展”为医院发展主线，建设权责清晰、管理科学、治理完善、运行高效、监督有力的现代医院管理制度。结合实际制定医院章程，建立健全内部管理机构、管理制度、议事规则、办事程序等，落实职工群众知情权、参与权、表达权、监督权，建立健全人员聘用、岗位、收入分配等管理制度。健全人才培养培训管理，落实住院医师规范化培训、专科医师规范化培训和继续医学教育制度。完善医疗服务管理、内部审计、廉洁风险防控等功能。全面开展便民惠民服务，实施预约诊疗，推行日间手术、远程医疗、多学科联合诊疗模式。

【医疗行风建设】 2022年，沂水县对全县各类医疗机构重点检查收受回扣等违反行业作风纪律要求的行为，严肃查处不合理诊疗中的违法违规行为，严厉打击欺诈骗取医保基金行为，严格检查医疗卫生服务不优和收费不合理的问题，做好督导检查医疗机构纠风组织和行风制度建设情况，着力提升整体廉洁从业水平。

【乡村医生管理】 2022年，沂水县有乡村医生1012人。其中，中专学历468人、大专学历117人、本科学历8人。持有乡村医生执业证书的618人、执业医师证的29人，执业助理医师证的34人、全科执业助理证的332人。全县乡村医生职业化率51.3%，达到临沂市乡村振兴战略指标标准。全县有退休老年乡村医生3201人，发放补贴、离岗老年乡医生活补助1473万元。 （张　晗）

医疗卫生机构选介

【临沂市中心医院】 临沂市中心医院（临沂市沂水中心医院）是一所市级综合性三级甲等医院。2022年，有临床专业45个，临床科室76个，开放床位2703张，完成门急诊119.2万人次，出院患者11万人次，手术7.2万台次，三四级手术占比48%，平均住院日7.1天。医院被评为中华医学会心身医学分会2022年“优

2022年5月18日，临沂市中心医院博士人才座谈会议召开
（临沂市中心医院　供图）

秀心身科普宣传组织单位”、临沂慈善奖先进单位、临沂市首批“老年友善医疗机构”、临沂市医学科研先进单位等。医院获得省、市级科研项目立项40项，科研项目获省、市级三等奖以上奖励4项，参与临沂市科技局组织的科技成果评价22项，其中国际先进1项、国内领先或先进20项、省内领先1项。获批造血干细胞移植、神经血管介入、呼吸内镜诊疗技术等山东省医疗技术临床应用规范化培训基地11个，省中医药特色疗法项目3个，人类辅助生殖技术试运行通过验收。妇科学成功申报山东省首批医药卫生重点学科，也是医院第一个省级重点学科。组队7人参加全国首届全科专业住院医师规范化培训指导医师教学查房和教学门诊技能竞赛，获得全省第二名，并进入全国竞赛赛区。案例“慢病小切口，服务大民生”获第七季改善医疗服务行动全国擂台赛（城市类）“百强案例”称号。医院制定引进博士和特需专业研究生管理办法，全年引进1名博士、103名硕士入职，聘任9名退休专家为“首席专家”“技术顾问”。开展健康义诊进基层50余次，走访患病群众1600余户。推动多学科交叉融合与创新，满足疑难危重患者就诊需求，全年组织多学科会诊工作小组41个，开展多学科会诊2068例。完成慢病管理中心建设，慢特病患者鉴定1.6万人次，慢特病患者医保结算13万人次。住院办理、床位预约、院前检验标本采集等实现“一站式”服务，全年办理入院6.7万人，检验采血9952人，床位预约10657人。落实“一站式病区出院结算”，“零跑腿”改革提档升级，办理出院结算2.4万余例，在全市率先实现自助机、线上医保结算，医保二维码全流程就医，省内慢病、省外统筹门诊、军人优抚、临沂职工门诊统筹直报。推进“互联网+护理服务”工作，促进优质护理资源下沉，入户服务261单，均获得五星级评价。

（徐洪梅　朱立香）

【沂水县人民医院】 沂水县人民医院是一所三级乙等综合医院。2022年，医院设置临床、医技和职能科室82个，开放床位1041张，出院病人4万人次，各类手术8000台次。有德国西门子双光子双源CT、美国GE全数字化平板血管造影系统等高端医疗设备500余台套。新增飞利浦血管造影机、奥林巴斯高档胃肠镜系统等大型医疗设备30余台套。获“万名医生下基层活动先进单位”“临沂市老年友善医疗机构示范单位”等称号。6月27日，完成呼吸与危重医学科线上认定，被授予“国家呼吸与危重医学科规范化建设三级医院达标单位”。11月24日，通过中国胸痛中心联盟评审认证。配合省、市癌症中心开展调研1次，接受检查2次，完成上消化道早癌筛查3086例，集中开展全国肿瘤防治“癌症防治，早早行动”宣传周活动。《基于智慧医疗服务模式下脑卒中患者留置胃管现状分析及管理的应用研究》获第二届中国新型智慧城市创

2022年6月30日，沂水县人民医院夏蔚分院启用　（县人民医院　供图）

新应用大赛国家级应用研究成果奖。组织党员专家团、青年骨干团开展健康宣讲活动20余场，开展心肺复苏急救培训10余场。开展“互联网+护理服务”工作，全年接单216次，服务病人满意度100%。推进万名医生下基层，成立31支医护团队，开展送医、送药、送健康活动，免费发放常用药品价值2万余元。开展医联体活动，走访乡镇卫生院及鲁南矿业职工医院22家，组织专家义诊、查房，业务指导交流等90余人次，参加乡镇卫生院及社区义诊1000余人次，发放宣传材料4000余份，接诊医共体转诊病人1800余人。至年底，西城院区在建项目已基本完成，部分学科已开始运行并收治病人；夏蔚分院于6月30日全面搬迁启用，由县医院派驻优秀学科带头人坐诊，惠及周边群众。

（王　丽）

2022年5月，沂水县妇幼保健计划生育服务中心业务综合楼及配套设施全部启用

（县妇幼保健计划生育服务中心　供图）

【沂水县妇幼保健计划生育服务中心】 沂水县妇幼保健计划生育服务中心（沂水县妇女儿童医院）是二级甲等妇幼保健院。2022年，医院设临床科室12个、保健科室4个、医技科室10个，床位300张，配有40排80层螺旋CT、钨靶（乳腺X光机）等诊疗设备100余台套。获“山东省女职工建功立业标兵岗”“全省基本医疗保险协议管理医疗机构先进科室”等称号。组织77名医护人员深入农村，开展培训讲座5期、215人次，义诊359人次，走访长期卧床患病群众358人次，走进学校、社区开展防溺水、心肺复苏等安全知识培训5次。采取线上、线下相结合的形式，召开4次全县妇幼健康工作会议，培训公卫相关人员500余人。开展孕前优生免费检查、免费婚前医学检查、宫颈癌、乳腺癌检查。向市妇幼保健院产前筛查中心递送1635份产筛血清。新筛率99.5%，听筛率99.3%。新生儿先天性心脏病筛查1781人，筛查率99.6%。新生儿眼底筛查1019例，其中异常112例，阳性率11%。开展儿童近视防控工作，入院视力检查4201例，入托查体视力检查2520例，异常631例，其中弱视132例，总体阳性率21%左右。5岁以下儿童死亡11例，婴儿死亡7例，新生儿死亡4例，未发生孕产妇死亡病例。全年首次签发《出生医学证明》7507份、换发25份、补发144份、废证225份（因换新证作废）。家庭化产房分娩506人，占全院分娩量48.4%。疼痛科开展颊针治疗技术治疗各种疼痛性疾病，至年底，诊疗患者600余人，有效率95%。口腔科逐步开展儿童及成人牙体牙髓疾病治疗、牙周疾病治疗、儿童牙齿预防保健、错颌畸形等治疗。投资106万元对门诊、住院、医技等9块系统全面升级改造。完善县区域妇幼信息平台，实现全县妇女保健、儿童保健监测管理，与婚检处联网，将婚检数据纳入县妇幼信息平台统一管理，实现婚、孕、育一条龙服务，在临沂市“互联网+医疗健康”优秀评选中，医院的《县区域妇幼平台信息管理系统》获全市二等奖，是全市唯一获奖的县级妇幼保健机构。（徐在明）

体育

体育设施

【概况】 2022年，沂水县有体育场地4014个，场地面积287.1万平方米，人均体育场地面积3平方米。全民社区健身中心、多功能运动场、体育公园、健身广场、健身步道、笼式足球场等全民健身设施配备完善，全民健身中心完成主体建设，跋山水库激流回旋项目完成设计规划，新建体校击剑馆、沙滩足球场、笼式足球场投入使用，实现城区“15分钟体育健身圈”和行政村健身广场全覆盖。

【公共体育设施建设】 2022年，沂水县持续推进县、镇（街道）、村（社区）三级公共体育设施建设和文体活动中心建设，实现城区“15分钟体育健身圈”和行政村健身广场全覆盖。新建三桥风景区沙滩足球场、笼式足球场各1处，对公园笼式足球场翻新改造，新增新建居住区和社区体育场地10个，配备健身器材80件。对农村及城区损坏的体育健身器材摸底调查和维修，新建、更新75个行政村体育健身广场，配备健身器560件，全县行政村实现全民健身工程全覆盖。

【全民健身中心建设】 2022年，沂水县全民健身中心是可承办综合性体育赛事的全民健身场馆，设计总投资3.3亿元，项目总规划用地面积116617平方米，总建筑面积39454.9平方米，有座位8785个。田径场设综合性的八道400米跑道，设跳高、跳远、三级跳远场地各1处，设撑杆跳、铅球、标枪、铁饼、链球场地各2处，设足球、篮球、羽毛球、网球各1处。场馆建设完成后将承办山东省第二十六届运动会棒垒球比赛。

（武全国）

全民健身

【概况】 2022年，沂水县举办“全民健身日”健身展演活动，

2022年8月8日，沂水县在文峰广场举行“全民健身日”健身展演

（县体育中心 供图）

全县各健身团体的10支代表队600余人参加柔力球、健身气功、太极拳剑、春秋大刀等健身节目展演，并开展三级社会体育指导员培训班和全民健身志愿宣讲活动。组织参加市级以上线上、线下体育赛事18次，其中在2022（第二届）全球太极网络大赛中分获团体和个人一等奖，在临沂市健身气功网络比赛中养生十二法、五禽戏项目分获一等奖。

【全民健身实施计划执行】 沂水县制定《沂水县全民健身实施计划（2021—2025年）》，以完善全民健身公共服务体系，人民群众体育健身更加便利，激发健身热情，提高城乡居民体质，推动体育强县和健康沂水建设为总体要求。主要任务是完善全民健身设施、活动、组织、服务体系、加强特定人群健身服务、推进全民健身文化发展、统筹推进全民健身融合发展。要加强组织领导、完善资金保障、优化人才保障等制度和措施，确保目标任务落到实处。2022年，沂水县按照实施计划要求，盘活城市空闲土地，用好公益性建设用地，按照贴近社区、举步可就、方便可达的原则，规划建设社区健身中心、多功能运动场、体育公园、健身广场、健身步道、小型足球场等全民健身设施。完善全民健身活动体系，以县、乡两级全民健身运动会为依托，开展群众喜

2022年8月13日，山东省第十四届千乡乒乓球沂水县初赛在县体育馆举行

（县体育中心 供图）

闻乐见、丰富多彩的全民健身活动，丰富赛事项目，扩大赛事规模和覆盖人群，举办乡镇社区运动会42项，参与人数1万余人。完善全民健身组织体系，壮大社会体育指导员队伍，新增国家级社会体育总指导员1名、一级社会体育指导员8名、二级社会体育指导员16名、三级社会体育指导员72名。完善基层体育组织为主体的全民健身组织网络，完善全民健身服务体系，加强特定人群健身服务，统筹推进全民健身融合发展。

【体育社会组织建设】 2022年，沂水县有体育社会组织55个，其中，运动协会18个，体育俱乐部37家。新发展成立自行车运动协会和户外拓展运动协会，清理“僵尸型”体育社会组织2家。配合教育和民政部门分别做好校外培训机构治理、体育社会组织年审等工作。钓鱼协会协调成立全县防溺水志愿服务队，助力全县防溺水工作。武术协会会长许登丰获得山东体育强省建设先进个人，搏击运动协会会长张万龙编写的《苗刀》一书由人民体育出版社出版。

【第十二届全民健身运动会】 2022年，沂水县第十二届全民健身运动会举办迷你马拉松、羽毛球、沙滩足球、趣味运动会、同心健步走、老年垂钓等15项赛事活动，参与人数1万余人。

【首届沙滩足球赛】 2022年，县体育中心以“体育+旅游”为特色打造品牌赛事。7月10日至9月1日，首届沙滩足球赛在三桥风景区成功举办，12支队伍100多名运动员参赛，三桥沙滩足球队夺得冠军。

【体育达人评选】 2022年，全国速度轮滑锦标赛亚军、临沂市第七届运动会速度轮滑比赛双冠

2022年10月10日，蔡雅淋（左一）获“中国体育彩票杯”临沂市首届“体育达人”称号 （县体育中心 供图）

军获得者蔡雅淋，江苏无锡国际马拉松中壮年组女子第一、高青县第六届全国马拉松赛中女子全马第一获得者陈聪，通过网络评选和专家评选被评为临沂市首届“体育达人”。 （武全国）

竞技体育

【参加国内赛事】 2022年，沂水县体校输送队员赵柄淇，代表山东省参加2022年全国青少年橄榄球锦标赛获冠军；沂水县体校输送队员张泰，代表山东队参加全国青年U19沙滩排球锦标赛获全国第三名。8月25日至9月5日，沂水县有16名运动员参加山东省第二十五届运动会。冯浩展获得古典式摔跤乙组65公斤级金牌，江雨恒获得男子甲组10米气手枪个人铜牌、团体银牌，并在男子甲组25米标准手枪团体赛中获得铜牌，另有8人在跆拳道、橄榄球、射击、皮划艇等项目进入前八名。在临沂市乒乓球比赛、田径联赛中均获佳绩。

【参加国际赛事】 2022年，沂水县体校输送队员张泰，代表中国青年队参加沙滩排球U19亚洲锦标赛，获第九名，获得世界锦标赛参赛资格。

2022年沂水籍运动员获得省级以上奖牌统计表

表44

序号	姓名	赛事项目	所获奖牌
1	冯浩展	山东省第二十五届运动会古典式摔跤乙组65公斤级	金牌
2	赵柄淇	全国青少年橄榄球锦标赛	冠军
3	江雨恒	山东省第二十五届运动会男子甲组10米气手枪	团体银牌
4	江雨恒	山东省第二十五届运动会男子甲组10米气手枪	铜牌
5	江雨恒	山东省第二十五届运动会男子甲组25米标准手枪	团体铜牌

【后备人才培养】 2022年，县体校根据2022年招生计划，完成初一招生38人、初二递补10人、高一招生50人，在校学生190人，体育教练16人，由沂水二中配备专门的文化课教师进行文化课授课。学校设田径、足球、篮球、排球、乒乓球、体操、武术、射击、击剑9支训练队伍。向各上级体校输送队员21人。县体校输送运动员9人参加山东省第二十五届运动会，获得一金一银两铜。沂水县体校被临沂市委、市政府评为2022年临沂体育工作先进单位。 （武全国）

青少年体育

【体教融合发展】 2022年，沂水县全面落实《关于深化体教融合，促进青少年健康发展的意见》，坚持体育和教育融合，文化学习和体育锻炼协调，体魄与人格并重，加强体教融合顶层设计，完善政策保障，制定青少年体育发展保障标准，开足上好体育课。鼓励中小学开展特色体育活动，发展特色体育运动队，全县有13所中小学、3所幼儿园被评为全国青少年校园足球特色学校。以小学体育兴趣化、初中体育多样化、高中体育专项化为体育课程改革目标和方向，建立完善学校体育工作评估督导机制，开展县锦标赛、中小学生体育联赛等学校体育赛事。

【基层教练员培训】 2022年，沂水县体校新招录具有国家二级运动员及以上水准的田径、射击教练员3名。3月11—12日，沂水县体校对教练员进行为期两天的业务培训，倡导新理念新技术，改进方式方法，训练实效明显增强。至年底，沂水县体校35岁以下有国家二级运动员及以上水准的教练员16名。

【学校体育活动】 2022年，沂水县各中小学开齐开足体育课程，将体育课、课外体育活动、大课间活动和广播操、眼保健操等一并列入日常教学计划和课程表，保证中小学生每天1小时校园体育活动。支持中小学开展特色体育活动，发展特色体育运动队，开展多种形式的体育业余训练，成立体育兴趣小组，各学校每年举办1次综合类田径运动会和1次球类比赛，定期开展县锦标赛、中小学生体育联赛、校际足球联赛等学校体育赛事。通过国家新政策和上级资金支持，推动体教融合发展，促进沂水县竞技体育后备人才培养和青少年身体素质提高。

【体校高考】 2022年，沂水县体校高考报名47人，本科进线38人，进线率80.9%，高校录取35人，录取率74.4%，录取人数、录取率双创新高。其中，考入双一流高校5人，分别是杨琪、鞠浩被郑州大学录取，王雅楠被中国矿业大学录取，黄曾苹被海南大学录取，鞠娅婷被河南大学录取。 （武全国）

体育产业

【体育产业品牌】 2022年，沂水县持续打造“体育+旅游”产业品牌，依托雪山彩虹谷景区资源优势，组织开展迷你马拉松、自行车越野赛、轮滑比赛、搏击比赛等多项体育活动与赛事。推动三桥风景区打造水上旅游与水上运动结合牌，组织开展沂水县首届沙滩足球比赛，探索体育、旅游、文化融合发展的体育产业发展途径。

【体育彩票】 2022年，沂水县有体育彩票终端机81台，其中县城终端机51台，乡镇终端机30台。体育彩票销售额1.2亿元，销售额位居全市第四位。其中，竞猜型销售9500万元，乐透型销售1800万元，即开型销售600万元。全县中500万元以上大奖3注，其中千万元大奖1注。

（武全国）

社会生活

人口家庭

【概况】 2022年，沂水县稳妥实施三孩生育政策及配套支持措施，健全服务管理制度，推动实现适度生育水平，促进人口长期均衡发展。7月20日，县政府印发《沂水县“十四五”妇女发展规划》《沂水县“十四五”儿童发展规划》，科学规划妇女儿童全面发展的新目标、新任务，完善家庭发展支持体系，强化家庭家教家风建设，引导民众营造健康和谐的家庭氛围。

（张 晗）

【人口监测】 2022年，沂水县有户籍人口118.5万人。年内，上报出生人口8608人，出生率7.3‰，其中男性4483人，女性4125人，新生儿性别比108.7。死亡人口18275人，死亡率15.8‰，人口自然增长率-8.2‰。迁入人口3628人，迁出人口6123人，迁入率3.1‰，迁出率5.2‰，机械增长率-2.1‰。全县总人口中0—17岁人口262684人，18—34岁人口204655人，35—59岁人口448981人，60岁及以上人口268263人。

（王钧正）

【家庭发展】 2022年，沂水县户籍总户数405425户，比上年减少4814户；家庭规模趋向小型化，户均人口2.9人，与上年持平。注重家庭家教家风建设，普及《山东省家庭教育指导实用手册》，强化婚姻家庭辅导，开展家庭教育大讲堂、母亲素质提升、文明创建等活动，推动家庭和睦。聚焦“廉洁、绿色、平安、健康、孝老爱亲和书香”，培树“最美家庭”，其中，2户家庭入选临沂市“最美家庭”。

（崔瑞安）

【婚姻登记服务】 2022年，沂水县民政局办理结婚登记3778件，补发婚姻登记证1100件，办理离婚登记1200件。档案查询3000余人次。联合县妇联开

2022年“七夕节”新人登记结婚 （县民政局 供图）

展“为幸福护航、为婚姻加油”和“幸福沂家人”2个特色婚姻辅导项目，以志愿辅导方式，为当事人免费提供心理疏导、危机处理、离婚调解、情感辅导等服务。年内，利用离婚冷静期为600余对当事人提供离婚调解。

（郭　霞）

【生育服务管理】　2022年，沂水县落实国家优化生育政策，出生8608人，其中二孩出生3460人、三孩出生1871人。加强人口出生动态监测，将生育登记服务、孕情上报、孕产妇、儿童系统管理和群众满意度纳入考核管理，采取日常管理、数据比对、电话抽查等方式落实考核。年内，母婴安全形势总体平稳，未发生孕产妇死亡案例，新生儿死亡5例，死亡率0.6‰，婴儿死亡11例，死亡率1.5‰。累计完成7277名产妇早孕建册，建册率96.9%，随访出院28天内产妇7260人，随访率95.6%，访视新生儿7275人，访视率95.8%。

（张　晗）

【流动人口服务】　2022年，沂水县公安局结合新冠疫情防控和全省流动人口租赁房屋清理整治“百日行动”大清查工作，排查流动人口1万余人，新增登记流动人口信息5265条，排查出租房屋2300余户，做到流动人口“来有登记，走有注销，动态管控”。强化督导检查，采取日巡查、季督导机制堵塞管理漏洞。督导处置流动人口比对报警信息3人次，审核签发居住证2610个，其中电子居住证16个、全程网办居住证20个。

（刘　静）

收入与消费

【居民收入】　2022年，沂水县居民人均可支配收入34396元，比上年增长5.9%。其中，城镇居民人均可支配收入45216元，比上年增长4.9%；农村居民人均可支配收入19515元，比上年增长6.7%。在全体居民人均可支配收入构成中，工资性收入19985元，比上年增长9%，是收入主体，占比58.1%；经营净收入10319元，比上年增长1.3%；财产净收入665元，比上年增长2.2%；转移净收入3427元，比上年增长3.5%。

【居民消费】　2022年，沂水县居民人均消费支出与上年同期基本持平。全年居民人均消费支出16808元，比上年增长0.4%。其中，城镇居民人均消费支出20314元，比上年下降1.2%；农村居民人均消费支出11986元，比上年增长3.1%。

（桑韶华）

2022年沂水县居民人均可支配收入情况统计表

表45　　单位：元/人

指标名称	2022年	比上年增加
可支配收入	34396	1912
一、工资性收入	19985	1650
二、经营净收入	10319	133
三、财产净收入	665	14
四、转移净收入	3427	15

【重要民生商品消费价格】　2022年，沂水县重要民生商品价格总体稳中有降。粮食价格总体有所下降，小麦、面粉价格分别比上年下跌2.7%、1.7%。花生油价格比上年上涨8.4%，粳米价格较稳定。肉蛋年均价格较上年有所下跌，猪肉价格下跌幅度较大。其中，猪肉、牛肉、羊肉价格分别比上年下跌20.8%、13.5%和7.5%，鸡蛋价格下跌4.2%。蔬菜价格较上年同期有涨有跌。其中，大白菜丰产，价格普遍较低，市场价格每千克在0.5—0.8元之间；黄瓜、土豆和大葱较上年同期分别下跌30%、10%和

33.3%；西红柿、卷心菜、芸豆和生姜分别较上年同期上涨25%、66.7%、44.4%和100%。

（赵　霞）

劳动就业

【概况】　2022年，沂水县新增城镇就业9555人，失业人员再就业6217人，困难群体就业466人，农村劳动力转移就业9300人，城镇登记失业率1.7%。完善人力资源社会保障基层公共服务平台建设，实现全县乡镇（街道）基层服务全覆盖。评选县级就业服务质量标杆机构2家。依托县人力资源市场和人社综合业务窗口，全年办理招聘登记1.3万人、求职登记1.2万人、职业指导1.2万人。规范劳动用工网上备案流程，全年备案58063人，解除和终止合同5828份，行政确认各类企业职工退休2466人。　（庞京奇　侯天梅）

【就业创业政策扶持】　2022年，沂水县支出就业专项资金1039万元，其中灵活就业社保补贴833人121万元、公益性岗位补贴422人810万元、一次性创业补贴150人64万元、就业见习补贴101人33万元、其他各类补贴11万元。累计创建“省级创业型街道”1处、省级“四型就业社区”8处、省级“创业型社区”2处，吸纳各类创业企业单位2600家，就业人数1.6万人。完成创业培训1363人，发放创业担保贷款454笔8255.5万元，发放担保贷款贴息212万元，发放个体工商户一次性创业补贴116户23.2万元，小微企业一次性创业补贴34户40.8万元。落实青年人才补贴政策，发放人才津贴63.6万元，惠及博士、硕士和全日制“双一流”本科毕业生27名。

（庞京奇　高山秀）

【重点群体就业】　2022年，沂水县健全劳务输出服务网络和信息网络。在全县18个乡镇（街道）设立转移就业服务平台，在387个村居（社区）设立村级劳务联络员1000余名；在外出务工人员集中地区和用工数量大的单位，建立8个驻外管理办事机构，与600余个县外用工单位建立长期稳定的劳务合作关系。全年实现农村劳动力转移就业9300人。县大众劳务有限公司被评为省级乡村振兴劳务基地。优化创业环境，引导高校毕业生参与各类创新创业活动，为其搭建项目与资金、技术、市场对接的平台，向12名高校毕业生发放创业场所租赁补贴4.1万元。严格“三支一扶”政策落实，规范全县51名在岗“三支一扶”大学生季度总结、年度考核管理。落实待遇保障，调整补贴额度，本科、专科层次每月补贴分别调整为5770元、5471元，全年发放总额568.3万元。考察2020年度期满转正招募人员，考察全部合格，13人转为正式在编人员。引导高校毕业生就业见习基地拓展见习岗位，吸纳青年见习。新认定5家青年见习基地，累计有18家青年见习基地，招募见习人员191人，发放就业见习补贴33万元。

【城乡公益性岗位扩容提质】　2022年，沂水县落实政府兜底安置困难群众就业职责，新开发安置城乡公益性岗位6820人，其中乡村岗6500人、城镇岗390人，全年发放补贴资金3065万元，动态消除“零就业”家庭。利用“党建可视化信息平台”对全县公益性岗位安置对象开展远程教学，设立160个教学点，培训学员6890名，率先在全市完成岗前培训，经验做法被省电视台采访调研。加强小型水库运行管护，建立职业化专职巡库员队伍，设立水库管理员160名，率先在全省完成小型水库巡库员公益性岗位全覆盖。

【就业服务】　2022年，沂水县开展公共就业专项服务活动，为劳动者求职就业和用人单位用工招聘搭建平台，推进稳就业工作。开展各类招聘活动12场，其中，现场招聘活动2场、线上招聘活动6场、直播带货活动4场，服务企业280家，提供岗位8000多个，达成就业意向3500余人。开展保障企业用工服务专项行动，深入全县275家企业了解用工需求，以“开展十场专场招聘会、组织百名人社服务专员进企业、千名公益性岗位人员送招聘信息进村入户”为主线，搭建供需对接平台，为企业招聘人才2800人。规范企业养老保险参保人员就业登记补录与提高城镇新增就业统计数据质量，经验做法被市人社局推广。（庞京奇）

【职业技能培训与专业人才培育】 2022年，沂水县培训各类劳动者14441人，其中城乡公益性岗位岗前培训6890人、企业职工培训3290人、就业技能培训2898人、创业培训1363人，培训农村转移劳动力3355人。新增高技能人才352人，县供电公司庞道东、大众劳务有限公司白永庆被评选为2022年度沂蒙首席技师。组织举办沂水县第十二届“劳动之星”职业技能竞赛活动，涉及12个行业、23个工种，3800余人参加竞赛，表彰奖励123名优秀选手，授予21人沂水县技术能手称号。县隆科特酶制剂有限公司郭庆文获评沂蒙优秀专家型人才，刘文龙获评2022年度临沂市有突出贡献的中青年专家。沂水籍上海应用技术大学教授徐毅获评临沂籍在外人才突出贡献奖。加大乡村振兴领域专业技术人员培训力度，通过开展高素质农民培训、实用人才培训等方式，培训乡村振兴领域人才1300余人。举办临沂市高级研修项目2个，有103名乡村振兴领域专业技术人员参加培训。开展专精特新中小企业职称评审专项行动，为企业申报正高级职称2人（其中1人通过举荐制申报）、副高级职称19人（其中9人通过举荐制申报）、中级职称41人、初级职称13人。通过全日制院校毕业生认定中级职称9人，初级职称20人。该项工作经验做法在全市推广。

（王道开　刘月斌）

2022年9月16日，沂水县第十二届“劳动之星”职业技能竞赛启动仪式在东方瑞海会议中心举办　（县人社局　供图）

【劳动保障监察执法】 2022年，沂水县检查用人单位1726家次，涉及劳动者34.5万人次，调查处理“12345”热线工单、网上问政等案件线索1286起，受理举报投诉及上级转办案件18起，下达行政处罚决定书7份，追发劳动者工资485.2万余元。受理“全国根治欠薪线索反映平台”线索648件、“临沂市根治欠薪线索反映平台”线索351件，办结率100%。全县134个在建工程项目纳入农民工工资支付监管平台管理，实名制信息采集2.9万余人，工资专户资金缴纳10.9亿元，为14.8万人次代发工资10.6亿元。

（徐胜华）

【劳动人事争议调解仲裁】 2022年，沂水县劳动人事争议仲裁委员会受理各类劳动人事争议案件562件，涉及劳动者562人，涉案金额2800余万元，法定期限内结案率100%。其中，调解结案341件，裁决结案221件。

（张洪兵）

【人力资源服务产业园建设】 2022年，沂水县采取政府和企业共建模式，建设人力资源服务产业园。该项目总投资8000万元，由沂水大众劳务有限公司投资5600万元购买1.3万平方米办公楼用于园区建设，5月完成内部装修、功能区划调整、配套设施建设、入驻企业招商等工作。首批入驻人力资源服务机构4家，服务企业80余家，年营业收入8亿元，实现税收5400万元。（庞京奇）

社会保险

【基本养老保险】 至2022年底，沂水县11.5万人参加企业职工养老保险，2.2万人参加机关事业养老保险，63.2万人参加城乡居民养老保险，征缴收入15.9亿元。为5.3万名离退休职工、22.4万名城乡居民发放各项养老待遇23亿元。普遍调整39985名企业退休人员养老金，由1968元提高至2084元，人均增长115元，补发2022年1—7月增加的养老金3219万元，7月底前全部补发到位。对8538名70周岁以上高龄企业退休人员养老金每人每月增加191元，对企业军转干部养老金每人每月增加10元。全年审核办理2900余名职工养老保险手册；办理各项养老保险关系转入1270余人，完成养老保险个人账户返还28人次，退还个人账户139.3万元。（安百会）

【基本医疗保险】 2022年，沂水县基本医疗保险参保人数101.4万人，医保基金总收入14.4亿元。其中，职工参保13.1万人，基金收入6.2亿元；居民参保88.3万人，基金收入8.2亿元。累计报销323.2万人次，县内定点医药机构总支出10.7亿元，医保基金运行安全平稳。提高医保待遇水平，调减参保居民在市内定点医疗机构的首次住院起付线标准，提高报销比例。支持三孩生育政策，参保孕产妇符合生育政策的生育医疗费用实行医保限额支付，顺产和剖宫产医保支付限额分别提高至1500元、2000元。实施职工门诊统筹制度，职工门诊统筹政策范围内报销比例不低于50%，年度最高支付限额为每人1500元。（张庆凤）

【工伤保险】 2022年，沂水县工伤保险参保人数13.1万人，基金收入3246万元。发放各类工伤待遇3315万元，其中，发放441人一次性待遇2767万元，发放222人定期待遇548万元。为56名工伤1—4级职工调整工伤津贴和护理费，为167名工伤遗属调整抚恤金，补发各项工伤待遇19万元。受理工伤认定申请583件，认定工伤569起，不予认定14起。开展工伤预防工作，与山东恒泰纺织有限公司等9家企业签订《工伤预防宣传（培训）服务协议》，支付预付款16.6万元。（陈　飞）

【失业保险】 2022年，沂水县失业保险参保人数7.5万人，基金收入4969万元。失业保险金标准由每人每月1395元提至1530元，全年为14021人次失业人员发放失业金2135.4万元，代缴医疗保险费426.5万元。为4710名职工发放失业补助金177.4万元，为512名失业职工发放技能提升补贴84.4万元，为5905名下岗失业职工发放价格补贴19.9万元，为291名失业人员拨付培训补贴29.1万元。本着应返尽返，免审即享原则，为1531家企业返还稳岗资金1780.1万元，稳定岗位4.5万个。落实一次性扩岗补助政策，为56家企业发放补贴资金13.6万元。（张德生）

【生育保险】 2022年，沂水县87052名职工参加生育保险。583名职工报销生育医疗费，核算待遇金额101.9万元；1981名职工领取生育津贴、报销产前检查费，金额1649.5万元。自9月30日始，生育津贴和产前检查费用补助实现“免申即享”，三胎一并纳入生育保险待遇支付范围。

【职工长期护理保险】 2022年，沂水县继续全面推广职工长期护理保险。新评估177人次，558人享受待遇，其中居家护理509人，机构护理45人，医疗专护4人，拨付资金总额607.3万元。

【大病保险】 2022年，沂水县大病保险按医疗费用额度补偿，对一个医疗年度发生的住院医疗费用和纳入统筹基金支付范围的门诊慢性病费用，经居民基本医疗保险报销后，分段分比例补偿个人累计负担的合规医疗费用，一个医疗年度内每人最高给予40万元的补偿。年内，赔付居民大病保险81065人次、8701.1万元；赔付职工大病保险1800人次、158.2万元。 （张庆凤）

【全民参保计划】 2022年，沂水县开展“政策找人”社保政策宣传活动，结合“我为群众办实事”“七进七讲”“人社干部走流程”等活动，全面开展社保扩面工作。至年底，全县参加职工养老保险、工伤保险和失业保险人数分别达到13.7万人、13.1万人和7.5万人，征缴额分别达到14.8亿元、3246万元、4969万元，均超额完成全年参保任务。全县居民保险参保人数63.2万人，缴费人数25.7万人，征缴保险费1.1亿元。落实阶段性缓缴养老、失业、工伤保险费政策，有68家企业申请社会保险费缓缴政策，涉及缓缴金额2500万元。

（刘建军）

【社保卡服务】 2022年，沂水县集中办理城镇职工社会保障卡2605张，发放社会保障卡2856张。至年底，全县累计办理社会保障卡116.6万张、其中城镇职工15.6万张，城乡居民101万张。协调农业银行等金融机构新增27台社会保障卡即时制卡设备。至年底，投入运行的即时制卡网点43处，其中，工商银行1处、农业银行10处、农商银行30处、建设银行2处。社会保障卡的申领、补换业务实现城乡全覆盖。 （王守平）

【医保基金监管】 2022年，沂水县落实省级内部控制管理子系统建设试点工作，参与内控规则体系建设筹备，审核智能监控疑点数据42559条。开展打击欺诈骗保集中宣传月活动，发挥定点医药机构主体作用，形成宣传合力。强化基金稽核，抽审本地直报材料900余份、“双通道”药品报销材料3737份；成立案审委员会，建立重大执法案件集体审议制度，健全医保基金监管联席会议制度，联合公安、卫健等5部门开展专项检查行动1次；落实“双随机、一公开”制度，采取日常检查、专项检查等方式，对所有定点医药机构实现监督检查全覆盖。全年处理行政处罚案件30起，行政罚款6.9万元；处理772家定点医疗机构（含卫生室），追回医保基金217.1万元；处理定点零售药店52家，下达责令整改通知书并作停卡处理，追回医保基金1400元；加强意外伤害审核，追回医保基金8.2万元；加强行刑衔接、行纪衔接，向公安移交欺诈骗保案件1起，向纪委移交卫生室违规使用医保基金问题线索3起。

【医保服务】 2022年，沂水县加强行风建设，推行流程再造，医保待遇支付时间均压缩至10个工作日。推动医保经办服务向基层延伸，在24个定点医疗机构设立医保工作站，8个村卫生室和1个大中专院校设立医保工作点，构建县—乡—村三级医保服务体系，打造“15分钟医保服务圈”。在全市率先试点综合柜员制，依据“能入尽入”原则，深化研判分析，30余个事项纳入综合柜员服务范围，实现“一窗受理、一次办好”。面向全社会公开招募10名医保服务体验官，开展医保服务体验和监督。推行线上办理，引导参保群众通过官网、手机App、便民医保小程序等平台自主办理医保业务48项，线上可办率100%。

【医保支付方式改革】 2022年，沂水县推进普通住院按疾病诊断相关分组（DRG）付费医保支付方式改革。成立专班，加强数据分析和稽核督导，邀请专家开展知识培训和业务指导，30家定点医疗机构全部实现DRG实际付费全覆盖，超过全市平均水平。完善“中医日间病房”新医疗服务模式的医保支付方式，县人民医院、县妇幼保健计划生育服务中心2家医

2022年6月14日，沂水县DRG业务推进培训会在龙家圈街道社区卫生服务中心召开 （县医保局 供图）

疗机构正式开展“中医日间病房”医疗服务。上线医保移动支付系统，实现地方医保业务、第三方渠道、定点医药机构接入医保移动支付中心，参保人使用国家医保App或国家医保局授权第三方渠道即可完成医保基金和个人自付资金线上或线下终端支付。沂水县人民医院率先启用移动支付项目。

【“一票两码+人脸识别”智慧医保】 2022年，沂水县继续推进“一票两码+人脸识别”应用，全县26家公立定点医疗机构、564家村（社区）卫生室全部上线运行，累计采集个人信息43.6万余条，完成医疗诊断121.8万人次，60岁以上老年人人脸数据采集率77%，乡镇卫生院“一票两码+人脸识别”使用率60%，卫生室使用率80%，有效缓解冒名顶替、疾病虚假录入、超收诊疗费等违规行为。该项工作得到省医保局调研组的肯定，市医保局在全市范围内发文推广。

【贯彻国家医保信息业务标准编码】 2022年，沂水县合理调配资源，加强部门合作，推进贯彻国家医保信息业务标准编码（贯标）工作。定点医疗机构代码、定点零售药店代码、医保系统单位分类与代码等15项医保信息业务编码已全部实现标准化改造并落地实施，其中，实现标准化编码的定点医疗机构（含卫生室及社区卫生服务站）608家，定点零售药店251家，医保医师2100人，医保护士1293人，药店药师279人。（张庆凤）

社会救助

【概况】 2022年，沂水县推动社会救助兜底同乡村振兴有效衔接，健全城乡统筹、分层分类的社会救助体系，着力构建综合救助格局。建立主动发现机制，对城乡低保、特困人员、边缘易致贫人口、重度残疾人、重病患者、低保边缘人口等进行入户走访3.6万人次，实现应保尽保、应兜尽兜。构建多层次救助体系，根据群众困难程度和家庭状况，分层分类，相应落实最低生活保障、特困人员救助供养、慈善救助、临时救助等不同的救助政策。至年底，全县有城乡低保3.6万人，发放城乡低保金16742万元；特困人员4600余人，发放供养资金6371万元，为符合条件的4275名困难群众发放临时救助资金1494万元。深化“放管服”改革，打造“沂家亲”社会救助品牌，被省民政厅确定为2022年度全省优秀社会救助品牌。

【城乡最低生活保障】 2022年，沂水县加强农村低保数据信息比对，对符合低保条件的全部纳入救助范围，新纳入城乡低保2870人。自1月起，城市低保标准由每人每月753元提高到829元；农村低保标准由每人每月580元提高到638元，全县社会救助标准实现“13连增”。年内，为3.6万人发放城乡低保金16742万元。

【城乡特困人员救助供养】 2022年，沂水县落实特困人员供养政策，聘请第三方对特困供养人员生活自理能力重新评定，保障特困供养人员权益。自1月起，城市特困人员基本生活标准由每人每月990元提高到1089元；农村特困人员基本生活标准由每人每月754元提高到868元；城乡特困人员照料护理标准失能、半失能、自理由每人每月770元、440元、165元提高到847元、484元、190元。年内，新纳入城乡特困供养人员354人；全年发放特困人员供养资金6371万元。

【慈善救助】 2022年，沂水县拓展慈善募捐渠道，募集慈善款物3956.8万元。实施“健康沂水·大病救助”“孝善沂水·情暖夕阳”“希望沂水·支教助学”“幸福沂水·童享温暖”“感恩沂水·优待抚恤”“和谐沂水·扶危济困”“大爱沂水·救灾救援”“文明沂水·文化慈善”“美丽沂水·公益援助”9个慈善救助项目品牌，拨付各类慈善救助款物2485.9万元，救助困难群众17115人次。

【临时救助】 2022年，沂水县强化即时帮扶、精准救助，规范支出型临时救助执行申请、审核、确认程序，加大对因疫因灾遇困群众临时救助力度。全年实施临时救助4275人次，发放临时救助资金1494万元。其中，对48名低保家庭大学本科新生每人一次性救助5000元，发放教育救助资金24万元。救助流浪乞讨人员22人次。 （石宝杰）

【医疗救助】 2022年，沂水县贯彻落实省、市《关于健全重特大疾病医疗保险和救助制度的实施意见》，稳步提高年度医疗救助限额，建立参保动态监测、高额费用负担患者预警、部门间信息共享、风险协同处置等工作机制和化解因病致贫返贫长效机制，减轻困难群众和大病患者医疗费用负担。定期对接民政、乡村振兴等部门，动态维护救助对象信息，确保精准救助。全年维护医疗救助待遇15916人次，累计救助10.2万人次，发放救助资金4730.2万元。 （张庆凤）

【“沂家亲”社会救助品牌】 2022年，沂水县探索“互联网+社会救助”模式，创新推出“沂家亲”码上服务二维码，12人次通过网络办理救助业务，实现“救助政策码上知、救助申请码上办、公示信息码上看”。“沂家亲”社会救助品牌被山东省民政厅评为2022年度全省优秀社会救助品牌，“创新实施贫困人口大病再救助项目”被山东省民政厅列入全省社会救助典型经验案例。 （石宝杰）

社会福利

【概况】 2022年，沂水县落实儿童关爱保护政策，实施“童享温暖、携童成长”等困境儿童关爱行动，发放各类孤困儿童资金978万元。完善老年人社

2022年6月30日，临沂市妇联在黄山铺镇尧崖头村开展“践行学悟见创巾帼爱心捐赠”活动 （县网信中心 供图）

会福利保障，落实经济困难老年人“两项补贴”制度，全年发放补贴资金3200余万元。落实残疾人福利保障，残疾人“两项补贴”实现全程网办，开展“公益性康复辅具助残”活动，免费为1081名困难残疾人配备多功能床、轮椅等康复辅具器具，年内发放补助资金4630万元。

（牛海滨　刘　恒）

【儿童福利】　2022年，沂水县实施“童享温暖、携童成长”关爱失依儿童行动，整合资源，对不符合发放国家困境儿童救助条件的0—18周岁失依儿童进行经济、亲情、成长和健康4个方面关爱。开展“福彩圆梦孤儿助学项目”，对符合补助条件的儿童发放助学补助资金27.5万元。建立完善“县、乡、村”三级联动服务网络，开展儿童主任“三亮三学三做”（亮身份、亮承诺、亮成绩，学技能、学法规、学先进，做家长、做朋友、做老师）赋能行动。至年底，全县有社会散居孤儿80人、事实无人抚养儿童315人、重点困境儿童140人、受艾滋病影响儿童26人。继续提高各类孤困儿童待遇，社会散居孤儿、事实无人抚养儿童基本费标准提高至每人每月1694元，重点困境儿童基本生活补贴标准提高至每人每月1186元。全年发放孤儿（含受艾滋病影响儿童）基本生活费222.8万元，事实无人抚养儿童基本生活费588.4万元，重点困境儿童基本生活费158.9万元，孤儿、事实无人抚养儿童、受艾滋病影响儿童临时补贴3.4万元。

（牛海滨）

【老年人福利】　2022年，沂水县继续落实经济困难老年人“两项补贴”制度（生活补贴和护理补贴），为15942名60—79周岁，8934名80—89周岁，2052名90—99周岁低保家庭老年人每月分别发放80元、100元、200元生活补贴，为816名低保家庭失能老年人每月发放80元护理补贴。全年发放补贴资金3200余万元。

（刘　恒）

【残疾人福利】　2022年，沂水县实现困难残疾人生活补贴、重度残疾人护理补贴全程网办。逐年提高残疾人“两项补贴”标准，一二级、三四级困难残疾人生活补贴标准分别提高至每人每月170元和146元，一级、二级重度残疾人护理补贴标准分别提高至每人每月152元和135元。至年底，全县14227人享受困难残疾人生活补贴2656万元，11360人享受重度残疾人护理补贴1974.2万元。实施困难残疾人公益性康复辅助器具配置项目，投入资金46万元，免费为1081名困难残疾人配备多功能床、轮椅等康复辅助器具。　（牛海滨）

住房保障

【保障性住房管理】　2022年，沂水县持续实施保障性安居工程，拓宽城镇住房保障范围，完善住房保障体系，将公租房保障范围由县城规划区内常住人口扩大到城镇常住人口，把城镇中等偏下收入住房困难家庭、新就业无房职工、稳定就业的外来务工人员全部纳入住房保障体系，实现住房保障全覆盖。年内，为592户住房困难家庭解决住房难题。加强保障性住房动态管理，强化事中事后监管，对不再符合住房保障条件的家庭及时清理清退，完善准入和退出机制。做好公租房租后管理，及时查看维修暖气片腐烂漏水、屋顶漏雨、阁楼瓦掉落等问题，增强公租房住户的满意度和幸福感。

【住房租赁补贴】　2022年，沂水县相继印发《2022年公共租赁住房货币补贴受理公告》《2022年新就业无房职工发放阶段性租赁补贴受理公告》《2022年度公共租赁住房货币补贴复审受理公告》，扩大住房保障范围，提高补贴标准。全年发放公共租赁住房租赁补贴212户，其中，延续发放207户、新增5户、退出127户，发放补贴18.5万元，完成全年经济指标率236%。完成实物配租保

障316户。发放新就业无房职工阶段性租赁补贴1户，发放金额3600元。（张永圣）

【住房公积金归集】 2022年，沂水县成立公积金扩面专班，通过大数据摸排、筛查建立缴存扩面台账，全面掌握未建立公积金制度企业名单，召开合作银行座谈会，发挥银行优势，形成工作合力。深入企业、社区、楼盘等进行政策宣传，推动扩面工作与解决职工诉求有机结合。全年归集公积金8亿元，比上年增长14%；全年新增缴存单位284个，新增缴存职工4007人，比上年增长20%。

【公积金使用】 2022年，沂水县为77191人次办理公积金提取5.6亿元，为1542户职工发放公积金贷款7.1亿元。为全县8家受疫情影响、经营困难企业的2539名职工办理缓缴手续，申请缓缴金额785万元。落实双职工贷款额度由60万元提高至80万元政策，受理60万元以上的公积金贷款31户，贷款金额2388万元，平均每户贷款额77万元。

【公积金资金风险管理】 2022年，沂水县加强资金风险防范管理，加大提取、贷款材料审核力度，对异地购房提取和异地贷款，采用官网查询、发函核查等方式核验材料真实性，防止骗提骗贷。组织开展反诈宣传和打击公积金骗提宣传，及时处结违规骗提手续3份。加强贷后逾期风险管控，继续保持公积金贷款零逾期。

【“金心办 惠沂居”服务品牌】 2022年，沂水县持续打造“金心办 惠沂居”服务品牌，推进业务流程再造，调整窗口布局，完善窗口服务标准，统一服务标识。设立“跨省通办”专窗和网办业务指导专员，多渠道推广网办平台，至年底，正常缴存单位网厅开通率95%，综合业务网办率94%。公积金服务窗口有11个月被评为群众满意窗口，有7人24次被授予“窗口服务标兵”称号。

（临沂市住房公积金中心沂水县分中心 供稿）

社区建设

【概况】 2022年，沂水县有村（社区）387个。其中，城市社区30个，村（社区）357个。开展“新时代新社区新生活”服务质量提升行动，实施“服务功能提升、自治运行规范、治理能力增效、社会组织培育”四项工程，优化城乡社区为民服务能力，推动全县社区治理能力提质增效。推进乡镇（街道）社工站建设，加强志愿服务监管力度，全面促进“社会工作+志愿服务”融合发展。

【村（居）民自治实践】 2022年，沂水县创新打造“公心监督”品牌，在泉庄镇开展试点工作，推动村务监督组织规范化建设，助推清廉村居建设。规范村级民主自治机制，印发《沂水县乡镇（街道）协商指导目录（试行）》《沂水县村（社区）协商指导目录（试行）》《关于推行村规民约积分制管理工作的指导意见》。分别在许家湖镇、崔家峪镇开展“透明村庄”和“村级事务阳光公开制”试点工作。持续抓好村规民约落实落地，组织开展首届优秀村规民约、优秀社区“微治理”工作法推荐评选工作，评选出10个优秀村规民约和5个优秀社区“微治理”工作法。诸葛镇、黄山铺镇尧崖头村被省民政厅确认为全省基层治理实验点。

【城乡社区服务体系建设】 2022年，沂水县持续开展“新时代新社区新生活”服务质量提升行动，提升城乡社区为民、便民、安民服务功能，打造广覆盖、高质量的城乡社区服务体系。投资123万元新建或改造提升社区（党群）服务场所18处，面向社会招聘社区专职工作者72人，探索建立社区工作者“定岗网格”制度，试点推行农村社区“一窗

受理 全科服务”模式，实现村（居）工作者从“专岗专能”向“全岗全能”转变。依法依规将龙家圈街道前马荒村改设为城市社区。至年底，全县有城市社区30个、农村社区357个。

（邱 浩）

【社会工作服务】 2022年，沂水县有序推进乡镇（街道）社会工作服务站建设，新建社工站11处，全县累计18处，实现乡镇（街道）社工站建设全覆盖。完善志愿服务制度和工作体系，建立健全志愿服务事中、事后监管机制，推进“全国志愿服务信息系统”的管理使用。至年底，系统服务时长274.4万小时。制定《沂水县志愿服务记录与证明抽查机制》，实行抽查工作常态化，承接市级志愿服务记录与证明抽查工作试点，抽查志愿服务组织6家。强化社会工作人才培育，组织专业知识线上培训2次。推荐优秀人才选拔，1人获评第五届齐鲁和谐使者。 （刘桂林）

社会组织管理

【概况】 2022年，沂水县登记注册社会组织355家。其中，社会团体97家、民办非企业单位257家、基金会1家。社会团体主要涉及公益慈善类、行业协会商会类、文化体育类、卫生健康类、志愿服务类等领域，民办非企业单位主要以学前教育类、养老服务类、体育运动类为主。开展“僵尸型”社会组织整治行动，清理“僵尸型”社会组织39个。

【社会组织监管】 2022年，沂水县强化社会组织监管力度，先后开展社会团体分支（代表）机构整治、“僵尸型”社会组织整治、乱收费清理整治、打击非法社会组织等专项行动，终止3个地域性分支机构，整治规范13个社会团体的94个分支机构，清理“僵尸型”社会组织39个。其中，注销社会组织17个，撤销登记社会组织22个，劝散4个非法社会组织。培育发展社区社会组织，新登记注册乡镇（街道）枢纽型社区社会组织17个，完成备案登记2522个。沂城街道牛岭埠社区、龙家圈街道兴龙社区被省民政厅确定为省级社区社会组织创新发展基地。

【社会组织党建】 2022年，沂水县推进社会组织党建“沂蒙百花”专项行动，实施“一社一策”，建立健全“三个一”指导机制，即为每个培育对象明确1名县直部门党员领导干部结对联系，选派1名党建工作指导员靠上指导党建工作，确定1个机关企事业单位基层党组织结对共建。健康教育协会党支部、向阳花助学中心党支部被确定为市级“沂蒙百花”培育对象。开展“两新组织集中覆盖月”活动，摸底数，建台账，分类推进，扩大有效覆盖。沂水县社会组织党建工作经验做法在全省社会组织党建品牌推进会上予以宣传推介。 （刘桂林）

老龄事务

【概况】 至2022年底，沂水县有60岁及以上老人268263人，占比22.7%；100岁以上老人104人。落实各项养老惠民政策，按时足额发放高龄补贴，为5536名90岁至99岁及以上老年人足额每月发放高龄补贴30元，累计159万元。为106名百岁老人足额每月发放长寿补贴600元，累计64.9万元。落实60周岁（含）以上老年人免费乘坐城市公交车、医疗机构就医优先、县域政府兴办景点和公共文体场所免费开放等老年人优待政策。

【银龄安康工程】 2022年，沂水县健全多层次社会保障体系，推广实施“银龄安康工程”，将其纳入全县重点工作绩效考核范围，列入经济会议重点任务工作台账，定期通报工作推进情况，严格督查督办。至年底，全县参保人数219972人，承保覆盖率102.6%。累计赔付4859人次，赔付金额1075.5万元。

【老龄服务】 2022年7月25—31日，沂水县卫健局以“改善老年营养，促进老年健康”为主题组织开展系列老年健康宣传活动。活动现场，通过展板展示、发放科普读物等方式，向群众宣传疫情防控、中医养生保健、老年常见病和慢性病防治等科学知识，组织医疗机构现场为老年人义诊。10月，开展“敬老月”系列活动，县领导、各乡镇及有关部门走访慰问贫困、空巢、高龄、失能等老年人，发放慰问金和慰问品，开展敬老助老活动。 （张　晗）

退役军人事务

【概况】 2022年，沂水县出台《关于进一步加强退役军人管理与服务工作的意见》，印发实施退役军人党员教育管理、就业创业扶持等17个配套文件，推动国家有关退役军人政策落地落实。聚焦“红色沂水·情驻老兵”“智慧优抚”“沂蒙老兵360服务”特色品牌打造，强化思想政治引领、促进就业创业、健全服务体系、提升服务管理水平、完善抚恤优待保障制度，增强退役军人荣誉感、归属感、获得感。档案整理“六步工作法”、“阳光安置”、就业创业“一库五台账”等工作先后得到省、市退役军人事务部门的推广。6月，全市退役军人档案管理现场会在沂水县召开。

【退役军人服务体系建设】 2022年，沂水县围绕全国示范型退役军人服务中心（站）创建工作，推进“一中心两站”建设，至12月底，建成县退役军人服务中心1处、乡镇退役军人服务站18处、村居（社区）退役军人服务站1040处。其中，镇级、村居（社区）服务站站长分别由乡镇党委武装部部长和村委会书记任职，配备工作人员2500余名。制定《“沂蒙老兵360服务”活动实施方案》，投资90余万元，建成集远程办公、视频会议于一体的沂蒙老兵360远程服务平台，传帮代办服务退役军人。开展“把党的关爱送到老兵心中”、优抚对象医疗巡诊、走访慰问困难孤老优抚对象等活动，看望慰问优抚对象5000余人次。常态化联系退役军人，发放慰问信4.2万张。组建“山东老兵”志愿服务队伍19支，参加各类志愿服务活动35场8000余人次。

【退役军人思想政治建设】 2022年，沂水县激励优秀退役军人发挥先进典型引领作用，推动优秀退役军人进入村“两委”。全县成立思想政治工作志愿服务队伍19支，配备思想政治工作指导员701名，其中县级指导员15名、街镇级指导员18名、村居级指导员668名，实现县、街镇、村居思想政治引领全覆盖。

【退役军人接收安置】 2022年沂水县实施“三个精准”（精准谋划、挖掘优质安置岗位，精准培训、帮助退役军人华丽转身，精准安置、当好退役军人“娘家人”）模式接收安置退役军人，做好岗前、岗后服务工作。9月29日，政府安排工作退役士兵选岗大会召开，采取档案量化评分综合衡量，按成绩排序、按名次选岗，对符合政府安排工作条件的退役士兵实行阳光安置。除自主择业者外，退役士兵被相应安置到事业单位和国有企业。对安置到岗的退役军人和军转干部开展待遇落实回访，满意率100%。

【退役军人就业创业】 2022年，沂水县建立退役军人就业创业数据库，掌握全县退役军人就业创业状态信息，形成涵盖自主择业台账、自主就业台账、重点帮扶台账、特长人员台账以及岗位台账的“一库五台账”，精准服务退役军人就业创业。举办“线上+线下”招聘会7场，提供优质就业岗位5000余个，与企业达成就业意向退役军人173名。为全县1237名公益性岗位人员建立就业档案。

【退役军人优待抚恤】 2022年，沂水县落实各类优抚对象政策待遇，开展优抚对象年审、伤残证换发、“两参”认定及“伤残”评定工作，发放抚恤金、义务兵优待金，为138名立功受奖现役军人发放家庭慰问金。创新“智慧优抚”系统，精准按月发放优抚对象补助款14万人次。用好困难救助、创业帮扶两项基金，向退役军人发放创业贷款128笔，发放困难帮扶资金168万元，帮扶困难退役军人300余人次。

【烈士褒扬纪念】 2022年，沂水县实施“三四三”（统一标准、严格质量，统一推进、聚焦重点，统一程序、严格督导；每月一次巡查、每季度一次清理、每半年一次督导、每逢重大节日一次祭扫；用好红色资源，建强青少年红色教育“主阵地”，激活红色基因，激发党员干部红色教育“正能量”，深挖红色故事，用好“五进”红色教育“活教材”）烈士纪念设施保护管理工作法，完成县级以下烈士纪念设施整修工程，建立纪念设施管护台账，完成3处县级烈士陵园改造。整修保护2018座散葬烈士墓，46座散葬烈士墓搬迁入园。整理编纂沂水烈士英名录，完善退役军人事务部褒扬管理信息系统，补录烈士信息2000余条。开展“致敬·2022清明祭英烈”网上祭扫活动，做好代亲属祭扫、预约祭扫登记等有关烈士祭扫工作。

【退役军人档案规范化整理】 2022年，沂水县设立“退役军人人事档案管理专库”，自主研发“退役军人档案管理系统”，首创档案整理“六步工作法”（配齐设备、理顺材料、编注页码、编制目录、扫描成像、粘贴装订），将全县退役军人档案规范化整理。全县退役军人原始人事档案全部归档入库，实现规范化、信息化管理。相关工作经验做法被省、市简报刊发推广。省退役军人事务厅到沂水县调研退役军人档案工作。全市退役军人档案规范化管理现场会在沂水县召开。

2022年2月23日，省退役军人事务厅到沂水县调研退役军人人事档案工作　　（县网信办　供图）

【退役军人智慧优抚服务平台】 2022年，沂水县完善提升“智慧优抚”服务平台，优化优抚工作业务流程。该平台集数据融合、信息共享、资金发放于一体，包括优抚对象人员信息管理、资金管理、银行发放记录、发放标准、补贴标准、数据统计、火化名单、人员变化、数据汇聚分析九大板块，实现优抚资金发放全程网上办理。年内，利用系统精准按月发放优抚对象补助款14万人次；先后为568名农村籍年满60周岁退役士兵受理审批补助待遇，帮助800余人次调阅相关材料。　　（许雪涛）

民族宗教事务

【概况】 2022年，沂水县有回族、苗族、满族彝族、傈僳族等

35个少数民族，户籍人口7294人；有佛教、伊斯兰教、天主教、基督教4种宗教，登记备案的宗教活动场所37处，宗教团体4个。聚焦铸牢中华民族共同体意识“6+1”七大行动（实践基地培育行动、示范创建提升行动、互嵌发展示范行动、主题公园建设行动、公交专线开通行动、宣传平台搭建行动、尊老爱幼关爱行动）和全县第22个民族团结进步宣传月活动，推动民族团结进步创建。坚持宗教中国化方向，推进基层宗教治理体系和治理能力现代化，开展宗教活动场所“四进”活动，维护宗教领域和谐稳定。

【民族团结进步创建】 2022年，沂水县开展深化铸牢中华民族共同体意识“6+1”七大行动，助推民族团结进步。举办“开学第一课”民族团结主题教育活动，全县45所学校、286个班级、9600余名师生参与；在沂城街道回民社区建立“红石榴·一家亲”服务基地；在沂城街道东皋公园、马站镇齐鲁公园打造民族团结主题公园；开通“民族团结号”5路公交车专线；开展清真食品检查专项行动，对商超、餐饮、食品生产、个体经营户等开展系列专项检查，规范市场秩序，维护民族团结社会稳定。举办全县第22个民族团结进步宣传月活动、全县“民族宗教政策法规学习月”活动、民族团结知识在线学习答题等活动。沂城街道回民社区被授予“第八批全省民族团结进步示范区示范单位”称号。

【少数民族帮扶】 2022年，沂水县向上级争取民族发展专项资金项目1个、资金13万元，扶持马站镇沙家庄养羊场建设。投入资金100余万元，助力马站镇蒋家后沟村发展集体产业，将蒋家后沟村集体2处700余平方米的屠宰车间改造提升为防滑垫加工车间及肉串加工厂，带动该村及周边群众100余人就业，群众每月稳定收入3000元以上。健全全县少数民族村居帮扶对接机制，建立全县6个少数民族村居、社区科级干部帮扶、民营企业“一对一”帮扶机制。

2022年8月5日，“民族团结号”5路公交车专线开通 （县委统战部 供图）

【宗教事务管理】 2022年，沂水县有登记备案的宗教活动场所37处，有宗教教职人员14人。县委统战部开展宗教场所“四进”活动。推进智慧化民族宗教工作平台建设，打造涵盖基础信息管理、场所管理、智能评估、AI分析、视频会商、指挥调度等多功能的智慧化民族宗教工作平台。6月，开展“民族宗教政策法规学习月”活动，举办宗教工作“三支队伍”（党政领导干部队伍、宗教工作干部队伍、宗教教职人员队伍）培训班，培训学员30人。

【“民族团结号”5路公交车专线开通】 2022年8月，县委统战部联合县交通运输局和临沂交运集团沂水运输有限公司开通“民族团结号”5路公交车专线。5路公交车线路编码，寓意着全县各族群众“五个认同”（认同伟大祖国、认同中华民族、认同中华文化、认同中国共产党、认同中国特色社会主义），展示在中国共产党的坚强领导下，各族群众携手团结奋斗、共同开创美好生活的故事，进一步推动铸牢中华民族共同体意识教育走深走实。

（管纪尧）

精神文明建设

【概况】 2022年，沂水县精神文明建设工作紧扣培育和践行社会主义核心价值观、弘扬时代新风主线，深入推进公民道德建设工程，深化群众性精神文明创建活动，累计培育市级以上文明单位93个、文明村镇90个、文明校园35所、文明社区14个，2022年共入选临沂好人7人、山东好人5人。

【志愿服务】 2022年，沂水县围绕“为老、为小、为困难群体、为需要心理疏导和情感慰藉群体、为社会公共需要”，建立起清洁家园、文明交通、文明停车、文明旅游、文化惠民、扶危救困、邻里守望、情暖童心等18类志愿服务组织。在“为老”志愿服务上，建设村党支部领办的“暖心食堂”“幸福食堂”30个，破解农村老年人“做饭愁、吃饭难”等养老问题。发布《沂水县创建全国文明城市志愿者招募令》，依托“沂水首发”App服务平台，建立“线上组织管理+线下志愿服务”模式和两条全流程闭环管理机制，构建起县文明实践中心、18个乡镇（街道）实践所、387个村居实践站三级志愿服务队伍，实现供需双方快速精准对接和志愿服务工作精准高效运作。全县有沂蒙义工协会、向阳花助学中心、文化志愿者协会、蒲公英公益服务中心等社会志愿服务组织1369个，志愿者23万余名，开展志愿服务活动7.2万次，受益群众65万人次。

【未成年人思想道德建设】 2022年，沂水县结合清明节、端午节、七一、十一等重要时间节点，利用学校少年宫、青少年活动基地等平台，组织清明祭英烈、传承红色基因、童心向党、“崇德明礼 我是合格小公民”等主题实践活动175次，3万余名学生参加活动。举办沂水县第八届国学小名士电视大赛，1人代表临沂市参加省级比赛，并入围全省前六名。6人入选市文明办“践行沂蒙精神好少年”。围绕全环境立德树人根本任务，组建名师名班主任宣讲团、“齐鲁好家风”宣讲团、好少年宣讲团、心理健康宣讲团等11个宣讲团，开展宣讲活动75次，受益师生1.2万余人。新增高庄镇上峪小学、沙沟镇于沟完全小学、泉庄镇崮崖小学、四十里堡镇焦家庄完全小学4所市级乡村学校少年宫。

【全国文明城市创建】 2022年，沂水县启动新一轮全国文明城市创建工作，出台《沂水县2022年创建全国文明城市工作方案》。5月16日，召开县委常委会，确定“不创则已、创则必成”的工作目标，纵向设立20条工作专线，横向实行网格化管理机制，6名县级领导牵头，层层落实网格帮包责任制。5月18日，召开由近1000人参加的创建全国文明城市工作动员大会，全面部署创城工作。年内，全县116个县直单位7095名机关干部深入社区、住户，400名志愿者在城区41个重要交通路口，开展文明交通志愿服务活动，劝导不文明交通行为160多人次。发放宣传材料10万余份，更换公益广告1800块，建筑围挡公益广告600块。实施城区道路绿化工程3处，新增绿地面积7万余平方米，建设口袋公园24处。完成40个老旧小区23.5万平方米的整治改造项目，受益群众3122户。加强停车设施建设与管理，新增停车位7650个，更新7800个，规划道路停车位4760个，停车线2.9万米。推进城乡环境综合整治，拆除残垣断壁8280处，开展989个村弱电线路整治，弱电下地村庄35个村，梳理捆扎村庄924个。开展“美在农家”创建活动，打造示范村41个（其中市级11个、县级30个），培树示范户3500户。实施“照我回家”工程，投资3171.6万元，

亮化镇村道路1500千米、安装路灯3.4万盏。（张梓建）

移风易俗

【概况】沂水县围绕推进乡村全面振兴、社会全面进步，在全县创新实施以“惠民礼葬”、喜事新办为主要内容的一系列移风易俗改革。2017年5月，启动实施以“惠民礼葬”为核心的殡葬改革，把殡葬服务作为公益产品纳入政府公共服务范畴，在全国率先免除城乡居民的涉殡费用，整县制推广“追思会”丧事礼仪模式，弘扬文明殡葬文化。2020年6月，推行喜事新办婚俗改革，制定出台《关于推进婚俗改革倡导喜事新办的指导意见》，印制《喜事新办倡议书》，在彩礼金额、婚车使用、喜宴安排、人情随礼、鞭炮燃放等方面明确倡导性标准，推广集体婚礼、文化婚礼、民俗婚礼3种简约文明的婚礼形式。随着殡葬改革和婚俗改革的协同推进、深入实施，全县移风易俗领域存在的突出问题得以有效解决，“反对浪费，文明办事”的新理念蔚然成风，沂水县先后被民政部确立为全国殡葬改革和婚俗改革试点县，是全国唯一的双试点县。2022年，市民政局、文明办发文推广沂水移风易俗工作经验，沂水县先后在全省婚丧习俗改革研讨会和全省婚姻登记工作会议上作典型发言。人民网、光明日报客户端、《山东新闻联播》等多家中央、省、市主流媒体刊播报道。

【婚俗改革】2022年，沂水县落实《关于推进婚俗改革倡导喜事新办的指导意见》，成立县、镇、村三级喜事新办工作领导小组，以“一把手”工程压实领导责任，设立婚俗改革“龙虎榜”，纳入各乡镇（街道）经济社会发展综合考核。村村成立喜事新办志愿服务队，为群众提供周到、细致的无偿服务。推广特邀颁证师制度，鼓励领导干部证婚，赠送文明大礼包。组织优质婚庆商家成立商家联盟，为喜事新办家庭提供优惠支持。开展评先树优活动，发挥榜样带动作用。婚俗改革实施后，各乡镇（街道）评选喜事新办示范文明户958户、“十佳红娘”764名、优秀志愿者5043名。（武秀清）

【殡葬改革】2022年，沂水县印发《2022年全县殡葬改革工作要点》，持续深化和提升殡葬改革工作。全年有9749户逝者家庭享受殡葬全免费政策，为9068名逝者举办“追思会”仪式，举办率93%以上，公墓安葬率保持100%。加强红白理事会建设，举办培训活动61场次、培训骨干8000多人次。提升和改扩建公益性公墓58处，新增墓穴2.2万个，满足群众日常安葬需求。推广实施“民心棚”“爱心伞”和“连心码”，提升公墓管理服务质效。推进殡葬改革国家标准化试点项目，编制完成《山东临沂沂水殡葬改革标准体系》。《中国民政》杂志“民政这十年”专栏刊发全民惠葬的沂水殡葬改革模式；国家乡村振兴局《乡村振兴简报》专题刊发《山东沂水实施惠民礼葬破除陈规陋习推进乡风文明》；市民政局、市文明办联合下发《关于进一步推广“沂水经验”巩固移风易俗工作的通知》，在全市推广沂水殡葬改革经验做法；新华社、《人民日报》、《大众日报》、《临沂日报》等市级以上主流媒体相关报道14次。（肖　飞）

应急管理

综　述

【应急管理体系平稳运行】　2022年，沂水县应急管理局（县应急局）持续开展深化安全生产三年专项整治活动、企业帮包、乡镇（街道）帮包督导等专项工作，疫情期间创新式监管，统筹推进查隐患、降风险、保平安、促发展的各项工作任务，安全生产形势总体稳定。2022年，沂水县被评为全省“安全生产月”活动开展情况优秀组织县区，县应急局获“全市防汛防台风综合应急演练表现突出的集体”“全市一星级‘六无’平安单位”等称号，并多次承办省、市现场会。

【安全生产责任制落实】　2022年，沂水县印发《关于安全生产工作的提醒函》，分类制定县委常委会成员和县政府领导班子成员安全生产重点工作责任清单，明晰安全生产职责。印发《沂水县安全生产暨应急管理工作手册》，将各级监管职责、行业风险点、风险防控措施、应急举措清单化，归纳整理行业领域安全生产工作概况、自然灾害防治、应急响应机制、安全生产工作任务责任分工等35项内容，厘清安全生产具体责任，精准防范化解各类风险隐患，推动各级各部门提升安全生产管理水平。　（孙　才）

【执法监察】　2022年，沂水县印发《沂水县应急管理局重大行政执法决定集体讨论工作制度》，落实执法人员岗前培训和持证上岗制度，开展全县安全监管执法人员进行执法实务培训，逐人签订《山东省应急管理系统廉政执法承诺书》，增强秉公执法、严格执法、依法行政意识，提高安全生产行政执法水平。年内审理案件1000余次。

（武祥德　郝　杰）

【行政审批优化】　2022年，县应急局行政审批建立提前告知、温馨提示、全程帮扶等工作机制，在审批服务事项上做到“零超时”“送上门”。依据安全生产法律和标准规范，健全服务事项标准、条件，按照统一规范、客观实效、首办责任的原则，对同一问题实行统一标准评判。听取企业反馈意见，遵守全县第三方服务机构和专家定期考核公示制度。坚持秉公用权，着力为企业排忧解难，畅通投诉渠道，接受各方监督，增强主动服务企业意识。年内，收到受理许可数量513件，完成许可数量513件，行政许可审批完成率100%。

（解秀华）

【应急管理信息化平台建设】　2022年，沂水县组建应急救援指挥中心26处，在全县重点行业领域中有37家重点监管企业组建应急会商平台。县应急救援指挥服务中心通过安装监控管理客户端，整合全县矿山、危化、涉氨制冷、金属冶炼、烟花爆竹等高危类别企业628路摄像头，实现视频终端共享；通过安装手持移动“科达天行”软件和卫星电话设备，实现在“停电断网”情况下各会商指挥平台组会入会及应急通信保持正常，确保实时调度装备、资源及队伍应急备战。

（郭青松）

【应急预案体系建设】　2022年2月，沂水县启动县级突发事件总体应急预案和专项预案编制工作，印发《沂水县突发事件总体应急预案》《沂水县非煤矿山一般以上生产安全事故应急预案》《沂水县危险化学品一般以上生产安全事故应急预案》《沂水县工贸行业一般以上生产安全事故应急预案》4项安全生产类专项应急预案，11月25日印发《沂水县突发地质灾害应急预案》《沂水县森林火灾应急预案》《沂水县自然灾害应急救助预案》《沂水县地震应急预案》4项自然灾害类专项应急预案。（杨治瑶）

【应急科普宣传】　2022年，全县应急系统在市级以上媒体刊发稿件1090篇。其中，国家级媒体51篇，省级媒体316篇，市级媒体723篇。依托“沂水应急”微信公众号对重点时段和重点事件开设专栏、拍摄宣传视频短片。年内，开设《护航党的二十大》《安全防疫并重　关怀不忘安全》《春节我在岗》等9个专栏，拍摄宣传视频短片《国庆我在岗》

2022年8月23日，沂水县应急管理局召开应急管理工作新闻发布会

（县应急局　供图）

《应急人向您拜年》等，对应急管理系统日常工作跟进报道。开展安全生产月活动，各乡镇（街道）在政府广场、社区广场设立20余个宣传站。协同县委宣传部、县网信中心、县融媒体中心等部门采用线上直播的形式对“6·16县府广场安全生产咨询日活动”进行报道，全县170余家安委会成员和企事业单位参加咨询活动。8月23日，县应急局召开新闻发布会，通报全县安全生产形势，就相关问题回答记者提问。（肖项文）

【安全管理规范化乡镇创建】2022年，沂水县投入资金514万元，全面开展全市安全管理规范化乡镇创建工作。树立安全生产“零事故”鲜明导向，按照管理对象全覆盖、安全责任全覆盖、培训考试全覆盖、考核检查全覆盖、执法评估全覆盖的要求，建立完善“县区主导、乡镇主管、村居联动”的乡镇（街道）安全生产管理体系，推动安全生产监管体系延伸到村、社区，完善“党政统一领导、部门依法监管、企业全面负责、群众参与监督、全社会广泛支持”的安全生产工作格局，通过出台奖励政策、制定推进意见、加强督导、考核验收等方式，督促全县18个乡镇（街道）全部创建成功。

（赵国强）

安全生产监管

【概况】　2022年，沂水县推进安全生产专项整治行动，全县安全生产形势稳定良好。年内，加

强重点时段安全监管，保障重点时段全县安全生产形势稳定；投入多项安全生产资金，为全县安全生产平稳运行提供经济保障；通过开展安全生产教育培训、企业安全生产标准化达标创建工作、企业全要素安全评价、工贸企业安全生产大诊断及实施安全隐患排查整治等安全监管措施，做到重点风险精准防控，提升监管质效。（刘　克）

【重点时段安全监管工作】2022年，沂水县成立工作专班，突出抓好北京冬奥会及全国各级两会、党代会及党的二十大期间安全生产工作，采取“1+20”工作模式（“1”即县安委会、“20”即20个安全生产专业委员会），加强督导检查，落实落细各项防范措施，全县派出检查组1083个，检查企业2624家，排查整治隐患7504项，责令限期整改企业565家。（孙　才）

【安全生产资金投入】2022年，沂水县投入540万元，对成功创建市级安全管理规范的18个乡镇（街道）给予一次性奖励。投入232万元，集中保障应急管理领域自然灾害风险普查工作。投入94.3万元，对261家烟花爆竹零售点（店）给予财政补助，确保烟花爆竹禁售工作成效，降低安全风险。投入391.8万元，聘请高规格第三方安全评价机构，入驻庐山化工园区，筑牢全县危化品企业安全生产屏障。（张　朔）

【安全生产教育培训】2022年，沂水县制定《全县安全生产“大学习、大培训、大考试”专项行动工作方案》，针对不同行业领域、企业内部不同的岗位，制定不同培训方案。2022年，全县完成培训75654人。依托临沂市从业人员安全生产学习考试平台，全县生产经营单位从业人员25480人次参与“刷脸考试”，考试参考率和合格率均100%。依托培训机构培训各类作业人员4628人。其中，特种作业人员1800人，一般工商贸行业主要负责人和安全管理人员2383人，危险化学品生产经营企业主要负责人和安全管理人员66人，非煤矿山领域企业主要负责人和安全管理人员59人，加油站安全员和操作员320人。

（王　勖）

【安全生产标准化建设】2022年，沂水县持续开展企业安全生产标准化达标创建工作，强化安全基础管理，推动企业落实安全生产主体责任。年内，3家非煤矿山企业达标二级安全生产标准化并有效运行，6家涉及一二级重大危险源化工企业达标二级安全生产标准化，25家化工企业达标三级安全生产标准化并有效运行。

（张　超　刘向佳）

【企业全要素安全评价】2022年，沂水县紧扣《全市工贸企业开展全要素安全评价推进安全生产分级分类监管的实施方案》要求，围绕“人、机、物、环、管”要素，对全县生产经营企业（包含危化、工商贸等类型）进行全面评价，对存在的问题隐患，下达隐患确认清单和隐患整改清单，实现隐患闭环“清零”。全县911家工矿商贸企业参与全要素评价，查改各类隐患29334条。通过全要素安全评价，实现监管部门检查标准“标准化”和生产经营单位风险辨识管控“标准化”，推动安全生产从治标为主向标本兼治、重在治本转变、从注重隐患排查治理向将风险分级管控与隐患排查治理深度融合转变，提升工矿商贸企业安全生产管理水平，筑牢安全生产防线。（武文强）

【工贸企业安全生产大诊断】2022年，沂水县印发《工贸企业安全生产大诊断行动实施方案》，紧盯重点工贸行业领域，强化企业主体责任意识，把牢企业关键装置和重点部位，指导企业主动组织技术人员和专家深入现场对安全生产状况全面诊断。结合全要素安全评价，同步开展隐患排查、风险辨识、措施管控，深化安全风险分级管控和隐患排查治理双重预防机制，建立完善自查自纠工作机制，对诊断发现的隐患及时下达执法文书，消除隐患，对违法违规行为执法跟进，倒逼企业落实主体责任。全年44家重点监管工贸企业完成安全生产大诊断，整改问题1264条。（武文强）

【安全生产隐患排查整治】2022年，沂水县以安全生产专项整治三年行动为主线，开展“迎冬奥、庆春节、保两会”安全生产“百日攻坚”专项行动、“防风险、查隐患、保底线”安全生产专项整治及安全生产大检查等系列行动，严厉打击各类安全生产非法违法行为，实现“惩治一个、震慑一片”的警示效果。全年排查整治隐患36050条，立案480起，罚款1822万元，兑现举报奖励52.2万元。（孙 才）

【烟花爆竹安全监管】2022年，沂水县有烟花爆竹批发公司2家，烟花爆竹零售店（点）261家。县应急局压实烟花爆竹安全监管责任，制订《沂水县应急管理局烟花爆竹禁售包保工作方案》，成立5个包保督导小组，督导全县18个乡镇（街道）261个零售店（点）并配合批发公司开展烟花爆竹回收工作，回收烟花爆竹9395箱。申请补助资金94.3万元，对零售店（点）补助管理费1700元/家、培训费380元/家，对批发公司补助实际库存占压资金额度的12个月利息，做好临时禁售期间烟花爆竹经营单位补助工作。

【安全生产执法检查】2022年，沂水县开展“防风险、查隐患、保底线”安全生产专项整治行动、安全生产执法“亮剑”行动、安全生产三年专项整治、安全生产大检查、安全生产“夜查”行动、“局队合一”全员执法活动、“大排查、严整治、保安全、迎盛会”安全生产集中执法检查、应急预案和演练专项执法检查等各项执法行动，检查生产经营单位745家次，发现问题5514条，下达限期整改文书739份。（武祥德）

【安全生产创新监管】2022年，沂水县在安全生产工作实践中，坚持问题导向，探索出有针对性、实操性的经验做法，以发放提醒函方式强化安全生产领导机制建设。在非煤矿山和化工领域实施“机械化换人、自动化减人”本质安全水平提升工程，推进乡镇应急管理规范化建设，针对疫情防控期间企业的情况，创新开展服务型监管、帮扶式督导、关怀式走访等活动，组织18支帮扶队伍到企业一线开展隐患整治帮扶指导，与企业负责人共同研究分析突出问题577条，改变企业“反复整改”的局面。12月23日，应急管理部在《应急管理简报》第51期刊发《山东沂水持续提升安全生产监管能力水平》，推广沂水县安全生产工作经验做法。（孙 才）

【第三方安全技术服务】2022年，沂水县针对化工园区监管专业性强的特点，投资390万元向中安广源检测技术服务有限公司购买第三方安全技术服务，

2022年9月5日，沂水县开展安全生产夜查行动（县应急局 供图）

采取“购买服务、专家排查隐患、部门参与、企业整改、专家复查”的闭环流程，重点开展隐患排查、执法检查及特殊作业监管。针对企业动火、受限空间等特殊作业，实施作业报备和第三方现场确认制度，对化工装置开停车流程，实行开停车报告及审查制度。全年对1779家次3304个特殊作业报备、168家次开停车进行审查，以第三方监管推动特殊作业风险可控。

（苗胜强）

【省“四进”安全生产工作支队督导】 2022年，省“四进”（进企业、进项目、进乡村、进社区）安全生产工作支队先后轮换4个批次，76人次进驻沂水，对全县各级党委政府、行业部门、高危企业等单位开展安全生产全覆盖专项督导。督导单位4810家次。其中，党委政府3213家次、行业部门80个次、企业单位820家次、村居6个次、其他单位691家次，督导发现问题661条，约谈县直部门3家次。

（刘 克）

危险化学品安全监管

【概况】 2022年，沂水县有化工、医药企业55家。其中，危险化学品企业27家，一般化工企业25家，医药企业3家。有重大危险源74个，涉及企业20家；重点监管的危险化工工艺10种，涉及企业18家。年内，未发生危险化学品领域生产安全事故，安全生产形势总体平稳。

（刘向佳）

【危险化学品行政审批】 2022年，沂水县严格落实《建设项目安全设施“三同时”监督管理办法》和《危险化学品建设项目安全监督管理办法》，对全县危险化学品、化工、医药企业“三同时”手续进行审查，其中安全条件审查8家、设施设计审查10家、试生产方案审查17家、竣工验收审查11家。

（张 静）

【危险化学品生产监管】 2022年，沂水县严格落实《危险化学品企业特殊作业安全规范》和《沂水县应急管理局关于印发〈高危作业安全管理制度〉的通知》，对1869家次3406个特殊作业进行备案、现场确认，对176家次开停车企业进行审查。

【危险化学品运输监管】 2022年，沂水县强化源头管理，深入危险化学品运输企业进行安全检查和普法宣传，引导企业和从业人员增强安全责任意识，依法依规安全运营。加强路面管控，联合公安、交警等部门不定时开展联合执法和专项整治行动，依法严厉打击危险化学品运输车辆违法违规行为。年内，查处道路危险货物运输、危险货物运单违规等案件11起。开展危险化学品运输安全风险集中治理行动，重点排查整治危险化学品运输企业安全生产管理机构设置、责任管理制度落实、监控运行、隐患风险排查管控等方面情况，督促指导危险化学品运输企业提高处置危险品事故的能力。年内，开展检查20余次，下达整改责任书5份、排查整改隐患28条。对辖区内2家运输企业和危险化学品运输的车辆进行集中安全检查，确保车辆技术条件、附属设施设备和车辆标志标识符合国家有关规定和要求，车辆证件齐全有效，企业负责人安全主体责任落实到位。

【危险化学品储存监管】 2022年，沂水县严格按照《危险化学品重大危险源监督管理暂行规定》对企业构成重大危险源罐区进行审查。全年对40处罐区重大危险源进行备案，持续督促企业加强罐区安全管理。

【危险化学品安全生产“三化”建设】 2022年，沂水县在危险化学品企业开展“机械化换人、自动化减人”优化改造和信息化、智能化建设工作。聘请济宁化工设计院对操作单元和操作环节全面摸排，形成改造清单，涉及19家危险化学品生产企业93处可改造操作单元和操作环节。至6月30日，全部完成优化改造。

【危险化学品安全风险集中治理】 2022年，沂水县持续巩固提升危险化学品专项整治三年行动成果，统筹推进危险化学品安全风险集中治理，组织开展化工企业全要素评价、安全诊断、重大危险源专项检查、危险化学品安全生产专项检查、“拉网式”大检查等各类检查。推进安全风险隐患清零活动、危险作业专项整治、老旧装置整治提升、高危细分领域等专项检查。全年检查178家次，发现并整改隐患3922条。 （刘向佳）

防灾减灾救灾

【概况】 2022年，沂水县建立健全防灾减灾救灾力量体系；加强应急、气象、水务、地震部门沟通协调，健全自然灾害隐患排查机制和灾害救助物资保障机制。修订完善《沂水县防汛抗旱应急预案》《水库汛期调度运用计划》《沂水县地震应急预案》等预案，开展第一次全国自然灾害综合风险普查、防范一氧化碳中毒等活动，提升防灾减灾救灾水平。

【森林防灭火】 2022年，沂水县印发《关于组建乡镇（街道）森林防火巡查队伍的通知》《关于成立全县森林防灭火攻坚行动专班的通知》。全县11个防火重点乡镇（街道）抽选46名队员成立镇级防火巡查队，抽调应急、林业、公安、消防等部门业务骨干组成行动专班，开展专项督导5轮次，发现森林火灾隐患问题92项，全部整改到位。全年未发生森林火灾，森林火情24小时扑灭率100%，案件查处率100%。 （武玉斌）

【防汛抗旱】 2022年，沂水县修订完善《沂水县防汛抗旱应急预案》《水库防御洪水方案》《水库汛期调度运用计划》《县城超标准洪水防御方案》《水利工程防汛抗旱应急预案》等475个预案，公布县、乡、村三级河湖长1481名，落实县领导带班、24小时值班和联合值班制度。年内，举办各种演练20场次，参与人员1270人次。发动抗旱保苗工作，建立县级领导包乡镇、乡镇干部包村庄、村干部包地块三级包扶机制，确保应播尽播。

（石庆玲）

【自然灾害隐患排查】 2022年，县应急局持续开展自然灾害风险隐患排查治理工作，通过建立完善治理工作台账，应用自然灾害风险普查数据，落实隐患治理责任单位、治理措施和责任人，从源头上防范化解风险，把问题解决在萌芽之初、成灾之前，最大限度减轻灾害损失和影响。全年排查隐患314条，全部完成整改。 （孙传宝）

【灾害性天气防御】 2022年，沂水县气象局有乡镇区域自动气象观测站23处，数量位列全市各县区第一，乡镇气象观测业务实现全覆盖。完成高庄镇和富官庄镇天气站六要素升级改造工程，增强设备稳定性和数据可用率。业务人员自主研发“区域站运行监控平台”和“大监站数据对比监控平台”，实时关注各自动站数据传输情况。定期组织开展风传感器、能见度观测仪等装备的校准和核查工作，对各区域站雨量设备进行标定，24小时待命排查网络故障，确保气象数据传输及时。至2022年底，全县自动气象观测站数据传输及时率99.9%，为气象预报预警提供可靠的数据支撑。 （张玲玲）

【地震灾害风险普查】 2022年12月，县应急局完成自然灾害综合风险普查，形成《沂水县地震灾害致灾调查与评估报告》，报告涵盖地震构造、活断层分布、场地地震工程地质条件、地震危险性分析等内容，摸清全县地震灾害风险隐患底数，客观认识全县地震灾害综合风险水平，为有效开展地震灾害防治工作、切实保障经济社会可持续发展提供权威的灾害风险信息和科学决策依据。

（许　磊）

【第一次全国自然灾害综合风险普查】 2022年，沂水县第一次全国自然灾害风险普查工作领导小组办公室统筹协调行业部门共同研究普查工作方案，探索建立机制，加强数据共享，严格把控质量，按计划完成普查调查、数据质检和汇交任务。全面获取全县地震灾害、地质灾害、气象灾害、水旱灾害等6个大类23种灾害致灾要素数据，公共服务系统、产业、资源和环境等6个大类16种承灾体数据，政府、社会、基层家庭等3个大类15种综合减灾能力调查数据，1978年以来年度灾害和1949年以来重大灾害事件调查数据以及重点灾害隐患调查数据，累计获取全县灾害风险要素数据2134组，为全面做好灾害风险评估与区划工作提供坚实基础。

（孙传宝）

【防范一氧化碳中毒】 2022年，沂水县为做好一氧化碳安全防范工作，落实人防、物防、技防措施，加强宣传教育和入户巡查，发放明白纸35.6万份，入户排查33.6万户，实现非集中供暖户全覆盖，新安装一氧化碳报警仪33590个，累计安装139649个，“双五类”重点人群及70岁以上老人一氧化碳报警器安装率100%。年内，全县未发生一氧化碳中毒事件，在全市电话访查和暗查暗访中成绩位居第一。

（孙　才）

【灾害救助物资保障】 2022年，沂水县成立县应急物资保障领导小组，制定《沂水县应急物资保障领导小组工作规则》，明确县级应急物资调拨调用机制。县应急物资保障领导小组会同具有应急物资储备管理职能的县水利局、县综合行政执法局、县自然资源和规划局、县发展和改革局等部门（单位）印发《县级应急物资调拨程序》《沂水县应急物资储备体系建设规划（2021—2030年）》，为灾害救助提供物资保障。

（孙传宝）

消防救援

【概况】 2022年，沂水县消防救援大队（县消防救援大队）下辖 2个消防救援站。设有指挥员 9人（含大队指挥员6人），消防员8人，政府专职消防队员 93 人，消防文员23人。县消防救援大队配有执勤车辆15辆，其中泡沫消防车4 辆、登高平台消防车1辆、水罐消防车4辆、抢险救援消防车1 辆、高喷消防车 2辆、化学事故抢险消防车 1辆、运兵车2辆，消防车载灭火剂总量134.2吨，其中载水113.2吨、载泡沫 21吨。配有远程供水1套（4辆车，水带铺设4000米）。

【灭火救援与社会救助】 2022年，沂水县消防救援大队接处警641起，其中火灾447起、抢险救援及社会救助194起，出动车辆1300余辆次，出动人员9000余人次，抢救和疏散被困人员100余人，保护财产价值9000余万元。被评为全省消防救援队伍先进基层单位。

【消防基层基础建设】 2022年，县消防救援大队推进基层消防力量建设、农村消防基础设施建设，联合应急部门成立乡镇消防救援站建设工作专班。指导沂城街道、夏蔚镇、道托镇完成乡镇（街道）消防救援站主体改造，推动富官庄镇投入350万元新建消防救援站1处，指导马站镇消防救援站（一级普通消防站）完成手续办理工作，指导尚未建立消防救援站的乡镇（街道）确定选址并参与规划设计，指导各乡镇（街道）初步组建消防工作站，推动381个社区中心村新建市政消防栓400余个。

【社会消防监督】 2022年，县消防救援大队带队包保火灾高危单位10家次，完成264家消防安全重点单位包扶督导工作，排查消除各类安全隐患1300余处。开展消防安全大检查、“防风险、查隐患、保底线”、“除火患、保平安、护发展、迎盛会”等10余个消防安全专项整治活动。组织开展仓储企业、住宅小区、商贸领域、卫健领域、高层建筑消防安全联合执法、检查，参与燃气、液化石油气、自建房、养老机构、卫生机构及商务、文旅行业等联合检查。开展“双随机、一公开”日常检查1000余家次，查改隐患1800余处，下发责令整改通知书526份，立案109起，下发行政处罚决定书88份，罚款231.1万元，当场处罚警告133人次，临时查封10家，“三停”（停电、停水、停气）26家，拘留1人，提请政府挂牌督办重大火灾隐患7处，销案7处。

【消防宣传培训】 2022年，全县9万人注册使用“全民消防”学习平台，平均学习积分居全市第二。县消防救援大队组织开展“开工第一课”直播、“2022年春季、秋季全国中小学消防安全公开课”网络直播。开展“第二届儿童绘画大赛”“喜迎二十大 志愿暖沂蒙”“消防电影下乡”等特色宣传活动10余次，消防站开放活动20余次。开展“3·15”“5·12”安全生产月、“119”消防宣传月等重点宣传活动，组织社会面消防安全培训60余次，培训员工5万余人次，指导乡镇（街道）培训网格员、村“两委”工作人员10次4000余人次。联合县文旅局、县民政局等部门对行业系统进行重点培训。开展创建全国文明城市消防安全领域志愿服务活动11次，服务149栋2万户住宅。召开全县电动自行车消防安全综合治理工作部署会、乡镇（街道）消防工作业务培训会、物管小区消防安全工作部署会，培训各类人员2万人次。

【消防救援演练】 2022年，沂水县组织开展消防安全重点单位实战演练150余次，水域救援实战演练10余次，多次组织全县防汛抗旱、应急综合实战演练。9月22日，举办“化工原料泄漏，抢险救援”2022年危险化学品安全突发事件联合应急演练。演练模拟实战，险情发生后，所在公司立即启动应急预案，第一时间组织抢险自救，并向县应急局、县消防救援大队求援。县消防救援大队到达现场后立即进行灭火救援战斗部署，迅速扑灭明火。随后，消防救援人员着防化服对罐车进行处置，经安全员现场可燃气体检测，达到安全标准，演练取得成功。通过演练，全面检验消防救援队伍处置石油化工火灾的实战能力，消防救援队伍集结出动、指挥作战、协同作战、处置作战、车辆停靠、个人防护等方面能力大幅提高。

【居民住宅火灾防控】 2022年，县消防救援大队印发《关于进一步加强当前居民住宅火灾防控工作的通知》，召开消防专题会议，部署各乡镇（街道）深入全县居民住宅（含住宅底层商铺）开展“七查”行动和“六个一”活动，全县各乡镇（街道）、村（社区）印制消防《安全告知书》《家庭火灾防范手册》《防火公约》《消防安全排查表》等资料120余万份。发动乡镇（街道）以村（社区）为单元，排查农村住宅312003户，整改隐患10898处，安装漏电保护开关11744个，更换电气线路4100户，约谈、培训106919人。

【消防救援队伍建设】 2022年，县消防救援大队开展实战数据测试，精心选定大型商业综合体、高层建筑，开展消防设施专项测试。开展消火栓吸水测试、远程供水能力测试，为灭火救援工作提供数据支撑。创新实战装备研发，落实作战训练安全专题工作和“一短三快”初战机制，开展灭火救援装备“小革新、小发明、小创造”活动，充分发挥广大指战员聪明才智，从人力、财力、物力等方面予以保障。新招森林消防队员20名、消防文员5名，队伍扩充至140人。选拔骨干参加各项业务技能培训，2人参加船舶驾驶技术培训，2人参加无人机飞机手培训，3人参加宣传培训，多人参加山岳救援、森林灭火骨干及总队作战训练骨干培训，为总队消防员招录输送4名专职人员。（付洪森）

应急救援

【概况】 2022年，沂水县印发《沂水县应急管理局突发事件应急预案》，建立起高效应急工作机制。加强应急值守保持备战，推动应急值守制度向基层延伸。配齐配强应急队伍和装备，为应急救援和保障服务提供支撑。年内，参加山东省防汛防台风应急演练，提高应急处置能力。

【应急指挥】 2022年，县应急局印发《沂水县应急管理局突发事件应急预案》，规范应急管理和应急响应程序，建立统一领导、分级负责、反应快捷的应急工作机制。建设应急管理视频指挥体系，配置专用的视频终端、无人机、移动布控球、手持式单兵等设备。定期对乡镇人员进行设备使用培训，完成县、乡两级设备接入应急指挥中心平台。执行7×24小时在岗值班、领导带班和二级值班制度，用于应急指挥视频调度的设备保持24小时在线。（郭青松）

【应急值守】 2022年，县应急局建立完善应急值守机制，实施24小时领导带班值班值守制度，在重点节日及重要节点期间加强值班巡查，对全县18个乡镇（街道）应急值守情况开展抽查调度，确保通信畅通、值班值守到位。全年接受省市调度664次，无空岗漏岗。（郭　龙）

【应急保供】 2022年，沂水县依托林业消防救援队伍和企业建立的化工消防救援队伍、非煤矿山救援队伍健全完善应急保障分队，队员扩充至48名，全部为40周岁以下中青年干部职工，统一配备应急装备（作训服、作训鞋、雨衣、雨伞、手电筒、头灯、腰带、雨靴），为应急救援和应急保障服务提供支撑。（代新春　武善兵）

【山东省防汛防台风应急演练（沂水分会场）举行】 2022年5月18日，沂水县举行2022年山东省防汛防台风应急演练（沂水分会场）。演练科目为山洪地质灾害预警与群众转移，模拟连续降雨后西墙峪村黄龙庵山体岩石伴随泥沙滑落，极易发生崩塌、滑坡等山洪地质灾害，危及山下35户107人生命安全。经会商研判，决定启动防汛Ⅱ级应急响应，迅速调集出动救援队伍100余人，组织群众转移安置。此次演练检验提升全县应急协调能力、处置能力及各级防汛抢险队伍实战能力。（杨治瑶）

2022年5月18日，山东省防汛防台风应急演练（沂水分会场）在院东头镇西墙峪村举行（县应急局　供图）

街道　乡镇

沂城街道

【概况】　沂城街道位于沂水县中南部，为县人民政府驻地街道，东邻许家湖镇、道托镇和莒县果庄镇，南接许家湖镇，西隔沂河与龙家圈街道相望，北与诸葛镇相连。总面积 162.4平方千米，辖 51个社区， 52个行政村。户籍登记人口18.4万人，人口自然增长率5.2‰。2022年，获评“山东省特色优势食品产业强镇”“山东省级农业强镇”“全市党的二十大维稳安保表现突出的单位”“临沂市体育工作先进集体”“市级十强商旅乡镇”等称号。

全年实现生产总值143.9亿元，比上年增长10%。其中，第一产业增加值 14.5亿元，第二产业增加值 54.6亿元，第三产业增加值74.6亿元。规模以上工业企业 64个，实现工业生产总值129.9亿元，增加值29.7亿元，实现主营业务收入145亿元，实现利税12亿元。固定资产投资49.4亿元，公共财政预算收入7.2亿元。

全街道粮食播种面积3160.3公顷，全年新增造林面积120公顷，森林绿化率23.4%。全镇拥有农业机械总动力43.2万千瓦。

有小学7所，在校生1961人；有初中1所，在校生839人。设公共图书馆36个（含藏书2000册以上的农家书屋），电视人口综合覆盖率为100%。医疗卫生机构68所，床位99张，卫生技术人员276人。

居民人均可支配收入19515元，居民基本养老保险参保人数2.6万人，居民基本医疗保险参保人数9.3万人。农村最低生活保障人数3660万人。

【现代农业】　2022年，沂城街道种植小麦1337公顷、玉米1447.5公顷、大豆74.7公顷、其他农作物301公顷。推广小麦良种1200公顷，玉米良种400公顷，试验花生新品种0.8公顷，种植济薯

宝美隆（山东）智能制造科技有限公司车间　　（沂城街道　供图）

2022年2月25日，临沂市2022年春季重大项目集中开工沂水分会场暨创优生物全产业链智慧工厂项目开工仪式在沂城街道举行　（沂城街道　供图）

25新品种40公顷。种植黄烟133.3公顷，收购18.4万公斤，收购金额552.9万元，实现税收121.2万元。栽植花卉苗木13.3公顷，植树造林120公顷，建设高标准农田180公顷，申报绿色食品1家，水肥一体化补助项目1处，小麦条锈病飞防作业200公顷，人工防治667公顷，有效遏制条锈病发生。农机春种利用率95%以上。

【“双招双引”】 2022年，沂城街道山东省招商引资平台及市报项目到位资金认定额均为全县第一。招商续建项目彩虹小镇二期和宝美隆二期项目2个，新落地招商项目隆科特年产1.2万吨植物蛋白深加工项目、创优生物全产业链智慧工厂项目和20兆瓦屋顶分布式光伏发电项目3个，实现到位资金9.4亿元。

2022年，沂城街道上报国家级海外高层次人才工程人选4名，均已推荐到科技部评审；上报泰山产业领军人才工程人选6名，4名进入答辩阶段，1人通过答辩；上报青年人才1052名，认定成功461名。

【基层党建】 2022年，沂城街道实行党员量化积分记实公示，通过“细化分类、清单引导、行为量化、正向激励”等一系列措施，激活各层面党员创先争优的内生动力，破解党员活动开展难、日常管理难和作用发挥难的“三难”问题，涌现出前石良、后贺庄、前善疃等一批先进党组织。对纳入专业化管理的50名党支部书记规范管理，调整不胜任党支部书记5名。2022年，沂城街道纪工委立案9起，其中自办案件5起，结案13 起，处理党员22人，保护澄清1起 。

开展党建引领网格化治理，辖区内254个小区全部成立中共党组织，建立党群服务站，并将综治网格员统一纳入社区工作者队伍管理，打造北坛小区、御泽园小区、玉龙园小区等标准化居民小区，培育东安社区、北坛社区、沂河明珠社区等一批示范城市社区。成立“商住联盟”23个，在美团外卖等“两新组织”建立党组织4个。

【社会治理】 2022年，沂城街道开展安全生产大检查和安全生产全要素评价活动，对机械、液氨、涉爆粉尘、塑料包装印刷等重点行业开展安全生产执法检查，处罚企业56家、罚金65万元。创新开展应急救援站建设，开展森林防火、防溺水、防汛抗旱专项应急救援演练。发挥人民调解第一道防线作用，全年排查化解各类矛盾纠纷117起。开展积案化解活动，化解积案11起。开展禁种铲毒宣传活动，发放宣传资料3.5万份。落实各级环保督察、环境信访案件查处，承办中央环保信访督察案件3件，全部办理完毕。全年空气质量改善率24.6%，优良天数267天。开展危险废物排查整治，对发现问题的限期整改，消除环境隐患。

【民生事业】 2022年，沂城街道处置5个村（居）的被征地农民养老保险问题。开发农村公益性岗位262个，城镇公益性岗位218个。全年发放农村低保1878万元、城市低保730.8万元。救助弱势群体258人，申请救助资金57.3万元。利用慈善资金救助困难大学生53人，发放救助资金23.7万元；救助各类孤困儿童54人，发放资金76万元；为3566名经济困难老年人发放补贴397万元；为3400名残疾人发放“两项补贴”593万元。做好43户贫困残疾人无障碍改造及26名残疾儿童抢救性康复救助工作，发放补贴46.8万元。募捐资金164万元支持街道公益事业的发展。全街道扩建公墓穴350套，安葬逝者5356人，安葬率100%。

【城乡建设】　2022年，沂城街道查处违法建筑151处，拆除违法占地面积1.1万平方米，整改土地卫片图斑60处。开展经营性自建房安全专项整治“百日行动”，排查6674户，对存在安全隐患的65户进行整改。对2016年以来已改厕的5767户及24处公共厕所排查，排查整改问题178个。完成750户清洁能源供暖安装。提升改造31个老旧小区，硬化街道6000平方米，绿化率39%。整治辖区内物业，新成立业主委员会40家，累计成立物业委员会232家，建设小区充电桩、充电点516处，规范电动车乱停乱放、私搭线充电现象1615起。

【美丽乡村创建】　2022年，沂城街道对村庄进行绿化、美化、亮化，实行强村帮弱活动，帮扶13个村100余万元。发动群众3万人次清理“五堆”2100处，拆除私搭乱建建筑物、残垣断壁80处，对76个村庄弱电进行整治，并引导群众不乱扔垃圾、不乱排污水，养成良好卫生习惯。通过整治，前善疃、前龙家庄等8个村的美丽乡村创建通过验收。

（田宝华）

龙家圈街道

【概况】　龙家圈街道地处沂河西岸，东与沂城街道隔沂河相望，南与许家湖镇毗连，西与黄山铺镇接壤，北与诸葛镇相连。总面积93.5平方千米，辖23个行政村，户籍登记人口6.8万人。境内有山东省第三大水库——跋山水库、国家级森林公园——灵泉山，是国家级生态乡镇、山东省文明镇。2022年，被授予为省级社区社会组织创新发展基地、全市平安法治建设先进集体等。

全年完成企业总产值52亿元，其中规模以上企业完成总产值45.6亿元；实现税收收入2.6亿元。固定资产投资完成28亿元，比上年增长8%。

有小学8所，在校生883人，校内图书室8处。街道卫生院建筑面积7500平方米，开放床位143张，有干部职工160余人，设柴山分院1处，建筑面积1700平方米，村卫生室31处，乡医58名。

居民基本医保本地门诊、住院报销18.9万人次，报销金额2205万元，完成家庭医生签约2.8万人，建立居民健康档案5.2万人，贫困户建立健康档案1590人，家庭医生签约贫困户1590人。农村最低生活保障人数1819人。

【现代农业】　2022年，龙家圈街道探索“合作社+农户+农场”的经营模式，成立合作社74家，其中党支部领办合作社28家，家庭农场42家，家庭农场加入党支部领办合作社，合作社流转集体土地供家庭农场使用，利益共享，助力乡村振兴。省、市、县级培训高素质、新型农民450余人，农业技术人员参加各类线上培训3000余人。新增水肥一体化面积43.3公顷，完成有机肥推广1200吨。种植小麦262.7公顷、玉米478.9公顷。

【“双招双引”】　2022年，龙家圈街道有亿元以上落地项目5个，其中新落地项目2个、续建项目3个。完成技改投入6.8亿元，实施罗欣乐康、鲁洲生物等重点技改项目8个，市级重点技改1个；完成固定资产投资28亿元，实施重点项目28个，其中省级项目3个、市级项目1个；实现批发业营业额4.2亿元，零售业营业额

0.6亿元，餐饮业营业额0.2亿元，新增线上批发企业4家。山东景明化工有限公司等3家企业获得“国家级高新技术企业”称号。重视国家级人才项目和创业人才项目，年内招引青年人才337名、招引留学人才1名，推荐指导刘相法教授申报科技部创新创业人才项目，完成答辩，上报至中央组织部。

【基层党建】 2022年，龙家圈街道开展“党建引领 共同成长”品牌培树，创新性开展“干字当头、实字托底、勇于担当、西城有我”解放思想大讨论活动，打造一支忠诚干净担当的高素质“西城铁军”。举办“为党旗增彩 为西城添绿”义务植树、“秀美龙湾 腾飞西城”摄影展等系列活动。开展“听故事·强党性”红色故事分享会15期，录制“‘沂’起学理论”云宣讲视频12期。举办“话青春·共成长”青年干部座谈会3次。规范提升村级阵地场所18处，打造杨家庄子社区、前马荒社区党群服务中心2处，前马荒村被确定为全县村改社区试点，试点工作作为党组织书记突破项目被大众网刊载。兴龙社区承办全县“创建新型服务社区，提升城市基层治理水平”智汇社区书记论坛，打造暖蜂驿站，成立3支快递先锋志愿服务队，打造集学习、议事、健身等功能于一体的离退休干部党员活动室。

【社会治理】 2022年，龙家圈街道建立党工委统一领导，街道、村、组“三级联动”，人民调解、司法调解、行政调解“三条对接”的矛盾纠纷大调解工作机制，排查化解各类矛盾119条。对256家企业多次全面排查，查出隐患2192条，下达执法文书256份，全部完成整改，获得市级“安全生产规范化乡镇”称号。搭建线上便民服务平台“西城红管家”，以数字化党建引领基层社会治理，该经验被中共中央政策研究室刊载。

【民生事业】 2022年，龙家圈街道开展农村改厕“户户到、大排查、大整治”活动，对街道16725户农户厕所排查摸底，重点对7327户已改厕户排查发现的问题建立台账，并完成整改。实施“照我回家”工程，安装环湖路、干线公路与各村连接路段路灯550盏，村内主次干道安装路灯2200余盏，亮化率95%以上。建设钢构棚便民市场2处，安置摊位400余个。提升沿街广告牌560平方米、喷涂外墙真石漆1980平方米、美化墙体10800平方米。重新铺装一中南路大理石板5300平方米、更换花岗岩路缘石1.1千米。栽植行道树200余棵、栽植补植绿化苗木6万余株。清理“五堆”2700余处、残垣断壁200余处，整治弱电360余千米。

【美丽乡村创建】 2022年，龙家圈街道成功创建市级美丽乡村示范村1个，县级美丽乡村7个。南黄家庄村因地制宜，分类盘活闲置宅基地，被农业农村部农村合作经济指导司评为农村宅基地改革与管理优秀典型案例。在66个自然村开展“乡村绿化月”活动，每村绿化美化2条街，清理“五堆”2786处，清理整改残垣断壁318处，粉刷墙体24万余平方米，彩绘320余幅，54个原建

龙家圈街道环湖路“照我回家”工程　　（龙家圈街道　供图）

市级美丽乡村示范村——龙家圈街道营盘村　（龙家圈街道　供图）

制村完成沿线主要干道及周边大街小巷强弱电线整治提升。

【西城建设】　2022年，龙家圈街道公家疃棚户区改造项目完成签约630户，拆除589户。市民文化艺术中心投入使用，承办省市多项重大活动。金澜湾大桥竣工通车，西城医院、疾控中心、第三污水处理厂、第七实验中学等按节点有序推进。龙家圈街道政府南片区、杨家庄子一期安置区、针钉厂、制药厂及周边片区705户安置房完成回迁。

【沂水李氏桑皮纸】　沂水李氏桑皮纸的历史可追溯至清康熙年间，全县仅龙家圈街道小匡庄村可制作。2022年6月，李氏桑皮纸成功入围“山东手造·优选100”精品项目，成为全县唯一入选的非物质文化遗产项目。8月17日，中国民间文艺家协会到龙家圈街道开展李氏桑皮纸调研。9月19日，李氏桑皮纸作为“山东手造·优选100”精品项目跟随临沂代表团参加第三届中国国际文化旅游博览会、首届中华传统工艺大会。　（马俪玮）

道托镇

【概况】　道托镇位于沂水县城北8千米处，东与莒县相邻，西南与沂城街道相接，北与高桥镇相连。总面积86.5平方千米，辖12个行政村，户籍登记人口4.1万人。境内233国道纵贯南北，道莒路横穿东西，有长深高速县城北2个出口。

全年实现规模以上工业总产值10.8亿元，比上年增长21%；实现营业收入9.4亿元，比上年增长14.7%；实现地方财政收入3488万元，比上年增长42.8%。

有初中1所、中心小学1所、完全小学6所，中小学教职工280人、在校生2830人。设学前教育机构7处，均为政府创办的全日制幼儿园。医疗卫生机构1所，床位100张，下设21个村级卫生室，医院职工98人，乡医34人。农村最低生活保障人数1547人。

【现代农业】　2022年，道托镇有畜禽养殖（场）户628户，年生猪存栏3万头、出栏4万头，牛存栏1600头、出栏1100头。培育市

道托镇马旺姜田　（闻见　摄）

级龙头肉鸡养殖企业2家、孵化企业1家，年孵化肉鸡6000万只。好运谷现代农业示范园项目实现全自动智能化养殖，创新“肉鸡+粪肥+中药材”种养结合模式，破解传统养殖项目条件差、产出少、污染大等难题，年出栏肉鸡1000万只，年产有机肥10万吨。培育现代农业示范园区3家、市级农业龙头企业3家、规模以上农产品加工企业4家，新增农业合作社5个、家庭农场4家。完成2021年高标准农田扫尾验收，推广玉米良种统供648公顷、小麦良种统供711公顷。坚持农文旅融合发展，整合西道托瓮乡小村和胡家旺休闲采摘等特色旅游资源，打造“半天都市生活圈”，形成集“生态休闲、户外研学、运动体验、旅游观光”于一体的农业旅游综合体。

2022年6月3日，道托镇农户在塔坡蓝莓基地采摘　　（张鹏翼　摄）

【“双招双引”】　2022年，道托镇引进过亿元项目5个，已落地2个，到位资金5亿元，推进重点技改项目4个，完成工业技改投资6.5亿元，比上年增长1.1%。与高校对接申报高层次人才5人，新增高新技术企业2家、科技型中小企业9家，高新技术产业产值实现1.3亿元，比上年增长39.9%。

【基层党建】　2022年，道托镇结合“党建引领·共同成长”品牌创建活动，定期开展“青年干部座谈”“我来讲党课”“每周读书荐读”等系列活动。党代表履职常态化，高标准打造党代表工作室（站）5处，发挥党代表议案、提案、视察调研、联系服务党员群众等方面作用。深化村党组织书记领办合作社，培植2个中央资金扶持项目，拓展“村集体+合作社+农户”等多种发展模式，全镇12个行政村集体收入10万元以上。加强党组织建设，完成1个软弱涣散基层党组织整治，新建“两新”组织党组织2处，发展党员29名，破解三年以上不发展党员村2个。

【社会治理】　2022年，道托镇深化警网联动联合共治模式，建立信访工作联席会议制度，深化矛盾纠纷排查化解，办理“12345”热线工单4000余件，信访案件受理率、办结率100%，构建起“问题联治、工作联动、平安联创”基层治理格局。

【民生事业】　2022年，道托镇持续巩固脱贫成果同乡村振兴有效衔接，重点实施衔接资金项目2个，发放齐鲁富民贷1147.2万元。推进“户户通”改厕“回头看”、自建房安全专项整治、清洁取暖等工作，完成危房改造96户，硬化道路16千米，新铺设污水管网23千米，新建污水检查井1350个、污水收集池7个。投入330余万元完成11处校园教学、娱乐及消防设施提升。开展公益演出100余场，放映电影200余场。持续深化殡葬改革、婚俗改革，规范化、制度化推进“关爱老人 情暖夕阳”寸草心志愿服务行动。

【乡村建设】　2022年，道托镇深入开展农村人居环境整治“百日攻坚”行动，投入300余万元，清理断壁残垣280处，村庄绿化3万平方米，墙体出新5万余平方米，新建文化墙3000平方米，完成43个村弱电线路整治，实施“照我回家”工程，安装路灯2260盏。持续推进“花园道托”建设，以塔坡村为重点，提升道托—塔坡美丽乡村片区打造，完成9.6千米生态廊道项目建设，串联起镇驻地、省级美丽乡村花沟村、省级景区化村庄西道托村、市级美丽乡村塔坡村等景点，形成总面积近20平方千米的美丽乡村片区。全年新增县级以上美丽乡村5个（累计22个），西道托村获“第二批山东省乡村振兴示范村”称号。

【蜜桃采摘文化节】　2022年，道托镇依托生态资源，围绕优势产业，实施“农业+旅游”模式，推动特色农业、乡村旅游、文化产业融合发展，打造道托镇“优质安全、绿色环保、群众放心”的特色农产品品牌，助力乡村振兴，农民增收致富。7月21日，道托镇庆夏收“好运谷杯”蜜桃采摘文化节暨蜜桃评选活动举办，收集60多户种桃大户、家庭农场、合作社的蜜桃，评审组按照外观品质、内在品质2个大项，口感、糖度、重量、硬度4个小项的标准，进行多方面综合考量，公平、公正进行评审，评出一等奖1名、二等奖3名、三等奖5名。

【农民丰收节】　2022年9月22日，道托镇“庆丰收·迎国庆”庆祝农民丰收节暨金秋采摘节在余粮村枣园开幕。丰收节设特色农产品展示、农村电子商务展示、特色企业农副产品推介等展区，展示双河蜜桃、余粮苹果枣、道托苹果、塔坡蓝莓、横岭猕猴桃、西道托有机葡萄、桌子石车厘子、马旺生姜等各农业园区的特色农产品。　（李　杰）

2022年7月21日，道托镇庆夏收“好运谷杯”蜜桃采摘文化节暨蜜桃评选活动举办　（安柏余　摄）

高桥镇

【概况】　高桥镇位于沂水县城北19千米处，东与杨庄镇为邻，西与诸葛镇相连，南与道托镇接壤，北至沭河南岸与马站、沙沟两镇相望。总面积113.3平方千米，辖60个行政村，户籍登记人口6.6万人，人口自然增长率5.2‰。年内，被评为省级卫生乡镇。

全年实现生产总值29亿元，比上年增长3.7%。批发业1.8亿元，零售业5658万元。固定资产投资2.5亿元，公共财政预算收入3827万元，公共财政预算支出3973.8万元。2个重点产业项目、2个重点技改项目全部建成投产。规模以上工业企业13个，实现主营业务收入27亿元，实现税收7083万元。新增规模以上企业2家、限额以上零售业1家。

全镇粮食播种面积4466.7公顷，粮食总产量7万吨。农业机械总动力12万千瓦。水产品总产量0.8万吨。肉、蛋、奶总产量29万吨。林木绿化率37%。

有初中1所，在校生1781人；小学9所，在校生3432 人。有农家书屋20个，其中含藏书2000 册以上的2个，电视人口综合覆盖率99%。医疗卫生机构34所，有床位231张，卫生技术人员192人。

农村居民人均纯收入18294元，居民基本养老保险参保人数37566人，居民基本医疗保险参保人数58443人。农村最低生活保障人数1554人。

【现代农业】 2022年，高桥镇深入落实“藏粮于地”战略，积极推广水稻覆膜旱直播新技术，粮食播种面积、产量实现“双增长”，小麦种植面积增加到1533公顷，玉米1666公顷，水稻试验田2公顷。全县粮食安全现场会在高桥镇召开，省、市、县领导多次到高桥调研视察粮食生产工作。

【基层党建】 2022年，高桥镇开展“党建引领、共同成长”品牌创建培树活动，召开党建专题会议26次。成立9个党代表工作室，组织“双联月”等活动21次，办理民生实事30件，新发展党员25名。投资200余万元提升村级场所69处，打造小瓮山村“兵支书”工作室、徐家荣仁村公信村居示范点，为全市“加强农村基层党组织建设”工作队抓党建促乡村振兴观摩会提供现场。永泉官庄村党支部创新领办“暖心食堂”。行政村集体经济收入全部超过10万元，7个村超过50万元。山东依田新材料公司党支部纳入县级“十百千提升工程”。

【社会治理】 2022年，高桥镇清理“散乱污”企业11家，依法查处2家环保设施运行不规范的加油站。办理到县级以上群众来信44件，结案率、结服率达100%。办结上级交办“四初”案件11起，登记率、受理率、办理率、满意率均达100%。办理“12345”热线工单4001件，满意率90%以上。坚持日常巡查机制，对各类私采滥挖行为“零容忍”，依法关闭取缔非法采矿、采砂点12处，处理非法盗采砂15起，处理涉案人员18人。

2022年8月31日，临沂市抗逆保丰收暨水稻旱直播覆膜新技术现场观摩培训会在高桥镇大路官庄村举行 （刘伟 摄）

【民生事业】 2022年，高桥镇完成“富民生产贷”200户1000万元，发放齐鲁富民贷70户918.3万元。新建扶贫项目6个，收益率均高于5%，项目分红覆盖41个行政村405户，每户增收500—1000元。6处公益性公墓新建双人墓穴1167套，安葬率100%，全县殡葬改革现场会在高桥镇召开。

【乡村建设】 2022年，高桥镇集中开展农村环境整治行动20余次，配备垃圾收集车6辆，洒水车2辆，建设标准化垃圾中转站1处，处理生活垃圾8500余吨；推进农村生活污水治理，新铺设污水管网50千米，新建污水检查井1600个、污水收集池10个。创建县级美丽乡村6个，市级美丽乡村1个，“美在农家”示范户1467户；安装路灯3600余盏，完成农村危房改造136户，清洁取暖改造800户，硬化通户道路3万余平方米。徐家荣仁村土地增减挂项目安置楼和配套设施已建设完成，分配到户，完成拆迁复垦。沭水三村土地增减挂项目已完成拆迁复垦。举行公益演出120场，放映公益电影1000余场次。

【国家级非物质文化遗产高桥手绣】 2022年，高桥镇整合资源，将手绣产品拓展到11个大类、180余个品种。高桥手绣作为鲁绣的典型代表，诞生于清乾隆初年的高桥沭水南岭村，已有280余年的历史，被评为国家级非物质文化遗产。12月，高桥手绣工作室和非遗展室建成。

【公益性公墓“民心棚”“移动伞”设置】 2022年，高桥镇公益性公墓“民心棚”采用钢结构搭建，每平方米成本200元左右，群众在安葬骨灰时既可作为举办简短丧礼仪式的场所，也可为群众遮阳避雨。“移动伞”由厂家专门定做，伞顶为淡绿色篷布，可折叠，喷印“惠民礼葬，文明祭扫”等字样，方便群众在雨天开挖墓穴安葬骨灰。

【人居环境整治“秋冬战役”】 2022年，高桥镇成立人居环境综合整治“秋冬战役”领导小组，开展人居环境整治“秋冬战役”，悬挂横幅280余条、张贴标语950余条，投资200余万元，出动机械800余台次，清理垃圾点120余处、600余吨，清理街道460多条，沟渠20千米、残垣断壁140多处，绿化400平方米，硬化道路13千米，修建排污渠23千米，新建文化休闲场所6处、喷绘文化主题墙500余平方米，设置各类护栏花坛176个。

2022年5月18日，山东依田新材料有限公司招引项目成功投产

（高桥镇　供图）

【山东依田新材料有限公司招引项目投产】 2022年5月18日，高桥镇引进的山东依田新材料有限公司年产5.6万吨聚醚改性硅油及水性漆新材料项目成功投产。该项目位于沂水县庐山化工园区，占地面积6.7公顷，总投资2亿元，是一家专业致力于纺织化学品的研发、生产、销售的企业，主要产品为有机硅柔软剂、纺织印染助剂及功能性涂料。

【张家山宋村蔬菜大棚扶贫产业项目建成】 2022年，高桥镇张家山宋村蔬菜大棚项目建成，有长80米、宽16米大棚4个，总投资65万元，覆盖张家山宋、刘家山宋、闵家山宋、龙岗峪4个村的脱贫享受政策人口82户111人，采取对外发包经营的方式，每年可实现收益4万元，其中，50%用于贫困人口增收，50%用于项目运行管护、设立村内公益岗位、发展村级公益事业。　（王俊鹏）

马站镇

【概况】 马站镇位于沂水县北部，东邻杨庄镇，南接沭水，西与沙沟镇接壤，北与临朐县大关镇相连。总面积133平方千米，辖26个社区，66个行政村，户籍登记人口7万人，人口自然增长率-8.4‰。2022年，获评“国家卫生镇”称号。

全年实现固定资产投资1.3亿元，公共财政预算收入4993万元，公共财政预算支出4993万元。

全镇粮食播种面积3400公顷，粮食总产1.1万吨。水产品总产100吨，肉、蛋、奶总产1.8万吨。新增造林面积1公顷。有农业机械总动力4.8万千瓦。规模以上工业企业13个，实现产值2.9亿元、主营业务收入2.7亿元、利税7536万元。

有初中1所，在校生2042人；小学10所，在校生3959人。有公共图书馆4所（含藏书2000册以上的农家书屋），电视人口综合覆盖率98%。医疗卫生机构1所，有床位360张，卫生技术人员352人。

农村居民人均纯收入26200元，居民基本养老保险参保人数17928人，居民基本医疗保险参保人数43896人。农村最低生活保障人数2290人。

【“双招双引”】 2022年，马站镇新引进过亿元项目3个，实施重点技改项目4个，完成工业技改投资3.2亿元。引进优秀人才244人，其中海外留学人员1人、研究生4人。德润化工、昌达环境监测2家公司成功申报高新技术企业。山东晟锂环保科技有限公司纳税过千万元，实现历史性突破。

【基层党建】 2022年，马站镇实施“头雁领飞”、党员提质、集体增收3项工程，调整村党支部书记11名，新发展党员36名，其中35岁以下18名，破解3年以上不发展党员村3个，66个村集体收入全部达到10万元以上。定期开展“青年干部座谈会”“我来讲党课”等系列活动。抓实村级阵地场所标准化规范化建设，实现党建可视化平台全覆盖。为新中国成立前老党员打造“颐居小院”7户，走访慰问老党员、生活困难党员110名，为46人颁发“光荣在党50年”纪念章。

【社会治理】 2022年，马站镇开展“防风险、查隐患、保底线”专项整治行动，打造镇级应急平台1处、村级微型消防站66处，开展执法检查20余次，整改隐患1780余条。深入开展矛盾纠纷排查化解“百日攻坚”行动，排查化解矛盾纠纷123条。侦破各类刑事案件24起，查处治安案件78起，调解各类矛盾纠纷300余起。

【民生事业】 2022年，马站镇投资870万元，完成便民服务中心主体工程。强化医疗配置，整合多方资源，承办国家心血管项目，完成26家卫生室标准化改造。完成传统古村落保护性修缮，新建农耕文化展馆1处。募集慈善资金80余万元，新增低保户183人、五保户13人，大病医疗临时救助227人，为3095人发放各类补贴，开发城乡公益性岗位414个，切实保障困难群众基本生活。持续推进殡葬改革，新安装石棺400套，硬化公墓道路5000余平方米，方便群众祭祀出行。新增社区健身广场6处，社区图书室8处。组建26支农村文艺演出队，举办文艺汇演105场，放映电影186场。

【乡村建设】 2022年，马站镇投资240余万元，完成新兴路改造提升。持续推进“农村人居环境五年整治”行动，累计硬化道路8万平方米，美化墙体10万平方米，创建美丽乡村示范村3个。实施“照我回家”工程，新安装

2022年8月19日，沂水县村党支部领办合作社分红大会暨马站镇党委领办合作社联合社揭牌仪式在马站镇举行
（马站镇 供图）

2022年2月28日，山东中平药业·马站镇丹参GACP基地战略合作签约仪式在马站镇举行　（马站镇　供图）

路灯2910盏。完成蒋家后沟村城乡建设用地增减挂项目，拆迁安置46户，腾退土地1.3公顷。完成危房改造44户、清洁取暖800户、厕所改造7361户。实施农村污水处理工程，铺设污水管道16千米，安装沉淀池1200余个。深化大气污染防治，清理取缔非法散煤销售网点2处，查处“散乱污”企业7家。持续打击非法占地、非法建设、矿产资源私采滥挖等违法行为，清理卫片图斑310余处。

【“3+”农业发展模式】　2022年，马站镇创新“支部领办+全程托管+规模经营”的现代农业“3+”模式，通过引导党支部领办土地股份合作社，发展适度规模经营，26个村领办成立土地股份合作社，流转土地269.3公顷，由供发集团合作全程托管，实现农民增收、农业增效、集体收入突破发展。通过“保底收益+盈余分红”分配机制，保障村集体和入社群众的利益，全年托管土地小麦、玉米实现净收益137.2万元，公司分红48万元，各村土地股份合作社分红89.2万元。

【丹参种植特色农业示范区】
2022年，马站镇全面推进中草药规模种植，整合140公顷山地、沙地、丘陵等土地资源建设马站镇丹参GACP（药用植物种植和采收质量管理规范）基地。镇政府与国药集团旗下山东中平药业有限公司开展战略合作，销售实行“保底+市场化”模式，由公司负责统一对接市场，对农户种植丹参应收尽收，以市场价格提供兜底服务，既保障农户种植丹参的最低收益，也保障种植户的收益最大化。全镇丹参种植亩均效益5400余元，亩均纯收入3200余元。

【“一警三联”工作机制】
2022年，沂水县公安局马站派出所重点围绕扫黑除恶、社会治理、营商环境、舆论宣传、改革创新五大领域进一步履职尽责，创立“一警三联”工作机制，即“警贤联调、警民联防、警网联动”。将“一警三联”工作机制与沂蒙精神内涵有机结合，依托“一警三联”“沂蒙乡贤”调解等优势维护社会稳定，获评“全

2022年5月31日，山东省公安厅治安总队队长刘伟（中）一行到沂水县公安局马站派出所视察“一警三联”工作　（马站镇　供图）

国公安机关爱民模范集体”“全省人民满意的公务员集体”等称号。马站镇沂蒙乡贤志愿服务队被评为全省志愿服务先进组织。2022年10月14日，马站派出所被中央电视台社会与法频道专题报道。（徐善斌）

杨庄镇

【概况】 杨庄镇位于沂水县东北部，东邻莒县东莞镇，南接莒县碁山镇，西与马站镇接壤，北与圈里乡相连。总面积162平方千米，辖22个社区，54个行政村。2022年底，户籍登记人口6.7万人，人口自然增长率1‰。年内，被授予全省第七次全国人口普查先进集体、全市信访工作示范乡镇、全市农村集体产权制度改革先进乡镇等称号。

全年实现固定资产投资19亿元，公共财政预算收入7358万元，公共财政预算支出 7358万元。

全镇粮食播种面积 5890公顷，粮食总产3万吨。水产品总产1.8万吨，肉、蛋、奶总产1.5万吨。全年新增造林面积200公顷，林木绿化率26%。规模以上工业企业18个，实现利税 2.2亿元。

有初中2所，在校生1692人；小学9所，在校生 2367人。有公共图书馆23所（含藏书2000册以上的农家书屋），电视人口综合覆盖率100 %。医疗卫生机构38所，有床位325张，卫生技术人员218人。

居民基本养老保险参保人数29936人，居民基本医疗保险参保人数47289人。农村最低生活保障人数1814人。

【现代农业】 2022年，杨庄镇投资4050万元建设高标准农田180公顷，新建泵站13座，埋设管道120千米、阀门井266座，新建大小蓄水池5座，新修混凝土机耕路36.6千米，全镇高标准农田面积2533.3公顷。建成全县面积最大的优质黄桃种植基地，总面积超1万亩，蓝莓、金秋红蜜、板栗等优势种植产业持续为农民增收，3000余户果农户均增收超5000元。全面推动藏粮于地、藏粮于技战略落实落地，超3公顷的种粮大户39户，主要农作物保险征收100%。年内，举办农业技术培训班20期，培训果农1000余人次。参加市级高素质农民培训29人次，省级产业人才培训1人次。

【“双招双引”】 2022年，杨庄镇实施招商项目4个，分别是盛荣新能源杨庄镇峨山50兆瓦风电项目、华凯年产20万套新能源汽车用锂电池组项目、天舜彩色玻璃纤维及织物项目、七星柠檬年产50万吨食品添加剂二期项目，总投资36.4亿元，年内完成投资6.2亿元。引进外籍博士1名，青年人才300余人，其中海外留学生2人，研究生以上学历13人。

【基层党建】 2022年，杨庄镇“抓组建、抓指导、抓规范”，全镇所有“两新”组织党组织均达到“六有”标准，华凯塑胶、

杨庄镇四社村高标准农田　　（杨庄镇　供图）

华润新能源（临沂）、恒德矿业、天祥塑料等4个党支部纳入县级“十百千”工程重点培养。落实对党支部评星定级工作，全镇80个党支部评定五星级党支部29个、四星级党支部43个、三星级党支部8个。新发展党员30名，接收预备党员22名，对全镇2012年以来农村发展党员台账和存在问题全面细致排查，排查党员323人，并落实一人一档制度。按照规定使用党员关爱基金，“七一”期间走访慰问党员112名，其中新中国成立前老党员8人，生活困难党员104名，为7名新中国成立前老党员打造“颐居小院”。为各村配备办公桌椅、橱窗式“三务”公开栏、寸草心服务活动室、文化图书室等各类服务活动场所设施。

【社会治理】 2022年，杨庄镇排查各类矛盾纠纷126起，调处126起，有效处理网络舆情6起，办理群众热线工单2937个，满意率97%。整治各类土地执法卫片图斑293个，面积127公顷。实行24小时巡逻制，扣押偷挖矿产资源各类车辆34辆，依法打击处理8人。

【民生事业】 2022年，杨庄镇完善低保申请、入户调查、民主评议审核审批等工作环节和程序。对因病致贫、因残致贫等新产生的困难户及时纳入保障范围，实现动态管理下的应保尽保。全镇新增农村低保户133户136人，有农村低保1722户1781人。新增特困供养人员（五保户）6人，有特困供养人员186户189人。完善城乡居民临时救助制度，审核上报46人，发放临时救助金20余万元。推进殡葬改革，新扩建公益性公墓694套。

【综合文化站打造】 2022年，杨庄镇总投资50万元打造提升镇综合文化站。建筑面积1017平方米，配备少儿阅览室、少儿活动室、成人阅览室、电子阅览室、书画室、健身活动厅、会议室等功能室，配套设施齐全，文化服务项目多元，丰富群众的公共文化生活。

【吴家楼子村非遗景区化村庄】 2022年，杨庄镇推动文旅融合发展，打造吴家楼子村“非遗景区化村庄”。吴家楼子村将村庄的建设同山东省级非物质文化遗产代表性项目——“沂蒙小棉袄”品牌发展融合，挖掘非遗历史、文化和北方特有乡村风貌进行统筹规划设计，提升村庄硬件环境和旅游内涵。年内，杨庄镇吴家楼子村被评为山东省第三批景区化村庄、山东省省级乡土产业名片村、临沂手造文化特色村、“研读最古老的长城”齐长城研学推荐场景等，20余个研学旅游团、5000余人到吴家楼子村开展研学旅游活动。 （张　建）

富官庄镇

【概况】 富官庄镇地处沂水县东北部，三市（临沂、日照、潍坊）四县（沂水、莒县、诸城、安丘）交界处。总面积135平方千米，辖16个社区（村），1.6万户，户籍登记人口4.4万人。年内，被评为山东省卫生乡镇、临沂市新型农业经营主体工作先进集体。

全年实现地方财政收入7597万元，生产总值22.6亿元，固定资产投资4.7亿元。

全镇小麦播种面积1232.4公顷、玉米播种面积1687公顷；粮食总产21264吨。全年新增造林面积20公顷，森林覆盖率23%。全镇拥有农业机械总动力 7220万千瓦。规模以上工业企业14个，实现主营业务收入20.8亿元，实现利税1.4亿元。

有初中2所，在校生814人；小学8所，在校生1155人。医疗卫生机构1所，有床位108张，卫生技术人员92人。

居民人均纯收入2万元，居民基本养老保险参保人数1万人，居民基本医疗保险参保人数3万人。农村最低生活保障人数1435人。

【现代农业】 2022年，富官庄镇依托现有资源优势和产业项目，发展黄烟、林果、花卉、中药材、大棚蔬菜等特色产业。投资1.2亿元建设宏海现代农业园一期项目，占地13公顷，主要建设高端水果温室大棚，以种植大樱桃为主，通过“公司+合作社+农户”的形式，改变传统种植模式，年可实现扶贫收益60余万元，帮扶356户482口脱贫户稳定脱贫。实现黄烟种植面积500公顷，税收615万元，黄烟种植面积、收购量、税收连续多年保持全县第一。

【“双招双引”】 2022年，富官庄镇新引进项目2个，分别是柏坤固废处置项目与宏海现代农业园项目。柏坤固废处置项目总投资1.3亿元，依托山水水泥公司日产4600吨新型干法熟料水泥窑生产线，新建库房1.5万平方米，安装阿鲁斗、管链输送机、袋式除尘器、自动控制系统等预处理、分筛、上料、监控等设施30台套，该项目年可处置利用一般固体废物资源16万吨。宏海现代农业园项目一期工程投资1.2亿元，新建高档双拱双膜蔬菜温室大棚11个，建设物联网中心1处，配套建设灌溉温控设施及进出园区道路、自动化控制室、水电路、办公室、分拣室、仓库、农机设备等。引进优秀人才202人，其中海外留学人员1人、硕士研究生6人，办理来华许可证1人。

【基层党建】 2022年，富官庄镇投资20余万元实现57个村党建可视化信息平台全覆盖，开展党员集中培训2次，培训党员3710人次。组织4次党组织书记“擂台比武”，择优选配256名党员网格员，在关键卡口成立临时党支部、设置党员先锋岗，500余名农村党员参与环境整治等重点工作。协调资金300余万元新建箕山、漫流等7处党群服务中心，投资3万余元为全镇新中国成立前老党员打造“颐居小院”，打造6处党代表工作室，村集体收入超100万元的行政村10个。新调整村干部5名，新发展35岁以下党员20名。

【社会治理】 2022年，富官庄镇推进常态化扫黑除恶斗争，投入35万元用于政策宣传，严厉打击“黑恶势力”和“保护伞”。办理“12345”热线工单2943件，办结信访案件68件，化解信访积案86件、“四初”案件9起，案件受理率、办结率100%。有平安志愿者189名、网格员63名。维修维护全镇979个高清数字探头，群众安全感、满意度99%以上，在年度市、县电话抽查群众安全感满意度中位居全县前列。

【民生事业】 2022年，富官庄镇新增城镇就业32人、开发城乡公益性岗位379个。建成农村“暖心食堂”3处。深化殡葬改革，投资34万元，建设提升公墓3处，免费安葬逝者404人，公墓安葬率100%。举办文明婚礼200余场，组织集体婚礼1场。全镇有175户“寸草心”志愿服务对象，文明志愿者队伍1800人。

【乡村建设】 2022年，富官庄镇投资1.2亿元建设幸福家园小区、镇驻地北广场及沿街、镇驻地道路及配套设施3处小城镇项目；投资92万元对泰薛路、孔徕路沿线及镇驻地两侧绿化进行补植，对路缘石、人行道进行改造；投资1400万元新修官张路，投入100多万元修建徕庄村南、徕庄至泉子崖、松园至金花岭“四好农村路”3条，投入100余万元提升青龙沟、松园、东得水、黄崖等村户户通工程。实施“照我回家”工程，在G341黄海线曹家坡至徕庄社区段及孔徕路徕庄社区至富官庄镇驻地段33千米，安装太阳能路灯924盏；投资50万元对官张路两侧进行绿化、亮化提升，安装路灯150盏；在下谭家沟、高家石岭、西漫流等10余个村安装路灯500余盏。

【全国黄烟高质量发展现场会】 2022年7月14日，全国烟叶高质量发展现场会在富官庄镇召开。国

2022年7月14日，全国黄烟高质量发展现场会在富官庄镇召开
（富官庄镇　供图）

家烟草专卖局副局长徐王莹，中国烟叶总公司总经理陈江华，山东省农业农村厅党组成员、副厅长、一级巡视员褚瑞云，山东省烟草专卖局（公司）党组书记、局长、总经理吴洪田等实地查看烟田标准化管理、绿色生态种植、基地建设、运营机制、绿色烘烤、运销平台等情况。富官庄镇绿色烘烤园积极践行绿色发展理念，利用废旧集装箱改造成烤房，可移动、占地少，保温好、能耗低，保温性能是普通砖混烤房的5倍，可节能降耗15%左右。利用电能和生物质替代煤炭，促进节能减排，综合降低二氧化碳排放90%以上。

【鑫和花卉产业园区】　2022年，富官庄镇鑫和花卉产业园区总投资2.8亿元，建设智能连栋温室大棚30栋，占地30万平方米，主要培育蝴蝶兰、凤梨、红掌等高档花卉。配套建设花卉观光长廊、绿化景观、展厅、办公、仓储、研发、组培等设施。该项目为脱贫攻坚齐鲁样板，年可实现扶贫收益150万元，带动徕庄村等20个村1200户脱贫人口增收，户年增收600—1000元，村集体增收5万—10万元。

【英烈文化主题宣传活动】　2022年10月14日，全市“学习英烈、致敬英烈”英烈文化主题宣传活动在富官庄镇广场举行，全市40余名退役军人事务单位代表参加。曾参加过孟良崮战役、莱芜战役等多场战役的抗战老军人高夫来上台演讲战斗故事，讲述亲身经历的峥嵘岁月。

【沂蒙老兵360远程服务平台】
2022年10月，富官庄镇沂蒙老兵360远程服务平台开通。该平台投资90余万元，集远程办公、视频会议于一体，远程接收退役军人业务办理、政策咨询和问题解答，可实现县退役军人服务中心与18个乡镇（街道）退役军人服务站的线上远程会议。

【应急消防救援站建设】　2022年6月8日，富官庄镇举行镇级应急消防救援站开工仪式。富官庄镇应急消防救援站项目占地2500平方米，建设三层办公楼1处，训练塔1处，消防车库3处，沿

2022年10月14日，沂蒙老兵360远程服务平台开通仪式在富官庄镇举行
（富官庄镇　供图）

街楼房1处，配备专职消防员15人，消防车3辆，消防器材装备300余件。（杨全辉）

沙沟镇

【概况】 沙沟镇位于沂山南麓，沭河源头，沂水北部，距县城34千米，处三市（临沂、潍坊、淄博）三县（沂水、临朐、沂源）交界处。辖21个社区，2.3万户，户籍登记人口6.6万人，人口自然增长率-0.6‰。总面积208平方千米，居全县第二，林木绿化率35.4%。

全年实现固定资产投资2亿元，公共财政预算收入4324万元，公共财政预算支出4465万元。有规模以上工业企业10家、贸易业3家、建筑业2家，规模以上企业工业总产值7.7亿元。

有初中2所，在校生1192人；有小学9所，在校生2502人；公共图书馆3所（藏书 2000 册以上），医疗卫生机构1所，有床位209张，卫生技术人员200人。居民基本养老保险参保人数49373人，居民基本医疗保险参保人数18962人。农村最低生活保障人数2300人。

【现代农业】 2022年，沙沟镇以乡村振兴为龙头，积极打造环沙沟水库乡村振兴产业带，覆盖村庄28个，耕地2454公顷，8048户24052人。全镇形成东部蔬菜、西部林果、南部特色农产品、北部中药材产业布局，特色农产品种植面积3333公顷，现代农业园区11个。农业农村部授予沙沟韭菜全国名优特新农产品称号。天沐韭菜、“沂蒙上峪”桃子和苹果通过国家绿色食品A级认证。2022年沂水齐长城文化宣传周暨沂山沭源农民丰收节被山东省文旅厅列入“2022齐长城国家文化公园主题活动”，临沂电视台公共频道全程直播开幕式，在线观众超16万人次。

【“双招双引”】 2022年，沙沟镇落地建设项目4个。分别为投资2亿元的大鹏矿业700万吨外矿加工项目；投资1.2亿元的年产2000万套医用一次性防护用品、400万平方米环保纤维除污滤布项目；投资1亿元的年加工2000吨鲟鱼、鲅鱼等水产品加工项目；投资6500万元的3000吨/年预制菜加工项目。申报全省高层次人才创业大赛项目1个，纳入本土临沂市高层次人才库3人，完成专科及以上学历青年人才引进238人，申报海外人才项目3人，进一步充实沙沟“智库”，为高质量发展注入内生动力。

【民生事业】 2022年，沙沟镇总投资294万元新建泮池初中周转房40套，建筑面积1393.7平方米。投资32万元为全镇学校配备安保器材并改造提升消防设施，完善科普设施。建设科普长廊、科普广场、科普图书室15处，扩大科普服务受众面。实施沙沟镇卫生院康养结合争创二级医院提升改造工程，开展大型义诊活动，组织全镇贫困人口、老年人健康体检；开展妇女儿童扶贫救助工作，通过“春蕾计划”“两癌”救助等活动发放救助金4万余元。全镇发放低保金1000余万元，五保金280余万元、残疾人补贴250余万元、临时救助资金90余万元。

【乡村建设】 2022年，沙沟镇新创建省级美丽乡村示范村1个，市级美丽乡村1个，县级美丽乡村4个。高标准实施“照我回家”工程，安装路灯1230盏，实现67个村全覆盖。在于家双沟等3个村实施道路硬化3千米，在崖庄四村等8个村硬化路面8千米。举办农业技能专题培训班，培育新型职业农民。结合新时代文明实践活动，将美在农家、“寸草心”志愿服务、移风易俗等工作融入美丽乡村建设工程中，举办文化婚礼20余场，集体婚礼1场。

【沂水县韭菜产业党建联盟】 2022年，沙沟镇成立“沂水县韭菜产业党建联盟”。该联盟以山东子舜农业科技有限公司天沭韭菜产业园为核心，吸纳周边5个村党支部领办的蔬菜种植合作社、2家韭菜专业合作社和12家上下游关联企业、研发机构，以韭菜传统优势产业为抓手，探索产业党建联盟工作新模式，用“党建链”串起“产业链”，让党员聚在链上、群众富在链上，为全县特色农产品产业高质量发展作出示范。山东子舜农业科技有限公司投资360万元，建设2600平方米的日光温室大棚，并设立直播间，与快手、梨视频等多家媒体合作，聘请知名主播，建设临沂市最大的“三农”直播供应链平台，推进“线上传播通道+线下产业渠道”双通道建设，把当地特色农产品推介出去，拓宽销售渠道，带动群众增收致富。

【省级美丽乡村示范村——于家双沟村】 2022年，沙沟镇于家双沟村通过省级美丽乡村示范村验收。于家双沟村有390户1139人，村“两委”干部3人，党员54名。村集体提供土地，引进电子厂、板材厂、驾校投资，流转土地建立临沂市单体最大的国家绿色A级食品——天沭韭菜基地，支部领办“惠发蔬菜专业合作社”，打造支柱产业，全村韭菜种植面积67公顷，年产量4万吨，产值1.5亿元，带动全镇韭菜种植面积万余亩，树立“沂水十品——沙沟韭菜”品牌。

【淮委视察活动】 2022年10月13日，水利部淮河水利委员会主任刘冬顺、沂沭泗水利管理局局长刘玉年，省水利厅党组书记、厅长刘中会一行20余人赴沙沟镇视察，调研观摩沙沟水库、沭河源管理建设情况，并召开现场会议。（刘佳麒）

2022年9月29日，“情定沂山沭源　爱在和美沙沟”沂水县沙沟镇2022年集体婚礼举办　（李春余　摄）

诸葛镇

【概况】 诸葛镇位于沂水县西北部27千米处，地处临沂市（沂水县）、淄博市（沂源县）、潍坊市（临朐县）“三市三县”交界处。总面积212平方千米，辖26个社区，73个行政村，户籍登记人口7.7万人，人口自然增长率0.6‰。年内，被评为全市森林火灾预防工作先进集体。

全年实现生产总值26亿元，固定资产投资22.6亿万元，公共财政收入8810万元。

全镇粮食播种面积2253.3公顷，粮食总产2.8万吨。全年新增造林面积66.7公顷，林木绿化率48.6%。全镇拥有规模以上工业企业12个，实现增加值10.1亿元，比上年增长25.8%，实现主营业务收入21.6亿元，实现利润1.3亿元。

有初中2所，在校生1083人；有小学9所，在校生1243人。有公共图书馆38所（含藏书2000册以上的农家书屋），电视人口综合覆盖率88.5%。设卫生院3所、卫生室35所，有床位205张，卫生技术人员135人。

居民基本养老保险参保人数2万人，参保率90.1%，居民基本医疗保险参保人数6万人，参保率92.3%。农村最低生活保障人数2177人。

【现代农业】 2022年，诸葛镇落实最严格耕地保护制度，恢复永久基本农田种植面积80.6公顷。实施土地增减挂钩项目，净增耕地面积5.3公顷。新增高标准农田213公顷，全年粮食产量2.8万吨；水肥一体化新增面积53公顷。承接全省农村综合性改革试点试验区，建设麒麟雪茄生态园、“九岭”现代农业园，发展“园区+镇联合社+村合作社+农户”经营模式。发展种养循环生态农业，友邦农牧获评长三角中心城市农产品供应基地；建设“陌上花开”特色农旅示范区，因地制宜打造微地形景观13公顷，新晋油菜花、向日葵网红打卡地，加快构建“五彩观光带，秀美后花园”。

【招商引资】 2022年，诸葛镇签约落地上峪钛铁矿、龙湾帝璟、晶华洗涤日化等重点项目6个，引进外资100万美元。新申报省外投资“十强产业”项目7个，到位资金10.7亿元，续报彩虹硒崮、芳纶深加工、农光田园综合体项目3个。培植骨干企业8个，实施重点技改项目11个，新获国家发明专利3个、实用新型专利30个。全年完成投资16亿元，新建、在建项目8个，并全部列入全县重点项目。上峪钛铁矿绿色低碳资源综合利用项目被评为全县“十佳好项目”，山东盛泰矿业科技有限公司上峪选矿厂外矿加工项目被纳入2022年度市重大项目库。

【基层党建】 2022年，诸葛镇有106个基层党支部，其中村党支部73个，“两新”组织党支部13个，镇直机关及双管部门党支部20个，有党员3219名，村“两委”干部298名。年内新发展党员46人，培养积极分子40人。新选配16名村党组织书记，36名村党组织书记纳入专业化管理。率先在全县开展农村党员分类管理积分量化工作深化提升试点，将党员分类管理量化积分作为书记突破项目，全镇2679名农村党员全部落实积分量化措施，党员积分每月在村“三务”公示栏、党员微信群、“码”上管理系统公示，倒逼党员主动作为、比学赶超。破解农村党员教育难开展、党员难管理、党员难作为问题。10月16日，大众网临沂发布党委书记突破项目专题稿件《诸葛镇：深化分类积分量化管理 探索党员发挥作用新模式》。投入600余万元对53处村级活动场所规范提升。依托23个村党支部领办的合作社，注册推广“暖阳”农副产品品牌、“北纬36°”地域品牌，实现产业项目促进村集体增收364万元，73个村集体收入达到10万元，32个村集体收入突破20万元。领办新建“幸福食堂”6处，为新中国成立前老党员建设“颐居小院”32处。

【社会治理】 2022年，诸葛镇创新实施“四级调解”模式，多元化解基层矛盾纠纷，实现“小事不出村、大事不出镇、矛盾不上交”，诸葛镇作为乡镇唯一代表在全市诉源治理工作推进会上作典型发言，经验被《山东政法》刊登。诸葛法庭新收案件273件，结案278件，调撤率61.8%，诉前化解纠纷138起，无发回重审和改判案件、无执行异议和复议案件、无再审案件。

【民生事业】 2022年，诸葛镇投入300万元，配齐配套新建镇中心小学教学器材及基础设施。积极发展公益医疗事业，全面深化医疗卫生改革，扎实推进中医药服务，投入26万元，建设提升精品国医堂2处，打造中医药特色卫生室10处，开设中医、针灸、理疗、中医药专科门诊，提供全体系中医药健康服务。坚持培育文明乡风，持续深化殡葬改革，投入50万元，扩建公墓11处、墓穴861个。全面推进婚俗改革，举办集体婚礼1场。大力实施文化惠民工程，开展公益演出2轮144场次，送书下乡2000余册。全面落实就业优先战略和积极的就业政策，新增城乡公益性岗位395个，发放岗位补贴246.6万元，安置残疾人就业81人。全力做好城乡低保、社会救助、公益慈善、特困供养等工作，累计发放9类困难群众补助2150万元、4538人次。推动三孩政策落实，推进保护妇女儿童权益，提供免费孕前优生检查服务146人次。

【乡村建设】 2022年，诸葛镇实施沂博路中修、高河路大修工程，同步打造4条精品旅游线路；高起点规划、高标准实施人居环境综合提升工程，落实一类、二类、三类村分类管理，建成省级美丽乡村2个、市级2个、县级8个；依托第一书记资源优势，打造乡村振兴示范片区。农村公共服务设施日趋完善，完成农村道路沥青罩面2万平方米，硬化通户、生产道路6万平方米；栽植绿化苗木11.8万株，绿化面积1.5万平方米；实施农村污水治理工程，新建污水收集池15处、铺设排污管网2.9万米、入户2657户。

【省级农村综合性改革试点试验项目】 2022年，诸葛镇申报通过省级农村综合性改革试点试验项目，试点试验区面积30平方千米，环抱山东省第三大水库——跋山水库，背靠九顶莲花山，覆盖12个移民行政村，4136户、10796人。项目分3年实施，每年补助省级财政资金2000万元，围绕“乡村产业发展、村集体和村民增收、数字乡村发展机制、乡村建设、乡村治理、全面推进乡村振兴保障”六大方面，探索创新工作机制。通过优化提升基层党组织、建设现代农业产业项目、发展电商经济，探索“合作社+企业+农户”“电商+农户”等经营模式，带动村集体和村民增收，促进休闲农业与观光旅游深度融合，实现一、二、三产业融合发展、生产生活生态“三生三美”、产教文旅“三位一体”，探索形成一批制度成果、实践成果和机制成果。

诸葛镇驻地 （诸葛镇 供图）

【易地扶贫搬迁工作】 2022年，诸葛镇易地扶贫搬迁工作涉及6个社区，搬迁安置1297户、3230人，搬迁人口占全省总搬迁人口的1/10。聚焦社区居民生活需求及利益诉求，重点围绕服务功能提升、自治运行规范、治理能力增效、社会组织培育4个方面，结合基层党组织建设、公共服务基础设施配套、特殊群体生活照料、基层治理人才培养、社区产业发展等N个领域，探索构建“4+N”便民服务体系（4项工程，即服务功能提升、自治运行规范、治理能力增效、社会组织培育；“N”个领域，即党组织建设、特殊群体关爱、社会和谐、产业兴旺等），最大限度满足群众服务需求，提升为民、便民、安民功能，切实做到“搬出来、稳得住、能发展、可致富”的工作目标，扎实写好易地扶贫搬迁“后半篇”文章。

【村级养老服务试点】 2022年，诸葛镇聚焦解决农村老年群体居家养老难题，因地制宜建设

2022年10月4日，村民在村级养老服务试点“幸福家园”集体用餐
（郭其祝　摄）

“幸福家园”8处，采取“餐费为主、补贴为辅、捐助为补”的运营模式，在“幸福食堂”基础上，打造集饮食、娱乐、学习、医疗等于一体的村级养老服务试点。“幸福家园”选址村集体空闲场所，集中建成中西医结合卫生室、社区如康家园、老年人活动中心、青少年活动中心、理发室、孝善文化长廊以及社区文体广场等配套设施，发放免费理发卡1000余张，打造养老保障、生活照料、康复照顾、社会救助等于一体的“一刻钟”居家养老“幸福家园”。

【基层武装与退役军人“建管服”模式】　2022年，诸葛镇推行基层武装与退役军人“建管服”工作，高标准建设武装与退役军人融合阵地，投入50余万元，建成集武装部、退役军人服务站于一体的“沂蒙老兵驿站”，全面推行“七步史成章”档案标准化、规范化管理，推进“帮、带、扶、联”沂蒙老兵就业创业促进机制，打通退役军人服务保障“最后一公里”。退役军人事务部、省退役军人事务厅等到诸葛镇调研，召开全市军分区、退役军人系统现场会。作为全县退役军人优待证申领发放唯一试点，发放优待证2000余人。（扈　强）

黄山铺镇

【概况】　黄山铺镇位于沂水县城西部，距城区7千米，是山东省中心镇，东邻龙家圈街道，南接许家湖镇，西与崔家峪镇、院东头镇接壤，北与龙家圈街道相连。总面积98.6平方千米，辖18个行政村，1.6万户，户籍登记人口5.4万人。

全年实现生产总值27亿元，规模以上工业企业总产值19亿元，实现地方财政收入3889万元。农村最低生活保障人数2662人。2022年，获“国家级生态乡镇”“国家级卫生乡镇”“全国亿万农民健身活动先进乡镇”等称号。

【现代农业】　2022年，黄山铺镇按照“一区多业、一村一品”发展思路，以汇博、汇泽、汇蓝等农业园区为引领，打造北朱冬富硒梨、小庄子火龙果、朴城峪大樱桃、圣水坊丰原红杏、刘家岭蜜桃等特色农业品牌。加强农产品质量安全监管，完成农产品抽样检测2400个，在全省农产品抽查中合格率100%。

【基层党建】　2022年，黄山铺镇按照“支部引领+村民入股+市场运营”模式，重点提升全镇12家支部领办合作社，建立群众和支部“收益共享、风险共担”的利益共同体。推进支部领办“寸草心”志愿服务活动，组织48支服务队开展爱心活动46次，打造“暖心食堂”1处，为10名新中国成立前老党员建设“颐居小院”。组织49支“黄山好声音”宣讲团开展“七进七讲”，让习近平新时代中国特色社会主义思想入脑入心入行。对纳入专业化管理的27名村“两委”干部进行绩效考核，考核结果与月工资直接挂钩。强化兵支书“选、育、管、用”措施，将12名支部书记纳入“沂蒙兵支书”的储备和培养，打造兵支书工作室1处。推行党员干部“码上管理”模式，全力构建云上管理服务阵地。全县率先健全履职践诺考评机制，确定280件履职实事，确保48个村新一届“两委”班子“开门一件事”落地见实效。

【社会治理】 2022年，黄山铺镇做好矛盾纠纷排查，承办“12345”热线工单3500余条，化解重点信访案件6起、群众来访26起58人次，将风险隐患消除在萌芽状态。

【民生事业】 2022年，黄山铺镇推进“户飞城镇”模式，新拆除面积6公顷，安置搬迁群众137户，沿镇驻地建设高品质社区，形成高层楼房、多层楼房、单体别墅、平房错落有致的小城镇住房格局，让群众实现“居住在社区、就业在园区”。开展脱贫攻坚和乡村振兴有序衔接，投入衔接资金1179.8万元，建设11个帮扶项目，将76户、160人纳入边缘易致贫户进行后续帮扶。为182名因大病造成家庭困难的群众上报临时救助材料，发放救助金82万元。推广齐鲁富民贷35笔，发放小额贷款532.8万元，覆盖全镇11个村。提升龙山路、美丽乡村路、环镇路及14个村内“户户通”沥青道路86千米。实施“照我回家”工程，投资280万元，安装太阳能路灯2100盏，亮化道路136千米。

【乡村建设】 2022年，黄山铺镇投入资金1100万元，全域提升美丽乡村，新增市级美丽乡村示范村2个、县级美丽乡村示范村12个。统筹推进山水林田湖草沙系统治理，投资10万元绿化荒山13公顷，完成森林抚育27公顷。投资300余万元实施西河北湿地公园、圣水坊山水林田河湖提升、大匡庄流域小微湿地提升等工程。投资120万元扩建蒋庄丰收广场，新建黄庄游园、西泉庄耕读传家2处景观。绿化村庄2.6万平方米，改造墙体4.5万平方米。投资200万元在镇驻地建成日处理600立方米生活污水处理站，并完成寺前官庄、蒋庄、龙山官庄、吕家庄生活污水处理收集工程，污水收集处理率70%以上。

黄山铺镇清源河 （黄山铺镇 供图）

【“省级美丽幸福示范河湖”创建】 2022年，黄山铺镇在美丽乡村建设中，做活水文章，统筹资金1000余万元，按照“200米内有景，1000米内有园”的标准，对清源河大松林至大匡庄10.4千米的河段进行提升，建拦水坝32处，打造沿河景观16处，安装路灯210盏，生态绿化1万余平方米，实现河畅、水清、岸绿、景美。2022年12月，该河段被山东省河长制办公室授予“省级美丽幸福示范河湖”。

【全省基层治理社区（村）级实验点】 2022年，黄山铺镇创新推出“乡村振兴示范片区”，以

全省基层治理（社区）村级实验点——黄山铺镇尧崖头村党群服务中心
（黄山铺镇　供图）

尧崖头村为“头雁引领”，实现“群雁齐飞”，片区10个村集体收入均超过10万元，全市的乡镇（街道）党政正职培训班到片区观摩学习。尧崖头村首创的村民代表积分制工作法被《中国社会报》全文刊发，黄山铺镇尧崖头村获得“全省基层治理社区（村）级实验点”称号。

（刘振良）

崔家峪镇

【概况】　崔家峪镇位于沂水县西20千米处，东邻黄山铺镇，南接院东头镇，西与夏蔚镇接壤，北与泉庄镇相连。总面积96平方千米，辖12个行政村，户籍登记人口3.4万人，人口自然增长率-2.8‰。2022年，被评为全市乡村治理示范乡镇。

全年实现固定资产投资8亿元，公共财政预算收入2552万元，公共财政预算支出5088万元。完成地方财政收入2179万元，比上年增长99.6%。

全镇粮食播种面积1553公顷，新增造林面积100公顷，林木绿化率 47.5 %。规模以上工业企业6个，实现主营业务收入8.8亿元，利润1684万元，利税3857万元。

有初中1所，在校生452人；有小学4所，在校生958人。有公共图书屋12处（含藏书 2000 册以上的农家书屋），电视人口综合覆盖率96%。医疗卫生机构18所，有床位99张，卫生技术人员58人。

居民基本养老保险参保人数21540人，居民基本医疗保险参保人数26320人，农村最低生活保障人数1198人。

【现代农业】　2022年，崔家峪镇投资1.7亿元，打造省级衔接乡村振兴集中推进区，在北垛庄铺村等9个村实施黄烟小镇、上泉现代渔业园、西荆山头村农产品加工车间等项目，促进村均集体增收5万元，农民人均增收1500元。发展黄烟280公顷，交售优质烟叶57万公斤，完成税收352万元，在2022年全国烟叶高质量发展现场会中通过线上视频展示和书面交流的方式，介绍先进经验做法。投资1365万元，实施高标农田建设466.7公顷，新建泵站11处、泵房7座，新建蓄水池8座，管涵8座。硬化道路1.2万米。投资2000余万元，实施山水林田湖草沙一体化保护和修复工程，已完成防火路9.7千米，蓄水池2个，蓄水罐4个。加快推进新型农业现代化，落实粮田面积划分，全镇划分永久基本农田3600公顷，落实种植粮食面积1569.8公顷。坚持稳粮强农，大力培养高素质农民，培育省级齐鲁之星1名、市级沂蒙乡村之星1名。

【民生事业】　2022年，崔家峪镇打造提升辐射西部6个乡镇的综合性行政审批服务中心，配置“一窗受理”系统，梳理镇级高频民生事项15项，设置综合受理窗口4个，“一窗受理”窗口9个，统一发证窗口1个，帮代办员2名，帮办代办站点31个，实

2022年7月2日，崔家峪镇综合性行政审批服务中心

（崔家峪镇　供图）

现民生事项“只进一门、只到一窗、只跑一次”。投资3900万元，在上泉等3个村建设269栋安置房，提升居民居住水平。探索创建“人居环境整治+”新模式，栽植苗木1.1万余株，安装小栅栏1200米，粉刷墙壁3万余平方米，垒砌小花坛350平方米。打造美丽宜居乡村，先后打造省级乡村1个，县级美丽乡村3个。建立健全政策保障体系，制定实施一批残疾人康复、就业、托养、文化体育等服务标准，在上泉社区建立1处集日间照料、社区康复、辅助性就业等功能为一体的如康家园，进一步提高残疾人服务质量。为650户居民发放取暖片，确保农民群众温暖过冬。

【水泉峪遗址发现】　2022年3月，崔家峪镇下泉村水泉峪自然村地表发现细石器时代的打制石器，经山东省考古专家调查和初步挖掘，确认水泉峪是旧石器晚期遗址。水泉峪遗址发现后，调查队以此为中心展开调查，先后发现旧石器地点4处。（王本玉）

夏蔚镇

【概况】　夏蔚镇位于沂水县城西30千米处，东邻崔家峪镇、南接院东头镇、西与高庄镇接壤、北与泉庄镇相连，总面积150.3平方千米，辖16个行政村，户籍登记人口5.3万人，人口自然增长率–0.2‰。

全年实现生产总值16.7亿元，比上年增长4.8%。固定资产投资 8.5亿元，公共财政预算收入2838万元，公共财政预算支出5058万元。

全镇粮食播种面积5312.9公顷，粮食总产3.6万吨。全年新增造林面积21公顷，林地绿化率49%。拥有农业机械总动力1.6万千瓦。规模以上工业企业7家，实现增加值1.2亿元，主营业务收入14.2亿元，利税5238万元。

有初中2所，在校生783人；小学7所，在校生1729人。有公共图书馆17所（含藏书2000册以上的农家书屋），电视人口覆盖率91%，医疗卫生机构2所，有床位169张，卫生技术人员132人。

居民人均纯收入1.9万元，居民基本养老保险参保数3.5万人，居民基本医疗保险参保人数4.2万人。农村最低生活保障人数2271人。

【现代农业】　2022年，夏蔚镇投资1800万元，新建占地18.7公顷的樱之谷樱桃大棚园区，有6个樱桃大棚和1个组培育苗室，打造集树种培育、樱桃采摘、樱桃加工于一体的高标准园区，被评为市级农业产业园。采用增施有机肥等土壤改良技术，提高土壤有机质含量，推广2158.9吨。沂水裕华家禽孵化有限公司新上生产线，可实现年孵化2000万只幼鸭。

【招商引资】　2022年，夏蔚镇招引投资12.7亿元的沂水县300兆瓦/600兆瓦时独立储能电站项目1

个，已建成投产。该项目作为全县重点推荐项目之一被列入市级重点项目库，已申报省级重大外资项目。有续建重点项目4个，分别是投资1.2亿元铭浩化工醚化工艺提升项目、投资1.1亿元的山东众邦包装印刷有限公司新上高速纸板生产线项目、投资1.1亿元的樱之谷樱桃种植大棚项目和投资4000万元裕华家禽孵化二期项目，其中，山东众邦包装印刷有限公司新上高速纸板生产线项目列入2022年全县重点项目库，实现当年落地、当年投产。

【基层党建】 2022年，夏蔚镇开展支部书记专业化管理工作，纳入第三批专业化管理村党支部书记3人，纳入首批专业化管理村干部4人，调整村“两委”干部5人，取消专业化管理村党支部书记1人。发展党员28人，其中35岁以下的17人、30岁以下的5人，3年不发展党员村全部消除。不断挖掘镇内红色故事，创新互动式、情景式党课形式，拍摄情景党课《初心》1部、微党课5部，提升党员教育的感染力和感召力。

【社会治理】 2022年，夏蔚镇健全人民调解组织网络，实现16个社区委员会人民调解组织全覆盖。排查纠纷278起，调解成功278起，其中重大调解案件1起。完善矛盾纠纷多元化解机制，领导干部主动接访下访90余次，收集群众建议意见36条。

【民生事业】 2022年6月30日，投资1亿元建设的沂水县人民医院夏蔚医院正式启用，实现三级医疗资源下沉一线。沂水县阳光富民光伏科技有限责任公司三批光伏项目收入552万元，其中分配贫困户78万元、村集体留存474万元。开发公益性岗位城镇岗14人，农村岗407人。

【乡村建设】 2022年，夏蔚镇对51个村人居环境进行全覆盖点评和分批次验收，先后清理“五堆”2000余处。加强对曹姚路、G342日凤线沿线环境整治，拆除违法建设60余处，整理绿化带80余处，粉刷墙面2万余平方米，栽植绿化苗木5万余株。整修路肩边坡19千米，疏通桥涵边沟25处，路面病害维修3500平方米，清理占道经营35处，清理非公路标志20处，增设安全设施18处。持续推进东上位、南王家庄子和朱家坪新修建道路改造提升，栽植白蜡，樱花，紫叶李、红叶石楠、黄杨等10万余株。完成甄家疃村、水源坪村、东牛家坪村、云头峪村、西山村、北上位村6.2千米道路建设任务，投资5000万元新开王庄河东旅游路建设项目。积极实施“照我回家”工程，安装路灯857盏，涉及20个村，照亮道路42.4千米。

【第七届“云上”樱桃节】 2022年5月19日，夏蔚镇举办2022年中国旅游日暨夏蔚镇第七届“云上”樱桃节，县融媒体中心全程直播。在沂蒙大讲堂设主会场，设置旅游商品展示，7个旅游强乡镇参与展播，在圣母山樱桃

2022年5月19日，沂水县2022年中国旅游日暨夏蔚镇第七届“云上樱桃节”在夏蔚镇沂蒙大讲堂开幕　（夏蔚镇　供图）

夏蔚镇文明实践主题公园（夏蔚镇 供图）

园、中共中央山东分局旧址、朱家坪村分别设分会场，吸引4万多网友在线观看。该活动推动“红绿相映·多彩沂水”精品线路提升建设，提升夏蔚大樱桃的品牌知名度。

【文旅与大樱桃产业融合发展】 2022年，夏蔚镇实施“文旅+”融合发展，推动文旅与大樱桃产业深度融合。在现有52个露天采摘园区的基础上，重点对曹姚路沿线包括南庄、葛沟、上桃峪、下桃峪、双山、王庄、大战地和院庄的露天大樱桃进行更新换代，提升露天大樱桃休闲采摘示范园区建设。加快文旅基础配套设施建设，争取山水林田湖草沙项目，对大樱桃发展区周边的夏蔚河、王庄河进行河道清淤，优化提升道路沿线环境，建设一批特色民宿、休闲农家乐、民俗体验区，打造红绿融合示范区。

（刘欣宇）

高庄镇

【概况】 高庄镇位于沂水县最西部，地处临沂、淄博两市，沂水、沂南、沂源、蒙阴四县交界处。总面积130平方千米，辖12个社区，34个行政村，户籍登记人口5.1万人，人口自然增长率-1.6‰。固定资产投资16亿元，公共财政预算收入3309万元，公共财政预算支出3696万元。年内获“全市能耗双控工作先进单位”称号。

全镇粮食播种面积2067公顷，粮食总产2.6万吨。肉、蛋、奶总产4266吨。全年新增造林面积80公顷，林木绿化率42%。全镇拥有农业机械总动力7.6万千瓦。规模以上工业企业11个，实现主营业务收入16亿元，实现利税5600万元。

有初中2所，在校生1064人；小学7所，在校生2014人。有公共图书馆13所（含藏书2000册以上的农家书屋），电视人口综合覆盖率99.7%。医疗卫生机构31所，有床位99张，卫生技术人员151人。

居民人均纯收入19515元，居民基本养老保险参保人数15553人，居民基本医疗保险参保人数30029人。农村最低生活保障人数1967人。

【现代农业】 2022年，高庄镇建设高效农业示范基地“蓝莓种植示范园”，占地3.3公顷，改造冬暖式大棚15个，栽植蓝莓8000株，育苗1.2万株。采用“家庭农场+农户”方式运营，带动周边600户农户种植蓝莓，蓝莓示范园区面积扩展至80公顷。园区采用统一提供种苗、统一提供肥料、统一病虫害防控、统一销售的运营模式经营，用最先进的滴箭系统进行局部精准微量灌溉、施肥，促使水和肥料的渗漏和损失降到最低。

【“双招双引”】 2022年，高庄镇招引投资10亿元的“庆铃”专用汽车制造项目、投资3亿元的晶道玻璃汽车玻璃项目、投资1.2亿元的智班自动化数控机床项目、投资1.2亿元的高端深海鱼海产品及肉制品精深加工项目和投资1.1亿元的宝隆生物盘活转型升级项目落地。引进海外留学博士

高庄镇驻地 （刘哲军 摄）

研究生2人，硕士研究生1人，申报泰山人才工程项目2人，申报沂蒙创业大赛1人。

【基层党建】 2022年，高庄镇推进党支部标准化建设，投入1000余万元对22个村级活动场所高标准提升。发展党员7名，培养入党积极分子36名，打造党代表工作室7处，成立“两新”组织党支部1个，完成石井村和下里村两个软弱涣散党组织全面整治，12名新中国成立前老党员颐居小院全部改造完成。组织支部书记讲党课200余次，创新情景式党课《追寻》。发展村集体经济，全镇17个村党支部领办合作社，年经营性收入全部10万元以上。抓牢书记突破项目，成立沂水君隆肉食品加工有限公司和西胜养殖场，村集体增收20万元。

【社会治理】 2022年，高庄镇建立镇、管理区、村三级矛盾纠纷排查多元化解机制，排查化解各类矛盾纠纷109起。办理市级交办重点案件4起，县交办“四初案件”6起，到镇信访案件98起，信访信息系统受理案件71起，全部按期完成化解。

临临高速公路（沂水段）高庄西良场站建设现场 （高庄镇 供图）

【乡村建设】 2022年，高庄镇加强水利工程建设，修建河堤3.5千米，新建桥梁5座，新建拦河坝6处。开展道路提升及“照我回家”工程，完成镇境内道路提升、绿化、美化6.5千米，安装路灯1000余盏。开展美丽乡村建设，推进土地整理复垦挖潜工作，完成西良等13个村土地复垦项目，新增耕地面积5.7公顷。整治生活污水排放，投入500余万元在高庄村等4个村完成生活污水处理建设工程。持续开展人居环境综合整治，完成清洁取暖改造800户。

【高速公路建设】 2022年，高庄镇全力配合临临高速公路沂水段建设。临临高速公路是省重点建设项目，沂水段全部在高庄镇境内，计划总投资30亿元，全长22.2千米，设高庄和高庄北两个出入口。高庄镇配合县临临高速指挥部、山东高速、评估公司等单位，开展群众工作，完成土地征收147公顷，保障工程顺利施工。年内道路工程路基填方完成224万立方米，桥梁桩基完成999根，隧道洞身掘进完成2437.2米，完成投资额14.5亿元，占比48.3%。（丁长龙）

泉庄镇

【概况】 泉庄镇地处沂水县境西北部，东依诸葛镇，西靠夏蔚镇，南连崔家峪镇，北与淄博市沂源县交界。总面积103平方千米，辖12个社区，31个行政村，户籍登记人口3.3万人，人口自然增长率为-0.4‰。年内，市级以上领导调研40余次，省外领导调研3次。全镇获"山东省书香之镇""山东省农业产业强镇""山东省精品文旅名镇""山东省平安农机示范镇"等称号。

全镇粮食播种面积1108.7公顷，粮食总产1056万公斤，农业机械总动力1.6万千瓦。

全年实现地方财政收入2364万元，增长58.2%；规模以上工业企业8个，实现规模以上工业总产值9.7亿元，比上年增长14.5%；完成固定资产投资20亿元，比上年增长15%；完成工业技改投资8亿元，比上年增长41%；实现外贸进出口总额2577万元，比上年增长81.7%。公共财政预算收入2364万元，公共财政预算支出2364万元。

全镇有初中1所，在校生646人；小学9所，在校生1013人；幼儿园8所，在校生616人。有公共图书馆2所（含藏书2000册以上的农家书屋），医疗卫生机构1所，有床位99张，卫生技术人员70人。

居民基本养老保险参保人数17007人，居民基本医疗保险参保人数25472人，最低生活保障人数1144人。

【现代农业】 2022年，泉庄镇推进省级现代农业产业园建设，完成6个果蔬大棚保温系统配套、露天果品栽植13公顷、园区道路硬化1.1千米、水肥一体化管道铺设13千米。493公顷的高标准农田建设项目通过市级验收。落实耕地保护制度，有12个村实施城乡建设用地增减挂钩项目，新增耕地5公顷，进出平衡项目入库6.7公顷。全年执法卫片、耕地保护图斑、国土变更调查图斑等违法数量全县最低，未发生省级耕地遥感图斑。落实良种补贴等惠农政策，粮食产量稳定持续增长。

【基层党建】 2022年，泉庄镇开展党支部领办合作社"规范运行提升年"活动，依托第一书记示范片区建设，带动村级增收提档升级，全镇所有村集体收入过10万元。实行党员量化积分管理，推进农村干部队伍优化提升，整顿软弱涣散基层党组织。打造党代表工作室5处，发展预备党员18名，新纳入专业化管理村党支部书记2人，规范提升党组织阵地11处，打造示范支部4个，安装可视化平台信息系统31处。整改约谈发展党员违规违纪问题6人，摸排长期流动党员254人、非长期流动党员139人。

【社会治理】 2022年，泉庄镇深化平安泉庄创建，落实网格化管理、扫黑除恶等工作，完成党的二十大期间安保工作。全年，办理"12345"热线2217件，化解上级交办积案4件，办理网上投诉案件46件。试点开展农村信用体系建设和公信村居工程，群众自觉参与环境整治、疫情防控、关爱老人等"信用+"志愿服务活动。

【民生事业】 2022年，泉庄镇投入140万元打造尹家峪幸福食堂1处，建设如康家园项目1处。"齐鲁富民贷"发放贷款300余万元。开发农村公益性岗位272个、城镇公益性岗位5个。新增低保户105户、五保户15户，排查救助大病困难群众135户，办理退役军人优待证814人。连续7年为高考优秀学生颁发奖学金，发放临时救助金、残疾人生活补贴、护理补贴、困境儿童资金、优抚金等各类补贴资金439万元。

省级美丽幸福示范河湖——马莲河　（泉庄镇　供图）

【乡村建设】　2022年，泉庄镇借助省级衔接乡村振兴集中推进区建设的契机，提升南坡草莓蔬菜基地、农产品交易中心、崮园现代农业示范园等18个重点项目，硬化道路8540米、修建拦水坝11处等。马莲河、温凉河综合治理工程有序推进，完成投资约4480万元。实施“照我回家”工程，安装路灯830盏。提升镇驻地绿化3万平方米。对26户农村低收入户进行危房改造与改厕。投入400万元，完成前里庄、后里庄、南坡、河南、石牛坡5个村的农村污水改造。新增省级美丽乡村1个、市级美丽乡村2个、县级美丽乡村5个。

【文旅融合】　2022年，泉庄镇结合“文旅活县”战略部署，在马头崖村建设第一面党旗红色展馆。完成八路军山东纵队直属后方医院改造提升。举办第11届网络桃花艺术节，吸引300多万人次在线观看。天上王城研学基地通过省级中小学研学基地评审。“山野山也”精品民宿投入运营。纪王崮墓群入选第一批省级考古遗址公园立项名单，2022年6月，文旅部副部长、国家文物局局长李群到泉庄调研“纪王古墓群”，对泉庄镇的文物保护工作给予充分肯定。云水间民宿获“山东省最美巾帼民宿”“山东省十佳建筑设计民宿”称号。沂蒙花开旅游区游客服务中心建成并投入使用，党性教育、康养研学配套项目顺利推进，创建国家AAAA级旅游景区。

【新媒体宣传】　2022年，泉庄镇政务新媒体微信公众号在全市乡镇政务新媒体微信公众号月度考核中，获得4次全市第一、1次全市第二的好成绩，入选临沂市2022年度“十佳新媒体”评选名单，位居“十佳政务类（乡镇）微信公众号”榜首。年内，泉庄镇政务新媒体微信公众号粉丝2.4万余人，日均阅读量3000人次，单篇阅读量最高6.2万人次，视频号日均播放量1800人次，单篇播放量最高409.6万人次，转发量超10万人次。

【“信用+乡村治理”新机制】　2022年，泉庄镇抓住全县农村信用体系建设试点镇的有利时机，选择尹家峪村、南坡村、佃坪村3个村作为农村信用体系建设试点村。试点成功后，6月在全镇全面推开，建立起包括31个村、25803名18周岁以上居民、180家新型农业经营主体的基础信息数据库。至年底，全镇信用等级A级及以上的农村居民414人，A级以上信用户260户，形成“崇信向善、信用有价”的浓厚氛围，构建起“信用+乡村治理”新机制。

【“沂”起学理论工作品牌】　2022年，泉庄镇创新“泉”心“泉”意“沂”起学理论工作品牌，党委理论学习中心组实行学习、调研、工作“三位一体”工作机制，镇党委书记带头进机关、进农村开展宣讲，班子成员每月到包扶村居讲学不少于1次，村党组织书记讲学不少于1次。常态化开展“讲故事、学理论”“七讲七进”理论宣讲等，组建宣讲团7个，镇级开展宣讲96场次，邀请全县优秀村支部书记宣讲团等到镇宣讲2次，村级开展宣讲776场次。整合全镇国家AAA级旅游景区艺博园、新时代文明实践站等设立镇级开放式“讲学课堂”1处、村级“讲学课堂”31处，配备《习近平讲故事》系列丛书52套，《沂水县“讲故事、学理论”学习读本》1200本。

【尹家峪“幸福食堂”】 2022年，泉庄镇尹家峪党支部利用村里闲置房屋，投资140万元创办“幸福食堂”，占地面积400余平方米，配备30余套就餐桌椅，可供120余人同时就餐，内设空调和液晶电视，同时配套棋牌室、健身园等服务设施，为老年人提供休闲娱乐“一站式”服务，志愿服务队员轮流到“幸福食堂”开展义务劳动，为老年人提供优惠、安全的助餐服务。

【云上桃花艺术节】 2022年，泉庄镇第11届桃花节以“云赏桃花春风·走进美丽泉庄”为主题，通过临沂公共直播平台、“临沂文旅”抖音号、“临沂直播”微信公众号、“爱临沂”App4大直播平台全程直播，设置7路直播路线、7大主阵地，8大云赏板块，全时空、多角度介绍泉庄的美景、美宿、美物。网络直播主场景设在尹家峪田园综合体沂蒙花开景区，分场景连线天上王城景区、艺博园景区、佃坪桃花山、原舍桃颂民宿、金龙山有机蜜桃产业园、空中草莓采摘园、旅游景观大道。各路主播带领网民寻美诗画泉庄，登天上王城、赏沂蒙花开、看精品民宿，吸引300余万人次观看，扩大泉庄知名度、影响力。

（解鑫品）

泉庄镇尹家峪幸福食堂 （泉庄镇 供图）

院东头镇

【概况】 院东头镇位于沂水县西南部，东邻许家湖镇，南接沂南县，西与沂南县、夏蔚镇接壤，北与夏蔚镇、崔家峪镇、黄山铺镇、龙家圈街道相连。总面积105平方千米，辖12个社区，72个村，户籍登记人口3万人，人口自然增长率4.5‰。全年承办中央组织部乡村振兴调研、省派挂职县（市、区）党委副书记培训交流会、全省山水林田湖草沙一体化保护和修复工程推进会、全市乡村振兴现场观摩会等市级以上现场会10次，获“山东省旅游民宿集聚区”“临沂市十强宜居乡镇”“临沂市十强农业乡镇”“临沂市十强商旅乡镇”“临沂市十强科创乡镇”等称号。作为全市唯一乡镇参加全省乡村旅游助力乡村振兴工作推进会，参加全市乡村振兴推进会并作典型发言。

全年实现地区生产总值41亿元，比上年增长5%。固定资产投资5.7亿元，公共财政预算收入1.1亿元，公共财政预算支出6020万元。

全镇粮食播种面积1600公顷，粮食总产1.2万吨。水产品总产680吨，肉、蛋、奶总产1万吨。全年新增造林面积15公顷，林木绿化率68%。拥有农业机械总动力5.4万千瓦。规模以上工业企业6个，实现增加值10.9亿元，主营业务收入39.4亿元，税收2.4亿元。

有初中2所，在校生1206人；小学11所，在校生3548人。有公共图书馆30所（含藏书2000册以上的农家书屋），电视人口综合覆盖率97%。医疗卫生机构2所，有床位246张，卫生技术人员131人。

居民人均纯收入19515元，居民基本养老保险参保人数16720人，居民基本医疗保险参保人数53200人。农村最低生活保障人数2443人。

【现代农业】 2022年，院东头镇持续抓好生姜产业强镇工作，开展农民合作示范社、家庭农场示范场建设行动。抓好秸秆禁烧宣传与“四离一集中”工作，做好护林防火工作。新增水肥一体化57公顷。引进优质果品新品种3个，提升建设佟家庄蓝莓基地、单家庄苹果园区、四角泉蜜桃园区3处园区，新建果品收购市场1处，全年新发展果茶面积80公顷，总面积2800公顷。

【基层党建】 2022年，院东头镇实施“村党支部领办合作社、领办志愿服务队”工程，规范提升42家党支部领办合作社，新建“暖心食堂”2处、改造颐居小院9处。深入开展农村党员分类管理量化积分工作，成立镇教育转化党支部，组建疫情防控党员先锋队、志愿服务队，每月评选2名“党员先锋”。持续优化支部建设，调整村党支部书记4名，新纳入专业化管理村干部11名、退出2名，新建村级活动场所6处、提升66处，全面完成软弱涣散村党组织整顿提升任务。镇离退休干部党支部获评市“五星级”离退休干部党组织，相关经验做法入选省创新案例。持之以恒纠治“四风”，深化运用监督执纪“四种形态”，立案10起，协助县纪委结案4起，发挥日常监督作用问责6起。查处违规违纪党员13人，其中开除党籍2人、党内严重警告6人、党内警告5人。

【乡村建设】 2022年，院东头镇投资1.4亿元，生态治理河道34千米，栽植生态防护林1.3万株，建设小微湿地4处、生态修复工程5处，新增耕地15.7公顷。投资1380万元，新建护岸工程534米、拦河坝8座，维修拦河坝29处、漫水桥2座。投资976万元，安装路灯3800盏，覆盖全镇29个路段，总长度60千米。投资1513.8万元，改造提升现有道路，打造1处半程马拉松环形赛道，村庄主干道硬化率100%。投资1412万元，开展人居环境整治提升，全镇72个村每村建成“一条样板街”，创建省级美丽乡村示范村1个、省级景区化村庄1个。

【社会治理】 2022年，院东头镇开展扫黑除恶斗争，攻坚1人，处结初信初访18起，化解信访积

2022年，院东头镇整合资源，推进全域景区化建设。图为南墙峪村（黄家国 摄）

案7件，热线工单办结率100%，满意率98.7%。深入推进依法治镇工作，设立公共法律服务站1个，法律顾问配比率100%。

【乡村振兴】　2022年，院东头镇实施产业振兴类项目36个，市级乡村振兴示范片区创建成效明显，9月被推荐创建省级乡村振兴齐鲁样板示范区，11月在全市乡村振兴现场观摩会中获全市第二名。全年实施煜民生态农业园区项目、昆润食品生姜高效综合利用等产业振兴项目13个，开展沂蒙直播电商基地提升、乡村振兴培训中心提升等人才振兴项目2个，完成西墙峪红色记忆馆、党性教育基地建设等文化振兴项目5个，推进基础设施提升、“照我回家”工程、人居环境提升等生态振兴项目9个，实行村级活动场所提升、“暖心食堂”、党员教育中心、颐居小院等组织振兴项目5个。

【乡村旅游特色产业】　2022年，院东头镇深挖红色资源，整合资金4200万元，实施文旅融合项目11个，建成西墙峪红色记忆馆等党性教育教学点4处，打造红绿融合精品线路2条。整合各类资金2305万元新修旅游道路17千米，新建游客驿站1处、沿途景观5处等。投资5.7亿元实施峙密山居、竹园春风度假区、茶旅综合体等农文旅融合项目4个，形成集“红色旅游、文化体验、休闲观光、创意农业、特色民宿”于一体的乡村旅游特色产业。探索农村闲置宅基地盘活利用机制，推进四门洞、马家崖、西墙峪、桃棵子等6个村民宿产业发展，建成精品民宿17家，创建经验获省文旅厅肯定推广。

2022年9月29日，全省乡村旅游助力乡村振兴工作推进会议召开，院东头镇作为首批省级旅游民宿集聚区代表在会上领取奖牌　（县文旅中心　供图）

【农村信用体系建设】　2022年，院东头镇将3.7万名农村居民、72个村居、101个新型农业经营主体纳入农村信用体系建设，评出A级及以上信用户729名、村居6个、新型农业经营主体11家，2260人次的A级及以上信用居民享受加油、购物等优惠，为信用户节省花费3.7万元。开展志愿服务活动4800余次、25200人，节约雇佣成本28万余元。　（黄家国）

许家湖镇

【概况】　许家湖镇位于沂水县南部，东邻日照市莒县果庄镇，南接沂南县苏村镇，西与沂水县院东头镇接壤，北与沂水县沂城街道相连。总面积205平方千米，辖30个行政村，户籍登记人口13.8万人，人口自然增长率-0.2‰。年内被评为全国乡村特色产业超十亿元镇、山东省首批绿色能源发展标杆乡镇、临沂市十强工业乡镇、临沂市十强开放乡镇。

全年实现生产总值93亿元，比上年增长6.9%。其中，第一产业增加值9.5亿元、第二产业增加值37亿元、第三产业增加值46.3亿元。固定资产投资20亿元，公共财政预算收入3.2亿元，公共财政预算支出7627.5万元。

全镇粮食播种面积3200公

顷，粮食总产2.4万吨。水产品总产10吨，肉、蛋、奶总产1.2万吨。全年新增造林面积10公顷，林木绿化率23%。全镇拥有农业机械总动力5.5万千瓦。规模以上工业企业34个，实现产值77.7亿元，实现主营业务收入6.7亿元，实现利税5.5亿元。

全镇有初中1所，在校生1130人；小学11所，在校生3520人。有公共图书馆46所（含藏书2000册以上的农家书屋），电视人口综合覆盖率98%。医疗卫生机构2所，有床位180张，卫生技术人员194人。

全镇农村居民人均纯收入21661元，居民基本养老保险参保人数37876人，居民基本医疗保险参保人数82849人。农村最低生活保障人数2260人。

【基层党建】 2022年，许家湖镇整治软弱涣散基层党组织2个，新发展35岁以下年轻党员16名，储备村级后备干部346名。建设城市社区网格党支部6个、小区党群服务站8处、业主委员会37个。年内，提升原建制村活动场所85个，建设镇级党校1处，组织开展各类培训班8场次，培训党员干部5200人次。开展纪律作风集中整顿活动2次，党员干部自查问题2044条、镇督导组抽查问题11条，全部整改完成。

【工业发展】 2022年，许家湖镇落地实施项目6个，推进重点技改项目8个，实施在建项目6个。新发展规模以上工业企业6家，4家工业企业成功申报省级专精特新企业。歌尔泰克智能穿戴项目在全市推动高质量发展现场交流会，被评为“全市十佳好项目”，全县唯一。旭腾新材料锂电新能源项目总投资3.2亿元，是全县锂电新能源产业建链项目，实现全县锂电新能源产业“从无到有”的突破。至年底，3万吨碳酸乙烯酯生产装置安装到位，原材料罐区和成品罐区、办公楼及配电室等辅助用房建设完成。

【城乡建设】 2022年，许家湖镇南社、袁家庄社区美丽宜居乡村安置区项目超前建成，实现“交房即办证”。投资520万元，改造中国人民财产保险股份有限公司家属院小区等5个老旧小区，惠及400户业主。完成便民服务中心建设项目、镇驻地污水管网项目。实施城市精细化管理工程，铺设沥青道路2万平方米，整理绿化带4000余平方米，粉刷乳胶漆3.4万平方米，墙体彩绘、仿木纹漆2600平方米，建设文化广场2处。开展城乡环境综合整治提升行动，改造墙体立面15万平方米，新安装景观太阳能路灯1647盏，覆盖道路60余千米。争取上级资金2500万元，建设衔接乡村振兴集中推进区。

【社会保障】 2022年，许家湖镇创新开展“强村带弱、优企扶弱、能人帮弱”联建帮扶活动，村村联手、村企共建，在基础建设、服务能力、产业发展等方面综合帮扶带动，完成提升项目10个，募集帮扶资金30余万元。争

旭腾新材料锂电新能源项目 （王晖 摄）

取上级资金705万元，建设完成扶贫项目11个、新入库扶贫项目19个、新识别动态监测对象4户9人。新建希望小屋9处。投资42万元，扩建2处公益性公墓306套、栽植绿化树木360棵，全镇新去世人员入公墓安葬率100%。

【气象防灾减灾社区】 2022年8月，许家湖镇阳光社区气象防灾减灾平台投入应用。平台监测到气象实况超出设定阈值后，社区管理中心可通过数字平台第一时间自动叫应相关信息员，准确及时提醒小区负责人、楼长或普通居民注意防范气象灾害，还可通过语音或图文实时反馈灾害现场情况，提升气象防灾减灾决策叫应的及时性和针对性。阳光社区的临沂市城市智慧社区气象服务应用场景被评为山东省2022年新型智慧城市优秀案例，列入山东省高质量气象现代化建设先行试点和临沂市气象创新项目。

【电商产业】 2022年，许家湖镇有电商企业420家，电商从业者1万余人，村级电商服务点32家，主要带货特色农产品、沂水食品、服装鞋帽等本地产品。新培育销售额200万元以上电商企业160家，新发展村级电商服务点18家，沂蒙山电商基地被评为市级数字经济园区，连续3年被评为"淘宝镇"。组织电子商务业务培训会6次，培训500余人。　（高凯华）

四十里堡镇

【概况】 四十里堡镇位于沂水县东南部，地处临沂市沂水县、沂南县和日照市莒县"两市三县"交界处，总面积126平方千米，辖26个行政村，户籍登记人口7.1万人，人口自然增长率-3‰。年内获市"十强农业乡镇"称号。

全年完成固定资产投资5.2亿元，公共财政预算收入4131万元。全镇粮食播种面积5312公顷，粮食总产3.5万吨。肉、蛋、奶总产5.1万吨。

全年新增造林面积67公顷，林木绿化率20.4%。规模以上工业企业20个，实现增加值率16%，实现主营业务收入 13 亿元，利税6973万元。

有初中2所，在校生1734人；小学11所，在校生3507人。有公共图书馆 3所（含藏书 2000册以上的农家书屋），有线电视综合人口覆盖率99%。有镇中心卫生院1所，村级卫生室41所，卫生院职工152人，乡医62人，床位135张。

居民基本养老保险参保人数31849人，居民基本医疗保险参保人数54690人。农村最低生活保障人数1469人。

【现代农业】 2022年，四十里堡镇克服干旱、病虫害等影响，粮油作物实现丰产丰收。承担国家农业产业强镇项目的3处工程顺利通过验收。3家养殖场通过长三角农产品供应基地验收。完成水肥一体化推广229.7公顷。完成3576吨绿色种养循环项目。参与完成"苹果园灯诱技术创新与应用"项目，被省农业农村厅评为优选计划。9月23日，山东省农业广播电视学校到四十里堡镇举办"姜绿色高效关键技术推广"现场观摩会。

【基层党建】 2022年，四十里堡镇开展"党建引领、共同成长"品牌创建培树活动，组织开展村党组织书记乡村振兴"擂台比武"、"寸草心"志愿服务擂台赛、党代表观摩擂台赛、春季党员集中培训等系列活动。完成42个村党建可视化信息平台扩面。完成袁家庄、孟家庄等村"暖心食堂"建设，被《人民日报》、新华网等媒体报道宣传。年内新发展党员41人，为新中国成立前老党员打造"颐居小院"12处。

【社会治理】 2022年，四十里堡镇安装消防栓26处，配备微型消防站68个，被评为临沂市安全管理规范化乡镇。群众来访接待、各级网信办理及时高效，化解信访积案8起。8月17日，为全市信访工作现场会提供观摩现场。

【民生事业】 2022年，四十里堡镇建设完成“四好农村路”5.4千米，“户户通”完成5993平方米，完成8座危桥施工建设。代办便民服务2500余件、受理群众需求诉求工单3620件，按期回复率100%。纳入低保174人，新增特困供养9人，临时救助214人，兜底保障更加有力。

【乡村建设】 2022年，四十里堡镇突出“治丑、除乱、增美”，持续加快村庄美化、亮化、绿化、硬化，清理完成残垣断壁581处，所有村庄打造微景观、精品线路。“照我回家”工程完成1条主线、6条支线，绿化9000米，安装路灯1100盏。建设省级美丽乡村1个、县级美丽乡村2个。四十里堡镇驻地污水处理厂完成改造升级，新增清洁取暖800户，消除农村改厕问题1248个。

【灯塔直播】 2022年，四十里堡镇以吴家沟村、金场村、刘家官庄村为试点，打造灯塔直播间，将集中宣讲、专题讲座等传统方式和互联网、手机等信息化手段相结合，把理论学习与第一书记直播带货、本土名师直播党课等方式融合在一起，利用线上视频连线，抓培训、征民意、话发展，受到党员干部群众欢迎。

【苹果擂台赛】 2022年11月15日，沂水县第五届苹果擂台赛在四十里堡镇恒和家庭农场举办，全县果农选送22个品种、110份样品参赛。评审小组从苹果的果形、色泽、糖度、风味、硬度等各项指标测评打分，评选出金奖5个、银奖10个、铜奖15个、优质奖20个。

2022年11月15日，沂水县第五届苹果擂台赛在四十里堡镇举办
（四十里堡镇 供图）

【特色树种多元开发利用】 2022年，四十里堡镇小赵家屯村皂荚林长科技创新示范园探索出皂荚多效益科技创新模式。将产刺、产果、绿化大树作为培育重点，自主选育的皂荚新品种“天丁1号”获得国家植物新品种权，是山东省内为数不多的具有自主知识产权的皂荚新品种，创新探索的“皂荚树五大直接经济收入、十大产业开发方向”高效益种植模式被广泛推广，为当地林农带来亩均年收入3万元的经济效益。8月16日，国家林草局到小赵家屯村皂荚林长科技创新示范园区调研。至年底，皂荚林长科技创新示范园发展到13.3公顷，皂荚树品种培育到10余个，皂荚产业成为助力乡村振兴的特色富农产业。 （郝凤晓）

圈里乡

【概况】 圈里乡位于沂水县东北部，地处沂水、临朐、安丘三县（市）交界处。总面积112.8平

方千米，辖16个社区、55个行政村，户籍登记人口3.6万人，人口自然增长率-2.3‰。年内，被评为省级卫生乡镇。

全乡规模以上工业企业7个，规模以上工业总产值156亿元，实现营业收入136亿元，实现税收1.9亿元。固定资产投资8.8亿元，公共财政预算收入5280万元。

全乡粮食播种面积3126公顷，粮食总产2万吨。水产品总产27吨，肉、蛋、奶总产5720吨。林木绿化率25%。有农业机械总动力0.8万千瓦。

有初中1所，在校生992人；小学5所，在校生1049人。有公共图书馆16所（含藏书 2000 册以上的农家书屋），电视人口综合覆盖率96%。医疗卫生机构23所，有床位92张，卫生技术人员84人。

居民基本养老保险参保人数21871人，居民基本医疗保险参保人数26789人。农村最低生活保障人数1562人。

【现代农业】 2022年，圈里乡发展高效农业，投资1200余万元在上獐子峪、牛家沟等村建设高标准农田413公顷。投资1.1亿元培育山东沃兴农牧发展有限公司等新型经营主体，打造农牧种养示范基地。推进耕地“非粮化”“非农化”整治，清理图斑、采伐杨树540公顷，耕地保有量超额完成133公顷。持续擦亮“金秋红蜜”“映霜红”晚熟蜜桃金字招牌，成功举办第四届“蜜桃采摘节”。以家庭农场为主体发展烤烟366公顷，带动烟农增收2570万元，实现税收535万元，全乡上等烟收购均价全市第一、种植面积全市第四。

【“双招双引”】 2022年，圈里乡新招引项目6个，其中过亿元项目4个。完善人才“引育用留”体系，依托山东清沂山石化科技有限公司，引进、培育特种润滑添加剂、特种润滑油研发人才30余人，与欧洲自然科学院院士、俄罗斯自然科学院院士哈夫金·亚历山大就纳米级特种润滑添加剂的研制及应用研究项目开展合作，成功获批科技部海外人才项目。

【基层党建】 2022年，圈里乡强化阵地建设，投资380余万元对7处村级活动场所进行规范化提升、对26处村级活动场所进行改扩建、对55个行政村办公设施进行配套提升。强化党员教育，投资90余万元打造乡镇党校1处，投资20余万元安装党建可视化设备39套。开展“情暖夕阳 关爱老人”寸草心志愿服务活动，提供志愿服务3760余次。拓宽增收渠道，盘活土地资源，实施土地增减挂钩增加集体收入，55个行政村村集体经济收入全部超过5万元，其中达10万元以上的占比98%。

【社会治理】 2022年，圈里乡抓牢安全生产，开展风险隐患大排查、大整治，投资15万余元对应急办场所规范提升，建成村微型消防站55个。投资30余万元对综治楼办公场所规范提升。侦破各类刑事案件6起，查处治安案件16起。压实“12345”热线工单办理责任，办理“12345”热线工单4715件，群众满意率95%。开展矛盾纠纷排查化解“百日攻坚”行动，摸排化解矛盾纠纷256次，化解率98%。

【民生事业】 2022年，圈里乡持续巩固脱贫攻坚成果同乡村振兴有效衔接，投入衔接资金540余万元，建设项目11个，实现扶贫收益692万元。实施“幸福家园”工程，建成涝坡村、马家土峪村“幸福食堂”2处，建设“如康家园”残疾人之家1处。多渠道解决困难群众就业难题，开发城镇、农村公益性岗位350余个。开展“慈心一日捐”活动，募集善款42万元。开展公墓扩建提升工作，投资10余万元新建墓穴111套，全年安葬563人，追思会举办达90%以上。持续做好低保、低保边缘户、特困供养人员动态更新及待遇发放工作，新纳入低保户154户、低保边缘户254户、特困供养户9户、临时救助户106户、退出低保户143户、特困供养户12户、低保边缘户143户，发放各项保障资金及临时救助资金1200余万元。

【乡村建设】 2022年，圈里乡投资600余万元的便民服务中心建成并投入使用，投资65万元建设乡镇综合文化站1处，投资72万元建设村史馆2处。新增社区健身广场6处，社区图书室8处。投资7000余万元建设书香雅苑社区。加大齐长城遗址保护力度，投资6万元安装保护界桩500余个。强化医疗资源配置，投资42万元引进多台多功能康复治疗仪，投资36万元改建高标准“千级层流”净化手术室。优化教育资源配置，投资40余万元改造提升中心小学安保设施，投资300余万元改造提升教师周转房100间。

【省级卫生乡镇】 2022年，圈里乡持续推进美丽乡村建设和农村人居环境整治工作，统筹使用资金1200余万元实施绿化、亮化、美化、净化环境整治综合提升工程。持续开展小城镇绿化提升工程，栽植绿化苗木26万株，补植绿化面积5000余平方米；投资20余万元美化墙壁6000余平方米，安装防护栏4千米；投资210余万元打造微地形4处，铺设草坪3000余平方米，营造“一路多景、四季有花”优美环境。相继推进人居环境整治专项行动，举办人居环境暨环卫一体化“擂台赛”8次，出动机械设备1000余台，人工2.3万余人次，全乡70个自然村全部实现“过关销号”，成功创建省级卫生乡镇。

【第四届蜜桃采摘节暨“结同心情定圈里·庆丰收喜迎盛会”集体婚礼】 2022年9月29日，圈里乡举办第四届蜜桃采摘节暨“结同心情定圈里·庆丰收喜迎盛会”集体婚礼。现场为6对新人举办集体婚礼并邀请嘉宾品鉴蜜桃、苹果、小米、蜜薯等特色农产品，吸引近500名群众观看。此次活动宣传圈里乡“特色农产品”品牌，弘扬社会新风，实现农民增收和婚庆减负的双赢局面。（刘陆迪）

2022年9月29日，山东·沂水圈里乡第四届蜜桃采摘节暨“结同心情定圈里·庆丰收喜迎盛会”集体婚礼举办（圈里乡 供图）

人物　荣誉

立功军人名录

孙连营　沂水县人，2005年12月入伍，2020年5月荣立个人二等功，2022年4月退役。

全国先进个人

个人嘉奖（公安部）

何兆宝　沂水县公安局许家湖派出所所长

全国农村集体产权制度改革工作先进个人

孙明昭　沂水县农村经营管理服务中心高级农经师

全国渔业执法系列专项行动工作突出个人

杨春华　沂水县渔业发展保护中心主任

全国“互联网+农技推广”服务之星

刘　峰　沂水县农业技术推广中心土壤肥料工作股股长

全国就业宣传工作县级先进个人

庞京奇　沂水县人社局公共就业和人才服务中心就业指导股股长

山东省先进个人

山东好人

田　琦　沂水县沂城街道残疾人专职干事

王学文　山东源泉机械有限公司总经理

黄家松　沂水县崔家峪镇南垛庄铺村村民

杨利萍　（女）沂水县高庄镇第一初级中学教师

王福德　沂水县检验检测中心宣传科科长

第五届齐鲁和谐使者

张树文（女）沂水县社会救助综合服务中心副主任

山东省“十佳好军嫂”

王瑞凤（女）沂水县圈里乡党委副书记、乡长

山东省妇女儿童工作优秀个人

辛 惠（女）沂水县妇联党组书记、主席

山东省乡村振兴突出贡献奖先进个人

武　峰　沂水县农业技术推广中心副主任

山东省“百名优秀选调生”

许　娜　（女）沂水县院东头镇党建群团工作办公室副主任

山东省优秀法官

高　晓　沂水县法院审判监督庭庭长

山东省“优秀军休服务先锋”

刘政军　沂水县退役军人事务局军休所科员

山东省公安机关工作成绩突出个人（记二等功）

武怡飞　沂水县公安局治安大队教导员

山东省公安厅专项工作记个人三等功

赵乐斌　沂水县公安局高庄派出所一级警员

山东体育强省建设先进个人

许登丰　沂水县武术协会会长

农村集体产权制度改革整山东省试点工作中表现突出个人

孙明昭　沂水县农村经营管理服务中心高级农经师

杨清娟　（女）沂水县农村经营管理服务中心综合股股长

于松霞　（女）沂水县沂城街道经管站站长

张春华　沂水县龙家圈街道经管站站长

孙　康　沂水县许家湖镇财经服务中心主任

刘东坡　沂水县院东头镇审计站站长

临沂市先进个人

临沂市先进工作者

魏国华　沂水县高庄镇工会主席

临沂市“十佳兵妈妈”

刘凤英　（女）沂水县龙家圈街道信家庄村村民

临沂市“十佳好军嫂”

高兰花　（女）沂水县高庄镇第一初级中学教师

临沂市三八红旗手标兵

杨明霞　（女）临沂业隆通用机械有限公司董事长

临沂市妇女儿童工作先进个人

王　栋　沂水县政府办公室工作人员

刘伟明　（女）沂水县委宣传部理论科科长

冯　英　（女）沂水县科技创新服务中心工程师

孟小力　（女）沂水县司法局宣传教育科科长

薛彦娥　（女）沂水县财政局教文科科长

孙军伟　沂水县农业农村局党组成员、副科级干部

王军军　（女）沂水县道托镇党委副书记、镇长、政协联络室主任

临沂市实施家庭安康工程先进个人

张　洁　（女）沂水县龙家圈街道妇联主席

王志刚　沂水县高庄镇党委副书记

付祥伟　（女）沂水县水务公司人事科副科长

齐晓林　（女）沂水县泉庄镇妇联主席

临沂市三八红旗手

黄传梅　（女）沂水县人民医院妇委会主任

冯会元　（女）沂水县龙家圈街道档案站站长兼信访办副主任

牛纪芹　（女）沂水县泉庄镇审计办主任、综治办副主任

解淑旭　（女）沂水县自然资源和规划局龙家圈所科员

王彦霞　（女）沂水县融媒体中心副主任

李建云　（女）沂水县龙家圈街道中心校教师

安百会　（女）沂水县人力资源和社会保障局科员

王永娜　（女）沂水县纪委监委宣传部科员

武传双　（女）沂水县黄山铺镇尧崖头村党支部书记

鞠　艳　（女）沂水县马站镇石家庄村支部书记

张元凤　（女）沂水县道托镇上庄村村委委员、妇联主席

陈晓凤　（女）沂水县诸葛镇华庄社区书记，下华庄村支部书记、主任

梁莉莉 （女）沂水县崔家峪镇五口村支部委员、妇联主席

临沂市巾帼建功标兵

安红玲 （女）沂水县财政局党组成员、高级会计师
刘 玲 （女）沂水县农业农村局发展规划科科员
王丽艳 （女）沂水县高庄镇中心卫生院妇产科主任
薛莉巾 （女）沂水县四十里堡镇应急办副主任

临沂市“最美基层妇联人”

张 欣 （女）沂水县夏蔚镇三坪社区妇联主席
卢长香 （女）沂水县沙沟镇肖家杨庄社区妇联主席
陈玉娟 （女）沂水县龙家圈街道龙盘峪社区妇联执委
武善玲 （女）沂水县黄山铺镇站东社区妇联副主席
李 静 （女）沂水县崔家峪镇磨峪社区妇联主席
李 健 （女）沂水县高庄镇高庄社区妇联副主席
王建爱 （女）沂水县泉庄镇张庄社区妇联主席
王立方 （女）沂水具院东头镇田家峪社区妇联主席
邵 红 （女）沂水县杨庄镇西山根村妇联主席
高为荣 （女）沂水县富官庄镇漫流社区妇联主席

临沂市五一劳动奖章

李 林 山东沂水机床厂有限公司技术员
成连江 沂水县人民医院医务部主任
李静鹏 国网山东省电力公司沂水县供电公司副总经理、党委委员
韩 冬 山东蒙山龙雾茶业有限公司炒茶工
李晓凤 （女）临沂金林混凝土有限公司总经理
郭 霞 （女）开先建设集团有限公司副总裁
周文章 山东泓达生物科技有限公司车间主任

临沂市学雷锋志愿服务“最美志愿者”

武秀霞 （女）向阳花助学中心志愿者
赵响应 （女）县委老干部局志愿服务室主任
赵连周 沂水县融媒体中心电台部副主任
田振振 （女）沂水县杨庄镇吴家楼子村村民委员会委员
宁凡凡 （女）沂水县精神文明建设服务中心综合室副主任

临沂市优秀共青团员

张 洁 （女）沂水县人民医院检验师
武英凤 （女）沂水县教育和体育局基础教育科科员
郭春晖 沂水县泉庄镇人民政府 党员教育中心主任
刘树志 沂水县交通运输局交通战备办公室工作人员
张珂瑜 （女）沂水县人民法院法官助理
武玉帅 沂水县综合行政执法局办公室科员
刘连盛 沂水县自然资源和规划局一级科员
公伟康 沂水县四十里堡镇镇人民政府党政办一级科员

临沂市优秀共青团干部

郝 洁 （女）共青团沂水县委一级科员
徐彬彬 沂水县龙家圈街道办事处 党政办公室副主任、团工委书记、守好“一排底线”工作办公室主任
刘 欣 （女）沂水县夏蔚镇团委书记
郭昆乐 （女）国家税务总局沂水县税务局团委书记
石 森 沂水县财政局团委书记
蔡苗苗 （女）沂水县住房和城乡建设局团委书记
王泓霖 沂水县农业农村局团委书记

全国先进集体

全国信访系统先进集体

沂水县信访局

全国公安机关建设应用成效突出执法办案管理中心

沂水县公安局执法办案管理中心

全国工会职工书屋示范点

国家税务总局沂水县税务局

全国种植业“三品一标”基地

沂水县沙沟镇

全国节约型机关

沂水县民政局
沂水县司法局
沂水县退役军人事务局
沂水县应急管理局
沂水县残疾人联合会
沂水县人民法院
沂水县公安局
沂水县人民检察院
沂水县委老干部局
沂水县信访局
沂水县审计局

山东省先进集体

山东省女职工建功立业标兵岗

沂水县妇幼保健计划生育服务中心

山东省乡村振兴突出贡献奖先进集体

沂水县农业农村局

山东省人民满意的公务员集体

沂水县公安局马站派出所

山东省深化“放管服”改革优化营商环境工作先进集体

沂水县政府办公室

临沂市先进集体

临沂市妇女儿童工作表现突出集体

沂水县龙家圈街道办事处

临沂市妇女儿童工作先进集体

沂水县委办公室
沂水县委组织部
沂水县妇儿工委办公室

临沂市关心下一代工作先进集体

沂水县教育和体育局
沂水县慈善总会
共青团沂水县委
沂水县融媒体中心
沂水县妇幼保健院
沂水县许家湖镇党委

附 录

组织机构及负责人名录

中国共产党沂水县委员会

书　记　陈士贤
副书记　刘　铭
　　　　谷庆刚（挂职）
　　　　胡发贵
常　委　陈士贤
　　　　刘　铭
　　　　谷庆刚（挂职）
　　　　胡发贵
　　　　解　飞★
　　　　徐本开（女）★
　　　　郭忠友★
　　　　何法江
　　　　王焕奎
　　　　李晓冬（女）
　　　　何长平
　　　　于　民
　　　　闫从发
　　　　刘洪达
　　　　吕　洋

中共沂水县委员会办公室（县档案局、县委保密办、县国家保密局、县委机要局、密码管理局）

主　任　郭忠友★
　　　　刘洪达
分管日常工作的副主任（缺）

△中共沂水县委机关政务保障中心（县委政策研究中心、县专用通信和电子政务内网保障中心、县保密技术检查服务中心）

主　任　王向民

△中共沂水县委保密委员会

专职副主任　林立原★
　　　　　　丁明利

△沂水县档案馆

馆　长　葛京成

中共沂水县委组织部（县公务员局、县委非公有制经济组织和社会组织工作委员会）

部　长　闫从发
分管日常工作的副部长　谭　卿

△中共沂水县委非公有制经济组织和社会组织工作委员会

书　记　（缺）

△中共沂水县委党性教育中心（沂水县党员干部档案服务中心）

主　任　王春亭★
　　　　（缺）

△中共沂水县委党员教育中心

主　任　戴遵义

中共沂水县委宣传部（县政府新闻办公室、县精神文明建设委员会办公室、县互联网信息办公室）

部　长　徐本开（女）★
　　　　何长平
分管日常工作的副部长
　　　　赵光好★
　　　　庄　琳

△沂水县互联网信息安全服务中心

主　任　刘世杰

中共沂水县委统一战线工作部（县政府台湾事务办公室、县民族宗教事务局、县政府侨务办公室）

部　长　何法江
分管日常工作的副部长
　　　　刘敦军★
　　　　张　迎

中共沂水县委政法委员会（县社会治安综合治理委员会办公室）

书　记　于　民
常务副书记　王新伟★
分管日常工作的副书记（缺）

△沂水县社会治理服务中心（县网格化管理服务中心）

主　任　刘焕德

中共沂水县委机构编制委员会办公室

主　任　刘增良

△沂水县事业单位绩效考核服务中心

主　任　郭凯明

中共沂水县委县直机关工作委员会

书　记　袁其周

中共沂水县委巡察工作领导小组办公室

主　任　张贵鹏★
　　　　谢洪福

△中共沂水县委第一巡察组

组　长　杨玉海★
　　　　李鹏飞

△中共沂水县委第二巡察组

组　长　郭迎春

△中共沂水县委第三巡察组

组　长　李纪湘

△中共沂水县委第四巡察组

组　长　李建华

△中共沂水县委第五巡察组

组　长　李发祥

中共沂水县委老干部局

局　长　谭　巍

△沂水县老干部综合服务中心（县老年大学、县关心下一代工作服务中心）

主　任（校长）　夏德顺

中国共产党沂水县委员会党校（县行政学校、县社会主义学校）

校　长　陈士贤
副校长　顾全华

中共沂水县委党史研究中心（县地方史志研究中心）

主　任　程丽丽（女）★
　　　　王春亭

沂水县融媒体中心（县广播电视台、县新闻中心）

主　任（台长）　孙长文
总　编　辑　刘可军

沂水县人民代表大会

沂水县人大常委会

主　任　王永浩★
　　　　徐本开（女）
副主任　庞秀英（女）
　　　　杨治堂★
　　　　武开鑫
　　　　张晓华
　　　　牛树娟（女）
　　　　曹传海
常委会委员　马庆友　王广海
　　　　王世民　王向民
　　　　王志刚　王新民

王新伟★　田相同
邢计志　任松峰
刘文玲（女）　刘京福
刘智太　刘　燕（女）
庄　琳　许德强
孙明果　李云成
李世明　李劲松★
李　伟　张国良
郑　磊　房贤栋
赵　刚　赵光好
侯天增　秦志强
秦照强　袁其周
徐兆利　徐　斌
郭京裕　黄玉明
程培军　谭庆志
谭　卿　翟韶峰（女）
魏书文

沂水县人大常委会办公室

主　任　马庆友★
　　　　杜以峰

城乡建设环境保护工作委员会

主　任　张国良

研究室

主　任　刘智太

法制工作委员会

主　任　王广海★
　　　　（缺）

财政经济工作委员会

主　任　秦照强★
　　　　箓明华

农村经济工作委员会

主　任　徐兆利★
　　　　（缺）

教育科学文化卫生民族侨务外事工作委员会

主　任　秦志强

人事代表工作委员会

主　任　孙明果

信访工作室

主　任　翟韶峰（女）

预算工作委员会

主　任　郭京裕★
　　　　赵　刚

社会建设工作委员会

主　任　卢于坤

沂水县人大机关综合服务中心

主　任　许德强

沂水县人民政府

县　长　刘　铭
副县长　李晓冬（女）
　　　　何长平
　　　　孟令君★
　　　　韩　庆
　　　　尚海涛
　　　　王海娟（女）
　　　　王海滨

沂水县人民政府办公室（县地方金融监督管理局、县大数据局）

党组书记、主任　杨明升

△沂水县地方金融发展服务中心

主　任　箓明华★
　　　　武　霞（女）

△沂水县大数据中心

主　任　于　华

△沂水县12345政务服务热线受理中心

主　任　高树友

沂水县发展和改革局（县新旧动能转换综合试验区建设办公室、县能源局、县粮食和物资储备局、县国防动员办公室、县人民防空办公室）

党组书记、局长　公茂胜

△沂水县重点建设项目服务中心（县区域协同发展服务中心）

主　任　张德录★

祝宝松

△沂水县服务业发展中心（县信用体系建设服务中心、县价格认证和监测中心）

主　任　崔德收

△沂水县粮食和物资储备中心

主　任　王清峰

沂水县教育和体育局（县委教育工作委员会）

党组书记、局长　张洪春

△沂水县教育事业发展服务中心

主　任　周玉涛

△沂水县体育发展服务中心

主　任　张　迎★

邵明沂

沂水县科学技术局（县外国专家局）

党组书记、局长　郭一磊★

王家祥

沂水县工业和信息化局（县非公有制经济发展服务局）

党组书记、局长　冯培辅

△沂水县中小企业发展服务中心

主　任　李红梅（女）

沂水县公安局

党委书记、局长　孟令君★

尚海涛

政　委　郑志杰

沂水县民政局

局　长　王洪涛

沂水县司法局

党组书记　辛　惠（女）

局　长　王家祥★

辛　惠（女）★

徐守凯

△沂水县政府法制服务中心

主　任　张庆国

沂水县财政局

党组书记、局长　张希国

△沂水县基层财政保障服务中心

主　任（缺）

△沂水县国有资产管理服务中心

主　任　郝连涛

△沂水县财政绩效评价中心

主　任　王世兴

沂水县人力资源和社会保障局

党组书记、局长　宋彦山

△沂水县劳动人事争议仲裁院

院　长　孙永富

△沂水县公共就业和人才服务中心（县创业贷款担保中心）

主　任　李学钦

△沂水县社会保险事业中心

主　任　李政华

沂水县自然资源和规划局（县林业局）

党组书记、局长　党永召

△沂水县土地整理中心

主　任　刘汝华

△沂水县林业发展中心（县森林和草原防火服务中心）

主　任　魏书文

△沂水县城乡规划编制研究中心

主　任　江兆祥★

刘永志

沂水县住房和城乡建设局

党组书记、局长　刘　杰

△沂水县建设安全工程质量服务中心（县建筑安装工程服务中心）

主　任（缺）

△沂水县房屋征收服务中心（县物业管理服务中心）

主　任　李明忠

△沂水县城乡建设综合服务中心

主　任　李林海

△沂水县水务公司

主　任　赵光涛

△沂水县人民防空保障服务中心（县建筑安装工程服务中心）

主　任　吴善强

沂水县交通运输局

党组书记、局长　王建华

△沂水县交通运输综合执法大队

主　任　孟凡军

△沂水县交通运输事业服务中心（县邮政业发展服务中心）

主　任　高卫东

沂水县水利局

党组书记、局长　曹传海★

　　　　　　　　王新伟

△沂水县水利工程保障中心（县水利工程防汛抗旱服务中心）

主　任　陈爱民

沂水县农业农村局（县乡村振兴局、县畜牧兽医局）

党组书记、局长　葛云富

△沂水县乡村振兴服务中心

主　任　刘彦成

△沂水县农业技术推广中心

主　任　李光花（女）★

　　　　孙军伟

△沂水县畜牧发展促进中心

主　任　赵明智

△沂水县渔业发展保护中心

主　任　杨春华★

　　　　李桂华

沂水县商务局

党组书记、局长　张树永

沂水县文化和旅游局（县新闻出版广电局、县文物局）

党组书记、局长　杨雪峰

△沂水县文化旅游发展中心

主　任　高仲平

沂水县卫生健康局（县中医药管理局、县疾病预防控制局）

党组书记、局长　刘兆锋

△沂水县卫生健康监督执法大队

大队长　王　艳（女）

△沂水县疾病预防控制中心（县健康管理指导中心）

主　任　杜以峰★

　　　　王樱民（女）

沂水县退役军人事务局

党组书记、局长　宋庆学

沂水县应急管理局

党委书记、局长　徐而达

△沂水县安全生产监察大队

大队长　秦永国

△沂水县应急救援指挥服务中心

主　任　黄　凯

△沂水县应急保障服务中心

主　任　辛　涛

沂水县审计局

党组书记、局长　刘京福★

　　　　　　　　武传映

△沂水县经济责任审计服务中心

主　任　张开奎★

　　　　党永玲（女）

沂水县行政审批服务局（县政务服务管理办公室）

党组书记、局长　张京春

△沂水县公共资源交易中心（临沂市公共资源交易中心沂水县分中心、县政务服务中心、县农村产权交易中心）

主　任　李庆宝

沂水县市场监督管理局

党组书记、局长　师立功

△沂水县市场监督管理综合服务中心（县消费者权益保障中心、县药物警戒中心）

主　任　冯永翔

沂水县综合行政执法局（县城市管理局）

党组书记、局长　刘太安

△沂水县综合行政执法大队

大队长　郭京刚★

　　　　赵洪波

政　委　王瑞杰★

　　　　宋玉国

沂水县统计局

党组书记、局长　赵　刚★

江兆祥

沂水县医疗保障局

党组书记　于化凤（女）

局　　长　于化凤（女）★

尹世良

△沂水县医疗保险事业中心

主　任　佟瑞玲（女）

沂水县信访局（县委群众工作部）

党组书记、局长　王继堂

临沂沂蒙风情旅游景区管理中心

党组书记、主任　李志刚

沂水县跋山水库管理中心

党组书记、主任　李兰峰

沂水县沙沟水库管理中心

党组书记、主任　陈淑军

沂水县国有林场总场

党组书记、场长　王金亮

沂水县机关事务服务中心

主　任（缺）

沂水县检验检测中心

党组书记、主任　贾忠建

沂水县供销合作社联合社

党组书记、理事会主任　武传映★

李光花（女）

监事会主任　王培军★

段可友★

（缺）

沂水县投资促进服务中心

党组书记、主任　张海东

△中国国际贸易促进委员会沂水县委员会（中国国际商会沂水县商会）

会　长　杨　坤（女）

山东沂水经济开发区

党工委书记　李晓冬（女）

管委会主任　王林墩

中国人民政治协商会议沂水县委员会

沂水县政协

主　　席　陈海龙★

郭忠友

副 主 席　赵清锋★

牛嗣红（女）★

张振田★

刘荣祥★

张晓华★

郭春玲（女）

张希国

张洪春

董文明

王晓娟（女）

徐守凯

秘 书 长　谭海龙★

常务委员　丁文军　马瑞东

王东红（女）　王有成

王宝霞（女）　王晓明（女）

王海燕（女）　王培军

王燕燕（女）　尹世良

孔祥辉　冯　彦

朱敬花（女）　刘　涛

刘永娟（女）　刘洪光

刘敦军　刘新太

刘增良　杜　伟

杜永涛　杜吉刚

李玉芝（女）　李庆宝

李晓凤（女）　李培云（女）

李富元　杨付友

杨春华　杨淞博

吴成刚　沙良强（回族）

宋庆学　张学文

张海霞（女）　张培生

陈向阳　陈国成

陈爱国　邵光智
邵宏升　武瑞忠
庞海艳（女）　赵立昌
赵会峰　耿代国
铁新亭　徐在峰
徐晓鸣　殷运峰（女）
郭仲华　郭柏松
郭树富　曹　钰（女）
彭文洪　释惟方
蔡成刚　鞠　莹（女）

中国人民政治协商会议沂水县委员会办公室

主　任　耿代国★
　　　　（缺）

委员活动工作室

主　任　武瑞忠

提案工作委员会

主　任　杜　伟

经济工作委员会（农业和农村工作委员会）

主　任　蔡成刚

教科卫体工作委员会（文化文史和学习工作委员会）

主　任　刘新太★
　　　　高焕鹏

社会联络和法制工作委员会

主　任　冯　彦★
　　　　林立原

人口资源环境工作委员会

主　任　徐在峰

沂水县政协机关综合保障中心

主　任　郭仲华

中国共产党沂水县纪律检查委员会

书　记　解　飞★
　　　　吕　洋
副书记　李兰峰★
　　　　王家祥★
　　　　郭一磊
　　　　武玉斌

沂水县监察委员会

主　任　解　飞★
　　　　吕　洋
副主任　李兰峰★
　　　　王家祥★
　　　　武玉斌

△中共沂水县纪律检查委员会沂水县监察委员会派驻第一纪检监察组

组　长　张在营

△中共沂水县纪律检查委员会沂水县监察委员会派驻第二纪检监察组

组　长　邱月鹏★
　　　　刘兴会

△中共沂水县纪律检查委员会沂水县监察委员会派驻第三纪检监察组

组　长　庞在良

△中共沂水县纪律检查委员会沂水县监察委员会派驻第四纪检监察组

组　长　胡金贵

△中共沂水县纪律检查委员会沂水县监察委员会派驻第五纪检监察组

组　长　林贵勇

△中共沂水县纪律检查委员会沂水县监察委员会派驻第六纪检监察组

组　长　王子余

△中共沂水县纪律检查委员会沂水县监察委员会派驻第七纪检监察组

组　长　赵兴刚

△中共沂水县纪律检查委员会沂水县监察委员会派驻第八纪检监察组

组　长　邵明波

△中共沂水县纪律检查委员会沂水县监察委员会派驻第九纪检监察组

组　长　刘　峰

△中共沂水县纪律检查委员会沂水县监察委员会派驻第十纪检监察组

组　长　王　伟★

（缺）

沂水县人民法院

党组书记、院长　殷方昭★

代院长　邱金山

△政治部

主　任　孟祥晖★

孙　红（女）

△执行局

局　长　梁训旺★

张宝国

沂水县人民检察院

党组书记、检察长　卢言海

△政治部

主　任　杨治云★

王　伟

群众团体

沂水县总工会

党组书记、主席　高慧明★

牛树娟（女）

常务副主席　李　伟★

分管日常工作的副主席　刘敦军

中国共产主义青年团沂水县委员会

书　记　徐　斌★

王英丞

沂水县妇女联合会（县妇女儿童工作委员会办公室）

党组书记、主席　辛　惠（女）★

程丽丽（女）

沂水县科学技术协会

党组书记、主席　杜以厚

沂水县工商业联合会

主　席　郭春玲（女）

党组书记　陈向阳

沂水县文学艺术界联合会（县社会科学界联合会）

主　席　邵光智★

张凤涛

沂水县残疾人联合会

党组书记、理事长　丁文军★

陈维海

沂水县红十字会

会　　长　王海娟（女）

党组书记、常务副会长　姚　红（女）

沂水县计划生育协会

会　　长　王海娟（女）

常务副会长　类淑彬★

（缺）

驻县单位

国家税务总局沂水县税务局

党委书记、局长　李玉龙★

李士庆

临沂市生态环境局沂水县分局

党组书记、局长　孔翔扬

△临沂市沂水县生态环境综合大队

队　长　何法松

临沂市公安局交通警察支队沂水大队

党组书记、大队长　刘长波

教　导　员　丁　峰

临沂市公路事业发展中心沂水县中心

主　任　邢计志

沂水县气象局

局　长　李　军

沂水县消防救援大队

党委书记、政治教导员　王　涛

大队长　李正州

国网山东省电力公司沂水县供电公司

总经理　李劲松★

盛振海

县管国有企业

沂水城市建设投资集团有限公司

董事长　李世明★

　　　　白培升

沂水县浚源水务集团有限公司

董事长　王维峰

街道乡镇

沂城街道

党工委书记　耿立江

办事处主任　马会加

龙家圈街道

党工委书记　蔡玉根

办事处主任　刘彦刚

道托镇

党委书记　徐　鹏

政府镇长　王军军（女）

高桥镇

党委书记　杜元华

政府镇长　李玉勇

马站镇

党委书记　徐学武

政府镇长　庄建松

杨庄镇

党委书记　刘宝军

政府镇长　张海勇

富官庄镇

党委书记　孟凡楼

政府镇长　耿春亮

沙沟镇

党委书记　袁加强

政府镇长　刘　涛

诸葛镇

党委书记　刘　涛

政府镇长　冯登科

黄山铺镇

党委书记　王　伟

政府镇长　夏旭东

崔家峪镇

党委书记　薛彦鹏

政府镇长　吴琳璘

夏蔚镇

党委书记　武玉峰

政府镇长　刘京锋

高庄镇

党委书记　高虎泉

政府镇长　戚树峰

泉庄镇

党委书记　李玉涛

政府镇长　张在志

院东头镇

党委书记　王伟山

政府镇长　李红伟

许家湖镇

党委书记　何泰然

政府镇长　王增升

四十里堡镇

党委书记　李彦华

政府镇长　周福来

圈里乡

党委书记　武玉亮

政府乡长　王瑞凤（女）

说明：1.时间截止到2022年12月31日；

　　　2.★表示年内离任；

　　　3.△表示部门管理的机构。

（县委组织部　供稿）

重要文件题录

2022年中共沂水县委重要文件题录

表46

序号	文号	文件名
1	沂发〔2022〕1号	中共沂水县委　沂水县人民政府关于做好2022年全面推进乡村振兴重点工作的实施意见
2	沂发〔2022〕2号	中共沂水县委　沂水县人民政府2022年度全县城乡建设工作意见
3	沂发〔2022〕4号	中共沂水县委关于在全县开展“强县有我”解放思想大讨论活动的实施意见
4	沂发〔2022〕6号	中共沂水县委关于印发《沂水县法治社会建设实施方案（2021—2025年）》的通知
5	沂发〔2022〕8号	中共沂水县委　沂水县人民政府转发《县委宣传部县司法局关于在全县开展法治宣传教育的第八个五年规划（2021—2025年）》的通知
6	沂发〔2022〕10号	中共沂水县委关于加强新时代党管武装工作的意见
7	沂发〔2022〕14号	中共沂水县委关于印发《中国共产党沂水县委员会常务委员会议事决策规则》的通知
8	沂发〔2022〕16号	中共沂水县委关于进一步加强县委常委会自身建设的意见
9	沂发〔2022〕17号	中共沂水县委关于深入学习宣传贯彻党的二十大精神的决议
10	沂发〔2022〕18号	中共沂水县委　沂水县人民政府关于印发《沂水县建设山东省青年发展友好型县域实施方案》的通知
11	沂办发〔2022〕1号	县委办公室　县政府办公室关于印发2022年度七县战略行动实施方案的通知
12	沂办发〔2022〕2号	县委办公室　县政府办公室关于公布县委县政府法律顾问的通知
13	沂办发〔2022〕3号	中共沂水县委办公室关于印发《习近平总书记在深入推动黄河流域生态保护和高质量发展座谈会上重要讲话精神和视察山东重要指示要求分工落实方案》的通知
14	沂办发〔2022〕4号	中共沂水县委办公室印发《关于开展“党建引领、共同成长”品牌创建培树活动的实施方案》的通知
15	沂办发〔2022〕5号	中共沂水县委办公室印发《关于开展“强县有我、巾帼建功”行动实施方案》的通知
16	沂办发〔2022〕8号	中共沂水县委办公室印发《关于构建全县“3+1”理论武装体系的实施方案》的通知
17	沂办发〔2022〕9号	中共沂水县委办公室印发《关于开展“强县有我、青年先行”行动的实施方案》的通知
18	沂办发〔2022〕10号	县委办公室　县政府办公室关于印发《沂水县“沂河文艺奖”评选奖励办法（试行）》的通知
19	沂办发〔2022〕12号	县委办公室　县政府办公室关于印发《沂水县2022年创建全国文明城市工作方案》的通知
20	沂办发〔2022〕13号	中共沂水县委办公室印发《关于深化党代表任期制和党代会常任制工作的意见》的通知
21	沂办发〔2022〕15号	县委办公室　县政府办公室关于印发《沂水县加快城区优先发展类企业搬迁升级实施意见（修订）》的通知
22	沂办发〔2022〕16号	县委办公室　县政府办公室关于印发《沂水县贯彻中央生态环境保护督察报告整改方案》的通知

续表46

序号	文号	文件名
23	沂办发〔2022〕17号	县委办公室　县政府办公室关于印发《沂水县村民委员会调整标准》的通知
24	沂办发〔2022〕18号	中共沂水县委办公室关于印发《沂水县共青团基层组织改革实施方案》的通知
25	沂办发〔2022〕19号	县委办公室　县政府办公室关于印发《2022年度“两城同建”考核办法》的通知
26	沂办发〔2022〕20号	中共沂水县委办公室印发《关于大力推进“清廉沂水”建设的实施方案》的通知
27	沂办发〔2022〕22号	县委办公室　县政府办公室关于成立正威先进碳材料产业园项目等7个重点招商引资项目工作专班的通知

2022年沂水县政府重要文件题录

表47

序号	文号	文件名
1	沂政发〔2022〕1号	关于表扬2021年度武装工作先进单位先进个人的决定
2	沂政发〔2022〕2号	关于表扬2021年度征兵工作先进单位和先进个人的决定
3	沂政发〔2022〕3号	关于印发《沂水县全民健身实施计划（2021—2025年）》的通知
4	沂政发〔2022〕4号	关于表扬提案承办先进单位的决定
5	沂政发〔2022〕5号	关于公布县政府领导成员工作分工的通知
6	沂政发〔2022〕6号	关于进一步加强物业管理工作的实施意见
7	沂政发〔2022〕7号	关于加快工业强县建设的十条意见
8	沂政发〔2022〕14号	关于金融业支持县域经济社会高质量发展的十条意见
9	沂政发〔2022〕19号	关于印发《沂水县加快农产品加工业高质量发展实施方案》的通知
10	沂政发〔2022〕21号	关于印发《沂水县“十四五”妇女发展规划和沂水县“十四五”儿童发展规划》的通知
11	沂政发〔2022〕24号	关于印发《沂水县残疾人事业发展“十四五”规划》的通知
12	沂政发〔2022〕28号	沂水县人民政府关于加强纺织服装产业高质量发展实施意见
13	沂政发〔2022〕34号	关于公布县政府领导成员工作分工的通知
14	沂政发〔2022〕37号	关于印发沂水县“十四五”水利发展规划的通知
15	沂政发〔2022〕38号	关于公布第四批县级非物质文化遗产代表性项目名录的通知
16	沂政发〔2022〕43号	沂水县推动全县职业教育高质量发展建设技能人才强县十条措施
17	沂政发〔2022〕44号	关于印发《沂水县“十四五”职业教育高质量发展实施意见》的通知
18	沂政办发〔2022〕1号	关于印发《沂水县县级非物质文化遗产代表性传承人认定与管理办法》的通知
19	沂政办发〔2022〕2号	沂水县人民政府办公室关于建立沂水县燃气行业联席会议制度的通知

续表47

序号	文号	文件名
20	沂政办发〔2022〕4号	沂水县人民政府办公室关于2021年度政务信息工作先进单位和先进个人的通报
21	沂政办发〔2022〕5号	2022年度沂水县过夜旅游团队奖励办法
22	沂政办发〔2022〕6号	关于印发《沂水县城乡公益性岗位扩容提质行动实施方案》的通知
23	沂政办发〔2022〕8号	关于印发《沂水县持续整治规范房地产市场秩序三年行动方案》的通知
24	沂政办发〔2022〕9号	关于印发《沂水县2022年度土地供应计划》的通知
25	沂政办发〔2022〕14号	关于印发《沂水县应急广播体系建设提升改造实施方案》的通知
26	沂政办发〔2022〕15号	关于印发《沂水县居民小区和村（居）民自建房消防安全专项整治实施方案》的通知
27	沂政办发〔2022〕16号	关于印发沂水县打击非法采矿专项整治行动实施方案的通知
28	沂政办发〔2022〕20号	关于印发沂水县强弱电消防安全隐患专项治理行动实施方案的通知
29	沂政办发〔2022〕22号	关于印发2022年沂水县政务公开工作要点的通知
30	沂政办发〔2022〕23号	关于印发沂水县政务服务体系建设工作方案的通知
31	沂政办发〔2022〕24号	关于印发《全县物业领域、棚户区改造和城镇开发边界内未建成社区建设集中整治工作实施方案》的通知
32	沂政办发〔2022〕25号	关于印发《沂水县城市排水“两个清零、一个提标”工作方案》的通知
33	沂政办发〔2022〕26号	关于印发沂水县2022年职业卫生分类分级监督执法省级试点工作实施意见的通知
34	沂政办发〔2022〕27号	关于表扬2021年度全县12345政务服务热线工作优秀集体和优秀个人的通报
35	沂政办发〔2022〕28号	关于印发沂水县防汛抗旱应急预案的通知
36	沂政办发〔2022〕29号	关于印发沂水县药品安全事件应急预案的通知
37	沂政办发〔2022〕31号	关于印发《沂水县金属矿产行业转型升级五年行动方案》的通知
38	沂政办发〔2022〕35号	关于印发《沂水县市场主体强制退出试点工作实施方案》的通知
39	沂政办发〔2022〕36号	关于印发沂水县市场主体强制退出暂行办法的通知
40	沂政办发〔2022〕37号	关于印发沂水县公务用车平台使用管理办法（试行）的通知
41	沂政办发〔2022〕38号	关于印发沂水县2022年乡村建设评价工作方案的通知
42	沂政办发〔2022〕40号	关于公布2021年度沂水县工业企业亩产效益评价结果的通知
43	沂政办发〔2022〕41号	关于划定水文监测环境保护范围的通知
44	沂政办发〔2022〕42号	关于印发营商环境“中梗阻”等四个专项整治工作方案的通知
45	沂政办发〔2022〕43号	关于废止《关于进一步扩大利用外资工作的实施意见》的通知
46	沂政办发〔2022〕44号	关于印发沂水县政企交流“早餐会”制度的通知
47	沂政办发〔2022〕45号	关于开展“我为县长讲一课”活动的通知
48	沂政办发〔2022〕47号	关于印发《沂水县落实城镇容貌和环境卫生责任区制度实施方案》的通知
49	沂政办发〔2022〕48号	关于印发沂水县“十四五”全民科学素质行动规划纲要实施方案的通知

续表47

序号	文号	文件名
50	沂政办发〔2022〕49号	关于进一步做好工业企业升规纳统工作的通知
51	沂政办发〔2022〕50号	关于印发沂水县应急物资储备体系建设规划（2021—2030年）的通知
52	沂政办发〔2022〕51号	关于印发《沂水县自建房安全专项整治实施方案》的通知
53	沂政办发〔2022〕52号	关于印发沂水县全民所有自然资源资产清查统计和价格核算试点工作方案的通知
54	沂政办发〔2022〕53号	关于印发《沂水县银行业金融机构评价激励办法》的通知
55	沂政办发〔2022〕54号	关于印发《沂水县推进国家卫生县长效管理工作实施意见》的通知
56	沂政办发〔2022〕55号	关于印发沂水县政府投资项目管理办法（试行）的通知
57	沂政办发〔2022〕56号	关于印发沂水县重点产业项目全流程服务管理办法（试行）的通知
58	沂政办发〔2022〕59号	关于印发《沂水县市场主体集群注册登记管理办法（试行）》的通知
59	沂政办发〔2022〕60号	关于印发《沂水县烈士纪念设施保护管理工作实施方案》的通知
60	沂政办发〔2022〕61号	关于印发沂水县粮食应急预案的通知
61	沂政办发〔2022〕62号	关于印发《沂水县建成区声环境功能区划方案》的通知
62	沂政办发〔2022〕64号	关于印发《沂水县气象灾害应急预案》的通知

统计资料

2022年沂水县国民经济和社会发展统计公报

2022年，在县委、县政府的坚强领导下，全县上下坚持以习近平新时代中国特色社会主义思想为指导，深入学习贯彻党的二十大精神，围绕建设市域副中心、打造发展新高地、建设秀美新沂水总体发展定位，攻坚克难、砥砺前行，七县建设战略行动平稳起步，新时代现代化强县建设开局良好。

一、综合

2022年全县生产总值544.2亿元，同比增长4.9%。其中，第一产业增加值54.5亿元，同比增长5.2%；第二产业增加值225.3亿元，同比增长5.6%；第三产业增加值264.4亿元，同比增长3.6%。三次产业比例由2021年的10.2：40：49.8调整为2022年的10：41.4：48.6。

二、农林牧渔业

2022年，完成农林牧渔业总产值106.6亿元，增长5.7%，其中，种植业总产值51.6亿元，增长6.1%；林业总产值2.5亿元，增长15.8%；牧业总产值43.3亿元，增长2.1%；渔业总产值3.9亿元，增长8%；农林牧渔服务业总产值5.2亿元，增长11.6%。

扛牢扛稳粮食安全重任，粮食总产量达到30.1万吨。以乡村振兴示范区、美丽乡村示范区、衔接乡村振兴集中推进区建设为带动，加快农业规模化发展，新增现代农业园区 18 处、农业合作社 68 家、家庭农场 197 家，创建省级农业产业化龙头企业2家，新培育长三角中心城市农产品供应基地11处，获评全国农作物病虫害绿色防控整建制推进县，成功争创全省现代农业十强县，全市乡村振兴现场观摩成绩第一。许家湖镇被评为全国乡村特色产业十亿元镇，沂城街道、泉庄镇被评为省级农业产业强镇，诸葛镇入选省级综合性改革试点试验区。深化农村改革，在全市率先开展农村信用体系建设试点，推动信用成“金”，赋能乡村振兴，拓展农村集体股权权能，累计发放股权质押贷款 5.6 亿元，全省县域第一。

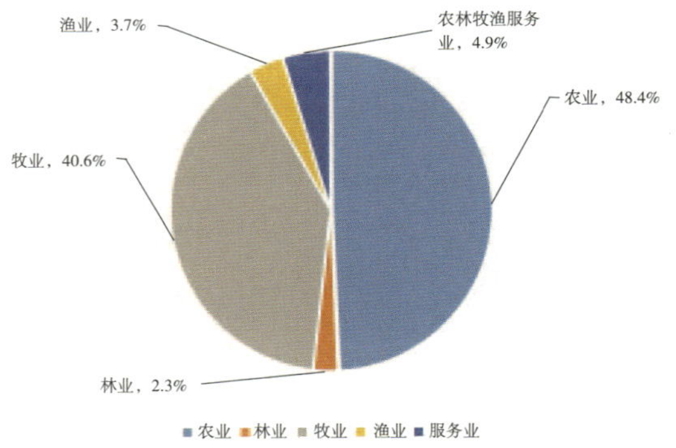

2022年农林牧渔业总产值构成情况图

2022年沂水县主要农产品产量统计表

表48

项目	计量单位	2022年实际	与2021年相比（%）
粮食作物	—	—	—
面积	万亩	73.3	0.05
单产	公斤	410.8	-0.01
总产	万吨	30.1	0.04
油料	—	—	—
面积	万亩	28.6	-4.5
总产	万吨	7.9	-1.8
蔬菜	—	—	—
面积	万亩	27.5	4.0
总产	万吨	104.5	4.1
园林水果	—	—	—
面积	万亩	36.9	-4.6
总产	万吨	83.8	4.2

三、工业

2022年，全县规模以上工业企业297家，实现产值730.1亿元，同比增长15.8%（取自快报数据）。

全县规模以上工业企业中，采矿业、制造业、电力和热力燃气及水生产供应业各行业产值分别占规模以上工业总产值的7.3%、90.6%和2%。全县规模以上工业企业涉及行业大类29种，占工业国民经济行业分类总量的68.3%，其中规模以上制造业涉及行业大类23种，占制造业国民经济行业分类总量的74.1%。规模以上制造业中产值排名前5位的行业分别为：石油、煤炭及其他燃料加工业，农副食品加工业，化学原料和化学制品制造业，橡胶和塑料制品业，食品制造业；产值同比增长分别为27.8%、7.9%、4.6%、6.3%和61.7%；产值分别占制造业总产值23.5%、19.2%、11.9%、11%和8%。

四、固定资产投资、房地产、建筑

固定资产投资方面：2022年，全县固定资产投资增长17.5%，总投资中，“四新”投资占总投资比重为50.8%；工业投资同比增长6.2%、工业技改投资同比增长6.3%，制造业技改投资同比增长12.1%。

房地产方面：全县房地产开发投资同比增长47.7%，新开工面积118.1万平方米，增长17.8%。商品房销售面积66.1万平方米，同比下降17.8%，商品房销售额46.4亿元，同比下降5.1%。

建筑方面：全县56家资质以上建筑业企业完成建筑业总产值同比增长17.9%，房屋新开工面积82.4万平方米，同比下降5.1%。

五、国内市场、外经外贸、旅游

国内市场方面：2022年，实现社会消费品零售总额204.2亿元，同比增长0.2%。其中，限额以上消费品零售额增长13.2%。限额以上单位主要商品销售中，销售额列前5位的分别为汽车类、粮油食品类、服装鞋帽类、其他未列明商品类、中西药品类，同比增速分别为9.3%、25.6%、-4.3%、17.8%和14.7%。

2022年底，全县在营市场主体77452个，增长7%。其中，个体53679个，增长9%；企业 21624个，增长3.7%；农民专业合作社2131个；农民专业合作社联合社18个。

外经外贸方面：2022年，实现进出口总额178.5亿元，同比增长15.8%。其中，出口164.5亿元，同比增长16.4%；进口13.9亿元，同比增长9.7%；贸易顺差150.6亿元，扩大17%。主要出口商品中，机电产品出口74.9亿元，同比增长11.5%，占出口总额的45.5%。橡胶轮胎出口45.1亿元，同比增长6.2%，占出口总额的27.4%。劳动密集型产品出口31亿元，同比增长13.6%，占出口总额的18.8%。主要进口商品中，农产品进口5.9亿元，同比下降8.3%，占进口总额的42.2%。钻石进口3.1亿元，同比增长13.5%，占进口总额的22.3%。天然及合成橡胶（包括胶乳）进口1.5亿元，同比下降45.3%，占进口总额的10.9%。机电产品进口0.2亿元，同比增长17.1%，占进口总额的1.7%。

旅游方面：2022年，沂水县接待游客770.65万人次，实现旅游总收入78.6亿元，同比分别下降14.2%和15.3%。全县建成国家AA级以上旅游景区37处，其中国家AAAAA级景区1家，为萤火虫水洞·地下大峡谷旅游区；国家AAAA级景区5处，分别是天然地下画廊、雪山彩虹谷、天上王城、东方瑞海国际温泉度假村、沂蒙花开旅游区；国家AAA级景区16处、国家AA级景区15处。全县国家级乡村旅游重点镇1个（院东头镇），国家级乡村旅游重点村2个，省级旅游特色镇7个。全县精品民宿24处；农家乐800余处，乡村休闲度假床位4000余张。获“2022年全国县域旅游综合实力百强县”“2022年全国县域旅游竞争力百强县”“山东省文旅康养强县”等称号。

六、交通运输、电力

交通运输方面：2022年末，全县国省道干线公路通车总里程241.3千米（不包含高速公路），其中，国道3条166.3千米，省道75千米。县乡公路通车总里程3792.8千米，其中，县道367.2千米，乡道607千米，村道2818.6千米；二级公路158.3千米，三级公路453.8千米，四级公路3180.7千米。全县物流企业158家，其中，AAA级仓储型物流企业1家，国家AAAA级综合型物流企业5家，经营物流专线的物流企业2家，开通公铁联运的物流企业2家，开通陆水联运的物流企业1家。运输车辆8065台，其中，2022年新增运输车辆1732台，新增车辆吨位2.6万吨。全县有城市公交车60辆，城乡公交118辆。开通公交线路24条，其中，城市公交线5条，村镇公交线2条，城乡公交线17条。设置公交站点826处，其中，城市公交站点226处，城乡公交站点600处。

电力方面：全县全社会用电量41.5亿千瓦时，增长5%，其中，第一产业用电量1.1亿千瓦时，增长8.5%；第二产业用电量29.9亿千瓦时，增长2.4%，工业用电量29.4千瓦时，增长2.2%；第三产业用电量3.7亿千瓦时，增长9.1%。居民生活用电量6.8亿千瓦时，增长15.2%。其中，城镇居民用电量2.7亿千瓦时，增长8.3%；乡村居民用电量4.1亿千瓦时，增长20.3%。

七、财税、金融、保险

财税方面：2022年，境内实现各级财政收入43.3亿元，增长8.8%，其中，税务部门实现税收38亿元，增长8.3%。全县完成一般公共预算收入26.2亿元，同口径增长10.7%，其中，税收收入19.7亿元，同口径增长7.7%，同口径税收占比76.8%。全年一般公共预算支出76.2亿元，同比增长26.5%。全年累计减税降费和缓税退税8.7亿元。

金融方面：全县有各类金融机构61家，其中银行14家、保险公司40家、地方金融组织5家、证券营业部1家、应急转贷机构1家。全年实现本外币存款余额765.1亿元，较年初新增79.3亿元，同比增长11.6%；本外币贷款余额493.9亿元，较年初新增58.7亿元，同比增长13.5%。全县有上市公司3家（上海主板1家、香港主板1家、境外1家）、新三板挂牌公司1家、区域股权交易市场挂牌公司12家，资本市场融资额50亿元。

保险方面：全县保险机构实现保费收入16.1亿元，其中财险保费收入4.4亿元、寿险保费收入11.7亿元，保险理赔及保险金给付5.2亿元，赔付率32.3%。

八、教育、文化、卫生

教育方面：2022年，全县规划新建、改扩建学校13处，投资8.9亿元。已完成沂蒙中学改造项目，改造完成校舍面积4000平方米、新增初中学位数1800个；新建、改扩建5处标准化幼儿园，投资7562万元，新增建筑面积28672平方米、学位1710个。县学前三年毛入园率95.5%，公办率55.9%，普及普惠率94.5%，均高于省、市要求标准。全县有12所A类“智慧校园”，27所B类“智慧校园”。

文化方面：全县有文化馆1处、图书馆1处、博物馆1处，均免费向市民开放。县图书馆为国家一级馆，有馆藏纸质图书33.71万册，电子图书11.8万册，报纸期刊1916册，累计办理读者卡4万张，全年接待读者23.8万人次，流通图书26.8万册次。县内文物5.5万余件套，其中，博物馆馆藏文物50458件套。全县设有18个综合文化站，387个社区（村）综合性文化服务中心。全年组织庄户剧团公益演出774场；送书下乡4.6万余册；优选100部影片，放映1.47万场，观影人数40万人次。

卫生方面：全县有医疗卫生机构726家，其中综合医院8个（三级甲等医院1个），乡镇卫生院18个，街道社区卫生服务中心2个，社区卫生服务站6个，一体化村卫生室562处；设有医疗卫生床位7733张，配备卫生技术人员7456人，其中执业医师及职业助理医师2787人，注册护士3258人。

九、户籍人口、居民收入

户籍人口方面：2022年，全县户籍总户数405425户，人口1184583人，户均2.92人。总人口中城镇人口387733人，乡村人口796850人；男性606454人，女性578129人，男女性别比为104.9：100。全县当年出生人口8608人，出生率7.3‰，其中男性4483人，女性4125人，新生儿性别比108.7：100；当年死亡人口18275人，死亡率15.8‰，人口自然增长率-8.2‰；当年迁入人口3628人，迁出人口6123人，迁入率3.1‰，迁出率5.2‰，机械增长率-2.1‰。总人口中0—17岁人口262684人，18—34岁人口204655人，35—59岁人口448981人，60岁及以上人口268263人。

居民收入方面：全县居民人均可支配收入34396元，增长5.9%，其中城镇居民人均可支配收入45216元，增长4.9%，农村居民人均可支配收入19515元，增长6.7%。民生保障标准不断提高，全年民生支出63.3亿元，增支11.3亿元，增长21.6%，占一般公共预算支出的83.6%。

注：本公报所列生产总值指标均以当年价格计算，增长速度按可比价计算。

2012—2022年沂水县历年生产总值（现价）完成情况统计表

表49

年 份	总量（亿元）	增速（%）	第一产业		第二产业		第三产业		人均地区生产总值	
			总量（亿元）	增速（%）	总量（亿元）	增速（%）	总量（亿元）	增速（%）	总量（亿元）	增速（%）
2012	259.33	13.0	30.36	4.0	122.98	12.6	105.99	16.4	26142	13.4
2013	291.36	12.6	32.8	3.3	134.57	11.7	123.99	16.5	29401	12.8
2014	315.55	11.8	35.32	3.7	142.22	10.0	138.01	15.9	31890	11.9
2015	342.26	5.5	35.98	4.5	144.06	2.0	162.22	9.6	34712	5.8
2016	350.16	6.7	38.13	4.4	148.45	4.6	163.58	9.0	35694	9.6
2017	369.45	7.6	36.72	4.1	154.31	11.3	178.42	5.2	37834	8.1
2018	401.5	7.0	38.9	2.8	165.76	8.0	196.84	7.0	41201	7.2
2019	423.11	3.0	43.31	0.7	163.01	–2.1	216.79	8.1	43485	4
2020	444.14	4.0	46.72	3.7	172.17	6.8	225.77	1.9	45851	3.6
2021	503.71	8.0	51.55	7.0	201.30	7.2	250.85	8.8	52339	7.5
2022	544.19	4.9	54.50	5.2	225.30	5.6	264.40	3.6	57073	5.5

说明：1.2012年至2018年地区生产总值是第四次经济普查修订后数据，增速为不变价增速

2.人均地区生产总值使用的常住人口数据为2020年第七次全国人口普查修订后数据，增速为不变价增速

2022年沂水县固定资产投资分行业增速情况统计表

表50

指标名称	2022年增速（%）	指标名称	2022年增速（%）
本年完成投资	17.5	（十一）房地产业	48.3
（一）农林牧渔业	37.0	（十二）租赁和商务服务业	–52.0
（二）采矿业	–32.0	（十三）科学研究和技术服务业	420.8
（三）制造业	6.0	（十四）水利、环境和公共设施管理业	104.3
（四）电力、热力、燃气及水生产和供应业	46.9	（十五）居民服务、修理和其他服务业	0.0
（五）建筑业	0.0	（十六）教育	914.0
（六）批发和零售业	641.3	（十七）卫生和社会工作	51.4
（七）交通运输、仓储和邮政业	190.7	（十八）文化、体育和娱乐业	–24.6
（八）住宿和餐饮业	0.0	（十九）公共管理、社会保障和社会组织	–94.4
（九）信息传输、软件和信息技术服务业	280.9	（二十）国际组织	0.0
（十）金融业	–98.7		

2022年沂水县经济和社会发展主要指标占临沂市的比重统计表

表51

指标名称	单 位	全市	全县	2022年比重（%）	占比增幅（百分点）
土地面积	平方千米	17191.2	2414	14.2	—
所辖乡镇办事处	个	156	18	11.5	—
村居数	个	4078	386	9.4	—
地区生产总值	亿元	5778.5	544.2	9.4	0.2
第一产业	亿元	511.0	54.5	10.7	0.1
第二产业	亿元	2294.4	225.3	9.8	0.3
第三产业	亿元	2973.2	264.4	8.9	0.1
全社会用电量	亿千瓦时	585.2	41.5	7.1	0.03
粮食总产量	万吨	418.3	30.1	7.2	-0.004
油料总产量	万吨	70.0	7.9	11.2	0.10
棉花总产量	吨	2000.0	42.1	2.1	-11.10
水果总产量	万吨	419.6	89.4	21.3	-6.00
进出口总额	亿元	1875.1	178.5	9.5	0.8
出口	亿元	1711.3	164.5	9.6	0.7
一般公共预算收入	亿元	420.2	26.2	6.2	0.20
财政支出	亿元	874.8	76.2	8.7	1.20
税务部门收入	亿元	—	38.0	—	—

2022年临沂市各县区主要经济指标完成情况统计表

表52

县区	规模以上工业增加值		固定资产投资		商品房销售面积增速		工业技改投资		建安工程投资	
	增速（%）	位次	增速（%）	位次	增速（%）	位次	增速（%）	位次	增速（%）	位次
全 市	7	—	12.3	—	-24.5	—	18.8	—	16.6	—
兰山区	9.1	8	16.2	8	-19.6	4	18.7	10	13.7	12
罗庄区	-9.6	15	13.3	11	-20	7	-14.3	15	45.4	1
河东区	9.3	6	19.6	3	-19	3	112.2	2	39.4	2
沂南县	6.7	10	20.3	1	-33.6	11	21.3	8	33.2	4
郯城县	6.3	11	19.7	2	-20	7	62.7	3	28.1	6
沂水县	11.3	3	17.5	5	-17.8	2	6.3	11	24	7
兰陵县	11	4	19.2	4	-30	10	28.3	6	20.8	9
费 县	8.9	9	13.6	10	-38.9	12	47.4	5	7.9	13
平邑县	10.6	5	10	13	-45.8	14	-7.1	14	37.9	3
莒南县	4.2	12	10.5	12	-21.4	9	126.9	1	29.1	5
蒙阴县	3	13	17	7	-19.8	5	54.9	4	23.4	8
临沭县	12.2	2	15.6	9	-19.8	5	18.9	9	17.6	10
高新区	9.2	7	2.2	14	-17.2	1	24.3	7	7.4	14
沂河新区	-1.2	14	17.2	6	-39.4	13	2.9	12	17.5	11
临港区	31.5	1	-36.5	15	-87	15	0.9	13	-40.2	15

续表52

县区	社会消费品零售总额				全社会用电量				工业用电量			
	总量（亿元）	位次	增速（%）	位次	总量（亿元）	位次	增速（%）	位次	总量（亿元）	位次	增速（%）	位次
全 市	2918.8	—	-0.4	—	585.2	—	4.5	—	398.9	—	0.9	—
兰山区	947.6	1	0.4	4	95.3	1	-2.2	13	48.8	2	-10.8	13
罗庄区	284.1	3	-0.5	10	40.1	5	-19.3	15	28.4	6	-27.5	15
河东区	290.6	2	0.1	6	30.1	10	2.4	8	16.9	10	-4.6	8
沂南县	98.1	9	0	8	30.6	9	6.7	4	17	9	-3.8	7
郯城县	142.5	7	1.5	1	38.5	7	9	3	27.3	7	5.5	3
沂水县	204.2	5	0.2	5	41.5	4	5	5	29.4	5	2.2	4
兰陵县	135.4	8	-1.2	13	36.8	8	3.1	7	19.1	8	-5.5	9
费 县	183.6	6	0.1	6	56.9	3	46.6	2	46.2	3	56.8	2
平邑县	214.7	4	-0.5	10	24.5	11	0.5	10	12.3	12	-9.2	10
莒南县	90.6	10	-1.4	14	84.1	2	-7.8	14	73.9	1	-9.9	11
蒙阴县	80.1	12	1.3	2	13.2	15	-0.6	11	7.1	15	-11.1	14
临沭县	89.7	11	0.8	3	22.7	12	4	6	13.8	11	-2.9	5
高新区	79	13	-0.8	12	16.1	13	2.1	9	11	13	-3.1	6
沂河新区	78.6	14	0	8	14.1	14	-2.1	12	9.7	14	-10.5	12
临港区	—	—	—	—	38.8	6	74.8	1	36.3	4	83.6	1

县区	一般公共预算收入							全体居民人均可支配收入			
	总量（亿元）	位次	同口径增速（%）	位次	其中：税收收入			总量（亿元）	位次	增长（%）	位次
					总量（亿元）	同口径增速（%）	同口径占比（%）				
全 市	420.2	—	9.6	—	320.8	4.7	78.7	33231	—	5.4	—
兰山区	117.9	1	7.3	12	100.9	3.2	86.8	36712	2	5.4	9
罗庄区	26.6	3	3.8	14	21.6	-3.7	84.1	36027	3	5.3	11
河东区	22	7	2.1	15	18.7	-1.7	86.1	35980	4	5.7	3
沂南县	21.5	8	15.2	2	13	3.4	68.8	31699	10	5.8	2
郯城县	17	11	9.7	7	13.9	8.7	82.6	33114	8	5.4	9
沂水县	26.2	4	10.7	6	19.7	7.7	76.8	34396	6	5.9	1
兰陵县	24.8	5	9.5	10	19.5	4.9	79.7	30522	11	5.5	6
费 县	32.5	2	11.1	5	24.4	-1.6	77.2	33153	7	5.6	4
平邑县	16.2	12	9.6	9	13.3	7.5	83.3	32061	9	5.3	11
莒南县	21	9	14.4	3	17.3	18	84	29321	13	5.5	6
蒙阴县	11.7	14	8.1	11	8.4	-4.4	74	30401	12	5.5	6
临沭县	19.2	10	11.5	4	14.3	11.1	76.8	34957	5	5.6	4
高新区	11.9	13	9.6	8	9.5	4	83.1	37278	1	5.1	13
沂河新区	23.3	6	3.9	13	20.4	-0.4	89.3	—	—	—	—
临港区	7.5	15	70.9	1	4.8	82.4	79.9	—	—	—	—

续表52

县区	城镇居民人均可支配收入				农村居民人均可支配收入				全体居民人均消费支出			
	总量（元）	位次	增长（%）	位次	总量（元）	位次	增长（%）	位次	总量（元）	位次	增长（%）	位次
全　市	44457	—	4.3	—	19000	—	6.8	—	16325	—	-0.2	—
兰山区	46544	2	4.1	12	20109	2	7.1	6	18125	1	-0.2	8
罗庄区	46393	3	4.2	9	19861	4	6.5	11	17495	4	-0.4	10
河东区	46012	4	4.5	3	20048	3	7.4	2	17662	3	0.4	3
沂南县	43648	10	4.7	2	18360	10	7.2	5	15645	10	0.3	5
郯城县	44020	8	4.2	9	18886	7	6.8	7	16197	8	0.3	5
沂水县	45216	7	4.9	1	19515	5	6.7	8	16808	6	0.4	3
兰陵县	40329	13	4.3	7	19420	6	6.7	8	14835	12	-0.5	12
费　县	45224	6	4.5	3	18809	8	7.3	4	16241	7	0.1	7
平邑县	43731	9	4.2	9	18721	9	6.6	10	15673	9	-0.4	10
莒南县	41048	12	4.5	3	18134	12	6.5	11	14385	13	-0.2	8
蒙阴县	42341	11	4.3	7	17983	13	7.5	1	15285	11	0.6	1
临沭县	45729	5	4.4	6	18315	11	7.4	2	17184	5	0.5	2
高新区	47223	1	4	13	20266	1	6.0	13	17982	2	-0.8	13
沂河新区	—	—	—	—	—	—	—	—	—	—	—	—
临港区	—	—	—	—	—	—	—	—	—	—	—	—

县区	城镇居民人均消费支出				农村居民人均消费支出			
	总量（元）	位次	增长（%）	位次	总量（元）	位次	增长（%）	位次
全　市	19951	—	-2	—	11728	—	3.2	—
兰山区	21386	1	-2.1	8	12617	1	3.7	5
罗庄区	20812	5	-2.5	11	12322	4	3.8	4
河东区	21010	3	-1.6	3	12344	3	4.3	1
沂南县	19440	9	-1.7	6	11409	10	3.5	7
郯城县	19710	8	-1.6	3	11615	7	3.5	7
沂水县	20314	6	-1.2	1	11986	5	3.1	9
兰陵县	17480	13	-2.7	13	11840	6	2.4	12
费　县	20194	7	-1.9	7	11544	8	3.6	6
平邑县	19358	10	-2.3	9	11460	9	2.7	10
莒南县	17797	12	-2.4	10	11130	13	2.7	10
蒙阴县	19132	11	-1.6	3	11285	12	4.2	2
临沭县	20950	4	-1.4	2	11365	11	4.2	2
高新区	21256	2	-2.5	11	12382	2	2.4	12
沂河新区	—	—	—	—	—	—	—	—
临港区	—	—	—	—	—	—	—	—

调研报告

关于加快沂水县食品产业高质量发展的调研报告

县域经济高质量发展的关键，是找准地方特色与市场对接的着力点，使特色资源产业化，依靠特色、构建链条，培育独具优势的特色产业。食品产业是沂水县几十年如一日重点培育的特色优势产业。为进一步推动食品产业高质量发展，2022年，沂水县组织人员进行了专题调研。

一、蒸蒸日上，食品产业高质量发展初见规模

（一）产业基础扎实稳固。沂水县是全国食品工业强县、全国淀粉深加工产业集聚区，全县有各类食品加工企业560余家，上下游配套企业430余家，固定资产200余亿元，从业人员5万余人，年可加工各类食品600余万吨，涉及33个大类、1000多种产品，饼干、糕点、糖果产销量位居全国前列，淀粉糖及相关产品产能占全国的10%左右，是全国最大的沙琪玛、紫皮糖生产基地，其中淀粉糖及休闲食品集群入选全省重点支持的30个特色优势食品产业集群，形成了原材料供应、初加工、精深加工、产品研发、检验检测等较为完善的产业链条。企业建设方面，沂水县拥有国家级农业产业化重点龙头企业2家、省级农业产业化重点龙头企业10家，国家级、省级制造业单项冠军企业各1家；产品品牌方面，全县食品产业拥有“中国驰名商标”2个、“中国名牌产品”1个、“山东省著名商标”15个、“山东知名品牌”3个、“山东优质品牌”6个、“山东名牌产品”13个、山东省制造业高端品牌培育企业4家、山东省制造业高端品牌培育企业4家；创新研发方面，全县有博士后工作站2个，国家级研发平台4个、省级6个、市级7个，瞪羚企业2家，先后承担国家863计划4项、火炬计划3项、高技术产业化项目2项，参与制修订国家标准、行业标准31项，荣获国家级科技成果奖2项。

（二）产业规模持续壮大。2017年以来，全县食品加工企业数由240余家增长到520余家，年均增长40余家；实施500万元以上重点技改项目100余个，年均20个以上。2022年，全县54家规模以上食品企业实现产值126.1亿元，税收3.1亿元，比上年增长17.5%、83.5%，谋划实施的大地玉米公司年产60万吨玉米淀粉智能化改造提升、隆科特酶制剂公司新型酶制剂及功能性食品生产、创优生物公司年加工25万吨玉米胚芽等项目将显著提升产业层次。同时，新签约落地投资过10亿元食品产业项目1个、过亿元1个，在谈补链延链项目10个，特别是针对产业链短板弱项，积极招引小麦深加工项目，着力提升产业链供应链保障水平。

（三）产业配套不断完善。坚持平台承载、集聚发展，在经济开发区规划建设高端食品产业园和食品产业转型升级示范园，其中高端食品产业园占地25.3公顷、投资10亿元，已引进孵化了诺好佳、皇世、亿佰利、航冠、上选等中高端食品生产项目6个；规划了食品产业转型升级示范园，建设集生产、研发、展销、检测、电子商务、仓储物流等功能于一体的高端产业集聚区，已具备实施条件，待国土空间规划批复后加速实施。同时，全县共有物流企业142家，运输车辆、吨位累计达到8065台、11.9万吨，包装印刷企业160余家，充分保证

县内企业货物、原材料大进大出以及包装设计、生产配套。另有食品添加剂制造及批发零售企业100余家，可满足全县食品企业食品添加剂需求60%以上。

（四）发展环境持续优化。将食品产业定位为全县“3+1”主导产业体系培育中的“一号产业”，立足打造“大食品”产业集群，建立了“四个一”工作机制，成立由县政府分管县长牵头，农业农村局主抓，市场监管、工信等部门参与的工作专班。健全骨干企业“一对一”帮扶机制，实现项目包保全覆盖、跟踪服务全过程，真正做到“企业内的事企业办、企业外的事政府办”。出台了食品产业高质量发展三年行动意见，在财税金融、技改投入、品牌建设、人才培育、要素资源等8个方面制定了31项具体措施，设立1.6亿元工业强县高质量发展专项资金，全方位助力特色优势产业转型升级。坚持“政府负责阳光雨露、企业负责茁壮成长”，全省首创亩产效益贷、房屋产权遗留问题改革，持续破解企业融资难题；建立“一次不用跑、全程帮代办”、重点项目专班推进机制，构建投资项目“审批服务共同体”，审批效率提升50%以上。

二、大而不强，食品产业高质量发展仍然面临制约瓶颈

（一）先发优势已失，亟需加快升级。作为全县发展最早、优势最突出的产业，与同期起步的河南省漯河市相比，发展明显落后。如河南省漯河市临颍县，规划建设了占地23平方千米、以休闲食品产业为主的产业集聚区，先后引进培育养元、雅客、亲亲、盼盼、加多宝、上好佳等知名食品企业100多家，拥有中国驰名商标17个、省级著名商标38个、省级名牌产品11个，休闲食品产业产值突破500亿元，形成了从种植养殖、面粉加工、食品生产到研发设计、检验检测、食品包装、电商物流的完整产业链，成为“中国休闲食品之都”，产业规模、发展潜力和知名度均远超沂水。同时，近年来莒县等周边县区食品产业发展迅速，产品、市场、销售手段等与沂水县基本雷同，同质化竞争激烈。

（二）发展质效不高，产业贡献较低。2022年，全县560余家食品加工企业占地4300余亩，规上食品企业仅54家，一大批实际销售收入达到规上企业标准的食品企业，为享受更多优惠政策、降低纳税成本等原因，不想升、不愿升。2022年，54家规上食品企业实现产值126.1亿元、税收3.1亿元，但福建达利食品集团1家企业年产值就达到200多亿元，差距非常明显，特别是全县食品企业的所占有的资源与实际贡献相比，还有很大的转型升级空间。

（三）品牌营销不强，面临破局难题。一方面，“酒香也怕巷子深”。全县食品企业装备水平处于全国较高档次，净化车间率达到了90%以上，能够为徐福记、盼盼、米老头等众多国内知名品牌代工，但缺少拿得出、叫得响的全国性品牌，仅有青援食品、鼎福桃酥等少数区域性品牌。另一方面，企业满足于低端“内卷”，缺乏品牌意识。多数企业以低端低质抢占市场，争创品牌意识不强，热衷于赚快钱，在品牌培育上缺实力、缺耐心。截至2022年底，全县仅有“中国驰名商标”2个。

（四）配套仍有不足，亟待跟进破解。面对土地要素日益紧张的形势，新上食品项目只能以技改挖潜、盘活闲置土地为主，大部分优质中小企业，因土规、城规不一致，无法新上技改项目，发展空间严重不足。产业链配套方面，生产设备本地配套率低，全县面粉产能仅7万吨，90%以上的面粉需自河南、安徽等地外购。

（五）龙头骨干不强，缺少行业协作。2022年，全县食品产业头部企业仅鲁洲生物、青援食品、隆科特酶制剂、大地玉米、七星柠檬5家，产品以玉米胚芽油、淀粉糖、酶制剂为主，其余食品企业以休闲烘焙产品为主，多是产品同质、市场雷

同、定位相当的小微企业。食品行业协会在整合行业资源、搭建交流平台、推进行业自律以及帮助企业融资、开发新产品、拓展市场、经营管理等方面作用发挥不到位，特别是在引导行业自律、杜绝低价竞争等方面缺乏行之有效的办法。

（六）创新动力不足，存在多重短板。研发创新方面，企业不重视、不舍投、不敢投、不想投“四不”现象明显。全县仅有17家食品企业建立了研发机构，且4个国家级创新平台、2个博士后工作站全部以淀粉糖、酶制剂研发为主。除隆科特酶制剂、鲁洲集团等部分食品企业每年有新产品研发投入外，多数中小食品企业以模仿、跟风市场为主，研发投入基本为零。

三、改革创新，食品产业高质量发展尚需谋篇布局

（一）坚持规划引领、集聚发展。高水平规划是产业高质量发展的前提和基础，集聚发展是产业未来发展的方向和路径。坚持高标准规划引领。加快实施食品产业高质量发展三年行动，聘请专业研究院所，立足县域资源禀赋、产业基础、发展需求，高起点修编食品产业集群发展规划，进一步明确食品产业定位、发展路径、政策措施等，制定产业发展路线图，明确优先发展的产业环节、重点引进的关键项目，加快改造传统食品产业、培育新兴食品产业、布局未来食品产业。坚持集群化发展方向。围绕现有食品企业转型，针对未来食品产业发展需求，加快建设高端食品集聚区、提升高端食品产业园，加强配套建设、管理服务，明确园区产业目录、负面清单，严格入园企业投资强度、亩均税收、单位能耗等标准，打造集生产、研发、展销、检测、电子商务、仓储物流等功能于一体的高端食品专业化平台，实现配套建设共享化、综合管理便捷化、公共服务共享化，逐步解决布局散乱、无序发展现象，推动食品产业集聚发展、集群崛起。

（二）坚持创新驱动、品牌赋能。推动食品产业高质量发展，需要以创新推动产业变革，以品牌塑造竞争优势，加大创新力度，加强品牌培育，内外发力，提升食品产业持续发展力和综合竞争力。加强创新体系建设。与山东农业大学开展战略合作，筹建食品产业研究院，积极开展技术调研、技术研发、技术攻关，着力解决食品产业发展过程中的技术性难题，助力传统食品产业转型升级、高端食品产业快速发展。采取市场化运作的方式，建立企业与企业、企业与高等院所之间的技术创新联盟、技术创新联合体，通过联合创新提升行业整体竞争能力。同时，加强创新政策解读，深入分析行业创新特点，引导食品企业建设创新平台，为产业发展提供科技支撑。加强品牌体系建设。组织举办“山东·沂水”食品博览会，不断扩大沂水食品知名度、影响力。建立企业品牌梯次培育机制，支持世纪春生物、沂蒙山酒业等企业加快创建品牌。制定食品产业区域品牌创建方案，发挥全国最大的沙琪玛生产基地、紫皮糖生产基地、休闲食品生产基地、淀粉糖及相关产品生产基地优势，分类创建区域联合品牌，以品牌建设推动企业管理能力、产品品质提升，推动产业良性发展。加强质量体系建设。引导企业强化质量意识、工匠精神，建立与国际接轨的质量管理体系，积极运用ISO9000、六西格玛等先进质量管理技术，实现产品研发设计、生产制造、售后服务的全流程质量管控。鼓励有条件的企业主动参与各类标准制定，着力破解一批“沂水制造”标准瓶颈，不断抢占市场和行业话语权。实施“互联网+”行动，推广“透明工厂”在线监管，实现食品监管智能化、可视化、公开化，积极争创省级食品生产示范基地和国家级食品安全生产县。

（三）坚持链式延伸、融合发展。完善供应链。引导食品加工企业向前建基地，支持龙头企业与产业链上下游成立农业产业化联合体，实现“产购储加销”一体化；支持隆科特酶制剂、大地玉米等农业龙头企业，采取兼并重组、股份合作、资产

转让等形式，建立大型企业集团或利益联结机制，带动中小微企业发展，提升企业引领行业发展能力。积极培育市级以上农业产业化重点龙头企业，加快推动食品加工业前延后伸，争创全国农业全产业链典型县。到2025年，力争全县市级以上农业产业化重点龙头企业发展到90家以上，主营业务收入过亿元企业达到50家以上，其中过10亿元10家以上。拉长产业链。围绕做大做强产业规模，以隆科特、青援食品、鲁洲食品、大地玉米、七星柠檬等骨干企业为重点，引导企业聚焦产业链上下游，加大技改投入，新上一批延链、补链、强链高质量技改项目。针对全县食品产业短板弱项，盯紧国内外知名食品企业，招引一批投资规模大、科技含量高、管理经验先进、财税贡献大的高端食品项目。提升价值链。围绕提高产品档次和附加值，不断提升隆科特酶制剂、鲁洲食品、青援食品等“链主”企业研发能力，专注细分市场研发，新上一批高端食品、高附加值产品，推动价值链自中低端向中高端的攀升。

（四）坚持配套先行、优化服务。积极发展新业态。完善电商平台建设，出台电商扶持政策，大力扶持“直播带货”“网上粮店”“网上主食厨房”等新型零售业态，组织企业参与“山东制造”特色产品网络销售活动，支持以沂蒙山电商直播基地为代表的电商发展，鼓励企业发展直播业务，加快打造一批网红企业、爆款产品。发挥行业协会作用。按照食品产业具体行业类别，分别组建或重建玉米淀粉深加工行业协会、休闲食品行业协会、食品添加剂生产销售行业协会、包装印刷行业协会，建立行业自律约束机制，完善企业交流合作机制，定期举办报告会、研讨会、经验交流会及专业展览会、展示会等，搭建交流平台，促进信息交流，杜绝低水平同质化竞争，维护良好的市场秩序，实现共赢发展。持续优化营商环境。强化政策引导支撑，全面梳理现有政策，研究制定新政策，积极开展“送政策上门”活动，打通政策落地“最后一公里”。坚持问题导向、目标导向，畅通企业诉求反馈渠道，切实解决企业生产经营中的难点、堵点问题。深化亩产效益评价改革，用好要素配置指挥棒，用活“零增地”技改扶持政策。深化“放管服”改革，推行“一次不用跑·全程帮代办”服务模式，以“店小二”精神打造“服务高地”，为食品产业高质量发展保驾护航。

（谭大朋　任志刚　黄传磊）

索 引

说 明

一、本索引设主题索引、照片索引和表格索引三类。

二、主题索引为《沂水年鉴（2023）》的内容分析索引，采用主题分析法。分目、次分目作款目一般采用原称，其余款目一般采用中心词或简称。通过本索引所选的主题词条，可以对具有独立索引意义的完整资料进行检索。本索引按款目首字的汉语拼音字母（同音字按声调）顺序排列。分目作款目用标宋体、次分目作款目用楷体表明，其余用宋体表明。数字表示该词条内容所在页码，后面的拉丁字母a、b、c表示栏别左栏、中栏、右栏。本卷年鉴的“特载”“专文”“大事记”“附录”均未做主题索引。

三、照片索引为内文插图索引，采用中心词或简称，仅标注所在页码，不标注分栏。表格索引按序号排列，仅标注所在页码，不标注分栏。

主题索引

数字索引

汉语拼音索引

A

B

J

N

P

照片索引

数字索引

字母索引

汉语拼音索引

A

B

C

D

G

H

J

T

W

X

表格索引